# Passo a Passo
## Microsoft Project 2013

# Os autores

**TIM JOHNSON** Tim teve seu primeiro contato com o Project quando era um profissional de suporte de produto na Microsoft, iniciando com o Project 3.0. Mais tarde, trabalhou na equipe de assistência ao usuário do Project, de onde trouxe seu conhecimento dos problemas de usuários para novas soluções de aprendizado do software. Tim ainda está envolvido na área de computadores e continua a procurar formas de ajudar os clientes a entender e usar melhor seus aplicativos.

**CARL CHATFIELD** Carl é gerente de projeto de conteúdo da Microsoft. Nessa função, desenvolve documentação técnica e conteúdo Web para uma variedade de produtos e serviços. Ele também ensina assistência de usuário de software no departamento de Human Centered Design and Engineering na Universidade de Washington. Carl é mestre em Comunicação Técnica pela Universidade de Washington e tem certificação Project Management Professional (PMP) pelo Project Management Institute. Escreve regularmente em seu blog sobre o Microsoft Project, gerenciamento de projetos e equipes de profissionais do conhecimento, em www.projhugger.com.

## Agradecimentos

Gostaríamos de agradecer a algumas das muitas pessoas que nos apoiaram enquanto escrevemos este livro. Agradecemos aos nossos revisores técnicos, Shawn Kim, consultor sênior da Microsoft Services, e Kate Simpson, engenheira de suporte da Microsoft, por suas opiniões oportunas e valiosas. Agradecemos à nossa editora de projeto Valerie Wooley, da Microsoft Press, e ao nosso gerente de projeto Steve Sagman, da Waypoint Press, pelo excelente trabalho. Finalmente, Carl gostaria de agradecer aos seus muitos amigos e mentores das filiais de Puget Sound de duas excelentes organizações: o Microsoft Project User Group (MPUG) e o Project Management Institute (PMI).

```
C492m    Chatfield, Carl.
             Microsoft Projetc 2013 passo a passo / Carl Chatfield,
         Timothy Johnson ; tradução: João Eduardo Nóbrega Tortello ;
         revisão técnica: Luciana Monteiro Michel. – Porto Alegre :
         Bookman, 2014.
             xvi, 548 p. : il. ; 25 cm.

         ISBN 978-85-8260-172-3

             1. Informática. 2. Programa de computador. 3. Software.
         4. Microsoft Project 2013. I. Johnson, Timothy. II. Título

                                      CDU 004.4MicrosoftProject 2013
```

Catalogação na publicação: Suelen Spíndola Bilhar – CRB 10/2269

Carl Chatfield e Timothy Johnson

# Passo a Passo
## Microsoft Project 2013

**Tradução:**
João Eduardo Nóbrega Tortello

**Revisão técnica:**
Luciana Monteiro Michel
Profissional com certificações MCSA, MCSE, MCTS, MCITP, MCT
Instrutora da Alfamídia Prow – Educação Profissional

2014

Obra originalmente publicada sob o título *Microsoft® Project 2013 Step by Step*, de Carl Chatfield e Timothy Johnson
ISBN 978-0-7356-6911-6

Edição original em inglês Copyright © 2013 de Carl Chatfield e Timothy Johnson

Tradução para a língua portuguesa Copyright © 2014, Bookman Companhia Editora Ltda., uma empresa do Grupo A Educação S.A. Tradução publicada e comercializada com permissão da O'Reilly Media,Inc., que detém ou controla todos os direitos de publicação e comercialização da mesma.

Gerente editorial: *Arysinha Jacques Affonso*

**Colaboraram nesta edição:**

Editora: *Mariana Belloli*

Capa: *VS Digital*, arte sobre capa original

Leitura final: *Miriam Cristina Machado*

Editoração eletrônica: *Techbooks*

Microsoft e todas as marcas listadas em *http://www.microsoft.com/about/legal/en/us/ IntellectualProperty/Trademarks/EN-US.aspx* são marcas comerciais registradas do grupo de empresas da Microsoft. Outras marcas mencionadas aqui são marcas comerciais de seus respectivos proprietários.

Os exemplos de empresas, organizações, produtos, nomes de domínio, endereços de correio eletrônico, logotipo, pessoas, lugares ou eventos aqui apresentados são fictícios. Nenhuma associação com qualquer empresa, organização, produto, nome de domínio, endereço de correio eletrônico, logotipo, pessoa, lugar ou eventos reais foi proposital ou deve ser inferido.

Este livro expressa as visões e opiniões dos autores. As informações aqui contidas são fornecidas sem quaisquer garantias expressas, legais ou implícitas. Os autores, a Microsoft Corporation e seus revendedores ou distribuidores não poderão ser responsabilizados por qualquer dano causado, ou supostamente causado, direta ou indiretamente, por este livro.

Reservados todos os direitos de publicação, em língua portuguesa, à
BOOKMAN EDITORA LTDA., uma empresa do GRUPO A EDUCAÇÃO S.A.
Av. Jerônimo de Ornelas, 670 – Santana
90040-340 – Porto Alegre – RS
Fone: (51) 3027-7000   Fax: (51) 3027-7070

É proibida a duplicação ou reprodução deste volume, no todo ou em parte, sob quaisquer formas ou por quaisquer meios (eletrônico, mecânico, gravação, fotocópia, distribuição na Web e outros), sem permissão expressa da Editora.

Unidade São Paulo
Av. Embaixador Macedo Soares, 10.735 – Pavilhão 5 – Cond. Espace Center
Vila Anastácio – 05095-035 – São Paulo – SP
Fone: (11) 3665-1100   Fax: (11) 3667-1333

SAC 0800 703-3444 – www.grupoa.com.br

IMPRESSO NO BRASIL
*PRINTED IN BRAZIL*

# Sumário

**Introdução** .................................................................................................................................... xiii
    A quem se destina este livro ............................................................................................. xiii
    Como o livro está organizado ........................................................................................... xiii
    Como baixar os arquivos de prática ................................................................................ xiv
    Suas configurações no Project ......................................................................................... xv
    Suporte técnico ................................................................................................................... xvi

## Parte 1
## Introdução ao Microsoft Project

### 1 Microsoft Project, gerenciamento de projetos e você      3

    O aplicativo Project ............................................................................................................. 3
    A família Project .................................................................................................................. 4
    Novos recursos do Project 2013 ........................................................................................ 5
        O que era novidade no Project 2010 ......................................................................... 6
        O que era novidade no Project 2007 ......................................................................... 8
    Você como gerente de projeto .......................................................................................... 8
        Vamos começar! ............................................................................................................ 9

### 2 Visão geral do Project      11

    A interface do Project: encontre o que procura ........................................................... 12
    O modo de exibição Backstage: gerenciamento de arquivos e
opções de configuração ................................................................................................... 15
        Modelos: como evitar a reinvenção da roda ......................................................... 18
    A Faixa de Opções e as guias: encontre os recursos que deseja ............................... 19
    Modos de exibição: utilize os detalhes de cronograma do seu jeito ........................ 25
    Relatórios: visualize o status do projeto de novas maneiras ..................................... 31
    Pontos-chave ..................................................................................................................... 35

## Parte 2
# Fundamentos do agendamento

### 3 Como iniciar um novo plano — 39

Como iniciar um novo plano e definir sua data de início .................................................. 40
Definição de dias não úteis no calendário do projeto ....................................................... 43
Inserção de título e outras propriedades do plano ............................................................ 46
    Enfoque do gerenciamento de projetos: o projeto faz
    parte de um contexto mais amplo ................................................................................. 47
Pontos-chave .................................................................................................................... 47

### 4 Criação de uma lista de tarefas — 49

Nomes de tarefas .............................................................................................................. 50
    Enfoque do gerenciamento de projetos:
    definição das tarefas certas para o resultado ................................................................. 52
Duração de tarefas ............................................................................................................ 53
    Enfoque do gerenciamento de projetos:
    como estabelecer durações de tarefa precisas? ............................................................ 57
Inserção de uma tarefa de marco ..................................................................................... 58
Criação de tarefas resumo para que o plano seja estruturado em tópicos ........................ 59
    Enfoque do gerenciamento de projetos: planejamento de
    cima para baixo (*top-down*) e de baixo para cima (*bottom-up*) .................................. 60
Criação de dependências de tarefas com vínculos ........................................................... 62
Agendamento da tarefa: manual e automático ................................................................. 68
Verificação da duração e da data de término do plano .................................................... 72
Documentação de tarefas com anotações e hiperlinks ..................................................... 74
Pontos-chave .................................................................................................................... 77

### 5 Configuração dos recursos — 79

Nome dos recursos de trabalho ........................................................................................ 80
    Considerações sobre recursos de equipamento ............................................................ 81
    Qual a melhor maneira de inserir nomes de recursos? ................................................. 83
Capacidade máxima dos recursos .................................................................................... 83
Remuneração dos recursos ............................................................................................... 85
    Enfoque do gerenciamento de projetos: como obter informações
    sobre custos de recursos ................................................................................................ 88

Ajuste do período de trabalho em um calendário de recurso................................................88
Configuração dos recursos de custo.........................................................................................93
Como documentar recursos com anotações..........................................................................94
Pontos-chave.................................................................................................................................97

## 6  Atribuição de recursos às tarefas                                99

Atribuição de recursos de trabalho às tarefas.....................................................................100
    A fórmula do agendamento: duração, unidades e trabalho.....................107
Controle do trabalho ao adicionar ou remover atribuições de recurso.........................108
    Enfoque do gerenciamento de projetos: quando o
    agendamento controlado pelo empenho deve ser aplicado?..................112
Atribuição de recursos de custo às tarefas...........................................................................112
Verificação da duração, do custo e do trabalho do plano.................................................114
Pontos-chave...............................................................................................................................119

## 7  Formatação e compartilhamento de seu plano    121

Como personalizar um modo de exibição de Gráfico de Gantt........................................122
    Como desenhar em um gráfico de Gantt........................................................128
Como personalizar um modo de exibição Linha do Tempo..............................................129
    Visão panorâmica e zoom do modo de exibição
    Gráfico de Gantt a partir do modo de exibição Linha do Tempo..........132
Como personalizar relatórios..................................................................................................132
Como copiar modos de exibição e relatórios.......................................................................135
Impressão de modos de exibição e relatórios......................................................................140
Pontos-chave...............................................................................................................................145

## 8  Controle do andamento                              147

Como salvar a linha de base de seu plano............................................................................149
Controle de um plano conforme agendado até uma data específica.............................152
Inserção da porcentagem concluída de uma tarefa...........................................................153
Inserção de valores reais para as tarefas..............................................................................156
    Enfoque do gerenciamento de projetos: o projeto está sob controle?....160
Pontos-chave...............................................................................................................................161

## Parte 3
# Técnicas avançadas de agendamento

## 9 Agendamento de tarefas avançado — 165

Visualização das relações entre tarefas com Caminho da Tarefa .......... 166
Ajuste das relações de vínculo entre tarefas ............................................. 169
Definição de restrições de tarefas ............................................................. 175
Como interromper o trabalho de uma tarefa ............................................ 181
Ajuste do período útil de tarefas individuais ............................................ 183
Controle do agendamento de tarefas com tipos de tarefa ....................... 187
  Unidades de atribuição, pico, unidades de pico e a fórmula de agendamento .......................................................... 188
  Tipos de tarefa e agendamento controlado pelo empenho ............. 193
Pontos-chave .............................................................................................. 193

## 10 Detalhes das tarefas — 195

Inserção de datas de prazo final ................................................................ 196
Inserção de custos fixos ............................................................................. 198
Configuração de uma tarefa recorrente .................................................... 200
Visualização do caminho crítico do projeto .............................................. 204
Agendamento manual de tarefas resumo ................................................. 207
Pontos-chave .............................................................................................. 211

## 11 Detalhes dos recursos e das atribuições — 213

Definição da disponibilidade dos recursos para utilizá-los em períodos diferentes ........ 214
Inserção de várias remunerações para um recurso .................................. 217
Diferentes remunerações de recurso para diferentes períodos ............... 219
Recursos materiais ..................................................................................... 221
Como atrasar o início das atribuições ....................................................... 222
Como aplicar contornos às atribuições ..................................................... 225
Como aplicar diferentes remunerações às atribuições ............................. 230
Atribuição de recursos materiais às tarefas .............................................. 232
  Taxas de consumo variáveis para recursos materiais ...................... 233
Visualização da capacidade do recurso ..................................................... 234
Ajuste das atribuições no modo de exibição Planejador de Equipe ......... 237
Pontos-chave .............................................................................................. 243

## 12 Ajuste do plano de projeto — 245

Exame das alocações dos recursos ao longo do tempo ..................246
    Enfoque do gerenciamento de projetos: avalie a alocação de recursos ...........246
Como solucionar superalocações de recursos manualmente ..................251
Como nivelar recursos superalocados ..................255
Verificação do custo e da data de término do plano ..................263
Como desativar tarefas ..................267
Pontos-chave ..................269

## 13 Organização dos detalhes do projeto — 271

Classificação dos detalhes do projeto ..................272
Como agrupar detalhes do projeto ..................276
Como filtrar detalhes do projeto ..................281
Como criar novas tabelas ..................286
    Como criar campos personalizados rapidamente ..................289
Como criar novos modos de exibição ..................290
Pontos-chave ..................293

## 14 Controle do andamento das tarefas e atribuições — 295

Como atualizar uma linha de base ..................296
    Como salvar planos provisórios ..................300
Controle dos valores reais e restantes de tarefas e atribuições ..................301
Controle do trabalho real dividido ao longo do tempo de tarefas e atribuições ...........307
    Como inserir custos reais manualmente ..................307
    Enfoque do gerenciamento de projetos: colete valores reais dos recursos ...........312
Reagendamento do trabalho não concluído ..................312
Pontos-chave ..................315

## 15 Como visualizar e informar o status do projeto — 317

Como identificar as tarefas que foram adiadas ..................318
    Enfoque do gerenciamento de projetos: a variação pode ser positiva? ...........319
    Enfoque do gerenciamento de projetos: divulgue informações ..................323
Como examinar os custos da tarefa ..................324
Como examinar os custos dos recursos ..................327
Como informar a variação do custo do projeto com um modo de exibição de sinaleira ...........330
Pontos-chave ..................335

## 16 Como retomar o controle do projeto — 337

Solução de problemas de tempo e agenda .................................................................338
    Redução da duração das tarefas com horas extras.................................346
Solução de problemas de custos e recursos ...............................................................347
Solução de problemas de escopo do trabalho ...........................................................351
Pontos-chave ....................................................................................................................354

## Parte 4
# Tópicos avançados e especiais

## 17 Formatação e impressão avançadas — 357

Formatação de um modo de exibição de Gráfico de Gantt ......................................358
    Mais opções de formatação ........................................................................364
Formatação de um modo de exibição Linha do Tempo............................................364
Formatação de um modo de exibição Diagrama de Rede........................................367
Formatação de um modo de exibição Calendário.....................................................372
Como imprimir e exportar modos de exibição..........................................................375
Pontos-chave ....................................................................................................................381

## 18 Formatação de relatórios avançada — 383

Formatação de tabelas em um relatório......................................................................384
Formatação de gráficos em um relatório....................................................................393
Como criar um relatório personalizado.......................................................................400
Pontos-chave ....................................................................................................................409

## 19 Como personalizar o Project — 411

Compartilhamento de elementos personalizados entre planos ..............................412
Como gravar macros .......................................................................................................418
Como editar macros ........................................................................................................423
Como personalizar a Faixa de Opções e a Barra de Ferramentas de Acesso Rápido ......429
Pontos-chave ....................................................................................................................435

## 20  Compartilhamento de informações com outros programas — 437

- Como copiar dados do Project para outros programas ..........438
- Como abrir outros formatos de arquivo no Project ..........443
- Como salvar em outros formatos de arquivo no Project ..........448
  - Como trabalhar com arquivos de versões anteriores do Project ..........453
- Como gerar relatórios visuais com Excel e Visio ..........454
- Pontos-chave ..........459

## 21  Consolidação de projetos e recursos — 461

- Como criar um pool de recursos ..........462
  - Como criar um pool de recursos dedicado ..........468
- Visualização de detalhes de atribuição em um pool de recursos ..........468
- Atualização de atribuições em um plano participante ..........470
- Atualização das informações de um recurso em um pool de recursos ..........472
- Atualização dos períodos úteis de todos os planos em um pool de recursos ..........476
- Vinculação de novos planos a um pool de recursos ..........479
- Como alterar atribuições de um plano participante e atualizar um pool de recursos ..........483
- Como consolidar planos ..........487
- Como criar dependências entre planos ..........490
- Pontos-chave ..........496

# Apêndices

## A  Um breve curso em gerenciamento de projetos — 499

- O que define um projeto ..........499
- O triângulo do projeto: tempo, custo e escopo ..........500
  - Tempo ..........501
  - Custo ..........502
  - Escopo ..........502
- Tempo, custo e escopo: gerenciamento das restrições do projeto ..........503
- Como gerenciar seus projetos com o Project ..........506

## B Como desenvolver suas habilidades em gerenciamento de projetos — 507

Participe de uma comunidade de aprendizado do Project ........................................................ 507
Participe de uma comunidade de aprendizado em gerenciamento de projetos ............. 508
Comentários finais .................................................................................................................................. 509

## C Colaboração: Project, SharePoint e PWA — 511

Introdução ao compartilhamento de seu plano com SharePoint ........................................... 511
    Fontes para mais informações ....................................................................................................... 514
Introdução à colaboração em equipe com o Project Web App .............................................. 515
    Fontes para mais informações ....................................................................................................... 519
Introdução ao Enterprise Project Management .......................................................................... 520
    Fontes para mais informações ....................................................................................................... 522

## D Uso deste livro em sala de aula — 523

Como unir o conteúdo às necessidades educacionais .............................................................. 523
Como ensinar gerenciamento de projeto com o Project .......................................................... 525

**Glossário** .................................................................................................................................................. **527**
**Indice** ....................................................................................................................................................... **537**

# Introdução

O Microsoft Project 2013 é um programa poderoso para criação e gerenciamento de projetos. Este livro apresenta uma visão ampla dos recursos mais utilizados do Project.

## A quem se destina este livro

Este e outros livros da série *Passo a Passo* são destinados a usuários de computador de nível inicial a intermediário. De modo geral, os exemplos mostrados no livro dizem respeito a empresas de pequeno e médio porte, mas apresentam técnicas que podem ser utilizadas em empresas de qualquer tamanho. Seja você iniciante no Project ou mais experiente com o software, apenas querendo aprender os novos recursos do Project 2013, este livro oferece uma experiência prática valiosa para que possa planejar, controlar e gerenciar projetos.

## Como o livro está organizado

Este livro está dividido em quatro partes:

- A Parte 1 apresenta o farto campo do gerenciamento de projetos e mostra os principais componentes da interface do Project 2013.

- A Parte 2 o conduz em um ciclo de vida de projeto completo (planejamento, controle e gerenciamento), com uso simplificado dos aspectos e recursos do Project.

- Na Parte 3, você completa outro ciclo de vida de projeto, desta vez com uso mais aprofundado dos poderosos recursos do Project.

- A Parte 4 encerra seu treinamento no Project, com atividades que podem ser empregadas em qualquer ponto do ciclo de vida de um projeto.

Além disso, o livro contém vários apêndices. Eles oferecem uma exposição mais ampla da área de gerenciamento de projetos, dos recursos de colaboração do Project, aprimorados com SharePoint e Project Web App, e ainda dão algumas sugestões para o uso deste livro em sala de aula.

O enfoque iterativo deste livro visando à conclusão de um ciclo de vida de projeto completo o conduz pelo planejamento e, em seguida, pelas áreas do controle do andamento e da resposta à variação, onde o conjunto de recursos do Project realmente se sobressai.

Este livro foi projetado para conduzi-lo passo a passo em todas as tarefas que você provavelmente deseja executar no Project 2013. Se começar pelo início e fizer todos os exercícios, você alcançará proficiência suficiente para gerenciar projetos complexos. Contudo, cada tópico é independente, de modo que é possível pular para qualquer lugar a fim de adquirir exatamente as habilidades desejadas.

# Como baixar os arquivos de prática

Para realizar os exercícios deste livro, você precisa baixar os arquivos de prática para seu computador. Faça download desses arquivos em nosso site:

*http://www.grupoa.com.br*

Cadastre-se, encontre a página do livro por meio do campo de busca e clique em Conteúdo Online. A tabela mais abaixo lista os arquivos de prática deste livro.

> **IMPORTANTE** O programa Project 2013 não está disponível nesse site. Ele deve ser adquirido e instalado antes da utilização deste livro.

O mesmo conjunto de arquivos de prática funciona tanto no Microsoft Project Professional 2013 como no Microsoft Project Standard 2013. As diferenças entre as duas edições do Project são explicadas onde necessário ao longo do livro.

| Capítulo | Arquivo |
| --- | --- |
| Capítulo 1: Microsoft Project, gerenciamento de projetos e você | Nenhum arquivo de prática |
| Capítulo 2: Visão geral do Project | Visao Geral_Inicio.mpp |
| Capítulo 3: Como iniciar um novo plano | Nenhum arquivo de prática |
| Capítulo 4: Criação de uma lista de tarefas | Tarefas Simples_Inicio.mpp |
| Capítulo 5: Configuração dos recursos | Recursos Simples_Inicio.mpp |
| Capítulo 6: Atribuição de recursos às tarefas | Atribuicoes Simples_Inicio.mpp |
| Capítulo 7: Formatação e compartilhamento de seu plano | Formatacao Simples_Inicio.mpp |
| Capítulo 8: Controle do andamento | Controle Simples_Inicio.mpp |
| Capítulo 9: Agendamento de tarefas avançado | Tarefas Avancadas_Inicio.mpp |
| Capítulo 10: Detalhes das tarefas | Otimizando Tarefas_Inicio.mpp |

| Capítulo | Arquivo |
|---|---|
| Capítulo 11: Detalhes dos recursos e das atribuições | Atribuicoes Avancadas_Inicio.mpp<br>Recursos Avancados_Inicio.mpp |
| Capítulo 12: Ajuste do plano de projeto | Plano Avancado_Inicio.mpp |
| Capítulo 13: Organização dos detalhes do projeto | Organizacao Avancada_Inicio.mpp |
| Capítulo 14: Controle do andamento das tarefas e atribuições | Controle Avancado A_Inicio.mpp<br>Controle Avancado B_Inicio.mpp<br>Controle Avancado C_Inicio.mpp<br>Controle Avancado D_Inicio.mpp |
| Capítulo 15: Como visualizar e relatar o status do projeto | Relatando Status_Inicio.mpp |
| Capítulo 16: Como retomar o controle do projeto | Retomada Controle_Inicio.mpp |
| Capítulo 17: Formatação e impressão avançadas | Formatacao Avancada_Inicio.mpp |
| Capítulo 18: Formatação de relatórios avançada | Relatorio Avancado_Inicio.mpp |
| Capítulo 19: Como personalizar o Project | Personalizacao A_Inicio.mpp<br>Personalizacao B_Inicio.mpp |
| Capítulo 20: Compartilhamento de informações com outros programas | Compartilhamento_Inicio.mpp<br>Exemplos de Lista de Tarefas.xlsx |
| Capítulo 21: Consolidação de projetos e recursos | Consolidacao A_Inicio.mpp<br>Consolidacao B_Inicio.mpp |

# Suas configurações no Project

Existem muitas configurações que podem afetar os resultados observados ao se completar os exercícios deste livro – em especial, configurações relacionadas a como o Project calcula cronogramas. Ao se trabalhar com o Project, existem dois níveis de detalhe aos quais essas configurações se aplicam:

- Configurações exclusivas do arquivo do Project
- Configurações que se aplicam a todos os arquivos com que o Project trabalha

Já fizemos todas as configurações necessárias possíveis nos arquivos de prática que você vai usar neste livro. Contudo, sua instalação de Project pode ter configurações diferentes do "padrão de fábrica" e talvez produzam resultados diferentes dos que aparecem no livro. Caso não obtenha os resultados esperados, verifique as seguintes configurações.

| Esta configuração | Deve ser |
|---|---|
| Arquivo > Opções >guia Geral >Modo de exibição padrão | Gantt com Linha do Tempo |
| Arquivo > Opções >guia Exibir >Mostrar indicadores e botões de opção para | Todas as opções aqui devem ser selecionadas |
| Arquivo > Opções > guia Cronograma > Mostrar unidades de atribuição como | Porcentagem |
| Arquivo > Opções > guia Cronograma >Cálculo > Calcular projeto depois de cada edição | Ativado |
| Arquivo > Opções > guia Salvar > Salvar arquivos neste formato | Projeto (*.mpp) |
| Arquivo > Opções > guia Avançado > Editar | Todas as opções aqui devem ser selecionadas |
| Arquivo > Opções > guia Avançado > Exibir > Mostrar barra de status | Selecionado |
| Arquivo > Opções > guia Avançado > Exibir > Mostrar barras de rolagem | Selecionado |
| Recurso > Nível > Opções de Nivelamento > Nivelamento de cálculos | Manual |
| Recurso > Nível > Opções de Nivelamento > Procurar superalocações em uma | Diariamente |

# Suporte técnico*

Todos os esforços foram feitos para garantir a exatidão deste livro e do conteúdo dos arquivos de prática que o acompanham. Em caso de comentários, dúvidas, sugestões ou identificação de erros, escreva diretamente para a Microsoft Press pelo endereço mspinput@microsoft.com ou acesse o link View/Submit Errata na página do livro em http://microsoftpress.oreilly.com.

---

* N. de E.: Comentários e sugestões relativos à edição brasileira desta obra podem ser enviados para secretariaeditorial@grupoa.com.br.

# Parte 1
# Introdução ao Microsoft Project

**1** Microsoft Project, gerenciamento de projetos e você    3

**2** Visão geral do Project    11

# Microsoft Project, gerenciamento de projetos e você

## 1

NESTE CAPÍTULO, VOCÊ APRENDERÁ A:

- Descrever as vantagens de um programa especializado de planejamento e gerenciamento de projetos como o Project.

- Diferenciar o Project Standard e o Project Professional.

- Identificar os principais recursos novos introduzidos na edição 2013 e também nas diversas versões anteriores do Project, e onde, no livro, encontrar atividades práticas com esses recursos.

- Começar a desenvolver sua própria estratégia de evolução de habilidades para dominar o Project no contexto de uma boa prática de gerenciamento de projeto.

Agradecemos por você incluir este livro em seu plano de desenvolvimento de habilidades com o Microsoft Project 2013. Ele foi planejado como um curso para aprendizado individual e também pode ser utilizado como referência. A maioria dos capítulos contém atividades práticas no Project.

Este capítulo não envolve trabalho prático no Project 2013 – ele apresenta o aplicativo e o universo do gerenciamento de projetos. Leia-o para entender melhor como o Project e o gerenciamento de projetos se encaixam em seus objetivos pessoais.

## O aplicativo Project

O Microsoft Project 2013 pode ser seu braço direito em sua caixa de ferramentas de gerenciamento de projetos. Este livro explica como utilizar o Project para criar cronogramas (que geralmente chamamos de *planos*) completos, com **tarefas** e **recursos**, usar os amplos recursos de formatação para organizar e formatar os detalhes do plano, controlar o trabalho real em relação ao plano e adotar ações corretivas quando algo estiver fora do controle.

**DICA** Os termos formatados em itálico azul *como este* estão definidos no Glossário no final deste livro.

O Project é um aplicativo poderoso que o ajuda a planejar e a gerenciar uma ampla variedade de projetos. Desde o cumprimento de prazos finais e orçamentos críticos até a seleção dos recursos corretos, você pode ser mais produtivo e alcançar melhores resultados com o conjunto de componentes oferecido pelo Project. É possível usar o Project para fazer o seguinte:

- Criar planos de projeto com níveis de detalhe que sejam os corretos para seu projeto. Trabalhar com dados de resumo e mudar para um enfoque mais detalhado quando for conveniente.
- Controlar quais tarefas o Project pode agendar automaticamente ou quais você agendará manualmente.
- Gerenciar tarefas, custos, trabalho e recursos em qualquer nível de detalhe que seja apropriado para as necessidades do seu projeto.
- Trabalhar com os dados de seu plano em uma variedade de modos de exibição e relatórios.
- Controlar e gerenciar seu plano durante a existência do projeto.
- Colaborar e compartilhar dados com outras pessoas na sua empresa utilizando uma variedade de opções de visualização e formatação de relatórios.
- Usar pools de recursos, projetos consolidados e vínculos entre projetos para estender o foco do gerenciamento por vários projetos.

O Project 2013 se baseia em versões anteriores para fornecer ferramentas de gerenciamento de projetos. A seção "Novos recursos do Project 2013", posteriormente neste capítulo, cataloga os principais novos recursos desde as últimas versões do Project e inclui referências cruzadas para os exercícios práticos relevantes deste livro.

# A família Project

O Project 2013 está disponível em duas edições:

- Project Standard que é um aplicativo de área de trabalho de nível de entrada, com o qual você pode criar e modificar planos de projeto.
- Project Professional que inclui todas as funcionalidades do Project Standard com recursos adicionais que você pode usar para criar e modificar os planos de projeto. Além disso, ele pode se conectar ao Project Web App (PWA), a interface baseada em navegador do Microsoft Project Server.

Além de instalar o Project em seu computador, existem outras opções para acessar o Project e serviços relacionados:

- Project Pro for Office 365, uma assinatura online.
- Project Online, a assinatura online para o Microsoft Project and Portfolio Management (Solução PPM) incorporada ao Project Web App e ao Project Server.
- Project Online com o Project Pro for Office 365.

**DICA** Para mais informações sobre como usar o Project com os serviços SharePoint e PWA, consulte o Apêndice C, "Colaboração: Project, SharePoint e PWA". Para saber mais sobre o Project Online e o Office 356, visite *office.microsoft.com/*.

Este livro enfoca os recursos dos aplicativos Project Standard e do Project Professional. Quando aparecer um recurso que é exclusivo do Project Professional, você verá instruções especiais para os usuários do Project Standard e do Project Professional.

# Novos recursos do Project 2013

A versão 2013 contém vários recursos novos e também alguns aprimorados, incluindo os seguintes:

- **RELATÓRIOS** O Project 2013 substitui o antigo recurso de relatórios tabulares por uma maneira inteiramente nova de visualizar os dados de seus projetos. O novo recurso de relatórios contém uma mistura dinâmica de tabelas, gráficos e conteúdo textual, e é bastante personalizável. Para mais informações, consulte "Como personalizar relatórios" no Capítulo 7, "Formatação e compartilhamento de seu plano", e o Capítulo 18, "Formatação de relatórios avançada". O recurso de relatórios visuais suportados no Microsoft Excel e no Microsoft Visio permanece no Project 2013 e está descrito na seção "Como gerar relatórios visuais com Excel e Visio", no Capítulo 20, "Compartilhamento de informações com outros programas".

- **CAMINHO DA TAREFA** Use esse recurso para identificar rapidamente as barras de Gantt das predecessoras e sucessoras da tarefa selecionada. Para mais informações, consulte "Visualização das relações entre tarefas com Caminho da Tarefa", no Capítulo 9, "Agendamento de tarefas avançado".

- **BACKSTAGE REMODELADO E INTEGRAÇÃO COM SKYDRIVE** Assim como nos outros aplicativos do Microsoft Office 2013, o rápido acesso ao armazenamento no SkyDrive agora está integrado no modo de exibição Backstage do Project 2013. Para mais informações, consulte "O modo de exibição Backstage: gerenciamento de arquivos e opções de configuração", no Capítulo 2, "Visão geral do Project".

- **UMA DATA DE CONCLUSÃO DE PROJETO MUITO POSTERIOR** A última data possível com que o Project pode trabalhar mudou de 31 de dezembro de 2049 para 31 de dezembro de 2149.

- **SUPORTE PARA ENTRADA POR TOQUE** Assim como nos outros aplicativos do Office 2013, é possível otimizar a interface do Project (principalmente os comandos da Faixa de Opções) para entrada por toque ou com o mouse.

- **NOVA APARÊNCIA MAIS LIMPA** Quando usar o Project 2013, você notará uma interface mais despojada e limpa. Essa nova aparência é compartilhada com outros aplicativos do Office 2013. Outros novos elementos visuais, como as úteis linhas que se estendem da tarefa selecionada até a parte do gráfico de um modo de exibição Gráfico de Gantt, são exclusividades do Project.

- **INTEGRAÇÃO COM LYNC (SOMENTE NO PROJECT PROFESSIONAL)** No Project Professional, é possível importar detalhes de recursos do Active Directory. (Para fazer isso, na guia Recurso, no grupo Inserir, clique em Adicionar Recursos e, em seguida, clique em Active Directory.) Então, no Project, é possível ver informações de presença de recursos (incluindo a disponibilidade e outros detalhes quaisquer suportados pela implementação de Active Directory de sua empresa). Também é possível iniciar um bate-papo no Lync ou criar uma mensagem de email para o recurso, diretamente do Project.

- **SUPORTE PARA APLICATIVOS DO OFFICE** O Project 2013 suporta suplementos de terceiros e aplicativos disponíveis no Office Store, localizado em office.microsoft.com/store.

Se você estiver atualizando para o Project 2013 a partir de uma versão anterior, provavelmente está mais interessado nas diferenças entre as versões antigas e a nova e em como elas o afetarão. As próximas seções listam os novos recursos introduzidos no Project 2010 e no Project 2007. Esses recursos também estão presentes no Project 2013 e, dependendo da versão de Project a partir da qual estiver atualizando, podem ser novidade para você.

# O que era novidade no Project 2010

A versão 2010 continha vários recursos novos e também alguns aprimorados, incluindo os seguintes:

- **A INTERFACE MICROSOFT OFFICE FLUENT (A "FAIXA DE OPÇÕES")** Não há mais procura por meio de menus, submenus e caixas de diálogo. Essa nova interface organiza em uma nova disposição todos os comandos que as pessoas mais utilizam, tornando-os rapidamente acessíveis a partir de guias na parte superior da janela do programa. Para mais informações, consulte "A Faixa de Opções e as guias: encontre os recursos que deseja", no Capítulo 2.

- **O MODO DE EXIBIÇÃO BACKSTAGE** Todas as ferramentas necessárias para trabalhar com seus arquivos podem ser acessadas em apenas um local. Para mais informações, consulte "O modo de exibição Backstage: gerenciamento arquivos e opções de configuração", no Capítulo 2.

- **TAREFAS AGENDADAS MANUALMENTE** Comece a criar tarefas com quaisquer informações (dados numéricos ou texto) que você tenha e não se preocupe com seu agendamento automático até que esteja tudo pronto. As tarefas agendadas manualmente não são afetadas pelas alterações na duração, datas de início ou término, dependências ou outros problemas que o Project poderia causar ao reagendar uma tarefa. Você pode então trocar tarefas individuais ou um plano inteiro do agendamento manual para o automático. Para mais informações, consulte "Nomes de tarefas" e "Como trocar o agendamento da tarefa de manual para automático", no Capítulo 4, "Criação de uma lista de tarefas".

- **MODO DE EXIBIÇÃO LINHA DO TEMPO** Crie um modo de exibição "visão geral do projeto" que inclua apenas as tarefas de resumo, tarefas e etapas que você escolher. Copie o modo de exibição Linha do Tempo como uma imagem gráfica para colar em outros aplicativos. Para mais informações, consulte "Como personalizar um modo de exibição Linha do Tempo", no Capítulo 7.

- **RECURSO MELHORADO DE COLAR PARA O EXCEL E O WORD** Cole os dados do Project no Excel ou no Word e preserve os cabeçalhos de coluna e a estrutura de tópicos dos seus dados do Project. Para mais informações, consulte "Como copiar dados do Project para outros programas", no Capítulo 20.

- **FAIXA DE OPÇÕES PERSONALIZADA** Crie suas próprias guias e grupos para se ajustarem ao modo como você trabalha. Para mais informações, consulte o Capítulo 19, "Como personalizar o Project".

- **CAMPOS PERSONALIZADOS** Basta começar a digitar um valor numérico, valor de data ou sequência de caracteres de texto na coluna mais à direita em uma tabela e o Project identificará o tipo de dados correto. Para mais informações, consulte "Como criar campos personalizados", no Capítulo 13, "Organização dos detalhes do projeto".

- **MELHORAMENTOS DO AUTOFILTRO** Use o filtro como no Microsoft Excel, assim como classificação e agrupamento, diretamente nas setas do AutoFiltro nos cabeçalhos de coluna. Para mais informações, consulte "Como filtrar detalhes do projeto", no Capítulo 13, "Organização dos detalhes do projeto".

- **SALVAR COMO PDF OU XPS** Crie documentos no formato PDF ou XPS diretamente no Project. Para mais informações, consulte "Como imprimir e exportar modos de exibição", no Capítulo 17, "Formatação e impressão avançadas".

- **MODO DE EXIBIÇÃO PLANEJADOR DE EQUIPE (SOMENTE NO PROJECT PROFESSIONAL)** Execute ações como reatribuir uma tarefa de um recurso para outro com operações de arrastar e soltar simples no modo de exibição Planejador de Equipe. Para mais informações, consulte "Ajuste das atribuições no modo de exibição Planejador de Equipe", no Capítulo 11, "Detalhes dos recursos e das atribuições".

- **TAREFAS INATIVAS (SOMENTE NO PROJECT PROFESSIONAL)** Desative (mas não exclua) as tarefas selecionadas em um plano de projeto para que elas não tenham efeito no agendamento global, mas possam ser reativadas mais tarde se necessário. Para mais informações, consulte "Como desativar tarefas", no Capítulo 12, "Ajuste do plano de projeto".

- **INTEGRAÇÃO COM AS LISTAS DE TAREFAS DO SHAREPOINT (SOMENTE NO PROJECT PROFESSIONAL)** Publique e sincronize as tarefas entre o Project e uma lista do Microsoft SharePoint. Para mais informações, consulte o Apêndice C.

## O que era novidade no Project 2007

A versão 2007 continha vários recursos novos e também alguns aprimorados, incluindo os seguintes:

- **RELATÓRIOS VISUAIS** Exporte tarefas, recursos ou detalhes de atribuição do Project para o Excel ou Visio em um formato gráfico altamente estruturado. Para mais informações, consulte "Como gerar relatórios visuais com o Excel e o Visio", no Capítulo 20.

- **REALCE DE ALTERAÇÃO** Veja que valores foram alterados em todo o plano de projeto imediatamente após fazer uma alteração em um valor calculado de tarefa, recurso ou atribuição.

- **RECURSOS DE CUSTO** Atribua esse tipo especial de recurso às tarefas para acumular categorias de custos que você deseja controlar, como viagens ou entretenimento. Para mais informações, consulte "Atribuição de recursos de custo às tarefas", no Capítulo 6, "Atribuição de recursos às tarefas".

- **PAINEL INSPETOR DE TAREFAS** Denominado painel Drivers de Tarefa no Project 2007, o painel Inspetor de Tarefas mostra os detalhes que afetam o agendamento de uma tarefa selecionada. Para mais informações, consulte "Ajuste das relações de vínculo entre tarefas", no Capítulo 9.

- **DESFAZER EM VÁRIOS NÍVEIS** Desfaz uma série de ações quando você precisar.

- **EXCEÇÕES DE PERÍODO ÚTIL DO CALENDÁRIO** Registra não apenas a data, mas também uma explicação de uma exceção de período útil do calendário de projeto ou de recurso. Para mais informações, consulte "Definição de dias não úteis no calendário do projeto", no Capítulo 3, "Como iniciar um novo plano".

## Você como gerente de projeto

O gerenciamento de projetos é uma arte e ciência amplamente praticadas. Se você está lendo este livro, as chances são de que está seriamente envolvido em gerenciamento de projetos ou deseja estar.

O Project é um aplicativo do Microsoft Office singular, pois é um programa especializado, feito para a área específica de gerenciamento de projetos. Talvez você trabalhe profissionalmente como gerente de projeto ou, talvez, nem mesmo se identifique como tal. De qualquer modo, seu sucesso como usuário do Project estará em grande medida relacionado ao seu sucesso como gerente de projeto. Vamos explorar um pouco esse assunto.

Essencialmente, o gerenciamento de projetos é uma combinação de habilidades que ajuda a prever e a controlar os resultados dos esforços empreendidos pela sua empresa. Ela pode estar envolvida com outros trabalhos além de projetos. *Projetos* (como a publicação de um novo livro infantil) são diferentes das *opera-*

*ções continuadas* (como executar serviços de folha de pagamento). Os projetos são definidos como *esforços temporários empreendidos para criar algum produto ou resultado único*. Com a utilização de um bom sistema de gerenciamento de projetos, você poderá responder a perguntas como:

- Que tarefas devem ser executadas, e em que ordem, para produzir o resultado do projeto?
- Quando cada tarefa deve ser executada e qual o ***prazo final***?
- Quem completará essas tarefas?
- Qual será o seu custo?
- E se algumas tarefas não forem concluídas de acordo com o cronograma?
- Qual é a melhor maneira de comunicar os detalhes do projeto às pessoas interessadas nele?

Um bom gerenciamento de projeto não garante o sucesso dele, mas um projeto mal gerenciado geralmente é malsucedido.

Um princípio fundamental da estratégia educacional deste livro é que o sucesso com o Project depende da prática do gerenciamento de projeto. Embora o Project seja um aplicativo cheio de recursos, apenas o domínio de seus recursos não garante o sucesso no gerenciamento de projetos. Por isso, você vai encontrar material sobre prática de gerenciamento de projetos ao longo do livro. Consulte, por exemplo, o seguinte:

- Os muitos quadros "Enfoque do gerenciamento de projetos" ao longo dos capítulos
- O Apêndice A, "Um breve curso em gerenciamento de projetos"
- O Apêndice B, "Como desenvolver suas habilidades em gerenciamento de projeto"

## Vamos começar!

Ao longo deste livro, você desempenhará o papel de gerente de projeto de uma editora de livros infantis fictícia, a Lucerne Publishing. Cada novo livro (inclusive este) constitui um projeto próprio; na verdade, alguns são complexos, envolvendo recursos caros e prazos finais curtos. Acreditamos que você será capaz de reconhecer grande parte dos problemas de agendamento que os gerentes de projeto da Lucerne Publishing enfrentam e aplicar suas estratégias e soluções às suas próprias necessidades.

Temos trabalhado com o Project desde que ele estreou no Microsoft Windows, e a cada versão ele ofereceu algo que tornou o planejamento e o gerenciamento de projeto um pouco mais fácil. O Project 2013 dá continuidade a essa tradição de aplicativo para o gerenciamento de projetos, e estamos ansiosos para mostrá-lo a você.

# Visão geral do capítulo

## Gerenciar

Explore o modo de exibição Backstage, a interface para gerenciamento de arquivos e outros recursos, página 15.

## Navegar

Percorra as guias e a Faixa de Opções da interface do Project, página 19.

## Visualizar

Use diferentes modos de exibição para ver os dados do Project da maneira que desejar, página 25.

## Relatar

Transmita os dados de seu plano em novos formatos atraentes, página 31.

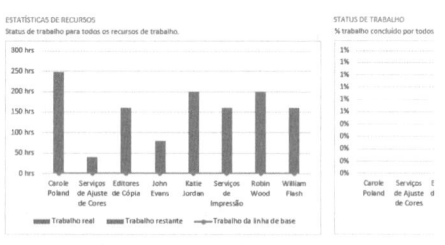

# Visão geral do Project

## 2

### NESTE CAPÍTULO, VOCÊ APRENDERÁ A:

- Usar o modo de exibição Backstage para compartilhar e gerenciar arquivos do Project.
- Trabalhar com comandos em diferentes guias da Faixa de Opções.
- Usar diferentes modos de exibição para ver as informações apresentadas de diferentes maneiras.
- Usar relatórios para comunicar rapidamente o status de seu plano de projeto.

Este capítulo apresenta uma visão geral do Microsoft Project 2013. Se você for iniciante no programa, verá os recursos e atividades essenciais que o tornam um aplicativo poderoso. Neste capítulo serão apresentados muitos dos recursos e convenções do Project com que você vai trabalhar neste livro.

**ARQUIVOS DE PRÁTICA** Para fazer os exercícios deste livro, você precisa copiar os arquivos de prática para seu computador. Na seção "Como baixar os arquivos de prática", no início do livro, há uma lista completa desses arquivos e explicações sobre como baixá-los de nosso site.

**IMPORTANTE** Se você estiver executando o Project Professional com Project Web App/Project Server, tome o cuidado de não salvar no Project Web App (PWA) os arquivos de prática com os quais trabalhará neste livro. Para mais informações, consulte o Apêndice C, "Colaboração: Project, SharePoint e PWA".

# A interface do Project: encontre o que procura

É possível iniciar o Project a partir do menu Iniciar (no Windows 7) ou da tela Iniciar (no Windows 8), ou abrindo um arquivo do Microsoft Project. Neste exercício, você vai iniciar o Project sem abrir um arquivo e depois vai examinar as principais áreas da interface.

1 Escolha uma das opções:

- Se estiver executando o Windows 7: no menu **Iniciar**, aponte para **Todos os Programas**, clique em **Microsoft Office** e, em seguida, clique em **Project 2013**.

- Se estiver executando o Windows 8: na tela Inicial, toque ou clique em **Project 2013**.

A tela inicial do Project aparece. Aqui, é possível abrir rapidamente um plano aberto recentemente, abrir algum outro plano ou criar um novo plano baseado em um modelo.

**DICA** Se a tela inicial não apareceu quando você iniciou o Project, faça o seguinte: na guia Arquivo, clique em Opções. Na caixa de diálogo Opções do Project, clique em Geral e, em Opções de inicialização, clique em Mostrar a tela de início quando este aplicativo for iniciado.

2 Clique em **Projeto vazio**.

Sua tela deve ser semelhante a esta figura:

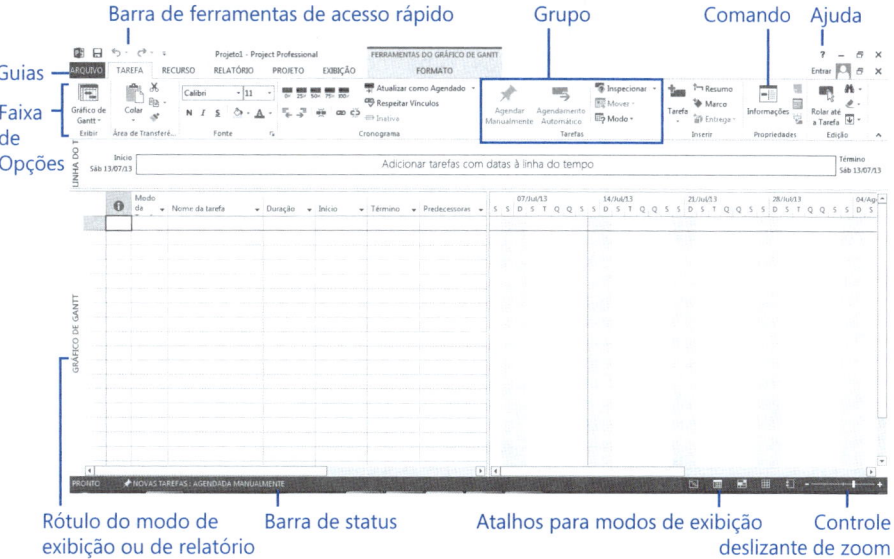

A janela do Project que você vê na sua tela pode ser diferente do que é mostrado neste livro. Isso depende da resolução da sua tela e das personalizações anteriores feitas no Project no seu computador.

Vamos percorrer as principais áreas da interface do Project:

- **Barra de Ferramentas de Acesso Rápido** é uma área personalizável da interface onde você pode adicionar seus comandos favoritos ou mais utilizados. Para mais informações, consulte o Capítulo 19, "Como personalizar o Project".

- **Guias da Faixa de Opções** substituem os menus suspensos e as barras de ferramentas que talvez você conheça. As guias agrupam áreas de enfoque de alto nível do Project. A *Faixa de Opções* contém os comandos utilizados para executar ações no Project.

- **Grupos** são coleções de comandos relacionados. Cada guia está dividida em vários grupos.

- **Comandos** são os recursos específicos utilizados para executar ações no Project. Cada guia contém vários comandos. Alguns, como Recortar na guia Tarefa, executam uma ação imediata. Outros, como Alterar Período de Trabalho na guia Projeto, exibem uma caixa de diálogo ou solicitam a execução de uma ação adicional de algum outro jeito. É possível ver uma descrição da maioria dos comandos apontando o cursor do mouse sobre eles.

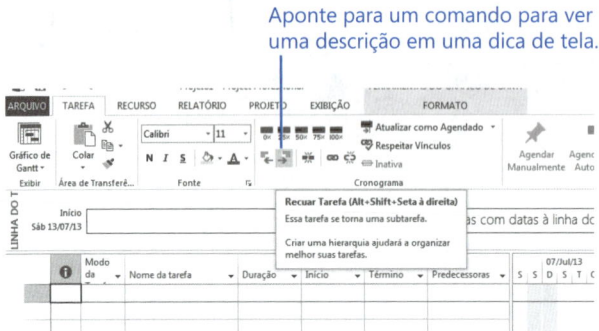

- O modo de exibição ativo aparece na janela principal do Project. O Project pode mostrar um ou vários modos de exibição em painéis separados.

- O rótulo **Modo de Exibição** aparece ao longo da margem esquerda do modo de exibição ativo. O Project contém dezenas de modos de exibição; portanto, esse é um lembrete útil do modo ativo no qual você está.

- **Atalhos para modos de exibição** permitem alternar rapidamente entre alguns dos modos de exibição usados com mais frequência no Project. O **controle deslizante de Zoom** aumenta ou diminui o zoom do modo de exibição ativo.

- A **Barra de Status** exibe alguns detalhes importantes, como o modo de agendamento de novas tarefas (manual ou automático), e se um filtro foi aplicado no modo de exibição ativo.

- Os *menus de atalho* e as **minibarras de ferramentas** podem ser acessados clicando com o botão direito do mouse na maioria dos itens encontrados em um modo de exibição.

    DICA  Eis uma boa prática. Quando você não tiver certeza sobre quais ações pode executar, dê um clique com o botão direito do mouse no item que deseja usar e veja quais comandos estão disponíveis para ele.

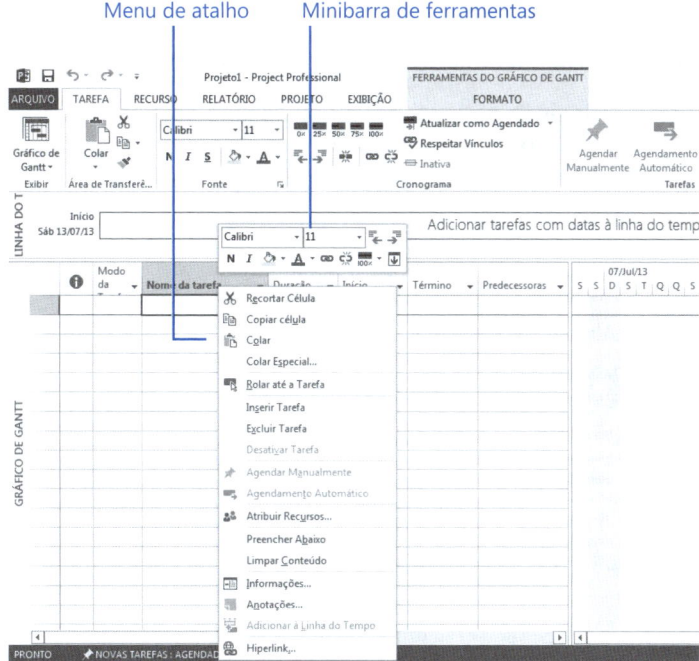

Agora, você vai usar o modo de exibição Backstage para abrir um plano de exemplo.

# O modo de exibição Backstage: gerenciamento de arquivos e opções de configuração

O *modo de exibição Backstage* faz parte da interface do Project, e você verá um modo de exibição Backstage semelhante na maioria dos outros aplicativos do Office 2013. O modo de exibição Backstage contém opções de personalização e compartilhamento, além de comandos essenciais para gerenciamento de arquivos, como Abrir, Novo e Salvar.

Neste exercício, você vai navegar pelo modo de exibição Backstage e ver suas partes principais.

1 Clique na guia **Arquivo**.

O Project apresenta o modo de exibição Backstage.

2 Se a tela Abrir ainda não estiver visível, no lado esquerdo do modo de exibição Backstage, clique na guia **Abrir**.

O Project apresenta opções para abrir arquivos e também uma lista dos arquivos abertos recentemente.

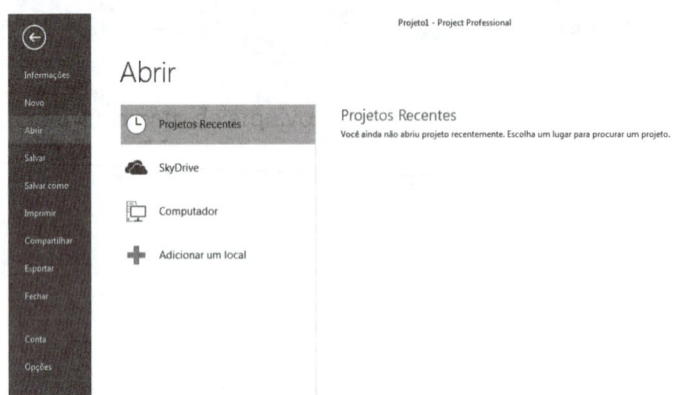

Aqui está uma pequena lista das guias do modo de exibição Backstage. Na maioria dos casos, você pode clicar no nome da guia para ver mais opções:

- **Informações** permite acessar o Organizador, um recurso utilizado para compartilhar elementos personalizados, como modos de exibição entre planos de projeto; o Organizador será descrito no Capítulo 19. Informações também mostra dados do plano ativo, como datas de início e de término, estatísticas e propriedades avançadas. Você vai trabalhar com as propriedades avançadas no Capítulo 3, "Como iniciar um novo plano". Se estiver usando o Project Professional com o Project Web App, você também terá acesso aos detalhes de sua conta.

- **Novo** exibe as opções para criar um novo plano de projeto a partir do zero ou baseado em um modelo. Você vai usar o comando Novo na próxima seção.

- **Abrir**, **Salvar**, **Salvar como** e **Fechar** são comandos de gerenciamento de arquivo padrão.

- **Imprimir** contém opções para imprimir um plano de projeto e a visualização de impressão. Você vai trabalhar com opções de impressão no Capítulo 7, "Formatação e compartilhamento de seu plano", e no Capítulo 17, "Formatação e impressão avançadas".

- **Compartilhar** contém opções para sincronizar com o SharePoint e anexar um plano a uma mensagem de email.

- **Exportar** contém opções para gerar um arquivo do plano no formato PDF (Portable Document Format) ou XPS (XML Paper Specification) e outras opções de exportação de conteúdo. Você vai trabalhar com esses recursos no Capítulo 20, "Compartilhamento de informações com outros programas".

- **Conta** exibe os serviços conectados e também informações sobre o Project, como os dados da versão. Com uma conta na Microsoft, é possível utilizar serviços como o *streaming* de aplicativos do Office, armazenamento de arquivos no SkyDrive e a transferência de configurações pessoais. Quando você está conectado, suas informações de usuário aparecem no canto superior direito da janela do Project.

- **Opções** exibe a caixa de diálogo Opções do Project. Essa caixa de diálogo contém várias guias por meio das quais é possível ajustar diversos comportamentos do Project, por exemplo, se a tela inicial deve aparecer ao se iniciar o Project.

    **DICA** Para sair do modo de exibição Backstage, clique no botão Voltar, no canto superior esquerdo da tela do Backstage. Você também pode pressionar a tecla Esc.

    A seguir, você vai abrir o arquivo de prática com o qual trabalhará no restante deste capítulo. Lembre-se de que antes é preciso copiar os arquivos de prática do livro para seu computador. Na seção "Como baixar os arquivos de prática", no início deste livro, existe uma lista completa desses arquivos.

3 Se a tela Abrir ainda não estiver visível no Backstage, clique em **Abrir**.

4 Clique em **Computador**, clique em **Procurar** e, em seguida, navegue até a pasta de arquivos de prática Capitulo02.

5 Abra **Visao Geral_Inicio** na pasta Capitulo02.

    O arquivo de prática é exibido.

# Parte 1 Introdução ao Microsoft Project

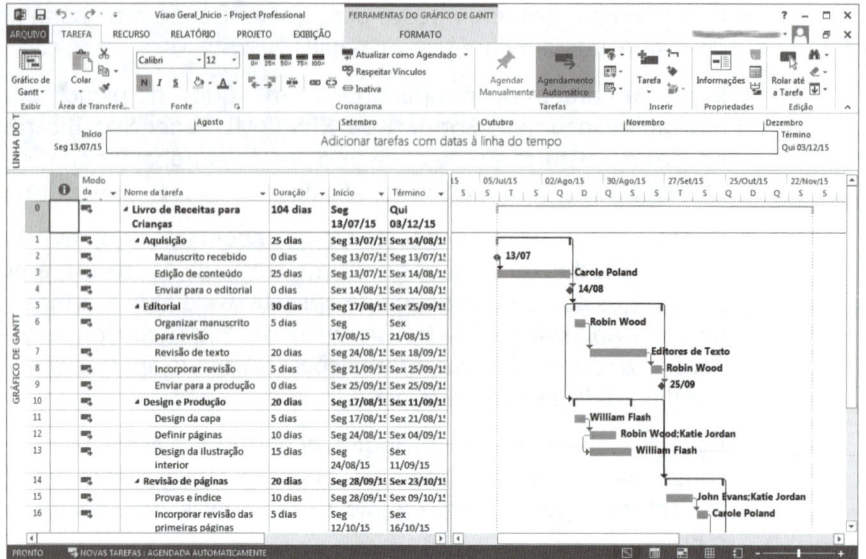

Para concluir este exercício, você vai salvar o arquivo de prática com um nome diferente.

6 Na guia **Arquivo**, clique em **Salvar como**.

7 Clique em **Computador**, clique em **Procurar** e, em seguida, navegue até a pasta de arquivos de prática Capitulo02.

8 Na caixa **Nome do arquivo**, digite **Visao Geral** e, em seguida, clique em **Salvar**.

---

## Modelos: como evitar a reinvenção da roda

Em vez de criar um plano de projeto a partir do zero, é possível usar um *modelo* que inclua grande parte das informações iniciais das quais você necessita, como nomes de tarefas e dependências. As fontes de modelos incluem:

- Modelos instalados com o Project. Esses modelos podem variar dependendo das opções de instalação que foram selecionadas quando o Project foi instalado no seu computador.

- Modelos do site Office Online, *www.office.com*. A Microsoft disponibiliza vários modelos para o Project com download gratuito via Web.

- Modelos da sua organização. Você pode estar em uma organização que tem uma biblioteca central de modelos. Frequentemente, esses modelos contêm definições de tarefas detalhadas, atribuições de recursos e outros detalhes exclusivos da organização.

> Para ver os modelos disponíveis, clique na guia Arquivo e, em seguida, clique em Novo. Os modelos também aparecem na tela inicial do Project.
>
> Além disso, o Project pode gerar um arquivo novo baseado em arquivos já existentes do Project ou de outros aplicativos. (Na guia Arquivo, clique em Novo e, em seguida, clique em Novo a partir de projeto existente, em Novo da pasta de trabalho do Excel ou em Novo da Lista de Tarefas do SharePoint.)
>
> Também é possível criar modelos a partir de seus planos para uso posterior ou para compartilhamento. Uma preocupação comum em relação ao compartilhamento de planos de projeto é que eles podem conter informações confidenciais, como remunerações de recursos. É possível salvar um plano como um modelo e apagar essas informações, assim como o andamento do cronograma.
>
> 1 Na guia **Arquivo**, clique em **Salvar como**.
>
> 2 Navegue até a pasta onde você deseja criar o novo modelo baseado em seu plano.
>
> 3 Na caixa **Tipo**, clique em **Modelo do Project**.
>
> 4 Na caixa **Nome do arquivo**, digite o nome desejado para o arquivo de modelo e, em seguida, clique em **Salvar**.
>
> 5 Quando a caixa de diálogo **Salvar como modelo** aparecer, selecione os tipos de informação, como taxas do recurso, que você deseja remover do modelo.
>
> O plano original não é afetado.

# A Faixa de Opções e as guias: encontre os recursos que deseja

Semelhante a outros aplicativos do Office 2013, o Project 2013 utiliza a interface Fluent, comumente chamada de *Faixa de Opções*. As partes mais importantes dessa interface são as guias e a Faixa de Opções que se estendem ao longo da parte superior da janela do Project. Nesta seção, você vai trabalhar com as guias para ver como estão organizadas.

Essas guias agrupam em ordem lógica os comandos utilizados nas principais áreas do Project:

- As guias **Tarefa** e **Recurso** se referem aos dados com os quais você trabalha com frequência no Project.

- A guia **Relatório** contém comandos que você pode utilizar para ver relatórios e comparar dois planos.

- A guia **Projeto** contém os comandos que se aplicam ao plano de projeto inteiro, como a definição do período de trabalho do plano.

- A guia **Exibição** ajuda a controlar o que você vê na janela do Project e como essas informações aparecem.

- Guias contextuais, como a **Formato** (outras guias contextuais que você poderá ver incluem **Design** e **Layout**), vão variar de acordo com o tipo de informação apresentada no modo de exibição ativo ou com o tipo de item selecionado no momento. Por exemplo, quando um modo de exibição de tarefas, como o ***modo de exibição Gráfico de Gantt***, é exibido, os comandos da guia contextual Formato se aplicam às tarefas e aos itens do Gráfico de Gantt, como as barras de Gantt. O contexto atual da guia Formato aparece acima da guia – Ferramentas do Gráfico de Gantt, por exemplo.

**DICA** Para recolher ou expandir a Faixa de Opções, você pode dar um clique duplo na aba de uma guia. Também é possível ver uma guia recolhida dando um clique simples em seu nome e, então, selecionando o comando desejado.

Vamos examinar as guias mais de perto.

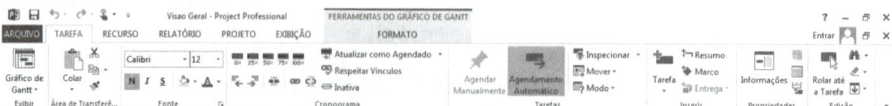

Como todas as guias, Tarefa contém um grande número de comandos organizados em grupos. A guia Tarefa inclui os grupos Exibir, Área de Transferência, Fonte e outros.

Se você habilitou a entrada por toque (na Barra de Ferramentas de Acesso Rápido, no canto superior esquerdo da janela do Project, clique no botão Modo de Toque/Mouse), os comandos na Faixa de Opções aparecem maiores e alguns não têm rótulos de texto.

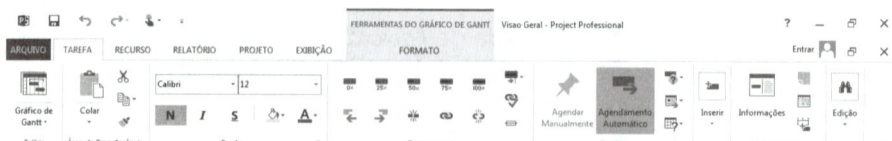

Alguns comandos executam uma ação imediata, enquanto outros oferecem mais opções. Em seguida, você vai examinar diferentes guias e tipos de botões de comando.

1 Clique na guia **Recurso**.

   A guia Recurso substitui a guia Tarefa.

Capítulo 2 Visão geral do Project **21**

2 No grupo **Atribuições**, clique em **Atribuir Recursos**.

Esse comando tem um efeito imediato; ele exibe a caixa de diálogo Atribuir recursos.

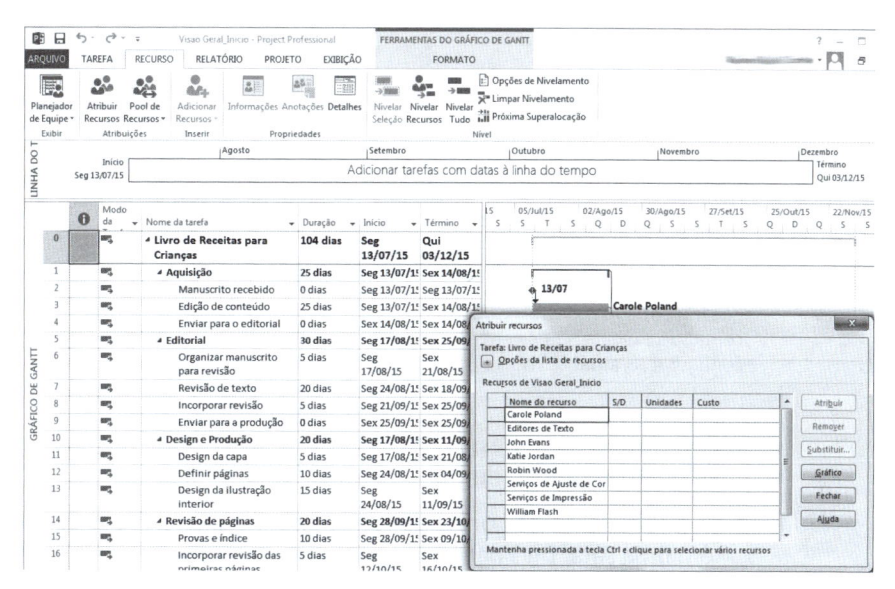

Você pode deixar a caixa de diálogo Atribuir recursos aberta enquanto executa outras ações no Project. Mas, por enquanto, você vai fechá-la.

3 Na caixa de diálogo **Atribuir recursos**, clique em **Fechar**.

4 Clique na guia **Exibição**.

Essa guia contém uma mistura de tipos de comandos. Como você pode ver, alguns comandos, como Nova Janela, têm apenas um nome de comando e um ícone.

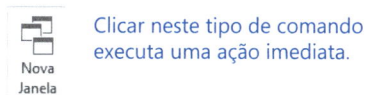

Clicar neste tipo de comando executa uma ação imediata.

Na maioria dos casos, esses comandos executam uma ação imediata.

Outros comandos, como Classificar, incluem um nome e uma seta.

Clicar neste tipo de comando exibe mais opções.

5 Na guia **Exibição**, no grupo **Dados**, clique em **Classificar**.

Esse comando exibe uma lista de opções de classificação.

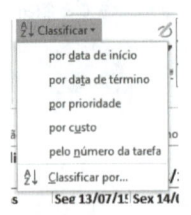

Outro tipo de comando, chamado *botão dividido*, pode executar uma ação imediata ou mostrar mais opções. Você vai examinar um exemplo agora: o botão Gráfico de Gantt.

Clicar na imagem deste comando executa sua configuração atual.

Clicar no nome ou na parte da seta deste comando exibe opções e configurações.

- Clicar na imagem desse comando troca imediatamente para o modo de exibição de gráfico de Gantt, visto anteriormente.

- Clicar no nome do comando (ou apenas na seta, para os comandos que têm uma seta, mas nenhum nome) mostra as configurações disponíveis para ele.

6 Na guia **Tarefa**, no grupo **Exibir**, clique em **Gráfico de Gantt** abaixo da imagem do botão.

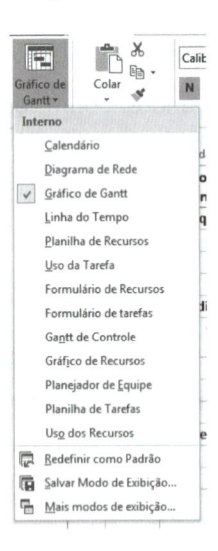

7 Na lista de modos de exibição que aparece, clique em **Calendário**.

O Project troca para o modo de exibição Calendário.

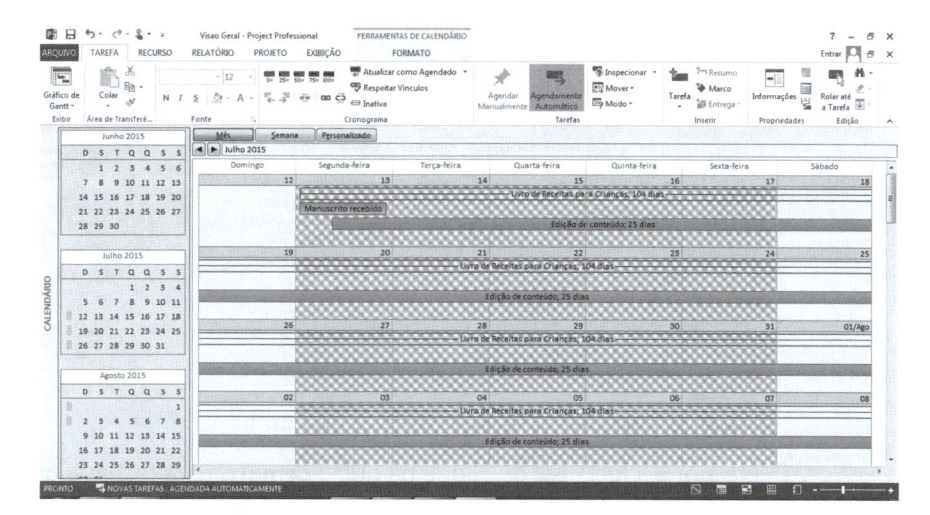

O modo de exibição Calendário é parecido com um calendário "mensal" tradicional e mostra as tarefas como barras abrangendo os dias nos quais elas estão programadas para ocorrer.

Agora, você vai voltar para o modo de exibição Gráfico de Gantt.

8 Na guia **Tarefa**, no grupo **Exibir**, clique na parte da imagem do botão **Gráfico de Gantt**.

**DICA** Neste livro, quando você vir uma instrução dizendo para clicar em um comando que possui uma imagem gráfica e também uma seta apresentando mais opções, clique na imagem gráfica (salvo indicação em contrário).

Em seguida, você vai examinar outros tipos de botão.

9 Na guia **Formato**, no grupo **Estilo de Gráfico de Gantt**, clique no botão **Mais** a fim de exibir os estilos de cores predefinidos.

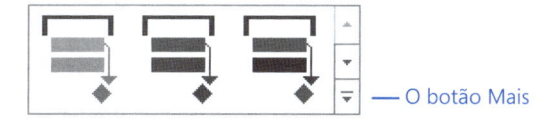

— O botão Mais

Uma galeria de opções de barras de Gantt pré-formatadas é exibida.

Você vai trabalhar com essas opções no Capítulo 7.

10  Pressione a tecla Esc ou clique na guia **Formato** para fechar a galeria.

Para ver mais opções de formatação de barra de Gantt, você vai usar um tipo de botão diferente.

11  Na guia **Formato**, no grupo **Estilo de Gráfico de Gantt**, clique no botão **Formatar Estilos de Barra** no canto inferior direito do grupo.

O botão Iniciador de caixa de diálogo

A caixa de diálogo Estilos de barra é exibida.

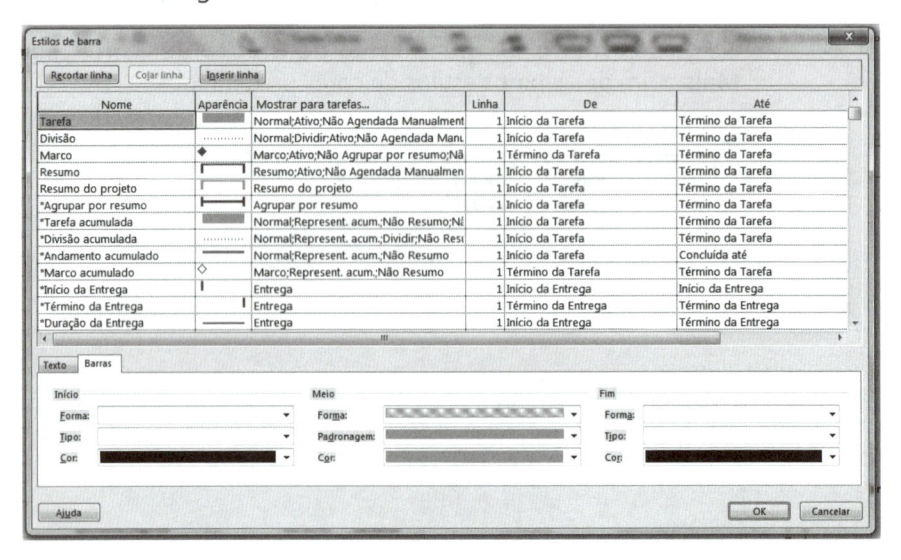

O botão Formatar Estilos de Barra é um exemplo de *iniciador de caixa de diálogo*. Ao contrário da caixa de diálogo Atribuir recursos estudada anteriormente, você deve fechar a caixa de diálogo Estilos de barra antes que possa executar outras ações.

12  Clique em **Cancelar** para fechar a caixa de diálogo **Estilos de barra**.

Existem outras maneiras de acessar comandos no Project, mas o que você viu neste exercício abrange a maioria das interfaces de comando do Project.

DICA  Teclas de atalho são suportadas por todo o Project. Para ver as teclas de atalho dos comandos disponíveis, pressione a tecla Alt. Outras teclas de atalho, como as utilizadas para a operação desfazer em vários níveis do Project (Ctrl+Z), geralmente estão disponíveis o tempo todo.

Em seguida, você vai alterar o modo de exibição ativo e outros detalhes com os quais trabalha no Project.

# Modos de exibição: utilize os detalhes de cronograma do seu jeito

O espaço de trabalho do Project é denominado *modo de exibição*. O Project contém muitos tipos de modos de exibição. Alguns exemplos deles incluem tabelas com elementos gráficos, tabelas com escalas de tempo, apenas tabelas, gráficos e diagramas, e formulários. Em alguns modos de exibição é possível filtrar, classificar ou agrupar dados, assim como personalizar os tipos de dados que são exibidos. É possível usar e personalizar os modos de exibição que acompanham o Project e também criar os seus próprios.

O Project contém dezenas de modos de exibição, mas você normalmente só trabalha com um (às vezes, dois) de cada vez. Os modos de exibição são usados para inserir, editar, analisar e exibir as informações de seu projeto. O modo de exibição padrão – o qual você vê quando cria um novo plano – é o Gantt com Linha do Tempo.

Em geral, os modos de exibição enfocam os detalhes da tarefa, do recurso ou da *atribuição*. O modo de exibição Gráfico de Gantt, por exemplo, lista os detalhes da tarefa em uma tabela no lado esquerdo e representa graficamente cada tarefa como uma barra no gráfico no lado direito do modo de exibição. O modo de exibição Gráfico de Gantt é uma maneira comum de representar um cronograma. Também é útil para inserir e ajustar os detalhes da tarefa e para analisar seu projeto.

Neste exercício, você vai começar no modo de exibição Gráfico de Gantt e, em seguida, trocar para outros modos que enfocam aspectos diferentes de um plano de projeto.

1 Na guia **Exibição**, no grupo **Zoom**, clique na seta da caixa **Escala de Tempo** e, depois, em **Dias**.

O Project ajusta a escala de tempo para mostrar os dias individualmente. Os dias de folga, como fins de semana, estão formatados em cinza claro.

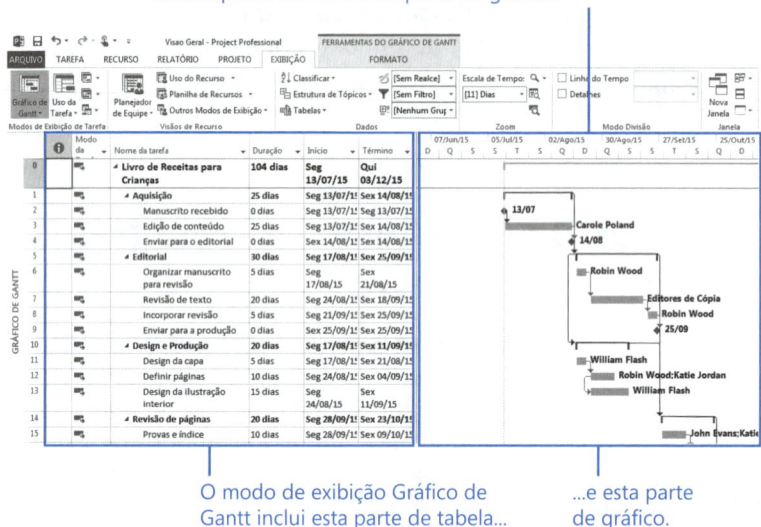

Você pode ajustar a escala de tempo para mudar o quanto de seu plano fica visível na parte do gráfico.

O modo de exibição Gráfico de Gantt inclui esta parte de tabela... ...e esta parte de gráfico.

Você pode ajustar a escala de tempo no modo de exibição Gráfico de Gantt de várias maneiras. Aqui, você usou a caixa Escala de Tempo na guia Exibição. Também é possível usar o controle deslizante de Zoom no canto inferior direito da barra de status.

A seguir, você vai abrir um modo de exibição que é uma maneira útil de ter uma "visão geral" do plano.

2 Na guia **Exibição**, no grupo **Modo Divisão**, marque a caixa de seleção **Linha do Tempo**.

O Project mostra o modo de exibição Linha do Tempo no painel acima do modo de exibição Gráfico de Gantt.

Esse modo de exibição Linha do Tempo foi preenchido para você com alguns detalhes do plano de projeto. Você vai criar um modo de exibição Linha do Tempo personalizado no Capítulo 7.

Capítulo 2  Visão geral do Project  **27**

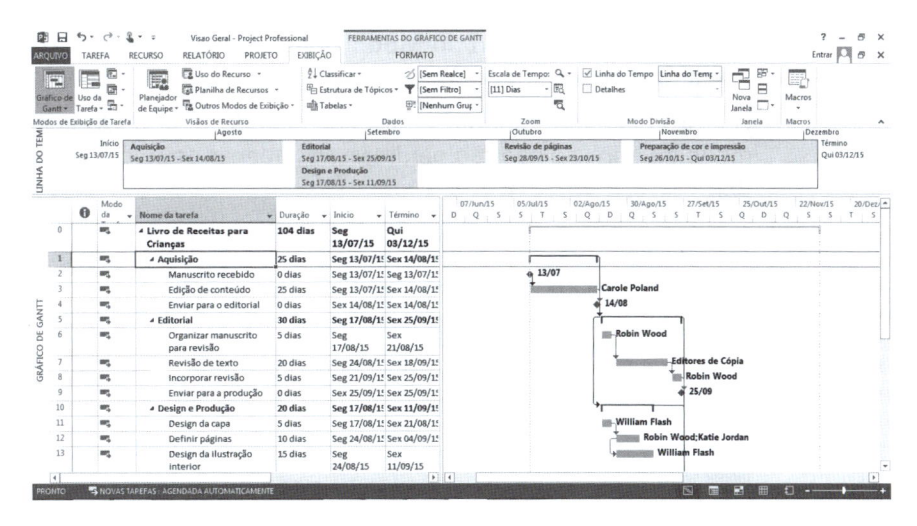

3 Clique em qualquer lugar no modo de exibição **Linha do Tempo**.

Observe que o nome acima da guia Formato mudou para Ferramentas da Linha do Tempo. Os comandos apresentados na guia Formato agora são específicos para o modo de exibição Linha do Tempo. Ao longo deste exercício, à medida que você abrir diferentes modos de exibição, observe que o nome acima da guia Formato muda de forma correspondente.

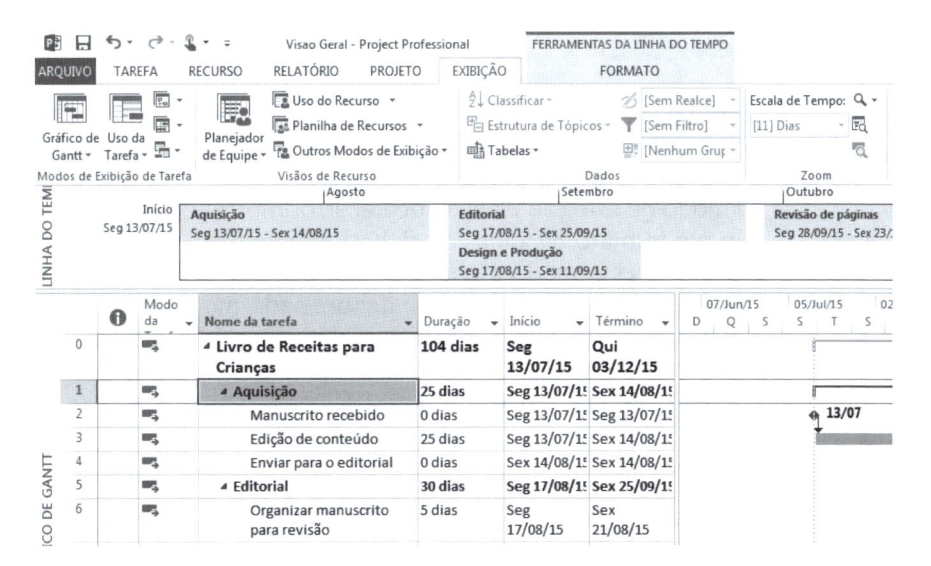

4 Na guia **Exibição**, no grupo **Modo Divisão**, desmarque a caixa de seleção **Linha do Tempo**.

O Project oculta o modo de exibição Linha do Tempo. (As informações do modo de exibição não são perdidas; elas apenas estão ocultas, por enquanto.)

A seguir, você vai trocar para um modo de exibição de planilha.

5 Na guia **Exibição**, no grupo **Visãos de Recurso\***, clique em **Planilha de Recursos**.

O modo de exibição Planilha de Recursos substitui o modo de exibição Gráfico de Gantt.

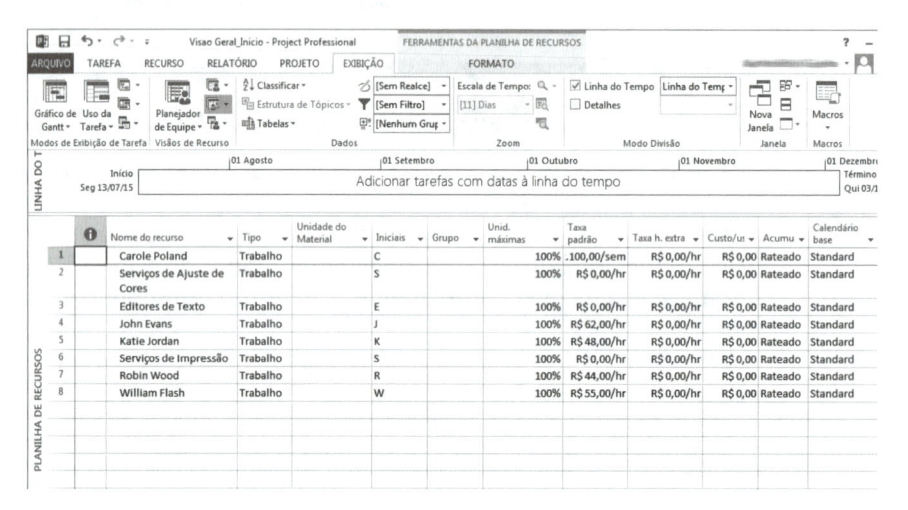

O modo de exibição Planilha de Recursos mostra detalhes sobre os recursos em um formato de linhas e colunas (denominado *tabela*), com um recurso por linha. Esse modo é chamado de *modo de exibição de planilha*. Outro modo de exibição de planilha, denominado *modo de exibição Planilha de Tarefas*, lista os detalhes das tarefas. Além disso, observe que o nome da guia contextual mudou para Ferramentas da Planilha de Recursos, com base no modo de exibição ativo.

Observe que o modo de exibição Planilha de Recursos não informa nada sobre as tarefas às quais os recursos podem ser atribuídos. Para ver esse tipo de informação, você vai trocar para um modo de exibição diferente.

6 Na guia **Exibição**, no grupo **Visãos de Recurso**, clique em **Uso do Recurso**.

---

\* N. de E.: Conforme a aba Exibição do software Microsoft Project 2013.

O modo de exibição Uso dos Recursos substitui o modo Planilha de Recursos. Esse modo de exibição de uso agrupa as tarefas às quais cada recurso está atribuído e mostra as atribuições de trabalho por recurso em uma escala de tempo, como diária ou semanalmente.

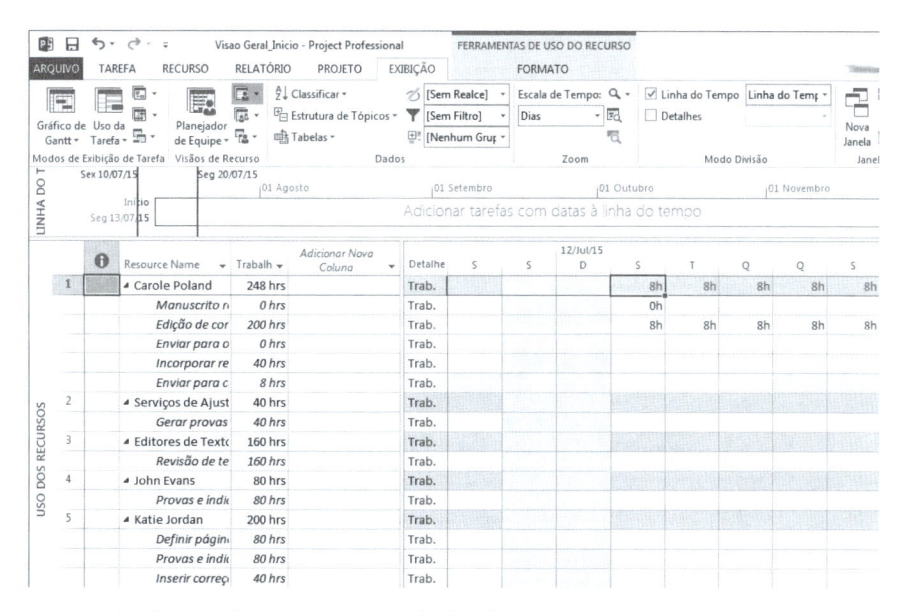

Na grade de escala de tempo no lado direito da tabela de uso, é possível ver algumas atribuições de trabalho de Carole Poland no plano de projeto. Atualmente, a linha de tempo desse modo de exibição de uso mostra o trabalho atribuído por dia. Assim como na escala de tempo do Gráfico de Gantt, é possível ajustar essa escala de tempo usando o comando Escala de Tempo na guia Exibição ou o controle deslizante de Zoom no canto inferior direito da barra de status.

Outro modo de exibição de uso, o modo de exibição Uso da Tarefa, dispõe os dados de forma a exibir todos os recursos atribuídos a cada tarefa. Você vai trabalhar mais com esses modos de exibição de uso no Capítulo 9, "Agendamento de tarefas avançado".

7 Na guia **Exibição**, no grupo **Modos de Exibição de Tarefa**, clique em **Gráfico de Gantt**.

O modo de exibição Gráfico de Gantt é exibido.

Para concluir este exercício, você vai exibir um modo de exibição com divisão diferente.

8 Se necessário, role verticalmente o modo de exibição Gráfico de Gantt para que a tarefa 12 fique próxima à parte superior da janela.

9 Na coluna **Nome da tarefa**, clique no nome da tarefa 12, *Definir páginas*.

10 Na guia **Exibição**, no grupo **Modo Divisão**, clique em **Detalhes**.

O Formulário de Tarefas aparece abaixo do modo de exibição Gráfico de Gantt.

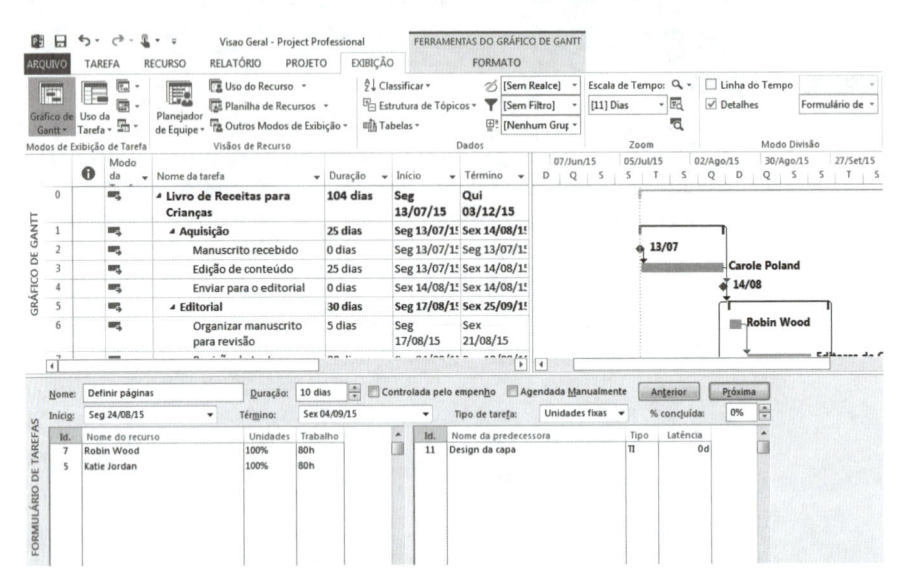

Nesse tipo de modo de exibição com divisão, o Gráfico de Gantt é o modo de exibição principal e o Formulário de Tarefas é o painel de detalhes. Os detalhes sobre a tarefa selecionada no modo de exibição Gráfico Gantt aparecem no Formulário de Tarefas. Também é possível editar os valores diretamente no Formulário de Tarefas. Você vai trabalhar com o Formulário de Tarefas no Capítulo 6, "Atribuição de recursos às tarefas", e com o Formulário de Recursos similar, no Capítulo 5, "Configuração dos recursos".

11 Na guia **Exibição**, no grupo **Modo Divisão**, desmarque a caixa de seleção **Detalhes**.

O Formulário de Tarefas é fechado.

Existem muitos outros modos de exibição no Project. Você pode vê-los clicando em Mais modos de exibição no grupo Modos de Exibição de Tarefa ou em Visões de Recurso na guia Exibição. Lembre-se de que em todos esses modos de exibição, assim como em todos os outros modos do Project, você está examinando diferentes aspectos do mesmo conjunto de detalhes de um plano de projeto.

Capítulo 2  Visão geral do Project  **31**

Mesmo um simples plano pode conter dados demais para serem exibidos de uma vez. Use os modos de exibição para ajudar a enfocar detalhes específicos.

# Relatórios: visualize o status do projeto de novas maneiras

As edições anteriores do Project suportavam relatórios tabulares destinados principalmente à impressão. No Project 2013, os *relatórios* foram bastante aprimorados, permitindo transmitir os dados de seu plano em novos formatos atraentes. Agora os relatórios incluem elementos como gráficos, tabelas e imagens para comunicar o status de seu plano de projeto e são bastante adaptáveis. É possível imprimir ou ver relatórios diretamente na janela do Project, assim como qualquer modo de exibição. Também é possível copiar os relatórios e colá-los em outros aplicativos, como o Microsoft PowerPoint.

Neste exercício, você vai explorar um relatório.

1 Na guia **Relatório**, no grupo **Ver Relatórios**, clique em **Recursos** e, em seguida, em **Visão geral do Recurso**.

O relatório Visão Geral do Recurso é exibido.

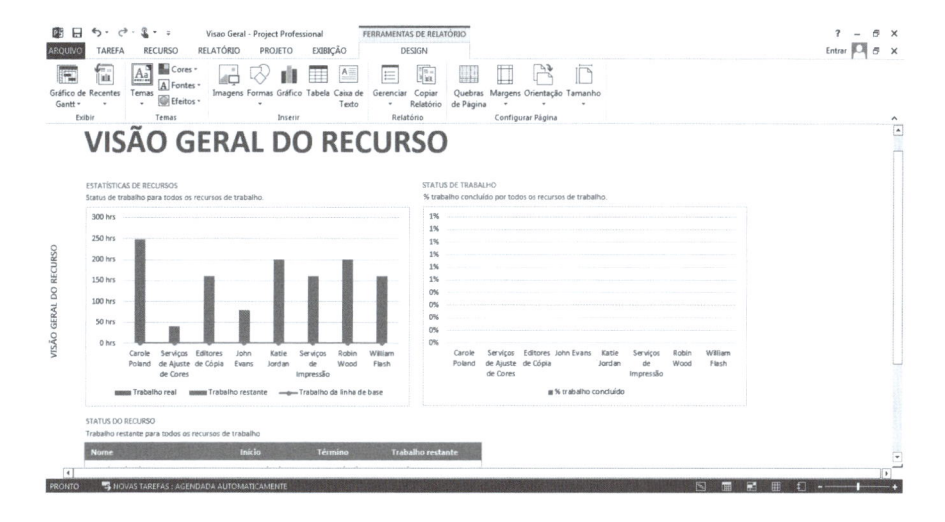

2   Role verticalmente para ver todo o conteúdo do relatório.

    Como você pode ver, esse relatório inclui dois gráficos e uma tabela.

3   Clique no gráfico *Estatísticas de Recursos*.

    Ao fazer isso, você vê duas coisas acontecerem.

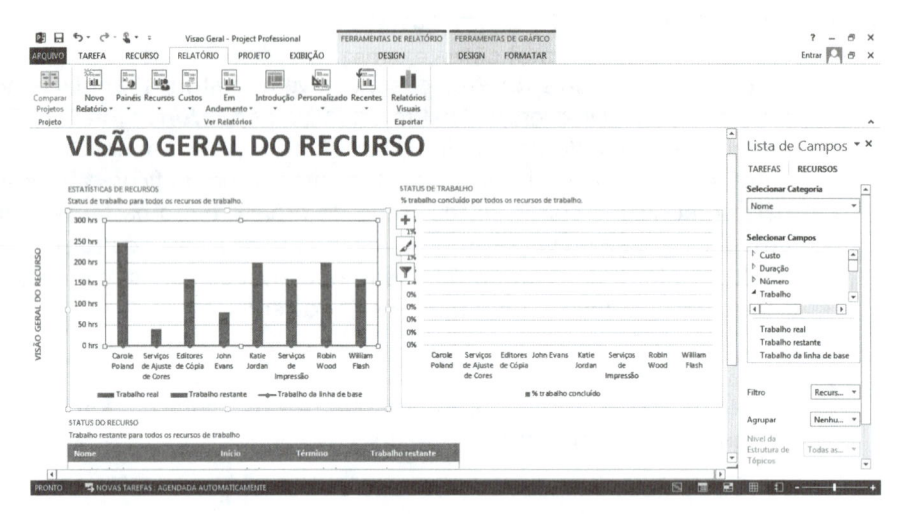

    Primeiro, o painel Lista de Campos aparece no lado direito da janela. Esse painel é usado para determinar quais dados devem ser incluídos no gráfico. Você vai personalizar relatórios no Capítulo 7 e no Capítulo 18.

    Segundo, Ferramentas de Relatório e Ferramentas de Gráfico com suas guias contextuais relacionadas aparecem na Faixa de Opções.

4   Clique na tabela *Status do Recurso*.

Capítulo 2 Visão geral do Project  **33**

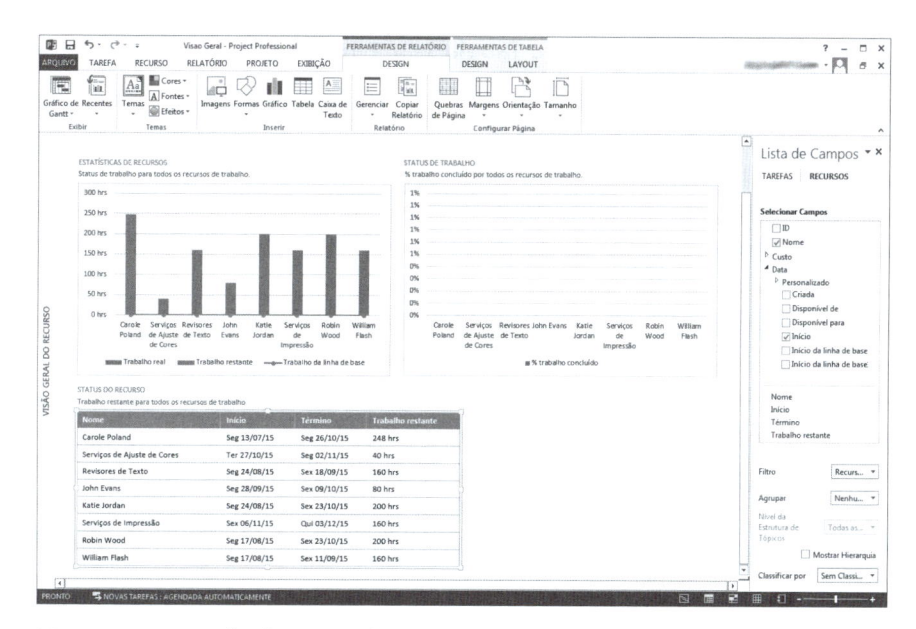

Novamente, você vê o painel Lista de Campos e as guias contextuais são atualizadas para refletir o fato de que agora uma tabela está selecionada no relatório, e não um gráfico.

Em seguida, você vai explorar as guias contextuais.

5 Em **Ferramentas de Relatório**, clique na guia **Design**.

Aqui é possível ver comandos relacionados ao design global do relatório.

6 Em **Ferramentas de Tabela**, clique na guia **Design**.

Agora você vê comandos que se aplicam à tabela selecionada nesse relatório.

7 Em **Ferramentas de Tabela**, clique na guia **Layout**.

Esses comandos podem ser usados para controlar o layout global da tabela selecionada.

Vamos dividir a janela para mostrar um modo de exibição e um relatório ao mesmo tempo.

8 Na guia **Exibição**, no grupo **Modo Divisão**, clique em **Linha do Tempo**.

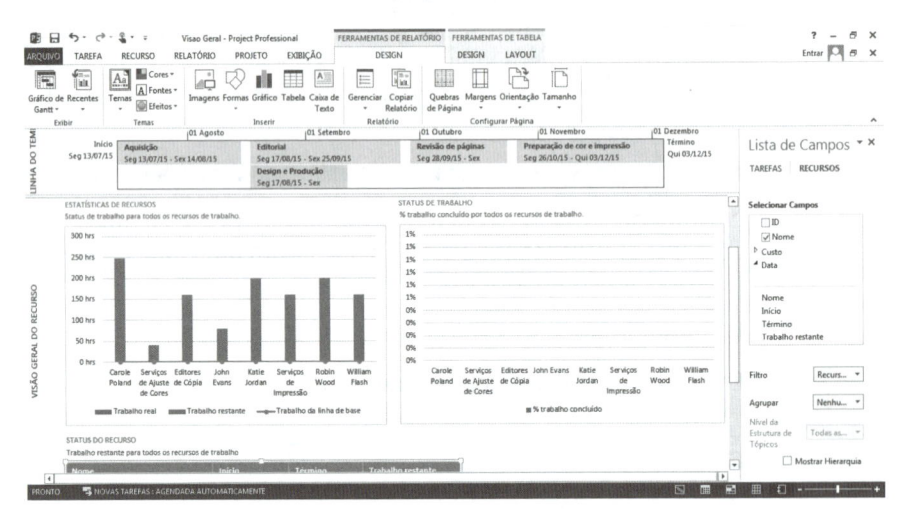

Esse modo de exibição com divisão inclui um resumo de nível superior no modo Linha do Tempo e uma visão geral de seus recursos no relatório Visão Geral do Recurso.

**DICA** Para ver mais informações sobre o uso de relatórios, na guia Relatório, no grupo Ver Relatórios, clique em Introdução e, em seguida, clique em qualquer um dos comandos listados.

ENCERRAMENTO  Feche o arquivo Visao Geral.

# Pontos-chave

- O modo de exibição Backstage é o local central para gerenciar arquivos e personalizar o Project.

- A Faixa de Opções contém várias guias. Em cada guia, os comandos são agrupados para acesso rápido.

- O principal espaço de trabalho no Project é o modo de exibição. Normalmente, um modo de exibição (ou, às vezes, dois) é exibido de cada vez. O modo de exibição Gantt com Linha do Tempo é o padrão; o Gráfico de Gantt provavelmente é o modo de exibição mais conhecido do Project, sendo uma representação visual muito conhecida no gerenciamento de projetos como um todo.

- Os relatórios contêm uma variedade de elementos, como gráficos e tabelas, para ajudar a transmitir detalhes do cronograma em formatos atraentes.

# Parte 2

# Fundamentos do agendamento

3 Como iniciar um novo plano — 39

4 Criação de uma lista de tarefas — 49

5 Configuração dos recursos — 79

6 Atribuição de recursos às tarefas — 99

7 Formatação e compartilhamento de seu plano — 121

8 Controle do andamento — 147

# Visão geral do capítulo

## Criar
Crie um novo plano, página 40.

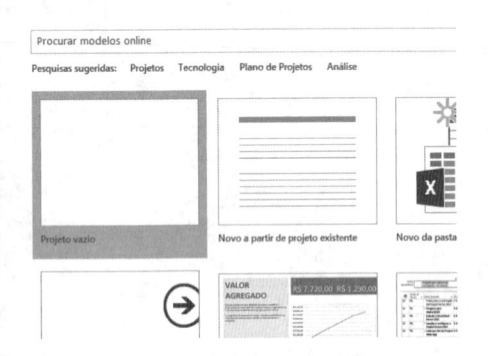

## Iniciar
Defina a data de início do novo plano, página 41.

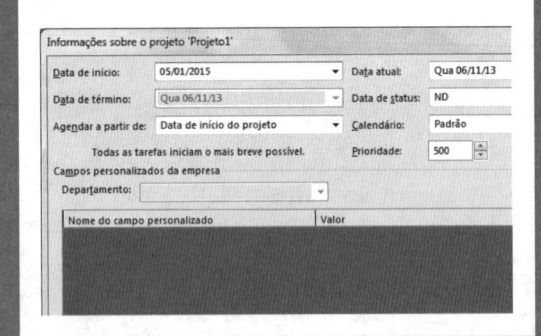

## Folga
Defina exceções de período útil no calendário do projeto, página 43.

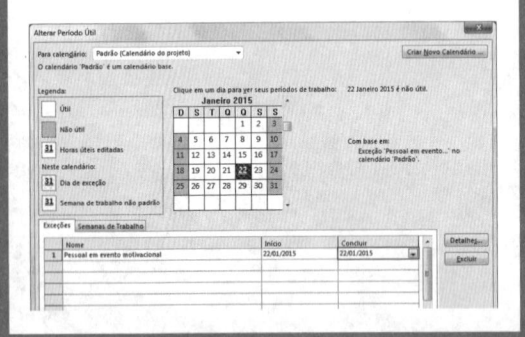

## Detalhe
Insira propriedades, como o título do plano, página 46.

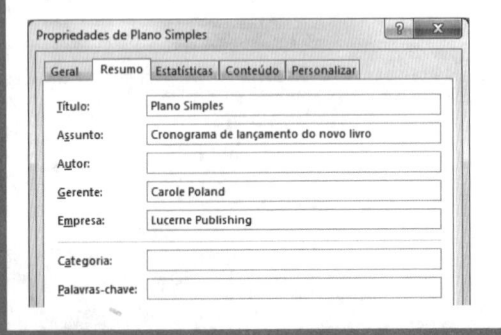

# Como iniciar um novo plano     3

## NESTE CAPÍTULO, VOCÊ APRENDERÁ A:

- Iniciar um novo plano de projeto, definir sua data de início e salvá-lo.
- Examinar os calendários base disponíveis e, então, criar uma exceção de período útil no calendário do projeto.
- Inserir algumas propriedades relacionadas ao plano.

O cronograma ou plano de um projeto é basicamente um modelo que você constrói considerando alguns aspectos que pode prever – o que você acha que acontecerá ou o que deseja que aconteça. Esse modelo se concentra em alguns (mas não em todos) dos aspectos de um projeto – tarefas, recursos, prazos e, possivelmente, seus custos associados. Observe que, ao longo deste livro, nos referimos aos tipos de documentos com os quais o Microsoft Project 2013 trabalha como *planos*, e não como documentos ou cronogramas.

**ARQUIVOS DE PRÁTICA** Nenhum arquivo de prática é necessário para fazer os exercícios deste capítulo.

---

**IMPORTANTE** Se você estiver executando o Project Professional com Project Web App/Project Server, tome o cuidado de não salvar no Project Web App (PWA) os arquivos de prática com os quais trabalhará neste livro. Para mais informações, consulte o Apêndice C, "Colaboração: Project, SharePoint e PWA".

# Como iniciar um novo plano e definir sua data de início

Como seria de se esperar, o Project se concentra principalmente no tempo. Às vezes é possível saber a data de início planejada de um projeto, a data de término ou ambas. Contudo, ao trabalhar com o Project, você especifica somente uma data, ou seja, a data de início ou a data de término do projeto. Por quê? Porque, depois de inserida a data de início ou de término e outros detalhes do projeto, o Project calcula a outra data automaticamente. Lembre-se de que o Project não é simplesmente um repositório estático de suas informações de agenda ou um programa para desenho de gráficos de Gantt – ele é um mecanismo de agendamento ativo.

A maioria dos planos deve ser agendada a partir de uma data inicial, mesmo que se saiba que o projeto deve ser concluído em determinado prazo final. O agendamento a partir de uma data de início faz com que todas as tarefas comecem o mais breve possível e oferece a maior flexibilidade. Neste e em capítulos posteriores, você vai ver essa flexibilidade em ação, à medida que trabalhar com um projeto agendado a partir de uma data inicial.

Agora que já vimos as partes principais da interface do Project na Parte 1, "Introdução ao Microsoft Project", você está pronto para criar o plano que vai usar na Parte 2 deste livro, "Fundamentos do agendamento simples".

O cenário: neste livro, você vai desempenhar o papel de um gerente de projeto da Lucerne Publishing, uma editora especializada em livros infantis. A Lucerne está prestes a publicar um importante livro novo e você foi incumbido de desenvolver um plano para o seu lançamento.

Neste exercício, você vai criar um novo plano de projeto, definir sua data de início e salvá-lo.

➔ PREPARAÇÃO  Não é preciso usar arquivos de prática para fazer este exercício.

1 Escolha uma das opções:

- No Project, se você vê a guia **Arquivo**, clique nela e, em seguida, clique em **Novo**.

- Se você já vê uma lista de modelos disponíveis na tela inicial, siga para o próximo passo.

O Project mostra as opções para criar um novo plano. Essas opções incluem o uso de modelos instalados com o Project ou que estão disponíveis na Web. Essa mesma lista de modelos pode ser vista na tela inicial do Project e na opção Novo da guia Arquivo.

Capítulo 3   Como iniciar um novo plano   **41**

Neste exercício, você vai criar um novo plano vazio.

*Para criar um novo plano, clique aqui.*

2   Na lista de modelos disponíveis, clique em **Projeto vazio**.

O Project cria um novo plano. Uma mensagem na barra de status, na parte inferior da janela, lembra que as tarefas novas são criadas no modo ***agendado manualmente***. Essa informação permanece visível na barra de status.

Observe a fina linha vertical verde na parte do gráfico do modo de exibição Gráfico de Gantt. Isso indica a data atual. Quando um novo plano é criado, o Project define sua data de início na data atual. A seguir, você vai mudar a data de início do plano.

3   Na guia **Projeto**, no grupo **Propriedades**, clique em **Informações do Projeto**.

A caixa de diálogo Informações sobre o projeto é exibida.

> **IMPORTANTE** Se você estiver usando o Project Professional, em vez do Project Standard, a caixa de diálogo Informações sobre o projeto e algumas outras caixas de diálogo conterão opções adicionais relacionadas ao Project Server. Não vamos utilizar Project Server neste livro; portanto, pode ignorar essas opções. Para mais informações sobre Project Server, consulte o Apêndice C, "Colaboração: Project, SharePoint e PWA".

4   Na caixa **Data de início**, digite **05/01/15** ou clique na seta, a fim de exibir o calendário, e selecione 5 de janeiro de 2015.

**DICA** No calendário é possível usar as setas para a esquerda e para a direita a fim de navegar para qualquer mês e, então, clicar na data desejada, ou clicar em Hoje para escolher a data atual rapidamente.

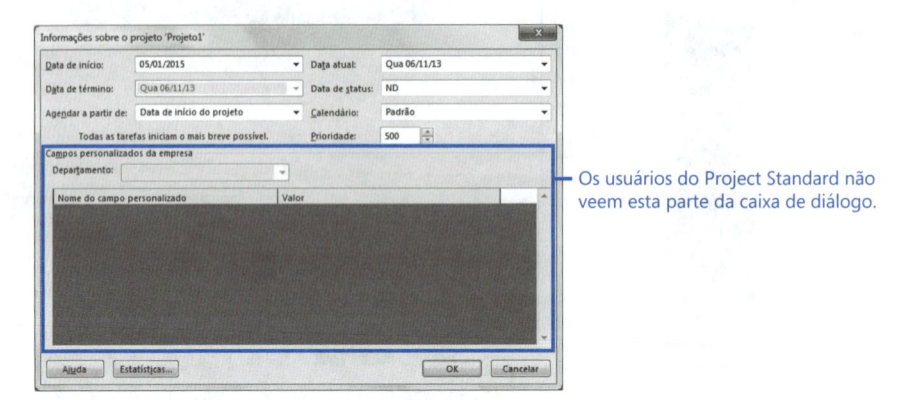

Os usuários do Project Standard não veem esta parte da caixa de diálogo.

Na lista suspensa Agendar a partir de, observe o valor *Data de início do projeto*. Conforme mencionado anteriormente, como esse plano é agendado a partir da data de início, você insere essa data e o Project calcula a data do término com base nos detalhes da agenda contidos no plano.

5 Clique em **OK** para aceitar essa data de início e fechar a caixa de diálogo Informações sobre o projeto.

O Project rola a parte do gráfico do modo de exibição Gráfico de Gantt para mostrar a data de início do projeto. A data de início aparece como uma fina linha vertical tracejada.

**DICA** É possível fazer o Project exibir a caixa de diálogo Informações sobre o projeto automaticamente, sempre que um novo plano for criado. Para fazer essa alteração, na guia Arquivo, clique em Opções. Na caixa de diálogo Opções do Project, clique na guia Avançado e, em seguida, em Geral, selecione Solicitar informações ao criar projetos.

6 Na guia **Arquivo**, clique em **Salvar**.

Como esse plano ainda não foi salvo, a tela Salvar como aparece.

7 Em **Salvar e Sincronizar**, clique em **Computador** e, em seguida, em **Procurar**.

8 Localize a pasta Capitulo03 em seu computador.

9 Na caixa Nome do arquivo, digite **Plano Simples**.

10 Clique em **Salvar** para salvar o plano e fechar a caixa de diálogo Salvar como.

**DICA** É possível fazer o Project salvar o plano ativo automaticamente em intervalos predefinidos, como a cada 10 minutos. Na guia Arquivo, clique em Opções. Na caixa de diálogo Opções do Project, clique em Salvar, marque a caixa de seleção Salvar automaticamente a cada e, em seguida, especifique o intervalo de tempo desejado.

# Definição de dias não úteis no calendário do projeto

Os calendários são os principais meios de controlar quando cada tarefa e recurso podem ser agendados para trabalhar no Project. Em capítulos posteriores, você vai trabalhar com outros tipos de calendários; neste capítulo, vai trabalhar apenas com o calendário do projeto.

O *calendário do projeto* define os dias úteis e não úteis gerais e o horário das tarefas. O Project contém vários calendários, denominados *calendários de base*, qualquer um dos quais pode servir como calendário do projeto para um plano. O calendário de base a ser usado como calendário do projeto é selecionado na caixa de diálogo Informações sobre o projeto. Considere o calendário do projeto como o horário de trabalho normal de sua organização. Por exemplo, poderia ser de segunda a sexta-feira, das 8 às 17 horas, com um intervalo de uma hora para o almoço a cada dia. Sua organização ou os recursos específicos podem ter exceções a esse horário de trabalho normal, como nos feriados ou nas férias. Vamos tratar das férias dos recursos no Capítulo 5, "Configuração dos recursos".

Os calendários são gerenciados por meio da caixa de diálogo Alterar Período Útil (acessada na guia Projeto). Use essa caixa de diálogo para definir os cronogramas de trabalho normal e as exceções de período útil para recursos individuais ou, como vai fazer aqui, para o plano inteiro.

O cenário: na Lucerne Publishing, você precisa levar em conta uma data futura na qual todo o pessoal da editora estará indisponível para trabalhar no projeto de lançamento do livro.

Neste exercício, você vai examinar os calendários de base disponíveis e, então, vai criar uma exceção de período útil no calendário do projeto.

1. Na guia **Projeto**, no grupo **Propriedades**, clique em **Informações do Projeto**.

    A caixa de diálogo Informações sobre o projeto é exibida.

2. Na caixa **Calendário**, clique na seta.

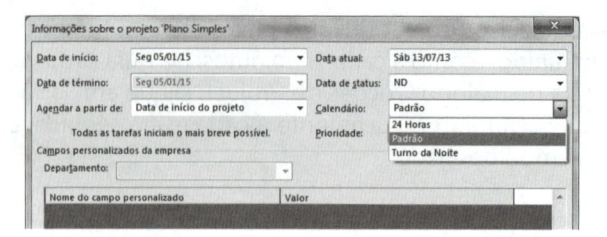

A lista que aparece contém os três calendários de base incluídos no Project:

- **24 HORAS** Não tem período de folga.

- **TURNO DA NOITE** Abrange uma agenda "noturna", de segunda à noite a sábado de manhã, das 23 às 8 horas, com um intervalo de uma hora a cada dia.

- **PADRÃO** Os dias e semanas de trabalho tradicionais, de segunda a sexta, das 9 às 18 horas, com intervalo de uma hora a cada dia.

Somente um dos calendários de base serve como calendário do projeto. Para este projeto, você vai usar o calendário de base Padrão como calendário do projeto; portanto, deixe-o selecionado.

3 Clique em **Cancelar** para fechar a caixa de diálogo Informações sobre o projeto sem fazer nenhuma alteração.

Você sabe que todo o pessoal da Lucerne vai estar em um evento motivacional em 22 de janeiro; portanto, nenhum trabalho deve ser agendado para esse dia. Você vai registrar isso como uma exceção no calendário.

4 Na guia **Projeto**, no grupo **Propriedades**, clique em **Alterar Período de Trabalho**.

A caixa de diálogo Alterar Período Útil é exibida.

5 No campo **Nome** da guia **Exceções**, na parte inferior da caixa de diálogo, digite **Pessoal em evento motivacional** e, em seguida, clique no campo **Início**.

**DICA** Não é preciso dar nome às exceções de calendário, mas é uma boa prática para que você ou outras pessoas possam identificar o motivo da exceção.

6 No campo **Início**, digite **22/01/15** e, em seguida, clique no campo **Concluir** ou pressione a tecla de Seta para a Direita.

**DICA** Também é possível selecionar a data desejada no calendário acima da guia Exceções ou no calendário suspenso, no campo Iniciar.

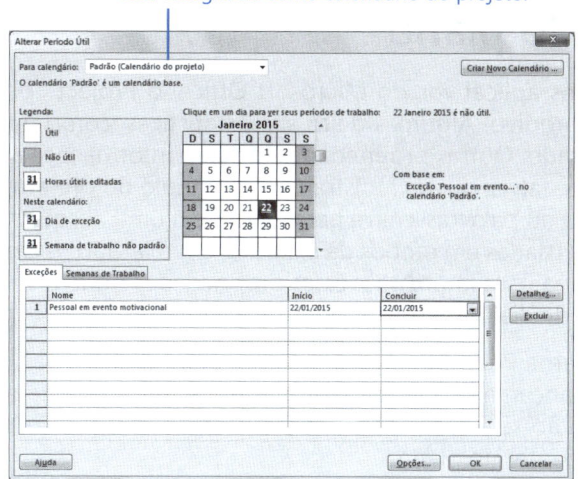

Aqui, você pode ver que o calendário de base Padrão está designado como calendário do projeto.

[Captura de tela da caixa de diálogo "Alterar Período Útil" mostrando o calendário de Janeiro 2015 com o dia 22 selecionado como exceção "Pessoal em evento motivacional".]

Agora a data está agendada como período não útil para o projeto. Na caixa de diálogo, a data aparece sublinhada e uma formatação em cor é aplicada para indicar um dia de exceção.

7 Clique em **OK** para fechar a caixa de diálogo Alterar Período Útil.

Para conferir a alteração no calendário do projeto, observe, na parte do gráfico do modo de exibição Gráfico de Gantt, que quinta-feira, 22 de janeiro, agora está formatada na cor cinza para indicar um período não útil (exatamente como os finais de semana).

Nesta seção, você transformou em não útil apenas um dia específico para o plano inteiro. Outros exemplos comuns de ajustes de período útil incluem:

- Feriados recorrentes ou outros dias de folga que seguem um padrão conhecido, como semanal, mensal ou anualmente. Para configurar períodos não úteis recorrentes, clique no botão Detalhes na guia Exceções da caixa de diálogo Alterar Período Útil.

- Variar os períodos úteis por semana; por exemplo, para tratar de alterações sazonais nos períodos úteis. Para configurar semanas de trabalho personalizadas, na guia Semanas de Trabalho da caixa de diálogo Alterar Período Útil, insira o intervalo de datas desejado, clique no botão Detalhes e, em seguida, defina os ajustes de período útil desejados.

- Horas de trabalho exclusivas para um recurso. Você vai fazer essas configurações no Capítulo 5.

# Inserção de título e outras propriedades do plano

Assim como outros aplicativos do Microsoft Office, o Project controla várias propriedades de arquivo. Algumas delas são estatísticas, como quantas vezes o arquivo foi revisado. Outras propriedades incluem informações a respeito de um plano que você talvez queira registrar, como o título do projeto, o nome do gerente de projeto ou palavras-chave para ajudar em uma pesquisa de arquivo. Algumas delas são usadas em modos de exibição, em relatórios e em cabeçalhos e rodapés de página para impressão. Essas propriedades podem ser vistas e registradas na caixa de diálogo Propriedades Avançadas.

O cenário: na Lucerne Publishing, você quer registrar informações de alto nível sobre o plano de lançamento do novo livro. Esses detalhes não afetarão a agenda global, mas estão relacionados a importantes informações suplementares que você deseja manter no plano.

Neste exercício, você vai inserir algumas propriedades a respeito do plano, as quais usará posteriormente, quando imprimir e para outros propósitos.

1 Clique na guia **Arquivo**.

   O modo de exibição Backstage aparece. A guia Informações deve estar selecionada por padrão. No lado direito da tela, em Informações do Projeto, observe as principais estatísticas, como a data de início, no lado direito do modo de exibição Backstage. Note que muitos dos campos vistos aqui são os mesmos que aparecem na caixa de diálogo Informações sobre o projeto. É possível editar esses campos nos dois lugares.

2 Clique em **Informações do Projeto**. No menu que aparece, clique em **Propriedades Avançadas**.

   A caixa de diálogo Propriedades aparece, com a guia Resumo visível.

3 Na caixa **Assunto**, digite Cronograma de lançamento do novo livro.

4 Na caixa **Gerente**, digite Carole Poland.

5 Na caixa **Empresa**, digite Lucerne Publishing.

6 Na caixa **Comentários**, digite Novo livro infantil para lançamento na primavera.

7 Clique em **OK** para fechar a caixa de diálogo.

Para concluir este exercício, você vai salvar o arquivo Plano Simples e, em seguida, vai fechá-lo.

8 Na guia **Arquivo**, clique em **Salvar**.

> ## Enfoque do gerenciamento de projetos: o projeto faz parte de um contexto mais amplo
>
> Dependendo de suas necessidades e das informações às quais tem acesso, os planos que desenvolve talvez não lidem com outros aspectos importantes de seus projetos. Por exemplo, muitos projetos grandes são empreendidos em organizações que possuem um processo de gerenciamento de alterações formal. Antes que uma mudança importante no escopo de um projeto seja permitida, ela deve ser avaliada e aprovada pelas pessoas que gerenciam e implementam o projeto. Mesmo sendo essa uma importante atividade de gerenciamento de projeto, isso não é algo feito diretamente no Project.

❌ ENCERRAMENTO  Feche o arquivo Plano Simples.

## Pontos-chave

- O agendamento de um plano a partir de uma data de início (em contraste com uma data de término) proporciona maior flexibilidade.
- Calendários são utilizados no Project para controlar quando o trabalho pode ser agendado para ocorrer.
- É interessante salvar as propriedades de arquivo em um plano para uso posterior, por exemplo, para imprimir modos de exibição e relatórios.

# Visão geral do capítulo

## Definir

Crie uma lista de tarefas, página 50.

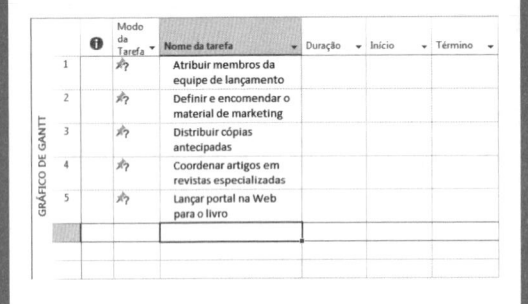

## Organizar

Crie tarefas resumo para que seu plano seja estruturado em tópicos, página 59.

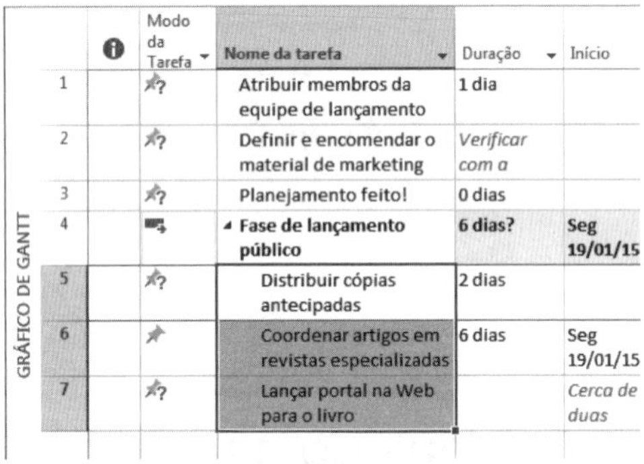

## Vincular

Vincule tarefas e crie dependências, página 62.

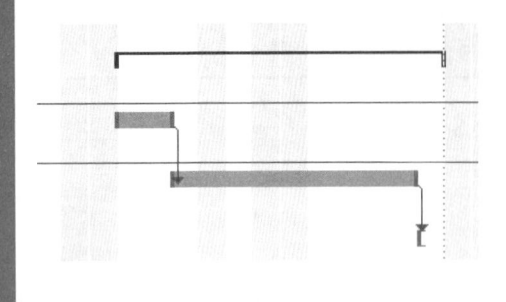

## Agendar

Controle se as tarefas são agendadas manual ou automaticamente, página 68.

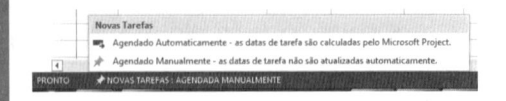

# Criação de uma lista de tarefas

## 4

NESTE CAPÍTULO, VOCÊ APRENDERÁ A:

- Inserir nomes, durações e valores de início e término de tarefas.
- Criar tarefas de marco.
- Criar tarefas resumo para que uma lista de tarefas seja estruturada em tópicos.
- Vincular tarefas para criar dependências entre elas.
- Converter tarefas individuais para agendamento automático e mudar o padrão para que as novas tarefas sejam agendadas automaticamente.
- Verificar a duração global e a data de término agendada de um plano.
- Inserir anotações de tarefa e hiperlinks.

As tarefas são a parte mais básica do plano de qualquer projeto. Elas representam o **trabalho** a ser feito para atingir os objetivos do plano e descrevem o trabalho do projeto em termos de **dependências**, **duração** e necessidades de recurso. No Microsoft Project 2013, existem vários tipos de tarefas, que incluem tarefas resumo, subtarefas e marcos (todos discutidos neste capítulo). Em termos mais gerais, o que no Project chamamos de *tarefas*, às vezes são chamadas de *atividades* ou *pacotes de trabalho*.

**ARQUIVOS DE PRÁTICA** Para fazer os exercícios deste capítulo, você precisa do arquivo contido na pasta Capitulo04. Para mais informações, consulte "Como baixar os arquivos de prática", na Introdução deste livro.

**IMPORTANTE** Se você estiver executando o Project Professional com Project Web App/Project Server, tome o cuidado de não salvar no Project Web App (PWA) os arquivos de prática com os quais trabalhará neste livro. Para mais informações, consulte o Apêndice C, "Colaboração: Project, SharePoint e PWA".

# Nomes de tarefas

Conforme mencionado, as tarefas representam o trabalho a ser feito para atingir os objetivos do plano. Por esse motivo, é interessante desenvolver boas práticas de atribuição de nomes para as tarefas em seus planos de projeto.

Os nomes das tarefas devem ser reconhecíveis e fazer sentido para as pessoas que as executarão e para outros interessados que verão os nomes. Aqui estão algumas diretrizes para criar bons nomes de tarefas:

- Use frases curtas que descrevam o trabalho a ser feito, como "Editar manuscrito".
- Se as tarefas forem organizadas em uma estrutura de tópicos, não repita os detalhes do nome da tarefa resumo no nome da subtarefa, a menos que isso aumente a clareza.
- Se as tarefas tiverem recursos atribuídos a elas, não inclua os nomes dos recursos nos nomes das tarefas.

Lembre-se de que sempre é possível editar os nomes das tarefas posteriormente; portanto, não se preocupe em obter exatamente os nomes de tarefa corretos quando as estiver inserindo no plano de projeto pela primeira vez. Tenha como objetivo usar frases concisas e descritivas que comuniquem o trabalho necessário e façam sentido para você e para as outras pessoas que o executarão ou examinarão o plano. Quando necessário, também é possível acrescentar mais detalhes nas anotações da tarefa, descritas posteriormente neste capítulo.

**DICA** Quando insere um nome de tarefa, você está criando uma nova tarefa. No Project, cada tarefa tem um de dois modos de agendamento que controla como ela é programada: agendada manual (o padrão) ou automaticamente. Você vai trabalhar com agendamento automático na seção "Como trocar o agendamento da tarefa de manual para automático", posteriormente neste capítulo.

O cenário: na Lucerne Publishing, você reuniu os nomes de tarefa iniciais para o lançamento do novo livro. Você sabe que não tem todos os detalhes de que finalmente precisará, mas já tem o suficiente para começar.

Neste exercício, você vai inserir os nomes das tarefas.

PREPARAÇÃO Para fazer este exercício, você precisa do arquivo Tarefas Simples_Inicio localizado na pasta Capitulo04. Abra o arquivo e salve-o como Tarefas Simples.

1 Clique na célula imediatamente abaixo do cabeçalho de coluna **Nome da Tarefa**.

2 Digite **Atribuir membros da equipe de lançamento** e, em seguida, pressione a tecla Enter.

Um número de código é dado à tarefa que você inseriu. Cada tarefa tem um número de código único, mas ele não representa necessariamente a ordem na qual as tarefas ocorrem. Sua tela deve ser semelhante a esta figura.

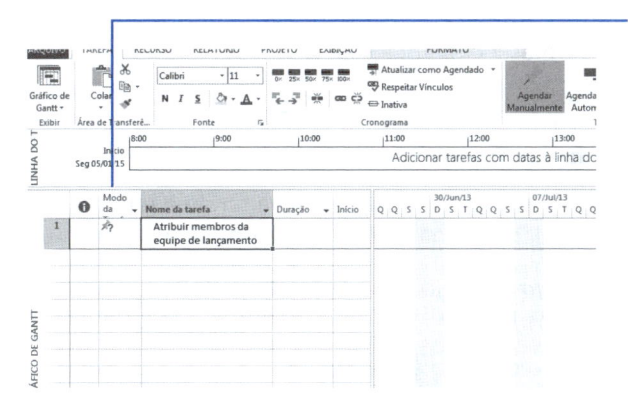

Capítulo 4   Criação de uma lista de tarefas   **51**

> Os indicadores nesta coluna informam se uma tarefa é agendada manual ou automaticamente.

Como essa é uma tarefa agendada manualmente (conforme indicado na coluna Modo da Tarefa), os valores de duração e a data não aparecem, e a tarefa ainda não tem uma barra de Gantt na parte do gráfico do modo de exibição Gráfico de Gantt. Mais tarde, você vai trabalhar com tarefas agendadas automaticamente que sempre têm duração, datas de início e de término.

Considere uma tarefa agendada manualmente como um espaço reservado inicial que você pode criar a qualquer momento sem afetar o restante da agenda. Agora, talvez você não saiba mais do que um nome de tarefa, mas é o suficiente. À medida que descobrir ou decidir mais detalhes sobre a tarefa, como quando ela deve ocorrer, poderá adicionar esses detalhes ao plano de projeto.

3  Insira os seguintes nomes de tarefa, pressionando Enter após digitar cada um deles:

**Definir e encomendar o material de marketing**

**Distribuir cópias antecipadas**

**Coordenar artigos em revistas especializadas**

**Lançar portal na Web para o livro**

Sua tela deve ser semelhante a esta figura:

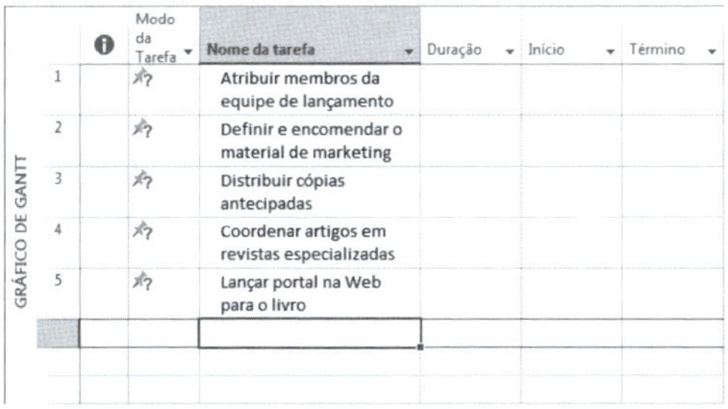

Ao revisar as tarefas inseridas, você percebe que esqueceu uma. Ela deve ser inserida entre as tarefas 2 e 3. Você vai inserir essa tarefa.

4 Clique no nome da tarefa 3, *Distribuir cópias antecipadas*.

5 Na guia **Tarefa**, no grupo **Inserir**, clique em **Tarefa**.

O Project insere uma linha para uma nova tarefa e renumera as tarefas subsequentes. O Project chama a nova tarefa de <*Nova Tarefa*>.

6 Com <*Nova Tarefa*> selecionado, digite **Fase de lançamento público** e, em seguida, pressione Enter.

A nova tarefa é adicionada ao seu plano.

**DICA** Para excluir uma tarefa, clique com o botão direito do mouse no nome da tarefa e, no menu de atalho que aparece, clique em Excluir Tarefa.

## Enfoque do gerenciamento de projetos: definição das tarefas certas para o resultado

Todo projeto tem um objetivo principal: a razão pela qual o projeto foi iniciado, o ***resultado (entregável)*** do projeto. Esse resultado pode ser um produto tangível, como um novo livro, um serviço ou evento, como uma festa de lançamento de um produto. Definir as tarefas certas para gerar o resultado é uma habilidade essencial para um gerente de projeto. As listas de tarefas criadas no Project devem descrever todo o trabalho necessário, e apenas o trabalho necessário, para concluir o projeto com êxito.

Ao desenvolver suas listas de tarefas, talvez seja útil distinguir o escopo do produto do escopo do projeto. O ***escopo do produto*** descreve a qualidade, os recursos e as funções do resultado do projeto. No cenário usado na Parte 2 deste livro, "Fundamentos do agendamento simples", por exemplo, o resultado é um novo livro infantil e o escopo do produto pode incluir o número de páginas e as ilustrações. Por outro lado, o ***escopo do projeto*** descreve o trabalho necessário para entregar um produto ou serviço. No cenário deste capítulo, o escopo do projeto inclui as tarefas detalhadas relativas às revisões avançadas e geração de publicidade para o livro.

O escopo como componente (junto com tempo e custo) do enfoque do gerente de projetos está descrito no Apêndice A, "Um breve curso em gerenciamento de projetos".

# Duração de tarefas

A *duração* de uma tarefa representa o tempo previsto para concluí-la. O Project pode trabalhar com durações de tarefa que variam de minutos a meses. Dependendo do escopo de seu plano, você provavelmente desejará trabalhar com durações de tarefas na escala de horas, dias e semanas. Uma das vantagens de utilizar um programa de agendamento como o Project, em relação a uma lista de verificação simples ou a uma estratégia "o que fazer", é o fornecimento de valores de duração para suas tarefas.

Vamos explorar as durações com um exemplo. Vamos supor que um projeto tenha um calendário com um período útil definido das 9:00 às 18:00, com uma hora de almoço, de segunda a sexta-feira, deixando um período não útil definido nas noites (após as 18:00) e nos fins de semana. (Caso precise de um lembrete sobre o *calendário do projeto*, consulte "Definição de dias não úteis no calendário do projeto", no Capítulo 3, "Como iniciar um novo plano".) Se você avalia que uma tarefa irá durar 16 horas de período útil, pode inserir sua duração como "2d" para agendar o trabalho em dois dias úteis de oito horas. Você deve então esperar que iniciar a tarefa às 9:00 de uma sexta-feira significa que ela não será concluída até as 18:00 da próxima segunda-feira. Nenhum trabalho deve ser agendado para o fim de semana, porque o sábado e o domingo foram definidos como período não útil.

É possível usar abreviações ao inserir as durações.

| Se você inserir esta abreviação | Ela será exibida assim | E significa |
| --- | --- | --- |
| 30**m** | 30 mins | 30 minutos |
| 6**h** | 6 hrs | 6 horas |
| 4**d** | 4 dias | 4 dias |
| 3**s** | 3 sems | 3 semanas |
| 2**me** | 2 meses | 2 meses |

Conforme mencionado anteriormente, o Project trata do agendamento de tarefas de duas maneiras. As tarefas agendadas automaticamente sempre têm uma duração (por padrão, um dia). Entretanto, as tarefas agendadas manualmente, no início não têm duração. A duração de uma tarefa é essencial para que o Project possa agendá-la, por isso faz sentido uma tarefa agendada manualmente não exigir uma duração, já que não foi agendada pelo Project. É possível, no entanto, inserir valores de duração para tarefas agendadas manualmente – você vai fazer isso nesta seção.

Nas tarefas agendadas manualmente, você pode inserir valores de duração normais usando as abreviações mostradas na tabela anterior – por exemplo, "3d" para três dias. Também é possível inserir valores de texto, como "Verificar com Bob". Esses valores de texto são substituídos pelo valor de duração padrão de 1 dia quando uma tarefa é convertida do agendamento manual para automático.

**DICA** O Project não permite inserir um valor de texto para duração, início ou término de uma tarefa agendada automaticamente.

O Project usa valores padrão de minutos e horas para as durações: 1 minuto é igual a 60 segundos e 1 hora é igual a 60 minutos. Para as durações de dias, semanas e meses você pode usar os padrões do Project (por exemplo, 20 dias por mês) ou definir seus próprios valores. Para isso, na guia Arquivo, clique em Opções e, na caixa de diálogo Opções do Project, clique em Cronograma, como ilustrado aqui:

Com uma configuração de 8 horas por dia, inserir uma duração de tarefa de dois dias (2d) é o mesmo que inserir 16 horas (16h).

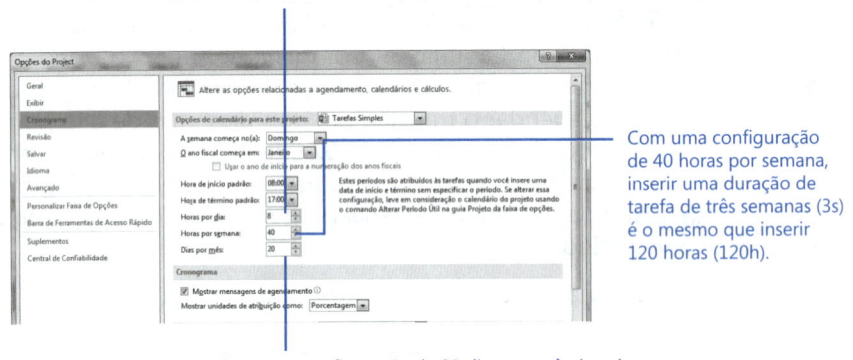

Com uma configuração de 40 horas por semana, inserir uma duração de tarefa de três semanas (3s) é o mesmo que inserir 120 horas (120h).

Com uma configuração de 20 dias por mês, inserir uma duração de tarefa de um mês (1me) é o mesmo que inserir 160 horas (8 horas por dia x 20 dias por mês).

Os exercícios deste capítulo usam os valores padrão do Project: 8 horas por dia, 40 horas por semana e 20 dias por mês.

**DICA** Se necessário, você pode agendar tarefas para ocorrer durante períodos úteis e não úteis. Para isso, insira uma duração decorrida para uma tarefa. Você insere uma duração decorrida colocando um "d" depois da abreviatura da duração. Por exemplo, digite "1d" para indicar um dia completo de 24 horas, "1sd" para indicar sete dias de 24 horas ou "1med" para indicar 30 dias de 24 horas.

Você poderia usar uma duração decorrida para uma tarefa que ocupa um dia inteiro, em vez de durar apenas as horas de trabalho normais. Por exemplo, um projeto de construção poderia ter as tarefas "Despejar concreto da fundação" e "Remover moldes de fundação". Se assim fosse, talvez você também quisesse uma tarefa chamada "Esperar que o concreto cure", pois não quer remover os moldes até que o concreto esteja curado. A tarefa "Esperar que o concreto cure" deve ter uma duração decorrida, pois o concreto curará no decurso de um intervalo adjacente de dias, sejam úteis ou não. Se o concreto leva 48 horas para curar, você pode inserir a duração para essa tarefa como "2d", agendá-la para iniciar na sexta-feira às 9:00 e esperar que esteja concluída no domingo às 9:00. Na maioria dos casos, contudo, você vai trabalhar no Project com durações não decorridas.

O cenário: na Lucerne Publishing, você mostrou sua lista de tarefas inicial para os recursos que farão o trabalho e para outros interessados no projeto. Eles deram suas opiniões preliminares (embora incompletas) sobre algumas durações e datas de tarefa, as quais você gostaria de registrar no plano de lançamento do novo livro.

Neste exercício, você vai inserir vários valores de duração, início e término para as tarefas agendadas manualmente que foram criadas.

1 Clique na célula abaixo do cabeçalho de coluna **Duração** referente à tarefa 1, *Atribuir membros da equipe de lançamento*.

   O campo Duração da tarefa 1 é selecionado.

2 Digite **1d** e, em seguida pressione Enter.

   **DICA** Você também pode clicar nas setas para cima e para baixo a fim de inserir ou alterar o valor no campo Duração.

   O valor *1 dia* aparece no campo Duração. O Project desenha uma barra de Gantt para a tarefa, começando na data de início do projeto definida anteriormente no Capítulo 3.

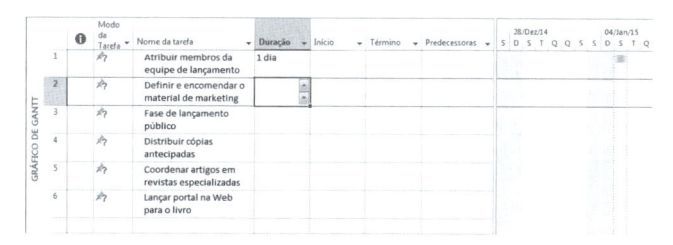

Até que as tarefas sejam vinculadas ou uma data de início ou de término seja definida, o Project ajustará todas as novas tarefas que têm um valor de duração para começarem na data de início do projeto. Isso vale tanto para as tarefas agendadas manualmente quanto automaticamente.

3 Digite as seguintes durações ou frases para estas tarefas:

| Código da tarefa | Nome da tarefa | Duração |
|---|---|---|
| 2 | Definir e encomendar o material de marketing | **Verificar com a equipe de marketing** |
| 3 | Fase de lançamento público | (pressione Enter para pular essa tarefa por enquanto) |
| 4 | Distribuir cópias antecipadas | **2d** |

Para a tarefa 5, *Coordenar artigos em revistas especializadas*, você vai inserir as datas de início e de término, e o Project calculará a duração.

4 No campo **Início** (não no campo **Duração**) da tarefa 5, digite **19/01/15** e, em seguida, pressione a tecla Tab.

**DICA** Também é possível selecionar a data desejada no campo Início. Clique no botão de seta para baixo e, no calendário que aparece, navegue até o mês desejado. Em seguida, clique na data desejada.

5 No campo **Término** da mesma tarefa, digite ou selecione **27/01/15** e, em seguida, pressione Enter.

O Project calcula a duração como seis dias. Observe que são seis dias úteis: de segunda a quarta e sexta-feira da primeira semana e, então, de segunda a terça da semana seguinte. O Project também desenha a barra de Gantt para a tarefa se estender por esses dias úteis e mais os dias não úteis (o evento de motivação profissional da quinta-feira, 22 de janeiro, definido no Capítulo 3, mais o fim de semana) existentes entre eles, conforme mostrado aqui:

6 Para a tarefa 6, *Lançar portal na Web para o livro*, você ainda não sabe a duração, a data de início ou de término, mas pode incorporar o que sabe.

7 No campo **Início** da tarefa 6, digite **Cerca de duas semanas antes de completar a fase de lançamento** e, em seguida, pressione Enter.

Como no valor de duração de uma tarefa agendada manualmente, também é possível inserir uma string de texto para uma data de início ou de término, ou para ambas. Quando a tarefa for trocada para ser agendada automaticamente, as strings de texto serão substituídas pelas datas específicas.

---

## Enfoque do gerenciamento de projetos: como estabelecer durações de tarefa precisas?

Você deve considerar duas regras gerais ao estimar as durações das tarefas:

- A duração global do projeto geralmente está relacionada à duração da tarefa; projetos longos tendem a ter tarefas com durações maiores do que as tarefas dos projetos curtos.

- Se você controlar o andamento das tarefas em relação ao plano de projeto (descrito no Capítulo 8, "Controle do andamento", e na Parte 3, "Técnicas avançadas de agendamento"), precisará levar em consideração o nível de detalhes que deseja aplicar às tarefas de seu plano. Se for um projeto de vários anos, por exemplo, talvez não seja prático ou nem mesmo possível controlar as tarefas medidas em minutos ou horas. Em geral, deve-se medir as durações das tarefas no nível mais baixo de detalhe ou controle que for importante para você, mas nunca abaixo desse nível.

Para os projetos nos quais você trabalha neste livro, as durações são fornecidas. Nos seus projetos, muitas vezes será necessário estimar as durações das tarefas. Boas fontes para estimar a duração de tarefas são as seguintes:

- Informações históricas de projetos similares anteriores
- Estimativas das pessoas que completarão as tarefas
- Julgamento especializado de pessoas que gerenciaram projetos similares
- Padrões de profissionais ou organizações do setor que executam projetos semelhantes aos seus

Uma regra prática a considerar é denominada *regra 8/80*. Essa regra sugere que durações de tarefas entre 8 horas (ou um dia) e 80 horas (10 dias de trabalho ou duas semanas) geralmente são razoáveis. Tarefas menores que um dia podem ser pequenas demais e tarefas maiores que duas semanas podem ser grandes demais para gerenciar adequadamente. Existem muitas razões legítimas para violar essa regra, mas, para a maioria das tarefas dos seus projetos, vale a pena considerá-la.

> Para projetos complexos de longa duração ou projetos que envolvem um grande número de incógnitas, talvez você só possa fazer estimativas de duração detalhadas de tarefas a serem iniciadas e concluídas em pouco tempo (por exemplo, dentro de duas a quatro semanas). Então, poderia ter apenas estimativas de duração muito genéricas para as tarefas que começariam depois (por exemplo, após duas a quatro semanas). À medida que o tempo passasse, você poderia se reunir regularmente com a equipe para estimar a duração das tarefas.
>
> Em projetos complexos, você provavelmente combinaria essas e outras estratégias para estimar as durações das tarefas. Como a principal fonte de *risco* em qualquer projeto são estimativas imprecisas de duração de tarefas, todo esforço despendido no intuito de fazer boas estimativas vale a pena.

## Inserção de uma tarefa de marco

Além de inserir as tarefas a serem concluídas, talvez você queira registrar um evento importante para o plano de seu projeto, como o término de uma fase importante do projeto. Para fazer isso, você vai criar uma tarefa de marco.

*Marcos* são eventos significativos a serem alcançados (como a conclusão de uma fase de trabalho) ou impostos sobre o plano (como um prazo final até o qual o financiamento deve ser solicitado). Como, em geral, o marco propriamente dito não inclui qualquer trabalho, os marcos são representados como tarefas com duração zero.

O cenário: na Lucerne Publishing, você acabou de saber a data na qual as atividades de planejamento do lançamento do novo livro precisam ser concluídas, para que o lançamento ocorra no prazo. Você quer que essa data tenha visibilidade no plano.

Neste exercício, você vai criar uma tarefa de marco.

1 Clique no nome da tarefa 3, *Fase de lançamento público*.

2 Na guia **Tarefa**, no grupo **Inserir**, clique em **Inserir Marco**.

O Project insere uma linha para uma nova tarefa e renumera as tarefas subsequentes. O Project chama a nova tarefa de *<Novo Marco>* e dá a ela uma duração de zero dias. Como nas outras novas tarefas, o marco é inicialmente agendado na data de início do projeto, 5 de janeiro.

3 Com *<Novo Marco>* selecionado, digite **Planejamento feito!** e, em seguida, pressione Enter.

A nova tarefa de marco é adicionada ao seu plano.

No Gráfico de Gantt, o marco aparece como um losango.

| | Modo da Tarefa | Nome da tarefa | Duração | Início | Término | Predecessoras | 04/Jan/15 Q Q S S D S T Q Q S S |
|---|---|---|---|---|---|---|---|
| 1 | ⚙ | Atribuir membros da equipe de lançamento | 1 dia | | | | |
| 2 | ⚙ | Definir e encomendar o material de marketing | Verificar com o | | | | |
| 3 | ⚙ | Planejamento feito! | 0 dias | | | | 05/01 |
| 4 | ⚙ | Fase de lançamento público | | | | | |
| 5 | ⚙ | Distribuir cópias antecipadas | 2 dias | | | | |

**DICA** Você pode designar uma tarefa de qualquer duração como marco. Dê um clique duplo no nome da tarefa para exibir a caixa de diálogo Informações da tarefa e, em seguida, clique na guia Avançado e selecione a opção Marcar tarefa como marco.

# Criação de tarefas resumo para que o plano seja estruturado em tópicos

É muito prático organizar grupos de tarefas relacionadas em uma estrutura de tópicos, usando tarefas resumo. Quando as tarefas resumo são colocadas em sequência ao longo do tempo, as tarefas resumo de nível mais alto são denominadas *fases*.

Ao examinar um plano de projeto, ver as tarefas organizadas em uma estrutura de tópicos ajuda você e os *interessados* a pensarem em termos de itens de trabalho principais. Por exemplo, é comum dividir projetos de publicação de livro nas fases Editorial, Design e Produção. Com o emprego de uma estrutura de tópicos, é possível então expandir ou recolher tópicos para mostrar apenas o nível de detalhe desejado. Uma estrutura de tópicos é criada recuando-se as tarefas para a esquerda e para a direita. No Project, as tarefas recuadas abaixo da tarefa resumo são denominadas *subtarefas*.

Por padrão, as tarefas resumo são agendadas automaticamente e não manualmente. A duração de uma tarefa resumo agendada automaticamente é calculada pelo Project como o período de tempo que vai desde a primeira data de início até a última data de término de suas subtarefas. Se você editar a duração de uma tarefa resumo agendada automaticamente ou sua data de início ou de término, ela se tornará uma tarefa agendada manualmente.

Quando uma tarefa resumo for agendada manualmente, sua duração será calculada com base nas suas subtarefas, exatamente como a duração de uma tarefa resumo agendada automaticamente. Contudo, você pode editar a duração de uma tarefa resumo agendada manualmente e o Project controlará a duração manual inserida e a duração calculada.

**DICA** Você vai trabalhar com tarefas resumo com durações calculadas manual e automaticamente, no Capítulo 10, "Detalhes das tarefas".

O nível mais alto da estrutura de tópicos de um plano é denominado *tarefa resumo do projeto*. O Project gera a tarefa resumo do projeto automaticamente, mas não a exibe por padrão. Como a tarefa resumo do projeto está no nível mais alto da estrutura de tópicos do plano, ela inclui detalhes acumulados de todas as subtarefas. Ela também representa a duração total do plano, de modo que é uma forma conveniente de ver alguns detalhes essenciais, como a duração global do plano.

## Enfoque do gerenciamento de projetos: planejamento de cima para baixo (*top-down*) e de baixo para cima (*bottom-up*)

Duas estratégias comuns para o desenvolvimento de tarefas e fases são o planejamento de cima para baixo e o de baixo para cima.

- O *planenamento de cima para baixo (top-down)* identifica as fases ou componentes principais do plano do projeto antes de preencher todos os detalhes necessários para concluir essas fases, representadas como tarefas resumo. Os planos complexos podem ter várias camadas de tarefas resumo aninhadas. Essa estratégia trabalha do geral para o específico.

- O *planejamento de baixo para cima (bottom-up)* identifica a maior quantidade de tarefas detalhadas de nível inferior possível antes de organizá-las em grupos lógicos, denominados *fases* ou *tarefas resumo*. Essa estratégia trabalha do específico para o geral.

A criação de tarefas e fases precisas para a maioria dos planos complexos exige uma combinação dos planejamentos de cima para baixo e de baixo para cima. É comum o gerente de projeto começar com fases abrangentes e estabelecidas para um plano (planejamento de cima para baixo) e os recursos que executarão o plano fornecerem as tarefas detalhadas que preencherão cada fase (planejamento de baixo para cima).

O cenário: na Lucerne Publishing, o plano de lançamento do novo livro já tem informações suficientes para ser organizado em duas fases sequenciais.

Neste exercício, você vai estruturar sua lista de tarefas em tópicos, criando tarefas resumo.

1 Selecione os nomes das tarefas 5 a 7.

Essas são as tarefas que você deseja transformar em subtarefas da Fase de lançamento público.

Capítulo 4  Criação de uma lista de tarefas  **61**

2  Na guia **Tarefa**, no grupo **Cronograma**, clique em **Recuar Tarefa**.

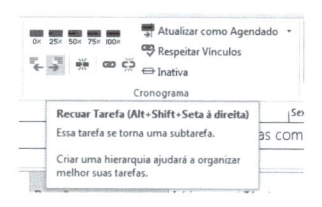

O Project promove a tarefa 4 a uma tarefa resumo e a troca para agendamento automático. Ou você pode pensar nisso como o Project rebaixando as tarefas 5 a 7 a subtarefas; de qualquer forma, o plano agora inclui uma tarefa resumo e subtarefas.

**DICA** Se quiser fazer com que uma tarefa resumo volte a ser uma subtarefa, você precisa mudar a estrutura de tópicos das subtarefas abaixo da tarefa resumo. Selecione todas as subtarefas e, em seguida, clique no comando Recuar Tarefa para a Esquerda.

Observe o efeito da criação da tarefa resumo no agendamento. Como a tarefa 6 já tinha datas de início e de término específicas, o Project define a data de início da tarefa resumo (e sua outra subtarefa com uma duração) com a mesma data, 19 de janeiro.

A seguir, você vai criar outra tarefa resumo de uma maneira diferente.

3  Selecione os nomes das tarefas 1 a 3.

4  Na guia **Tarefa**, no grupo **Inserir**, clique em **Inserir Tarefa Resumo**.

O Project insere uma linha para uma nova tarefa, recua a tarefa logo abaixo dela e renumera as subsequentes. O Project chama a nova tarefa de <*Nova Tarefa Resumo*>.

5 Com <*Nova Tarefa Resumo*> selecionado, digite **Fase de planejamento** e pressione Enter.

Agora, o plano está organizado em duas fases de trabalho.

| | ℹ | Modo da Tarefa | Nome da tarefa | Duração | Início | Término | Predecessoras | 28/Dez/14 D S T Q Q S S | 04/Jan/15 D S T Q Q |
|---|---|---|---|---|---|---|---|---|---|
| 1 | | ⇢ | ⊿ Fase de planejamento | 1 dia? | Seg 05/01/15 | Seg 05/01/15 | | ⊓ | |
| 2 | | ★? | Atribuir membros da equipe de lançamento | 1 dia | | | | | |
| 3 | | ★? | Definir e encomendar o material de | Verificar com a | | | | | |
| 4 | | ★? | Planejamento feito! | 0 dias | | | | | ◆ 05/01 |
| 5 | | ⇢ | ⊿ Fase de lançamento público | 6 dias? | Seg 19/01/15 | Ter 27/01/15 | | | |
| 6 | | ★? | Distribuir cópias antecipadas | 2 dias | | | | | |
| 7 | | ★ | Coordenar artigos em revistas especializadas | 6 dias | Seg 19/01/15 | Ter 27/01/15 | | | |
| 8 | | ★? | Lançar portal na Web para o livro | Cerca de duas | | | | | |

# Criação de dependências de tarefas com vínculos

Quando as tarefas são vinculadas, são criadas relações entre elas. Essas relações são denominadas *dependências*, como em "o início desta tarefa depende do término de uma tarefa anterior". Uma vez criadas as dependências (também chamadas de *vínculos*) entre as tarefas, o Project pode ajustar automaticamente o agendamento das tarefas vinculadas, quando ocorrerem mudanças no plano. A criação de dependências por meio de vínculos entre as tarefas é fundamental para se tirar o máximo proveito do mecanismo de agendamento do Project.

Vamos ver um tipo de relação de dependência que pode ser criada entre duas tarefas. A maioria dos planos exige que as tarefas sejam executadas em uma ordem específica. Por exemplo, a tarefa de escrever um capítulo de um livro deve ser concluída antes que a tarefa de edição do capítulo possa ocorrer. Essas duas tarefas têm uma relação término-a-início, a qual tem dois aspectos:

- A segunda tarefa deve ocorrer após a primeira; isso é uma sequência.
- A segunda tarefa só poderá ocorrer se a primeira estiver concluída; isso é uma dependência.

No Project, a primeira tarefa ("escrever o capítulo") é chamada de *predecessora*, pois precede as tarefas que dependem dela. A segunda tarefa ("editar o capítulo") é denominada *sucessora*, porque sucede, ou segue, as tarefas das quais ela é dependente. Qualquer tarefa pode ser predecessora de uma ou mais tarefas sucessoras. Da mesma forma, qualquer tarefa pode ser sucessora de uma ou mais tarefas predecessoras.

Embora possa parecer complicado, as tarefas só podem ter um destes quatro tipos de relações entre si.

| Esta relação entre tarefas | Significa | Como é exibida no gráfico de Gantt | Exemplo |
|---|---|---|---|
| Término-a-Início (TI) | A data de término da tarefa predecessora determina a data de início da tarefa sucessora. Essa é a relação padrão entre tarefas. | | Um capítulo do livro deve ser escrito para que ele possa ser editado. |
| Início-a-Início (II) | A data de início da tarefa predecessora determina a data de início da tarefa sucessora. | | O pedido de pré-impressão e o pedido de papel estão relacionados e devem ocorrer simultaneamente. |
| Término-a-Término (TT) | A data de término da tarefa predecessora determina a data de término da tarefa sucessora. | | As tarefas que exigem um equipamento específico devem terminar quando o aluguel do equipamento terminar. |
| Início-a-Término (IT) | A data de início da tarefa predecessora determina a data de término da tarefa sucessora. | | A hora em que a execução da impressão for agendada determina quando a tarefa de seleção de encadernação deve terminar. |

**DICA** Você pode ajustar a relação de dependência entre as tarefas predecessoras e sucessoras com tempos de avanço e latência. Por exemplo, é possível definir um atraso de dois dias entre o final de uma tarefa predecessora e o início da sua tarefa sucessora. Para mais informações, consulte o Capítulo 9, "Agendamento de tarefas avançado".

A representação das relações entre as tarefas e o tratamento das alterações feitas às datas de início e de término agendadas são duas áreas em que o uso de um mecanismo de agendamento, como o Project, realmente compensa. Por exemplo, você pode alterar a duração das tarefas, ou adicionar ou remover tarefas de uma cadeia de tarefas vinculadas, e o Project agendará as tarefas de forma correspondente.

As relações entre tarefas aparecem de várias maneiras no Project, incluindo as seguintes:

- Nos modos de exibição Gráfico de Gantt e *Diagrama de Rede*, as relações entre tarefas aparecem como linhas que conectam as tarefas.

- Nas tabelas, como na *Tabela Entrada*, os números de código das tarefas predecessoras aparecem nos campos Predecessoras das tarefas sucessoras. (Para ver a coluna Predecessoras, talvez seja necessário arrastar a barra divisora vertical para a direita.)

O cenário: na Lucerne Publishing, o plano de lançamento do novo livro está sendo muito bem montado. As tarefas foram estruturadas em tarefas resumo e agora você está pronto para criar relações entre elas.

Neste exercício, você vai vincular tarefas para criar dependências entre elas.

1 Selecione os nomes das tarefas 2 e 3.

2 Na guia **Tarefa**, no grupo **Cronograma**, clique em **Vincular as Tarefas Selecionadas**.

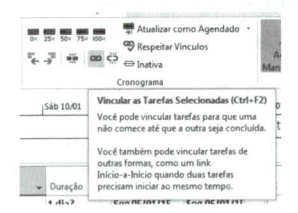

As tarefas 2 e 3 são vinculadas com uma relação término-a-início.

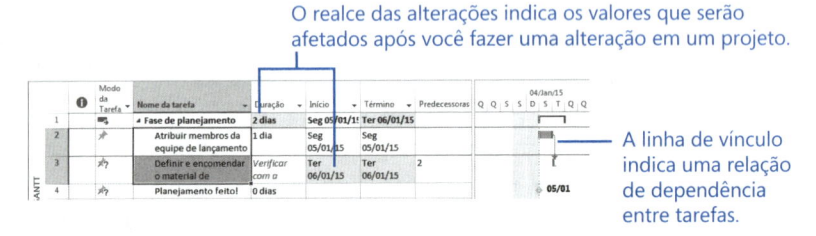

Observe que a tarefa 3 não tinha data de início nem de término, mas tornando-a uma sucessora da tarefa 2, você forneceu ao Project informações suficientes para dar à tarefa 3 uma data de início: 6 de janeiro, o próximo dia útil após o final da tarefa 2.

Você observou o realce azul-claro de alguns campos de Duração, Início e Término enquanto vinculava as tarefas? O Project realça os valores que são afetados após cada alteração feita em um plano de projeto.

**DICA** Para desvincular tarefas, selecione as tarefas que deseja desvincular e, em seguida, clique em Desvincular Tarefas no grupo Cronograma na guia Tarefa.

Você vai vincular as tarefas 3 e 4 com uma técnica diferente.

3 Selecione o nome da tarefa 4, *Planejamento feito!*

4 Na guia **Tarefa**, no grupo **Propriedades**, clique em **Informações**.

A caixa de diálogo Informações da tarefa é exibida.

5 Clique na guia **Predecessoras**.

6 Clique na célula vazia abaixo do cabeçalho da coluna **Nome da tarefa** e, em seguida, na seta que aparece no canto direito.

7 Na lista **Nome da tarefa**, clique em *Definir e encomendar o material de marketing*.

8 Clique em **OK** para fechar a caixa de diálogo Informações da tarefa.

| | | Modo da Tarefa | Nome da tarefa | Duração | Início | Término | Predecessoras | 04/Jan/15 Q Q S S D S T Q Q S |
|---|---|---|---|---|---|---|---|---|
| 1 | | | ▲ Fase de planejamento | 2 dias | Seg 05/01/15 | Qua 07/01/1 | | |
| 2 | | | Atribuir membros da equipe de lançamento | 1 dia | Seg 05/01/15 | Seg 05/01/15 | | |
| 3 | | | Definir e encomendar o material de | Verificar com a | Ter 06/01/15 | Ter 06/01/15 | 2 | |
| 4 | | | Planejamento feito! | 0 dias | Qua 07/01/1 | Qua 07/01/1 | 3 | ◆ 07/01 |

As tarefas 3 e 4 são vinculadas com uma relação término-a-início.

**DICA** Lembre-se de que qualquer tarefa pode ter várias predecessoras. Uma maneira de especificar mais tarefas predecessoras é adicioná-las na guia Predecessoras da caixa de diálogo Informações da tarefa. Para as relações término-a-início (o tipo de vínculo padrão), a predecessora com data de término posterior determina a data de início da tarefa sucessora. Às vezes, essa tarefa predecessora é denominada "predecessora de controle", pois determina ou controla a data de início de sua tarefa sucessora. O Project contém um recurso que ajuda a ver mais facilmente as relações entre predecessoras de controle e sucessoras. O recurso é chamado Caminho da Tarefa e será descrito no Capítulo 9.

Em seguida, você vai vincular todas as subtarefas abaixo da tarefa Fase de lançamento público em uma única ação.

9 Selecione os nomes das tarefas 6 a 8.

## Parte 2 Fundamentos do agendamento

10 Na guia **Tarefa**, no grupo **Cronograma**, clique em **Vincular as Tarefas Selecionadas**.

As tarefas 6 a 8 são vinculadas.

**DICA** As tarefas 6 a 8 são adjacentes. Para selecionar tarefas não adjacentes, selecione a primeira tarefa, mantenha a tecla Ctrl pressionada e, em seguida, selecione mais tarefas.

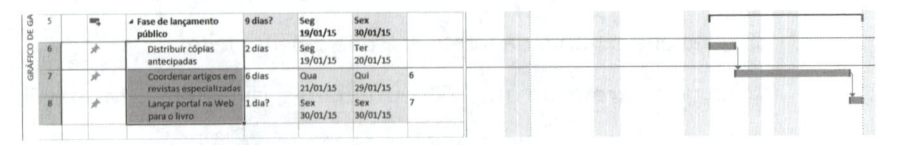

Há várias maneiras de vincular tarefas e você vai usar mais uma para vincular as duas fases do plano de lançamento do novo livro.

11 Na parte do gráfico do modo de exibição Gráfico de Gantt, aponte o cursor do mouse para a barra da tarefa resumo 1, *Fase de Planejamento* e, em seguida, clique e arraste para baixo e para a direita da barra de Gantt da tarefa 5, *Fase de lançamento público*.

Observe que, à medida que arrasta o cursor do mouse, ele muda para um ícone de elo e uma janela pop-up que atualiza informações quando você para sobre outras barras de tarefa.

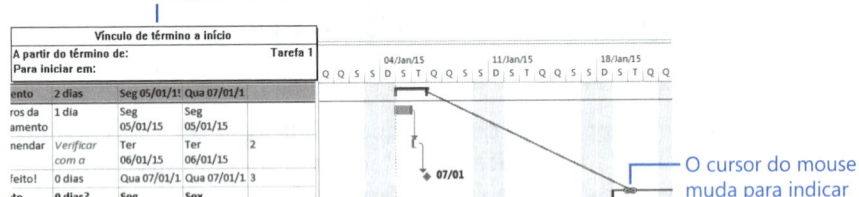

12 Quando o cursor do mouse estiver sobre a barra da tarefa resumo 5, solte o botão do mouse.

As tarefas resumo 1 e 5 são vinculadas com uma relação término-a-início.

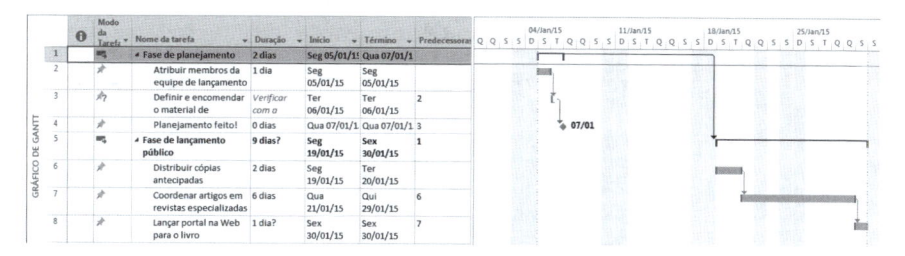

| | Modo da Tarefa | Nome da tarefa | Duração | Início | Término | Predecessoras |
|---|---|---|---|---|---|---|
| 1 | ⬛ | ▲ Fase de planejamento | 2 dias | Seg 05/01/15 | Qua 07/01/1 | |
| 2 | 🖋 | Atribuir membros da equipe de lançamento | 1 dia | Seg 05/01/15 | Seg 05/01/15 | |
| 3 | 🖋 | Definir e encomendar o material de | Verificar com a | Ter 06/01/15 | Ter 06/01/15 | 2 |
| 4 | 🖋 | Planejamento feito! | 0 dias | Qua 07/01/1 | Qua 07/01/1 | 3 |
| 5 | ⬛ | ▲ Fase de lançamento público | 9 dias? | Seg 19/01/15 | Sex 30/01/15 | 1 |
| 6 | 🖋 | Distribuir cópias antecipadas | 2 dias | Seg 19/01/15 | Ter 20/01/15 | |
| 7 | 🖋 | Coordenar artigos em revistas especializadas | 6 dias | Qua 21/01/15 | Qui 29/01/15 | 6 |
| 8 | 🖋 | Lançar portal na Web para o livro | 1 dia? | Sex 30/01/15 | Sex 30/01/15 | 7 |

Até aqui, você usou três técnicas diferentes para vincular tarefas. Outra maneira simples de criar uma relação entre tarefas é digitar o código de tarefa da predecessora no campo Predecessoras da tarefa sucessora. À medida que você usar mais o Project, provavelmente descobrirá que prefere uma dessas ou outra maneira de vincular tarefas.

**DICA** Ao trabalhar com tarefas resumo, você pode vinculá-las diretamente (como acabou de fazer) ou vincular a última tarefa da primeira fase à primeira tarefa da segunda fase. O resultado final do agendamento é o mesmo nas duas situações. Contudo, em nenhuma circunstância você pode vincular uma tarefa resumo a uma de suas próprias subtarefas. Fazer isso cria um problema de agendamento circular e, por isso, o Project não permite.

Para concluir este exercício, você vai inserir um valor de duração específico para a tarefa 3. A equipe de marketing da Lucerne informou que a estimativa de duração para essa tarefa é de duas semanas.

13 No campo duração da tarefa 3, digite **2s** e, em seguida, pressione Enter.

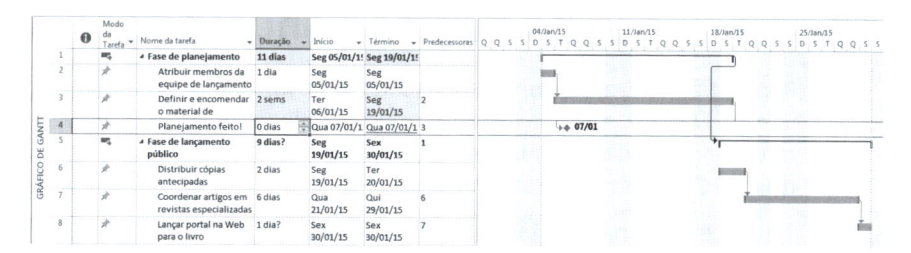

| | Modo da Tarefa | Nome da tarefa | Duração | Início | Término | Predecessoras |
|---|---|---|---|---|---|---|
| 1 | ⬛ | ▲ Fase de planejamento | 11 dias | Seg 05/01/15 | Seg 19/01/15 | |
| 2 | 🖋 | Atribuir membros da equipe de lançamento | 1 dia | Seg 05/01/15 | Seg 05/01/15 | |
| 3 | 🖋 | Definir e encomendar o material de | 2 sems | Ter 06/01/15 | Seg 19/01/15 | 2 |
| 4 | 🖋 | Planejamento feito! | 0 dias | Qua 07/01/1 | Qua 07/01/1 | 3 |
| 5 | ⬛ | ▲ Fase de lançamento público | 9 dias? | Seg 19/01/15 | Sex 30/01/15 | 1 |
| 6 | 🖋 | Distribuir cópias antecipadas | 2 dias | Seg 19/01/15 | Ter 20/01/15 | |
| 7 | 🖋 | Coordenar artigos em revistas especializadas | 6 dias | Qua 21/01/15 | Qui 29/01/15 | 6 |
| 8 | 🖋 | Lançar portal na Web para o livro | 1 dia? | Sex 30/01/15 | Sex 30/01/15 | 7 |

Observe que a nova duração da tarefa 3 fez com que a duração da tarefa resumo Fase de Planejamento aumentasse, mas isso não afetou o agendamento do marco da tarefa 4. Por que não? Lembre-se de que essa tarefa ainda está agendada manualmente. Você pode forçar o Project a ajustar as datas de início e de término dessa tarefa, embora as deixe agendadas manualmente.

14 Selecione o nome da tarefa 4.

15 Na guia **Tarefa**, no grupo **Cronograma**, clique em **Respeitar Vínculos**.

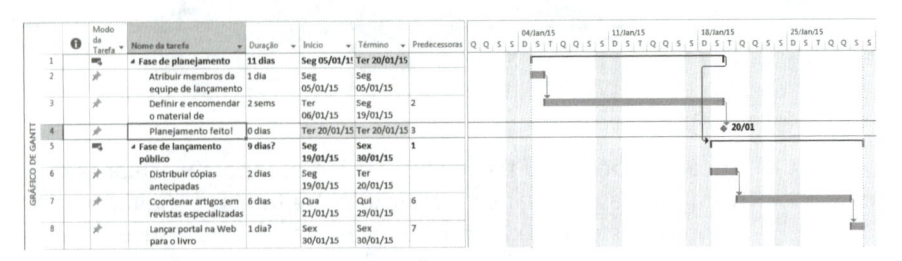

| Modo da Tarefa | Nome da tarefa | Duração | Início | Término | Predecessoras |
|---|---|---|---|---|---|
| 1 | ▲ Fase de planejamento | 11 dias | Seg 05/01/15 | Ter 20/01/15 | |
| 2 | Atribuir membros da equipe de lançamento | 1 dia | Seg 05/01/15 | Seg 05/01/15 | |
| 3 | Definir e encomendar o material de | 2 sems | Ter 06/01/15 | Seg 19/01/15 | 2 |
| 4 | Planejamento feito! | 0 dias | Ter 20/01/15 | Ter 20/01/15 | 3 |
| 5 | ▲ Fase de lançamento público | 9 dias? | Seg 19/01/15 | Sex 30/01/15 | 1 |
| 6 | Distribuir cópias antecipadas | 2 dias | Seg 19/01/15 | Ter 20/01/15 | |
| 7 | Coordenar artigos em revistas especializadas | 6 dias | Qua 21/01/15 | Qui 29/01/15 | 6 |
| 8 | Lançar portal na Web para o livro | 1 dia? | Sex 30/01/15 | Sex 30/01/15 | 7 |

O Project reagenda a tarefa 4 para iniciar após a conclusão de sua predecessora, a tarefa 3.

Você talvez tenha observado que o início da tarefa resumo Fase de lançamento público não respeita seu vínculo à sua predecessora, a tarefa resumo Fase de planejamento. Clicar no botão Respeitar Vínculos com a tarefa resumo Fase de lançamento público selecionada não fará com que ela seja reagendada, como aconteceu com a tarefa 4. Isso ocorre porque as datas de início e de término da tarefa resumo são controladas pelas datas de início e de término de suas subtarefas, que, neste caso, ainda estão agendadas manualmente. Você vai resolver esse problema em seguida, trocando para o agendamento automático.

# Agendamento da tarefa: manual e automático

Por padrão, o Project configura as tarefas novas para serem agendadas manualmente. De fato, até agora na Parte 2 deste livro, você trabalhou somente com tarefas agendadas manualmente. No Project, o agendamento de tarefas é controlado de duas maneiras diferentes:

- Você trabalha com tarefas *agendadas manualmente* para representar rapidamente alguns detalhes, mas sem agendar tarefas. Considere uma tarefa agendada manualmente como um espaço reservado inicial que você pode criar a qualquer momento sem afetar o restante do plano. A princípio, talvez você não saiba mais do que o nome de uma tarefa, mas é o suficiente. À medida que descobrir ou decidir mais detalhes sobre a tarefa, por exemplo, quando ela deve ocorrer, poderá adicionar esses detalhes ao plano de projeto.

- Você trabalha com tarefas *agendadas automaticamente* para tirar total proveito do poderoso mecanismo de agendamento do Project.

Capítulo 4   Criação de uma lista de tarefas

No agendamento automático, o Project atualiza automaticamente os valores de agenda calculados, como durações, datas de início e de término, em resposta a alterações feitas em um plano. Alterações em fatores como restrições, relações entre tarefas e calendários, também podem fazer o Project recalcular as tarefas afetadas.

O cenário: na Lucerne Publishing, o plano de lançamento do novo livro foi examinado pelos recursos que farão o trabalho e por outros interessados no projeto. Embora seja esperado que o plano mude um pouco à medida que você tiver mais informações sobre o lançamento do livro, o plano global já está sólido o suficiente para você trocar as tarefas do agendamento manual para o automático.

Neste exercício, você vai converter as tarefas para agendamento automático e, então, mudar o modo de agendamento padrão para que as novas tarefas sejam agendadas automaticamente.

1   Selecione os nomes das tarefas 2 a 4.

Essas tarefas estão definidas como agendadas manualmente, conforme mostrado pelo indicador do alfinete na coluna Modo da Tarefa.

2   Na guia **Tarefa**, no grupo **Tarefas**, clique em **Agendamento Automático**.

O Project troca essas tarefas para serem agendadas automaticamente.

O Project altera os ícones do Modo da Tarefa e a formatação das barras de Gantt das tarefas para indicar que elas agora são agendadas automaticamente. Em seguida, você vai usar um método diferente para mudar o modo de agendamento de uma tarefa.

3   Clique no campo **Modo da Tarefa** da tarefa 6 e, depois, na seta que aparece.

4   Na lista exibida, clique em **Agendada Automaticamente**.

## 70 Parte 2 Fundamentos do agendamento

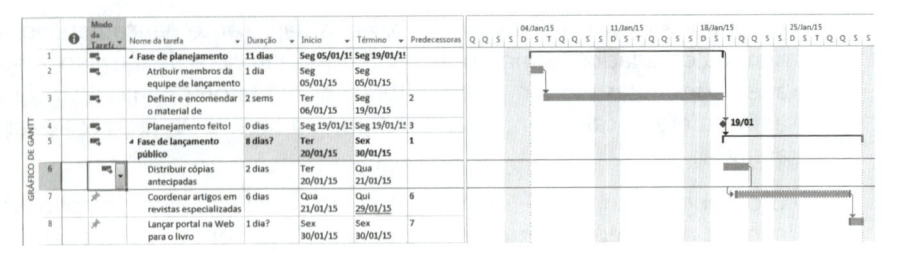

| | Modo da Tarefa | Nome da tarefa | Duração | Início | Término | Predecessoras |
|---|---|---|---|---|---|---|
| 1 | | ▲ Fase de planejamento | 11 dias | Seg 05/01/15 | Seg 19/01/15 | |
| 2 | | Atribuir membros da equipe de lançamento | 1 dia | Seg 05/01/15 | Seg 05/01/15 | |
| 3 | | Definir e encomendar o material de | 2 sems | Ter 06/01/15 | Seg 19/01/15 | 2 |
| 4 | | Planejamento feito! | 0 dias | Seg 19/01/15 | Seg 19/01/15 | 3 |
| 5 | | ▲ Fase de lançamento público | 8 dias? | Ter 20/01/15 | Sex 30/01/15 | 1 |
| 6 | | Distribuir cópias antecipadas | 2 dias | Ter 20/01/15 | Qua 21/01/15 | |
| 7 | | Coordenar artigos em revistas especializadas | 6 dias | Qua 21/01/15 | Qui 29/01/15 | 6 |
| 8 | | Lançar portal na Web para o livro | 1 dia? | Sex 30/01/15 | Sex 30/01/15 | 7 |

Desta vez, a tarefa 6 foi reagendada para iniciar mais tarde. Por que isso aconteceu? Lembre-se da dependência entre as duas tarefas resumo. A dependência estabelecia que a Fase de lançamento público deveria iniciar depois que a Fase de planejamento estivesse concluída. Entretanto, como a tarefa 6 e as outras subtarefas da Fase de lançamento público foram agendadas manualmente, o Project não as reagendou por conta dessa dependência. No entanto, assim que você definiu a tarefa 6 para o agendamento automático, o Project fez exatamente isso e ajustou também a data de início de sua tarefa resumo.

As subtarefas 7 e 8 restantes ainda estão agendadas manualmente, por isso o Project as deixa de lado. Você vai trocar essas tarefas.

5 Selecione os nomes das tarefas 7 e 8.

6 Na guia **Tarefa**, no grupo **Tarefas**, clique em **Agendamento Automático**.

O Project reagenda as tarefas restantes. Isso estende a duração da Fase de lançamento público e do projeto inteiro.

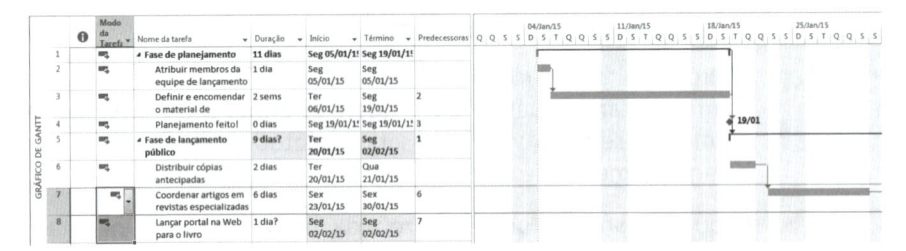

| | Modo da Tarefa | Nome da tarefa | Duração | Início | Término | Predecessoras |
|---|---|---|---|---|---|---|
| 1 | | ▲ Fase de planejamento | 11 dias | Seg 05/01/15 | Seg 19/01/15 | |
| 2 | | Atribuir membros da equipe de lançamento | 1 dia | Seg 05/01/15 | Seg 05/01/15 | |
| 3 | | Definir e encomendar o material de | 2 sems | Ter 06/01/15 | Seg 19/01/15 | 2 |
| 4 | | Planejamento feito! | 0 dias | Seg 19/01/15 | Seg 19/01/15 | 3 |
| 5 | | ▲ Fase de lançamento público | 9 dias? | Ter 20/01/15 | Seg 02/02/15 | 1 |
| 6 | | Distribuir cópias antecipadas | 2 dias | Ter 20/01/15 | Qua 21/01/15 | |
| 7 | | Coordenar artigos em revistas especializadas | 6 dias | Sex 23/01/15 | Sex 30/01/15 | 6 |
| 8 | | Lançar portal na Web para o livro | 1 dia? | Seg 02/02/15 | Seg 02/02/15 | 7 |

Observe que o Project substituiu o valor de texto da data de início da tarefa 8 por uma data agendada e forneceu a duração de um dia. O Project fez isso porque ele exige um valor de tempo numérico para a duração de cada tarefa agendada automaticamente. O ponto de interrogação que segue o valor de duração indica que essa é uma duração estimada; ele não tem efeito sobre o agendamento da tarefa.

No momento, esse plano de projeto está configurado para tratar todas as novas tarefas inseridas como agendadas manualmente. Você pode deixar essa configuração como está e, então, trocar tarefas específicas para serem agendadas automaticamente. Contudo, esse plano agora está desenvolvido o suficiente para mudar para o agendamento automático e, mais tarde, configurar algumas tarefas específicas como agendadas manualmente, conforme for necessário.

7   Na guia **Tarefa**, no grupo **Tarefas**, clique em **Modo** e, em seguida, clique em **Agendamento Automático**.

**DICA** Você também pode alternar o modo de agendamento do plano atualmente aberto no Project, clicando no texto da barra de status Novas Tarefas e selecionando outro modo de agendamento.

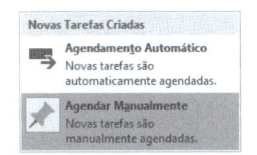

Também é possível mudar o modo de agendamento padrão aplicado pelo Project em todos os novos planos. Para fazer isso, na guia Arquivo, clique em Opções e, em seguida, clique na guia Cronograma. Na caixa Opções de agendamento deste projeto, clique em Todos os Novos Projetos e, em seguida, na caixa Novas tarefas criadas, clique em Agendada Automaticamente.

A seguir, você vai ver o agendamento automático em ação ao adicionar uma nova tarefa ao plano de projeto.

8   No campo **Nome da Tarefa**, abaixo da tarefa 8, digite **Divulgar livro em mídias sociais** e, em seguida, pressione Enter.

O Project adiciona a nova tarefa ao plano. Por padrão, ela não está vinculada a nenhuma outra tarefa, recebe uma duração de um dia e está agendada para iniciar na data de início de sua tarefa resumo. Ao contrário das tarefas agendadas manualmente, as tarefas agendadas automaticamente recebem uma duração e datas de início e de término, quando adicionadas ao plano.

Para concluir este exercício, você vai vincular duas tarefas.

9   Selecione os nomes das tarefas 8 e 9.

10  Na guia **Tarefa**, no grupo **Cronograma**, clique em **Vincular as Tarefas Selecionadas**.

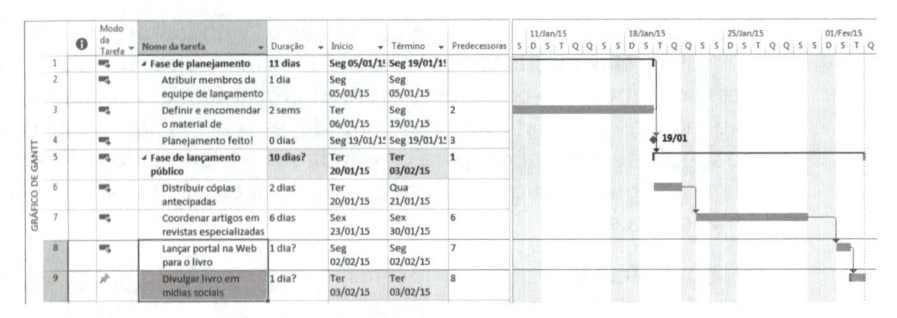

| | ❶ | Modo da Tarefa | Nome da tarefa | Duração | Início | Término | Predecessoras |
|---|---|---|---|---|---|---|---|
| 1 | | ⬛ | ▲ Fase de planejamento | 11 dias | Seg 05/01/15 | Seg 19/01/15 | |
| 2 | | ⬛ | Atribuir membros da equipe de lançamento | 1 dia | Seg 05/01/15 | Seg 05/01/15 | |
| 3 | | ⬛ | Definir e encomendar o material de | 2 sems | Ter 06/01/15 | Seg 19/01/15 | 2 |
| 4 | | ⬛ | Planejamento feito! | 0 dias | Seg 19/01/15 | Seg 19/01/15 | 3 |
| 5 | | ⬛ | ▲ Fase de lançamento público | 10 dias? | Ter 20/01/15 | Ter 03/02/15 | 1 |
| 6 | | ⬛ | Distribuir cópias antecipadas | 2 dias | Ter 20/01/15 | Qua 21/01/15 | |
| 7 | | ⬛ | Coordenar artigos em revistas especializadas | 6 dias | Sex 23/01/15 | Sex 30/01/15 | 6 |
| 8 | | ⬛ | Lançar portal na Web para o livro | 1 dia? | Seg 02/02/15 | Seg 02/02/15 | 7 |
| 9 | | ✏ | Divulgar livro em mídias sociais | 1 dia? | Ter 03/02/15 | Ter 03/02/15 | 8 |

O Project vincula as duas tarefas. Observe que a duração da tarefa resumo Fase de lançamento público foi atualizada automaticamente de 9 para 10 dias.

# Verificação da duração e da data de término do plano

A qualquer momento no planejamento ou na execução de um projeto, muito provavelmente você e outros interessados desejarão saber qual é o tempo esperado para o projeto. Nem a *duração* total nem a data de término de um projeto são inseridas diretamente em um plano, pois isso não é necessário. O Project calcula esses valores com base nas durações das tarefas, nas dependências, nos ajustes feitos no calendário do projeto e em muitos outros fatores registrados em um plano.

Uma maneira fácil de ver a duração e as datas de início e de término agendadas do plano é por meio do modo de exibição Linha do Tempo, da tarefa resumo do projeto e da caixa de diálogo Informações sobre o projeto.

O cenário: na Lucerne Publishing, seu plano para o lançamento do novo livro está ajudando a equipe a se organizar para o trabalho futuro. Frequentemente, você é solicitado a fornecer a duração e a data de término atualizadas para o lançamento do livro.

Neste exercício, você vai verificar a duração total e a data de término agendada do plano com base nas durações e relações entre tarefas que foram inseridas.

1 No modo de exibição Linha do Tempo acima do modo de exibição Gráfico de Gantt, observe as datas de início e de término atuais do plano de projeto.

**NOTA** Se o modo de exibição Linha do Tempo não estiver aparecendo, na guia Exibição, no grupo Modo Divisão, clique na caixa de seleção Linha do Tempo.

Este modo de exibição é um modo prático de ter uma visão geral do plano de projeto. Aqui, estamos examinando apenas as datas de início e de término, mas em capítulos posteriores, você vai trabalhar com a Linha do Tempo de diferentes maneiras.

Agora, você vai examinar a duração do plano mais detalhadamente.

2 Na guia **Projeto**, no grupo **Propriedades**, clique em **Informações do Projeto**.

A caixa de diálogo Informações sobre o projeto aparece.

Aqui, novamente, você vê a data de término: 03/02/15. Não é possível editar a data de término diretamente, pois esse plano está definido para ser agendado a partir da data de início. O Project calcula a data de término com base na quantidade de dias úteis necessários para completar as tarefas, começando na data de início do plano. Qualquer alteração feita à data de início faz o Project recalcular a data de término.

Em seguida, examinaremos as informações de duração mais detalhadamente.

3 Clique em **Estatísticas**.

| Estatísticas do projeto 'Projeto1' | | | |
|---|---|---|---|
| | Início | | Término |
| Atual | Seg 05/01/15 | | Ter 03/02/15 |
| LinhaBase | ND | | ND |
| Real | ND | | ND |
| Variação | 0d | | 0d |
| | Duração | Trabalho | Custo |
| Atual | 21d? | 0h | R$ 0,00 |
| LinhaBase | 0d | 0h | R$ 0,00 |
| Real | 0d | 0h | R$ 0,00 |
| Restante | 21d? | 0h | R$ 0,00 |
| Porcentagem concluída: | | | |
| Duração: 0% | Trabalho: 0% | | Fechar |

Ainda não é necessário entender todos esses números, mas é interessante observar a duração atual. A duração é o número de dias úteis (dias não decorridos) entre a data de início e a data de término do plano.

**DICA** O Project determina a duração total de um plano calculando a diferença entre a primeira data de início e a última data de término das tarefas do plano. A duração do plano também é afetada por outros fatores, como as relações entre as tarefas, as quais foram discutidas na seção "Criação de dependências de tarefas com vínculos", anteriormente neste capítulo. Como o Project faz distinção entre período útil e não útil, a duração de uma tarefa não corresponde necessariamente ao tempo decorrido.

4 Clique em **Fechar** para fechar a caixa de diálogo **Estatísticas do projeto**.

Agora, você vai mostrar a tarefa resumo do projeto no modo de exibição Gráfico de Gantt.

5 Clique em qualquer lugar no modo de exibição Gráfico de Gantt.

Com o foco agora no modo de exibição Gráfico de Gantt, o nome da guia Formato muda para Ferramentas do Gráfico de Gantt.

6 Na guia **Formato**, no grupo **Mostrar/Ocultar**, marque a caixa de seleção **Tarefa Resumo do Projeto**.

O Project mostra a tarefa resumo do projeto com código 0, na parte superior do modo de exibição Gráfico de Gantt. Aqui, você vai ver a mesma duração e valores de início e término exibidos em Estatísticas do projeto e também uma barra de Gantt desenhada a partir das datas de início e de término do plano global.

# Documentação de tarefas com anotações e hiperlinks

É possível registrar informações adicionais sobre uma tarefa em uma *anotação*. Por exemplo, você pode ter descrições detalhadas sobre uma tarefa, mas querer manter seu nome sucinto. Esses detalhes podem ser adicionados a uma anotação, em vez de usar o nome da tarefa. Dessa maneira, as informações ficarão contidas no plano de projeto e poderão ser facilmente visualizadas ou impressas.

Existem três tipos de anotações: anotações de tarefas, anotações de recursos e anotações de atribuições. Você insere e examina as anotações de tarefas na guia Anotações da caixa de diálogo Informações da tarefa. As anotações no Project suportam diversas opções de formatação de texto; é possível até vincular ou armazenar imagens gráficas e outros tipos de arquivos nas anotações.

**DICA** Você vai trabalhar com anotações de recursos no Capítulo 5, "Configuração dos recursos".

Às vezes você quer associar uma tarefa de um plano a informações armazenadas em outro documento ou em uma página Web. Os *hiperlinks* permitem conectar uma tarefa específica a informações adicionais que residem fora do plano.

O cenário: na Lucerne Publishing, você dispõe de alguns detalhes sobre tarefas do plano de lançamento do novo livro que gostaria de registrar. Manter esses detalhes no próprio plano será muito útil mais tarde, para você e para outros interessados no projeto que possam trabalhar com o plano no futuro.

Neste exercício, você vai inserir anotações e hiperlinks em tarefas para documentar informações importantes sobre algumas tarefas.

1  Selecione o nome da tarefa 6, *Distribuir cópias antecipadas*.

2  Na guia **Tarefa**, no grupo **Propriedades**, clique em **Anotações da Tarefa**.

> **DICA** Você também pode clicar com o botão direito do mouse no nome da tarefa e clicar em Anotações no menu de atalho que aparece.

O Project exibe a caixa de diálogo Informações da tarefa com a guia Anotações visível.

3  Na caixa **Anotações**, digite **Pedir lista de destinatários para o pessoal de divulgação**.

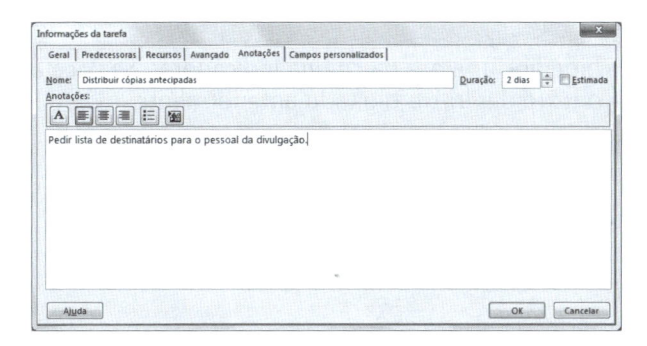

4  Clique em **OK**.

Um ícone de anotação é exibido na coluna Indicadores.

5  Aponte para o ícone de anotação da tarefa 6.

A anotação aparece em uma Dica de tela. Quando a anotação for longa demais para ser exibida em uma Dica de tela, dê um clique duplo no seu ícone para exibir o texto completo.

Você pode observar um ícone de anotação para a tarefa 0, a tarefa resumo do projeto. Vamos examinar isso agora.

6  Aponte para o ícone de anotação na tarefa 0.

Você pode reconhecer essa anotação que aparece na Dica de tela; ela vem da seção "Inserção de título e outras propriedades do plano", no Capítulo 3. Esse texto foi inserido no campo Comentários da caixa de diálogo Propriedades. Como você pode ver, o texto inserido em Comentários aparece como uma anotação na tarefa resumo do projeto. Se você adicionar ou alterar uma anotação na tarefa resumo do projeto, como fez anteriormente, a alteração aparecerá no campo Comentários da caixa de diálogo Propriedades.

Para concluir este exercício, você vai criar um hiperlink.

7 Clique com o botão direito do mouse no nome da tarefa 8, *Lançamento de portal na Web para o livro* e, em seguida, no menu de atalho, clique em **Hiperlink**.

A caixa de diálogo Inserir hiperlink é exibida.

8 Na caixa **Texto para exibição**, digite **Adicionar o catálogo de primavera aqui**.

9 Na caixa **Endereço**, digite **http://www.lucernepublishing.com/**

10 Clique em **OK**.

Um ícone de hiperlink aparece na coluna Indicadores. Se você apontar para o ícone, verá o texto descritivo digitado anteriormente.

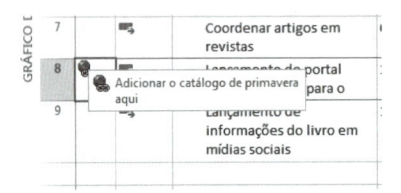

| GRÁFICO | | | |
|---|---|---|---|
| 7 | | Coordenar artigos em revistas | |
| 8 | | Lançamento de portal Adicionar o catálogo de primavera aqui para o | |
| 9 | | Lançamento de informações do livro em mídias sociais | |

Para abrir a página Web no seu navegador, clique no ícone do hiperlink ou clique com o botão direito do mouse no ícone do hiperlink e, no menu de atalho que aparece, clique em Hiperlink e, em seguida, em Abrir Hiperlink.

**DICA** Você pode remover rapidamente anotações, hiperlinks ou formatação de tarefas selecionadas. Na guia Tarefa, no grupo Edição, clique em Limpar (parece uma borracha) e, em seguida, selecione o comando desejado.

❌ ENCERRAMENTO  Feche o arquivo Tarefas Simples.

# Pontos-chave

- Bons nomes de tarefa são expressões curtas que façam sentido para quem vai examinar o plano ou fazer o trabalho.
- Entre os aspectos essenciais das tarefas de um plano de projeto estão sua duração e ordem de ocorrência.
- No Project, as fases de um cronograma são representadas como tarefas resumo.
- Os vínculos, ou relações, entre tarefas fazem o início ou o término de uma tarefa afetar o início ou o término de outra. Uma relação entre tarefas comum é a término-a-início, na qual a conclusão de uma tarefa controla o início da outra.
- As tarefas podem ser agendadas manual ou automaticamente. Para as tarefas agendadas manualmente, é possível registrar qualquer tipo de informação que se possa ter sobre valores de duração, início e término de uma tarefa, sem afetar o plano global.
- É possível documentar os detalhes adicionais usando anotações de tarefas e criar hiperlinks para a Web.

# Visão geral do capítulo

## Listar
Crie uma lista de recursos, página 80.

|   | ⓘ | Nome do recurso | Tipo |
|---|---|---|---|
| 1 |   | Jun Cao | Trabalho |
| 2 |   | Sharon Salavaria | Trabalho |
| 3 |   | Toby Nixon | Trabalho |
| 4 |   | Toni Poe | Trabalho |
| 5 |   | Zac Woodall | Trabalho |

## Capacidade
Mude a capacidade produtiva de um recurso, página 83.

| Unid. máximas | Taxa padrão | Taxa h. extra |
|---|---|---|
| 100% | R$ 0,00/hr | R$ 0,00/hr |
| 50% | R$ 0,00/hr | R$ 0,00/hr |
| 100% | R$ 0,00/hr | R$ 0,00/hr |
| 100% | R$ 0,00/hr | R$ 0,00/hr |
| 100% | R$ 0,00/hr | R$ 0,00/hr |
| 400% | R$ 0,00/hr | R$ 0,00/hr |

## Taxas
Insira remunerações de recurso, página 85.

| Unid. máximas | Taxa padrão | Taxa h. extra |
|---|---|---|
| 100% | R$ 42,00/hr | R$ 0,00/hr |
| 50% | .100,00/sem | R$ 0,00/hr |
| 100% | .700,00/sem | R$ 0,00/hr |
| 100% | R$ 0,00/hr | R$ 0,00/hr |
| 100% | R$ 55,00/hr | R$ 0,00/hr |
| 400% | R$ 45,00/hr | R$ 0,00/hr |

## Exceções
Mude o tempo útil de um recurso, página 88.

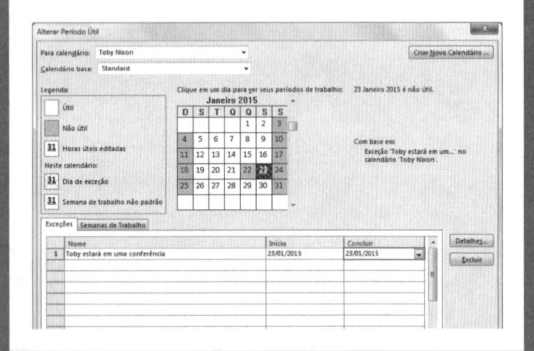

# Configuração dos recursos

**5**

## NESTE CAPÍTULO, VOCÊ APRENDERÁ A:

- Definir as informações básicas de recursos para as pessoas que trabalham no projeto.
- Ajustar a capacidade produtiva máxima de um recurso.
- Inserir remunerações padrão e de hora extra para recursos de trabalho.
- Modificar o período útil e não útil de um recurso.
- Criar recursos de custo para controle financeiro.
- Registrar informações adicionais sobre um recurso em uma anotação.

O Microsoft Project 2013 admite três tipos de *recursos*: de trabalho, de custo e materiais.

- *Recursos de trabalho* incluem pessoas e equipamentos necessários para completar as tarefas de um plano de projeto.
- *Recursos de custo* representam um custo financeiro associado a uma tarefa para a qual você precisa prestar contas. Os exemplos incluem categorias de despesas como viagens, entretenimento, e assim por diante.
- *Recursos materiais* são artigos de consumo que você usa à medida que o projeto está em andamento. Por exemplo, um projeto de construção talvez precise controlar o aço ou o concreto à medida que é usado ao longo do projeto.

Neste capítulo, você vai configurar os recursos de trabalho e de custo. Os recursos materiais serão descritos no Capítulo 11, "Detalhes dos recursos e das atribuições".

O gerenciamento eficaz de recursos é uma das maiores vantagens de usar o Project em vez de ferramentas de planejamento voltadas para tarefas, como fichários e organizadores. Não é obrigatório configurar os recursos e atribuí--los às tarefas no Project; entretanto, sem essas informações, você talvez seja menos eficiente ao gerenciar seu projeto. Configurar informações de recursos no Project exige um pouco de esforço, mas o tempo será bem aproveitado se o seu projeto estiver sendo governado principalmente pelas restrições de tempo ou custo (e quase todos os projetos são governados por um desses fatores, se não por ambos.)

**ARQUIVOS DE PRÁTICA** Para fazer os exercícios deste capítulo, você precisa do arquivo contido na pasta Capitulo05. Para mais informações, consulte "Como baixar os arquivos de prática", na Introdução deste livro.

**IMPORTANTE** Se você estiver executando o Project Professional com Project Web App/Project Server, tome o cuidado de não salvar no Project Web App (PWA) os arquivos de prática com os quais trabalhará neste livro. Para mais informações, consulte o Apêndice C, "Colaboração: Project, SharePoint e PWA".

# Nome dos recursos de trabalho

Recursos de trabalho são as pessoas e os equipamentos que realizam o trabalho do projeto. O Project enfoca em dois aspectos dos recursos de trabalho: suas disponibilidades e seus custos. A disponibilidade determina quando os recursos específicos podem trabalhar em tarefas e o volume de trabalho que podem executar. Os custos se referem ao montante financeiro necessário para pagar esses recursos.

Alguns exemplos de como inserir nomes de recurso de trabalho estão listados na seguinte tabela.

| Recurso de trabalho | Exemplo |
|---|---|
| Pessoas identificadas pelos nomes. | Jun Cao; Zac Woodall |
| Pessoas identificadas por título de cargo ou função. | Editora; Especialista em contrato |
| Grupos de pessoas com habilidades comuns. (Quando atribuir esses recursos intercambiáveis a uma tarefa, você não precisa se preocupar com qual recurso individual usar, desde que eles tenham as habilidades corretas) | Revisores de texto; Tipógrafos |
| Equipamento. | Impressora offset. |

## Considerações sobre recursos de equipamento

No Project, os recursos de pessoas e equipamentos são configurados exatamente da mesma maneira – ambos são exemplos de recursos de trabalho. Entretanto, você deve estar ciente das importantes diferenças no modo como pode agendar esses dois tipos de recursos. A maioria dos recursos de pessoas tem um dia útil de 8 a 12 horas, mas os recursos de equipamentos podem ter capacidades muito mais variadas para trabalhar, desde durações curtas (seguidas de manutenção) até continuamente sem interrupção. Além disso, os recursos de pessoas podem ser flexíveis nas tarefas que executam, enquanto os recursos de equipamentos tendem a ser mais especializados. Por exemplo, um editor de conteúdo para um projeto de livro também pode atuar como um editor de texto em uma emergência, mas uma copiadora não pode substituir uma prensa tipográfica.

Você não precisa controlar cada equipamento que será utilizado em seu plano, mas talvez queira configurar recursos de equipamentos quando:

- Várias equipes ou pessoas precisarem de um equipamento para realizar diferentes tarefas simultaneamente e ele estiver com excesso de reservas.
- Você quiser planejar e controlar os custos associados a esse equipamento.

Considere estas questões se seus planos envolverem recursos de equipamentos.

O Project pode ajudá-lo a tomar decisões mais inteligentes sobre o gerenciamento de recursos de trabalho e monitoramento de custos financeiros.

**DICA** Se você e os membros de sua equipe tiverem o Lync 2010 ou posterior instalado, poderão iniciar uma troca de mensagens instantânea, chamadas de voz ou de vídeo diretamente das listas de recursos no Project. Aponte para o indicador de presença ao lado dos nomes de recurso.

O cenário: na Lucerne Publishing, você já tem um bom ponto de partida com a lista de tarefas para o lançamento do novo livro. Agora está pronto para definir os recursos de trabalho necessários para completar o lançamento. Assim como na lista de tarefas, são esperadas algumas mudanças futuras nos detalhes dos recursos, à medida que você souber mais sobre o projeto, mas já dispõe de informações suficientes para começar.

Neste exercício, você vai inserir os nomes de vários recursos de trabalho.

PREPARAÇÃO Para fazer este exercício, você precisa do arquivo Recursos Simples_Inicio localizado na pasta Capitulo05. Abra o arquivo e salve-o como Recursos Simples.

1 Na guia **Exibição**, no grupo **Visãos de Recurso**, clique em **Planilha de Recursos**.

Você vai usar o modo de exibição Planilha de Recursos para inserir a lista inicial de recursos para o projeto de lançamento do novo livro.

2 Clique na célula imediatamente abaixo do cabeçalho de coluna **Nome do recurso**.

3 Digite **Jun Cao** e pressione a tecla Enter.

O Project cria um novo recurso.

4 Nas próximas linhas vazias da coluna **Nome do recurso**, insira os nomes a seguir:

**Sharon Salavaria**

**Toby Nixon**

**Toni Poe**

**Zac Woodall**

> Quando você cria um novo recurso de trabalho, o Project atribui a ele 100% para Unid. máximas.

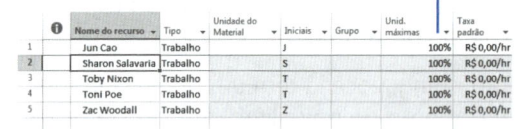

Todos esses recursos são pessoas individuais. Também é possível ter um recurso que represente várias pessoas. Em seguida, você vai inserir um recurso assim.

5  No campo **Nome do recurso**, abaixo do último recurso, digite **Revisores de texto** e, em seguida, pressione Enter.

> **DICA**  Se achar necessário adicionar um novo recurso em sua lista e quiser adicioná-lo em outro ponto que não seja o final da lista, faça o seguinte. Selecione o nome do recurso que você quer que apareça imediatamente abaixo do novo recurso. Na guia Recurso, no grupo Inserir, clique em Adicionar Recursos e, em seguida, selecione o tipo de recurso desejado.

## Qual a melhor maneira de inserir nomes de recursos?

No Project, os nomes dos recursos de trabalho podem fazer referência a pessoas (Sharon Salavaria) ou a títulos de cargos (como Editor ou Especialista em Contrato). Use a convenção de nomes que fizer mais sentido para você e para aqueles que verão seu plano de projeto. As perguntas importantes são as seguintes: quem verá os nomes dos recursos e como eles os identificarão? Os nomes de recursos escolhidos aparecerão tanto no Project quanto nas informações de recursos compartilhadas no Project. Aqui estão dois exemplos. No modo de exibição Gráfico de Gantt padrão, o nome de cada recurso aparece ao lado das barras das tarefas às quais esse recurso está atribuído. No relatório Visão geral do Recurso, o nome de cada recurso aparece nos eixos dos gráficos Estatísticas de Recursos e Status de Trabalho, e também na tabela Status do Recurso.

Um recurso pode fazer referência a alguém que já pertence à equipe ou a uma posição a ser preenchida posteriormente. Se você ainda não preencheu todas as posições de recursos necessárias, talvez ainda não tenha os nomes das pessoas específicas para inserir. Nesse caso, use nomes descritivos ou títulos de cargos quando estiver configurando os recursos no Project.

## Capacidade máxima dos recursos

O campo Unid. máximas representa a capacidade máxima de um recurso para executar as tarefas a ele atribuídas. Especificar que um recurso tem 100% de *unidades máximas* significa que 100% do período útil do recurso estão disponíveis para trabalhar nas tarefas atribuídas no plano de projeto. O Project avisará com um indicador e formatação na cor vermelha, se você atribuir o recurso a mais tarefas do que ele pode executar em 100% das unidades máximas (em outras palavras, se o recurso se tornar *superalocado*). O valor padrão é 100% para Unidades máximas para novos recursos.

Para um recurso que representa não uma pessoa, mas uma categoria de pessoas intercambiáveis com um conjunto de habilidades comuns, você pode inserir um valor maior para as unidades máximas a fim de indicar o número de pessoas disponíveis. Inserir um valor de unidades máximas como 800% para um recurso significa que você pode esperar que oito pessoas pertencentes a essa categoria de recurso estarão disponíveis para trabalhar em tempo integral em todos os dias úteis.

Para um recurso que tenha uma agenda de trabalho menor do que o tempo integral, você pode inserir um valor de unidades máximas menor. Inserir um valor de unidades máximas de 75% para esse recurso significa que você pode esperar que a capacidade dele seja de três quartos de um recurso de tempo integral. Para uma semana de trabalho de 40 horas, isso equivale a 30 horas de capacidade. Observe que essa capacidade de trabalho de jornada parcial pode ser aplicada a um trabalhador de tempo parcial ou a um trabalhador de tempo integral que esteja alocado para um projeto específico apenas parte do tempo.

O cenário: na Lucerne Publishing, você precisa mudar o valor de unidades máximas padrão de 100% para alguns recursos. Você ficou sabendo que o equivalente a quatro revisores de texto será alocado para o lançamento do novo livro. No plano, também há um recurso, Sharon Salavaria, que trabalha na Lucerne em regime de meio expediente.

Neste exercício, você vai ajustar os valores de Unidades máximas de um recurso que representa várias pessoas e de outro cuja capacidade para trabalhar nesse plano é menor do que o tempo integral.

1 Clique no campo **Unid. máximas** para o recurso *Revisores de texto*.

2 Digite ou selecione **400%** e, em seguida pressione Enter.

> **DICA** Quando você clica em um valor numérico em um campo como Unid. máximas, aparecem setas para cima e para baixo. Você pode clicar nelas para exibir o número desejado ou simplesmente digitar o número no campo.

Agora, você vai atualizar o valor de Unidades máximas de Sharon Salavaria para indicar que ela trabalha meio período.

3 Clique no campo **Unid. máximas** de *Sharon Salavaria*, digite ou selecione **50%** e, em seguida, pressione Enter.

| | | Nome do recurso | Tipo | Unidade do Material | Iniciais | Grupo | Unid. máximas | Taxa padrão |
|---|---|---|---|---|---|---|---|---|
| | 1 | Jun Chao | Trabalho | | J | | 100% | R$ 0,00/hr |
| | 2 | Sharon Salavaria | Trabalho | | S | | 50% | R$ 0,00/hr |
| | 3 | Toby Nixon | Trabalho | | T | | 100% | R$ 0,00/hr |
| | 4 | Toni Poe | Trabalho | | T | | 100% | R$ 0,00/hr |
| | 5 | Zac Woodall | Trabalho | | Z | | 100% | R$ 0,00/hr |
| URSOS | 6 | Revisores de texto | Trabalho | | R | | 400% | R$ 0,00/hr |

**DICA** Se preferir, você pode inserir as unidades máximas como números parciais ou inteiros (como 0,5, ou 1,4) em vez de porcentagens (como 50%, 100%, 400%). Para usar esse formato, na guia Arquivo, clique em Opções. Na caixa de diálogo Opções do Project, clique na guia Cronograma. Em Cronograma, na caixa Mostrar unidades de atribuição como, clique em Decimal.

Com essas alterações feitas em Unidades máximas, o Project identificará esses recursos como superalocados quando seu trabalho atribuído exceder suas capacidades. Você vai trabalhar com superalocação de recursos no Capítulo 11.

# Remuneração dos recursos

Quase todos os projetos têm algum aspecto financeiro, e o custo limita o escopo de muitos deles. O controle e gerenciamento das informações de custo do Project permitem ao gerente de projeto responder a importantes perguntas, como:

- Com base na duração das tarefas e nas atribuições de recurso, qual é o custo total esperado para o projeto?
- A organização está utilizando recursos caros para realizar um trabalho que poderia ser executado por recursos mais baratos?
- Quanto custará um tipo específico de recurso ou tarefa durante a realização do projeto?
- Poderemos manter esse nível de despesa ao longo da duração planejada do projeto?

No Project, é possível inserir remunerações e custos por uso padrão para recursos de trabalho e material, além de remunerações por horas extras para recursos de trabalho. Lembre-se de que, no Project, existem três tipos de recursos: de trabalho, material e de custo. Os recursos de custo não usam remunerações e serão descritos posteriormente neste capítulo.

Quando um recurso de trabalho tem uma remuneração padrão inserida e é atribuído a uma tarefa, o Project calcula o custo da atribuição. O Project faz isso multiplicando o valor do trabalho da atribuição pela remuneração do recurso – ambos usando um incremento comum de tempo (como horas). Você pode, então, ver o custo por recurso, por atribuição e por tarefa (assim como os custos acumulados para as tarefas resumo e para o plano inteiro). Você vai atribuir tarefas a recursos no Capítulo 6, "Atribuição de recursos às tarefas".

O Project manipula as despesas com horas extras de maneira diferente. Ele só aplicará a remuneração por hora extra quando você registrar especificamente as horas extras para uma atribuição. Há mais informações sobre como trabalhar com horas extras no Capítulo 16, "Como retomar o controle do projeto". O Project não calcula as horas extras e os custos associados automaticamente, porque as chances de ele aplicar horas extras onde elas não existem são grandes. No cenário do lançamento do novo livro, a agenda de trabalho de Jun Cao apresenta um bom exemplo. Na próxima seção, você vai configurar uma agenda de trabalho de 10 horas por dia, quatro dias por semana, para Jun (uma agenda de trabalho de "quatro por dez"). Essa ainda é uma semana de trabalho regular de 40 horas, embora 2 horas por dia possam ser consideradas erroneamente como horas extras devido à premissa normal de um dia de 8 horas.

Além das taxas de custos, ou em vez delas, um recurso pode incluir uma taxa estabelecida que o Project acumula a cada tarefa para a qual o recurso é atribuído. Isso é chamado de *custo por uso*. Ao contrário das taxas de custo, o custo por uso não varia com a duração da tarefa ou a quantidade de trabalho realizado pelo recurso na tarefa. O custo por uso é especificado no campo Custo/uso no modo de exibição Planilha de Recursos.

O cenário: na Lucerne Publishing, você recebeu do departamento pessoal as remunerações dos recursos de trabalho envolvidos no lançamento do novo livro. Essas remunerações misturam pagamentos por hora e semanais. Você precisa inseri-las no plano de lançamento do novo livro.

Neste exercício, você vai inserir as remunerações padrão e de hora extra dos recursos de trabalho.

1 Na Planilha de Recursos, clique no campo **Taxa padrão** de *Jun Cao*.

2 Digite **42** e pressione Enter.

A remuneração por hora padrão de R$42,00 para Jun aparece na coluna Taxa padrão. Observe que a taxa padrão é horária; portanto, não foi preciso especificar custo por hora.

3 No campo **Taxa padrão** de *Sharon Salavaria*, digite **1100/s** e pressione Enter.

A remuneração semanal de Sharon aparece na coluna Taxa padrão. (Talvez seja necessário alargar a coluna para ver as remunerações completamente, como mostrado a seguir.)

| | | Nome do recurso | Tipo | Unidade do Material | Iniciais | Grupo | Unid. máximas | Taxa padrão | Taxa h. extra |
|---|---|---|---|---|---|---|---|---|---|
| | 1 | Jun Chao | Trabalho | | J | | 100% | R$ 42,00/hr | t$ 63,00/hr |
| | 2 | Sharon Salavaria | Trabalho | | S | | 50% | R$ 1.100,00/sem | R$ 0,00/hr |
| | 3 | Toby Nixon | Trabalho | | T | | 100% | R$ 0,00/hr | R$ 0,00/hr |
| | 4 | Toni Poe | Trabalho | | T | | 100% | R$ 0,00/hr | R$ 0,00/hr |
| | 5 | Zac Woodall | Trabalho | | Z | | 100% | R$ 0,00/hr | R$ 0,00/hr |
| | 6 | Revisores de texto | Trabalho | | R | | 400% | R$ 0,00/hr | R$ 0,00/hr |

4 Insira as seguintes remunerações padrão para os recursos dados:

| Nome do recurso | Remuneração padrão |
|---|---|
| Toby Nixon | 2700/s |
| Toni Poe | Deixe como 0 (Toni é o autor do livro e você não está controlando seus custos com base em taxas neste plano de projeto.) |
| Zac Woodall | 55 |
| Revisores de texto | 45 |

| | Nome do recurso | Tipo | Unidade do Material | Iniciais | Grupo | Unid. máximas | Taxa padrão | Taxa h. extra |
|---|---|---|---|---|---|---|---|---|
| 1 | Jun Chao | Trabalho | | J | | 100% | R$ 42,00/hr | R$ 0,00/hr |
| 2 | Sharon Salavaria | Trabalho | | S | | 50% | R$ 1.100,00/sem | R$ 0,00/hr |
| 3 | Toby Nixon | Trabalho | | T | | 100% | R$ 2.700,00/sem | R$ 0,00/hr |
| 4 | Toni Poe | Trabalho | | T | | 100% | R$ 0,00/hr | R$ 0,00/hr |
| 5 | Zac Woodall | Trabalho | | Z | | 100% | R$ 55,00/hr | R$ 0,00/hr |
| 6 | Revisores de texto | Trabalho | | R | | 400% | R$ 45,00/hr | R$ 0,00/hr |

**DICA** Talvez seja necessário alargar algumas colunas para ver seus cabeçalhos e valores completamente, como mostrado aqui.)

Como você pode ver, é possível inserir remunerações com várias bases de tempo – por hora (o padrão), diária, semanal, e assim por diante. Na verdade, você pode inserir remunerações em todos os incrementos de tempo para os quais deseja inserir durações de tarefa – de minutos a anos.

Em seguida você vai inserir uma remuneração por horas extras para um dos recursos.

5 No campo da taxa de horas extras (rotulado como **Taxa h. extra**) de *Jun Cao*, digite **63** e, depois, pressione Enter.

**DICA** Se você trabalha com um grande número de recursos que têm as mesmas remunerações padrão ou por horas extras, pode configurar o Project para aplicar essas remunerações automaticamente sempre que adicionar um novo recurso. Para fazer isso, na guia Arquivo, clique em Opções. Na caixa de diálogo Opções do Project, clique na guia Avançado. Em Opções gerais deste projeto, marque a caixa de seleção Adicionar novos recursos e tarefas automaticamente e, em seguida, insira as remunerações padrão desejadas.

## Enfoque do gerenciamento de projetos: como obter informações sobre custos de recursos

Os recursos de trabalho podem ser responsáveis por grande parte dos custos de muitos projetos. Para aproveitar plenamente os amplos recursos de gerenciamento de custos do Project, o gerente de projeto deve conhecer os custos associados a cada recurso de trabalho. Com relação aos recursos de pessoas, talvez seja difícil obter tais informações. Em muitas empresas, apenas a alta direção e os especialistas em recursos humanos conhecem as remunerações de todos os recursos que trabalham em um projeto e eles podem considerar essas informações confidenciais. Dependendo das suas prioridades de projeto e da política organizacional, você talvez não possa controlar as remunerações dos recursos. Se não for possível controlar as informações de custo dos recursos e seu projeto for limitado pelo custo, sua eficiência como gerente de projeto poderá ser reduzida e os patrocinadores dos seus projetos deverão compreender essa limitação.

Se você efetivamente incluir os detalhes de custo no seu plano e essas informações forem consideradas confidenciais, pense na possibilidade de exigir uma senha para abrir os planos de projeto. Para definir uma senha, clique na guia Arquivo e, em seguida, em Salvar como. Selecione o local desejado e, então, clique em Procurar. Na caixa de diálogo Salvar como, clique em Ferramentas e, depois, em Opções Gerais.

Outra estratégia a considerar é o uso de taxas com encargos médias para recursos de pessoas. A *taxa com encargos* é uma remuneração acrescida dos custos gerais indiretos por trabalhador. Uma taxa com encargos média descreve todos em geral, mas nenhum em particular.

# Ajuste do período de trabalho em um calendário de recurso

O Project usa diferentes tipos de calendários para finalidades distintas. No Capítulo 3, "Como iniciar um novo plano", você modificou o *calendário do projeto* para especificar os dias não úteis para o projeto inteiro. Nesta seção, seu enfoque é o calendário do recurso. Um *calendário de recurso* controla os dias úteis e não úteis de um recurso específico. O Project usa os calendários dos recursos para determinar quando o trabalho pode ser agendado para um recurso. Os calendários de recurso só se aplicam aos recursos de trabalho (pessoas e equipamentos) e não a recursos de custos e materiais.

Quando você cria os recursos em um plano, o Project cria um calendário para cada recurso de trabalho. As configurações dos períodos úteis iniciais dos calendários de recurso correspondem exatamente àquelas do calendário do projeto, que por padrão é o *calendário base padrão*. O calendário base padrão é incorporado ao Project e acomoda uma agenda de trabalho padrão das 8:00 às 17:00, de segunda a sexta-feira, com uma hora de almoço a cada dia. Se todos os períodos úteis dos seus recursos correspondem ao período útil do calendário do projeto, não é necessário editar os calendários de recurso. Entretanto, o mais provável é que para alguns recursos haja exceções para o período útil no calendário do projeto, como:

- Uma agenda de trabalho com horário flexível
- Período de férias
- Outros períodos em que um recurso não está disponível para trabalhar no projeto, como o tempo gasto em treinamento ou assistindo a uma conferência

**DICA** Se houver um recurso que estará disponível para trabalhar no projeto apenas em tempo parcial, talvez você fique tentado a definir o período útil do recurso no projeto, de modo a refletir uma agenda em tempo parcial – por exemplo, das 8:00 às 12:00 diariamente. Contudo, uma estratégia mais apropriada seria ajustar a disponibilidade do recurso no campo Unid. máximas para 50%, como você fez no exercício anterior para o recurso chamado Sharon Salavaria. A alteração da disponibilidade unitária do recurso mantém o foco na capacidade do recurso para trabalhar no projeto, em vez dos períodos específicos do dia em que o trabalho poderá ocorrer. As unidades máximas de um recurso são definidas no modo de exibição Planilha de Recursos.

As alterações feitas no calendário do projeto são refletidas automaticamente nos calendários de recurso extraídos do mesmo calendário do projeto. Por exemplo, no Capítulo 3, você especificou um dia não útil para um evento de motivação profissional e o Project reagendou todo o trabalho para pular esse dia. Contudo note que, uma vez criada uma exceção no calendário de recurso, essa exceção não é afetada por alterações posteriores feitas no calendário do projeto.

O cenário: na Lucerne Publishing, você tem duas atualizações de período útil a fazer no plano de lançamento do novo livro. Toby Nixon informou que estará em uma conferência e Jun Cao trabalha em tempo integral, mas com uma agenda diferenciada de 10 horas por dia, quatro dias por semana. Você precisa atualizar seus calendários de recurso de forma correspondente.

Neste exercício, você vai especificar os períodos úteis e não úteis para recursos de trabalho.

1 Na guia **Projeto**, no grupo **Propriedades**, clique em **Alterar Período de Trabalho**.

A caixa de diálogo Alterar Período Útil é exibida.

2 Na caixa **Para calendário**, clique em *Toby Nixon*.

O calendário de recurso de Toby Nixon aparece na caixa de diálogo Alterar Período Útil. Toby avisou que não estará disponível para trabalhar na sexta--feira, 23 de janeiro, porque planeja participar de uma conferência do setor de livros.

3 Na guia **Exceções** da caixa de diálogo Alterar Período Útil, clique na primeira linha imediatamente abaixo do cabeçalho da coluna **Nome** e digite **Toby estará em uma conferência**.

A descrição da exceção do calendário é um lembrete útil para você e outras pessoas que poderão examinar o plano de projeto futuramente.

4 Clique no campo **Início** e digite ou selecione **23/01/15**.

5 Para ver o calendário atualizado na caixa de diálogo, clique no campo **Concluir**.

**DICA** Como alternativa, no calendário da caixa de diálogo Alterar Período Útil, você pode primeiro selecionar a data ou intervalo de datas para a qual deseja criar uma exceção e, depois, inserir o nome da exceção. O Project insere as datas de início e de término automaticamente, com base na sua seleção. Em seguida, pressione a tecla Enter.

Todo calendário de recurso de trabalho é baseado no calendário do projeto; o calendário padrão do projeto é o calendário base Padrão (Standard).

O Project não agendará trabalho para Toby na data de 23 de janeiro. Observe também que 22 de janeiro é um dia não útil. Esse dia é a exceção para o evento de motivação profissional do calendário do projeto criado no Capítulo 3.

**NOTA** Para configurar uma exceção de período útil parcial para um recurso, como parte de um dia em que um recurso não possa trabalhar, clique em Detalhes. Na caixa de diálogo Detalhes, você também pode criar exceções recorrentes para a disponibilidade do recurso.

Para concluir este exercício, você vai definir uma agenda de trabalho "4 por 10" (isto é, 4 dias por semana, 10 horas por dia) para um recurso.

6 Na caixa **Para calendário**, clique em *Jun Cao*.

7 Quando solicitado a salvar as alterações do calendário de recurso feitas para Toby Nixon, clique em **Sim**.

8 Clique na guia **Semanas de Trabalho** da caixa de diálogo Alterar Período Útil.

9 Clique em **[Padrão]** logo abaixo do cabeçalho de coluna **Nome** e, em seguida, clique em **Detalhes**.

Primeiro, você vai modificar os dias e as horas da semana de trabalho padrão para Jun Cao.

10 Em **Selecionar dia(s)**, selecione de **Segunda-feira** até **Quinta-feira**.

Esses são os dias da semana em que Jun normalmente trabalha.

11 Clique em **Definir dia(s) para os períodos de trabalho específicos**.

Depois, você vai modificar a agenda diária regular de Jun para os dias em que ela normalmente trabalha.

12 Na linha 2, na coluna **Até**, clique em **17:00** e substitua por **19:00**; em seguida, pressione Enter.

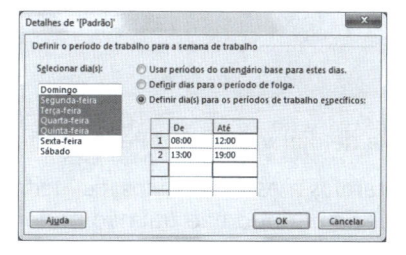

Por fim, você vai marcar a sexta-feira como dia não útil para Jun Cao.

13 Clique em **Sexta-feira**.

14 Clique em **Definir dias para o período de folga**.

Agora o Project pode agendar trabalho para Jun até as 19:00 de segunda a quinta, mas não agendará nada para ela às sextas-feiras.

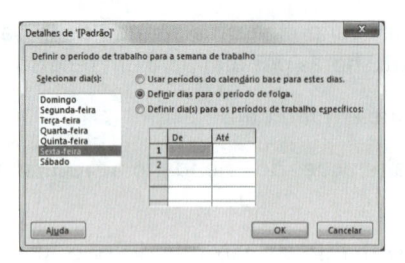

15 Clique em **OK** para fechar a caixa de diálogo Detalhes.

Você pode ver no calendário da caixa de diálogo Alterar Período Útil que as sextas-feiras (assim como sábados e domingos) estão marcadas como dias não úteis para Jun Cao.

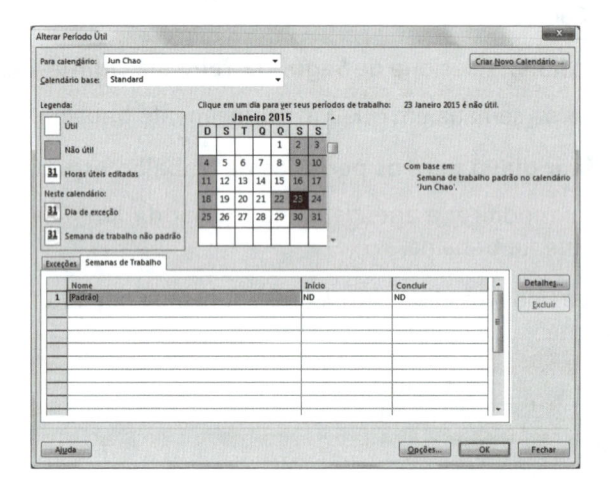

16 Clique em **OK** para fechar a caixa de diálogo Alterar Período Útil.

Como você ainda não atribuiu tarefas a esses recursos, os efeitos do agendamento das suas configurações de período não útil não podem ser vistos. Você vai atribuir tarefas a recursos no Capítulo 6.

**DICA** Se for necessário editar vários calendários de recurso de maneira similar (para mexer em um turno da noite, por exemplo), talvez seja mais fácil atribuir um calendário base diferente a um recurso ou coleção de recursos. Esse procedimento é mais eficiente do que editar os calendários individuais e permite que você faça ajustes em todo o projeto em um único calendário base, se necessário. Por exemplo, se o seu projeto inclui um turno de dia e um turno da noite, é possível aplicar o calendário base Turno da Noite para os recursos que trabalharão no turno da noite. Um calendário base é alterado na caixa de diálogo Alterar Período Útil. Para coleções de recursos, você pode selecionar um calendário base específico diretamente na coluna Calendário Base da tabela Entrada, no modo de exibição Planilha de Recursos.

# Configuração dos recursos de custo

Outro tipo de recurso que pode ser usado no Project é o *recurso de custo*. Um recurso de custo pode ser utilizado para representar um custo financeiro associado a uma tarefa em um plano. Embora os recursos de trabalho (pessoas e equipamentos) possam ter custos associados (taxas por hora e custos fixos por atribuição), a única finalidade de um recurso de custo é associar um tipo específico de custo a uma ou mais tarefas. Os tipos comuns de recursos de custos podem incluir categorias de despesas que você deseja controlar em um plano para fins de contabilidade ou relatório financeiro, como viagens, entretenimento ou treinamento.

Os recursos de custo não trabalham e não têm efeito no agendamento de uma tarefa. Os campos de Unid. máximas, Taxa padrão e de horas extras, e Custo/uso não se aplicam aos recursos de custo. Após atribuir um recurso de custo a uma tarefa e especificar o montante de custo por tarefa, você pode ver os custos acumulados para esse tipo de recurso de custo, como o total dos custos de viagem em um projeto.

A maneira como os recursos de custo geram valores de custo é diferente daquela dos recursos de trabalho. Quando você atribui um recurso de trabalho a uma tarefa, ele pode gerar um custo com base em uma remuneração (como R$40,00 por hora para a duração da atribuição), um custo por uso uniforme (como R$100,00 por atribuição) ou ambos. Você configura essas remunerações e os montantes de custo por uso uma vez para o recurso de trabalho, como fez na seção "Remuneração dos recursos", neste capítulo. Entretanto, você insere o valor do custo de um recurso de custo somente quando o atribui a uma tarefa. Isso pode ser feito no campo Custo da caixa de diálogo Atribuir recursos ou no campo Custo do Formulário de tarefas com o detalhe Custo mostrado. Na verdade, você vai fazer isso na seção "Atribuição de recursos de custo às tarefas", no Capítulo 6.

O cenário: na Lucerne Publishing, a editora mantém uma planilha de lucros e perdas (P&L) para cada livro que publica. Viagem é a maior despesa acarretada no lançamento de um livro. O departamento financeiro pediu para você monitorar as despesas com viagens no plano. Você vai fazer isso por meio de um recurso de custo.

Neste exercício, você vai configurar um recurso de custo.

1. Na Planilha de Recursos, clique na próxima célula vazia na coluna **Nome do Recurso**.

2. Digite **Viagem** e pressione a tecla Tab.

3. No campo **Tipo**, clique em **Custo**.

| | Nome do recurso | Tipo | Unidade do Material | Iniciais | Grupo | Unid. máximas | Taxa padrão | Taxa h. extra | Custo/u |
|---|---|---|---|---|---|---|---|---|---|
| 1 | Jun Chao | Trabalho | | J | | 100% | R$ 42,00/hr | R$ 63,00/hr | R$ 0,00 |
| 2 | Sharon Salavaria | Trabalho | | S | | 50% | R$ 1.100,00/sem | R$ 0,00/hr | R$ 0,00 |
| 3 | Toby Nixon | Trabalho | | T | | 100% | R$ 2.700,00/sem | R$ 0,00/hr | R$ 0,00 |
| 4 | Toni Poe | Trabalho | | T | | 100% | R$ 0,00/hr | R$ 0,00/hr | R$ 0,00 |
| 5 | Zac Woodall | Trabalho | | Z | | 100% | R$ 55,00/hr | R$ 0,00/hr | R$ 0,00 |
| 6 | Revisores de texto | Trabalho | | R | | 400% | R$ 45,00/hr | R$ 0,00/hr | R$ 0,00 |
| 7 | Viagem | Custo | | V | | | | | |

No Capítulo 6, você vai atribuir uma tarefa a esse recurso de custo.

# Como documentar recursos com anotações

No Capítulo 4, "Criação de uma lista de tarefas", vimos que é possível registrar informações adicionais sobre uma tarefa, recurso ou atribuição em uma *anotação*. Por exemplo, se um recurso tem habilidades flexíveis que podem ajudar o projeto, é uma boa ideia registrar essa informação em uma anotação. Dessa maneira, a anotação constará no plano de projeto e poderá ser facilmente visualizada ou impressa.

No Capítulo 4, você inseriu uma anotação de tarefa por meio do botão Anotações da Tarefa, na guia Tarefa do grupo Propriedades. É possível inserir anotações de recursos de maneira similar (clicando no botão Anotações da guia Recurso, no grupo Propriedades), mas neste exercício você vai usar um método diferente. Você usará o Formulário de Recursos, que permite visualizar e editar anotações para vários recursos mais rapidamente.

O cenário: na Lucerne Publishing, você reuniu detalhes de alguns recursos que seriam valiosos para registrar no plano. Para um recurso, você quer registrar um histórico de trabalho relevante e, para outro, há uma anotação esclarecedora a respeito de sua remuneração.

Neste exercício, você vai inserir anotações no modo de exibição Formulário de Recursos.

1. Na coluna **Nome do recurso**, clique em *Toby Nixon*.

2. Na guia **Recurso**, no grupo **Propriedades**, clique no botão **Detalhes**.

   **DICA** Você também pode clicar em Detalhes, Formulário de Recursos, na guia Exibição, no grupo Modo Divisão.

O modo de exibição Formulário de Recursos aparece abaixo do modo de exibição Planilha de Recursos.

Nesse tipo de modo de exibição dividido, os detalhes sobre o item selecionado no modo de exibição superior (um recurso, neste caso) aparecem no modo de exibição inferior. Você pode alterar o nome do recurso selecionado no modo de exibição superior, clicando diretamente em um nome, usando as setas para cima ou para baixo ou clicando em Anterior ou Próximo no modo de exibição Formulário de Recursos.

O modo de exibição Formulário de Recursos pode mostrar um de vários detalhes; inicialmente, ele mostra os detalhes do Cronograma. Em seguida, você vai alterná-lo para mostrar os detalhes das Anotações.

3 Clique em qualquer lugar no modo de exibição Formulário de Recursos.

Com o foco agora no modo de exibição Formulário de Recursos, o nome da guia Formato muda para Ferramentas do Formulário de Recursos.

4 Na guia **Formato**, no grupo **Detalhes**, clique em **Anotações**.

> **DICA** Você também pode clicar com o botão direito do mouse na área de fundo cinza do Formulário de Recursos e, no menu de atalho que aparece, clicar em Anotações.

Os detalhes das Anotações aparecem no modo de exibição Formulário de Recursos.

5 Na caixa **Anotações**, digite **Toby trabalhou nas campanhas de lançamento de dois livros anteriores de Toni Poe**.

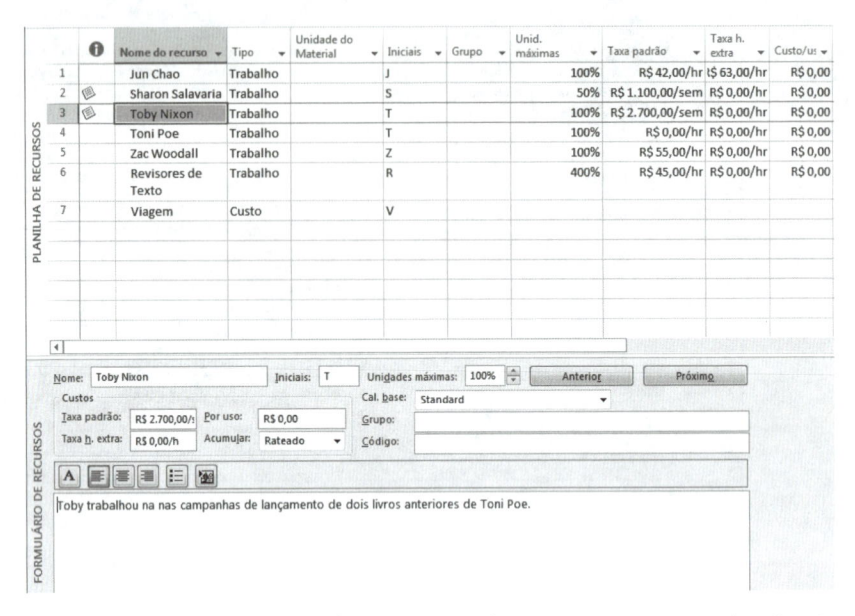

Observe que assim que você começou a digitar a anotação, os botões Anterior e Próximo mudaram para OK e Cancelar.

6 Clique em **OK**.

No modo de exibição Planilha de Recursos, um ícone de anotação aparece na coluna Indicadores.

7 Aponte para o ícone de anotação que aparece ao lado do nome de Toby no modo de exibição Planilha de Recursos.

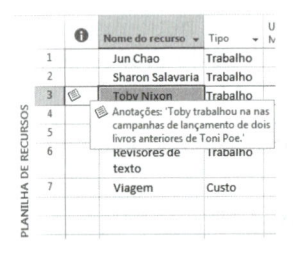

A anotação aparece em uma Dica de tela. Quando a anotação for longa demais para ser exibida em uma Dica de tela, dê um clique duplo no seu ícone para exibir o texto completo. Você também pode ver as anotações mais longas no modo de exibição Formulário de Recursos ou na caixa de diálogo Informações sobre recursos.

Para concluir este exercício, você vai adicionar uma anotação para mais um recurso.

8 No modo de exibição Formulário de Recursos, clique em **Anterior** para deslocar o foco para *Sharon Salavaria* e apresentar seus detalhes.

> **DICA** Você também pode clicar no nome de Sharon no modo de exibição Planilha de Recursos, acima do modo de exibição Formulário de Recursos.

9 Na caixa **Anotações**, digite **A remuneração de Sharon é ajustada para sua agenda de trabalho de meio período**. Em seguida, clique em **OK**.

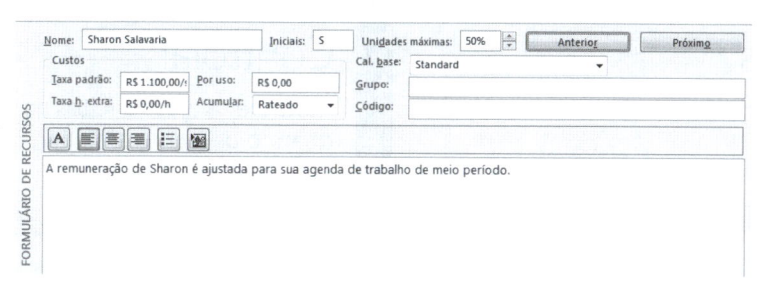

Por fim, você vai ocultar o modo de exibição Formulário de Recursos.

10 Na guia **Recurso**, no grupo **Propriedades**, clique no botão **Detalhes**. O modo de exibição Formulário de Recursos é fechado, deixando aberto o modo de exibição Planilha de Recursos.

ENCERRAMENTO Feche o arquivo Recursos Simples.

# Pontos-chave

- Registrar informações de recurso em seu plano de projeto ajuda a controlar quem faz qual trabalho, quando e a que custo.
- Os recursos de trabalho (pessoas e equipamentos) executam o trabalho em um projeto.
- Os recursos de custos respondem pelos tipos de despesas que você pode monitorar em um projeto.

# Visão geral do capítulo

## Pessoas
Atribua recursos de trabalho às tarefas, página 100.

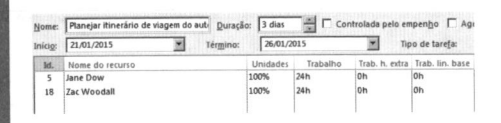

## Controlar
Controle os ajustes feitos na agenda quando os recursos mudarem, página 108.

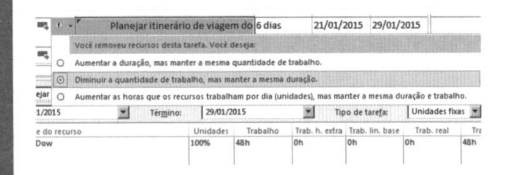

## Custo
Atribua recursos de custo às tarefas, página 112.

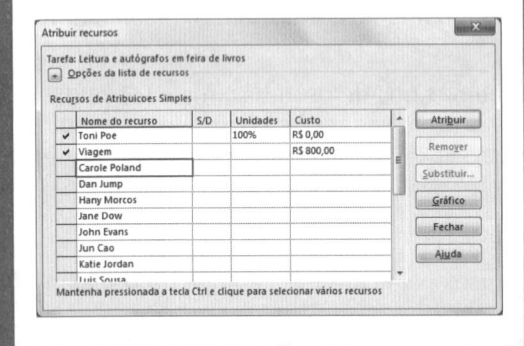

## Examinar
Verifique os detalhes essenciais do plano, como duração e custos, página 114.

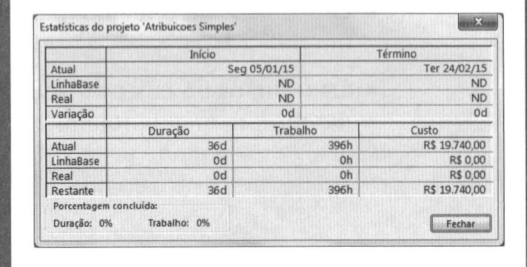

# Atribuição de recursos às tarefas

## 6

### NESTE CAPÍTULO, VOCÊ APRENDERÁ A:

- Atribuir recursos de trabalho às tarefas.
- Controlar o modo como o Project agenda atribuições de recursos adicionais.
- Atribuir recursos de custo às tarefas.
- Verificar os principais indicadores de duração, custo e trabalho do cronograma.

No Capítulo, "Criação de uma lista de tarefas", você criou tarefas e recursos. Agora, está pronto para atribuir os recursos às tarefas. Uma *atribuição* é a ligação de um *recurso* a uma *tarefa* a fim de realizar um *trabalho*. Do ponto de vista de uma tarefa, você poderia chamar de *atribuição de tarefa* o processo de atribuir um recurso; do ponto de vista de um recurso, você poderia chamá-lo de *atribuição de recurso*. É a mesma coisa nos dois casos: uma tarefa ligada a um recurso equivale a uma atribuição.

> **IMPORTANTE** Quando falarmos sobre recursos neste capítulo, consideraremos recursos de trabalho (pessoas e equipamentos), a menos que especifiquemos recursos de custo ou materiais. Para lembrar os tipos de recursos, consulte o Capítulo 5.

Não é obrigatório atribuir recursos às tarefas no Microsoft Project 2013; é possível trabalhar apenas com tarefas. Mas existem várias boas razões para atribuir recursos ao seu plano de projeto. Quando você atribui recursos às tarefas, pode responder perguntas como:

- Quem deve trabalhar em que tarefas e quando?
- Você tem o número correto de recursos para cumprir o escopo do trabalho que seu projeto exige?
- Você alocou um recurso para trabalhar em uma tarefa durante um período em que ele não estará disponível (por exemplo, quando alguém estiver de férias)?
- Você atribuiu um recurso a tantas tarefas que excedeu a sua capacidade de trabalhar – em outras palavras, você *superalocou* o recurso?

Neste capítulo, você vai atribuir **recursos de trabalho** às tarefas e determinar quando as atribuições dos recursos devem afetar ou não a duração da tarefa. Depois, vai atribuir um **recurso de custo** e ver o efeito que ele tem sobre uma tarefa.

**ARQUIVOS DE PRÁTICA** Para fazer os exercícios deste capítulo, você precisa do arquivo contido na pasta Capitulo06. Para mais informações, consulte "Como baixar os arquivos de prática", na Introdução deste livro.

**IMPORTANTE** Se você estiver executando o Project Professional com Project Web App/Project Server, tome o cuidado de não salvar no Project Web App (PWA) os arquivos de prática com os quais trabalhará neste livro. Para mais informações, consulte o Apêndice C, "Colaboração: Project, SharePoint e PWA".

# Atribuição de recursos de trabalho às tarefas

A atribuição de um recurso de trabalho a uma tarefa permite que você controle o andamento do trabalho do recurso na tarefa. Se as remunerações do recurso forem inseridas, o Project também calculará os custos do recurso e da tarefa para você.

A atribuição de recursos de trabalho às tarefas permite que o mecanismo de agendamento do Project faça cálculos com todas as três variáveis da assim chamada **fórmula de agendamento**: trabalho, duração e unidades de atribuição. De fato, quando um recurso de trabalho é atribuído a uma tarefa com duração maior que zero, o Project calcula então o valor do trabalho resultante seguindo a fórmula de agendamento. A fórmula de agendamento está descrita com detalhes mais adiante no capítulo, após a atividade prática.

No Capítulo 5, vimos que a capacidade de um recurso para trabalhar é medida em unidades (uma medida de nível de esforço) e registrada no campo Unid. máximas. A atribuição específica de um recurso de trabalho a uma tarefa envolve um valor de unidades de atribuição, normalmente expresso como uma porcentagem. A menos que você especifique o contrário, o Project atribui 100% das unidades do recurso para a tarefa – isto é, o Project presume que todo o período de trabalho do recurso pode ser designado para a tarefa. Se o recurso tiver menos de 100% de unidades máximas, o Project atribuirá o valor que está no campo Unid. máximas do recurso.

O cenário: na Lucerne Publishing, você está pronto para fazer as atribuições de recurso iniciais no plano de lançamento do novo livro. Como já levou em conta as remunerações dos recursos de trabalho, agora precisa ver os cálculos de custo e duração iniciais do plano para comparação posterior.

Capítulo 6   Atribuição de recursos às tarefas   **101**

Neste exercício, você vai atribuir recursos de trabalho às tarefas.

→ PREPARAÇÃO  Para fazer este exercício, você precisa do arquivo Atribuicoes Simples_Inicio localizado na pasta Capitulo06. Abra o arquivo e salve-o como Atribuicoes Simples.

Antes de fazer quaisquer atribuições de recurso, você vai verificar os valores de duração e custo atuais do plano para comparação posterior.

1 Na guia **Projeto**, no grupo **Propriedades**, clique em **Informações do Projeto** e, em seguida, clique em **Estatísticas**.

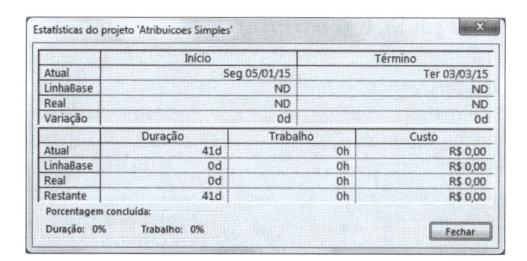

Observe a duração atual de 41 dias e custo zero. Após atribuir recursos de trabalho e custo, você vai verificar esses valores novamente.

2 Clique em **Fechar**.

Em seguida, você vai fazer sua primeira atribuição de recurso.

3 Na guia **Recurso**, no grupo **Atribuições**, clique em **Atribuir Recursos**.

Aparece a caixa de diálogo Atribuir recursos, na qual você vê os nomes dos recursos que inseriu no Capítulo 5, além de recursos adicionais.

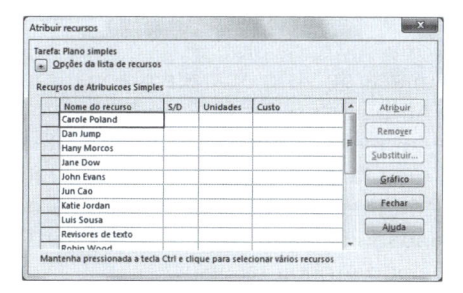

A não ser pelos recursos atribuídos, que sempre aparecem no topo da lista, os recursos são classificados em ordem alfabética na caixa de diálogo Atribuir recursos.

**Parte 2** Fundamentos do agendamento

> **IMPORTANTE** Se você estiver usando o Project Professional, em vez do Project Standard, a caixa de diálogo Atribuir recursos e algumas outras caixas de diálogo conterão opções adicionais relacionadas ao Project Server. Não vamos utilizar o Project Server neste livro; portanto, pode ignorar essas opções. Para mais informações sobre o Project Server, consulte o Apêndice C.

4  Na coluna **Nome da Tarefa** no modo de exibição Gráfico de Gantt, clique no nome da tarefa 2, *Atribuir membros da equipe de lançamento*.

5  Na coluna **Nome do recurso** da caixa de diálogo **Atribuir recursos**, clique em *Carole Poland* e, em seguida, em **Atribuir**.

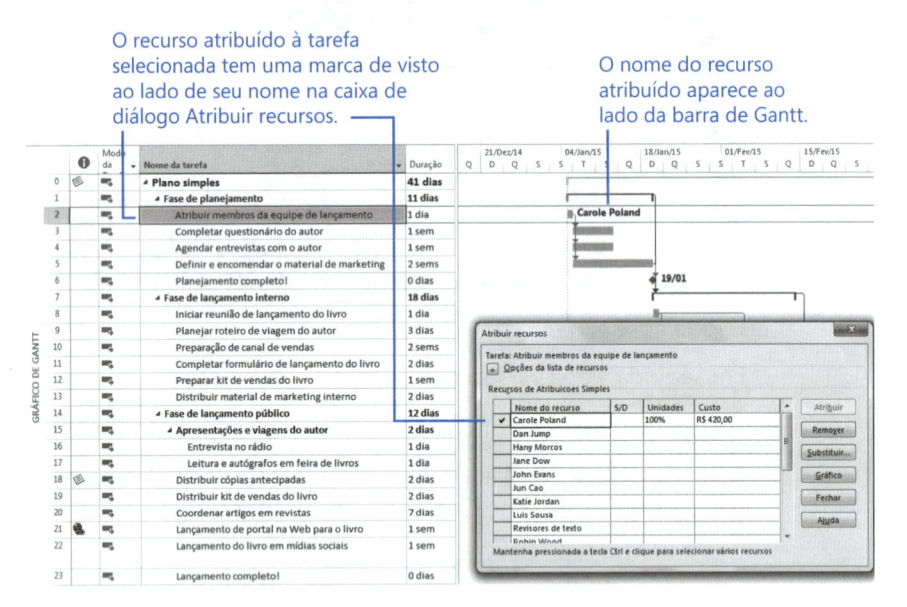

Um valor de custo e uma marca de visto aparecem ao lado do nome de Carole na caixa de diálogo Atribuir recursos, indicando que você a atribuiu à tarefa. O nome de Carole também aparece ao lado da barra de Gantt da tarefa 2. Como Carole tem uma taxa de custo padrão registrada, o Project calcula o custo da atribuição (a remuneração padrão de Carole vezes sua quantidade de trabalho agendado na tarefa) e exibe esse valor, R$420,00, no campo Custo da caixa de diálogo Atribuir recursos.

6  Na coluna **Nome da Tarefa**, clique no nome da tarefa 3, *Completar questionário do autor*.

7  Na coluna **Nome do recurso** da caixa de diálogo **Atribuir recursos**, clique em *Toni Poe* e, em seguida, em **Atribuir**.

Capítulo 6  Atribuição de recursos às tarefas  **103**

Os nomes dos recursos atribuídos aparecem no topo da lista.

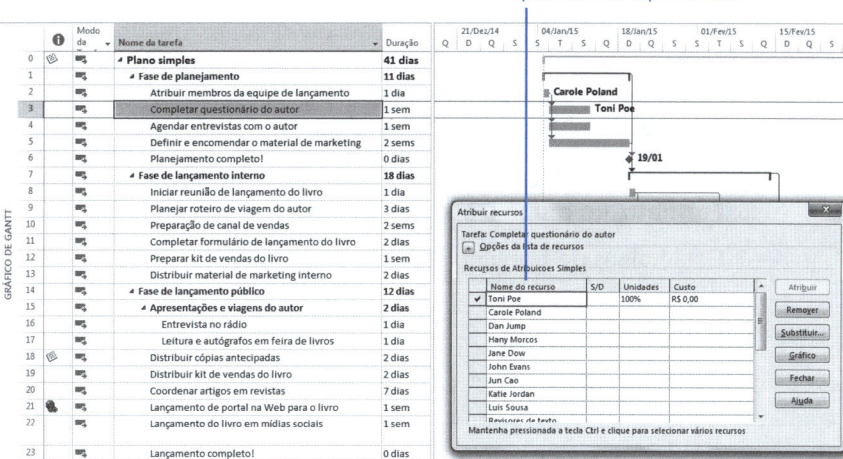

**DICA** Para remover ou cancelar a atribuição de um recurso de uma tarefa selecionada, na caixa de diálogo Atribuir recursos, clique no nome do recurso e, depois, em Remover.

Em seguida, você vai examinar os detalhes da tarefa 3, usando um modo de exibição prático denominado Formulário de Tarefas.

8 Na guia **Exibição**, no grupo **Modo Divisão**, marque a caixa de seleção **Detalhes**.

O Project divide a janela em dois painéis. No painel superior está o modo de exibição Gráfico de Gantt e abaixo dele está o modo de exibição Formulário de Tarefas.

Os nomes dos modos de exibição (ou do modo de exibição) exibidos aparecem aqui.

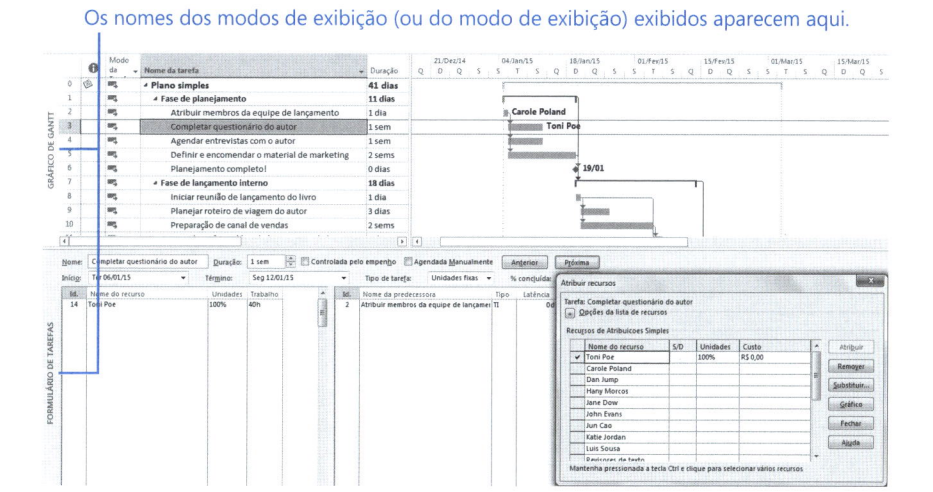

Se você concluiu o Capítulo 5, talvez reconheça que o Formulário de Tarefas é semelhante ao Formulário de Recursos, mas mostra detalhes diferentes. Nesse tipo de modo de exibição dividido, os detalhes sobre o item selecionado no modo de exibição superior (uma tarefa, neste caso) aparecem no modo de exibição inferior. O Formulário de Tarefas exibe um dos vários detalhes. Você vai alterar os detalhes mostrados.

9 Clique em qualquer lugar do **Formulário de Tarefas** e, em seguida, na guia **Formato**, no grupo **Detalhes**, clique em **Trabalho**.

Os detalhes do trabalho são exibidos.

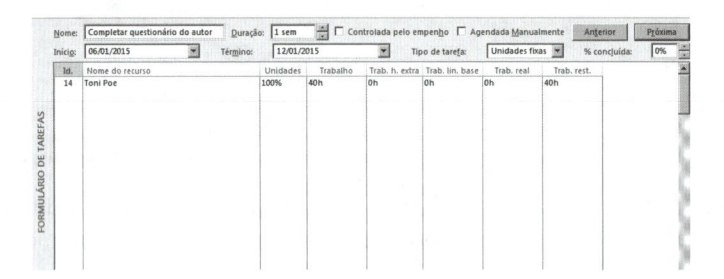

Agora, no modo de exibição Formulário de Tarefas, você pode ver os valores de agendamento básicos para essa tarefa: duração de uma semana, 40 horas de trabalho e 100% de unidades de atribuição. Como o Formulário de Tarefas é uma maneira prática de ver os valores de trabalho, unidades e duração de uma tarefa, deixe-o aparecendo, por enquanto.

10 Na caixa de diálogo **Atribuir recursos**, atribua os seguintes recursos às tarefas. Enquanto faz isso, observe os valores de **Duração**, **Unidades** e **Trabalho** no modo de exibição **Formulário de Tarefas**.

| Para esta tarefa | Atribua este recurso |
| --- | --- |
| 4, Agendar entrevistas com o autor | Jun Cao |
| 5, Definir e encomendar o material de marketing | Toby Nixon |

Quando tiver terminado, sua tela deverá ser semelhante a está figura:

Capítulo 6 Atribuição de recursos às tarefas **105**

> **DICA** Se você atribuir o recurso errado acidentalmente, pode desfazer a atribuição rapidamente. Na Barra de Ferramentas de Acesso Rápido, clique em Desfazer. Ou, então, pressione Ctrl + Z.

Agora, você vai atribuir dois recursos a uma tarefa.

11  Na coluna **Nome da Tarefa**, clique no nome da tarefa 8, *Iniciar reunião de lançamento do livro*.

12  Na caixa de diálogo Atribuir recursos, selecione os nomes de *Sharon Salavaria* e *Toby Nixon* e, em seguida, clique em **Atribuir**.

> **DICA** Para selecionar nomes de recursos não adjacentes, selecione o primeiro nome, mantenha a tecla Ctrl pressionada e, em seguida, selecione os nomes adicionais. Essa técnica também funciona para tarefas e outros itens em listas.

Sharon e Toby são atribuídos à tarefa. Também é possível ver seus nomes ao lado da barra de Gantt da tarefa 8.

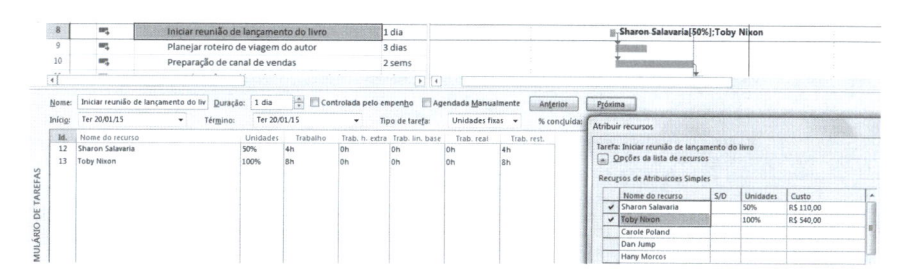

13  Na caixa de diálogo Atribuir recursos, clique em **Fechar**.

Lembre-se, do Capítulo 5, de que Sharon tem um valor de 50% para Unid. máximas, indicando que ela trabalha em meio período. Como resultado, o Project atribuiu a ela 50% de unidades.

Para concluir este exercício, você vai usar métodos diferentes de atribuição de recursos.

14  Se a coluna **Nomes dos recursos** não estiver visível, no modo de exibição Gráfico de Gantt, arraste a barra divisora vertical para a direita.

15  Clique na coluna **Nomes dos recursos** da tarefa 9, *Planejar roteiro de viagem do autor* e, em seguida, clique na seta que aparece.

É exibida uma lista de nomes de recursos.

## Parte 2 Fundamentos do agendamento

Arraste esta barra divisora vertical para ver mais ou menos da parte referente à tabela do modo de exibição Gráfico de Gantt.

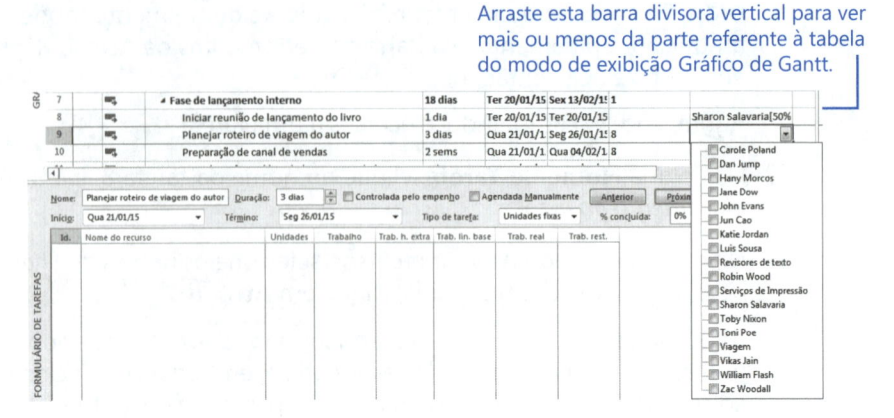

16  Na lista de nomes de recursos, marque as caixas de seleção de *Jane Dow* e *Zac Woodall*e, e pressione a tecla Enter.

Jane e Zac são atribuídos à tarefa 9.

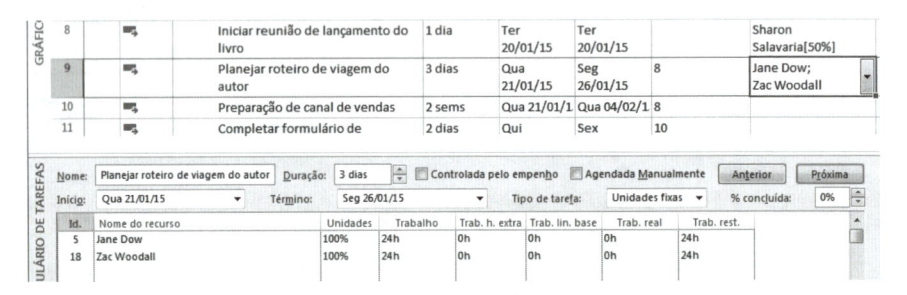

17  Clique na coluna **Nomes de recursos** da tarefa 10, *Preparação de canal de vendas* e, em seguida, clique na seta que aparece. Na lista de nomes de recurso, selecione *Zac Woodall* e, em seguida, pressione a tecla Enter.

Zac é atribuído à tarefa 10.

18  Arraste a barra divisora vertical até a borda direita da coluna **Término**.

Neste exercício, você atribuiu recursos usando a caixa de diálogo Atribuir recursos e a coluna Nomes dos recursos do modo de exibição Gráfico de Gantt. Além disso, pode atribuir recursos no modo de exibição Formulário de Tarefas e na guia Recursos da caixa de diálogo Informações sobre a tarefa, entre outros lugares. À medida que você usar o Project, provavelmente desenvolverá preferências próprias para atribuir recursos.

# A fórmula do agendamento: duração, unidades e trabalho

Depois que você cria uma tarefa, mas antes de atribuir um recurso a ela, essa tarefa tem uma duração, mas nenhum trabalho associado. Por que nenhum? Porque o trabalho representa a quantidade de empenho que um recurso (ou recursos) terá de despender para completar uma tarefa. Por exemplo, se uma pessoa está trabalhando em tempo integral, a quantidade de tempo medida como trabalho é a mesma quantidade de tempo medida como duração. Em geral, a quantidade de trabalho corresponderá à duração, a menos que você atribua mais de um recurso a uma tarefa ou que o único recurso atribuído não esteja trabalhando em tempo integral.

O Project calcula o trabalho usando o que normalmente é chamado de ***fórmula de agendamento***:

*Duração × Unidades de Atribuição = Trabalho*

Vamos ver um exemplo específico e encontrar esses valores no Formulário de Tarefas. A duração da tarefa 3 é de uma semana, ou cinco dias úteis. Para o projeto de lançamento do novo livro, cinco dias equivalem a 40 horas. Quando você atribuiu Toni Poe à tarefa 3, o Project aplicou 100% do período de trabalho de Toni a essa tarefa. A fórmula de agendamento da tarefa 3 seria a seguinte:

*40 horas (o mesmo que uma semana) de duração da tarefa × 100% de unidades de atribuição = 40 horas de trabalho*

Em outras palavras, com Toni atribuído à tarefa 3 com 100% de unidades, a tarefa deve exigir 40 horas de trabalho.

Aqui está um exemplo mais complexo. Você atribuiu dois recursos, Jane Dow e Zac Woodall, à tarefa 9, cada um deles com 100% de unidades de atribuição. A fórmula de agendamento da tarefa 9 seria esta:

*24 horas (o mesmo que três dias) de duração da tarefa × 200% de unidades de atribuição = 48 horas de trabalho*

As 48 horas de trabalho são a soma das 24 horas de trabalho de Jane mais as 24 horas de trabalho de Zac. Ou seja, conforme agendados atualmente, os dois recursos trabalharão em tempo integral na tarefa, em paralelo, ao longo de sua duração de três dias.

# Controle do trabalho ao adicionar ou remover atribuições de recurso

Como já foi visto, você define a quantidade de trabalho que uma tarefa representa quando atribui um recurso (ou recursos) a ela. No caso de tarefas agendadas automaticamente (e não manualmente), o Project fornece uma opção para controlar o modo de calcular o trabalho em uma tarefa, quando você atribui recursos adicionais ou cancela a atribuição de recursos para ela. Essa opção é denominada *tarefas controladas pelo empenho* e funciona como segue: o trabalho de uma tarefa permanece constante à medida que você atribui ou cancela a atribuição de recursos. Conforme mais recursos são atribuídos a uma tarefa, a duração diminui, mas o trabalho total permanece o mesmo e é distribuído entre os recursos atribuídos. A aplicação do agendamento controlado pelo empenho é muito flexível.

Por padrão, o agendamento controlado pelo empenho é desabilitado para todas as tarefas criadas no Project. Você pode ativá-lo para um plano inteiro ou apenas para tarefas específicas. Também pode usar as opções de uma lista de Ações para controlar como o Project deve recalcular o trabalho em uma tarefa imediatamente após fazer uma atribuição de recurso. (Você vai fazer isso em seguida.) O agendamento controlado pelo empenho só se aplica quando você atribui recursos adicionais ou remove recursos de tarefas agendadas automaticamente.

O cenário: na Lucerne Publishing, já se passou algum tempo desde que você fez as atribuições de recurso iniciais para o plano de lançamento do novo livro. Você recebeu retorno dos recursos atribuídos, os quais demandam alguns ajustes nas atribuições. À medida que fizer esses ajustes, você controlará o modo como as atribuições revisadas devem afetar as tarefas.

Neste exercício, você vai adicionar e remover atribuições de recursos nas tarefas e informar ao Project como ele deve ajustar as tarefas.

1 No modo de exibição Gráfico de Gantt, clique no nome da tarefa 5, *Definir e encomendar o material de marketing*.

   Atualmente, Toby está atribuído a essa tarefa. Uma verificação rápida da fórmula de agendamento seria esta:

   *80 horas (o mesmo que dez dias, ou duas semanas) de duração da tarefa × 100% de unidades de atribuição de Toby = 80 horas de trabalho.*

   Toby precisa de ajuda nessa tarefa, de modo que você vai adicionar um recurso.

2 Na guia **Recurso**, no grupo **Atribuições**, clique em **Atribuir Recursos**.

3 Na coluna **Nome do recurso** da caixa de diálogo **Atribuir recursos**, clique em *Zac Woodall* e, em seguida, em **Atribuir**.

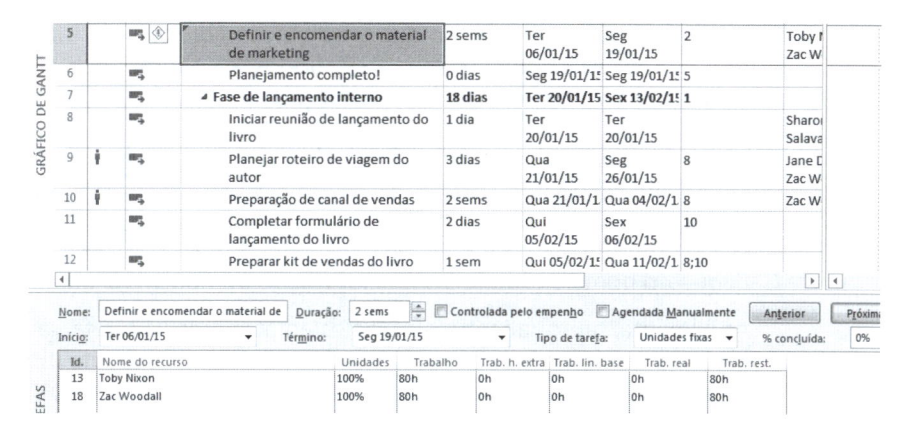

## Capítulo 6  Atribuição de recursos às tarefas    **109**

| | | | | | | | |
|---|---|---|---|---|---|---|---|
| 5 | | Definir e encomendar o material de marketing | 2 sems | Ter 06/01/15 | Seg 19/01/15 | 2 | Toby N Zac W |
| 6 | | Planejamento completo! | 0 dias | Seg 19/01/15 | Seg 19/01/15 | 5 | |
| 7 | | ▲ Fase de lançamento interno | 18 dias | Ter 20/01/15 | Sex 13/02/15 | 1 | |
| 8 | | Iniciar reunião de lançamento do livro | 1 dia | Ter 20/01/15 | Ter 20/01/15 | | Sharor Salava |
| 9 | | Planejar roteiro de viagem do autor | 3 dias | Qua 21/01/15 | Seg 26/01/15 | 8 | Jane D Zac W |
| 10 | | Preparação de canal de vendas | 2 sems | Qua 21/01/1 | Qua 04/02/1 | 8 | Zac W |
| 11 | | Completar formulário de lançamento do livro | 2 dias | Qui 05/02/15 | Sex 06/02/15 | 10 | |
| 12 | | Preparar kit de vendas do livro | 1 sem | Qui 05/02/15 | Qua 11/02/1 | 8;10 | |

| Id. | Nome do recurso | Unidades | Trabalho | Trab. h. extra | Trab. lin. base | Trab. real | Trab. rest. |
|---|---|---|---|---|---|---|---|
| 13 | Toby Nixon | 100% | 80h | 0h | 0h | 0h | 80h |
| 18 | Zac Woodall | 100% | 80h | 0h | 0h | 0h | 80h |

Zac é adicionado à tarefa e o Project atualiza os valores da fórmula de agendamento:

*80 horas (o mesmo que dez dias, ou duas semanas) de duração da tarefa × 200% (isto é, a soma das unidades de atribuição de Toby e Zac) = 160 horas de trabalho*

Você vai usar um recurso denominado Ações, uma lista usada para controlar o modo como o Project agenda o trabalho nas tarefas ao se adicionar ou remover recursos. Observe o pequeno triângulo verde no canto superior esquerdo do nome da tarefa 5. Esse é o indicador gráfico de que uma ação agora está disponível. Até executar outra ação, você pode usar a lista de Ações para escolher como deseja que o Project trate a atribuição do recurso adicional.

4  Clique no nome da tarefa 5 e, em seguida, clique no botão Ações que aparece à esquerda do nome da tarefa.

Veja as opções na lista exibida.

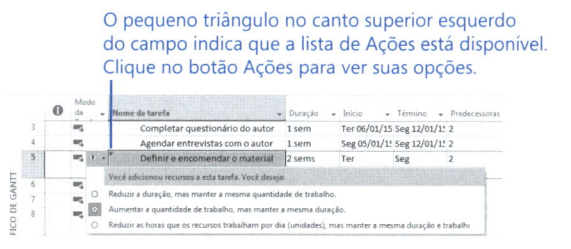

Essas opções permitem que você escolha o resultado desejado para o agendamento. É possível ajustar a duração da tarefa, o trabalho dos recursos ou as unidades de atribuição.

**DICA** Você verá outros indicadores de Ações enquanto estiver usando o Project. Eles geralmente aparecem quando surge uma pergunta do tipo, "Por que o Project fez isso?" (como quando uma duração de tarefa muda depois da atribuição de um recurso adicional). A lista de Ações permite mudar o modo como o Project responde às suas ações.

Para esta tarefa, você deseja que a atribuição adicional de trabalho não altere a duração original. Essa é a configuração padrão; portanto, você vai fechar a lista de Ações sem fazer alteração alguma.

5   Clique no botão **Ações** mais uma vez para fechar a lista.

Você vai remover um recurso de uma tarefa e, então, vai instruir o Project sobre como agendar a atribuição de recursos restantes na tarefa.

6   Clique no nome da tarefa 9, *Planejar roteiro de viagem do autor*.

Atualmente, tanto Jane quanto Zac estão atribuídos à tarefa. Jane disse que precisa completar o trabalho planejado sozinha, mas durante um período de tempo maior. Isso é aceitável para você; portanto, a atribuição de Zac será removida.

7   Na coluna **Nome do recurso** da caixa de diálogo **Atribuir recursos**, clique em *Zac Woodall* e, em seguida, em **Remover**.

O Project remove a atribuição de Zac da tarefa.

Agora, você vai ajustar o modo como o Project deve tratar da alteração em atribuições.

8   Clique no botão **Ações** que aparece à esquerda do nome da tarefa.

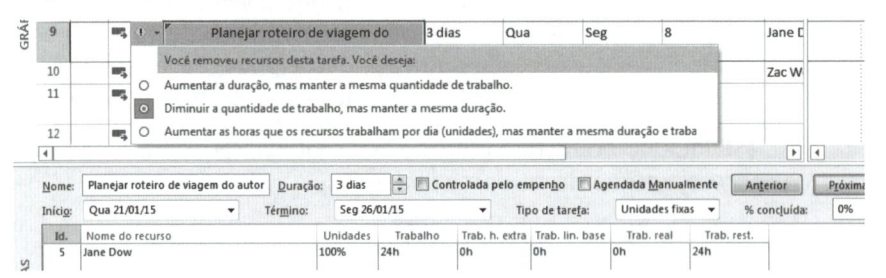

9   Clique em **Aumentar a duração, mas manter a mesma quantidade de trabalho**.

O Project aumenta a duração da tarefa de três para seis dias e aumenta o trabalho total de Jane de 24 para 48 horas. Essas 48 horas correspondem ao trabalho total na tarefa quando Jane e Zac estavam atribuídos, mas agora todo o trabalho pertence à Jane.

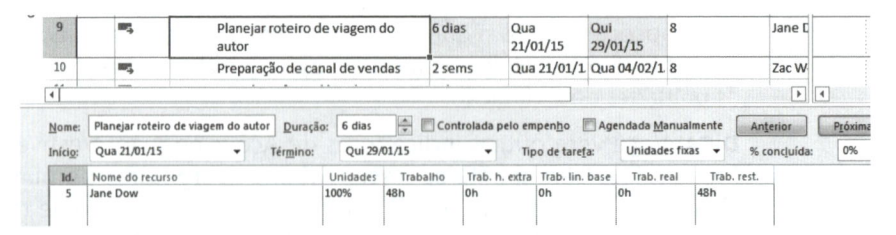

Até aqui, você ajustou os valores de duração e trabalho ao adicionar ou remover recursos das tarefas. Também é possível alterar a configuração pa-

Capítulo 6  Atribuição de recursos às tarefas  **111**

drão de uma tarefa, como, por exemplo, à medida que você adiciona recursos a ela sua duração é reduzida. Você vai fazer isso a seguir.

10  No modo de exibição Gráfico de Gantt, clique no nome da tarefa 10, *Preparação de canal de vendas*.

Atualmente, apenas Zac está atribuído a essa tarefa e ela tem duas semanas de duração.

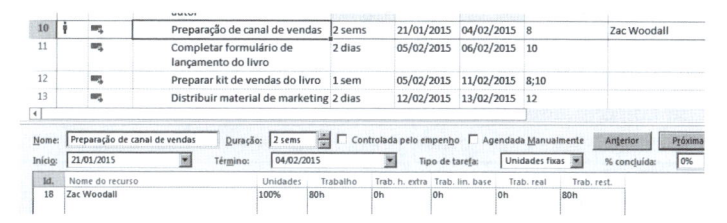

| 10 | | | Preparação de canal de vendas | 2 sems | 21/01/2015 | 04/02/2015 | 8 | Zac Woodall |
|---|---|---|---|---|---|---|---|---|
| 11 | | | Completar formulário de lançamento do livro | 2 dias | 05/02/2015 | 06/02/2015 | 10 | |
| 12 | | | Preparar kit de vendas do livro | 1 sem | 05/02/2015 | 11/02/2015 | 8;10 | |
| 13 | | | Distribuir material de marketing | 2 dias | 12/02/2015 | 13/02/2015 | 12 | |

| Nome: | Preparação de canal de vendas | Duração: | 2 sems | ☐ Controlada pelo empenho | ☐ Agendada Manualmente | Anterior | Próxima |
|---|---|---|---|---|---|---|---|
| Início: | 21/01/2015 | Término: | 04/02/2015 | | Tipo de tarefa: | Unidades fixas | % concluída: 0% |

| Id. | Nome do recurso | Unidades | Trabalho | Trab. h. extra | Trab. lin. base | Trab. real | Trab. rest. |
|---|---|---|---|---|---|---|---|
| 18 | Zac Woodall | 100% | 80h | 0h | 0h | 0h | 80h |

11  No **Formulário de Tarefas**, clique em **Controlada pelo empenho** e, em seguida, clique em **OK** no canto superior direito do **Formulário de Tarefas**.

Não há alteração alguma nos valores de duração, unidades ou trabalho dessa tarefa, mas observe o que acontece quando você atribui um recurso adicional.

12  No modo de exibição Gráfico de Gantt, clique no nome da tarefa 10, então, na caixa de diálogo **Atribuir recursos,** clique em *Hany Morcos* e, em seguida, em **Atribuir**.

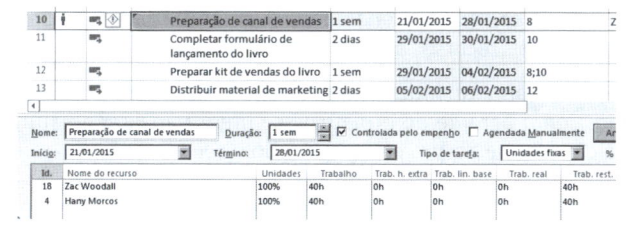

| 10 | | | Preparação de canal de vendas | 1 sem | 21/01/2015 | 28/01/2015 | 8 | Z |
|---|---|---|---|---|---|---|---|---|
| 11 | | | Completar formulário de lançamento do livro | 2 dias | 29/01/2015 | 30/01/2015 | 10 | |
| 12 | | | Preparar kit de vendas do livro | 1 sem | 29/01/2015 | 04/02/2015 | 8;10 | |
| 13 | | | Distribuir material de marketing | 2 dias | 05/02/2015 | 06/02/2015 | 12 | |

| Nome: | Preparação de canal de vendas | Duração: | 1 sem | ☑ Controlada pelo empenho | ☐ Agendada Manualmente | A |
|---|---|---|---|---|---|---|
| Início: | 21/01/2015 | Término: | 28/01/2015 | | Tipo de tarefa: | Unidades fixas | % |

| Id. | Nome do recurso | Unidades | Trabalho | Trab. h. extra | Trab. lin. base | Trab. real | Trab. rest. |
|---|---|---|---|---|---|---|---|
| 18 | Zac Woodall | 100% | 40h | 0h | 0h | 0h | 40h |
| 4 | Hany Morcos | 100% | 40h | 0h | 0h | 0h | 40h |

A duração da tarefa 10 é reduzida de duas para uma semana. O trabalho total na tarefa permanece de 80 horas, mas agora ela está dividida igualmente entre Zac e Hany. Esse é o resultado do agendamento que você queria. Se não fosse, você poderia usar Ações para mudar o modo como o Project responde à atribuição de recursos adicionais.

**DICA** Lembre-se de que o agendamento controlado pelo empenho é desativado por padrão. Para alterar a configuração padrão para todas as tarefas novas em um plano de projeto, faça o seguinte. Na guia Arquivo, clique em Opções. Na caixa de diálogo Opções do Project, clique na guia Cronograma e, em seguida, em Opções de agendamento deste projeto, marque a caixa de seleção Novas tarefas são controladas pelo esforço. Para controlar o agendamento controlado pelo empenho para uma tarefa (ou tarefas) específica, selecione primeiro a tarefa (ou tarefas). Depois, na guia Tarefa, no grupo Propriedades, clique em Informações e, na guia Avançado da caixa de diálogo Informações da tarefa, marque ou desmarque a caixa de seleção Controlada pelo empenho.

A ordem das suas ações são relevantes quando o agendamento controlado pelo empenho está habilitado. Se você atribuir inicialmente dois recursos a uma tarefa com uma duração de três dias (igual a 24 horas), o Project agendará cada recurso para trabalhar 24 horas, para um total de 48 horas de trabalho na tarefa. Entretanto, você poderia atribuir inicialmente um recurso a uma tarefa com uma duração de 24 horas e mais tarde adicionar um segundo recurso. Nesse caso, o agendamento controlado pelo empenho fará com que o Project agende cada recurso para trabalhar 12 horas em paralelo, mantendo o total de 24 horas de trabalho na tarefa. Lembre-se de que, quando ativado, o agendamento controlado pelo empenho só ajustará a duração da tarefa se você adicionar ou remover recursos em uma tarefa.

## Enfoque do gerenciamento de projetos: quando o agendamento controlado pelo empenho deve ser aplicado?

Você deve considerar até que ponto o agendamento controlado pelo empenho se aplica às tarefas de seus projetos. Por exemplo, se um recurso demora 10 horas para completar uma tarefa, será que 10 recursos completariam a mesma tarefa em uma hora? E 20 recursos a completariam em 30 minutos? Provavelmente não; seria necessária uma coordenação adicional para que eles pudessem completar a tarefa sem um atrapalhar o outro. Se a tarefa fosse muito complicada, talvez precisasse de um período de adaptação significativo até que um recurso pudesse contribuir plenamente. A produtividade global poderia até diminuir se você atribuísse mais recursos à tarefa.

Não existe uma regra única sobre quando você deve aplicar ou não o agendamento controlado pelo empenho. Como gerente do projeto, você precisa analisar a natureza do trabalho necessário para cada tarefa do projeto e usar o bom senso.

## Atribuição de recursos de custo às tarefas

Lembre-se, do Capítulo 3, de que *recursos de custo* são usados para representar um custo financeiro associado a uma tarefa em um projeto. Os recursos de custo não acarretam unidades de atribuição nem têm efeito no agendamento de uma tarefa. Os recursos de custos podem incluir categorias de despesas que você deseja orçar e controlar para fins de contabilidade ou relatório financeiro. Em linhas gerais, os custos aos quais as tarefas estão sujeitas podem incluir os seguintes:

- Custos de recursos de trabalho, como a remuneração padrão da pessoa vezes a quantidade de trabalho que ela executa na tarefa.

- Custos de recursos de custos, que são um montante fixo que você insere quando atribui o recurso de custo a uma tarefa. O montante não é afetado por alterações na duração (ou qualquer outra alteração de agenda) feitas para a tarefa, embora seja possível editar o montante a qualquer momento. Também é possível ver os custos acumulados resultantes da atribuição do mesmo recurso de custo a várias tarefas.

Os custos derivados das atribuições de recurso de custo representam custos planejados. (Na verdade, você deve considerar como planejados todos os custos que o Project calculou até aqui na agenda, como aqueles resultantes de atribuições de recurso de trabalho às tarefas.) Posteriormente, você pode inserir os custos reais, caso queira compará-los com o orçamento.

O cenário: na Lucerne Publishing, você quer inserir os custos com viagem planejados para certas tarefas do plano de lançamento do novo livro.

Neste exercício, você vai atribuir um recurso de trabalho e um recurso de custo a uma tarefa.

1 Clique no nome da tarefa 17, *Leitura e autógrafos em feira de livros*.

Essa tarefa requer uma viagem aérea do autor e você alocou R$800,00 antecipadamente para a despesa.

Atualmente, a tarefa 17 não tem recurso nem custo atribuído. Primeiro, você vai atribuir o autor à tarefa.

2 Na coluna **Nome do recurso** da caixa de diálogo **Atribuir recursos**, clique em *Toni Poe* e, em seguida, em **Atribuir**.

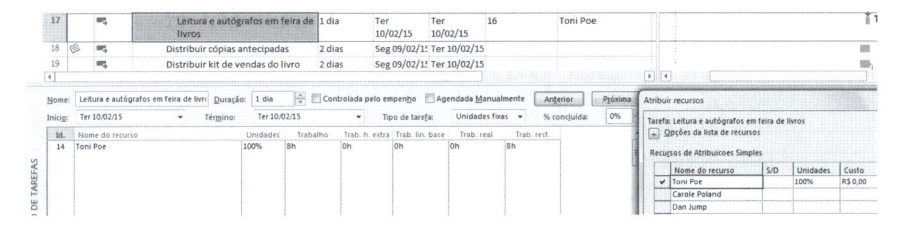

O Project atribui Toni Poe, um recurso de trabalho, à tarefa. Como você pode ver no campo Custo da caixa de diálogo Atribuir recursos, essa atribuição não tem custo. Isso porque esse recurso de trabalho, Toni Poe, não tem remuneração nem custo por uso atribuídos. Portanto, embora a atribuição tenha gerado trabalho, não há nenhum custo associado. A seguir, você vai atribuir um recurso de custo.

3 Na caixa de diálogo **Atribuir recursos**, selecione o campo **Custo** do recurso de custo **Viagem**, digite **800** e, em seguida, clique em **Atribuir**.

O Project atribui o recurso de custo à tarefa.

4 Para ver ambos os recursos atribuídos, role a lista de **Recursos** para cima na caixa de diálogo **Atribuir recursos**.

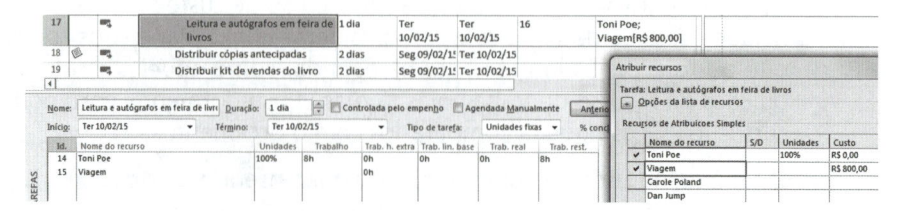

Você pode ver o custo gerado por essa atribuição na coluna Custo da caixa de diálogo Atribuir recursos. O valor do custo da viagem permanecerá o mesmo independentemente de quaisquer alterações feitas ao agendamento da tarefa, como recursos de trabalho sendo atribuídos ou removidos da atribuição, ou ainda alterações na duração da tarefa.

5 Na caixa de diálogo **Atribuir recursos**, clique em **Fechar**.

Note que a tarefa tem a mesma duração de um dia e que Toni Poe tem os mesmos valores de trabalho e unidades de antes. A atribuição do recurso de custo afetou somente o custo acarretado por essa tarefa.

# Verificação da duração, do custo e do trabalho do plano

Após a criação de uma lista de tarefas e a atribuição de recursos às tarefas, seu plano contém um grande número de detalhes. Alguns deles serão fundamentais para o sucesso de seu plano, mas podem não estar visíveis no modo de exibição apresentado no momento. Esta seção ilustra várias maneiras de ver os principais indicadores de um plano.

Existem muitas maneiras de ver os principais indicadores de um plano no Project, as quais vamos explorar. Esses indicadores podem ajudar a responder perguntas como as seguintes:

- Quem está atribuído para fazer qual trabalho no plano?
- Quanto tempo levará para terminar o projeto?
- Qual será o seu custo?

Para muitos projetos, as respostas dessas perguntas provavelmente mudam à medida que o tempo passa. Por isso, é considerada uma boa prática ser possível mostrar o status atual do projeto rapidamente. Isso pode informá-lo, como gerente de projeto, sobre os recursos que estão realizando o trabalho, assim como os patrocinadores e outros interessados no projeto.

O cenário: na Lucerne Publishing, você estabeleceu um ritmo de relatórios de status semanais para aqueles que trabalham diretamente no projeto de lançamento do novo livro. Além disso, foi solicitado o fornecimento de atualizações mensais de alguns indicadores importantes sobre o estado geral do projeto para a organização. Você está pronto para explorar alguns dos recursos de status do projeto no Project e avaliá-los em sua rotina normal de geração de relatórios.

Neste exercício, você vai explorar diversos recursos de relato de status do projeto, incluindo modos de exibição e relatórios.

1 Para começar, você vai apresentar o modo de exibição Linha do Tempo. Na guia **Exibição**, no grupo **Modo Divisão**, marque a caixa de seleção **Linha do Tempo**.

Como vimos no Capítulo 4, nas duas extremidades da linha do tempo é possível ver as datas de início e término do plano. Observe a data de término atual: 24/02/2015.

A linha do tempo não informa a duração específica do plano; contudo, isso aparece na tarefa resumo do projeto, no modo de exibição Gráfico de Gantt. Vimos no Capítulo 4 que a tarefa resumo do projeto fica oculta por padrão, mas você a exibiu anteriormente. Ela está identificada como tarefa 0 no topo da tabela Entrada, no modo de exibição Gráfico de Gantt.

2   Se necessário, role o modo de exibição Gráfico de Gantt para cima, a fim de que a tarefa 0, *Plano simples*, fique visível.

    Observe o valor da duração da tarefa resumo do projeto: 36 dias. Aqui também é possível ver as datas de início e término do plano.

    | | Modo de | Nome de tarefa | Duração | Início | Término | Predecessoras | Nomes dos recursos |
    |---|---|---|---|---|---|---|---|
    | 0 | | ▲ Plano simples | 36 dias | 05/01/2015 | 24/02/2015 | | |
    | 1 | | ▲ Fase de Planejamento | 11 dias | 05/01/2015 | 19/01/2015 | | |
    | 2 | | Atribuir membros da equipe de lançamento | 1 dia | 05/01/2015 | 05/01/2015 | | Carole Poland |
    | 3 | | Completar questionário do autor | 1 sem | 06/01/2015 | 12/01/2015 | 2 | Toni Poe |

    No início deste capítulo, a duração do plano era de 41 dias. Essa duração menor que você vê agora é o resultado das mudanças feitas anteriormente nas atribuições.

    O modo de exibição Linha do Tempo e a tarefa resumo do projeto no modo de exibição Gráfico de Gantt são boas opções para se ver rapidamente a duração total e a data de término do projeto. Esses modos de exibição podem ser incorporados às suas necessidades de relatório de status. Em seguida, você vai examinar os custos do projeto.

3   Na guia **Exibição**, no grupo **Dados**, clique em **Tabelas** e, depois, em **Custo**.

    A tabela Custo é exibida, substituindo a tabela Entrada.

    | | Nome da tarefa | Custo fixo | Acumulação de custo fixo | Custo total | Linha de base | Variação |
    |---|---|---|---|---|---|---|
    | 0 | ▲ Plano simples | R$ 0,00 | Rateado | 19.740,00 | R$ 0,00 | 19.740,00 |
    | 1 | ▲ Fase de Planejamento | R$ 0,00 | Rateado | $ 11.900,00 | R$ 0,00 | $ 11.900,00 |
    | 2 | Atribuir membros da | R$ 0,00 | Rateado | R$ 420,00 | R$ 0,00 | R$ 420,00 |
    | 3 | Completar questionário | R$ 0,00 | Rateado | R$ 0,00 | R$ 0,00 | R$ 0,00 |

    A tabela Custo contém vários valores de custo para cada subtarefa. Esses valores são acumulados em suas tarefas resumo e, finalmente, todos os valores de custo são acumulados na tarefa resumo do projeto.

    Observe o valor do custo total da tarefa resumo do projeto: R$19.740,00. Esse valor de custo é a soma das atribuições de recurso de trabalho, mais a atribuição de recurso de custo que você fez anteriormente.

    Agora, você vai examinar alguns valores de atribuição por meio de um relatório.

4   Na guia **Relatório**, no grupo **Ver Relatórios**, clique em **Recursos** e, em seguida, em **Visão geral do Recurso**.

    O relatório Visão Geral do Recurso é exibido.

## VISÃO GERAL DO RECURSO

**ESTATÍSTICAS DE RECURSOS**
Status de trabalho para todos os recursos de trabalho.

**STATUS DE TRABALHO**
% trabalho concluído por todos os recursos de trabalho.

**STATUS DO RECURSO**
Trabalho restante para todos os recursos de trabalho

| Nome | Início | Término | Trabalho restante |
|---|---|---|---|
| Carole Poland | Seg 05/01/15 | Seg 05/01/15 | 8 hrs |
| Revisores de texto | ND | ND | 0 hrs |
| Dan Jump | ND | ND | 0 hrs |
| Hany Morcos | Qua 21/01/15 | Qua 28/01/15 | 40 hrs |
| Jane Dow | Qua 21/01/15 | Qui 29/01/15 | 48 hrs |
| John Evans | ND | ND | 0 hrs |
| Jun Cao | Seg 05/01/15 | Seg 12/01/15 | 40 hrs |

Nesse relatório existem dois gráficos e uma tabela contendo detalhes das atribuições de recurso. Talvez seja necessário rolar o relatório verticalmente para baixo, a fim de ver todo o seu conteúdo.

No gráfico Estatísticas de Recursos, à esquerda e acima, observe os valores de trabalho atribuídos a cada recurso. Atualmente, o gráfico contém somente os valores de trabalho restantes, pois você ainda não salvou uma linha de base nem relatou qualquer trabalho real. Você vai fazer isso no Capítulo 8, "Controle do andamento".

A tabela Status do Recurso, na parte inferior do relatório, é um excelente resumo das primeiras datas de início e das últimas datas de término das atribuições dos recursos, assim como do trabalho restante.

**STATUS DO RECURSO**
Trabalho restante para todos os recursos de trabalho

| Nome | Início | Término | Trabalho restante |
|---|---|---|---|
| Carole Poland | Seg 05/01/15 | Seg 05/01/15 | 8 hrs |
| Revisores de texto | ND | ND | 0 hrs |
| Dan Jump | ND | ND | 0 hrs |
| Hany Morcos | Qua 21/01/15 | Qua 28/01/15 | 40 hrs |
| Jane Dow | Qua 21/01/15 | Qui 29/01/15 | 48 hrs |
| John Evans | ND | ND | 0 hrs |
| Jun Cao | Seg 05/01/15 | Seg 12/01/15 | 40 hrs |
| Katie Jordan | ND | ND | 0 hrs |
| Luis Sousa | ND | ND | 0 hrs |
| Serviços de Impressão | ND | ND | 0 hrs |
| Robin Wood | ND | ND | 0 hrs |
| Sharon Salavaria | Ter 20/01/15 | Ter 20/01/15 | 4 hrs |
| Toby Nixon | Ter 06/01/15 | Ter 20/01/15 | 88 hrs |
| Toni Poe | Ter 06/01/15 | Ter 10/02/15 | 48 hrs |
| Vikas Jain | ND | ND | 0 hrs |
| William Flash | ND | ND | 0 hrs |
| Zac Woodall | Ter 06/01/15 | Qua 28/01/15 | 120 hrs |

Mais tarde, quando você começar a controlar o andamento do plano, esse relatório será uma maneira excelente de compartilhar o status dos recursos e do trabalho.

Para concluir este exercício, você vai rever a duração total e os valores de custo do projeto na caixa de diálogo Estatísticas do projeto.

5  Na guia **Projeto**, no grupo **Propriedades**, clique em **Informações do Projeto** e, em seguida, em **Estatísticas**.

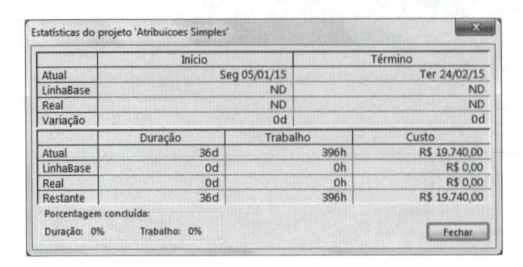

| Estatísticas do projeto 'Atribuicoes Simples' | | | |
|---|---|---|---|
| | Início | | Término |
| Atual | Seg 05/01/15 | | Ter 24/02/15 |
| LinhaBase | ND | | ND |
| Real | ND | | ND |
| Variação | 0d | | 0d |
| | Duração | Trabalho | Custo |
| Atual | 36d | 396h | R$ 19.740,00 |
| LinhaBase | 0d | 0h | R$ 0,00 |
| Real | 0d | 0h | R$ 0,00 |
| Restante | 36d | 396h | R$ 19.740,00 |
| Porcentagem concluída: | | | |
| Duração: 0%    Trabalho: 0% | | | Fechar |

Aqui, novamente, você vê a duração mais curta e os valores de custo e trabalho alterados.

6  Clique em **Fechar**.

❌ ENCERRAMENTO  Feche o arquivo Atribuicoes Simples.

# Pontos-chave

- No Project, geralmente o trabalho é associado a uma tarefa depois que um recurso de trabalho (que pode ser pessoas ou equipamentos) é atribuído a ela.

- Você deve atribuir recursos às tarefas antes que possa controlar o andamento ou o custo dos recursos.

- O Project segue a fórmula de agendamento Duração × Unidades = Trabalho.

- O agendamento controlado pelo empenho determina se o trabalho permanecerá constante quando você atribuir recursos adicionais às tarefas. O agendamento controlado pelo empenho é desativado por padrão.

- A maneira mais fácil de entender o agendamento controlado pelo empenho é fazendo-se esta pergunta: se uma pessoa pode fazer esta tarefa em 10 dias, duas pessoas poderão realizá-la em cinco dias? Se a resposta for positiva, então, o agendamento controlado pelo empenho deve ser aplicado à tarefa.

- As listas de Ações aparecem depois que você executa determinadas ações no Project, como atribuir recursos adicionais a uma tarefa. Elas permitem que você altere rapidamente o efeito da sua ação para algo diferente do padrão.

- A atribuição de recursos de custo permite associar a uma tarefa custos financeiros diferentes daqueles derivados dos recursos materiais e de trabalho.

- Use a caixa de diálogo Estatísticas do projeto para ver indicadores importantes, como as datas de início e término, a duração e o custo de um plano.

# Visão geral do capítulo

## Personalizar
Mude a aparência de modos de exibição, página 122

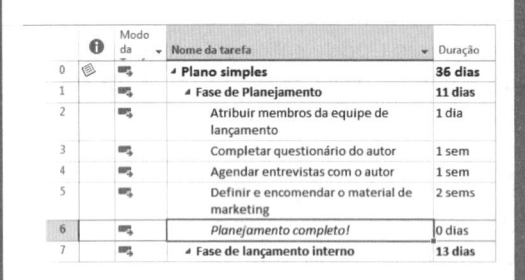

## Modificar
Personalize a aparência de relatórios, página 132

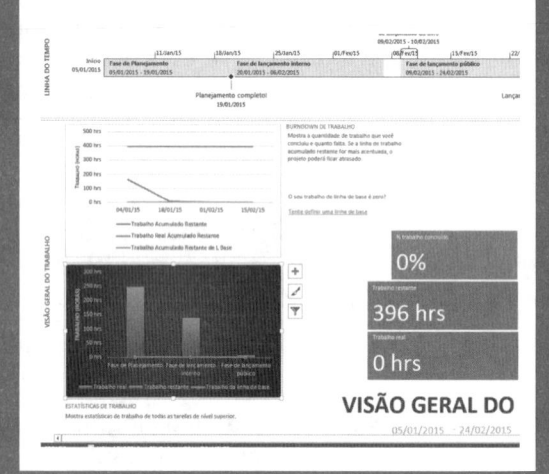

## Copiar
Tire um instantâneo de modos de exibição e relatórios, página 135

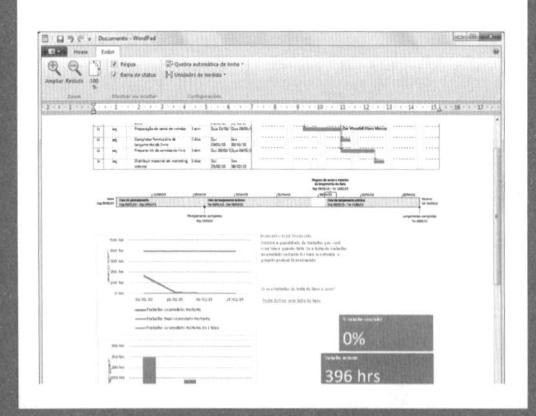

## Imprimir
Configure opções de impressão para obter a saída desejada, página 140.

# Formatação e compartilhamento de seu plano

# 7

## NESTE CAPÍTULO, VOCÊ APRENDERÁ A:

- Personalizar um modo de exibição de Gráfico de Gantt.
- Personalizar o modo de exibição Linha do Tempo.
- Personalizar um relatório.
- Copiar instantâneos de modos de exibição e relatórios para outro aplicativo.
- Imprimir modos de exibição e relatórios.

O Project oferece diversas maneiras de mudar a aparência dos dados quando é necessário copiar ou imprimir um plano.

De certa forma, um plano do Microsoft Project 2013 é um banco de dados de informações, parecido com um arquivo de banco de dados do Microsoft Access. Normalmente, você não vê todos os dados de um plano de projeto de uma vez. Ao contrário, você se concentra no aspecto do plano no qual tem interesse em visualizar no momento. Os modos de exibição e relatórios são as maneiras mais comuns de observar ou imprimir os dados de um plano de projeto. Em ambos os casos, você pode formatar consideravelmente os dados para atender às suas necessidades.

Em capítulos anteriores, você usou modos de exibição para representar e visualizar detalhes de agendas. Outro modo de visualizar sua agenda é com o recurso Relatórios. O Project 2013 aprimorou os relatórios significativamente. É possível criar relatórios gráficos dentro do Project, em vez de exportar os dados para outro programa. Em seus relatórios, também é possível incluir gráficos e imagens coloridas, além de tabelas. O Project contém muitos relatórios que podem ser usados como estão ou ser personalizados, ou então, você pode criar seu próprio relatório exclusivo. Pode-se imprimir os relatórios ou copiá-los para outros aplicativos.

**DICA** Este capítulo apresenta alguns dos recursos mais simples de formatação dos modos de exibição e relatórios do Project. Você encontrará mais material sobre como formatar, imprimir e compartilhar seus planos de projeto no Capítulo 13, "Organização dos detalhes do projeto", no Capítulo 17, "Formatação e impressão avançadas", no Capítulo 18, "Formatação de relatórios avançada", e no Apêndice C, "Colaboração: Project, SharePoint e PWA".

Parte 2 Fundamentos do agendamento

> **ARQUIVOS DE PRÁTICA** Para fazer os exercícios deste capítulo, você precisa do arquivo contido na pasta Capitulo07. Para mais informações, consulte "Como baixar os arquivos de prática", na Introdução deste livro.

> **IMPORTANTE** Se você estiver executando o Project Professional com Project Web App/Project Server, tome o cuidado de não salvar no Project Web App (PWA) os arquivos de prática com os quais trabalhará neste livro. Para mais informações, consulte o Apêndice C, "Colaboração: Project, SharePoint e PWA".

# Como personalizar um modo de exibição de Gráfico de Gantt

O gráfico de Gantt se tornou uma maneira padrão de visualizar agendas quando, no início do século XX, o engenheiro americano Henry Gantt desenvolveu um gráfico de barras mostrando a utilização de recursos ao longo do tempo. Para muitas pessoas, Gráfico de Gantt é sinônimo de agenda ou plano de projeto e é uma representação conhecida e amplamente entendida de informações de agenda no mundo do gerenciamento de projetos. No Project, o modo de exibição padrão é denominado Gráfico de Gantt. Você provavelmente passará boa parte do seu tempo nesse modo de exibição quando trabalhar no Project.

**DICA** Por padrão, quando um novo projeto é criado, o Project apresenta um modo de exibição dividido chamado Gantt com Linha do Tempo. Contudo, é possível alterar essa configuração para mostrar qualquer outro modo de exibição como padrão para um novo plano. Na guia Arquivo, clique em Opções. Na caixa de diálogo Opções do Project, clique em Geral. Na caixa Modo de exibição padrão, clique no modo desejado. Na próxima vez que você criar um novo plano, o modo de exibição escolhido aparecerá.

Um modo de exibição de Gráfico de Gantt consiste em duas partes: uma tabela à esquerda e um gráfico de barras à direita. O gráfico de barras contém uma faixa de escala de tempo na parte superior que indica as unidades de tempo. As barras do gráfico representam as tarefas da tabela em termos de datas de início e de término, duração e status (por exemplo, se o trabalho na tarefa foi iniciado ou não). Em um gráfico de Gantt, as tarefas, tarefas resumo e marcos aparecem todos como barras de Gantt ou símbolos, e cada tipo de barra tem seu próprio formato. Quando trabalhar com barras de Gantt, lembre-se de que elas representam as tarefas de um plano. Outros elementos do gráfico, como as linhas de vínculo, representam as relações entre as tarefas. É possível mudar a formatação de praticamente qualquer elemento de um gráfico de Gantt.

A formatação padrão aplicada a um modo de exibição de Gráfico de Gantt funciona bem para visualização na tela, compartilhamento com outros programas e impressão. Contudo, é possível mudar a formatação de praticamente qualquer elemento de um gráfico de Gantt. Existem três maneiras de formatar as barras de Gantt:

- Aplicar rapidamente as combinações de cores predefinidas do grupo Estilo de Gráfico de Gantt, que podem ser vistas na guia Formato quando um Gráfico de Gantt é apresentado.

- Aplicar formatação altamente personalizada às barras de Gantt na caixa de diálogo Estilos de barra. Você pode abri-la clicando na guia Formato quando um gráfico de Gantt é apresentado e, depois, no grupo Estilos de Barra, clique em Formatar, Estilos de Barra. Nesse caso, as alterações de formatação que você fizer em um tipo específico de barra de Gantt (uma tarefa resumo, por exemplo) serão aplicadas a todas as barras de Gantt no respectivo gráfico de Gantt.

- Formatar as barras de Gantt individuais diretamente. As alterações de formatação direta que você fizer não terão efeito nas outras barras do gráfico de Gantt. Você pode dar um clique duplo em uma barra de Gantt para ver suas opções de formatação ou, na guia Formato do grupo Estilos de Barra, clicar em Formatar, Barra. Para mais informações, consulte o Capítulo 17.

O cenário: na Lucerne Publishing, você está quase terminando o planejamento do projeto de lançamento do novo livro e a equipe está prestes a iniciar o trabalho. Agora, você quer formatar o plano que desenvolveu para destacar um marco importante. Quer também que outros detalhes do plano se sobressaiam visualmente.

Neste exercício, você vai alterar a formatação de diferentes elementos em um modo de exibição de Gráfico de Gantt.

PREPARAÇÃO Para fazer este exercício, você precisa do arquivo Formatacao Simples_Inicio localizado na pasta Capitulo07. Abra o arquivo e salve-o como Formatacao Simples.

Para começar, você vai ver a barra de Gantt de uma tarefa agendada manualmente. Em seguida, vai ajustar as cores das barras de Gantt e marcos na parte do gráfico do modo de exibição Gráfico de Gantt. Também vai ver como a barra de Gantt de uma tarefa agendada manualmente é formatada.

1 Na coluna **Nome da Tarefa**, clique no nome da tarefa 9, *Preparar demonstrativo de lucros e prejuízos*.

2 Na guia **Tarefa**, no grupo **Edição**, clique em **Rolar até a Tarefa**.

**DICA** Você pode fazer a mesma coisa clicando com o botão direito do mouse no nome da tarefa e, no meu de atalho, clicar em Rolar até a Tarefa.

O Project rola a parte do gráfico do modo de exibição do Gráfico de Gantt para mostrar a barra de Gantt de uma tarefa agendada manualmente que já foi adicionada ao plano de lançamento do livro. Como você pode ver, a barra de Gantt dessa tarefa agendada manualmente não se parece com as barras de Gantt das tarefas agendadas automaticamente.

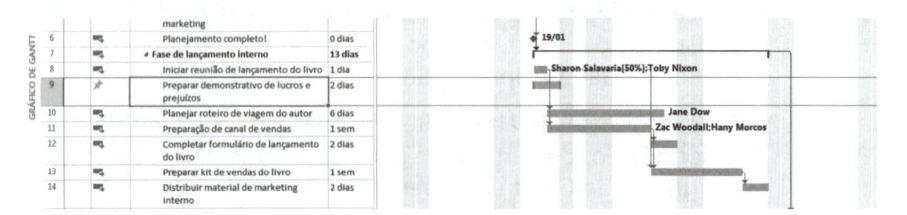

Fique atento a essa barra de Gantt à medida que aplicar um estilo diferente de Gráfico de Gantt ao plano de projeto.

3 Na guia **Formato**, no grupo **Estilo de Gráfico de Gantt**, clique em **Mais** a fim de exibir os estilos de cores predefinidos.

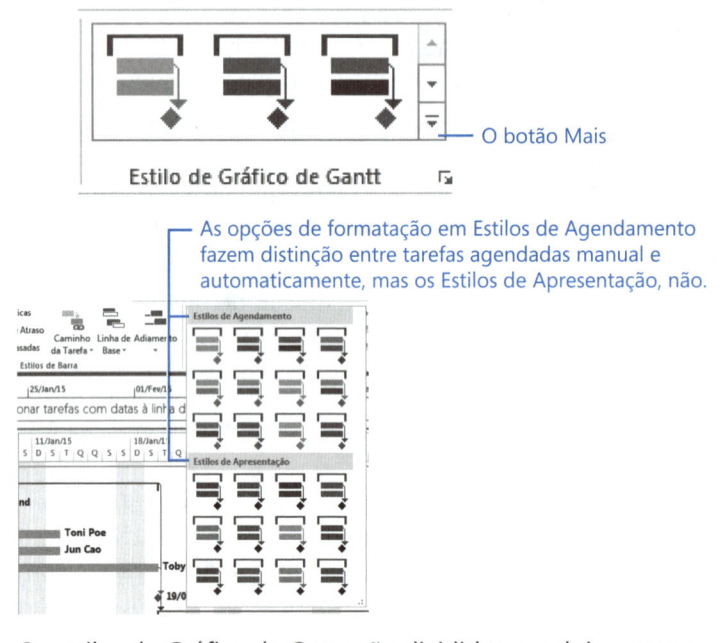

O botão Mais

As opções de formatação em Estilos de Agendamento fazem distinção entre tarefas agendadas manual e automaticamente, mas os Estilos de Apresentação, não.

Os estilos do Gráfico de Gantt são divididos em dois grupos:

- Os Estilos de Agendamento que distinguem entre tarefas agendadas manual e automaticamente.
- Os Estilos de Apresentação que não fazem essa distinção.

Capítulo 7   Formatação e compartilhamento de seu plano   **125**

4  Em **Estilos de Apresentação**, clique no esquema de cor laranja.

O Project aplica esse estilo às barras de Gantt no plano.

A barra de Gantt da tarefa 9, a tarefa agendada manualmente, não está mais visualmente diferente das tarefas agendadas automaticamente.

Aplicar um estilo de apresentação ao modo de exibição Gráfico de Gantt é uma opção que você pode usar quando não quiser fazer distinção entre tarefas agendadas manual e automaticamente – por exemplo, quando mostrar o gráfico de Gantt a um público para o qual não deseja fazer essa distinção.

O próximo passo neste exercício é reformatar um nome de tarefa para realçá-lo visualmente.

5  Na coluna **Nome da Tarefa**, clique com o botão direito do mouse no nome da tarefa 6, *Planejamento completo!*

Essa é uma tarefa de marco que define o final da primeira fase do lançamento do novo livro da Lucerne Publishing. Você quer realçar esse nome da tarefa.

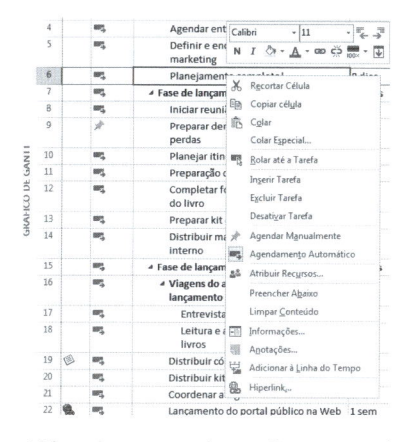

Além do menu de atalho normal, observe a minibarra de ferramentas.

6 Na minibarra de ferramentas, clique na seta ao lado do botão **Cor de Plano de Fundo** e, sob **Cores Padrão**, clique na amarela.

DICA Você também pode clicar na guia Tarefa e, no grupo Fonte, em Cor de Plano de Fundo.

Botão Cor de Plano de Fundo

Botão Itálico

O Project aplica a cor de plano de fundo amarela à célula do nome da tarefa.

7 Na minibarra de ferramentas, clique no botão **Itálico**.

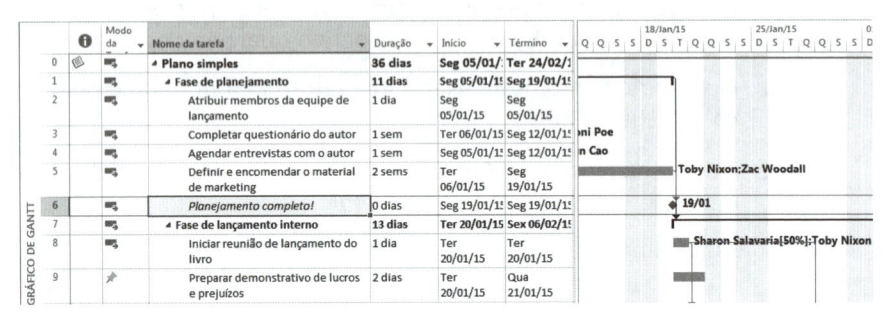

Agora o nome da tarefa de marco se destaca.

DICA É possível remover rapidamente toda a formatação de texto aplicada a um valor em uma célula. Na guia Tarefa, no grupo Edição, clique em Limpar (parecido com uma borracha) e, em seguida, clique em Limpar Formatação.

É possível também formatar o indicador de marco no gráfico. Você vai fazer isso.

8 Com o nome da tarefa 6 ainda selecionado, na guia **Formato**, no grupo **Estilos de Barra**, clique em **Formatar** e, em seguida, em **Barra**.

9 Na caixa de diálogo **Formatar barra**, em **Início**, clique na lista suspensa de **Forma**.

O Project mostra os símbolos que podem ser usados como aresta inicial da barra de Gantt ou, neste caso, para um marco, como símbolo de marco.

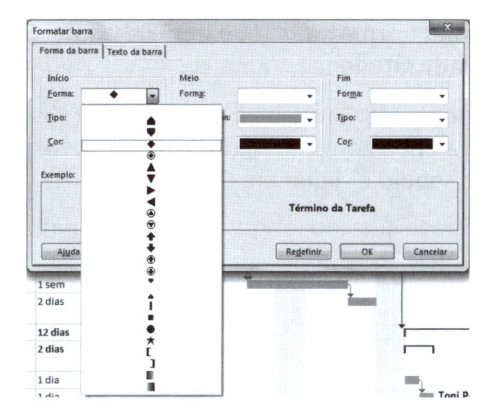

## Capítulo 7 Formatação e compartilhamento de seu plano **127**

10 Clique no símbolo de estrela e, em seguida, em **OK**.

O Project mostrará a estrela como o símbolo de marco para essa tarefa.

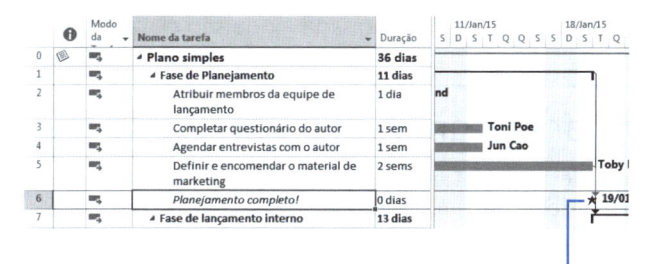

Este símbolo de marco foi formatado com uma forma personalizada.

**DICA** Neste exercício, você usou o comando Barra para formatar um único item no modo de exibição Gráfico de Gantt. Também é possível personalizar categorias inteiras de barras de Gantt, como todos os marcos, por meio do comando Estilos de Barra. Para mais informações, consulte o Capítulo 17.

Conforme já pode ter observado, o Project desenha linhas horizontais automaticamente na parte do gráfico de um modo de exibição de Gráfico de Gantt, apenas para a tarefa selecionada. Essas linhas ajudam a seguir visualmente o nome da tarefa ou alguma outra informação no lado esquerdo do modo de exibição, até sua barra de Gantt ou símbolo à direita. Para concluir este exercício, você vai adicionar linhas de grade horizontais para todas as tarefas no modo de exibição Gráfico de Gantt.

11 Na guia **Formato**, no grupo **Formatar**, clique em **Linhas de Grade** e, em seguida, clique em **Linhas de Grade**.

12 Em **Alterar linha**, deixe **Linhas de Gantt** selecionado e, na caixa **Tipo**, abaixo de **Normal**, selecione a linha com tracejado pequeno (a terceira opção de cima para baixo) e, em seguida, clique em **OK**.

O Project desenha linhas tracejadas ao longo da parte do gráfico do modo de exibição Gráfico de Gantt.

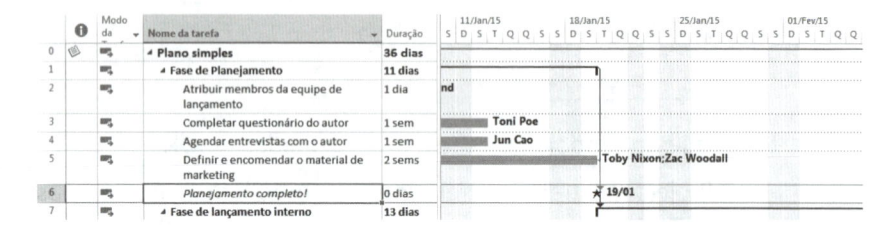

Com essas linhas tracejadas exibidas, as linhas horizontais cheias desenhadas pelo Project para a tarefa selecionada ainda são claramente visíveis.

## Como desenhar em um gráfico de Gantt

O Project contém uma ferramenta Desenho, com a qual é possível desenhar objetos diretamente na parte do gráfico de um gráfico de Gantt. Por exemplo, se quiser anotar um evento específico ou destacar graficamente determinado item, você pode desenhar objetos, como caixas de texto, setas e outros itens, diretamente em um gráfico de Gantt.

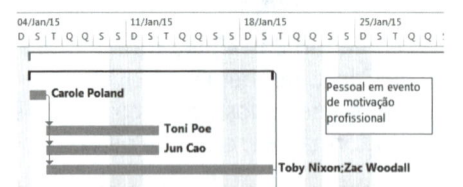

Também é possível vincular um objeto desenhado a uma das extremidades de uma barra de Gantt ou a uma data específica na escala de tempo. Veja como escolher o tipo de vínculo de que você precisa:

- Vincule objetos a uma barra de Gantt quando o objeto for específico para a tarefa que a barra representa. Se a tarefa for reagendada, o objeto se moverá com a barra de Gantt.

> - Vincule objetos a uma data quando as informações às quais o objeto se refere dependerem dessa data. O objeto permanecerá na mesma posição em relação à escala de tempo, independentemente da parte da escala de tempo que estiver sendo exibida.
>
> Se quiser desenhar em um gráfico de Gantt, siga estas instruções: na guia Formato, no grupo Desenhos, clique em Desenho. Selecione a forma do desenho desejada e, em seguida, desenhe-a onde quiser na parte do gráfico de um modo de exibição Gráfico de Gantt.
>
> Para definir o tipo de vínculo que deseja aplicar no objeto desenhado, faça o seguinte: na guia Formato, no grupo Desenhos, clique em Desenho e, em seguida, em Propriedades. Clique na guia Tamanho e posição e, em seguida, selecione as opções desejadas.

# Como personalizar um modo de exibição Linha do Tempo

Um modo de exibição Linha do Tempo é mais adequado para mostrar tarefas importantes de seu plano em um formato simples e compacto. Esse modo de exibição é particularmente adequado para apresentar resumos rápidos de planos. O modo de exibição Linha do Tempo é uma maneira prática de compartilhar informações do projeto.

O cenário: na Lucerne Publishing, você sabe, a partir de experiências anteriores, que alguns dos interessados no projeto de lançamento do novo livro acharão o modo de exibição de Gráfico de Gantt detalhado demais. Para ajudá-los a ver os principais pontos que deseja transmitir, você decide criar um modo de exibição Linha do Tempo. Posteriormente, neste capítulo, você vai copiar o modo de exibição Linha do Tempo para outro aplicativo, como uma imagem do tipo "visão rápida do projeto".

Neste exercício, você vai preencher um modo de exibição Linha do Tempo com tarefas específicas e ajustar alguns detalhes da exibição.

1 Clique em qualquer lugar no modo de exibição Linha do Tempo.

O Project muda o foco para o modo de exibição Linha do Tempo e apresenta o rótulo contextual Ferramentas da Linha do Tempo acima da guia Formato.

2 Na guia **Formato**, no grupo **Inserir**, clique em **Tarefas Existentes**.

A caixa de diálogo Adicionar Tarefas à Linha do Tempo é exibida.

Essa caixa de diálogo contém uma estrutura dos tópicos das tarefas resumo e subtarefas do plano de projeto.

3 Selecione as caixas dos seguintes nomes de tarefa:

- **Fase de planejamento**
- **Planejamento completo!**
- **Fase de lançamento interno**
- **Fase de lançamento público**
- **Viagens do autor e eventos de lançamento do livro**

Use esta caixa de diálogo para indicar as tarefas que deseja incluir no modo de exibição Linha do Tempo.

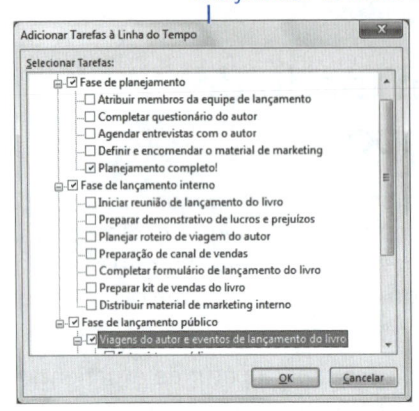

Essas são tarefas resumo e uma tarefa de marco que você vai adicionar ao modo de exibição Linha do Tempo.

4 Clique em **OK**.

O Project adiciona as tarefas resumo e a tarefa de marco ao modo de exibição Linha do Tempo. Se necessário, ajuste a barra divisora horizontal entre os modos de exibição Linha do Tempo e Gráfico de Gantt para que você possa ver mais do modo de exibição Linha do Tempo.

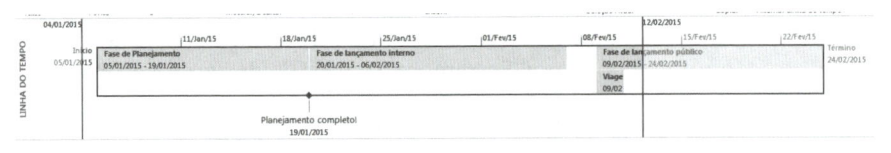

Em seguida, você vai ajustar a formatação da tarefa resumo *Viagens do autor e eventos de lançamento do livro* na Linha do Tempo.

5 No modo de exibição **Linha do Tempo**, clique na barra da tarefa resumo *Viagens do autor e eventos de lançamento do livro*.

Apenas uma parte do nome da tarefa resumo está visível. Coloque o cursor do mouse sobre o nome na barra e o Project exibirá uma Dica de Tela com o nome completo e outros detalhes da tarefa.

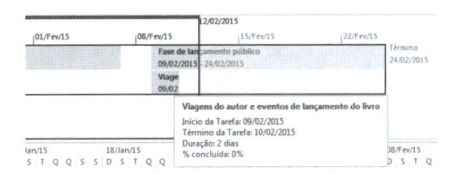

6  Na guia **Formato**, no grupo **Seleção Atual**, clique em **Exibir como Texto Explicativo**.

O Project mostra a tarefa resumo como um texto explicativo, o qual, para essa tarefa, tem a vantagem de tornar visível seu nome completo.

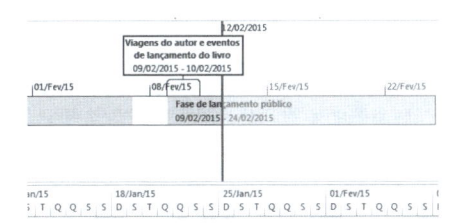

Agora, você vai adicionar a tarefa de marco final à Linha do Tempo, mas usando uma técnica diferente.

7  Na coluna **Nome da Tarefa** no modo de exibição de Gráfico de Gantt, clique no nome da tarefa 24, *Lançamento completo!*

8  Na guia **Tarefa**, no grupo **Propriedades**, clique em **Adicionar Tarefa à Linha do Tempo**.

**DICA** Você também pode clicar com o botão direito do mouse no nome da tarefa e clicar em Adicionar à Linha do Tempo no menu de atalho que aparece.

O Project adiciona essa tarefa de marco ao modo de exibição Linha do Tempo.

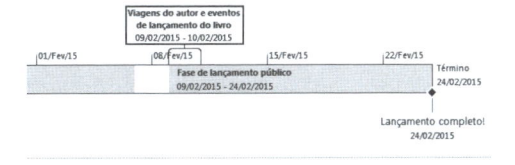

Como você pode ver na Linha do Tempo, o Project mostra as tarefas de marco como textos explicativos e usa o marcador em forma de losango, que é uma convenção visual para marcos.

## Visão panorâmica e zoom do modo de exibição Gráfico de Gantt a partir do modo de exibição Linha do Tempo

Você notou o sombreamento e as linhas verticais e horizontais no modo de exibição Linha do Tempo? Esse é o controle de visão panorâmica e zoom que pode ser usado para rolar um modo de exibição Gráfico de Gantt horizontalmente ou alterar sua escala de tempo.

Clique e arraste para a esquerda ou direita a parte superior do controle de visão panorâmica e zoom, a fim de modificar o foco de uma visão panorâmica em um modo de exibição de Gráfico de Gantt.

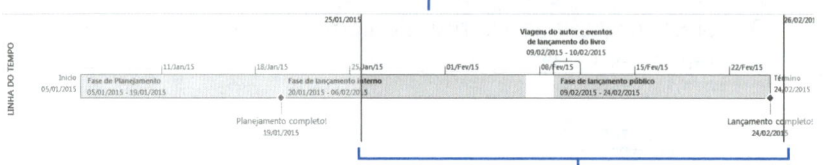

Clique e arraste estas linhas verticais do controle de visão panorâmica e zoom para a esquerda ou para a direita, a fim de ampliar ou reduzir o zoom em um modo de exibição de Gráfico de Gantt.

O controle de visão panorâmica e zoom aparece no modo de exibição Linha do Tempo quando a linha de tempo do Gráfico de Gantt não mostra a duração total do plano na tela.

Para rolar um modo de exibição de Gráfico de Gantt, clique e arraste a linha superior do controle de visão panorâmica e zoom. Essa é uma maneira simples de posicionar um intervalo de datas específico no gráfico de Gantt.

Para mudar a escala de tempo em um modo de exibição Gráfico de Gantt, arraste as linhas verticais esquerda ou direita na borda do controle de visão panorâmica e zoom. À medida que você arrasta, o Project ajusta a escala de tempo na parte do gráfico do modo de exibição Gráfico de Gantt para que o intervalo de tempo que aparece na parte não sombreada do modo de exibição Linha do Tempo também fique visível no modo de exibição Gráfico de Gantt.

Você pode achar o modo de exibição Linha do Tempo útil não apenas para criar representações simplificadas de detalhes importantes dos seus planos, mas também para navegar em um modo de exibição Gráfico de Gantt. Se quiser ocultar os controles de visão panorâmica e zoom, faça o seguinte: clique em qualquer lugar no modo de exibição Linha do Tempo e, em seguida, na guia Formato, no grupo Mostrar/Ocultar, desmarque a caixa Panorâmica e Zoom.

## Como personalizar relatórios

Caso esteja atualizando a partir do Project 2010 ou anterior, talvez você conheça os recursos de relatórios tabulares que foram otimizados para impressão. No entanto, o Project 2013 apresenta todo um novo conjunto de recursos e capacidades.

Você pode usar os *relatórios* do Project para ver detalhes de seus planos de diversas maneiras. Um único relatório pode conter uma mistura dinâmica de tabelas, gráficos e conteúdo textual. Ao contrário da maioria dos modos de exibição do Project, um relatório é mais parecido com uma tela de desenho em branco na qual você pode colocar quaisquer elementos (como tabelas ou gráficos) que enfoquem a informação de maior interesse. O Project contém vários relatórios incorporados e é possível personalizá-los ou criar os seus próprios para as necessidades de informação exclusivas dos interessados em seu projeto.

Os relatórios servem para se ver detalhes do projeto. Ao contrário do que se pode fazer nos modos de exibição, não é possível editar um plano diretamente em um relatório. Contudo, pode-se personalizar em alto grau os dados que aparecem em um relatório e como eles são formatados. Os relatórios são particularmente convenientes para compartilhamento com outras pessoas por meio de impressão ou cópia.

**DICA** Esta seção apresenta a formatação de relatórios. Para mais detalhes sobre relatórios, consulte o Capítulo 15, "Como visualizar e informar o status do projeto", e o Capítulo 18.

O cenário: na Lucerne Publishing, você quer compartilhar o relatório Visão Geral do Trabalho com a equipe. No entanto, gostaria de alterar a formatação de um elemento no relatório.

Neste exercício, você vai mudar a formatação de um relatório incorporado.

1 Na guia **Relatório**, no grupo **Ver Relatórios**, clique em **Painéis** e, em seguida, clique em **Visão Geral do Trabalho**.

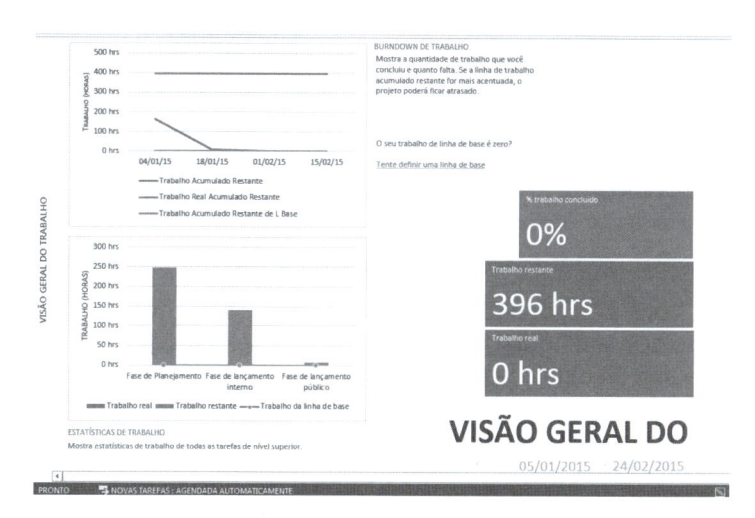

   O relatório Visão Geral do Trabalho é exibido.

Esse relatório contém vários gráficos descrevendo o trabalho ao longo do tempo e por recurso. Dependendo da resolução de sua tela, talvez seja necessário rolar o relatório verticalmente para ver todos os gráficos.

Parte 2 Fundamentos do agendamento

No lado esquerdo do relatório está o gráfico de colunas Estatísticas de Trabalho. Você vai mudar a formatação desse gráfico.

2 Clique em qualquer lugar no gráfico de colunas Estatísticas de Trabalho.

Assim que você clica no gráfico, o painel Lista de Campos aparece no lado direito da tela. No Capítulo 18, você vai usar a Lista de Campos para personalizar os dados contidos em relatórios. Contudo, por enquanto, seu enfoque é a alteração da formatação do relatório atual.

3 Em **Ferramentas de Gráfico**, clique na guia **Design**. Em seguida, no grupo **Estilos de Gráfico**, clique no estilo com fundo preto. (Se você deixar o cursor do mouse sobre os estilos de gráfico, o rótulo desse gráfico (Estilo 6) aparecerá em uma Dica de ferramenta).

O Project aplica o estilo ao gráfico Estatísticas de Trabalho.

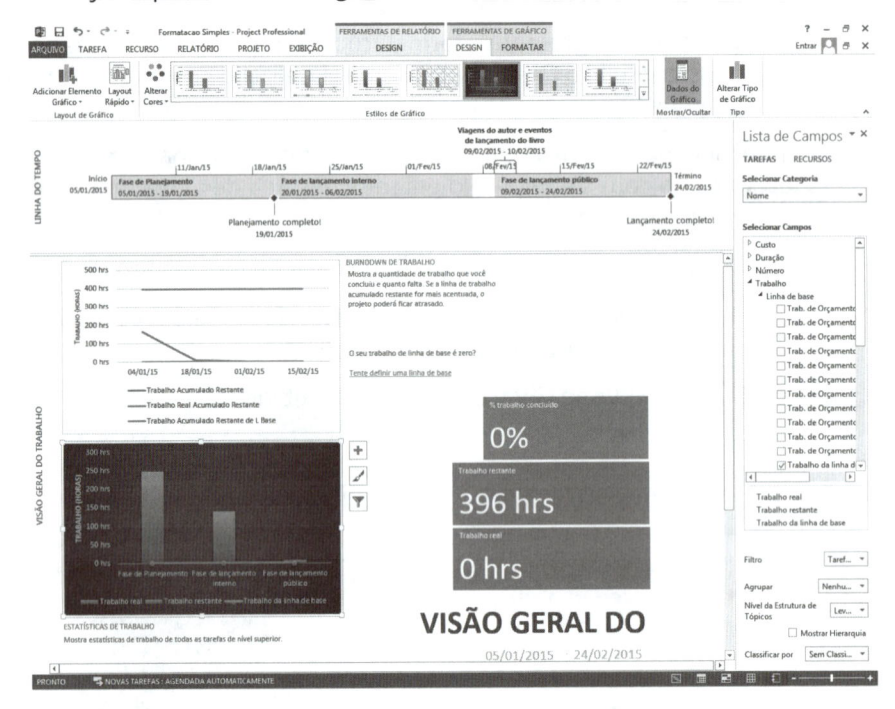

**DICA** Você percebeu as abas Ferramentas de Relatório e Ferramentas de Gráfico acima da guia? Essas são guias contextuais que mudam de acordo com o tipo de objeto selecionado. Explore as opções de design e formatação disponíveis para esse gráfico e, em seguida, selecione um dos outros gráficos desse relatório. Esse relatório inclui três tipos de gráfico: coluna, barra e linha. Cada um com estilos exclusivos.

4 Na guia **Exibição**, no grupo **Modos de Exibição de Tarefa**, clique em **Gráfico de Gantt**.

O modo de exibição Gráfico de Gantt substitui o relatório Visão Geral do Trabalho.

# Como copiar modos de exibição e relatórios

Talvez você precise compartilhar detalhes dos seus planos com colegas que não têm o Project ou que prefiram um simples instantâneo da agenda. É possível copiar rapidamente a maioria dos modos de exibição e relatórios do Project. Os modos de exibição e relatórios copiados podem então ser colados em mensagens de email, apresentações e outros documentos. Os modos de exibição que não podem ser copiados diretamente do Project incluem o Planejador de Equipe, os modos de exibição de Formulário (como o Formulário de Tarefa) e o Diagrama de relações.

**DICA** Se precisar do instantâneo visual de um modo de exibição ou relatório que não pode ser copiado diretamente do Project, use um utilitário de captura de tela, como o Windows Snipping Tool.

Os modos de exibição Gráfico de Gantt e Linha do Tempo são adequados para compartilhar detalhes de agenda. Linha do Tempo é um modo de exibição conciso, uma visão rápida do projeto, e o Gráfico de Gantt é um formato de agenda muito usado.

Os relatórios também são convenientes para compartilhamento com outros interessados no projeto. Os relatórios compartilhados podem ser particularmente eficazes para transmitir informações do Project que, de outro modo, precisariam ser copiados em um aplicativo de planilha eletrônica, como o Microsoft Excel, para mais formatação, como dados de tabelas e gráficos.

O cenário: na Lucerne Publishing, você tem uma estratégia dupla para compartilhar o plano de lançamento do novo livro com os interessados. A primeira envolve tirar instantâneos de modos de exibição e relatórios importantes do plano e compartilhá-los via email e documentos do Microsoft Word. Esse é o enfoque do próximo exercício. Na próxima seção, vamos nos concentrar em sua segunda estratégia de comunicação: imprimir o plano.

Neste exercício, você vai copiar o gráfico de Gantt, o modo de exibição Linha do Tempo e um relatório para outro aplicativo.

1 Na coluna **Nome da Tarefa**, clique no nome da tarefa 7, *Fase de lançamento interno*.

2 Na guia **Tarefa**, no grupo **Edição**, clique em **Rolar até a Tarefa**.

As barras de Gantt da tarefa resumo Fase de lançamento interno e suas subtarefas aparecem. Esta imagem é parecida com a que você gostaria de copiar.

Parte 2 Fundamentos do agendamento

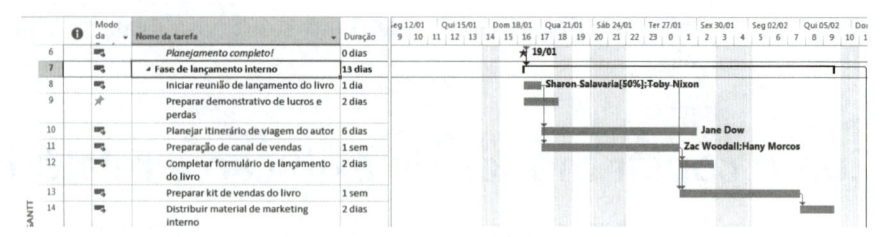

3 No modo de exibição Gráfico de Gantt, selecione os nomes das tarefas 7 a 14.

Essas são a tarefa resumo *Fase de lançamento interno* e suas subtarefas.

4 Na guia **Tarefa**, no grupo **Área de Transferência**, clique na seta ao lado de **Copiar** e, em seguida, em **Copiar Imagem**.

A caixa de diálogo Copiar imagem é exibida.

Nessa caixa de diálogo é possível controlar o modo como o Project copia os detalhes do plano para a Área de Transferência ou os salva em um arquivo. As duas primeiras opções abaixo de Renderizar imagem controlam o tamanho e a resolução da imagem do gráfico de Gantt copiado; a terceira permite salvar a imagem copiada como um arquivo de imagem GIF (Graphics Interchange Format). As opções Copiar e Escala de tempo permitem ajustar o que se deseja copiar.

Para este exercício, você quer copiar as linhas selecionadas para a qualidade de resolução de tela e deixar a escala de tempo conforme mostrada na tela.

5 Clique em **OK**.

O Project copia uma imagem gráfica apenas das linhas selecionadas do gráfico de Gantt para a Área de Transferência do Windows.

Capítulo 7 Formatação e compartilhamento de seu plano **137**

6 Escolha uma das opções:

- Se estiver usando Windows 7 ou anterior, faça o seguinte: no menu **Iniciar**, clique em **Todos os Programas** e, no grupo de programas **Acessórios**, clique em **WordPad**.

- Se estiver usando Windows 8, faça o seguinte: na tela Inicial, digite **wordpad** e, na lista de resultados dos aplicativos, clique ou toque em **WordPad**.

O WordPad abre e cria um novo documento.

7 No WordPad, clique em **Colar**.

O WordPad cola a imagem gráfica do modo de exibição de Gráfico de Gantt no novo documento.

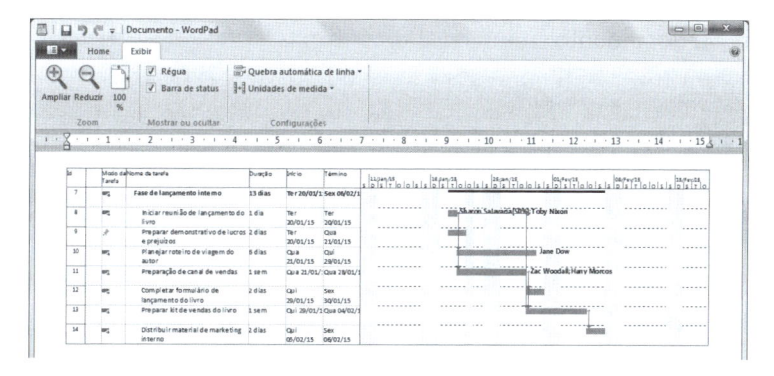

O modo de exibição de Gráfico de Gantt é um formato padrão para exibir cronogramas e pode mostrar muitos detalhes agendados.

8 Volte para o Project.

A maioria dos outros modos de exibição do Project é copiada de maneira semelhante a como acabamos de fazer com o modo Gráfico de Gantt. No entanto, o modo de exibição Linha do Tempo tem opções de cópia únicas as quais você vai explorar.

9 Clique em qualquer lugar no modo de exibição Linha do Tempo.

Com o foco agora na Linha do Tempo, o rótulo contextual da guia Formato muda para Ferramentas da Linha do Tempo.

10 Na guia **Formato**, no grupo **Copiar**, clique em **Copiar Linha do Tempo**.

As opções de Copiar Linha do Tempo são exibidas.

**DICA** Aproveite para experimentar as opções de Copiar Linha do Tempo e colar os resultados em qualquer aplicativo que for relevante para você. Neste exercício, você vai colar os resultados no WordPad, um editor rich-text incluído no Windows.

11 Clique em **Inteira**.

O Project copia uma imagem gráfica da linha do tempo para a Área de Transferência.

12 Volte para o WordPad e, então, pressione a tecla Enter algumas vezes para adicionar algum espaço abaixo da imagem do gráfico de Gantt.

13 No WordPad, na guia **Home**, no grupo **Área de Transferência**, clique em **Colar**.

O WordPad cola a imagem gráfica do modo de exibição Linha do Tempo no novo documento.

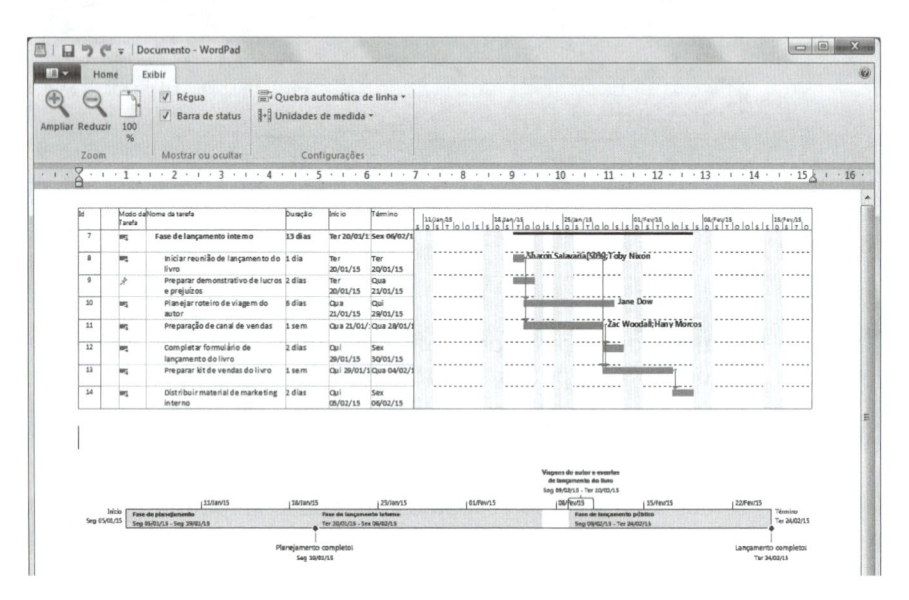

14 Volte para o Project.

Até aqui, você trabalhou com a linha do tempo em seu formato detalhado. Para ter mais espaço na tela, você vai trocar a linha do tempo para seu formato menos detalhado.

15 Clique em qualquer lugar no modo de exibição Linha do Tempo e, em seguida, na guia **Formato**, no grupo **Mostrar/Ocultar,** clique em **Linha do Tempo Detalhada**.

O Project alterna a linha do tempo para seu formato menos detalhado. Agora, você vai copiar e colar um relatório.

Capítulo 7   Formatação e compartilhamento de seu plano   **139**

16 Na guia **Relatório**, no grupo **Ver Relatórios**, clique em **Painéis** e, em seguida, em **Visão Geral do Trabalho**.

Aparece o mesmo relatório Visão Geral do Trabalho que você personalizou anteriormente.

17 Clique em qualquer lugar no relatório **Visão Geral do Trabalho** e, em seguida, em **Ferramentas de Relatório**, clique na guia **Design**. No grupo **Relatório**, clique em **Copiar Relatório**.

O Project copia uma imagem gráfica do relatório para a Área de Transferência.

**DICA** Para copiar apenas um gráfico do relatório, dê um clique com o botão direito do mouse na margem externa do gráfico desejado e, no menu de atalho, clique em Copiar.

18 Volte para o WordPad e, então, pressione a tecla Enter algumas vezes para adicionar algum espaço abaixo da imagem da linha do tempo.

19 No WordPad, clique em **Colar**.

O WordPad cola a imagem gráfica do relatório no novo documento.

Agora você tem em seu documento cópias dos modos de exibição de Gráfico de Gantt e Linha do Tempo, assim como o relatório Visão Geral do Trabalho.

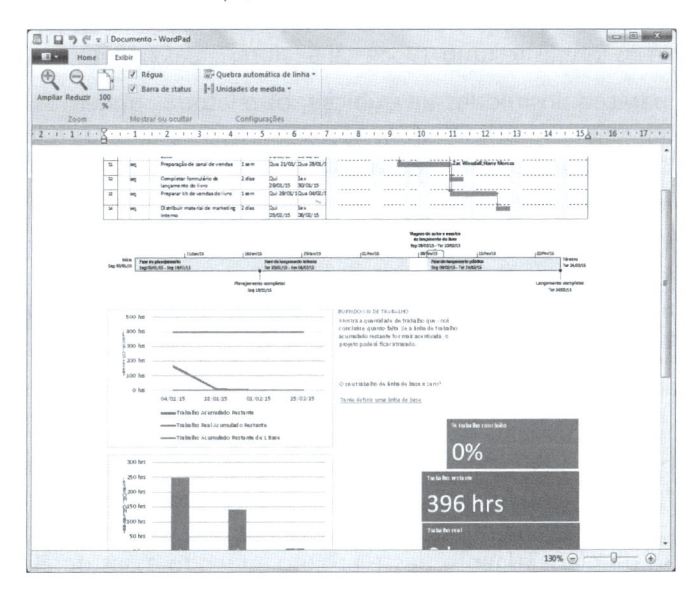

20 Feche o WordPad sem salvar o documento e volte para o Project.

21 Na guia **Exibição**, no grupo **Modos de Exibição de Tarefa**, clique em **Gráfico de Gantt**.

O modo de exibição Gráfico de Gantt substitui o relatório Visão Geral do Trabalho.

> **DICA** Neste exercício, você colou modos de exibição e relatórios do Project no WordPad. Para colar modos de exibição e relatórios em outros aplicativos, como o Microsoft Word e o PowerPoint, siga o mesmo processo.

# Impressão de modos de exibição e relatórios

A impressão de modos de exibição permite colocar no papel praticamente tudo o que se vê na tela. Para um plano com muitas tarefas, o que pode ser visto ao mesmo tempo na tela talvez seja uma parte relativamente pequena do plano todo. Ao se usar papel tamanho carta padrão, é possível que sejam necessárias várias folhas para imprimir o plano completo. Por exemplo, um modo de exibição de Gráfico de Gantt de um projeto de seis meses com 100 ou mais tarefas pode exigir 12 ou mais páginas de papel em formato carta. A impressão do Project pode usar muito papel; de fato, alguns usuários do Project que têm planos muito grandes fazem impressões em tamanho pôster usando plotters. Seja com uma impressora ou um plotter, é bom visualizar a impressão dos modos de exibição e relatórios que você pretende imprimir.

Existem várias opções de impressão no Project, como imprimir um intervalo de datas específico em um modo de exibição de Gráfico de Gantt. (Você vai fazer isso em seguida.) Também é possível controlar o que vai ser impresso em um modo de exibição antes de imprimir, filtrando ou recolhendo tarefas, ou exibindo apenas as tarefas resumo. (Você vai explorar essas opções no Capítulo 13.)

Em comparação aos modos de exibição, os relatórios podem ser uma maneira mais compacta de imprimir informações sobre seu plano. Os relatórios utilizam formatos comumente compreendidos, como tabelas e gráficos, para organizar e apresentar informações.

> **DICA** Alguns modos de exibição, como os de Formulário e o Diagrama de rede, não podem ser impressos a partir do Project. Contudo, é possível usar um utilitário de captura de tela, como o Windows Snipping Tool, para obter um instantâneo de um modo de exibição e, então, imprimi-lo.

> **DICA** Para instruções avançadas sobre impressão, consulte o Capítulo 17.

O cenário: na Lucerne Publishing, você compartilhou instantâneos online de modos de exibição e relatórios do plano de lançamento do novo livro com interessados em geral. Agora, você vai imprimir modos de exibição e relatórios do plano para fixar no mural da equipe, onde são colocados os principais documentos de planejamento desse projeto. Quando esses detalhes da agenda forem impressos e estiverem afixados no mural, você vai incentivar a equipe a fazer marcações manualmente no plano, com opiniões ou esclarecimentos.

Neste exercício, você vai ver a Visualização de Impressão do modo de exibição de Gráfico de Gantt e também de um relatório.

Capítulo 7 Formatação e compartilhamento de seu plano **141**

1 Na guia **Arquivo**, clique em **Imprimir**.

A Visualização de Impressão aparece no modo de exibição Backstage com o gráfico de Gantt na visualização.

Aqui, você pode ver a legenda do modo de exibição de Gráfico de Gantt. Você pode controlar o modo como ele é apresentado, utilizando a caixa de diálogo Configurar Página.

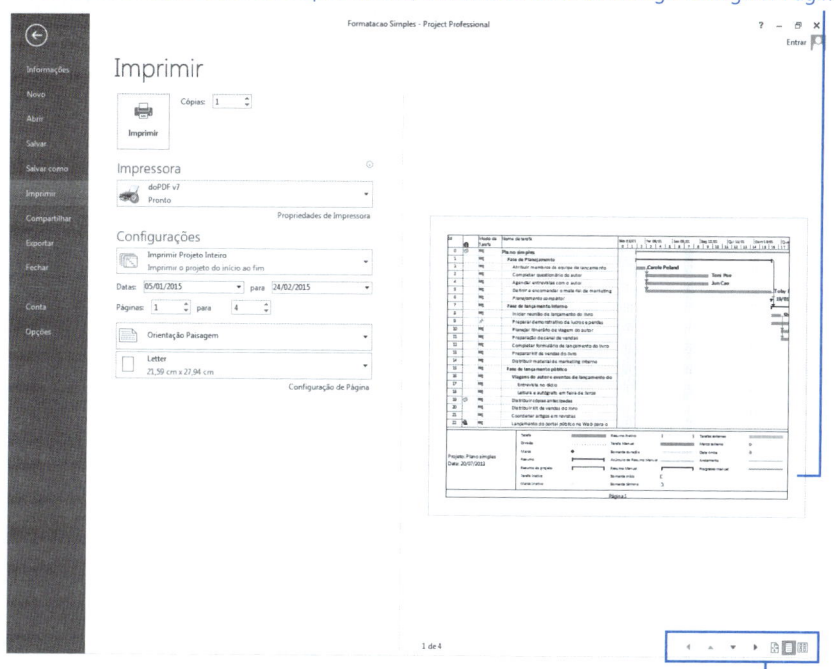

Use estes botões para navegar na Visualização de Impressão.

A Visualização de Impressão tem várias opções a serem exploradas. Você começará com os botões de navegação de página no canto inferior direito da tela. Para observar a visualização mais abrangente da saída, você trocará para uma visualização em várias páginas.

2 Clique no botão **Várias Páginas**.

Botão Várias Páginas

O gráfico de Gantt completo aparece na Visualização de Impressão. Supondo que tenha uma folha tamanho carta como tamanho de página, você deve ver o gráfico de Gantt se estendendo por várias páginas – o que você vê na Visualização de Impressão pode variar de acordo com a sua impressora específica. Aqui há mais informação do que o que você precisa comunicar agora; portanto, ajuste a Visualização de Impressão para incluir apenas a parte do gráfico de Gantt que abrange o mês de janeiro.

**NOTA** Se você tem um plotter selecionado como impressora padrão ou um tamanho de página diferente selecionado para a sua impressora padrão, o que vê nas janelas da Visualização de Impressão pode ser diferente do que é mostrado neste exercício. Os próximos passos presumem que você vê o modo de exibição Gráfico de Gantt dividido em quatro páginas.

3 Em **Configurações**, no lado esquerdo da janela Visualizar Impressão, clique em **Imprimir Projeto Inteiro**, a fim de exibir mais opções de impressão.

Essas opções permitem personalizar os detalhes que serão impressos.

4 Clique em **Imprimir Datas Específicas**.

Observe os dois campos de data logo abaixo da configuração Imprimir Datas Específicas. No primeiro campo de data, 0*5/01/2015* já deve estar aparecendo. Essa é a data de início do projeto.

5 No campo de data **para**, digite ou selecione **31/01/2015**.

O Project ajusta a escala de tempo na parte do gráfico do modo de exibição Gráfico de Gantt para corresponder a esse período de tempo.

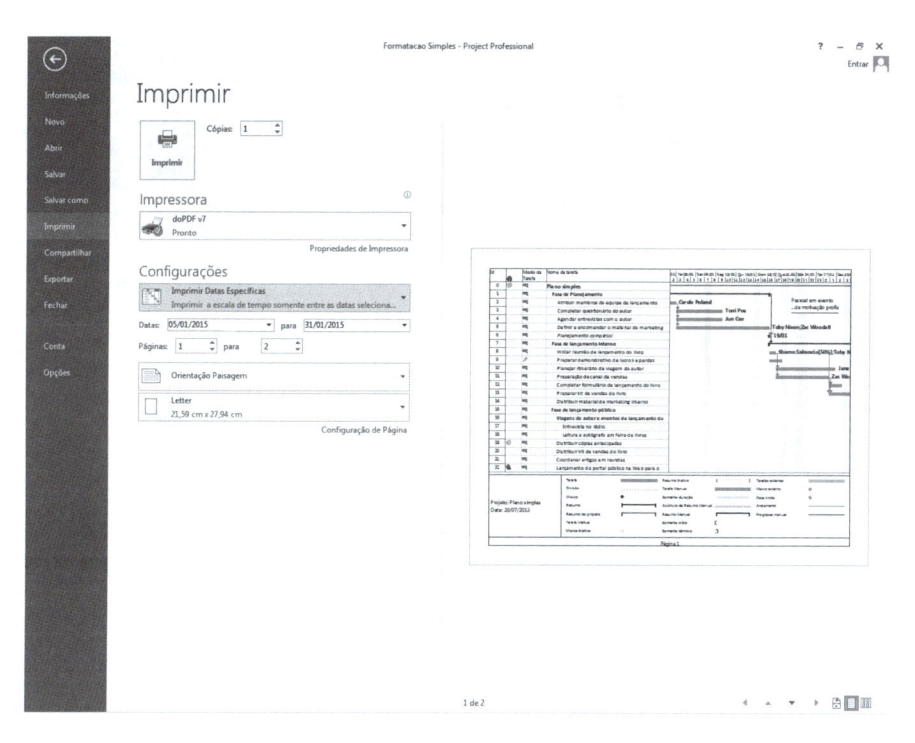

6 Clique no botão **Voltar** para fechar o modo de exibição Backstage.

Para concluir este exercício, você vai trabalhar com um relatório.

7 Na guia **Relatório**, no grupo **Ver Relatórios**, clique em **Painéis** e, em seguida, em **Visão Geral do Trabalho**.

O relatório Visão Geral do Trabalho é exibido. Em seguida, você vai examinar algumas das opções de Configurar Página para relatórios.

8 Em **Ferramentas de Relatório**, clique na guia **Design** e, no grupo **Configurar Página**, clique em **Quebras de Página**.

As linhas tracejadas que se vê no relatório indicam como ele será impresso ao longo das páginas, com base nas configurações de página atuais. As opções vistas no grupo Configurar Página, como margens e tamanho de papel, podem ser úteis ao se fazer o design de um relatório.

Parte 2 Fundamentos do agendamento

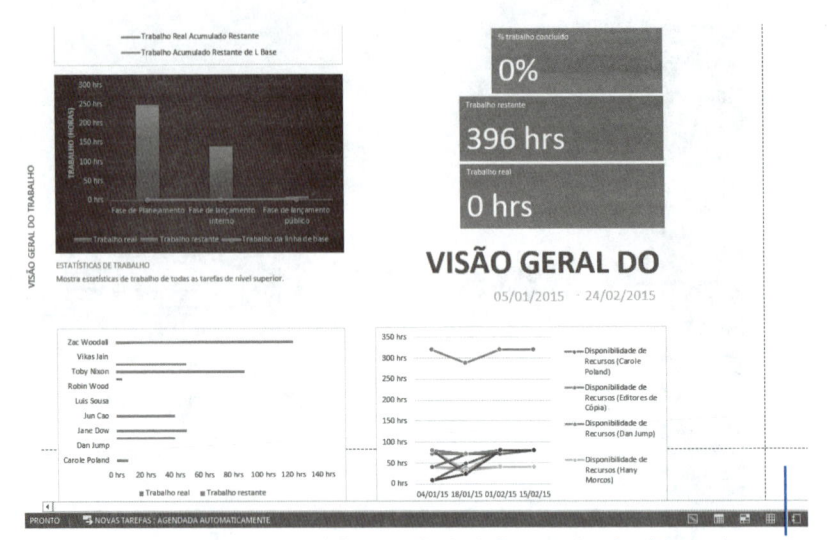

As linhas pontilhadas indicam quebra de página na impressão.

9 Na guia **Arquivo**, clique em **Imprimir**.

A Visualização de Impressão aparece no modo de exibição Backstage.

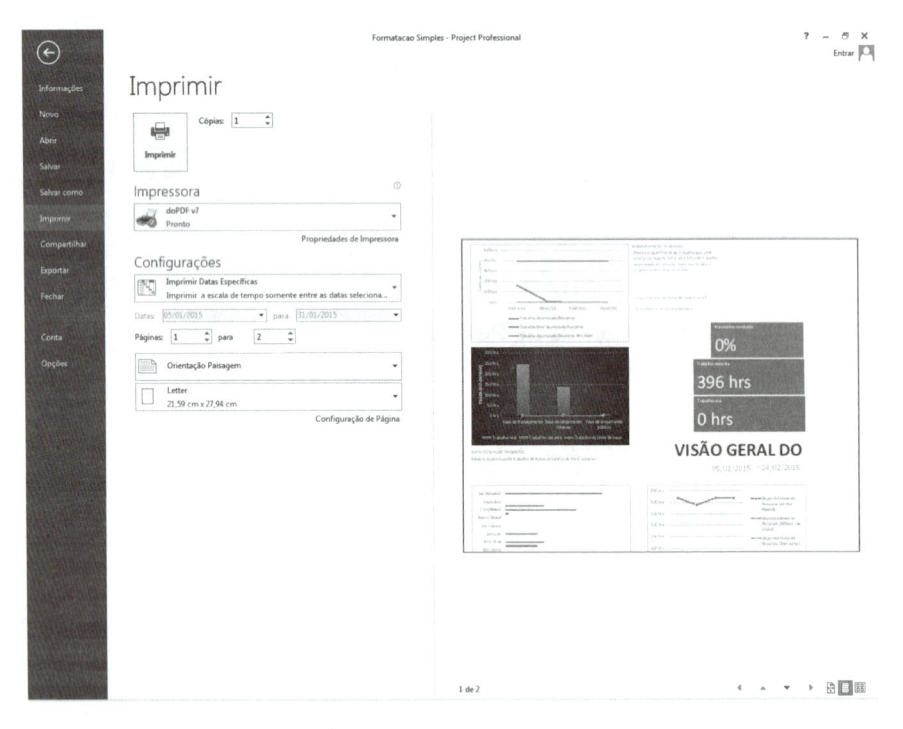

10 Clique no botão **Várias Páginas**.

O relatório Visão Geral do Trabalho completo é exibido na Visualização de Impressão.

Capítulo 7  Formatação e compartilhamento de seu plano  **145**

Aqui, é possível ver como as páginas do relatório serão impressas.

11  Clique no botão Voltar para fechar o modo de exibição Backstage.

ENCERRAMENTO  Feche o arquivo Formatacao Simples.

# Pontos-chave

- Use os estilos de gráfico de Gantt predefinidos para formatar rapidamente um modo de exibição de Gráfico de Gantt.

- É possível formatar barras de Gantt individuais ou categorias inteiras de barras de Gantt, fazendo o seguinte: na guia Formato, no grupo Estilos de Barra, clique em Barra ou em Estilos de Barra.

- Adicione tarefas selecionadas ao modo de exibição Linha do Tempo, quando precisar mostrar uma representação gráfica simplificada de um plano.

- Use o recurso Copiar Imagem (acessado clicando-se na guia Tarefa no grupo Área de Transferência) para criar um instantâneo de imagem gráfica do modo de exibição ativo e copiá-lo para a Área de Transferência. Para o modo de exibição Linha do Tempo, use o recurso Copiar Linha do Tempo (acessado clicando-se na guia Formato no grupo Copiar).

- Relatórios são combinações de dados tabulares e gráficos que se concentram em aspectos importantes de um plano. É possível personalizar os elementos de um relatório.

# Visão geral do capítulo

## Linha de base

Capture um instantâneo do plano atual, página 149.

## Atualização

Controle o andamento conforme agendado, página 152.

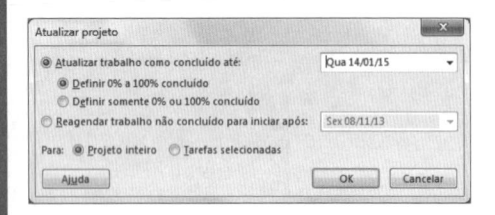

## Andamento

Registre o andamento em valores percentuais, página 153.

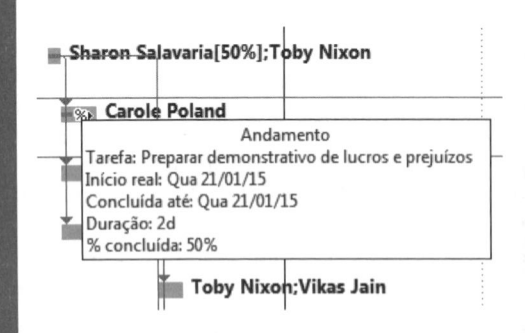

## Valores reais

Registre as datas e durações reais, página 156.

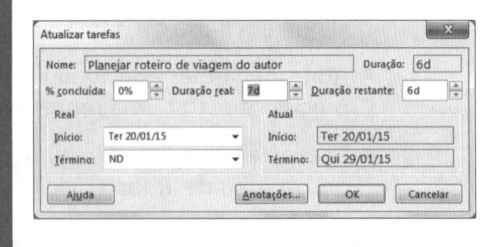

# Controle do andamento

**8**

## NESTE CAPÍTULO, VOCÊ APRENDERÁ A:

- Salvar os valores agendados atuais de um plano como uma linha de base.
- Registrar o andamento das tarefas até uma data específica.
- Registrar a porcentagem concluída das tarefas.
- Inserir os valores de trabalho e duração reais das tarefas.

Até agora, você se concentrou no *planejamento* do projeto – desenvolver e comunicar os detalhes de um plano antes do início do trabalho real. Ao iniciar o trabalho, começa também a fase seguinte do gerenciamento de um projeto: o *controle* do andamento. Controlar significa registrar detalhes, como quem fez qual trabalho, quando o trabalho foi feito e a que custo. Esses detalhes são chamados de *valores reais*.

Em contraste com o planejamento, o controle dos valores reais é essencial para se gerenciar corretamente um projeto. O gerente de projeto deve saber se a equipe está tendo um bom desempenho e quando adotar uma ação corretiva. Controlar adequadamente o desempenho do projeto e compará-lo com o plano original (conforme salvo em uma *linha de base*), permite responder a perguntas como:

- As tarefas estão iniciando e terminando conforme o planejado? E, se não estão, qual será o impacto sobre a data de término do projeto?
- Os *recursos* estão gastando mais ou menos tempo do que o planejado para concluir as tarefas?
- Os custos das tarefas estão mais altos do que o previsto e estão aumentando o custo total do projeto?
- Ao planejar projetos semelhantes no futuro, você poderá determinar a qualidade de suas (ou da equipe) habilidades de estimativa em projetos anteriores?

**DICA** Ao inserir valores reais, como os de duração, início ou término, talvez você observe alterações nos valores agendados em seu plano. Essas alterações resultam do cálculo dinâmico feito pelo Project no plano. Vamos chamar a atenção para isso, quando ocorrer, nos próximos exercícios.

O Project admite várias maneiras de acompanhar o andamento do projeto. A escolha do método de acompanhamento depende do nível de detalhe ou controle exigido por você, pelo patrocinador do projeto e por outros interessados. Controlar os pequenos detalhes de um projeto exige mais dedicação de sua parte e possivelmente dos recursos que trabalham no projeto. Portanto, antes de iniciar o controle do andamento do projeto, você deve determinar o nível de detalhe necessário.

Os diferentes níveis de controle de detalhe incluem os seguintes:

- Registrar o trabalho do projeto conforme agendado. Isso funcionará melhor se tudo ocorrer exatamente como planejado.

- Registrar a porcentagem concluída de cada tarefa em valores precisos ou em incrementos, como 25%, 50%, 75% ou 100%.

- Registrar as datas de início e término reais, o trabalho real e a duração real e restante de cada tarefa ou atribuição.

- Controlar o trabalho em nível de atribuição por período de tempo. Esse é o nível de controle mais detalhado. Aqui, você registra os valores do trabalho real por dia, semana ou outro intervalo.

Como diferentes partes de um projeto podem ter diferentes necessidades de controle, talvez seja preciso aplicar uma combinação dessas estratégias dentro de um único plano. Por exemplo, talvez você queira controlar as tarefas de alto risco mais de perto do que as de baixo risco. Neste capítulo, você vai executar as três primeiras ações da lista anterior; a quarta (controlar o trabalho em nível de atribuição por período de tempo) será tratada no Capítulo 14, "Controle do andamento das tarefas e atribuições".

**ARQUIVOS DE PRÁTICA** Para fazer os exercícios deste capítulo, você precisa do arquivo contido na pasta Capitulo08. Para mais informações, consulte "Como baixar os arquivos de prática", na Introdução deste livro.

**IMPORTANTE** Se você estiver executando o Project Professional com Project Web App/Project Server, tome o cuidado de não salvar no Project Web App (PWA) os arquivos de prática com os quais trabalhará neste livro. Para mais informações, consulte o Apêndice C, "Colaboração: Project, SharePoint e PWA".

# Como salvar a linha de base de seu plano

Depois de desenvolver um plano, uma das atividades mais importantes de um gerente de projeto é registrar os valores reais e avaliar o desempenho do projeto. Quando você registra os valores reais ou atualiza seu plano, o plano original provavelmente muda. Isso torna difícil acompanhar o plano em seu estado original.

Para avaliar o desempenho do projeto corretamente, é útil compará-lo ao seu plano original. Esse plano original é denominado plano de linha de base ou apenas ***linha de base***. Uma linha de base é um conjunto de valores importantes de agenda, custo e trabalho, incluindo alguns valores divididos ao longo do tempo (denominados valores ***divididos ao longo do tempo***).

**DICA** Você vai trabalhar com valores divididos ao longo do tempo, no Capítulo 14.

Quando você salva uma linha de base, o Project cria um instantâneo dos valores existentes e o salva no plano para comparação futura. A linha de base deve ser salva quando:

- O plano estiver desenvolvido o máximo possível. (Contudo, isso não significa que você não pode adicionar tarefas, recursos ou atribuições ao plano após o trabalho ter iniciado – muitas vezes, isso é inevitável.)
- Os valores reais, como a porcentagem de conclusão das tarefas, ainda não começaram a ser inseridos.

Os valores específicos salvos em uma linha de base incluem diversos campos de tarefa, recurso e atribuição, assim como os campos divididos ao longo do tempo.

| Campos de tarefa | Campos de recurso | Campos de atribuição |
|---|---|---|
| Início | Trabalho e trabalho com divisão ao longo do tempo | Início |
| Término | Custo e custo com divisão ao longo do tempo | Término |
| Duração | | Trabalho e trabalho com divisão ao longo do tempo |
| Trabalho e trabalho com divisão ao longo do tempo | | Custo e custo com divisão ao longo do tempo |

O Project suporta não apenas uma, mas até 11 linhas de base em um único plano. A primeira delas é denominada *Linha de base* e as restantes são a *Linha de base 1* até *Linha de base 10*. Salvar várias linhas de base pode ser útil para projetos com fases de planejamento particularmente longas, nas quais você deseja comparar diferentes conjuntos de valores de linha de base. Por exemplo, talvez você queira salvar e comparar os planos de linha de base a cada mês, à medida que os detalhes do planejamento mudarem. Ou talvez queira salvar uma nova linha de base em vários pontos durante a execução do projeto. Você poderia, por exemplo, salvar a Linha de base antes de o trabalho começar, a Linha de base 1 um mês após o início do trabalho, a Linha de base 2 dois meses depois do trabalho ter começado, e assim por diante. Então, poderia visualizar as várias linhas de base e compará-las com o cronograma real por toda a duração do projeto.

O cenário: na Lucerne Publishing, o plano de lançamento do novo livro está totalmente desenvolvido. O trabalho real no projeto começará em breve. Para possibilitar uma comparação posterior do trabalho real e a agenda atual com o plano original, você vai primeiro salvar uma linha de base.

Neste exercício, você salva o estado atual de uma agenda como uma linha de base e então visualiza os valores da tarefa na linha de base.

➡ PREPARAÇÃO Para fazer este exercício, você precisa do arquivo Controle Simples_Inicio localizado na pasta Capitulo08. Abra o arquivo e salve-o como Controle Simples.

1 Na guia **Projeto**, no grupo **Cronograma**, clique em **Definir Linha de Base** e, em seguida, clique em **Definir Linha de Base**.

A caixa de diálogo Definir Linha de Base é exibida.

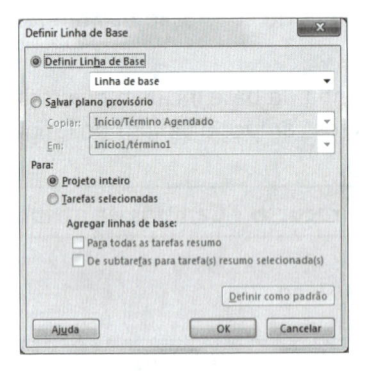

Você vai definir a linha de base para o plano inteiro usando as configurações padrão da caixa de diálogo.

2 Clique em **OK**.

O Project salva a linha de base, embora não haja nenhuma indicação no modo de exibição Gráfico de Gantt de que algo mudou. Agora, você vai ver algumas das alterações causadas pelo salvamento da linha de base.

**DICA** Ao trabalhar com um plano que inclui uma linha de base salva, você pode ver quando ela foi salva na caixa de diálogo Definir Linha de Base. A data em que a linha de base foi salva aparece após o nome da linha de base no campo Definir Linha de Base.

3 Na guia **Tarefa**, no grupo **Exibir**, clique na seta do **Gráfico de Gantt** e, em seguida, clique em **Planilha de Tarefas**.

## Capítulo 8 Controle do andamento

O modo de exibição Planilha de Tarefas é exibido. Como esse é um modo de exibição tabular, ele não inclui o gráfico de Gantt; portanto, há mais espaço para ver os campos da tabela Entrada.

Agora, você vai trocar para a tabela Variação no modo de exibição Planilha de Tarefas. A tabela Variação é uma das várias tabelas predefinidas que incluem valores de linha de base.

4 Na guia **Exibição**, no grupo **Dados**, clique em **Tabelas**.

Nas tabelas listadas, observe a marca de visto ao lado de Entrada. Isso significa que a tabela Entrada está sendo mostrada no modo de exibição Planilha de Tarefas. Em seguida, você vai trocar para outra tabela.

5 Clique em **Variação**.

**DICA** Você também pode clicar com o botão direito do mouse no botão Selecionar tudo, no canto superior esquerdo da tabela ativa, a fim de trocar para uma tabela diferente.

A tabela Variação aparece. Ela inclui as colunas de início e término agendadas e da linha de base, mostradas lado a lado para facilitar a comparação.

Botão Selecionar tudo

| | Modo da | Nome da tarefa | Início | Término | Início da linha de base | Término da linha de base | Var. do início | Var. do término |
|---|---|---|---|---|---|---|---|---|
| 0 | | ▲ Novo cronogra | 05/01/2015 | 24/02/2015 | 05/01/2015 | 24/02/2015 | 0 dias | 0 dias |
| 1 | | ▲ Fase de Planej | 05/01/2015 | 19/01/2015 | 05/01/2015 | 19/01/2015 | 0 dias | 0 dias |
| 2 | | Atribuir me | 05/01/2015 | 05/01/2015 | 05/01/2015 | 05/01/2015 | 0 dias | 0 dias |
| 3 | | Completar c | 06/01/2015 | 12/01/2015 | 06/01/2015 | 12/01/2015 | 0 dias | 0 dias |
| 4 | | Agendar en | 05/01/2015 | 12/01/2015 | 05/01/2015 | 12/01/2015 | 0 dias | 0 dias |
| 5 | | Definir e en | 06/01/2015 | 19/01/2015 | 06/01/2015 | 19/01/2015 | 0 dias | 0 dias |
| 6 | | Planejamen | 19/01/2015 | 19/01/2015 | 19/01/2015 | 19/01/2015 | 0 dias | 0 dias |

Como ainda não ocorreu nenhum trabalho real e não foram feitas alterações no trabalho agendado, os valores nos campos Início e Início da linha de base são idênticos, assim como os valores dos campos Término e Término da linha de base. Depois que o trabalho real for registrado ou forem feitos ajustes posteriores na agenda, os valores de início e término agendados poderão diferir dos valores da linha de base. Então, você verá as diferenças nas colunas de variação.

6 Na guia **Exibição**, no grupo **Modos de Exibição de Tarefa**, clique em **Gráfico de Gantt**.

O modo de exibição Gráfico de Gantt é exibido.

**DICA** O Project contém modos de exibição que comparam o cronograma atual com a linha de base, mas aqui está uma maneira rápida de ver os valores de linha de base no modo de exibição Gráfico de Gantt: na guia Formato, no grupo Estilos de Barra, clique em Linha de Base e, em seguida, clique na linha de base (Linha de base ou Linha de base1 até Linha de base10) que você deseja mostrar. O Project desenha barras de Gantt de linha de base para a linha de base escolhida.

Agora que você já viu alguns campos de linha de base, é hora de inserir alguns valores reais!

# Controle de um plano conforme agendado até uma data específica

A estratégia mais simples para controlar o andamento é relatar que o trabalho real está prosseguindo exatamente como planejado. Por exemplo, se a primeira semana de um projeto de cinco semanas tiver decorrido e todas as suas tarefas tiverem iniciado e terminado de acordo com o cronograma, você pode registrar isso rapidamente na caixa de diálogo Atualizar projeto.

Quando você registra o andamento até uma data específica, o Project calcula a duração real, a duração restante, os custos reais e os outros valores até a data inserida. Essa estratégia pode ser boa mesmo que o trabalho real e os valores de custo gerados pelo Project não correspondam exatamente ao que aconteceu no mundo real, mas sejam próximos o suficiente para seus propósitos de controle de agenda. Essa é uma decisão que você, como gerente de projeto (após consulta prévia com os patrocinadores de seu projeto e outros interessados), pode considerar.

**DICA** Outra maneira de indicar que apenas certas tarefas (e não o plano inteiro) foram concluídas conforme o cronograma é usar o comando Atualizar como Agendado (guia Tarefa, grupo Cronograma). Esse comando só se aplica às tarefas selecionadas e as define como concluídas até a data do status (se você definir uma data de status na guia Projeto, grupo Status, comando Data do Status). Ou então, caso não tenha definido uma data de status, o comando se aplica até a data atual.

O cenário: na Lucerne Publishing, já se passou algum tempo desde o salvamento da linha de base no plano de lançamento do novo livro. O trabalho foi concluído conforme o planejado até a primeira semana e meia. Você precisa prestar contas do trabalho concluído no plano.

Neste exercício, você controla o plano conforme o agendado até uma data específica, fazendo o Project registrar os valores reais do projeto.

1 Na guia **Projeto**, no grupo **Status**, clique em **Atualizar Projeto**.

A caixa de diálogo Atualizar projeto é exibida.

2 Certifique-se de que a opção **Atualizar trabalho como concluído até** esteja selecionada. Na caixa de datas adjacente, digite ou selecione **14/01/15**.

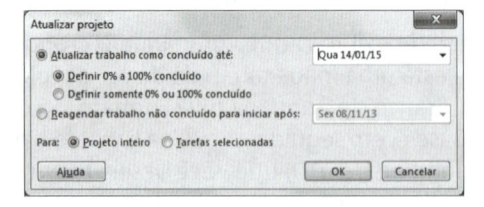

Capítulo 8   Controle do andamento   **153**

3  Clique em **OK**.

O Project registra a porcentagem concluída das tarefas que foram agendadas para iniciar antes de 14 de janeiro. Ele exibe esse andamento desenhando *barras de progresso* nas barras de Gantt referentes a essas tarefas.

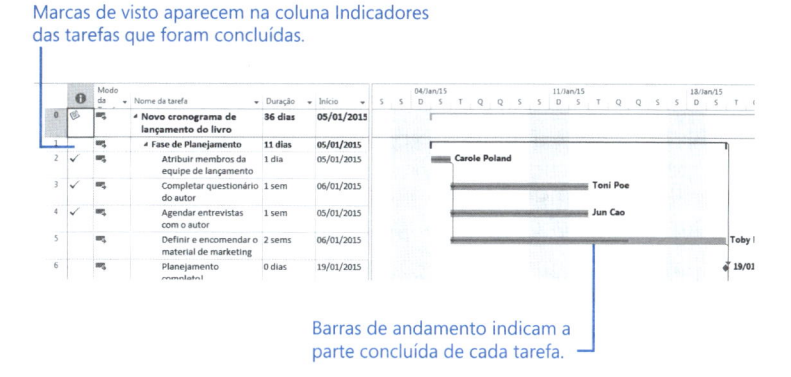

Marcas de visto aparecem na coluna Indicadores das tarefas que foram concluídas.

| | Modo da | Nome da tarefa | Duração | Início | 04/Jan/15 | 11/Jan/15 | 18/Jan/15 |
|---|---|---|---|---|---|---|---|
| 0 | | ▲ Novo cronograma de lançamento do livro | 36 dias | 05/01/2015 | | | |
| | | ▲ Fase de Planejamento | 11 dias | 05/01/2015 | | | |
| 2 | ✓ | Atribuir membros da equipe de lançamento | 1 dia | 05/01/2015 | Carole Poland | | |
| 3 | ✓ | Completar questionário do autor | 1 sem | 06/01/2015 | Toni Poe | | |
| 4 | ✓ | Agendar entrevistas com o autor | 1 sem | 05/01/2015 | Jun Cao | | |
| 5 | | Definir e encomendar o material de marketing | 2 sems | 06/01/2015 | | | Toby |
| 6 | | Planejamento completo! | 0 dias | 19/01/2015 | | | 19/01 |

Barras de andamento indicam a parte concluída de cada tarefa.

Na parte do gráfico do modo de exibição Gráfico de Gantt, a barra de andamento mostra o quanto foi concluído de cada tarefa. Como as tarefas 2, 3 e 4 já foram concluídas, aparece uma marca de visto na coluna Indicadores dessas tarefas e as barras de andamento se estendem pelo comprimento total de suas barras de Gantt. Contudo, a tarefa 5 está apenas parcialmente concluída.

# Inserção da porcentagem concluída de uma tarefa

Depois que o trabalho começa em uma tarefa, você pode registrar seu andamento como uma porcentagem. Ao inserir uma porcentagem concluída maior do que zero, o Project ajusta a data de início real da tarefa de acordo com sua data de início agendada. Então, o Project calcula a duração real, a duração restante, os custos reais e outros valores, com base na porcentagem inserida. Por exemplo, se você especificar que uma tarefa de quatro dias está 25% concluída, o Project calculará que sua duração real foi de um dia e que ela tem três dias de duração restantes.

Aqui estão algumas maneiras de inserir as porcentagens concluídas:

- Use os botões 0%, 25%, 50%, 75% e 100% Concluído no grupo Cronograma da guia Tarefa.

- Adicione a coluna de porcentagem concluída (rotulada como % Concluído na interface) a uma tabela em um modo de exibição de tarefa e insira o valor desejado.

- Insira qualquer valor de porcentagem desejado na caixa de diálogo Atualizar tarefas. (Para acessar essa caixa de diálogo, na guia Tarefa, no grupo Cronograma, clique na seta à direita de Atualizar como Agendado e, em seguida, clique em Atualizar Tarefas.)
- Use o mouse para ajustar o andamento nas barras de Gantt.

O cenário: na Lucerne Publishing, o trabalho do lançamento do novo livro continua. Você tem mais progresso para registrar no plano como valores de porcentagem concluída.

Neste exercício, você vai registrar as porcentagens concluídas de algumas tarefas.

1 Na coluna **Nome da Tarefa**, selecione o nome da tarefa 5, *Definir e encomendar o material de marketing*.

Essa tarefa teve parte do andamento registrado no exercício anterior, mas ainda não foi definida como concluída.

2 Na guia **Tarefa**, no grupo **Cronograma**, clique em **100% Concluído**.

O Project registra o trabalho real para a tarefa conforme agendado e estende a barra de andamento por todo o comprimento da barra de Gantt.

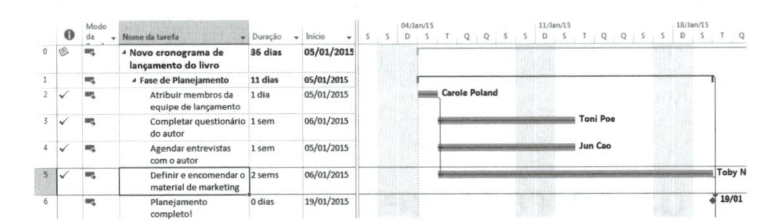

Em seguida, você vai registrar que o marco de conclusão para a Fase de Planejamento e a primeira tarefa da Fase de lançamento interno estão concluídos.

3 Na coluna **Nome da Tarefa**, selecione o nome da tarefa 6, *Planejamento completo!* e, enquanto mantém a tecla Ctrl pressionada, selecione o nome da tarefa 8, *Iniciar reunião de lançamento do livro*.

4 Na guia **Tarefa**, no grupo **Cronograma**, clique em **100% Concluído**.

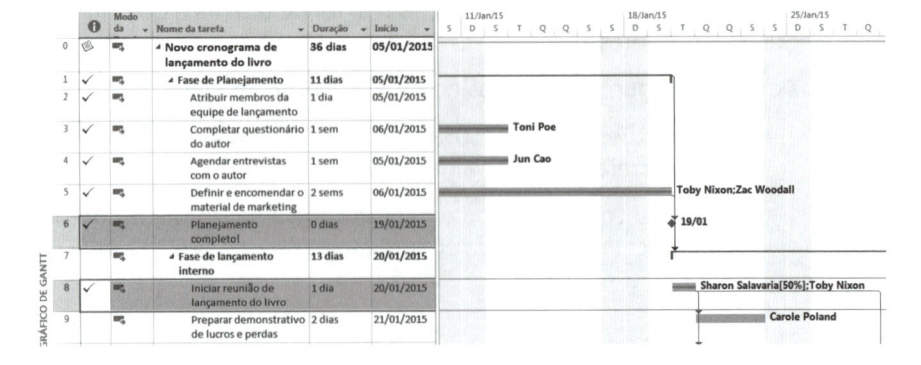

Capítulo 8 Controle do andamento **155**

Como a tarefa 6 é uma tarefa de marco sem duração, não há nenhuma mudança na aparência de seu símbolo na parte do gráfico do modo de exibição Gráfico de Gantt, como aconteceu com a tarefa 8. Contudo, na coluna Indicadores aparecem marcas de visto de conclusão para as duas tarefas.

Agora, você vai ver melhor como o andamento é mostrado na barra de Gantt de uma tarefa. Você vai inserir o valor da porcentagem concluída para uma tarefa diferente.

5 Clique no nome da tarefa 9, *Preparar demonstrativo de lucros e prejuízos*.

6 Na guia **Tarefa**, no grupo **Cronograma**, clique em **50% Concluídas**.

O Project registra o trabalho real para a tarefa conforme agendado e então desenha uma barra de andamento em parte da barra de Gantt.

| | | Modo da | Nome da tarefa | Duração | Início | Término | 04/Jan/15 S S T S Q | 18/Jan/15 D Q S S T | 01/Fev/15 S Q D Q | 15/Fev/15 |
|---|---|---|---|---|---|---|---|---|---|---|
| 5 | ✓ | | Definir e encomendar o material de marketing | 2 sems | Ter 06/01/15 | Seg 19/01/15 | Toby Nixon;Zac Woodall | | | |
| 6 | ✓ | | Planejamento completo! | 0 dias | Seg 19/01/15 | Seg 19/01/15 | ♦ 19/01 | | | |
| 7 | | | ▲ Fase de lançamento interno | 13 dias | Ter 20/01/15 | Sex 06/02/15 | | | | |
| 8 | ✓ | | Iniciar reunião de lançamento do livro | 1 dia | Ter 20/01/15 | Ter 20/01/15 | Sharon Salavaria[50%];Toby Nixon | | | |
| 9 | | | Preparar demonstrativo de lucros e prejuízos | 2 dias | Qua 21/01/15 | Sex 23/01/15 | Carole Poland | | | |
| 10 | | | Planejar roteiro de viagem do autor | 6 dias | Qua 21/01/15 | Qui 29/01/15 | Jane Dow | | | |

Observe que, embora 50% do trabalho da tarefa 9 esteja concluído, a barra de andamento não se estende por 50% da largura da barra de Gantt. Isso acontece porque o Project mede a duração no período útil, mas desenha as barras de Gantt de forma a se estender sobre o período não útil, o qual, neste caso, inclui quinta-feira, 22 de janeiro, o dia não útil.

7 Na parte do gráfico (à direita) do modo de exibição Gráfico de Gantt, mantenha o cursor do mouse sobre a barra de andamento da barra de Gantt da tarefa 9. Quando o cursor do mouse mudar para um símbolo de porcentagem e uma seta para a direita, a Dica de Tela Andamento aparecerá.

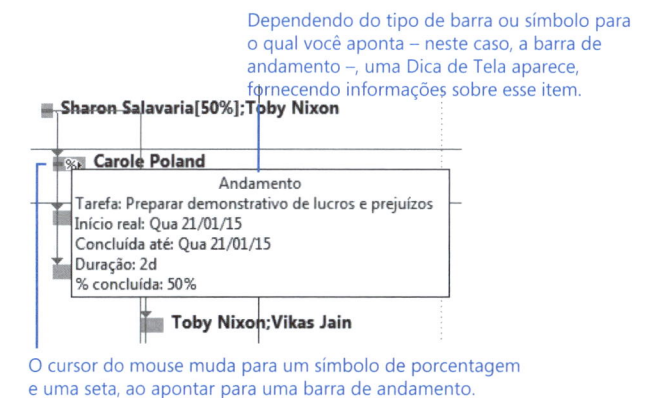

Dependendo do tipo de barra ou símbolo para o qual você aponta – neste caso, a barra de andamento –, uma Dica de Tela aparece, fornecendo informações sobre esse item.

Sharon Salavaria[50%];Toby Nixon

Carole Poland

Andamento
Tarefa: Preparar demonstrativo de lucros e prejuízos
Início real: Qua 21/01/15
Concluída até: Qua 21/01/15
Duração: 2d
% concluída: 50%

Toby Nixon;Vikas Jain

O cursor do mouse muda para um símbolo de porcentagem e uma seta, ao apontar para uma barra de andamento.

A Dica de Tela Andamento informa a porcentagem concluída da tarefa e outros valores de andamento.

Até aqui, você registrou o trabalho real que começou e terminou de acordo com o cronograma. Embora isso aconteça com algumas tarefas, geralmente você precisa registrar valores reais para as tarefas que demoraram mais ou menos do que o planejado ou que ocorreram antes ou depois do planejado. Esse é o assunto do próximo tópico.

Aqui estão mais algumas dicas e sugestões para a inserção de porcentagens de conclusão de tarefas:

- Também é possível definir uma porcentagem concluída apontando para uma barra de Gantt (ou uma barra de andamento em uma barra de Gantt). Quando o cursor do mouse mudar para um símbolo de porcentagem e uma seta para a direita, arraste-o da esquerda para a direita na barra de Gantt. Ao fazer isso, observe o valor de data "concluída até" que aparece em uma Dica de Tela.

- Se você puder obter a data de início real de uma tarefa, é interessante registrá-la (o que será descrito na próxima seção) e, então, registrar uma porcentagem concluída.

- Por padrão, o Project mostra as barras de Gantt na frente do período não útil (como fins de semana), como você pode ver nesta seção. No entanto, o Project pode mostrar o período não útil na frente das barras de tarefas, indicando visualmente que nenhum trabalho ocorrerá durante o período de folga. Caso prefira esse tipo de apresentação, clique com o botão direito do mouse em qualquer período não útil sombreado na parte do gráfico do modo de exibição Gráfico de Gantt e clique em Período de Folga no menu de atalho. Na caixa de diálogo Escala de tempo, clique na guia Tempo de folga. Ao lado de Desenhar, clique em "Na frente das barras de tarefas".

- Eis uma técnica de controle simples para projetos com um grande número de tarefas de duração curta, estilo "lista de coisas a fazer", que não exigem um controle detalhado. Use apenas os valores de 0%, 50% e 100% concluído. Valor 0% significa que o trabalho ainda não começou na tarefa, 50% significa que o trabalho já começou e 100% significa que a tarefa foi concluída. Caso precise apenas saber o que está em andamento e o que foi feito, essa é a forma mais simples de controle que pode ser empregado.

# Inserção de valores reais para as tarefas

Uma maneira mais detalhada de manter sua agenda atualizada é registrar o que realmente ocorreu para cada tarefa do projeto. Você pode registrar os valores reais de início, término, trabalho e duração de cada tarefa. Por exemplo, quando você insere 3 dias de duração real em uma tarefa com 5 dias de duração agendada e 40 horas de trabalho, o Project calcula o trabalho real como 24 horas, a porcentagem concluída como 60% e a duração restante como 2 dias.

Quando você insere diversos valores reais, o Project usa as seguintes regras para atualizar o plano:

- Quando você insere a data de início real de uma tarefa, o Project move a data de início agendada para corresponder à data de início real.

- Quando você insere a data de término real de uma tarefa, o Project move a data de término agendada para corresponder à data de término real e define a tarefa como 100% concluída.

- Quando você insere o valor de trabalho real para uma tarefa, o Project recalcula o valor do trabalho restante da tarefa, se houver.

- Quando você insere a duração real de uma tarefa, se ela for menor do que a duração agendada, o Project subtrai a duração real da agendada para determinar a duração restante.

- Quando você insere a duração real de uma tarefa, se ela for igual à duração agendada, o Project define a tarefa como 100% concluída.

- Quando você insere a duração real de uma tarefa, se ela for maior que a duração agendada, o Project ajusta a duração agendada para corresponder à duração real e define a tarefa como 100% concluída.

Como seu plano é atualizado com valores reais, o plano agendado provavelmente mudará. Contudo, o plano original, conforme salvo em uma linha de base, não é alterado.

O cenário: na Lucerne Publishing, mais alguns dias se passaram e o trabalho no lançamento do novo livro progrediu. Os recursos que estão fazendo o trabalho forneceram o andamento real, o qual difere um pouco do plano, e você quer registrar esses valores reais e observar o efeito sobre o plano global.

Neste exercício, você vai registrar os valores de trabalho reais de algumas tarefas e também as datas de início e as durações de outras tarefas.

1 Na guia **Exibição**, no grupo **Dados**, clique em **Tabelas** e, em seguida, em **Trabalho**.

   A tabela Trabalho é exibida.

   **DICA** Você pode apresentar a tabela que for mais relevante para os detalhes nos quais está se concentrando, enquanto controla o andamento em um plano de projeto. As tabelas úteis incluem Trabalho, que enfoca os valores do trabalho, e Custo, que enfoca os valores de custo. A tabela Controle é boa quando se está registrando ou visualizando o andamento.

2 Se necessário, arraste a barra divisora vertical para a direita a fim de expor a última coluna da tabela Trabalho, **%trab. concl.** (% trabalho concluído).

Essa tabela inclui as colunas de trabalho agendado total (denominada Trabalho) e de trabalho Real e Restante. Você vai se referir aos valores dessas colunas à medida que atualizar as tarefas.

Na parte do gráfico do modo de exibição de Gráfico de Gantt, você pode ver que a tarefa 9 está parcialmente concluída. Na tabela Trabalho, observe o valor de trabalho real de 8 horas. Essas 8 horas são o resultado da configuração da tarefa como 50% concluída no exercício anterior. A tarefa tinha 16 horas de trabalho total; portanto, 50% concluída equivale a 8 horas de trabalho real completado e 8 horas restantes. Você quer registrar o fato de que a tarefa agora está concluída, mas exigiu mais trabalho real do que o previsto.

3 No campo Real da tarefa 9, *Preparar demonstrativo de lucros e prejuízos*, digite ou selecione **24** e, em seguida, pressione Enter.

O Project registra que 24 horas de trabalho foram concluídas na tarefa 9. Como 24 horas é um valor maior do que as 16 horas agendadas originalmente (visível no campo de linha de base da tarefa), o Project marca a tarefa como concluída e estende a barra de Gantt da tarefa para indicar sua duração mais longa.

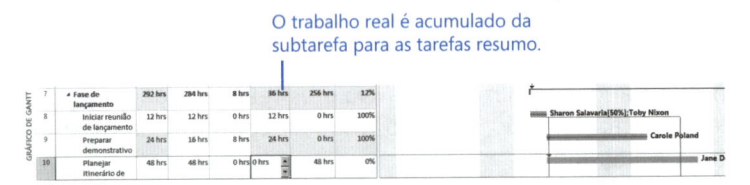

*O trabalho real é acumulado da subtarefa para as tarefas resumo.*

Para concluir este exercício, você vai inserir as datas de início e as durações reais de outras tarefas na Fase de lançamento interno.

4 Na coluna **Nome da Tarefa**, clique na tarefa 10, *Planejar roteiro de viagem do autor*.

Essa tarefa começou com um dia de trabalho adiantado em relação à agenda (a terça-feira antes da sua data de início agendada) e levou um total de sete dias para ser concluída. Você vai registrar essa informação na caixa de diálogo Atualizar tarefas.

5 Na guia **Tarefa**, no grupo **Cronograma**, clique na seta à direita de **Atualizar como Agendado** e, em seguida, em **Atualizar Tarefas**.

A caixa de diálogo Atualizar tarefas é exibida. Essa caixa de diálogo mostra os valores reais e os agendados para a duração, início e término da tarefa, assim como sua duração restante. Nessa caixa, você pode atualizar os valores reais e restantes.

## Capítulo 8 Controle do andamento

6 No campo **Início** do grupo **Real** no lado esquerdo da caixa de diálogo, digite ou selecione **20/01/15**.

7 No campo **Duração real**, digite ou selecione **7d**.

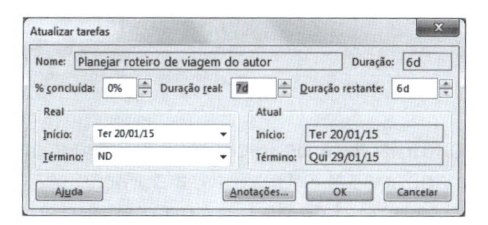

8 Clique em **OK**.

O Project registra a data de início e duração reais e o trabalho real e agendado da tarefa. Esses valores também são acumulados na tarefa resumo *Fase de lançamento interno* (tarefa 7) e na tarefa resumo do projeto (tarefa 0), conforme indicado pelo realce de alteração.

Para concluir este exercício, você vai registrar que a tarefa 11 começou pontualmente, mas demorou mais do que o previsto para ser concluída.

9 Na coluna **Nome da Tarefa**, clique no nome da tarefa 11, *Preparação de canal de vendas*.

10 Na guia **Tarefa**, no grupo **Cronograma**, clique na seta à direita de **Atualizar como Agendado** e, em seguida, em **Atualizar Tarefas**.

A caixa de diálogo Atualizar tarefas é exibida.

11 No campo **Duração real**, digite **7d** e, em seguida, clique em **OK**.

O Project registra a duração real da tarefa. Lembre-se de que o valor de duração real "7d" significa sete dias úteis e não sete dias no calendário.

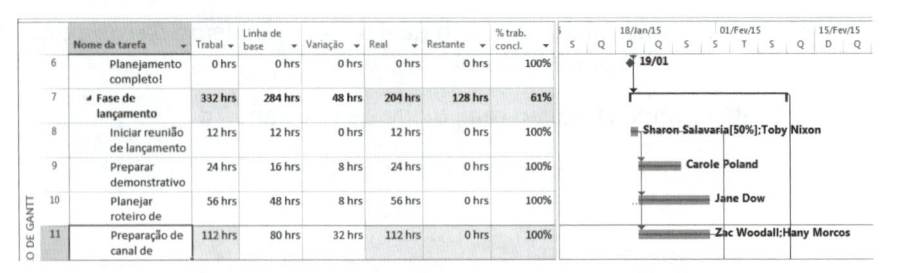

| Nome da tarefa | Trabal | Linha de base | Variação | Real | Restante | % trab. concl. |
|---|---|---|---|---|---|---|
| 6  Planejamento completo! | 0 hrs | 0 hrs | 0 hrs | 0 hrs | 0 hrs | 100% |
| 7  ▲ Fase de lançamento | 332 hrs | 284 hrs | 48 hrs | 204 hrs | 128 hrs | 61% |
| 8  Iniciar reunião de lançamento | 12 hrs | 12 hrs | 0 hrs | 12 hrs | 0 hrs | 100% |
| 9  Preparar demonstrativo | 24 hrs | 16 hrs | 8 hrs | 24 hrs | 0 hrs | 100% |
| 10 Planejar roteiro de | 56 hrs | 48 hrs | 8 hrs | 56 hrs | 0 hrs | 100% |
| 11 Preparação de canal de | 112 hrs | 80 hrs | 32 hrs | 112 hrs | 0 hrs | 100% |

Como você não especificou uma data de início real, o Project presumiu que a tarefa começou na data agendada. Entretanto, a duração real inserida fez com que o Project calculasse uma data de término real posterior à data de término agendada originalmente. Do mesmo modo, o valor de trabalho real (112 horas) é maior do que o trabalho agendado originalmente (80 horas).

**DICA** Você também pode aplicar todos os métodos de controle mostrados neste capítulo em tarefas agendadas manualmente. Pode ainda registrar um valor para o início real, término real ou duração restante para uma tarefa agendada manualmente.

## Enfoque do gerenciamento de projetos: o projeto está sob controle?

Avaliar o status de um projeto corretamente pode ser difícil. Considere as seguintes questões:

- Para muitas tarefas, é difícil avaliar uma porcentagem concluída. Quando o projeto de um engenheiro para a montagem de um novo motor está 50% concluído? Ou, quando o código para um módulo de software de um programador está 50% concluído? Em muitos casos, relatar o trabalho em andamento é uma tentativa de adivinhação e um risco inerente.

- A parte transcorrida da duração de uma tarefa nem sempre é igual à quantidade de trabalho executado. Por exemplo, uma tarefa poderia demandar um esforço relativamente pequeno no início, mas exigir mais trabalho no decorrer do tempo. (Isso se chama *tarefa back-loaded*.) Quando 50% da sua duração tiver transcorrida, muito menos de 50% do seu trabalho total estará concluído. Na verdade, o Project controla os dois valores: % Concluído controla a porcentagem da *duração* da tarefa que foi concluída, enquanto % Trabalho concluído controla a porcentagem do *trabalho* concluído da tarefa.

- Os recursos atribuídos a uma tarefa podem ter critérios para definir a conclusão da tarefa diferentes daqueles determinados pelo gerente do projeto ou pelos recursos atribuídos às tarefas sucessoras. Em outras palavras, a equipe não tem uma definição comum para o que está "pronto".

> Um bom planejamento de projeto e uma boa comunicação podem ajudar a evitar ou reduzir esses e outros problemas que surgem durante a execução de um projeto. Por exemplo, desenvolver durações de tarefas apropriadas e períodos de informação de status deve ajudar a identificar mais cedo as tarefas que variaram significativamente em relação à linha de base, para que se possa fazer ajustes. Critérios de conclusão de tarefa bem documentados e bem comunicados ajudam a evitar surpresas. Entretanto, projetos grandes e complexos quase sempre variam em relação à linha de base.

➡ ENCERRAMENTO  Feche o arquivo Controle Simples.

# Pontos-chave

- Antes de controlar o trabalho real em um plano, você deve definir uma linha de base. Isso fornece um instantâneo de seu plano inicial.

- Após registrar o andamento de seu plano, você pode comparar o plano conforme agendado atualmente com sua linha de base. Essa é uma maneira de identificar se seu projeto está sob controle.

- Ao registrar o andamento em um plano, você tem diversas opções, incluindo controlar o andamento conforme o agendado, por porcentagem concluída ou pelos valores de trabalho, início, término ou duração reais.

# Parte 3

# Técnicas avançadas de agendamento

| | |
|---|---|
| 9 Agendamento de tarefas avançado | 165 |
| 10 Detalhes das tarefas | 195 |
| 11 Detalhes dos recursos e das atribuições | 213 |
| 12 Ajuste do plano de projeto | 245 |
| 13 Organização dos detalhes do projeto | 271 |
| 14 Controle do andamento das tarefas e atribuições | 295 |
| 15 Como visualizar e informar o status do projeto | 317 |
| 16 Como retomar o controle do projeto | 337 |

# Visão geral do capítulo

## Relatar
Altere a relação entre as tarefas, página 169.

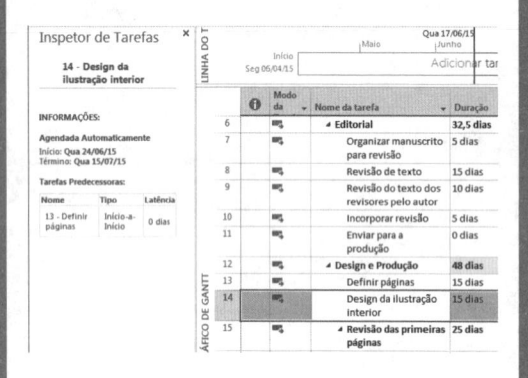

## Restringir
Aplique restrições para controlar quando as tarefas podem ser agendadas, página 175.

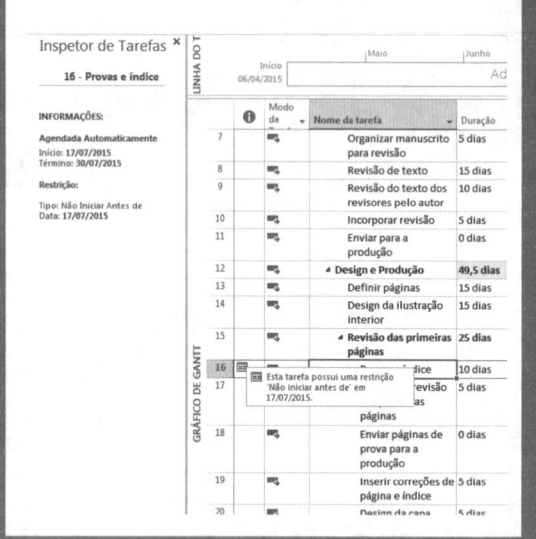

## Interromper
Interrompa o trabalho em uma tarefa, página 181.

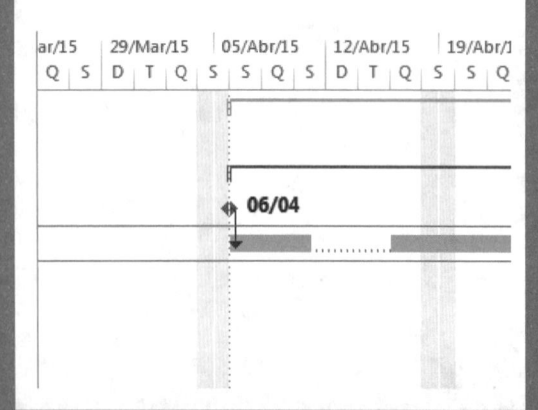

## Controlar
Ajuste o modo como o Project responde a alterações no cronograma, página 187.

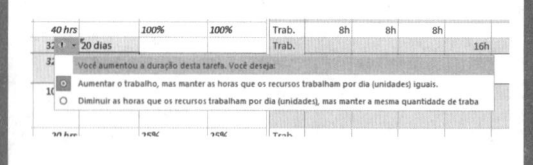

# Agendamento de tarefas avançado

# 9

NESTE CAPÍTULO, VOCÊ APRENDERÁ A:

- Realçar visualmente as predecessoras e sucessoras de uma tarefa.
- Ajustar vínculos de tarefa para ter mais controle sobre a relação entre tarefas.
- Aplicar uma restrição a uma tarefa.
- Dividir uma tarefa para registrar uma interrupção no trabalho.
- Criar um calendário e aplicá-lo a uma tarefa.
- Mudar o tipo de uma tarefa para controlar o modo como o Project agenda tarefas.

Na Parte 3, "Técnicas avançadas de agendamento", você vai completar o ciclo de vida de um projeto (planejamento, controle do andamento e resposta à variação) como fez na Parte 2, "Fundamentos do agendamento". Contudo, na Parte 3 você se aprofunda no conjunto de ferramentas do Microsoft Project 2013 para tratar de necessidades mais complexas. Este capítulo e o próximo apresentam um amplo conjunto de recursos avançados para o gerenciamento de tarefas. Este capítulo se concentra nos principais recursos básicos de agendamento de tarefas, incluindo vínculos entre tarefas, restrições e tipos de tarefa.

---

**ARQUIVOS DE PRÁTICA** Para fazer os exercícios deste capítulo, você precisa do arquivo contido na pasta Capitulo09. Para mais informações, consulte "Como baixar os arquivos de prática", na Introdução deste livro.

---

> **IMPORTANTE** Se você estiver executando o Project Professional com Project Web App/Project Server, tome o cuidado de não salvar no Project Web App (PWA) os arquivos de prática com os quais trabalhará neste livro. Para mais informações, consulte o Apêndice C, "Colaboração: Project, SharePoint e PWA".

# Visualização das relações entre tarefas com Caminho da Tarefa

Ao ajustar relações entre tarefas, você precisa ficar de olho nas tarefas predecessoras que afetam o agendamento de suas sucessoras. Em planos complexos nem sempre é fácil identificar visualmente as relações entre predecessoras e sucessoras. Isso é particularmente verdade quando uma tarefa tem várias predecessoras ou sucessoras.

O Project 2013 introduz um recurso chamado Caminho da Tarefa que aplica formatação de cor nas barras de Gantt das tarefas predecessoras e sucessoras da tarefa selecionada. O recurso Caminho da Tarefa também pode distinguir a predecessora de controle de uma tarefa (a predecessora que determina, ou controla, diretamente a data de início da tarefa) das outras predecessoras dessa tarefa. (Diz-se que as tarefas predecessoras que podem atrasar sem reagendar suas sucessoras têm uma *margem de atraso*, o que está descrito em detalhes no Capítulo 10, "Detalhes das tarefas".) O recurso Caminho da Tarefa também pode fazer o mesmo para tarefas sucessoras controladas.

O cenário: na Lucerne Publishing, em uma próxima reunião com a equipe, você gostaria de demonstrar algumas das dependências mais complexas entre tarefas no plano de um novo livro infantil.

Neste exercício, você utiliza o recurso Caminho da Tarefa para ver tarefas predecessoras e sucessoras.

> **PREPARAÇÃO** Para fazer este exercício, você precisa do arquivo Tarefas Avancadas_Inicio localizado na pasta Capitulo09. Abra o arquivo e salve-o como Tarefas Avancadas.

1 Role a lista de tarefas verticalmente, até que a tarefa 16, *Provas e índice*, fique próxima à parte superior.

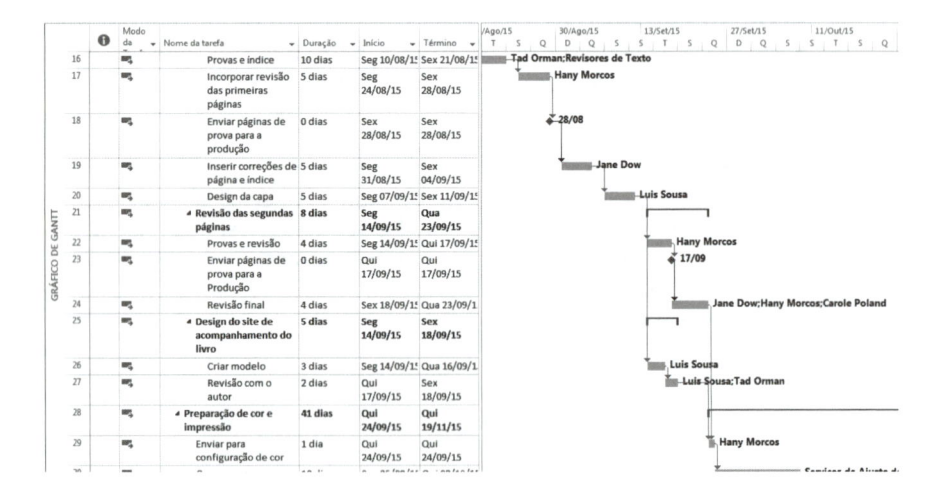

## Capítulo 9 Agendamento de tarefas avançado

Agora você vai ver mais facilmente os resultados de suas próximas ações.

2 Clique no nome da tarefa 29, *Enviar para configuração de cor*.

Você quer identificar as tarefas predecessoras e sucessoras dessa tarefa.

3 Na guia **Formato**, no grupo **Estilos de Barra**, clique em **Caminho da Tarefa** e, em seguida, clique em **Predecessoras**.

O Project aplica uma formatação de realce dourado nas barras de Gantt das tarefas predecessoras da tarefa 29.

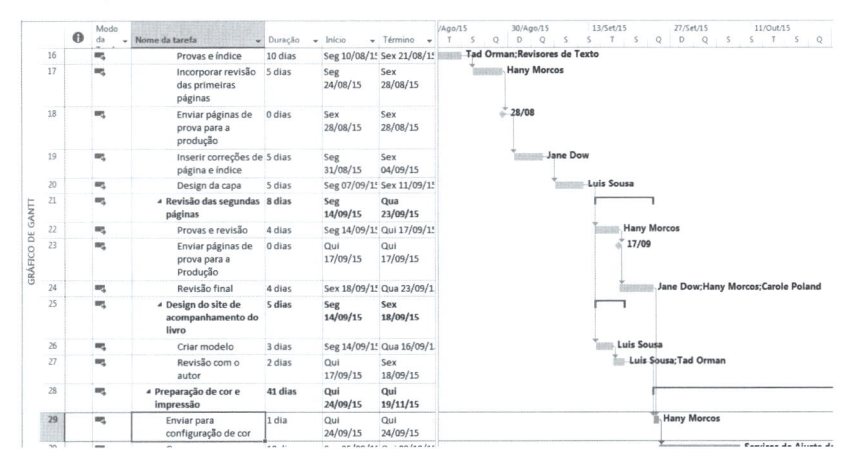

Conforme pode ser visto na visualização, a tarefa 29 tem um encadeamento de predecessoras. Em seguida, você vai examinar mais de perto as tarefas predecessoras que afetam diretamente o cronograma da tarefa 29.

4 Na guia **Formato**, no grupo **Estilos de Barra**, clique em **Caminho da Tarefa** e, depois, em **Predecessoras de Controle**.

O Project aplica uma formatação de realce laranja nas barras de Gantt das tarefas predecessoras de controle da tarefa 29.

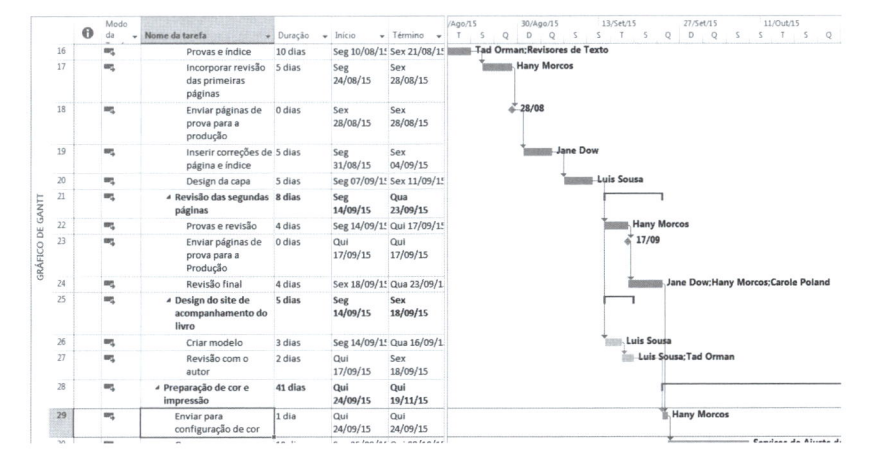

Algumas das tarefas predecessoras controlam diretamente o cronograma da tarefa 29, sendo referidas como *predecessoras de controle* (a tarefa 24 é um exemplo). Outras tarefas predecessoras têm certa margem de atraso entre elas e a tarefa 29 (a tarefa 27, por exemplo).

Além de realçar as predecessoras, o recurso Caminho da Tarefa também pode ser usado para realçar as tarefas sucessoras da tarefa selecionada.

5 Com a tarefa 29 ainda selecionada, na guia **Formato**, no grupo **Estilos de Barra**, clique em **Caminho da Tarefa** e, em seguida, em **Sucessoras**.

O Project aplica uma formatação de realce violeta claro nas barras de Gantt das tarefas sucessoras dessa tarefa. São elas as tarefas 30 e 31.

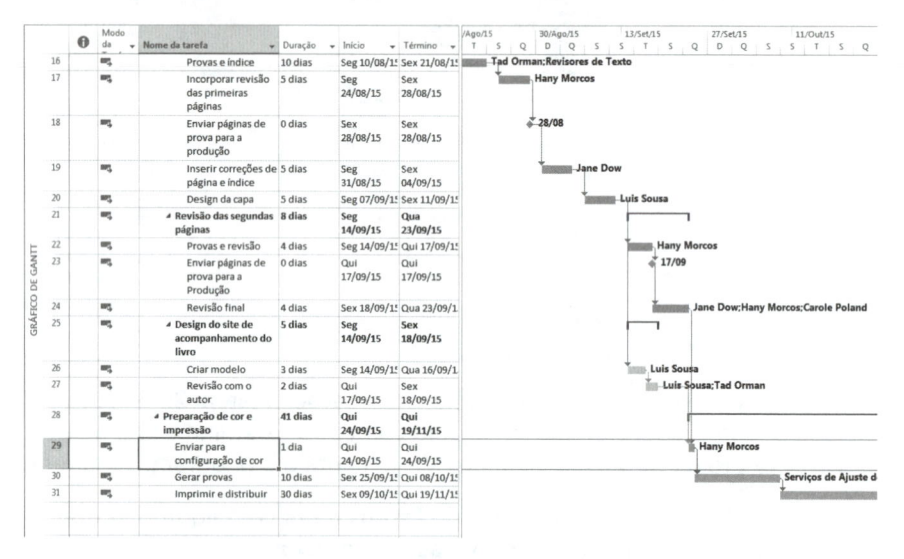

| | Modo da | Nome da tarefa | Duração | Início | Término |
|---|---|---|---|---|---|
| 16 | | Provas e índice | 10 dias | Seg 10/08/15 | Sex 21/08/15 |
| 17 | | Incorporar revisão das primeiras páginas | 5 dias | Seg 24/08/15 | Sex 28/08/15 |
| 18 | | Enviar páginas de prova para a produção | 0 dias | Sex 28/08/15 | Sex 28/08/15 |
| 19 | | Inserir correções de página e índice | 5 dias | Seg 31/08/15 | Sex 04/09/15 |
| 20 | | Design da capa | 5 dias | Seg 07/09/15 | Sex 11/09/15 |
| 21 | | ⊿ Revisão das segundas páginas | 8 dias | Seg 14/09/15 | Qua 23/09/15 |
| 22 | | Provas e revisão | 4 dias | Seg 14/09/15 | Qui 17/09/15 |
| 23 | | Enviar páginas de prova para a Produção | 0 dias | Qui 17/09/15 | Qui 17/09/15 |
| 24 | | Revisão final | 4 dias | Sex 18/09/15 | Qua 23/09/15 |
| 25 | | ⊿ Design do site de acompanhamento do livro | 5 dias | Seg 14/09/15 | Sex 18/09/15 |
| 26 | | Criar modelo | 3 dias | Seg 14/09/15 | Qua 16/09/15 |
| 27 | | Revisão com o autor | 2 dias | Qui 17/09/15 | Sex 18/09/15 |
| 28 | | ⊿ Preparação de cor e impressão | 41 dias | Qui 24/09/15 | Qui 19/11/15 |
| 29 | | Enviar para configuração de cor | 1 dia | Qui 24/09/15 | Qui 24/09/15 |
| 30 | | Gerar provas | 10 dias | Sex 25/09/15 | Qui 08/10/15 |
| 31 | | Imprimir e distribuir | 30 dias | Sex 09/10/15 | Qui 19/11/15 |

Agora o realce de tarefas predecessoras, predecessoras de controle e sucessoras está ativado para a tarefa selecionada. Em seguida, você vai ver esses realces para outra tarefa.

6 Selecione o nome da tarefa 22, *Provas e revisão*.

O Project aplica formatação de realce nas barras de Gantt das tarefas predecessoras, predecessoras de controle e sucessoras dessa tarefa.

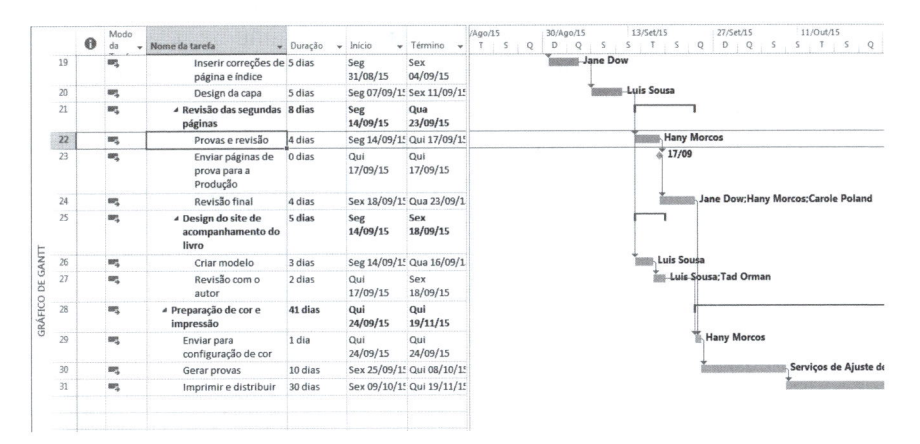

| | | Modo da | Nome da tarefa | Duração | Início | Término |
|---|---|---|---|---|---|---|
| 19 | | | Inserir correções de página e índice | 5 dias | Seg 31/08/15 | Sex 04/09/15 |
| 20 | | | Design da capa | 5 dias | Seg 07/09/15 | Sex 11/09/15 |
| 21 | | | ⊿ Revisão das segundas páginas | 8 dias | Seg 14/09/15 | Qua 23/09/15 |
| 22 | | | Provas e revisão | 4 dias | Seg 14/09/15 | Qui 17/09/15 |
| 23 | | | Enviar páginas de prova para a Produção | 0 dias | Qui 17/09/15 | Qui 17/09/15 |
| 24 | | | Revisão final | 4 dias | Sex 18/09/15 | Qua 23/09/15 |
| 25 | | | ⊿ Design do site de acompanhamento do livro | 5 dias | Seg 14/09/15 | Sex 18/09/15 |
| 26 | | | Criar modelo | 3 dias | Seg 14/09/15 | Qua 16/09/15 |
| 27 | | | Revisão com o autor | 2 dias | Qui 17/09/15 | Sex 18/09/15 |
| 28 | | | ⊿ Preparação de cor e impressão | 41 dias | Qui 24/09/15 | Qui 19/11/15 |
| 29 | | | Enviar para configuração de cor | 1 dia | Qui 24/09/15 | Qui 24/09/15 |
| 30 | | | Gerar provas | 10 dias | Sex 25/09/15 | Qui 08/10/15 |
| 31 | | | Imprimir e distribuir | 30 dias | Sex 09/10/15 | Qui 19/11/15 |

Para concluir este exercício, você vai desativar o realce e mudar o nível de zoom.

7 Na guia **Formato**, no grupo **Estilos de Barra**, clique em **Caminho da Tarefa** e, em seguida, em **Remover Realce**.

8 Na guia **Exibição**, no grupo **Zoom**, na caixa de **Escala de Tempo**, clique em **Dias**.

Quando estiver trabalhando em um projeto complexo, você pode ativar o realce do recurso Caminho da Tarefa para ajudá-lo a identificar visualmente as tarefas predecessoras e sucessoras. Os diferentes realces coloridos para tarefas predecessoras de controle e sucessoras são particularmente úteis quando você está concentrado em gerenciar a duração total de uma sequência de tarefas vinculadas.

# Ajuste das relações de vínculo entre tarefas

No Capítulo 4, "Criação de uma lista de tarefas", vimos que existem quatro tipos de dependências ou relações entre tarefas:

- **TÉRMINO-A-INÍCIO (TI)** A data de término da tarefa predecessora determina a data de início da tarefa sucessora.

- **INÍCIO-A-INÍCIO (II)** A data de início da tarefa predecessora determina a data de início da tarefa sucessora.

- **TÉRMINO-A-TÉRMINO (TT)** A data de término da tarefa predecessora determina a data de término da tarefa sucessora.

- **INÍCIO-A-TÉRMINO (IT)** A data de início da tarefa predecessora determina a data de término da tarefa sucessora.

Quando você vincula tarefas no Project, elas recebem uma relação término-a-início por padrão. Isso serve para muitas tarefas, mas você provavelmente vai alterar algumas dessas relações à medida que ajustar um plano. Aqui estão alguns exemplos de tarefas que exigem relações diferentes da término-a-início:

- Você pode começar a definir as páginas assim que iniciar o trabalho de ilustração em um projeto de livro (relação início-a-início). Isso reduz o tempo global exigido para terminar as duas tarefas, porque elas são concluídas em paralelo.

- O planejamento do trabalho editorial de um livro pode começar antes da conclusão do manuscrito, mas não pode ser terminado até que o manuscrito esteja pronto. O ideal é que as duas tarefas terminem juntas (relação término-a-término).

As relações entre as tarefas devem refletir a sequência na qual o trabalho deve ser executado. Depois de estabelecer relações entre as tarefas corretas, você pode ajustar sua agenda inserindo uma sobreposição (denominada ***tempo de avanço***) ou um atraso (denominado ***latência***) entre as datas de término ou de início das tarefas predecessoras e sucessoras.

Quando duas tarefas têm uma relação término-a-início:

- O tempo de avanço faz a tarefa sucessora começar antes da conclusão da tarefa predecessora.

- A latência faz a tarefa sucessora começar algum tempo depois da conclusão da tarefa sucessora.

Segue uma ilustração de como um tempo de avanço e uma latência afetam as relações entre as tarefas. Suponha que você inicialmente planejou estas três tarefas usando relações término-a-início:

Inicialmente, as tarefas são vinculadas com relações término-a-início, de modo que a tarefa sucessora é agendada para começar quando a tarefa predecessora terminar.

Antes que a tarefa 2 possa começar, você precisa conceder um dia a mais para que o manuscrito corrigido seja enviado para o autor. Você não deseja adicionar um dia à duração da tarefa 5, porque não ocorrerá trabalho nesse dia. Em vez disso, você insere uma latência de um dia entre as tarefas 1 e 2.

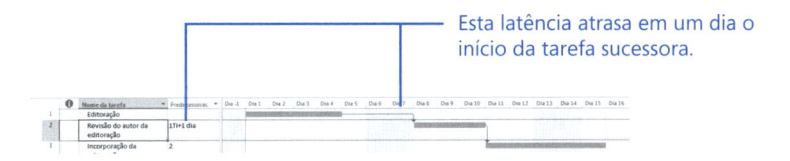

Esta latência atrasa em um dia o início da tarefa sucessora.

Entretanto, a tarefa 3 pode começar assim que a tarefa 2 estiver parcialmente concluída. Para que isso aconteça, insira um tempo de avanço de 50% entre as tarefas 2 e 3.

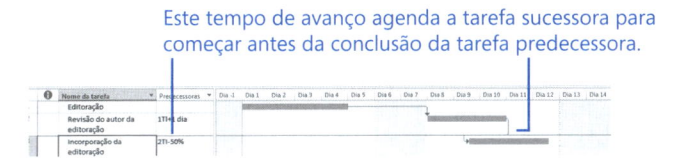

Este tempo de avanço agenda a tarefa sucessora para começar antes da conclusão da tarefa predecessora.

Você pode inserir tempos de avanço e latência como unidades de tempo (como dois dias) ou como uma porcentagem da duração da tarefa predecessora (como 50%). A latência é inserida em unidades positivas e o tempo de avanço em unidades negativas (por exemplo, *-2d* ou *-50%*). Você pode aplicar um tempo de avanço ou uma latência a qualquer tipo de dependência entre tarefas: término-a-início, início-a-início ou outros.

Os locais onde tempo de avanço ou latência podem ser inseridos incluem a caixa de diálogo Informações da tarefa (guia Tarefa), a coluna Predecessoras na tabela Entrada e a caixa de diálogo Dependência entre tarefas (visualizada quando você clica duas vezes em uma linha de vínculo entre duas barras de Gantt).

O cenário: na Lucerne Publishing, o trabalho editorial e de design de um novo livro infantil está prestes a começar. Nesse estágio, você tem um plano inicial com nomes de tarefas, durações e relações, e atribuições de recursos. Agora, você quer ajustar as relações entre essas tarefas.

Neste exercício, você vai inserir um tempo de avanço e uma latência e alterar as relações entre as tarefas predecessoras e sucessoras.

1 Na guia **Tarefa**, no grupo **Tarefas**, clique em **Inspecionar**.

O painel Inspetor de Tarefas é exibido. Esse painel mostra sucintamente os fatores de agendamento que afetam a tarefa selecionada, como relações da tarefa predecessora, calendários de recursos ou uma combinação de fatores. Para obter mais detalhes, você pode clicar em qualquer item exibido em azul no Inspetor de Tarefas. Por exemplo, pode clicar no nome do recurso atribuído abaixo de Calendários para ver o calendário do recurso. Não é necessário apresentar o Inspetor de Tarefas para alterar detalhes de tarefas, mas essa ferramenta pode ser útil em alguns casos.

2 Selecione o nome da tarefa 31, *Imprimir e distribuir*.

No painel Inspetor de Tarefas, você pode ver os fatores de agendamento que afetam essa tarefa.

Para a tarefa 31, você pode ver que sua predecessora é a tarefa 30, *Gerar provas*. Você pode ver no painel que as duas tarefas têm uma relação Término-a-Início com latência igual a zero.

Em seguida, você vai ajustar o valor da latência na relação da tarefa para levar em conta o tempo de trânsito das provas para a gráfica. Como esse valor não pode ser editado diretamente no Inspetor de Tarefas, você vai exibir a caixa de diálogo Informações da tarefa. Primeiro, porém, você vai exibir a barra de Gantt dessa tarefa para que seja mais fácil observar o efeito de ajustar a latência.

3 Na guia **Tarefa**, no grupo **Edição**, clique em **Rolar até a Tarefa**.

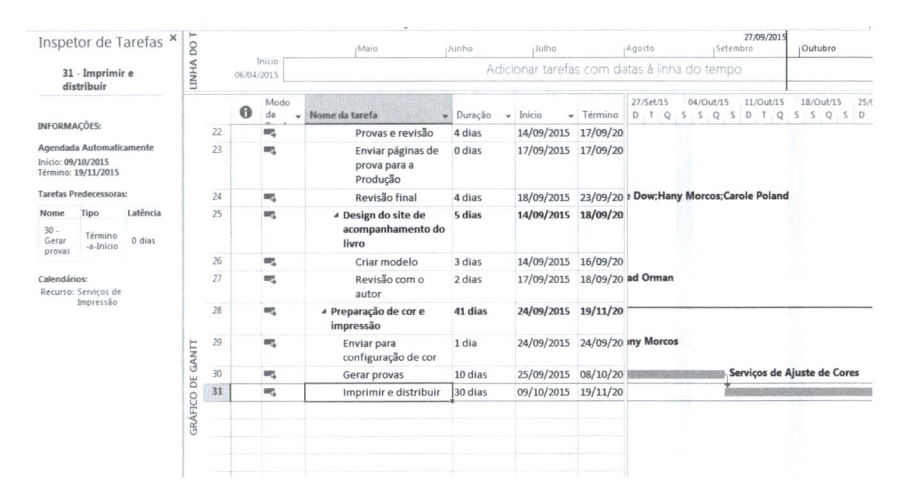

Capítulo 9  Agendamento de tarefas avançado  **173**

[Captura de tela do Microsoft Project mostrando o Inspetor de Tarefas e o Gráfico de Gantt com as tarefas 22 a 31, destacando a tarefa 31 - Imprimir e distribuir, com início em 09/10/2015 e término em 19/11/2015.]

Você vai ajustar o valor de latência entre essa tarefa e sua predecessora.

4  Na guia **Tarefa**, no grupo **Propriedades**, clique em **Informações**.

A caixa de diálogo Informações da tarefa é exibida. Ela contém detalhes sobre a tarefa selecionada atualmente, 31.

5  Clique na guia **Predecessoras**.

6  No campo **Latência** da tarefa predecessora 30, digite **3d** e, em seguida, clique em **OK** para fechar a caixa de diálogo **Informações da tarefa**.

Agora a tarefa 31 está agendada para começar três dias úteis após o final da tarefa 30.

Os detalhes da predecessora, como a latência, aparecem no Inspetor de Tarefas.

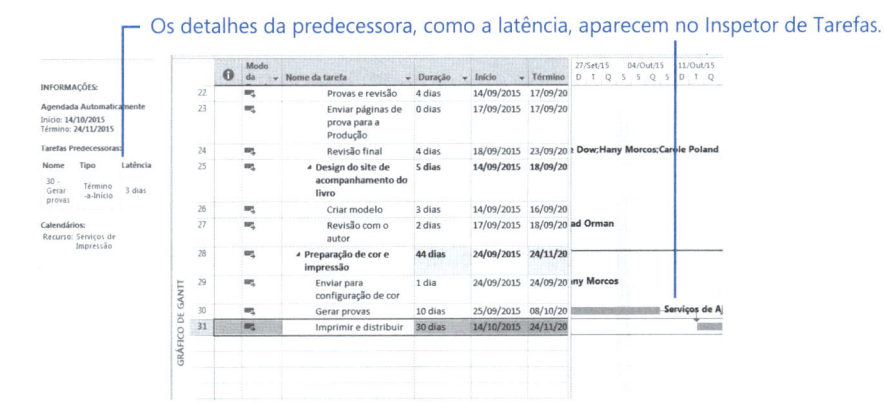

[Captura de tela do Microsoft Project mostrando a atualização das tarefas após inserir 3 dias de latência, com a tarefa 31 agora iniciando em 14/10/2015 e terminando em 24/11/20.]

Em seguida, você vai ajustar a latência entre duas outras tarefas.

7  Clique no nome da tarefa 10, *Incorporar revisão*.

   Você quer sobrepor essa tarefa à sua predecessora; a tarefa *Incorporar revisão* pode começar antes da revisão do texto pelo autor estar concluída.

8  Na guia **Tarefa**, no grupo **Edição**, clique em **Rolar até a Tarefa**.

9  Na guia **Tarefa**, no grupo **Propriedades**, clique em **Informações** e, em seguida, na guia **Predecessoras**.

   **DICA** Você pode usar o menu de atalho da tarefa selecionada para os dois comandos: Rolar até a Tarefa e Informações. Clique com o botão direito do mouse no nome da tarefa e, no menu de atalho, selecione o comando desejado.

10 No campo **Latência** da tarefa predecessora 9, digite **–25%** e clique em **OK**.

   Inserir a latência como um valor negativo resulta em um tempo de avanço.

   Agora a tarefa 10 está agendada para começar quando restar 25% de duração da tarefa 9. Se a duração da tarefa 9 mudar, o Project reagendará o início da tarefa 10 de modo a manter um tempo de avanço de 25%.

   Para concluir este exercício, você vai mudar o tipo de relação entre duas tarefas.

11 Dê um clique duplo no nome da tarefa 14, *Design da ilustração interior*.

   **DICA** Dar um clique duplo no nome de uma tarefa é um atalho para exibir a caixa de diálogo Informações da tarefa.

   A guia Predecessoras deve estar visível. Observe também que o painel Inspetor de Tarefas é atualizado em segundo plano para mostrar os detalhes de agendamento da tarefa 14, a tarefa selecionada no momento.

12 Na guia **Predecessoras**, clique na coluna **Tipo** da tarefa predecessora 13. Selecione **Início-a-Início (II)** e clique em **OK**.

   O Project muda a relação entre as tarefas 13 e 14 para início-a-início.

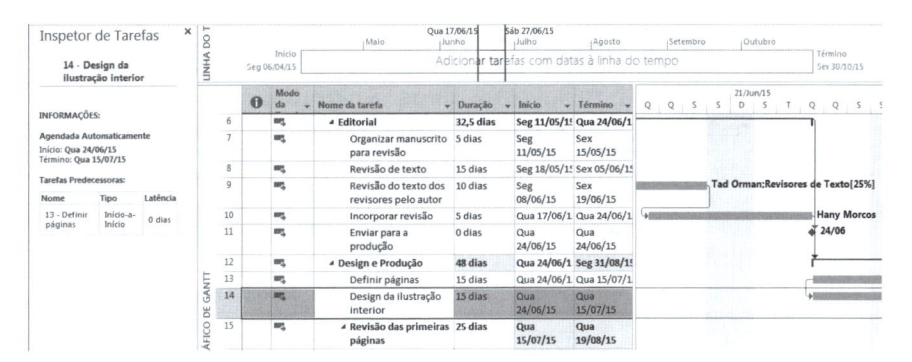

Capítulo 9   Agendamento de tarefas avançado   **175**

[Imagem da tela do Project com Inspetor de Tarefas e Gráfico de Gantt mostrando tarefas de Editorial e Design e Produção]

Ajustar as relações entre as tarefas e inserir tempos de avanço ou latência onde for apropriado são técnicas excelentes para modificar a relação entre tarefas de modo a obter os resultados desejados. Entretanto, o Project não pode fazer ajustes automáticos de agenda para você. Como o gerente do projeto, você deve analisar as sequências e relações de suas tarefas e usar de discernimento ao fazer esses ajustes.

# Definição de restrições de tarefas

Toda tarefa inserida no Project tem algum tipo de restrição aplicada. Uma restrição determina até que ponto essa tarefa pode ser reagendada. Existem três categorias de restrições:

- **Restrições flexíveis** O Project pode alterar as datas de início e de término de uma tarefa. O tipo de restrição padrão é que as tarefas iniciem assim que possível. Esse tipo de restrição flexível é denominada O Mais Breve Possível (ou OMBP). Nenhuma data de restrição é associada às restrições flexíveis. O Project não mostra indicador especial algum na coluna Indicadores para restrições flexíveis.

- **Restrições inflexíveis** Uma tarefa deve iniciar ou terminar em determinada data. Por exemplo, você pode especificar que uma tarefa deve terminar em 13 de novembro de 2015. As restrições inflexíveis às vezes são denominadas *restrições rígidas*. Quando uma restrição inflexível é aplicada a uma tarefa, o Project mostra um indicador especial na coluna Indicadores. Você pode apontar para um indicador de restrição e os detalhes da restrição aparecerão em uma Dica de Tela.

- **Restrições semiflexíveis** Uma tarefa tem um limite de data de início ou de término. Entretanto, dentro desse limite, o Project tem flexibilidade de agendamento para alterar as datas de início e de término de uma tarefa. Por exemplo, vamos supor que uma tarefa não deve terminar após 19 de junho de 2015. Entretanto, ela poderia terminar antes dessa data. As restrições semiflexíveis às vezes são denominadas *restrições brandas* ou *moderadas*. Quando uma restrição semiflexível é aplicada a uma tarefa, o Project mostra um indicador especial na coluna Indicadores.

No total, existem oito tipos de restrições de tarefas:

| Esta categoria de restrição | Inclui estes tipos de restrição | E significa |
|---|---|---|
| Flexível | O Mais Breve Possível (OMBP) | O Project agendará a tarefa para ocorrer assim que for possível. Esse é o tipo de restrição padrão aplicado a todas as novas tarefas, quando o agendamento é feito a partir da data de início do projeto. Não há data de restrição para uma OMBP. |
|  | O mais tarde possível (OMTP) | O Project agendará a tarefa para ocorrer o mais tarde possível. Esse é o tipo de restrição padrão aplicado a todas as novas tarefas, quando o agendamento é feito a partir da data de término do projeto. Não há data de restrição para uma OMTP. |
| Semiflexível | Não iniciar antes de (NIAD) | O Project agendará a tarefa para iniciar em uma data de restrição específica ou depois dela. Use esse tipo de restrição para garantir que uma tarefa não seja agendada para iniciar antes de determinada data. |
|  | Não iniciar depois de (NIDD) | O Project agendará a tarefa para iniciar em uma data de restrição específica ou antes dela. Use esse tipo de restrição para garantir que uma tarefa não seja iniciada depois de determinada data. |
|  | Não terminar antes de (NTAD) | O Project agendará a tarefa para terminar em uma data de restrição específica ou depois dela. Use esse tipo de restrição para garantir que uma tarefa não termine antes de determinada data. |
|  | Não terminar depois de (NTDD) | O Project agendará a tarefa para terminar em uma data de restrição específica ou antes dela. Use esse tipo de restrição para garantir que uma tarefa não termine depois de determinada data. |
| Inflexível | Deve iniciar em (DIE) | O Project agendará a tarefa para iniciar em uma data de restrição específica. Use esse tipo de restrição para garantir que a tarefa inicie em uma data exata. |
|  | Deve terminar em (DTE) | O Project agendará a tarefa para terminar em uma data de restrição específica. Use esse tipo de restrição para garantir que a tarefa termine em uma data exata. |

Essas três categorias de restrições têm efeitos muito diferentes sobre o agendamento das tarefas:

- As **restrições flexíveis**, como O Mais Breve Possível (OMBP), permitem que as tarefas sejam agendadas sem qualquer limitação, a não ser pelas relações entre predecessoras e sucessoras e a data de início do projeto (para restrições

Capítulo 9 Agendamento de tarefas avançado  **177**

de tarefa OMBP) ou a data de término (para restrições de tarefa O mais tarde possível – OMTP). Nenhuma data de início ou término fixa é imposta por esses tipos de restrição. Use esses tipos de restrições sempre que possível.

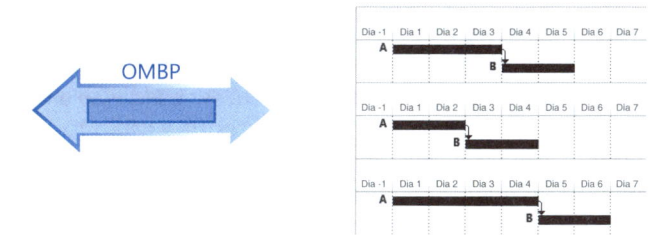

Nesse exemplo, as tarefas A e B são vinculadas e a tarefa B tem uma restrição OMBP aplicada. À medida que a duração da tarefa A aumenta ou diminui, a data de início da tarefa B é ajustada automaticamente na mesma proporção.

- As **restrições semiflexíveis**, como Não iniciar antes de ou Não iniciar depois de, limitam o reagendamento de uma tarefa dentro do limite de datas que você especificar.

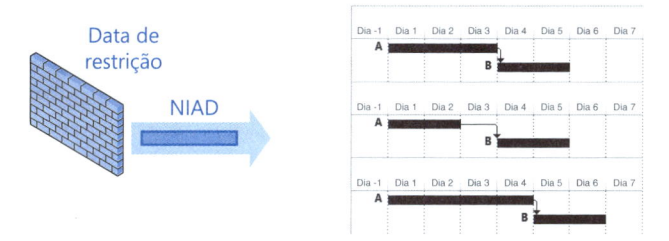

Aqui, as tarefas A e B são vinculadas e a tarefa B tem uma restrição NIAD configurada, aplicada no dia 4. Se a duração da tarefa A diminui, o início da tarefa B não é afetado. Contudo, se a duração da tarefa A aumenta, o Project ajusta o início da tarefa B automaticamente.

- As **restrições inflexíveis**, como Deve iniciar em (DIE), impedem o reagendamento de uma tarefa. Use esses tipos de restrições somente quando absolutamente necessário.

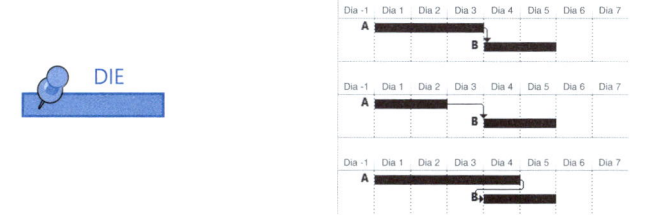

Nesse exemplo, as tarefas A e B são vinculadas e a tarefa B tem uma restrição DIE configurada, aplicada no dia 4. Se a duração da tarefa A diminui ou aumenta, o início da tarefa B não é afetado.

**DICA** Não é possível mudar o tipo de restrição ou definir uma data de restrição de uma tarefa agendada manualmente. O motivo é que o Project não agenda tarefas agendadas manualmente, de modo que as restrições não têm efeito. Para mais informações sobre tarefas agendadas manualmente *versus* tarefas agendadas automaticamente, consulte o Capítulo 4.

O tipo de restrição aplicado às tarefas de seus projetos depende de suas necessidades no Project. As restrições inflexíveis só devem ser usadas se a data de início ou de término de uma tarefa for fixada por fatores que estão fora do controle da equipe do projeto. Exemplos dessas tarefas são entregas para clientes e o término de um período de financiamento. Para tarefas sem essas limitações, você deve usar restrições flexíveis. As restrições flexíveis proporcionam mais liberdade no ajuste de datas de início e de término e permitem que o Project ajuste essas datas se o plano for alterado. Por exemplo, se foram usadas restrições OMBP e a duração de uma tarefa predecessora muda de quatro para dois dias, o Project ajusta ou *puxa* as datas de início e de término de todas as tarefas sucessoras. Entretanto, se uma tarefa sucessora teve uma restrição inflexível aplicada, o Project não pode ajustar suas datas de início ou de término.

O cenário: na Lucerne Publishing, uma tarefa do plano do novo livro infantil não pode começar tão cedo quanto você esperava. Tad Orman, o autor do livro, precisa revisá-lo em certo estágio do processo de design. Esse trabalho é considerado na tarefa 16, *Provas e índice*. No entanto, Tad informou que, por causa de sua agenda de viagens, não poderá iniciar a revisão antes de 17 de julho – depois da data atualmente agendada.

Neste exercício, você vai aplicar um tipo de restrição e uma data a uma tarefa.

1 Selecione o nome da tarefa 16, *Provas e índice*.

2 Na guia **Tarefa**, no grupo **Edição**, clique em **Rolar até a Tarefa**.

**DICA** Para selecionar uma tarefa rapidamente, mesmo uma que não possa ser vista no modo de exibição atual, pressione Ctrl+Y e, no campo Identificação da caixa de diálogo Ir para, digite um número de tarefa e clique em OK.

Capítulo 9 Agendamento de tarefas avançado **179**

Observe a data de início atual agendada: 15/07/2015. Isso precisa ser ajustado.

3 Na guia **Tarefa**, no grupo **Propriedades**, clique em **Informações**.

4 Na caixa de diálogo **Informações da tarefa**, clique na guia **Avançado**.

5 Na caixa **Tipo de restrição**, selecione **Não iniciar antes de**.

6 Na caixa **Data da restrição**, digite ou selecione **17/07/15**.

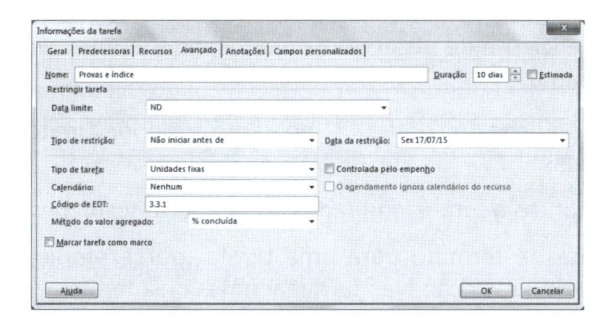

7 Clique em **OK**.

O Project aplica a restrição Não iniciar antes de à tarefa e um ícone de restrição aparece na coluna Indicadores. Você pode apontar para o ícone para ver os detalhes da restrição em uma Dica de Tela.

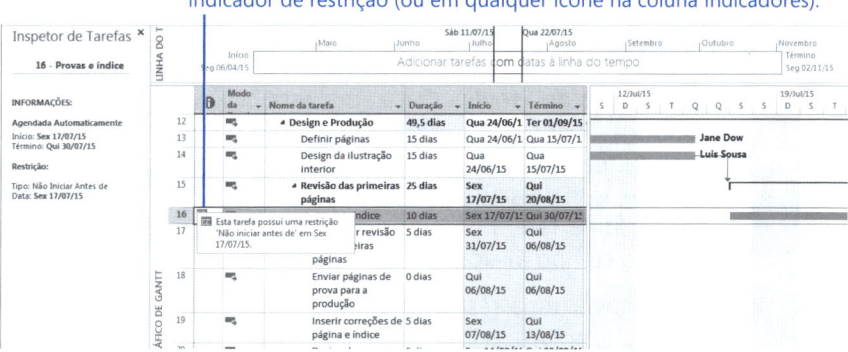

Como essa restrição afeta o agendamento da tarefa, o painel Inspetor de Tarefas agora inclui os detalhes da restrição.

A tarefa 16 é reagendada para iniciar em 17 de julho, em vez de 15 de julho. Todas as tarefas que dependem da tarefa 16 também são reagendadas. Uma maneira de ver esse reagendamento é por meio do realce de alteração azul-claro aplicado pelo Project às datas de Início e Término das tarefas sucessoras da tarefa 16. Como as durações das tarefas resumo *Revisão das primeiras páginas* e *Design e Produção* também foram alteradas pela aplicação da restrição à tarefa 16, os campos Duração e Término referentes a essas tarefas resumo também são realçados. O realce de alteração permanece visível até que você execute outra ação de edição ou salve o arquivo, sendo essa uma maneira visual eficiente de observar os efeitos mais amplos de suas ações em seu cronograma.

8 Clique no botão **Fechar** (o botão "X" no canto superior direito) do painel Inspetor de Tarefas.

Aqui estão outros pontos a serem lembrados ao se aplicar restrições às tarefas:

- Inserir uma data de término para uma tarefa (por exemplo, na coluna Término) aplica uma restrição Não terminar antes de à tarefa.

- Inserir uma data de início para uma tarefa (por exemplo, na coluna Início) ou arrastar uma barra de Gantt diretamente no gráfico de Gantt aplica uma restrição Não iniciar antes de à tarefa.

- Em muitos casos, inserir um prazo final é uma alternativa preferível a inserir uma restrição semiflexível ou inflexível. Você vai trabalhar com prazos finais no Capítulo 10.

- A menos que você especifique a hora, o Project agenda as horas de início ou de término da data da restrição usando o valor de Hora de início padrão ou de Hora de término padrão presentes na guia Cronograma da caixa de diálogo Opções do Project. (Para abrir essa caixa de diálogo, na guia Arquivo, clique em Opções). Neste projeto, a hora de início padrão é 08:00. Se quiser que uma tarefa com restrição seja agendada para iniciar em uma hora diferente, insira essa hora junto com a data de início. Por exemplo, se quiser agendar uma tarefa para iniciar às 10h em 16 de julho, digite **16/07/15 10:00** no campo Início.

- Para remover uma restrição, primeiro selecione a tarefa (ou tarefas) e, na guia Tarefa, no grupo Propriedades, clique em Informações. Na caixa de diálogo Informações da tarefa, clique na guia Avançado. Na caixa Tipo de restrição, selecione O Mais Breve Possível ou (se o agendamento for a partir da data de término do projeto) O mais tarde possível.

- Se for necessário aplicar restrições semiflexíveis ou flexíveis às tarefas, além das relações entre tarefas, você pode criar o que denominamos **margem de atraso negativa**. Por exemplo, vamos supor que exista uma tarefa sucessora que tem uma relação término-a-início com sua tarefa predecessora. Se você insere uma restrição Deve iniciar em na tarefa sucessora antes da data de término da tarefa predecessora, isso resulta em uma margem de atraso negativa e em um conflito de agendamento. Por padrão, a data de restrição aplicada à tarefa sucessora substituirá a relação. Entretanto, se preferir, você pode configurar o Project para dar preferência às relações. Na guia Arquivo, clique em Opções e, na caixa de diálogo Opções do Project, clique na guia Cronograma. Desmarque a caixa de seleção As tarefas sempre obedecem às suas datas de restrição.

- Se você precisa agendar um projeto a partir de uma data de término, em vez de uma data de início, alguns comportamentos das restrições mudam. Por exemplo, o tipo de restrição O mais tarde possível torna-se o padrão para as novas tarefas, em vez de O Mais Breve Possível. Você deve estar atento às restrições quando fizer um agendamento a partir da data de término para se assegurar de que elas produzirão o efeito desejado.

# Como interromper o trabalho de uma tarefa

Ao planejar inicialmente as tarefas do projeto, talvez você já saiba que o trabalho em determinada tarefa será interrompido. Em vez de listar uma tarefa duas vezes para levar em conta uma interrupção conhecida no trabalho, você pode *dividir* a tarefa em dois ou mais segmentos. Aqui estão algumas razões pelas quais talvez você queira dividir uma tarefa:

- Para antecipar a interrupção em uma tarefa. Por exemplo, um recinto onde uma tarefa deve ser realizada só estará disponível até a metade da sua conclusão.

- Uma tarefa é interrompida inesperadamente. Depois que uma tarefa está em andamento, talvez um recurso precise parar de trabalhar nela porque outra tarefa foi priorizada. Depois que a segunda tarefa for concluída, o recurso poderá retomar o trabalho na primeira.

O cenário: na Lucerne Publishing, você soube que o trabalho em uma tarefa no plano do novo livro infantil será interrompido. Você quer considerar isso no plano, registrando a interrupção onde nenhum trabalho deve ser agendado, mas manter intactos os valores de trabalho atribuídos à tarefa.

Neste exercício, você vai dividir uma tarefa para levar em consideração uma interrupção de trabalho planejada.

1 Selecione o nome da tarefa 3, *Edição de conteúdo*.

2 Na guia **Tarefa**, no grupo **Edição**, clique em **Rolar até a Tarefa**.

Você foi informado de que o trabalho nessa tarefa será interrompido por três dias a partir de segunda-feira, 13 de abril.

3 Na guia **Tarefa**, no grupo **Cronograma**, clique em **Dividir Tarefa** (parece uma barra de Gantt quebrada).

Uma Dica de Tela aparece e o cursor do mouse muda de formato.

Parte 3 Técnicas avançadas de agendamento

4 Coloque o ponteiro do mouse sobre a barra de Gantt da tarefa 3.

Essa Dica de Tela é essencial para dividir uma tarefa com precisão, porque ela contém a data na qual você iniciará o segundo segmento da tarefa se arrastar o cursor do mouse do seu local atual na barra de Gantt. Quando você mover o cursor do mouse ao longo da barra de Gantt, verá a data de início mudar na Dica de Tela.

5 Mova (mas não clique) o cursor do mouse sobre a barra de Gantt da tarefa 3, até que a data de início agendada, segunda-feira, 13 de abril, apareça na Dica de Tela.

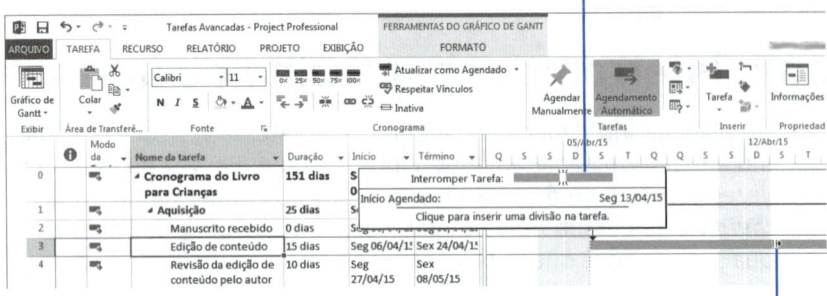

Para ajudá-lo a dividir tarefas com precisão, use esta Dica de Tela, a qual mudará à medida que você mover o cursor do mouse Dividir Tarefa.

Cursor do mouse Dividir Tarefa

6 Clique e arraste o cursor do mouse para a direita até que a data de início quinta-feira, 16 de abril, apareça na Dica de Tela e, em seguida, solte o botão do mouse.

O Project insere uma divisão de tarefa, representada no gráfico de Gantt como uma linha pontilhada, entre os dois segmentos da tarefa.

A divisão, que indica uma interrupção de trabalho em uma tarefa, aparece como uma linha pontilhada conectando os segmentos da tarefa.

**DICA** Dividir as tarefas com o mouse pode exigir um pouco de prática. No passo 6, se você não dividiu a tarefa 3 de modo que o segundo segmento começasse em 16 de abril, basta apontar para o segundo segmento novamente. Quando o cursor do mouse mudar para uma seta de quatro pontas, arraste o segmento para a data de início correta.

Aqui estão outros pontos a serem lembrados ao se dividir tarefas:

- É possível dividir uma tarefa em vários segmentos.

- Você pode arrastar um segmento de uma tarefa dividida tanto para a esquerda como para a direita, a fim de reagendar a divisão.

- Para juntar novamente dois segmentos de uma tarefa dividida, arraste um segmento da tarefa até que ele toque no outro.

- O tempo da divisão das tarefas, representado pela linha pontilhada, não é contado na duração da tarefa. Nenhum trabalho ocorre durante a divisão.

- Se a duração de uma tarefa dividida mudar, o último segmento da tarefa será aumentado ou reduzido.

- Se uma tarefa dividida for reagendada (por exemplo, se a sua data de início mudar), a tarefa inteira será reagendada, divisões e tudo mais. A tarefa mantém o mesmo padrão de segmentos e divisões.

- O nivelamento de recursos ou o contorno manual de atribuições ao longo do tempo podem causar divisões nas tarefas. Você vai contornar atribuições no Capítulo 11, "Detalhes dos recursos e das atribuições", e vai nivelar recursos no Capítulo 12, "Ajuste do plano de projeto".

- Se não quiser mostrar as divisões como linhas pontilhadas, você pode ocultar essas linhas. Na guia Formato, no grupo Formatar, clique em Layout. Na caixa de diálogo Layout, desmarque a caixa de seleção Mostrar divisões de barra.

# Ajuste do período útil de tarefas individuais

Pode haver ocasiões em que você queira que uma tarefa específica ocorra em períodos diferentes do período útil do calendário do projeto. Ou talvez queira que uma tarefa ocorra em um período fora do expediente de trabalho do recurso, conforme determinado pelo calendário dele. Para fazer isso, aplique um *calendário de tarefas* nessas tarefas. Como no calendário de projeto, você especifica qual calendário base será usado como calendário de tarefas. Estes são alguns exemplos de quando você precisaria de um calendário de tarefas:

- Você está usando um calendário base Padrão (Standard) com horário de trabalho normal das 8:00 às 17:00, e uma tarefa precisa ser realizada durante a noite.

- Você tem uma tarefa que deve ocorrer em um dia específico da semana.
- Você tem uma tarefa que deve ocorrer em um fim de semana.

Diferentemente dos recursos, o Project não cria calendários de tarefas quando tarefas são criadas. (Se precisar de um lembrete sobre calendários de recursos, consulte o Capítulo 5, "Configuração dos recursos".) Quando for necessário um calendário de tarefas, atribua um calendário base para a tarefa. Esse calendário base pode ser um dos fornecidos pelo Project ou um novo calendário base que você tenha criado para a tarefa. Por exemplo, se você atribuir o calendário base de 24 horas a uma tarefa, o Project agendará essa tarefa para um dia de trabalho de 24 horas, em vez do período útil especificado no calendário do projeto.

Para tarefas que tenham tanto calendário de tarefas quanto atribuições de recursos, o Project agenda o trabalho durante o período útil comum entre o calendário de tarefas e o calendário (ou calendários) de recursos. Se não houver um período útil comum, o Project o alertará quando você aplicar o calendário de tarefas ou atribuir um recurso à tarefa.

Ao aplicar um calendário base a uma tarefa, você pode optar por ignorar os calendários de recursos para todos os recursos atribuídos à tarefa. Isso faz com que o Project agende os recursos para trabalhar de acordo com o calendário da tarefa, e não com seus próprios calendários de recursos (por exemplo, trabalhar 24 horas por dia).

O cenário: na Lucerne Publishing, você precisa registrar o fato de que uma tarefa no projeto do novo livro infantil tem um período útil mais restritivo do que o restante das tarefas. O plano contém uma tarefa relativa à entrega das provas finais do livro a uma empresa de serviços de configuração de cores, a qual prepara então o livro para impressão comercial. No entanto, essa empresa só começa novos trabalhos de segunda a quarta-feira.

Neste exercício, você vai criar um novo calendário base e aplicá-lo a uma tarefa como calendário de tarefas.

1 Na guia **Projeto**, no grupo **Propriedades**, clique em **Alterar Período de Trabalho**.

A caixa de diálogo Alterar Período Útil é exibida.

2 Na caixa de diálogo **Alterar Período Útil**, clique em **Criar Novo Calendário**.

A caixa de diálogo Criar novo calendário base é exibida.

3 Na caixa **Nome**, digite Segunda-Quarta.

4 Certifique-se de que a opção **Criar uma cópia do calendário** esteja selecionada e de que **Padrão (ou Standard)** esteja selecionado na lista suspensa.

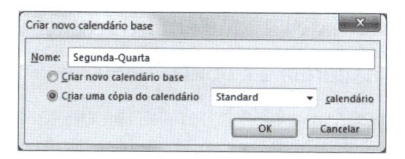

Capítulo 9 Agendamento de tarefas avançado **185**

5 Clique em **OK**.

   **DICA** Esse plano usa o calendário base Padrão (Standard) como calendário de projeto. Uma vantagem de criar o novo calendário copiando o calendário base Padrão é que todas as exceções de dia útil do calendário Padrão, como feriados nacionais que você tenha inserido, também aparecerão no novo calendário. Contudo, as alterações futuras feitas em qualquer um dos calendários não afetarão o outro calendário.

   Observe que *Segunda-Quarta* aparece agora na caixa Para calendário.

6 Na caixa de diálogo **Alterar Período Útil**, clique na guia **Semanas de Trabalho**.

   Você vai inserir os detalhes do período útil para esse novo calendário.

7 Certifique-se de que o valor de **Nome [Padrão]** esteja selecionado na linha 1 e clique em **Detalhes**.

8 Na caixa **Selecionar dia(s)**, selecione **Quinta-feira** e **Sexta-feira**.

   Esses são os dias que você deseja alterar para dias não úteis nesse calendário.

9 Escolha **Definir dias para o período de folga**.

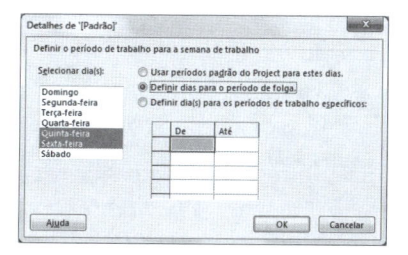

10 Clique em **OK** para fechar a caixa de diálogo **Detalhes** e, em seguida, clique em **OK** novamente para fechar a caixa de diálogo **Alterar Período Útil**.

   Agora que você criou o calendário Segunda-Quarta, está pronto para aplicá-lo a uma tarefa.

11 Selecione o nome da tarefa 29, *Enviar para configuração de cor*.

   Atualmente, essa tarefa está agendada para começar na quinta-feira, 3 de setembro.

12  Na guia **Tarefa**, no grupo **Propriedades**, clique em **Informações**.

    A caixa de diálogo Informações da tarefa é exibida.

13  Clique na guia **Avançado**.

    Como você pode ver na caixa Calendário, o padrão para todas as tarefas é Nenhum.

14  Na caixa **Calendário**, selecione **Segunda-Quarta** na lista de calendários base disponíveis.

15  Clique em **OK** para fechar a caixa de diálogo.

    O Project aplica o calendário Segunda-Quarta à tarefa 29. O calendário da tarefa faz com que o Project reagende a tarefa para o próximo dia útil disponível, que é a segunda-feira seguinte. Um ícone de calendário aparece na coluna Indicadores, lembrando que essa tarefa tem um calendário de tarefa aplicado.

16  Aponte para o ícone de calendário.

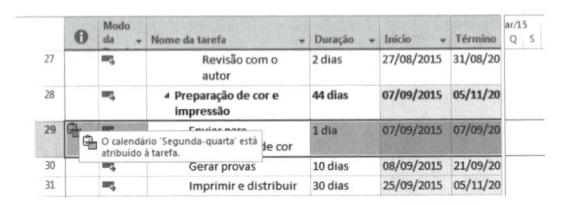

    Uma Dica de Tela aparece, mostrando os detalhes do calendário. Por causa do calendário personalizado aplicado a essa tarefa, ela não será agendada em uma quinta ou sexta-feira, ou durante o fim de semana.

# Controle do agendamento de tarefas com tipos de tarefa

Vimos no Capítulo 6, "Atribuição de recursos às tarefas", que o Project usa a seguinte fórmula, denominada *fórmula de agendamento*, para calcular o valor de trabalho da tarefa:

Duração × Unidades de Atribuição = Trabalho

Aqui, as *unidades de atribuição* são normalmente expressas em porcentagem. Lembre-se também de que uma tarefa tem trabalho quando tem pelo menos um recurso de trabalho (pessoa ou equipamento) atribuído. Cada valor na fórmula de agendamento corresponde a um tipo de tarefa. O tipo de uma tarefa determina qual dos três valores da fórmula de agendamento permanecerá fixo se os outros dois valores mudarem.

O tipo de tarefa padrão é *unidades fixas*: se você altera a duração de uma tarefa, o Project recalcula o trabalho. Da mesma maneira, se você alterar o trabalho de uma tarefa, o Project recalculará a duração. Em ambos os casos, o valor das unidades não é afetado.

Os outros dois tipos de tarefas são *duração fixa* e *trabalho fixo*. Para esses tipos, o Project usa um campo de distribuição no tempo denominado *unidades de pico* quando responde às alterações de agendamento.

Para uma tarefa de trabalho fixo:

- Você pode alterar o valor das unidades de atribuição e o Project recalculará a duração.
- Você pode alterar o valor da duração e o Project recalculará as unidades de pico por período de tempo. O valor das unidades de atribuição não é afetado.

**DICA** Você não pode desativar o agendamento controlado pelo empenho para uma tarefa de trabalho fixo. Caso precise de um lembrete sobre agendamento controlado pelo empenho, consulte "Controle do trabalho ao adicionar ou remover atribuições de recurso", no Capítulo 6.

Para uma tarefa de duração fixa:

- Você pode alterar o valor das unidades de atribuição e o Project recalculará o trabalho.
- Você pode alterar o valor do trabalho e o Project recalculará as unidades de pico por período de tempo. O valor das unidades de atribuição não é afetado.

O Project também controla o valor das unidades de pico mais alto por atribuição. Esse valor é armazenado no campo Pico, o qual será explicado mais adiante no capítulo.

**DICA** Você não pode alterar o tipo de uma tarefa agendada manualmente, e o efeito do tipo de tarefa sobre o agendamento de uma tarefa, conforme descrito aqui, se aplica somente às agendadas automaticamente. Se precisar de um lembrete sobre tarefas agendadas manualmente, consulte o Capítulo 4, "Criação de uma lista de tarefas".

Para ver o tipo da tarefa selecionada, na guia Tarefa, no grupo Propriedades, clique em Informações. Em seguida, na caixa de diálogo Informações da tarefa, clique na guia Avançado. Também é possível ver o tipo de tarefa no Formulário de Tarefas. (No modo de exibição Gráfico de Gantt, é possível exibir o Formulário de Tarefas clicando em Detalhes na guia Exibição, no grupo Modo Divisão.) Você pode alterar o tipo de uma tarefa a qualquer momento. Observe que caracterizar uma tarefa como *fixa* não significa que seus valores de duração, unidades de atribuição ou trabalho não possam ser alterados. Você pode alterar qualquer valor para qualquer tipo de tarefa.

Qual é o tipo certo de tarefa a ser aplicado a cada uma de suas tarefas? Depende de como você deseja que o Project agende essa tarefa. A seguinte tabela resume os efeitos da alteração de qualquer valor para qualquer tipo de tarefa. Leia-a como uma tabela de multiplicação.

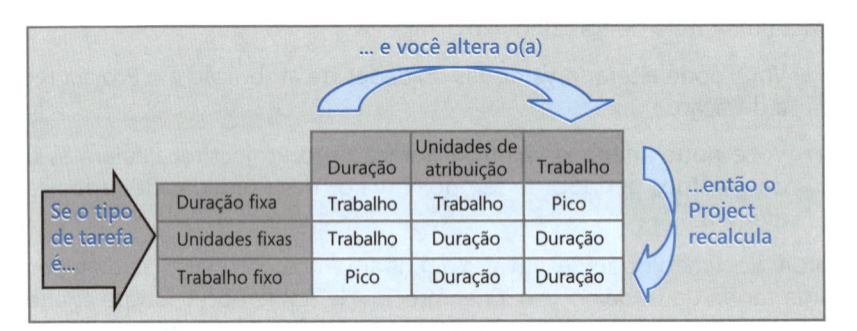

| Se o tipo de tarefa é... | ...e você altera o(a) | | | ...então o Project recalcula |
|---|---|---|---|---|
| | Duração | Unidades de atribuição | Trabalho | |
| Duração fixa | Trabalho | Trabalho | Pico | |
| Unidades fixas | Trabalho | Duração | Duração | |
| Trabalho fixo | Pico | Duração | Duração | |

## Unidades de atribuição, pico, unidades de pico e a fórmula de agendamento

Nas versões anteriores do Project, era possível que o valor inicial das unidades de atribuição de um recurso mudasse, e isso levava a resultados inesperados no que se refere à fórmula de agendamento. Esse comportamento mudou a partir do Project 2010. Agora, o Project controla o valor das unidades de atribuição e um valor calculado denominado *pico* (ou, quando visualizado em uma escala de tempo, *unidades de pico*).

Capítulo 9 Agendamento de tarefas avançado **189**

> O Project usa o valor das unidades de atribuição no agendamento inicial ou ao reagendar uma tarefa posteriormente, mas usa as unidades de pico ao relatar o valor de unidades de pico máximo de um recurso. Aqui está um exemplo. Se você inicialmente atribuiu a um recurso 100% de unidades de atribuição para uma tarefa de unidade fixa de um dia, o Project usou esse valor para calcular 8 horas de trabalho. Entretanto, se você registrasse 10 horas de trabalho real na tarefa, as versões anteriores do Project recalculariam as unidades de atribuição como 120% para manter a fórmula de agendamento precisa. Se você adicionasse mais trabalho ou alterasse a duração da tarefa, o Project reagendaria a tarefa usando o valor de unidades de atribuição igual a 120% – provavelmente um resultado indesejado. No entanto, o Project 2010 e posteriores registrarão o valor de pico de 120% e, se você, mais tarde, adicionar trabalho ou alterar a duração da tarefa, ele usará o valor das unidades de atribuição original de 100%, em vez do valor de pico de 120% para reagendar a tarefa.

O cenário: na Lucerne Publishing, você tentou ajustar os detalhes do trabalho e das atribuições de algumas tarefas no plano do novo livro infantil, mas não obteve os resultados desejados. Depois de aprender a ajustar os tipos de tarefa, você decide tentar esse tipo de ajuste.

Neste exercício, você vai alterar um tipo de tarefa e alguns valores da fórmula de agendamento, e ver o efeito resultante nas tarefas.

1 Na guia **Exibição**, no grupo **Modos de Exibição de Tarefa**, clique em **Uso da Tarefa**.

O modo de exibição Uso da Tarefa é exibido.

2 Na coluna **Nome da tarefa**, selecione o nome da tarefa 8, *Revisão de texto*.

3 Na guia **Tarefa**, no grupo **Edição**, clique em **Rolar até a Tarefa**.

| | | Modo da Tarefa | Nome da tarefa | Trabalh | Duração | Início | Término | Detalhe | Q | Q | S | S | 24/Maio/15 D | S | T |
|---|---|---|---|---|---|---|---|---|---|---|---|---|---|---|---|
| 6 | | | ▲ Editorial | 420 hrs | 32,5 dias | Qui 14/05/15 | Seg 29/06/15 | Trab. | 8h | 16h | 16h | | | 16h | 16h |
| 7 | | | ▲ Organizar manuscrito para revisão | 40 hrs | 5 dias | Qui 14/05/15 | Qua 20/05/15 | Trab. | 8h | | | | | | |
| | | | Hany Morcos | 40 hrs | | Qui 14/05/15 | Qua 20/05/15 | Trab. | 8h | | | | | | |
| 8 | | | ▲ Revisão de texto | 240 hrs | 15 dias | Qui 21/05/15 | Qua 10/06/15 | Trab. | | 16h | 16h | | | 16h | 16h |
| | | | Revisores de Texto | 240 hrs | | Qui 21/05/15 | Qua 10/06/15 | Trab. | | 16h | 16h | | | 16h | 16h |
| 9 | | | ▲ Revisão do texto dos revisores pelo autor | 100 hrs | 10 dias | Qui 11/06/15 | Qua 24/06/15 | Trab. | | | | | | | |
| | | | Revisores de Texto | 20 hrs | | Qui 11/06/15 | Qua 24/06/15 | Trab. | | | | | | | |
| | | | Tad Orman | 80 hrs | | Qui 11/06/15 | Qua 24/06/15 | Trab. | | | | | | | |
| 10 | | | ▲ Incorporar revisão | 40 hrs | 5 dias | Seg 22/06/15 | Seg 29/06/15 | Trab. | | | | | | | |

O Project mostra o cronograma e os detalhes das atribuições da tarefa 8, *Revisão de texto*.

O modo de exibição Uso da Tarefa agrupa os recursos atribuídos abaixo de cada tarefa e mostra, dentre outras coisas, a duração e o trabalho de cada tarefa – duas das três variáveis da fórmula de agendamento.

4 Se necessário, arraste a barra divisora vertical para a direita a fim de que a coluna **Término** fique visível.

Em seguida, você vai adicionar duas colunas ao modo de exibição Uso da Tarefa para que possa ver as unidades de atribuição (a terceira variável da fórmula de agendamento) e os valores de pico. Não é necessário modificar esse modo de exibição cada vez que for usá-lo, mas, para o nosso objetivo aqui, essa é uma boa maneira de ilustrar o efeito da alteração dos tipos de tarefas e dos valores da fórmula de agendamento.

5 Clique no cabeçalho da coluna **Início** e, em seguida, na guia **Formato**, no grupo **Colunas**, clique em **Inserir Coluna**.

Uma lista de campos é exibida.

6 Clique em **Unidades de atribuição**.

7 Clique novamente no cabeçalho da coluna **Início** e, na guia **Formato**, no grupo **Colunas**, clique em **Inserir Coluna**.

8 Clique em **Pico**.

O Project insere as colunas Unidades de atribuição e Pico à esquerda da coluna Início. *Pico* é o valor de unidades máximas do recurso a qualquer hora, ao longo de toda a duração da atribuição.

| | | Modo da Tarefa | Nome da tarefa | Trabalho | Duração | Unidades de atribuição | Pico | Detalhe | Q | Q | S | S | 24/Maio/15 D | S |
|---|---|---|---|---|---|---|---|---|---|---|---|---|---|---|
| | 6 | | ▲ Editorial | 420 hrs | 32,5 dias | | | Trab. | 8h | 16h | 16h | | | 16h |
| | 7 | | ▲ Organizar manuscrito para revisão | 40 hrs | 5 dias | | | Trab. | 8h | | | | | |
| | | | Hany Morcos | 40 hrs | | 100% | 100% | Trab. | 8h | | | | | |
| USO DA TAREFA | 8 | | ▲ Revisão de texto | 240 hrs | 15 dias | | | Trab. | | 16h | 16h | | | 16h |
| | | | Revisores de Texto | 240 hrs | | 200% | 200% | Trab. | | 16h | 16h | | | 16h |
| | 9 | | ▲ Revisão do texto dos revisores pelo autor | 100 hrs | 10 dias | | | Trab. | | | | | | |
| | | | Revisores de Texto | 20 hrs | | 25% | 25% | Trab. | | | | | | |
| | | | Tad Orman | 80 hrs | | 100% | 100% | Trab. | | | | | | |

Você pode ver que a tarefa 8 tem um valor de trabalho total de 240 horas, um valor de unidades de atribuição de recurso igual a 200% e uma duração de 15 dias. Agora, você vai alterar a duração da tarefa para observar os efeitos sobre os outros valores.

Depois de uma discussão entre os dois revisores sobre quem fará a revisão, todos concordaram que a duração da tarefa deve aumentar e o trabalho diário do recurso na tarefa deve diminuir de forma correspondente.

9 No campo **Duração** da tarefa 8, digite ou selecione **20d** e pressione a tecla Enter.

Capítulo 9 Agendamento de tarefas avançado **191**

O Project muda a duração da tarefa para 20 dias e aumenta o trabalho para 320 horas. Observe o realce de alteração aplicado aos valores de Trabalho e Duração. Você aumentou a duração e queria que o trabalho total permanecesse o mesmo (não permaneceu); portanto, vai usar o botão Ações para ajustar os resultados da nova duração da tarefa.

10  Clique no botão **Ações** do campo **Duração** da tarefa 8.

Examine as opções na lista que é exibida.

Como o tipo da tarefa 8 é unidades fixas (o tipo de tarefa padrão), a seleção padrão da Ação é aumentar o trabalho à medida que a duração aumenta. Entretanto, você quer manter o valor do trabalho e diminuir o trabalho diário atribuído ao recurso na tarefa.

11  Na lista de **Ações**, clique em **Diminuir as horas que os recursos trabalham por dia (unidades), mas manter a mesma quantidade de trabalho**.

Os valores das unidades de atribuição e de pico diminuem para 150% e o trabalho total na tarefa permanece inalterado em 240 horas. No lado direito do modo de exibição de uso, é possível ver que o trabalho agendado foi reduzido de 16 para 12 horas por dia.

Em seguida, você vai alterar um tipo de tarefa e, depois, ajustar o trabalho em outra tarefa.

12  Selecione o nome da tarefa 24, *Revisão final*.

13  Na guia **Tarefa**, no grupo **Edição**, clique em **Rolar até a Tarefa**.

O Project mostra os valores de trabalho da tarefa 24, *Revisão final*, na grade de divisão ao longo do tempo.

14 Na guia **Tarefa**, no grupo **Propriedades**, clique em **Informações**.

A caixa de diálogo Informações da tarefa é exibida.

15 Clique na guia **Avançado**.

A tarefa selecionada descreve a revisão final das provas de página do novo livro. Como você pode ver na caixa Tipo de tarefa, essa tarefa tem o tipo padrão de unidades fixas. A tarefa está agendada para quatro dias. Como a política da Lucerne é permitir quatro dias úteis para tais revisões, você vai transformar essa tarefa em uma tarefa de duração fixa.

16 Na caixa **Tipo de tarefa**, selecione **Duração fixa**.

17 Clique em **OK** para fechar a caixa de diálogo **Informações da tarefa**.

Mudar o tipo da tarefa não resulta em nenhuma mudança imediata no cronograma. Em seguida, você vai adicionar trabalho à tarefa e observar o efeito.

18 No campo **Trabalho** da tarefa 24, *Revisão final*, digite **120h** e pressione Enter.

| | Modo da Tarefa | Nome da tarefa | Trabalho | Duração | Unidades de atribuição | Pico | Detalhe | 30/Ago/15 D | S | T | Q | Q | S |
|---|---|---|---|---|---|---|---|---|---|---|---|---|---|
| 23 | | ▲ Enviar páginas de prova para a Produção | 0 hrs | 0 dias | | | Trab. | | 0h | | | | |
| | | Hany Morcos | 0 hrs | | 100% | 100% | Trab. | | 0h | | | | |
| 24 | | ▲ Revisão final | 120 hrs | 4 dias | | | Trab. | | 15h | 30h | 30h | 30h | 15h |
| | | Carole Poland | 40 hrs | | 100% | 125% | Trab. | | 5h | 10h | 10h | 10h | 5h |
| | | Hany Morcos | 40 hrs | | 100% | 125% | Trab. | | 5h | 10h | 10h | 10h | 5h |
| | | Jane Dow | 40 hrs | | 100% | 125% | Trab. | | 5h | 10h | 10h | 10h | 5h |
| 25 | | ▲ Design do site de acompanhamento do livro | 56 hrs | 5 dias | | | Trab. | | 16h | 8h | | | |

Como essa é uma tarefa de duração fixa e você adicionou trabalho, o Project ajustou o valor de pico para 125%; isso representa uma superalocação intencional. No lado direito do modo de exibição de uso, você pode ver que os recursos atribuídos à tarefa 24 agora têm 10 horas de trabalho agendado por dia para a maior parte dos dias de suas atribuições nessa tarefa. Entretanto, seus valores de unidades de atribuição originais de 100% cada permanecem inalterados.

À medida que ajustar seus planos no Project, você poderá encontrar casos em que é suficiente um rápido ajuste na resposta do programa a uma alteração de agenda por meio do botão Ações. Em outras ocasiões, talvez você opte por mudar um tipo de tarefa intencionalmente, para controlar de maneira mais uniforme o modo como o Project tratará do agendamento.

## Tipos de tarefa e agendamento controlado pelo empenho

Muitas pessoas interpretam mal os tipos de tarefa e o agendamento controlado pelo empenho e concluem que esses dois assuntos estão mais relacionados do que na verdade estão. As duas definições podem afetar seu cronograma. Considerando que o efeito de um tipo de tarefa se aplica quando os valores de trabalho, duração ou unidade de uma tarefa são editados, o agendamento controlado pelo empenho só afeta sua agenda quando você está atribuindo ou removendo recursos das tarefas. Para mais informações sobre agendamento controlado pelo empenho, consulte o Capítulo 6.

❌ ENCERRAMENTO  Feche o arquivo Tarefas Avançadas.

# Pontos-chave

- Use o recurso Caminho da Tarefa para realçar rapidamente as predecessoras e sucessoras da tarefa selecionada.
- Usando uma combinação de dependências entre tarefas e tempo de avanço ou latência, você pode controlar mais precisamente quando o trabalho deve ser feito.
- Ao inserir o tempo de avanço entre uma tarefa predecessora e uma sucessora, a inserção de um valor de tempo de avanço em porcentagem oferece alguma flexibilidade, pois o Project recalcula o tempo de avanço sempre que a duração da tarefa predecessora muda.
- Considere os efeitos das restrições semiflexíveis e inflexíveis nas suas agendas e use-as moderadamente.
- Para tarefas que precisam ser executadas em períodos diferentes do período de trabalho normal do projeto (conforme especificado pelo calendário do projeto), você pode criar um novo calendário base e aplicá-lo à tarefa.
- É possível interromper o trabalho em uma tarefa, dividindo-a.

# Visão geral do capítulo

## Prazo final
Configure uma data de prazo final para uma tarefa, página 196.

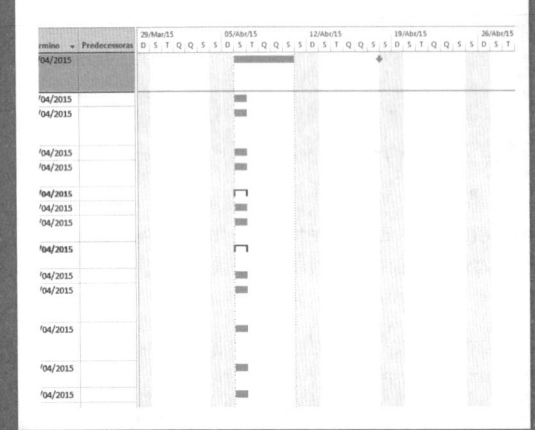

## Custo
Registre um custo fixo em uma tarefa, página 198.

## Repetição
Configure uma tarefa recorrente, página 200.

## Caminho crítico
Veja quais tarefas determinam a data de término do projeto, página 204.

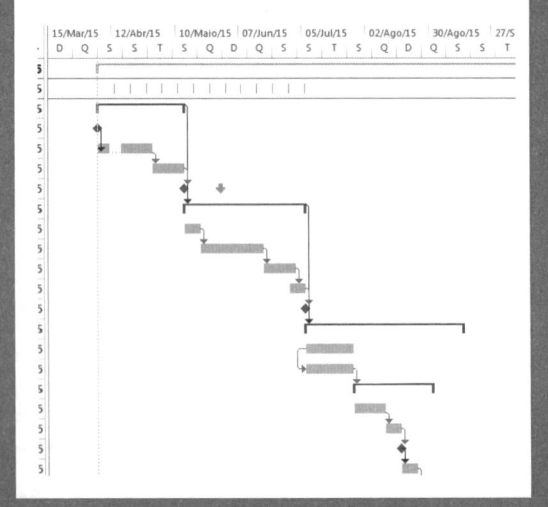

# Detalhes das tarefas

**10**

## NESTE CAPÍTULO, VOCÊ APRENDERÁ A:

- Inserir prazos finais para tarefas.
- Inserir um custo fixo para uma tarefa.
- Configurar uma tarefa recorrente.
- Ver o caminho crítico do projeto.
- Inserir um valor de duração específico para uma tarefa resumo.

Neste capítulo, você vai continuar a se aprofundar nas ferramentas de gerenciamento de tarefas que começou a ver no capítulo anterior. Este capítulo se concentra nas ferramentas específicas que podem ser usadas em tarefas individuais, incluindo datas de prazo final e custos fixos. Além disso, você vai configurar uma tarefa recorrente e ver o caminho crítico de um projeto.

**ARQUIVOS DE PRÁTICA** Para fazer os exercícios deste capítulo, você precisa do arquivo contido na pasta Capitulo10. Para mais informações, consulte "Como baixar os arquivos de prática", na Introdução deste livro.

**IMPORTANTE** Se você estiver executando o Project Professional com Project Web App/Project Server, tome o cuidado de não salvar no Project Web App (PWA) os arquivos de prática com os quais trabalhará neste livro. Para mais informações, consulte o Apêndice C, "Colaboração: Project, SharePoint e PWA".

# Inserção de datas de prazo final

Inserir uma *data de prazo final* para uma tarefa faz com que o Project mostre um indicador de prazo final na parte do gráfico de um modo de exibição de Gráfico de Gantt. Se a data de término da tarefa ultrapassa o prazo final, o Project mostra um indicador de prazo final não cumprido no campo Indicador dessa tarefa.

O recurso de data de prazo final pode ajudá-lo a evitar um erro comum cometido pelos usuários iniciantes do Project: colocar *restrições* semiflexíveis ou inflexíveis em tarefas demais em seus planos. Tais restrições limitam seriamente a flexibilidade de seu agendamento.

Apesar disso, se você sabe que uma tarefa específica deve estar concluída em determinada data, por que não inserir uma restrição do tipo Deve terminar em? Este é o motivo: vamos supor que exista uma tarefa de cinco dias que você quer concluir em 17 de abril e hoje é 6 de abril. Se você inserir uma restrição Deve terminar em na tarefa e defini-la para 17 de abril, o Project a mudará para que ela realmente termine em 17 de abril.

Apontar para o indicador de restrição mostrará os detalhes da restrição.

| | Modo da | Nome da tarefa | Duração | Início | Término | Predecessoras | 12/Abr/15 S S D S T Q Q S S | 19/Abr/15 D S T |
|---|---|---|---|---|---|---|---|---|
| 7 | | Organizar manuscrito para | 5 dias | 13/04/2015 | 17/04/2015 | | | |

Esta tarefa tem uma restrição Deve terminar em; portanto, o Project a agenda para terminar na data especificada, mas não antes.

Mesmo que a tarefa possa ser concluída antes, o Project não a reagendará para iniciar mais cedo. Na verdade, ao aplicar essa restrição, você aumentou o risco dessa tarefa. Se a tarefa, por algum motivo, atrasar por um dia (um recurso necessário adoeceu, por exemplo), ela não cumprirá sua data de término planejada.

Uma estratégia melhor para agendar essa tarefa é usar a restrição padrão O Mais Breve Possível e inserir o prazo final para 17 de abril. O prazo final é um valor de data que você insere para uma tarefa indicando a última data em que ela deve estar concluída, mas o prazo final em si não restringe a tarefa.

Capítulo 10 Detalhes das tarefas **197**

O indicador de prazo final aparece no gráfico de Gantt.

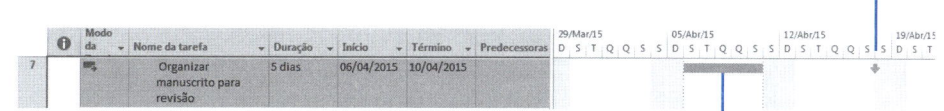

| Modo da | Nome da tarefa | Duração | Início | Término | Predecessoras |
|---|---|---|---|---|---|
| 7 | Organizar manuscrito para revisão | 5 dias | 06/04/2015 | 10/04/2015 | |

Com a aplicação da restrição O Mais Breve Possível, a tarefa começa antes e deixa algum tempo entre sua data de término e a data do prazo final.

Agora a tarefa tem maior flexibilidade de agendamento. Ela poderá ser concluída bem antes do seu prazo final, dependendo da disponibilidade do recurso, das tarefas predecessoras e de quaisquer outros problemas de agendamento que se apliquem.

O cenário: na Lucerne Publishing, a editora solicitou que as tarefas de aquisição do novo livro infantil não ultrapassem determinada data. Você quer sinalizar essa data sem restringir excessivamente a flexibilidade de seu plano.

Neste exercício, você vai inserir uma data de prazo final para uma tarefa.

→ PREPARAÇÃO Para fazer este exercício, você precisa do arquivo Otimizando Tarefas_Inicio localizado na pasta Capitulo10. Abra o arquivo e salve-o como Otimizando Tarefas.

1 Na coluna **Nome da Tarefa**, selecione o nome da tarefa 5, *Enviar para o editorial*.

   Essa tarefa é um marco identificando o final da fase de aquisição do projeto do novo livro. Você quer ter certeza de que a tarefa de aquisição estará concluída no final de maio; portanto, vai inserir uma data de prazo final para esse marco.

2 Na guia **Tarefa**, no grupo **Propriedades**, clique em **Informações**.

   A caixa de diálogo Informações da tarefa é exibida.

3 Clique na guia **Avançado**.

4 Na caixa **Data limite**, digite ou selecione **29/05/15** e, em seguida, clique em **OK**.

   O Project mostra um indicador de prazo final na parte do gráfico do modo de exibição Gráfico de Gantt.

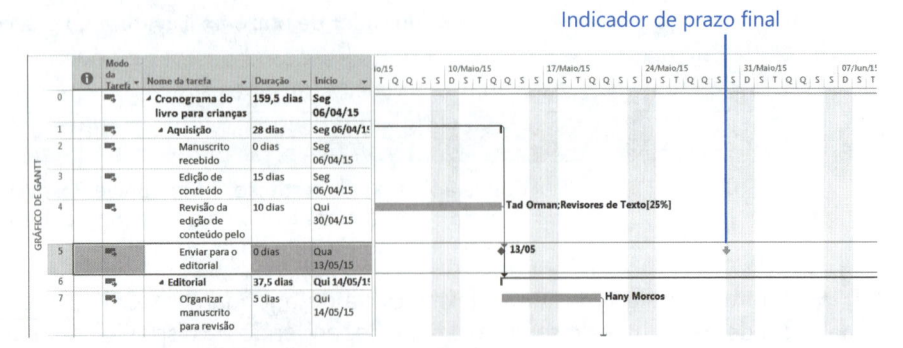

Agora você pode ver de imediato se o final da fase de aquisição, conforme agendado atualmente, vai ou não cumprir o prazo final estipulado. Se a conclusão agendada da fase de aquisição passar da data de 29 de maio, o Project mostrará um indicador de prazo final não cumprido na coluna Indicadores.

A inserção de um prazo final não tem efeito sobre o agendamento de uma tarefa resumo ou de uma subtarefa. Contudo, uma data de prazo final fará com que o Project o alerte, caso a conclusão agendada de uma tarefa ultrapassar seu prazo final – o Project mostrará um ponto de exclamação vermelho na coluna Indicadores.

Aqui estão mais alguns detalhes relacionados ao recurso de data de prazo final:

- É possível adicionar o campo Data limite diretamente a uma tabela. Clique em qualquer cabeçalho de coluna e, em seguida, na guia Formato, no grupo Colunas, clique em Inserir Coluna. Depois, selecione Data limite.
- É possível alterar uma data de prazo final existente, arrastando o indicador de prazo final na parte do gráfico de um modo de exibição Gráfico de Gantt.
- Para remover um prazo final de uma tarefa, desmarque o campo Data limite na guia Avançado da caixa de diálogo Informações da tarefa.

# Inserção de custos fixos

Para projetos nos quais é necessário controlar o orçamento ou custos financeiros, talvez você precise trabalhar com várias fontes de custos diferentes. Essas fontes incluem custos associados a recursos e custos associados diretamente a uma tarefa específica.

Para muitos projetos, os custos financeiros são derivados principalmente dos custos associados a recursos de trabalho, como pessoas e equipamentos, ou a recursos materiais. Para lidar com custos de tipos similares para os quais você deseja controlar somatórios acumulados (viagem é um exemplo em muitos projetos), o Project fornece os ***recursos de custo***. (Se precisar de um lembrete sobre recursos de custo, consulte o Capítulo 5, "Configuração dos recursos".)

Entretanto, ocasionalmente, talvez você queira associar um custo a uma tarefa que não está vinculada a recursos ou a trabalho, e não é algo que queira acumular ao longo do projeto. O Project chama isso de ***custo fixo***, e ele é aplicado por tarefa. Um custo fixo é um montante monetário específico orçado para uma tarefa. Ele permanece o mesmo independentemente dos recursos atribuídos à tarefa. Exemplos comuns de custos fixos nos projetos:

- Uma taxa de instalação, cobrada além da taxa de aluguel diário, por um equipamento.
- Uma permissão para construção.

Se você atribuir recursos com remuneração, atribuir recursos de custos ou adicionar custos fixos a uma tarefa, o Project somará tudo para determinar o custo total da tarefa. Caso não insira as informações de custo dos recursos em um plano (talvez por não saber quanto os recursos de trabalho custarão), ainda poderá ter algum controle sobre o custo total do projeto, inserindo custos fixos por tarefa.

Você pode especificar quando os custos fixos deverão incidir, como segue:

- **INÍCIO** O custo fixo total é agendado para o início da tarefa. Quando você controlar o andamento, o custo fixo total da tarefa incidirá assim que a tarefa iniciar.
- **FIM** O custo fixo total é agendado para o término da tarefa. Quando você controlar o andamento, o custo fixo total incidirá apenas depois que a tarefa estiver concluída.
- **RATEADO** (O método de acumulação padrão) O custo fixo é distribuído uniformemente ao longo da duração da tarefa. Quando você controlar o andamento, o projeto incorrerá no custo da tarefa à medida que a tarefa for sendo concluída. Por exemplo, se uma tarefa tiver um custo fixo de R$100,00 e estiver 75% concluída, o projeto já destinou R$ 75,00 a essa tarefa.

Quando você planeja um projeto, o método de acumulação escolhido para custos fixos determina como esses custos são agendados ao longo do tempo. Isso pode ser importante para antecipar o orçamento e as necessidades de fluxo de caixa. Por padrão, o Project atribui o método de acumulação rateado para custos fixos, mas você pode alterá-lo de acordo com as práticas de contabilidade de custos de sua empresa.

O cenário: na Lucerne Publishing, você soube que a geração de provas de impressão pela empresa de serviços de configuração de cor custará R$500,00. A Lucerne Publishing tem uma conta credora com essa empresa, mas para manter a precisão do demonstrativo de lucros e prejuízos, você quer adicionar essa despesa quando a empresa de serviços de configuração de cor concluir a tarefa.

Neste exercício, você vai atribuir um custo fixo a uma tarefa e especificar seu método de acumulação.

1  Na guia **Exibição**, no grupo **Modos de Exibição de Tarefa**, clique em **Outros Modos de Exibição** e, em seguida, em **Planilha de Tarefas**.

   O modo de exibição Planilha de Tarefas é exibido.

2  Na guia **Exibição**, no grupo **Dados**, clique em **Tabelas** e, em seguida, em **Custo**.

   A tabela Custo aparece, substituindo a tabela Entrada.

3  No campo **Custo fixo** da tarefa 30, *Gerar provas*, digite **500** e pressione a tecla Tab.

4  No campo **Acumulação de custo fixo**, selecione **Fim** e pressione Tab.

| | Nome da tarefa | Custo fixo | Acumulação de custo fixo | Custo total | Linha de base | Variação | Real | Restante |
|---|---|---|---|---|---|---|---|---|
| 21 | ▲ Revisão das seg | R$ 0,00 | Rateado | R$ 7.400,00 | R$ 0,00 | R$ 7.400,00 | R$ 0,00 | R$ 7.400,00 |
| 22 | Provas e revi | R$ 0,00 | Rateado | R$ 1.550,00 | R$ 0,00 | R$ 1.550,00 | R$ 0,00 | R$ 1.550,00 |
| 23 | Enviar página | R$ 0,00 | Rateado | R$ 0,00 | R$ 0,00 | R$ 0,00 | R$ 0,00 | R$ 0,00 |
| 24 | Revisão final | R$ 0,00 | Rateado | R$ 5.850,00 | R$ 0,00 | R$ 5.850,00 | R$ 0,00 | R$ 5.850,00 |
| 25 | ▲ Design do site d | R$ 0,00 | Rateado | R$ 2.800,00 | R$ 0,00 | R$ 2.800,00 | R$ 0,00 | R$ 2.800,00 |
| 26 | Criar modelo | R$ 0,00 | Rateado | R$ 1.680,00 | R$ 0,00 | R$ 1.680,00 | R$ 0,00 | R$ 1.680,00 |
| 27 | Revisão com | R$ 0,00 | Rateado | R$ 1.120,00 | R$ 0,00 | R$ 1.120,00 | R$ 0,00 | R$ 1.120,00 |
| 28 | ▲ Preparação de cor | R$ 0,00 | Rateado | R$ 810,00 | R$ 0,00 | R$ 810,00 | R$ 0,00 | R$ 810,00 |
| 29 | Enviar para conf | R$ 0,00 | Rateado | R$ 310,00 | R$ 0,00 | R$ 310,00 | R$ 0,00 | R$ 310,00 |
| 30 | Gerar provas | R$ 500,00 | Fim | R$ 500,00 | R$ 0,00 | R$ 500,00 | R$ 0,00 | R$ 500,00 |
| 31 | Imprimir e distr | R$ 0,00 | Rateado | R$ 0,00 | R$ 0,00 | R$ 0,00 | R$ 0,00 | R$ 0,00 |

Agora o Project acumulará um custo de R$500,00 para a tarefa *Gerar provas* na data de seu término. Esse custo fixo é independente da duração da tarefa e de quaisquer custos dos recursos que possam ser atribuídos a ela.

# Configuração de uma tarefa recorrente

Muitos projetos exigem tarefas repetitivas, como assistir às reuniões de status do projeto, criar e publicar relatórios de status ou realizar inspeções de controle de qualidade. Embora seja fácil supervisionar o agendamento desses eventos, você pensar na possibilidade de contabilizá-los no seu plano. Afinal, reuniões de status e eventos similares que dão suporte indireto ao projeto exigem tempo dos recursos e, assim, reduzem o tempo destinado às suas outras atribuições.

Para ajudar a contabilizar tais eventos no plano de projeto, crie uma *tarefa recorrente*. Conforme o nome sugere, uma tarefa recorrente é repetida em uma frequência especificada, como diária, semanal, mensal ou anualmente. Quando uma tarefa recorrente é criada, o Project gera uma série de tarefas com restrições Não iniciar antes de, sem relações entre elas e com o agendamento controlado pelo empenho desativado.

O cenário: na Lucerne Publishing, o projeto do novo livro infantil exige uma reunião de status semanal envolvendo alguns (mas não todos) dos recursos que trabalham nele. Você quer que essa reunião de status recorrente tenha visibilidade no plano.

Neste exercício, você vai criar uma tarefa recorrente que ocorre semanalmente.

1 Na guia **Exibição**, no grupo **Modos de Exibição de Tarefa**, clique em **Gráfico de Gantt**.

   O modo de exibição Gráfico de Gantt é exibido.

2 Selecione o nome da tarefa 1, *Aquisição*.

   Você vai inserir a tarefa recorrente acima da primeira fase do plano, pois ela vai ocorrer ao longo de diversas fases do plano.

3 Na guia **Tarefa**, no grupo **Inserir**, clique na seta do botão **Tarefa** e, em seguida, clique em **Tarefa Periódica**.

   A caixa de diálogo Informações sobre Tarefas Recorrentes é exibida.

4 Na caixa **Nome da tarefa**, digite **Reunião da equipe editorial**.

5 Na caixa **Duração**, digite **1h**.

6 Em **Padrão de recorrência**, certifique-se de que **Semanalmente** esteja selecionado e, em seguida, marque a caixa de seleção **segunda.**

   Você vai especificar a data da primeira ocorrência. Por padrão, essa é a data de início do projeto. No entanto, você quer que as reuniões de status semanais comecem uma semana depois.

7 Na caixa **Início**, digite ou selecione **13/04/15**.

   Agora, você vai especificar a data de término. Você vai programar essas reuniões de equipe para que continuem até o projeto chegar à fase de Design e Produção. No gráfico de Gantt, pode-se ver que no agendamento atual essa fase começa no dia 6 de julho; você vai usar essa data por enquanto. Sempre é possível atualizar a tarefa recorrente mais tarde, conforme necessário.

8 Na caixa **Termina em**, digite ou selecione **06/07/15**.

## Parte 3 Técnicas avançadas de agendamento

9 Clique em **OK** para criar a tarefa recorrente.

O Project insere a tarefa recorrente. Inicialmente, a tarefa recorrente está expandida. Um ícone de tarefa recorrente aparece na coluna Indicadores. Cada ocorrência da tarefa recorrente é numerada em sequência. (Se quiser verificar isso, alargue a coluna Nome da Tarefa ou aponte para o nome da tarefa e observe o conteúdo da Dica de Tela.)

10 Para ver as primeiras ocorrências das barras de Gantt da reunião recorrente, na guia **Tarefa**, no grupo **Edição**, clique em **Rolar até a Tarefa**.

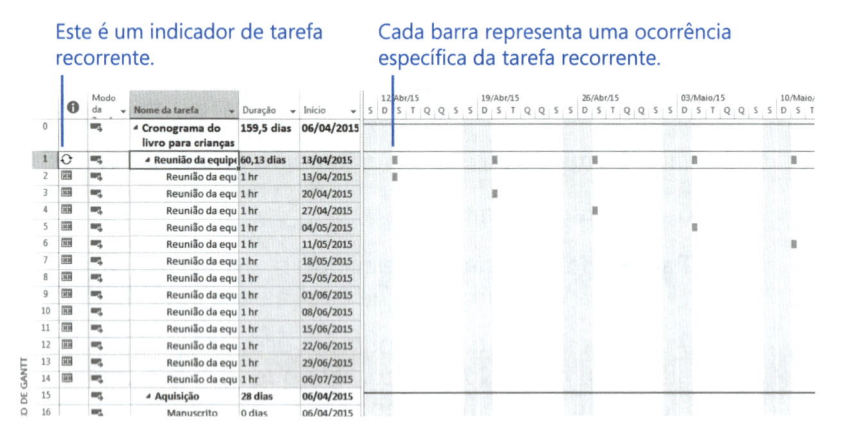

Você vai atribuir recursos à tarefa recorrente.

11 Verifique se a tarefa 1, *Reunião da equipe editorial*, está selecionada e, em seguida, na guia **Recurso**, no grupo **Atribuições**, clique em **Atribuir Recursos**.

12 Na caixa de diálogo **Atribuir recursos**, clique em **Carole Poland**. Mantenha a tecla Ctrl pressionada enquanto clica em **Hany Morcos** e **Jun Cao**.

13 Clique em **Atribuir** e, depois, em **Fechar**.

A caixa de diálogo Atribuir recursos se fecha e o Project atribui os recursos selecionados a cada ocorrência da tarefa recorrente.

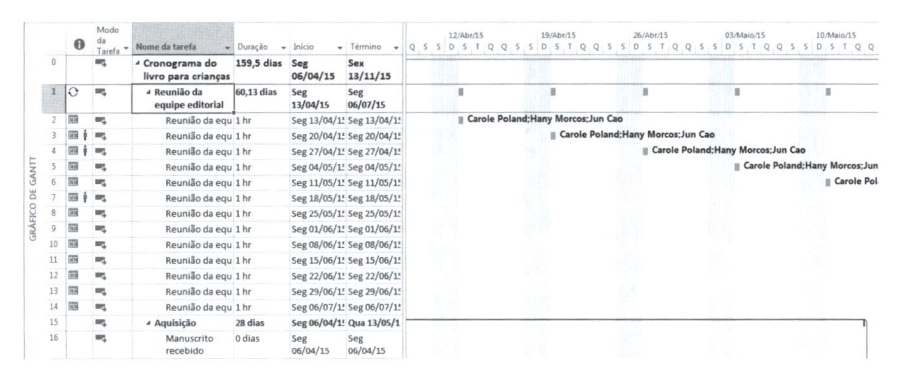

Em seguida você vai recolher a tarefa recorrente para ocultar suas ocorrências individuais.

14 Clique na seta expandir/recolher, ao lado do título da tarefa recorrente, *Reunião da equipe editorial*.

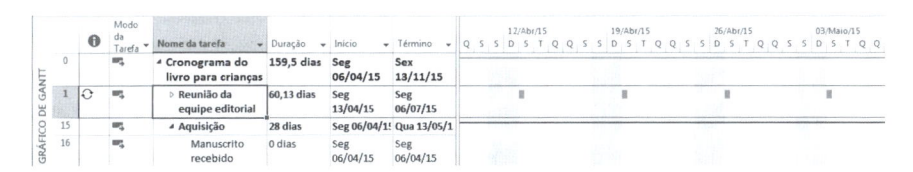

Aqui estão outros pontos a serem lembrados ao criar tarefas recorrentes:

- Por padrão, o Project agenda uma tarefa recorrente para iniciar na hora de início padrão do plano. (Clique em **Arquivo**, em **Opções** e, em seguida, em **Cronograma**.) Nesse projeto, esse valor está definido como 08:00. Se você deseja agendar uma tarefa recorrente para iniciar em um horário diferente, digite a hora junto com a data de início na caixa **Início** da caixa de diálogo **Informações sobre Tarefas Recorrentes**. Por exemplo, se quiser agendar a reunião da equipe recorrente para 10:00, a partir de 13 de abril, digite **13/04/15 10:00** na caixa **Início**.

- Como em uma tarefa resumo, a duração de uma tarefa recorrente se estende desde a primeira data de início até a última data de término das ocorrências individuais da tarefa recorrente.

- É possível agendar uma tarefa recorrente para terminar em uma data após o número de ocorrências especificado ou após uma data. Se você agenda uma tarefa recorrente para terminar em uma data específica, o Project sugere a data de término atual do projeto. Se você usar essa data, certifique-se de alterá-la manualmente, caso a data de término do projeto venha a mudar.

- Se quiser atribuir os mesmos recursos a todas as ocorrências de uma tarefa recorrente, atribua os recursos às tarefas recorrentes com a caixa de diálogo Atribuir recursos. A inserção de nomes de recursos no campo Nome do recurso da tarefa resumo recorrente atribui os recursos somente à tarefa recorrente resumo e não às ocorrências individuais.

# Visualização do caminho crítico do projeto

Um *caminho crítico* é a série de tarefas que empurram a data final do projeto se alguma dessas tarefas forem atrasadas. Nesse contexto, a palavra *crítico* não tem nada a ver com o grau de importância dessas tarefas em relação ao projeto global. Ela se refere apenas a como seu agendamento afetará a data de término do projeto; contudo, a data de término é de grande importância na maioria dos projetos. Se você quer encurtar a duração de um projeto, adiantando a data de término, precisa começar encurtando (também referenciado como *crashing*) o caminho crítico.

Ao longo da vida de um projeto, é provável que o caminho crítico mude ocasionalmente, à medida que as tarefas forem concluídas antes da data de término ou com atraso. Alterar as dependências entre tarefas ou as durações também pode alterar o caminho crítico. Depois que uma tarefa ao longo do caminho crítico é concluída, ela deixa de ser crítica, pois não pode mais afetar a data de término do projeto. No Capítulo 16, "Como retomar o controle do projeto", você vai trabalhar com várias técnicas para encurtar a duração global de um projeto.

A chave para se entender o caminho crítico é compreender a **margem de atraso**, também conhecida como *flutuação*. Existem dois tipos de margem de atraso: permitida e total. Margem de atraso permitida é a quantidade de tempo que uma tarefa pode ser atrasada sem provocar o atraso de outra. Margem de atraso total é a quantidade de tempo que uma tarefa pode ser atrasada sem atrasar a conclusão do projeto.

Uma tarefa está no caminho crítico se a sua margem de atraso total for menor do que determinado valor – por padrão, se for de zero dias. Por outro lado, as tarefas não críticas têm margem de atraso, significando que podem começar ou terminar mais cedo ou mais tarde dentro de suas margens de atraso, sem afetar a data de conclusão de um projeto.

**DICA** O recurso Caminho da Tarefa, apresentado no Capítulo 9, "Agendamento de tarefas avançado", faz distinção entre as relações predecessoras e sucessoras da tarefa selecionada. Por outro lado, o caminho crítico se aplica a qualquer sequência de tarefas vinculadas em um plano que afete a data de término desse plano.

O cenário: na Lucerne Publishing, muitas vezes perguntam a você quando o projeto do novo livro infantil vai estar concluído. No Project, é possível ver rapidamente a duração total e a data de término do projeto, mas de vez em quando é preciso mostrar o caminho crítico do projeto a um interessado, pois essa sequência de tarefas afeta a duração do projeto. Uma maneira de ver o caminho crítico é trocar para o modo de exibição Gantt Detalhado.

Neste exercício, você vai ver o caminho crítico do projeto.

1 Na guia **Exibição**, no grupo **Modos de Exibição de Tarefa**, clique na seta do botão **Gráfico de Gantt** e, em seguida, clique em **Mais modos de exibição**.

2 Na caixa de diálogo **Mais modos de exibição**, selecione **Gantt Detalhado** e, em seguida, clique em **Aplicar**.

O plano é exibido no modo de exibição Gantt Detalhado.

3 Na guia **Exibição**, no grupo **Zoom**, clique em **Aplicar Zoom no Projeto Inteiro**.

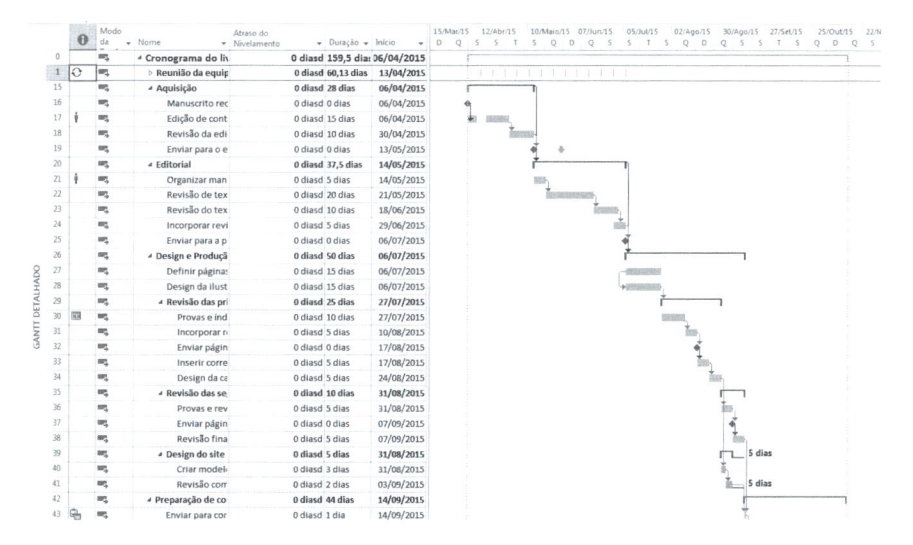

Devido à natureza altamente sequencial das relações entre as tarefas nesse plano, quase todas as tarefas estão no caminho crítico e, no modo de exibição Gantt Detalhado, suas barras de Gantt aparecem em vermelho.

Observe a barra de Gantt da tarefa 41, *Revisão com o autor*. A barra azul representa a duração da tarefa. A linha fina azul-petróleo e o número ao lado dela representam a margem de atraso permitida para essa tarefa. Como você pode ver, essa tarefa em particular tem alguma margem de atraso e, portanto, é uma tarefa não crítica.

> **DICA** Lembre-se de que, nesse sentido, o termo *crítico* não tem nada a ver com a importância da tarefa, mas apenas com a quantidade de margem de atraso total associada a ela e, em última análise, ao efeito que a tarefa tem na data de término do projeto.

4 Na guia **Exibição**, no grupo **Modos de Exibição de Tarefa**, clique na seta do botão **Gráfico de Gantt** e, em seguida, em **Gráfico de Gantt**.

Trabalhar com o caminho crítico é a maneira mais importante de gerenciar a duração global de um projeto. Em capítulos posteriores, você vai fazer ajustes que podem aumentar a duração do projeto. Verificar o caminho crítico do projeto e, quando necessário, encurtar sua duração total, são habilidades importantes do gerenciamento de projetos.

Aqui estão outros pontos a serem lembrados ao se trabalhar com o caminho crítico:

- Por padrão, o Project define uma tarefa como crítica se ela tem margem de atraso zero. Contudo, é possível mudar a quantidade de margem de atraso necessária para uma tarefa ser considerada crítica. Você pode fazer isso, por exemplo, se quiser identificar mais facilmente as tarefas que afetariam em um ou dois dias a data de término do projeto. Na guia Arquivo, clique em Opções e, na caixa de diálogo Opções do Project, clique na guia Avançado. Na caixa Tarefas são críticas quando a margem de atraso é menor ou igual a, na seção Opções de cálculo deste projeto, insira o número de dias desejado. Nessa mesma seção é possível optar por exibir vários caminhos críticos para cada rede de tarefas independente.

- Em resposta às mudanças na agenda, o Project recalcula o caminho crítico do plano automaticamente, mesmo que você nunca o exiba.

- A margem de atraso permitida pode ser vista representada na parte do gráfico do modo de exibição Gantt Detalhado e também é possível ver os valores da margem de atraso permitida e total na tabela Cronograma. Você pode aplicar a tabela Cronograma a qualquer modo de exibição de Gráfico de Gantt ou Planilha de Tarefas.

- É possível alternar a formatação das tarefas críticas e da margem de atraso diretamente em qualquer modo de exibição de Gráfico de Gantt. Na guia Formato, no grupo Estilos de Barra, marque ou desmarque as caixas de seleção Tarefas Críticas e Margem de Atraso.

- Aqui está outra maneira de identificar as tarefas que estão no caminho crítico. Na guia Exibição, no grupo Dados, selecione Crítica nas caixas Realçar ou Filtro.

> **DICA** Para saber mais sobre o caminho crítico, clique no botão Ajuda (que parece um ponto de interrogação) no canto superior direito da janela do Project e, na caixa Ajuda, digite **caminho crítico**.

# Agendamento manual de tarefas resumo

No Capítulo 4, "Criação de uma lista de tarefas", você trabalhou com **tarefas resumo** e subtarefas. Lembre-se de que o comportamento padrão do Project é calcular automaticamente a duração de uma tarefa resumo como o período de tempo entre a primeira data de início e a última data de término de suas subtarefas. Por isso, o Project configura as tarefas resumo como agendadas automaticamente – suas durações são determinadas automaticamente por suas subtarefas, não importando se essas subtarefas são agendadas manual ou automaticamente (ou uma mistura de ambas).

Entretanto, pode haver ocasiões em que você queira inserir diretamente um valor de duração para uma tarefa resumo que seja independente da duração calculada, conforme determinado por suas subtarefas. Por exemplo, uma tarefa resumo pode representar uma fase do trabalho para o qual você deseja alocar 60 dias úteis e também comparar essa duração com a duração calculada determinada pelas subtarefas (suas durações, relações entre tarefas e outros fatores). Isso é particularmente verdade durante o planejamento inicial de um plano, quando talvez seja necessário levar em conta o hiato entre a duração considerada ideal para uma fase de trabalho e a duração determinada por suas subtarefas.

Felizmente, é possível inserir qualquer duração desejada para uma tarefa resumo. Quando você faz isso, o Project muda o agendamento da tarefa resumo de automático para manual e reflete as durações inseridas manualmente e as calculadas automaticamente como partes separadas da barra de Gantt da tarefa resumo. Se a tarefa resumo for uma predecessora de outra tarefa, o Project reagendará a tarefa sucessora com base na duração manual, não na automática.

Definir uma duração manual para uma tarefa resumo é uma boa maneira de aplicar o enfoque *top-down* a um plano. Você pode, por exemplo, introduzir alguma margem de atraso ou folga em uma fase do trabalho, inserindo para a tarefa resumo uma duração manual maior do que sua duração calculada. Inversamente, você pode inserir uma duração manual desejada mais curta do que a duração agendada de uma tarefa resumo.

O cenário: na Lucerne Publishing, a editora desafiou a equipe a ter como meta uma duração de 30 dias úteis para a fase Editorial do projeto do novo livro infantil. Ela não se concentrou em uma data de término específica aqui; portanto, aplicar uma data de prazo final não é a melhor opção. Em vez disso, você vai registrar uma duração manual na tarefa resumo Editorial e depois vai comparar essa duração com a duração agendada automaticamente, fornecida pelo Project.

Neste exercício, você vai inserir durações manuais para algumas tarefas resumo.

1. Na guia **Exibição**, no grupo **Dados**, clique em **Mostrar Estrutura de Tópicos** e, em seguida, clique em **Nível 1**.

   O Project oculta todas as subtarefas e as tarefas resumo aninhadas, permitindo que você se concentre mais facilmente nas tarefas de nível superior do plano.

2. Na guia **Exibição**, no grupo **Zoom**, clique em **Aplicar Zoom no Projeto Inteiro**.

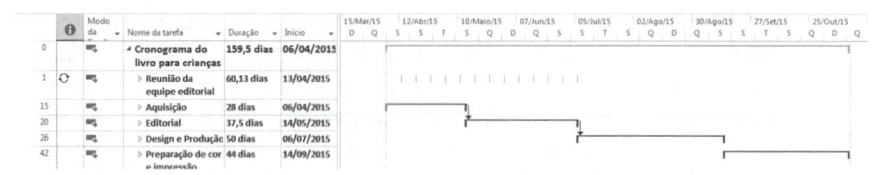

   Observe que o triângulo expandir/recolher ao lado dos nomes de tarefa resumo mudou de direção e de cor, indicando que as subtarefas estão ocultas. Nesse modo de exibição, é possível ver e comparar mais facilmente as durações das tarefas resumo individuais.

   Em seguida, você vai inserir algumas durações manuais. Vai começar com a fase Editorial, que gostaria de ver concluída dentro de 30 dias úteis.

3. Clique na seta expandir/recolher, ao lado do nome da tarefa 20, *Reunião da equipe editorial*.

   Com as subtarefas da tarefa resumo agora exibidas, você verá mais facilmente o efeito de inserir uma duração manual para a tarefa resumo.

4. No campo **Duração** da tarefa resumo 20, *Editorial*, digite **30d** e pressione Enter.

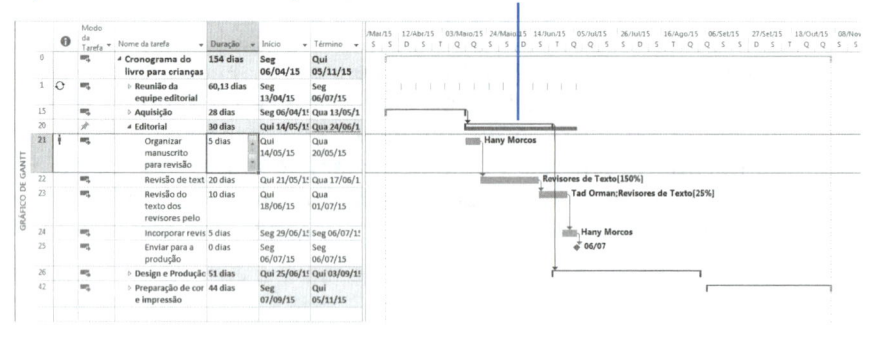

   Uma tarefa resumo agendada manualmente exibe duas barras para levar em conta as durações manual e automática.

O Project registra a duração inserida manualmente e faz alguns ajustes na agenda:

- A tarefa resumo é trocada do agendamento automático (o padrão para tarefas resumo) para o manual. Observe o ícone de alfinete na coluna Modo da Tarefa que reflete o status de agendamento da tarefa.

- O Project desenhou duas barras para a tarefa resumo. A barra superior representa a duração manual e a barra inferior representa a duração agendada automaticamente.

- O Project desenhou uma linha vermelha ondulada abaixo da nova data de término para identificá-la como um possível conflito de agendamento.

- O Project reagendou as tarefas sucessoras em todo o cronograma com base na duração da tarefa 20 inserida manualmente.

Observe que, agora, algumas das subtarefas ultrapassam a data de término agendada de suas tarefas resumo. Esse tempo adicional representa a quantidade pela qual o plano ultrapassa atualmente a duração desejada de 30 dias para a fase Editorial do trabalho.

Examinando o cronograma atualizado, você decide que gostaria de permitir um pouco mais de tempo para a preparação de cores e impressão. Para fazer isso, você vai inserir na tarefa resumo uma duração manual maior do que sua duração agendada.

5 Clique na seta expandir/recolher, ao lado do nome da tarefa 42, *Preparação de cor e impressão*.

6 No campo **Duração** da tarefa 42, digite **50d** e pressione Enter.

O Project registra a duração inserida manualmente, troca a tarefa resumo para agendada manualmente e redesenha a barra de Gantt.

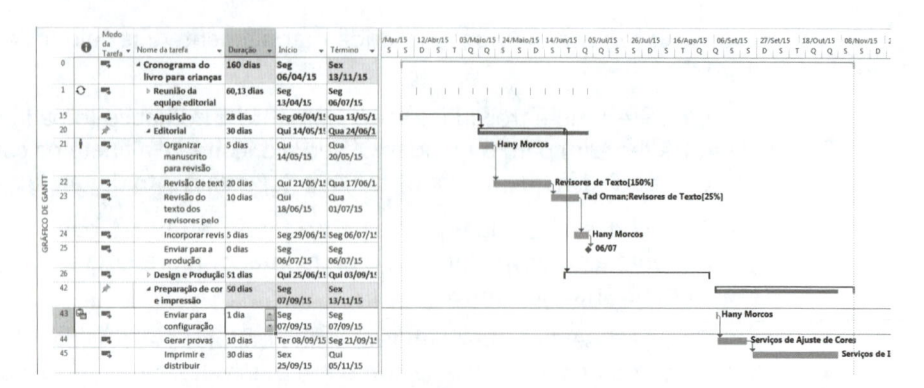

Aqui, você pode ver que a data de término da tarefa resumo 42 agora ultrapassa em vários dias as datas de término de suas subtarefas. Esses dias adicionais representam a diferença entre a duração agendada da tarefa resumo 42 e a duração manual inserida por você. Esse tempo é efetivamente uma folga adicionada à tarefa resumo.

**DICA** Ao inserir uma duração manual em uma tarefa resumo, talvez você ache útil comparar a duração manual e a nova data de término com a duração agendada automaticamente e as datas de término determinadas pelas subtarefas da tarefa resumo. Para ver os valores agendados automaticamente, você pode adicionar a uma tabela os campos Duração Agendada, Início Agendado e Término Agendado. Também pode apontar para as barras de Gantt da tarefa resumo na parte do gráfico de um modo de exibição Gráfico de Gantt. A Dica de Tela que aparece inclui esses e outros valores.

Para concluir este exercício, você vai ajustar as configurações de exibição para ver todas as subtarefas.

7 Na guia **Exibição**, no grupo **Dados**, clique em **Mostrar Estrutura de Tópicos** e, em seguida, clique em **Todas as subtarefas**.

O Project expande a lista de tarefas para mostrar todas as subtarefas.

**ENCERRAMENTO** Feche o arquivo Otimizando Tarefas.

## Pontos-chave

- Muitas vezes é possível definir uma data de prazo final para uma tarefa, em vez de aplicar uma restrição rígida, como Deve terminar em (DTE).

- Você pode registrar qualquer valor de custo fixo por tarefa e ele não será afetado pelos custos de recurso.

- O caminho crítico indica uma série de tarefas que determinam a data de término do projeto. O Project recalcula o caminho crítico automaticamente, o qual pode mudar à medida que os detalhes do seu plano mudarem.

- Configure uma tarefa recorrente para atividades que ocorrem em intervalos regulares, como reuniões de status.

- É possível inserir uma duração manual em uma tarefa resumo, além da sua duração agendada automaticamente.

# Visão geral do capítulo

## Disponibilidade
Altere a disponibilidade de recursos ao longo do tempo, página 214.

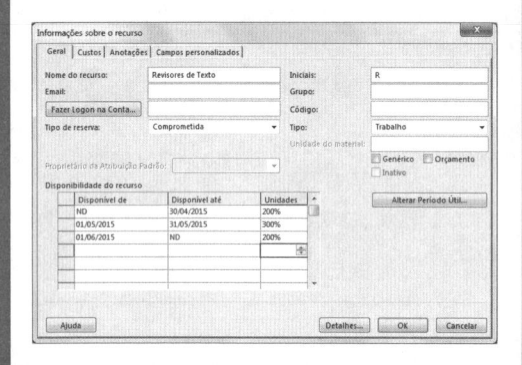

## Atraso
Controle quando um recurso começa a trabalhar em uma atribuição, página 222.

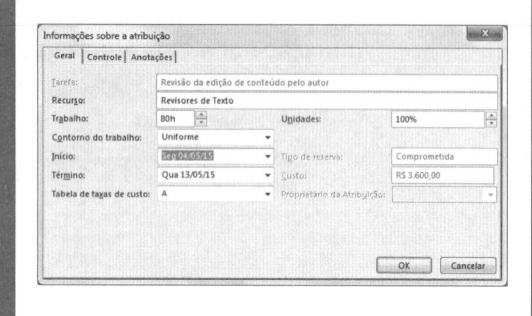

## Material
Atribua recursos materiais para controlar produtos, página 232.

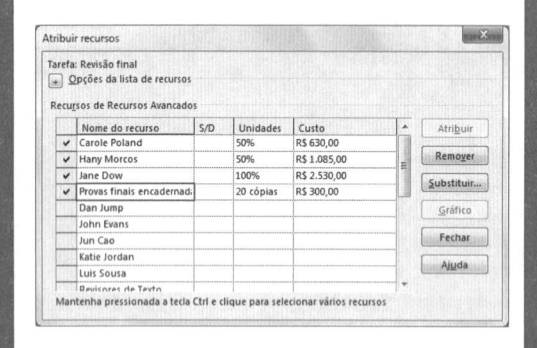

## Ajuste
Atribua e ajuste rapidamente as atribuições de recursos no modo de exibição Planejador de Equipe, página 237.

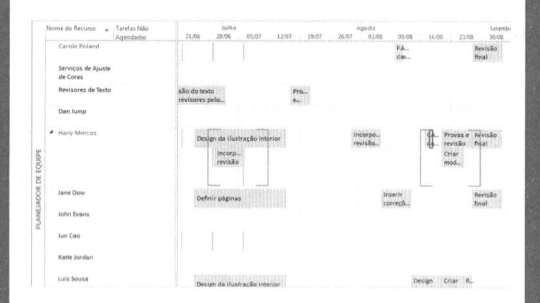

# Detalhes dos recursos e das atribuições

## 11

NESTE CAPÍTULO, VOCÊ APRENDERÁ A:

- Definir a disponibilidade do recurso para mudar ao longo do tempo.
- Definir diferentes remunerações para os recursos.
- Definir remunerações para um recurso, que serão alteradas ao longo do tempo.
- Definir um recurso material.
- Atrasar o início de uma atribuição de recurso.
- Controlar como o trabalho de um recurso em uma tarefa é distribuído ao longo do tempo, usando contornos de trabalho.
- Aplicar diferentes taxas de custo para um recurso considerando os diferentes tipos de trabalho executados por ele.
- Atribuir um recurso material a uma tarefa.
- Ver as capacidades de trabalho de recursos.
- Ajustar atribuições de recurso no modo de exibição Planejador de Equipe (somente no Project Professional).

Como os *recursos de trabalho* (pessoas e equipamentos) geralmente são a parte mais cara de um projeto, saber como usar melhor o tempo dos recursos é uma habilidade de planejamento de projeto importante. Neste capítulo, você vai usar diversos recursos avançados do Microsoft Project 2013 relacionados aos recursos – suas disponibilidades, atribuições a tarefas e custos resultantes. Os usuários do Project Professional também vão utilizar o modo de exibição Planejador de Equipe para gerenciar atribuições.

**ARQUIVOS DE PRÁTICA** Para fazer os exercícios deste capítulo, você precisa dos arquivos contidos na pasta Capitulo11. Para mais informações, consulte "Como baixar os arquivos de prática", na Introdução deste livro.

> **IMPORTANTE** Se você estiver executando o Project Professional com Project Web App/Project Server, tome o cuidado de não salvar no Project Web App (PWA) os arquivos de prática com os quais trabalhará neste livro. Para mais informações, consulte o Apêndice C, "Colaboração: Project, SharePoint e PWA".

# Definição da disponibilidade dos recursos para utilizá-los em períodos diferentes

Um dos valores armazenados pelo Project para cada recurso de trabalho é o de unidades máximas do recurso – a capacidade máxima de um recurso para executar tarefas. As configurações do período útil de um recurso (registradas no seu *calendário*) determinam quando o trabalho atribuído a ele pode ser agendado. Entretanto, a capacidade do recurso para trabalhar (o valor das unidades máximas) determina até que ponto ele pode trabalhar dentro daquelas horas sem ser *superalocado*. O valor das unidades máximas de um recurso não impede que ele seja superalocado, mas o Project indicará quando as atribuições do recurso excederem essa capacidade. É possível especificar que diferentes valores de unidades máximas sejam aplicados em diferentes períodos de tempo para um recurso.

**DICA** Se precisar de um lembrete sobre capacidade ou calendários de recursos, consulte o Capítulo 5, "Configuração dos recursos".

A definição da disponibilidade de um recurso ao longo do tempo permite controlar exatamente o valor das unidades máximas a qualquer momento. Por exemplo, você poderia ter dois revisores disponíveis para as primeiras oito semanas de um projeto, três para as seis semanas seguintes e, por fim, dois para o restante do projeto. Ou então, poderia ter um compositor que normalmente está disponível com 100% da capacidade, reduzido para apenas 50% por seis semanas e, depois, voltar à capacidade total.

O cenário: na Lucerne Publishing, você conseguiu aumentar a capacidade de revisão por um período da duração do plano do novo livro infantil. É preciso registrar isso no plano.

Neste exercício, você vai personalizar a disponibilidade de um recurso ao longo do tempo.

Capítulo 11 Detalhes dos recursos e das atribuições **215**

> **PREPARAÇÃO** Para fazer este exercício, você precisa do arquivo Recursos Avancados_Inicio localizado na pasta Capitulo11. Abra o arquivo e salve-o como Recursos Avancados.

1. Na guia **Exibição**, no grupo **Visões de Recurso**, clique em **Planilha de Recursos**.

   O modo de exibição Planilha de Recursos é exibido.

| | ❶ | Nome do recurso | Tipo | Unidade do Material | Iniciais | Grupo | Unid. máximas | Taxa padrão | Taxa h. extra | Custo/u | Acumu | Calendário base |
|---|---|---|---|---|---|---|---|---|---|---|---|---|
| 1 | ◈ | Carole Poland | Trabalho | | C | | 100% | R$ 2.100,00/sem | R$ 0,00/hr | R$ 0,00 | Rateado | Standard |
| 2 | | Serviços de Ajuste de Cores | Trabalho | | S | | 100% | R$ 0,00/hr | R$ 0,00/hr | R$ 0,00 | Rateado | Standard |
| 3 | | Revisores de Texto | Trabalho | | R | | 200% | R$ 45,00/hr | R$ 0,00/hr | R$ 0,00 | Rateado | Standard |
| 4 | | Dan Jump | Trabalho | | D | | 50% | R$ 75,50/hr | R$ 0,00/hr | R$ 0,00 | Rateado | Standard |
| 5 | ◈ | Hany Morcos | Trabalho | | H | | 100% | R$ 1.550,00/sem | R$ 0,00/hr | R$ 0,00 | Rateado | Standard |
| 6 | | Jane Dow | Trabalho | | J | | 100% | R$ 55,00/hr | R$ 0,00/hr | R$ 0,00 | Rateado | Standard |
| 7 | | John Evans | Trabalho | | J | | 100% | R$ 2.780,00/sem | R$ 0,00/hr | R$ 0,00 | Rateado | Standard |
| 8 | | Jun Cao | Trabalho | | J | | 100% | R$ 42,00/hr | R$ 63,00/hr | R$ 0,00 | Rateado | Standard |
| 9 | | Katie Jordan | Trabalho | | K | | 100% | R$ 48,00/hr | R$ 0,00/hr | R$ 0,00 | Rateado | Standard |
| 10 | | Luis Sousa | Trabalho | | L | | 100% | R$ 70,00/hr | R$ 0,00/hr | R$ 0,00 | Rateado | Standard |
| 11 | | Serviços de Impressão | Trabalho | | S | | 100% | R$ 0,00/hr | R$ 0,00/hr | R$ 0,00 | Rateado | Standard |
| 12 | | Robin Wood | Trabalho | | R | | 100% | R$ 44,00/hr | R$ 0,00/hr | R$ 0,00 | Rateado | Standard |
| 13 | ◈ | Sharon Salavaria | Trabalho | | S | | 50% | R$ 1.100,00/sem | R$ 0,00/hr | R$ 0,00 | Rateado | Standard |
| 14 | | Tad Orman | Trabalho | | T | | 100% | R$ 0,00/hr | R$ 0,00/hr | R$ 0,00 | Rateado | Standard |
| 15 | | Toby Nixon | Trabalho | | T | | 100% | R$ 2.700,00/sem | R$ 0,00/hr | R$ 0,00 | Rateado | Standard |
| 16 | | Viagem | Custo | | V | | | | | | Rateado | |
| 17 | | Vikas Jain | Trabalho | | V | | 100% | R$ 22,00/hr | R$ 0,00/hr | R$ 0,00 | Rateado | Standard |
| 18 | | William Flash | Trabalho | | W | | 100% | R$ 0,00/hr | R$ 0,00/hr | R$ 0,00 | Rateado | Standard |
| 19 | | Zac Woodall | Trabalho | | Z | | 100% | R$ 55,00/hr | R$ 0,00/hr | R$ 0,00 | Rateado | Standard |

No Capítulo 5, vimos que esse é um modo de exibição no qual é possível ver e editar os valores das unidades máximas dos recursos. Os valores das unidades máximas mostrados aqui normalmente se aplicam à duração total do projeto. Em seguida, você vai personalizar o valor de unidades máximas de um recurso de modo a variar em diferentes períodos durante esse projeto.

2. Na coluna **Nome do Recurso**, selecione o nome da tarefa 3, *Revisores de texto*.

   O recurso *Revisores de texto* não é uma pessoa específica; ele descreve uma categoria de trabalho que várias pessoas podem realizar em diferentes períodos por toda a duração do projeto. Ao contrário dos recursos nomeados individualmente, como Hany Morcos ou Serviços de configuração de cores, os revisores são intercambiáveis. Como gerente de projeto, você está mais preocupado com o conjunto de habilidades específicas da pessoa que poderá desempenhar essa função do que com a pessoa propriamente dita.

3 Na guia **Recurso**, no grupo **Propriedades**, clique em **Informações**.

**DICA** Outra maneira de apresentar a caixa de diálogo Informações sobre o recurso é dar um clique com o botão direito do mouse no valor Nome do Recurso e, no menu de atalho, clicar em Informações.

A caixa de diálogo Informações sobre o recurso é exibida. Se a guia Geral não estiver visível, clique nela.

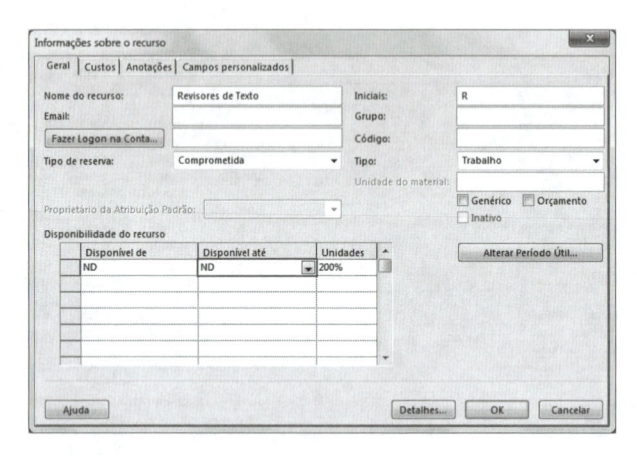

Você espera ter dois revisores disponíveis para trabalhar nesse projeto desde o início até o mês de abril, três para o mês de maio e, depois, voltar a ter dois para o restante do projeto.

4 Em **Disponibilidade do recurso**, na primeira linha da coluna **Disponível de**, deixe **ND** (de Não Disponível).

5 Na célula **Disponível até,** na primeira linha, digite ou selecione **30/04/15**.

6 Na célula **Unidades,** na primeira linha, deixe o valor **200%**.

7 Na célula **Disponível de,** na segunda linha, digite ou selecione **01/05/15**.

8 Na célula **Disponível até,** na segunda linha, digite ou selecione **31/05/15**.

9 Na célula **Unidades,** na segunda linha, digite ou selecione **300%**.

10 Na célula **Disponível de,** na terceira linha, digite ou selecione **01/06/15**.

11 Deixe a célula **Disponível até,** na terceira linha, em branco. (O Project vai inserir ND depois que você concluir o próximo passo.)

12 Na célula **Unidades** na terceira linha, digite ou selecione **200%** e, em seguida, pressione a tecla Enter.

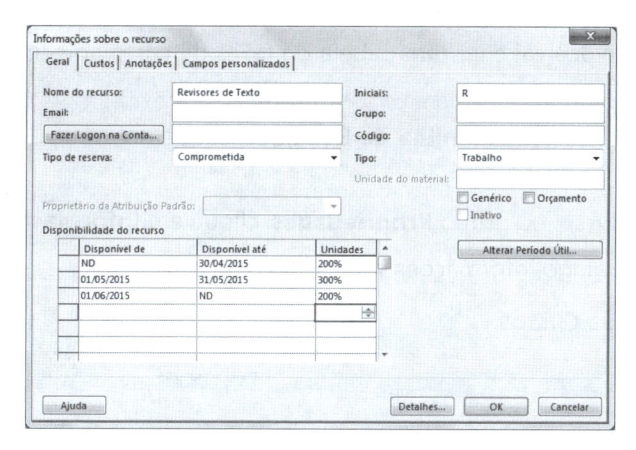

Para o mês de maio, você pode agendar até três revisores sem superalocá-los. Antes e depois desse período, você terá apenas dois revisores para agendar.

13 Clique em **OK** para fechar a caixa de diálogo **Informações sobre o recurso**.

No modo de exibição Planilha de Recursos, o campo Unidades máximas do recurso Revisores só exibirá o valor de 300% quando a data atual estiver no intervalo entre 1 e 31 de maio. A data atual é baseada no relógio do sistema do computador ou definida na caixa de diálogo Informações sobre o projeto. (Para ver essa caixa de diálogo, na guia Projeto no grupo Propriedades, clique em Informações do Projeto.) Nos outros períodos, exibirá 200%.

# Inserção de várias remunerações para um recurso

Alguns recursos de trabalho podem executar diferentes tarefas com diferentes remunerações. Por exemplo, no projeto do novo livro infantil, a editora pode ter também a função de editora de conteúdo. Como as remunerações de editor de projeto e de editor de conteúdo são diferentes, você pode definir duas remunerações para o recurso. Depois, após ter atribuído o recurso às tarefas, você especifica a remuneração a ser aplicada. Cada recurso pode ter até cinco remunerações diferentes, cada uma registrada em uma tabela de taxas de custo.

O cenário: na Lucerne Publishing, você prevê uma atribuição de trabalho que paga um valor diferenciado para um dos recursos. Você precisa registrar essa segunda remuneração para o recurso.

Neste exercício, você vai criar uma tabela de taxas de custo adicional para um recurso.

1. No modo de exibição **Planilha de Recursos**, clique no nome do recurso 5, *Hany Morcos*.

2. Na guia **Recurso**, no grupo **Propriedades**, clique em **Informações**.

   A caixa de diálogo Informações sobre o recurso é exibida.

3. Clique na guia **Custos**.

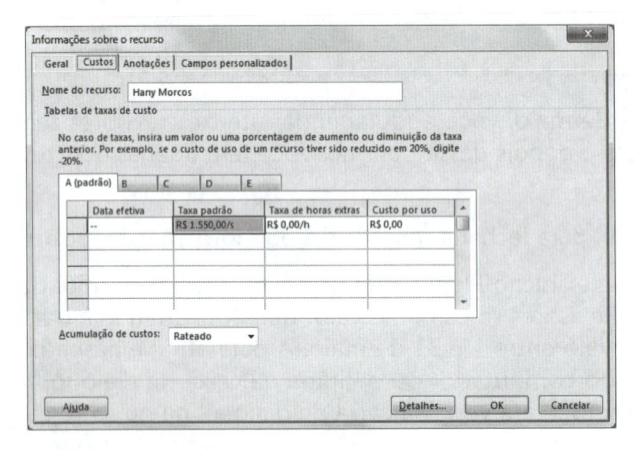

Você vê a remuneração padrão de Hany de R$1.550,00 por semana na tabela de taxas A. Cada guia (rotuladas como A, B, e assim por diante) corresponde a uma das cinco remunerações que um recurso pode ter.

4. Em **Tabelas de taxas de custo**, clique na guia **B**.

5. Selecione a entrada padrão de **$0.00/h** no campo imediatamente abaixo do cabeçalho de coluna **Taxa padrão** e digite **45/h**.

6. No campo **Taxa de horas extras** na mesma linha, digite **60/h** e pressione Enter.

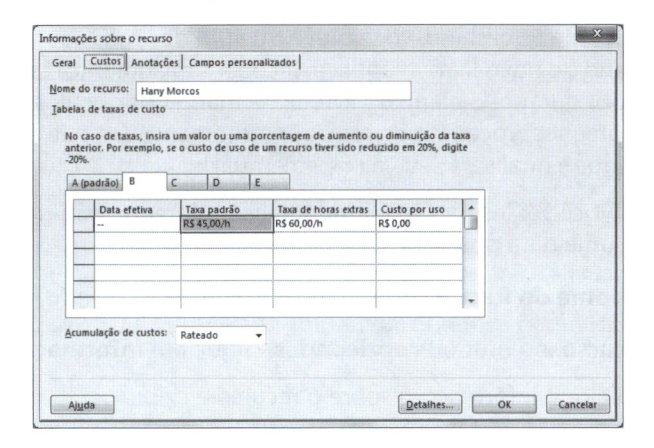

7  Clique em **OK** para fechar a caixa de diálogo **Informações sobre o recurso**.

Observe que, na Planilha de Recursos, a remuneração padrão de Hany ainda é de R$1.550,00 por semana (conforme registrado na coluna Taxa padrão). Isso corresponde ao valor existente na tabela de taxas A, a tabela de taxas padrão. Essa taxa será usada para todas as atribuições de tarefas de Hany, a menos que você especifique uma taxa diferente. Você vai fazer isso posteriormente neste capítulo.

# Diferentes remunerações de recurso para diferentes períodos

Os recursos podem ter remunerações padrão e por horas extras. Por padrão, o Project usa esses valores para a duração total do projeto. Contudo, é possível alterar as remunerações de um recurso para serem efetivadas a partir da data de sua escolha. Por exemplo, você poderia definir inicialmente um recurso com uma remuneração padrão de R$40,00/hora em 1º de janeiro, planejando aumentá-la para R$55,00/hora em 1º de julho.

O Project usa remunerações ao calcular os custos do recurso com base na data em que seu trabalho foi agendado. É possível atribuir até 25 remunerações para serem aplicadas em diferentes períodos para cada uma das cinco tabelas de taxa de custo de um recurso. O Project é flexível em relação aos formatos de remuneração adicionais inseridos. É possível inserir uma remuneração como um valor em reais específico ou como um aumento ou redução percentual em relação à remuneração anterior.

O cenário: na Lucerne Publishing, você prevê que um dos recursos que está trabalhando no plano do novo livro infantil vai receber um aumento. Esse aumento vai entrar em vigor durante o plano do livro. Para manter os cálculos de custo do plano bastante precisos, você tem de registrar o momento em que esse aumento entrará em vigor e qual será seu valor percentual.

Neste exercício, você vai inserir uma remuneração diferente para um recurso, a ser aplicada em uma data posterior.

1 Na coluna **Nome do Recurso**, selecione o nome do recurso 6, *Jane Dow*.

2 Na guia **Recurso**, no grupo **Propriedades**, clique em **Informações**.

A caixa de diálogo Informações sobre o recurso é exibida.

3 Clique na guia **Custos**, caso ainda não esteja selecionada.

Você vai inserir um aumento na remuneração na tabela de taxas de custo A.

4 Na célula **Data efetiva**, na segunda linha da tabela de taxas de custo **A**, digite ou selecione **01/06/15**.

5 Na célula **Taxa padrão**, na segunda linha, digite **15%** e, em seguida, pressione Enter.

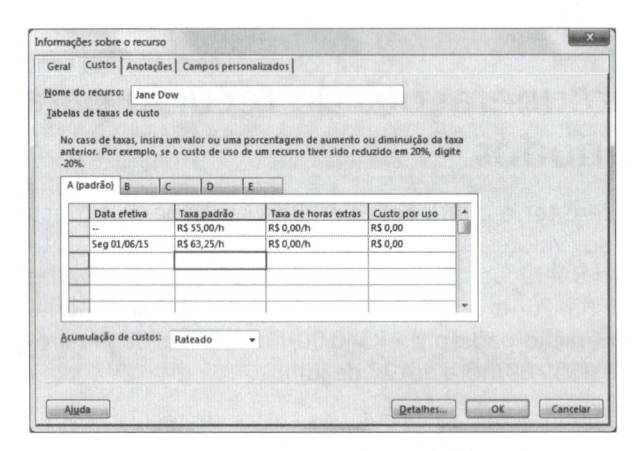

Observe que o Project calcula o aumento de 15% para produzir uma taxa de R$63,25 por hora. A taxa anterior de R$55,00 por hora mais 15% é igual a R$ 63,25 por hora. Você pode inserir um valor específico ou uma porcentagem para aumentar ou diminuir a taxa anterior.

> **DICA** Além das taxas de custos, ou em vez delas, um recurso pode incluir uma taxa estabelecida que o Project acumula para cada tarefa à qual o recurso é atribuído. Isso é denominado ***custo por uso***. Ao contrário das taxas de custo, o custo por uso não varia com a duração da tarefa ou a quantidade de trabalho realizado pelo recurso na tarefa. Você especifica o custo por uso no campo Custo por uso, no modo de exibição Planilha de Recursos ou no campo Custo por uso, na caixa de diálogo Informações sobre o recurso.

6 Clique em **OK** para fechar a caixa de diálogo **Informações sobre o recurso**.

No modo de exibição Planilha de Recursos, observe que a taxa inicial de Jane Dow, R$55,00/hora, aparece em seu campo Taxa Padrão. Esse campo mostrará R$55,00/hora até que a data atual mude para 01/06/15 ou data posterior. Então, ele mostrará a nova taxa padrão de R$63,25/hora.

# Recursos materiais

Recursos materiais são itens de consumo que você usa à medida que o projeto prossegue. Em um projeto de construção, os recursos materiais podem incluir pregos, madeira e concreto. Você trabalha com recursos materiais no Project para controlar uma quantidade fixa ou uma taxa de consumo do recurso material e os custos associados. Ao contrário do que acontece com os recursos de trabalho, não é possível inserir um valor de unidades máximas para um recurso de custo ou para um recurso material. Como nenhum desses tipos de recurso realiza trabalho, o valor de unidades máximas não se aplica. Embora o Project não seja um sistema completo de controle de estoque, ele pode ajudá-lo a se manter mais bem informado sobre a velocidade com que seus recursos materiais são consumidos e a que custo.

O cenário: na Lucerne Publishing, as provas finais são um recurso consumível de grande interesse. Elas são modelos de alta fidelidade do novo livro, criados antes da impressão comercial. Como a produção dessas provas finais é relativamente cara, você quer considerar seus custos no plano. Para isso, precisa criar um recurso material.

Neste exercício, você vai inserir informações sobre um recurso material.

1 Na **Planilha de Recursos**, clique na próxima célula vazia na coluna **Nome do Recurso**.

2 Digite **Provas finais encadernadas**.

Parte 3 Técnicas avançadas de agendamento

3. No campo **Tipo**, clique na seta, selecione **Material** e pressione a tecla Tab.

4. No campo **Unidade do Material**, digite **cópias**.

   *Cópias* é a unidade de medida que você vai usar para esse recurso material. Você vai ver esse rótulo novamente na seção "Atribuição de recursos materiais às tarefas", posteriormente neste capítulo.

5. No campo **Taxa Padrão**, digite **15** e, em seguida, pressione Enter.

   Esse é o custo por unidade desse recurso material; em outras palavras, cada cópia de uma prova final encadernada custa R$15,00. Posteriormente neste capítulo, você vai especificar a quantidade unitária do recurso material, quando atribuí-lo às tarefas. Assim, o Project calculará o custo da atribuição do recurso material como o custo por unidade que você inseriu acima vezes o número de unidades na atribuição.

O campo Unidade do Material só se aplica a recursos materiais.

| | Nome do recurso | Tipo | Unidade do Material | Iniciais | Grupo | Unid. máximas | Taxa padrão | Taxa h. extra | Custo/ur | Acumu | Calendário base |
|---|---|---|---|---|---|---|---|---|---|---|---|
| 10 | Luis Sousa | Trabalho | | L | | 100% | R$ 70,00/hr | R$ 0,00/hr | R$ 0,00 | Rateado | Standard |
| 11 | Serviços de Impressão | Trabalho | | S | | 100% | R$ 0,00/hr | R$ 0,00/hr | R$ 0,00 | Rateado | Standard |
| 12 | Robin Wood | Trabalho | | R | | 100% | R$ 44,00/hr | R$ 0,00/hr | R$ 0,00 | Rateado | Standard |
| 13 | Sharon Salavaria | Trabalho | | S | | 50% | .100,00/sem | R$ 0,00/hr | R$ 0,00 | Rateado | Standard |
| 14 | Tad Orman | Trabalho | | T | | 100% | R$ 0,00/hr | R$ 0,00/hr | R$ 0,00 | Rateado | Standard |
| 15 | Toby Nixon | Trabalho | | T | | 100% | .700,00/sem | R$ 0,00/hr | R$ 0,00 | Rateado | Standard |
| 16 | Viagem | Custo | | V | | | | | | Rateado | |
| 17 | Vikas Jain | Trabalho | | V | | 100% | R$ 22,00/hr | R$ 0,00/hr | R$ 0,00 | Rateado | Standard |
| 18 | William Flash | Trabalho | | W | | 100% | R$ 0,00/hr | R$ 0,00/hr | R$ 0,00 | Rateado | Standard |
| 19 | Zac Woodall | Trabalho | | Z | | 100% | R$ 55,00/hr | R$ 0,00/hr | R$ 0,00 | Rateado | Standard |
| 20 | Provas finais encadernadas | Material | | P | | | R$ 15,00 | | R$ 0,00 | Rateado | |

> **ENCERRAMENTO** Feche o arquivo Recursos Avançados.

Até aqui, neste capítulo, você se concentrou nos detalhes dos recursos. De agora em diante, vai se concentrar no ajuste dos detalhes das atribuições.

# Como atrasar o início das atribuições

Se mais de um recurso for atribuído a uma tarefa, talvez você não queira que todos eles iniciem o trabalho na tarefa ao mesmo tempo. É possível atrasar o início do trabalho de um ou mais recursos atribuídos a uma tarefa.

Capítulo 11 Detalhes dos recursos e das atribuições **223**

Por exemplo, vamos supor que quatro recursos tenham sido atribuídos a uma tarefa. Três deles trabalham inicialmente na tarefa e, depois, o quarto inspecionará a qualidade do trabalho. O inspetor deverá iniciar o trabalho na tarefa depois dos outros recursos.

O cenário: na Lucerne Publishing, o plano do novo livro infantil inclui uma tarefa à qual são atribuídos um revisor e o autor da obra, Tad Orman. O objetivo dessa tarefa é o autor revisar as edições feitas em seu manuscrito e, logo depois, o revisor começar a incorporar os comentários do autor. Neste momento, os dois recursos estão atribuídos ao trabalho por toda a duração da tarefa, mas você quer atrasar em dois dias úteis o início do trabalho do revisor.

Neste exercício, você vai atrasar o início da atribuição de um recurso em uma tarefa.

PREPARAÇÃO  Para fazer este exercício, você precisa do arquivo Atribuicoes Avancadas_Inicio localizado na pasta Capitulo11. Abra o arquivo e salve-o como Atribuicoes Avancadas.

1 Na guia **Exibição**, no grupo **Modos de Exibição de Tarefa**, clique em **Uso da Tarefa**.

   Vimos no Capítulo 9, "Agendamento de tarefas avançado", que o modo de exibição Uso da Tarefa agrupa os recursos atribuídos abaixo de cada tarefa.

2 Na coluna **Nome da Tarefa**, abaixo da tarefa 18, *Revisão da edição de conteúdo pelo autor*, clique no recurso atribuído *Revisores de texto*.

3 Na guia **Tarefa**, no grupo **Edição**, clique em **Rolar até a Tarefa**.

Como você pode ver, atualmente, essa tarefa tem dois recursos atribuídos: um revisor e o autor do novo livro, Tad Orman.

Em seguida, você vai atrasar a atribuição do revisor no modo de exibição Uso da Tarefa.

4 Na guia **Formato**, no grupo **Atribuição**, clique em **Informações**.

A caixa de diálogo Informações sobre a atribuição é exibida.

5 Clique na guia **Geral**, caso ainda não esteja selecionada; em seguida, na caixa **Início**, digite ou selecione **04/05/15**.

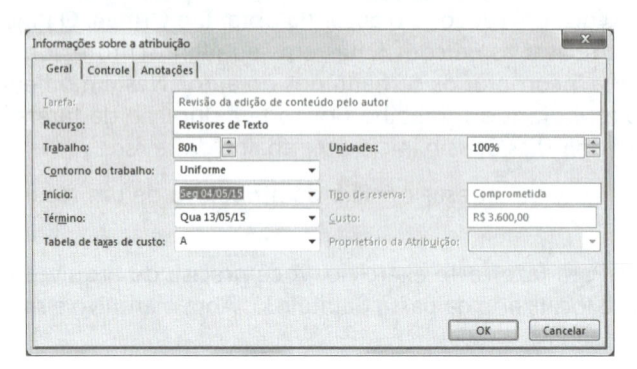

6 Clique em **OK** para fechar a caixa de diálogo **Informações sobre a atribuição**.

O Project ajusta a atribuição do revisor nessa tarefa para que ele não trabalhe hora alguma na quinta ou sexta-feira.

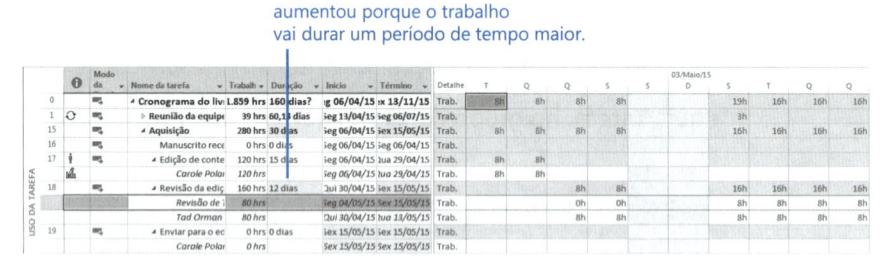

Agora, na parte dividida ao longo do tempo do modo de exibição, é possível ver que horas de trabalho zero estão agendadas para o revisor na quinta e sexta-feira, 30 de abril e 1º de maio. O outro recurso atribuído à tarefa não é afetado. Observe que o trabalho total dessa tarefa não foi alterado, mas sua duração sim – a data de término avançou dois dias úteis.

> **DICA** Se quiser que uma atribuição inicie em hora e data determinadas, você pode especificá-las na caixa Início. Por exemplo, se quiser que a atribuição do revisor comece às 13h em 30 de abril, digite **30/04/15 13:00**. Do contrário, o Project usará a hora de início padrão. Para alterar a hora de início padrão, na guia Arquivo, clique em Opções. Na caixa de diálogo Opções do Project, clique na guia Cronograma e, no campo Hora de início padrão, insira o valor desejado.

# Como aplicar contornos às atribuições

Nos modos de exibição Uso dos Recursos e Uso da Tarefa, é possível ver exatamente como o trabalho atribuído a cada recurso está distribuído ao longo do tempo. Além de visualizar os detalhes da atribuição, é possível mudar a quantidade de tempo que um recurso trabalha em uma tarefa em qualquer período. Existem várias maneiras de fazer isso:

- Aplicar um contorno de trabalho predefinido a uma atribuição. Os **contornos** predefinidos geralmente descrevem como o trabalho é distribuído ao longo do tempo, em termos de padrões gráficos. Por exemplo, o contorno predefinido Sino distribui menos trabalho no início e no final da atribuição e mais trabalho no meio dela. Se você fizesse um gráfico do trabalho ao longo do tempo, a forma lembraria um sino.

- Editar os detalhes da atribuição diretamente. Por exemplo, no modo de exibição Uso dos Recursos ou Uso da Tarefa, é possível alterar os valores de atribuição diretamente na grade da escala de tempo.

O modo como você contorna ou edita uma atribuição depende do que precisa fazer. Os contornos predefinidos funcionam melhor em atribuições nas quais é possível prever um padrão de esforço provável – por exemplo, para uma tarefa que exija um tempo de crescimento gradual, pode ser útil ter um contorno crescente para refletir a probabilidade de que o recurso trabalhará mais no final da atribuição.

O cenário: na Lucerne Publishing, você examinou as atribuições no plano do novo livro infantil com os recursos atribuídos. Um deles o informa de que, a partir de experiências anteriores, sabe que o padrão de trabalho esperado em uma de suas tarefas não corresponde ao padrão de trabalho na tarefa do modo como está agendado atualmente. Você quer atualizar o plano para ajustar com mais precisão o contorno de trabalho esperado nessa atribuição. Há também outra atribuição que exige um ajuste.

Neste exercício, você vai aplicar um contorno predefinido a uma atribuição e editar outra manualmente.

1 Na coluna **Nome da Tarefa**, abaixo da tarefa 38, *Revisão final*, clique no recurso atribuído *Carole Poland*.

2 Na guia **Tarefa**, no grupo **Edição**, clique em **Rolar até a Tarefa**.

| | | Modo da | Nome da tarefa | Trabalh | Duração | Início | Término | Detalhe | T | Q | Q | S | S | 30/Ago/15 D | S | T | Q | Q |
|---|---|---|---|---|---|---|---|---|---|---|---|---|---|---|---|---|---|---|
| | 36 | | Provas e revisão | 40 hrs | 5 dias | Sex 21/08/15 | Qui 27/08/15 | Trab. | 8h | 8h | 8h | | | | | | | |
| | | | Hany Morcos | 40 hrs | | Sex 21/08/15 | Qui 27/08/15 | Trab. | 8h | 8h | 8h | | | | | | | |
| USO DA TAREFA | 37 | | Enviar páginas de prova para a Produção | 0 hrs | 0 dias | Qui 27/08/15 | Qui 27/08/15 | Trab. | | | | | 0h | | | | | |
| | | | Hany Morcos | 0 hrs | | Qui 27/08/15 | Qui 27/08/15 | Trab. | | | | | 0h | | | | | |
| | 38 | | Revisão final | 80 hrs | 5 dias | Sex 28/08/15 | Qui 03/09/15 | Trab. | | | | | 16h | | 16h | 16h | 16h | 16h |
| | | | Carole Poland | 20 hrs | | Sex 28/08/15 | Qui 03/09/15 | Trab. | | | | | 4h | | 4h | 4h | 4h | 4h |
| | | | Hany Morcos | 20 hrs | | Sex 28/08/15 | Qui 03/09/15 | Trab. | | | | | 4h | | 4h | 4h | 4h | 4h |
| | | | Jane Dow | 40 hrs | | Sex 28/08/15 | Qui 03/09/15 | Trab. | | | | | 8h | | 8h | 8h | 8h | 8h |

Como você pode ver nos dados da escala de tempo à direita, dois recursos estão agendados para trabalhar nessa tarefa quatro horas por dia (isto é, 50% do seu período útil disponível) e um terceiro recurso está agendado para trabalhar em tempo integral. Todas essas atribuições têm um *contorno* uniforme – isto é, o trabalho é distribuído uniformemente ao longo do tempo. Esse é o tipo de contorno de trabalho padrão utilizado pelo Project ao agendar um trabalho.

Você quer mudar a atribuição de Carole Poland nessa tarefa para que ela inicie com uma atribuição diária pequena e aumente seu tempo de trabalho à medida que a tarefa progredir. Para fazer isso, você vai aplicar um contorno crescente à atribuição. Observe que a tarefa 38, *Revisão final*, é um tipo de tarefa de duração fixa, não o tipo de tarefa de unidades fixas padrão. Esse tipo de tarefa mantém a duração fixa, enquanto você ajusta suas atribuições.

**DICA** Se precisar de um lembrete sobre os tipos de tarefas, consulte "Controle do agendamento de tarefas com tipos de tarefa", no Capítulo 9, "Agendamento de tarefas avançado".

3 Na guia **Formato**, no grupo **Atribuição**, clique em **Informações**.

A caixa de diálogo Informações sobre a atribuição é exibida. Clique na guia Geral, caso ainda não esteja selecionada.

4 Clique na seta a fim de apresentar as opções da caixa **Contorno do trabalho**.

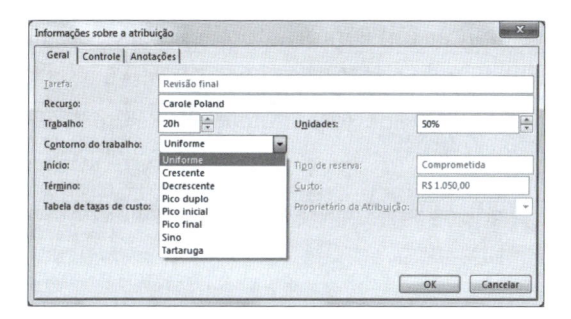

Capítulo 11 Detalhes dos recursos e das atribuições **227**

Todos esses são contornos de trabalho predefinidos e alguns dos nomes são representações gráficas das horas de trabalho ao longo do tempo de um recurso com esse contorno aplicado.

5 Selecione **Crescente** e, em seguida, clique em **OK** para fechar a caixa de diálogo **Informações sobre a atribuição**.

O Project aplica o contorno à atribuição desse recurso e reagenda seu trabalho na tarefa.

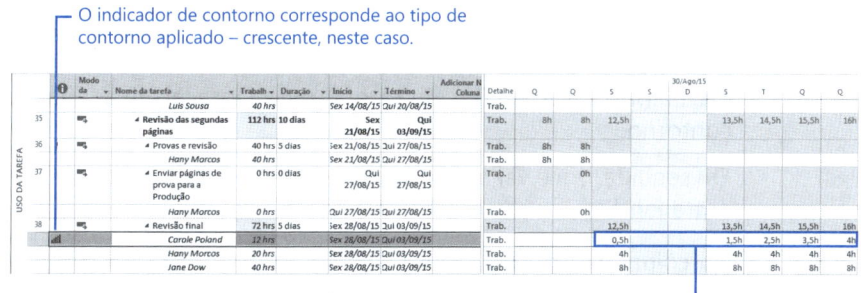

Você verá que, a cada dia sucessivo de duração da tarefa, é atribuído a Carole Poland um pouco mais de tempo para trabalhar na atribuição. Também verá um indicador de contorno na coluna Indicadores, mostrando o tipo de contorno aplicado à atribuição.

6 Na coluna Indicadores, aponte para o indicador de contorno.

| 38 | | ◢ Revisão final | 72 hrs | 5 dias | 28/08/2015 | 03/09/2015 |
| | | Carole | 12 hrs | | 28/08/2015 | 03/09/2015 |
| | | Esta atribuição agenda o trabalho dinamicamente usando uma padronagem crescente. | 20 hrs | | 28/08/2015 | 03/09/2015 |
| | | Morcos | | | | |
| | | Jane Dow | 40 hrs | | 28/08/2015 | 03/09/2015 |
| 39 | | ◢ Design do site de acompanhamer | 80 hrs | 5 dias | 21/08/2015 | 27/08/2015 |

O Project mostra uma Dica de Tela descrevendo o tipo de contorno aplicado a essa atribuição.

**DICA** A aplicação de um contorno a uma tarefa de duração fixa faz o Project recalcular o valor do trabalho do recurso para que ele trabalhe menos no mesmo período de tempo. Por exemplo, o trabalho total de Carole na tarefa 38 foi reduzido de 20 para 12 horas quando você aplicou o contorno. Dependendo do tipo de tarefa, a aplicação do contorno a essa atribuição pode fazer com que a duração global da tarefa seja ampliada. A tarefa 38 tem duração fixa; portanto, a aplicação do contorno não alterou a sua duração. No entanto, a duração seria alterada se a tarefa fosse de trabalho fixo ou de unidades fixas. Se não quiser que um contorno aumente a duração de uma tarefa, mude o tipo da tarefa (na guia Avançado da caixa de diálogo Informações da tarefa) para Duração fixa, antes de aplicar o contorno.

Em seguida, você vai editar diretamente os valores de trabalho atribuído de outra tarefa.

7 Na coluna **Nome da Tarefa**, abaixo da tarefa 38, *Revisão final*, clique no recurso atribuído *Hany Morcos*.

Observe que a Hany atualmente estão atribuídas quatro horas diárias para cada dia de duração da atribuição. Por que quatro horas? Hany normalmente tem oito horas de trabalho por dia nesses dias específicos (conforme determinado pelo seu calendário de recurso). Entretanto, ela foi atribuída a essa tarefa com 50% de suas unidades de atribuição; portanto, o trabalho agendado resultante é de apenas quatro horas por dia.

Você quer aumentar o trabalho de Hany nos dois últimos dias dessa tarefa, para que ela trabalhe em tempo integral. Para tanto, você vai editar manualmente seus valores de trabalho atribuído.

8 Na grade da escala de tempo no painel direito do modo de exibição Uso da Tarefa, selecione a atribuição de quatro horas de Hany Morcos na quarta--feira, 2 de setembro.

**DICA** Aponte para cada rótulo de dia na escala de tempo (S, T, Q, e assim por diante) e o valor de data desse dia aparecerá em uma Dica de Tela.

9  Digite **8h** e, em seguida, pressione a tecla Tab.

10 Na atribuição de Hany para quinta-feira, digite **8h** e pressione Enter.

| | | Modo da | Nome da tarefa | Trabalh | Duração | Início | Término | Adicionar N Coluna | Detalhe | Q | Q | S | S | 30/Ago/15 D | S | T | Q | Q |
|---|---|---|---|---|---|---|---|---|---|---|---|---|---|---|---|---|---|---|
| | | | Luis Sousa | 40 hrs | | Sex 14/08/15 | Qui 20/08/15 | | Trab. | | | | | | | | | |
| 35 | | | ⊿ Revisão das segundas páginas | 120 hrs | 10 dias | Sex 21/08/15 | Qui 03/09/15 | | Trab. | 8h | 8h | 12,5h | | | 13,5h | 14,5h | 19,5h | 20h |
| 36 | i | | ⊿ Provas e revisão | 40 hrs | 5 dias | Sex 21/08/15 | Qui 27/08/15 | | Trab. | 8h | 8h | | | | | | | |
| | | | Hany Morcos | 40 hrs | | Sex 21/08/15 | Qui 27/08/15 | | Trab. | 8h | 8h | | | | | | | |
| 37 | | | ⊿ Enviar páginas de prova para a Produção | 0 hrs | 0 dias | Qui 27/08/15 | Qui 27/08/15 | | Trab. | | 0h | | | | | | | |
| | | | Hany Morcos | 0 hrs | | Qui 27/08/15 | Qui 27/08/15 | | Trab. | | 0h | | | | | | | |
| 38 | | | ⊿ Revisão final | 80 hrs | 5 dias | Sex 28/08/15 | Qui 03/09/15 | | Trab. | | | 12,5h | | | 13,5h | 14,5h | 19,5h | 20h |
| | | | Carole Poland | 12 hrs | | Sex 28/08/15 | Qui 03/09/15 | | Trab. | | | 0,5h | | | 1,5h | 2,5h | 3,5h | 4h |
| | | | Hany Morcos | 28 hrs | | Sex 28/08/15 | Qui 03/09/15 | | Trab. | | | 4h | | | 4h | 4h | 8h | 8h |
| | | | Jane Dow | 40 hrs | | Sex 28/08/15 | Qui 03/09/15 | | Trab. | | | 8h | | | 8h | 8h | 8h | 8h |

Hany agora tem atribuídas oito horas por dia na quarta e na quinta-feira. O Project apresenta um indicador de contorno na coluna Indicadores, mostrando que um contorno editado manualmente foi aplicado à atribuição.

**DICA** Se quiser documentar os detalhes sobre o contorno de uma atribuição ou algo relativo a uma atribuição, você pode registrar os detalhes em uma anotação de atribuição. No modo de exibição Uso da Tarefa ou Uso dos Recursos, selecione a atribuição e, em seguida, clique no botão Anotações no grupo Atribuição da guia Formato. As anotações de atribuição são semelhantes às anotações de tarefas ou de recursos.

Aqui estão outros recursos que podem ser aplicados em um modo de exibição de uso:

- Além de editar manualmente os valores de trabalho em nível de recurso, como fez anteriormente, você pode editar valores de trabalho em nível de tarefa. Quando um valor de trabalho é alterado em nível de tarefa, o Project ajusta o valor do trabalho resultante por recurso, de acordo com o valor de unidades de cada recurso nessa atribuição. Por exemplo, vamos supor que, em um dia específico, dois recursos foram atribuídos por quatro horas cada um a uma tarefa que tinha um valor de trabalho total de oito horas. Se você alterar o trabalho total dessa tarefa nesse dia para 12 horas, o Project aumentará o trabalho por recurso de quatro para seis horas.

- É possível dividir uma tarefa no modo de exibição Gráfico de Gantt para levar em conta uma interrupção na tarefa, como foi feito no Capítulo 9. Também é possível dividir uma tarefa no modo de exibição Uso da Tarefa, inserindo valores de trabalho "0" na linha da tarefa na grade da escala de tempo para o intervalo de data desejado. Para preservar o trabalho total na tarefa, você deve adicionar a mesma quantidade de trabalho ao final da tarefa, à medida que subtrai com a divisão. Por exemplo, vamos supor que uma tarefa inicie na segunda-feira e tenha oito horas de trabalho total por dia, durante quatro dias. Seu padrão de trabalho (em horas por dia) é 8, 8, 8 e 8. Você interrompe o trabalho na tarefa na terça-feira e, então, acrescenta aquelas oito horas ao final da tarefa (neste caso, sexta-feira). O novo padrão de trabalho será 8, 0, 8, 8 e 8.

- Ao editar valores na grade de distribuição de tempo, é possível trabalhar com as células de maneira semelhante a como se trabalha em uma planilha do Excel – você pode arrastar e soltar valores e usar a alça de preenchimento automático para a direita ou para baixo.

# Como aplicar diferentes remunerações às atribuições

Vimos na seção "Inserção de várias remunerações para um recurso", anteriormente neste capítulo, que é possível definir até cinco remunerações por recurso, o que permite aplicar diferentes valores a diferentes atribuições para um recurso. Por exemplo, uma remuneração diferente poderia depender das habilidades necessárias para diferentes atribuições. Para cada atribuição, o Project usa inicialmente a tabela de taxas A, por padrão, mas é possível especificar outra tabela.

O cenário: na Lucerne Publishing, Hany atualmente está atribuída à tarefa 36, *Provas e revisão*, como editora de conteúdo, em vez de sua função normal de editora de projeto, mas a atribuição ainda reflete sua remuneração padrão como editora de projeto. Você vai aplicar uma remuneração diferente para levar em conta sua função de editora de conteúdo nessa tarefa. Lembre-se de que essa segunda remuneração foi definida para Hany anteriormente, na seção "Inserção de várias remunerações para um recurso".

Neste exercício, você vai alterar a tabela de taxas de custo a ser aplicada a uma atribuição.

1 Na coluna **Nome da Tarefa**, abaixo da tarefa 36, *Provas e revisão*, clique no recurso atribuído *Hany Morcos*.

Você vai ver o custo da atribuição de Hany.

2 Na guia **Exibição**, no grupo **Dados**, clique em **Tabelas** e, em seguida, clique em **Custo**.

O Project apresenta a tabela Custo. Observe o custo atual da atribuição de Hany para essa tarefa: R$1.550,00.

Capítulo 11  Detalhes dos recursos e das atribuições  **231**

> Na tabela Custo é possível ver as tarefas e o custo total de cada atribuição. Para ver outros valores de custo de atribuição, como o custo real ou a variação, role a tabela para a direita.

| | Nome da tarefa | Custo fixo | Acumulação de custo fixo | Custo total | Linha de base | Variação |
|---|---|---|---|---|---|---|
| 35 | ◢ Revisão das segundas páginas | R$ 0,00 | Rateado | R$ 5.795,00 | R$ 0,00 | R$ 5.795,00 |
| 36 | ◢ Provas e revisão | R$ 0,00 | Rateado | R$ 1.550,00 | R$ 0,00 | R$ 1.550,00 |
| | Hany Morcos | | | R$ 1.550,00 | R$ 0,00 | R$ 1.550,00 |
| 37 | ◢ Enviar páginas de prova para a Produção | R$ 0,00 | Rateado | R$ 0,00 | R$ 0,00 | R$ 0,00 |
| | Hany Morcos | | | R$ 0,00 | R$ 0,00 | R$ 0,00 |
| 38 | ◢ Revisão final | R$ 0,00 | Rateado | R$ 4.245,00 | R$ 0,00 | R$ 4.245,00 |
| | Carole Poland | | | R$ 630,00 | R$ 0,00 | R$ 630,00 |
| | Hany Morcos | | | R$ 1.085,00 | R$ 0,00 | R$ 1.085,00 |
| | Jane Dow | | | R$ 2.530,00 | R$ 0,00 | R$ 2.530,00 |

3  Na guia **Formato**, no grupo **Atribuição**, clique em **Informações**.

A caixa de diálogo Informações sobre a atribuição é exibida.

4  Clique na guia **Geral**, caso ainda não esteja selecionada.

5  Na caixa **Tabelas de taxas de custo**, digite ou selecione **B** e, em seguida, clique em **OK** para fechar a caixa de diálogo **Informações sobre a atribuição**.

O Project aplica a tabela B de taxas de custo de Hany à atribuição.

| | Nome da tarefa | Custo fixo | Acumulação de custo fixo | Custo total | Linha de base | Variação |
|---|---|---|---|---|---|---|
| 35 | ◢ Revisão das segundas páginas | R$ 0,00 | Rateado | R$ 6.045,00 | R$ 0,00 | R$ 6.045,00 |
| 36 | ◢ Provas e revisão | R$ 0,00 | Rateado | R$ 1.800,00 | R$ 0,00 | R$ 1.800,00 |
| | Hany Morcos | | | R$ 1.800,00 | R$ 0,00 | R$ 1.800,00 |
| 37 | ◢ Enviar páginas de prova para a Produção | R$ 0,00 | Rateado | R$ 0,00 | R$ 0,00 | R$ 0,00 |
| | Hany Morcos | | | R$ 0,00 | R$ 0,00 | R$ 0,00 |
| 38 | ◢ Revisão final | R$ 0,00 | Rateado | R$ 4.245,00 | R$ 0,00 | R$ 4.245,00 |
| | Carole Poland | | | R$ 630,00 | R$ 0,00 | R$ 630,00 |
| | Hany Morcos | | | R$ 1.085,00 | R$ 0,00 | R$ 1.085,00 |
| | Jane Dow | | | R$ 2.530,00 | R$ 0,00 | R$ 2.530,00 |

O novo custo da atribuição, R$1.800,00, aparece na coluna Custo total. O novo valor de custo também é contabilizado nas tarefas resumo e na tarefa resumo do projeto.

**DICA**  Se você modifica as tabelas de taxas de custo frequentemente, achará mais rápido apresentar o campo Tabela de taxas de custo diretamente no modo de exibição Uso dos Recursos ou Uso da Tarefa. Role até a margem direita da parte da tabela de um modo de exibição de uso, clique em Adicionar Nova Coluna e selecione Tabela de taxas de custo.

# Atribuição de recursos materiais às tarefas

Na seção "Recursos materiais", anteriormente neste capítulo, você criou o *recurso material* chamado *Provas finais encadernadas*. Lembre-se de que os recursos materiais são usados ou "consumidos" à medida que o projeto avança. Exemplos comuns para um projeto de construção incluem madeira e concreto.

Ao atribuir um recurso material, você pode lidar com consumos e custos de duas maneiras:

- Atribuir uma quantidade de unidades fixas do recurso material à tarefa. Para determinar o custo, o Project multiplicará o custo da unidade desse recurso pelo número de unidades atribuídas. (Você vai usar esse método no próximo exercício.)

- Atribuir uma quantidade variável do recurso material à tarefa, relativa à duração da tarefa. O Project ajustará a quantidade e o custo quando a duração da tarefa mudar. Essa estratégia está descrita com mais detalhes no quadro "Taxas de consumo variáveis para recursos materiais", mais adiante nesta seção.

O cenário: na Lucerne Publishing, você está interessado em controlar o uso e o custo das provas finais encadernadas do novo livro infantil.

Neste exercício, você vai atribuir um recurso material a uma tarefa e inserir uma quantidade de unidades fixas para consumo.

1 Na guia **Tarefa**, no grupo **Exibir**, clique em **Gráfico de Gantt**.

2 Na coluna **Nome da Tarefa**, clique no nome da tarefa 38, *Revisão final*.

Você prevê que precisará de 20 cópias de provas finais encadernadas para essa revisão.

3 Na guia **Tarefa**, no grupo **Edição**, clique em **Rolar até a Tarefa**.

4 Na guia **Recurso**, no grupo **Atribuições**, clique em **Atribuir Recursos**.

A caixa de diálogo Atribuir recursos é exibida.

5 Na caixa de diálogo **Atribuir recursos**, selecione o campo **Unidades** do recurso *Provas finais encadernadas*.

6 Digite ou selecione **20** e, em seguida, clique em **Atribuir**.

O Project atribui o recurso material à tarefa e calcula o custo da atribuição como R$300,00 (R$15,00 por cópia, vezes 20 cópias).

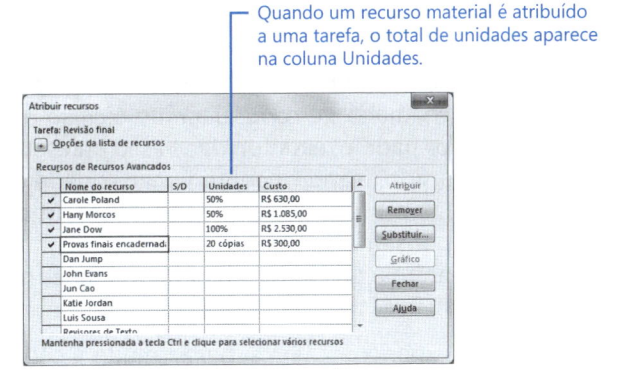

*Quando um recurso material é atribuído a uma tarefa, o total de unidades aparece na coluna Unidades.*

Como *Provas finais encadernadas* é um recurso material, não pode trabalhar. Portanto, atribuir um recurso material não afeta a duração de uma tarefa.

7 Clique em **Fechar** para fechar a caixa de diálogo **Atribuir recursos**.

---

## Taxas de consumo variáveis para recursos materiais

Você acabou de atribuir um recurso material a uma tarefa com uma quantidade fixa ou *taxa de consumo fixa*. Outra maneira de usar recursos materiais é atribuí-los com uma *taxa de consumo variável*. A diferença entre as duas taxas é a seguinte:

- *Taxa de consumo fixa* significa que, independentemente da duração da tarefa à qual o recurso material está atribuído, uma quantidade absoluta do recurso será usada. Por exemplo, despejar concreto para a fundação de uma casa exige uma quantidade fixa de concreto, independentemente do tempo que demore para despejá-lo.

- *Taxa de consumo variável* significa que a quantidade do recurso material consumido depende da duração da tarefa. Ao operar um gerador, por exemplo, mais combustível será consumido em quatro horas do que em duas, e é possível determinar uma taxa por hora na qual o combustível será consumido. Você insere uma taxa de consumo variável em unidades por período de tempo; por exemplo, insere "2/h" para registrar o consumo de dois galões de combustível por hora. Após a inserção de uma taxa de consumo variável para a atribuição de um recurso material, o Project calcula a quantidade total do recurso material consumido, com base na duração da tarefa.

A vantagem de usar uma taxa de consumo variável é que ela é vinculada à duração da tarefa. Se a duração mudar, a quantidade e o custo calculados do recurso material também mudarão. Quando precisar desse nível de controle de custo para um recurso material, use uma taxa de consumo variável.

# Visualização da capacidade do recurso

Lembre-se de que a quantidade de tempo que um recurso é capaz de trabalhar nas tarefas em um projeto é chamada de *capacidade do recurso* e, no Project, isso é medido em unidades. Por padrão, essas unidades são apresentadas como um valor percentual, com 0% significando nenhuma capacidade e 100% significando a capacidade máxima ou total de um recurso com uma agenda de trabalho normal de 40 horas por semana. No Project, a capacidade máxima de um recurso para trabalhar é controlada como o valor de unidades máximas (rotuladas como **Unid. máximas**).

Mesmo gerentes de projetos experientes têm superestimado a capacidade dos recursos de pessoas alocadas para trabalhar em determinado projeto. Isso pode causar problemas durante a execução de um projeto e descontentar os recursos, especialmente quando o gerente de projeto também subestima a quantidade de trabalho necessária para terminar as tarefas do projeto. Existem muitas razões legítimas para esperar alguma variação nas estimativas de trabalho da tarefa – especialmente no estágio de planejamento inicial de um projeto. Entretanto, a capacidade do recurso deve ser mais fácil de estimar com precisão. Esta seção apresenta algumas ferramentas úteis do Project que podem ajudá-lo a ver e entender melhor a capacidade dos recursos.

Ver a capacidade de trabalho por recurso proporciona um melhor entendimento da capacidade global de seu projeto. Isso, por sua vez, pode ajudar a informar a você e aos interessados no projeto sobre quaisquer possíveis ajustes no escopo do projeto, para corresponder melhor à capacidade da equipe (ou vice-versa). Normalmente, pode-se esperar uma das seguintes condições para a capacidade dos recursos:

- O trabalho planejado é menor do que a capacidade de trabalho da equipe. Talvez você possa usar parte do tempo dos recursos para outros projetos ou para trabalhar mais nesse projeto.

- O trabalho planejado excede a capacidade de trabalho da equipe. Talvez seja necessário reduzir o escopo do trabalho ou obter mais recursos.

- O trabalho planejado é aproximadamente igual à capacidade de trabalho da equipe.

**DICA** Essa maneira de entender o escopo do projeto e a capacidade dos recursos será explorada com mais detalhes no Apêndice A, "Um breve curso em gerenciamento de projetos".

O cenário: na Lucerne Publishing, neste ponto do planejamento do projeto do novo livro infantil, você definiu uma lista de tarefas inicial e detalhes de recursos iniciais. Agora, vai examinar a capacidade dos recursos em pormenores.

Capítulo 11  Detalhes dos recursos e das atribuições  **235**

Neste exercício, você vai examinar a capacidade do recurso individual por dia e mês, durante o período de tempo no qual o projeto está agora agendado.

1 Na guia **Exibição**, no grupo **Visãos de Recurso**, clique em **Uso do Recurso**.

O Project apresenta o modo de exibição Uso dos Recursos.

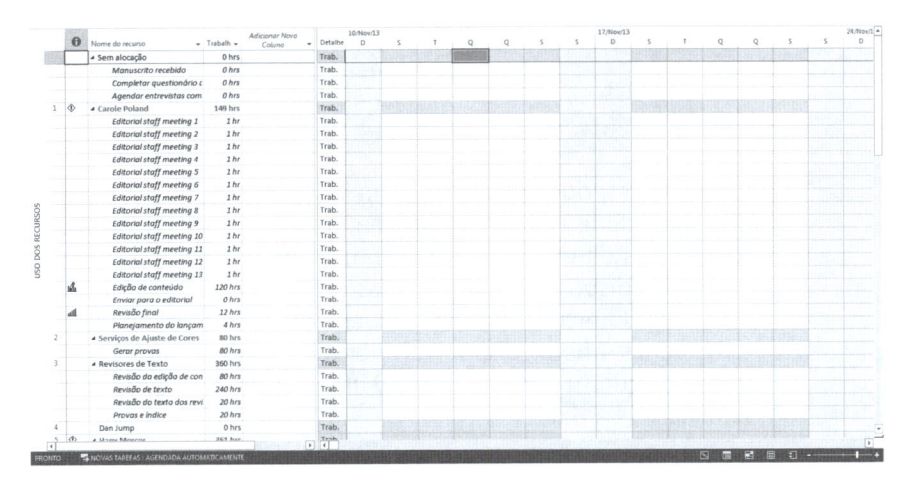

Lembre-se de que, nesse modo de exibição, o painel esquerdo organiza as tarefas abaixo dos recursos aos quais estão atribuídas. O painel direito mostra a atribuição e outros valores organizados na linha do tempo. Aqui, nosso objetivo é ver a disponibilidade dos recursos. Para começar, você vai mudar o modo de exibição dividido ao longo do tempo para mostrar a disponibilidade dos recursos.

2 Na guia **Formato**, no grupo **Detalhes**, marque a caixa de seleção **Disponibilidade Restante**.

3 Na guia **Formato**, no grupo **Detalhes**, desmarque a caixa de seleção **Trabalho**.

O Project oculta os detalhes de Trabalho, deixando visíveis os detalhes de Disponibilidade Restante.

4 Clique no cabeçalho de coluna **Nome do Recurso**.

5 Na guia **Exibição**, no grupo **Dados**, clique em **Mostrar Estrutura de Tópicos** e, em seguida, clique em **Ocultar subtarefas**.

Agora, você pode ver, no lado direito do modo de exibição, os valores de disponibilidade restantes diariamente para todos os recursos de trabalho. Os recursos de tempo integral, como Carole Poland, têm as 8 horas diárias esperadas disponíveis para os dias nos quais não há atribuições para eles. Dan Jump, o recurso de meio expediente com 50% de unidades máximas, tem apenas 4 horas disponíveis por dia. Jun Cao, que tem uma agenda de trabalho "quatro por dez", tem 10 horas disponíveis por dia, quatro dias por semana.

Em seguida, você vai ajustar o nível de zoom do modo de exibição dividido ao longo do tempo para ver a disponibilidade por mês.

6 Na guia **Exibição**, no grupo **Zoom**, clique em **Meses** na caixa de **Escala de Tempo**.

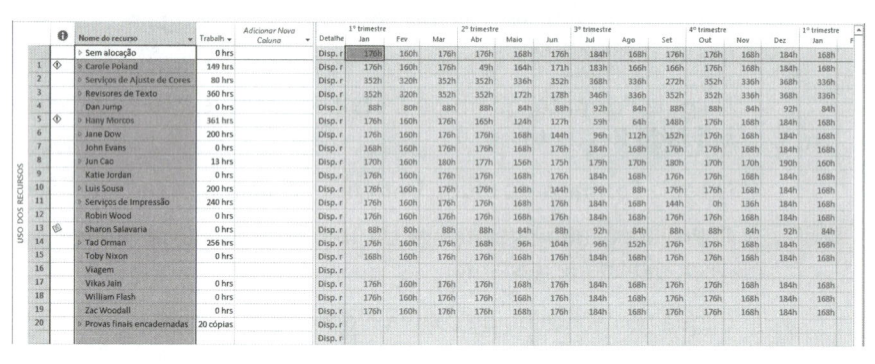

O Project mostra as horas disponíveis por recurso, por mês. Observe que alguns valores de atribuição e nomes de recurso estão formatados em vermelho e têm um indicador de alerta ao lado de seus nomes. Esses recursos estão superalocados: eles receberam mais trabalho do que sua capacidade permite em algum período. Você vai solucionar o problema dos recursos superalocados no Capítulo 12, "Ajuste do plano de projeto".

> **DICA** Nesta seção, você examinou a capacidade dos recursos no modo de exibição Uso dos Recursos. Outros recursos do Project que ajudam a ver e a gerenciar a capacidade dos recursos incluem o modo de exibição Gráfico de Recursos (na guia Exibição, no grupo Visões de Recurso, clique em Outros modos de exibição e, em seguida, em Gráfico de Recursos) e os dois relatórios voltados para recursos (na guia Relatório, no grupo Ver Relatórios, clique em Recursos e, em seguida, clique em um dos relatórios listados).

# Ajuste das atribuições no modo de exibição Planejador de Equipe

> **IMPORTANTE** O modo de exibição Planejador de Equipe só está disponível no Project Professional e não no Project Standard. Se você tem o Project Standard, pule esta seção.

Os modos de exibição Uso da Tarefa e Uso dos Recursos são modos poderosos nos quais é possível alcançar objetivos complexos, como contornar manualmente as atribuições dos recursos. Se esses modos de exibição apresentam mais detalhes do que o desejado, o Project Professional contém um modo de exibição simples, mas poderoso, denominado Planejador de Equipe.

No modo de exibição Planejador de Equipe, você vê as tarefas organizadas pelo recurso para o qual foram atribuídas (como o modo de exibição Uso dos Recursos) e quaisquer tarefas não atribuídas. Tanto as tarefas atribuídas como as não atribuídas podem ser:

- **TAREFAS AGENDADAS** Agendadas para um período de tempo específico e apresentadas no modo de exibição Planejador de Equipe em um ponto específico no tempo.
- **TAREFAS NÃO AGENDADAS** Tarefas agendadas manualmente, com ou sem um recurso atribuído.

O que o modo de exibição Planejador de Equipe permite que os outros modos de uso não permitem é um método simples de arrastar e soltar para reagendar ou reatribuir tarefas.

O cenário: na Lucerne Publishing, você achou o modo de exibição Planejador de Equipe particularmente útil ao examinar as atribuições com os recursos trabalhando no plano do novo livro infantil. Você identificou alguns problemas de atribuição que precisam ser resolvidos e vai fazer isso no modo de exibição Planejador de Equipe.

Neste exercício, você vai examinar as atribuições dos recursos e resolver alguns problemas de superalocação. Também vai atribuir algumas tarefas não atribuídas e não agendadas.

1 Na guia **Exibição**, no grupo **Visões de Recurso**, clique em **Planejador de Equipe**.

O modo de exibição Planejador de Equipe é exibido.

**DICA** Você também pode clicar no atalho do modo de exibição Planejador de Equipe na barra de status, no canto inferior direito da janela do Project.

2 Na coluna **Nome do Recurso**, selecione *Carole Poland*.

3 Na guia **Tarefa**, no grupo **Edição**, clique em **Rolar até a Tarefa**.

As atribuições de recurso iniciais de Carole Poland são exibidas.

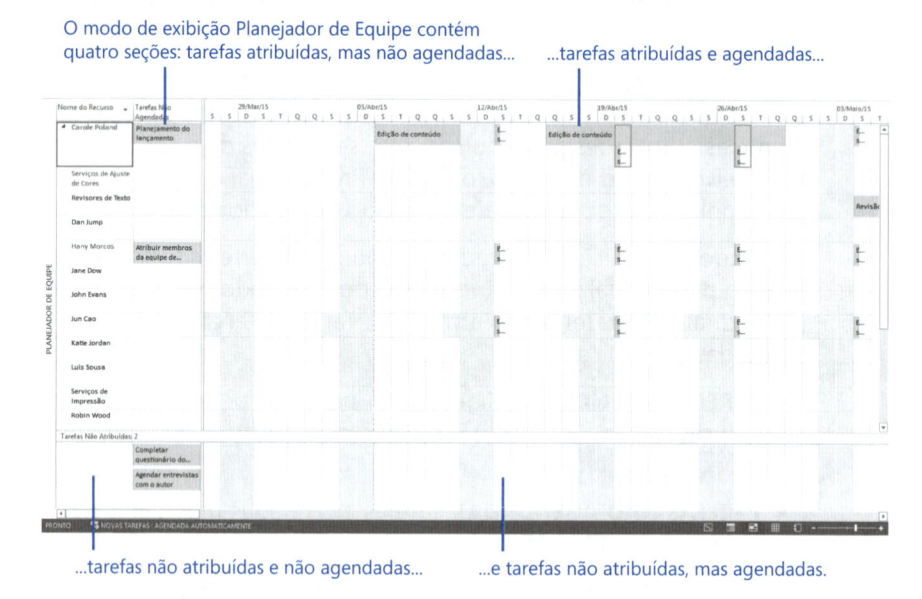

O modo de exibição Planejador de Equipe contém quatro seções: tarefas atribuídas, mas não agendadas... ...tarefas atribuídas e agendadas...

...tarefas não atribuídas e não agendadas... ...e tarefas não atribuídas, mas agendadas.

Em primeiro lugar, você vai agendar as tarefas atribuídas, mas não agendadas (isto é, *agendadas manualmente*). Carole tem uma tarefa não agendada e várias tarefas agendadas. Na verdade, suas tarefas agendadas a tornaram superalocada. A formatação em vermelho do seu nome comunica o fato de que ela está superalocada, e as caixas vermelhas desenhadas pelo Project em torno de algumas das atribuições de Carole informam quando ela está superalocada.

## Capítulo 11 Detalhes dos recursos e das atribuições

Você quer que a tarefa não agendada de Carole, *Planejamento do lançamento*, comece no início de agosto; portanto, vai movê-la para lá.

4 Role horizontalmente o modo de exibição até que a semana de 9 de agosto fique visível na escala de tempo.

**DICA** Também é possível pressionar CTRL+Y e, no campo Data da caixa de diálogo Ir para, digitar ou selecionar 09/08/15 e, em seguida, clicar em OK.

5 Clique e arraste a tarefa não agendada de Carole, *Planejamento do lançamento*, na linha de Carole, de modo que a data de início seja segunda-feira, 10 de agosto.

Assim como no gráfico de Gantt, a largura de uma barra de tarefa agendada corresponde à sua duração. Dependendo do nível de zoom da escala de tempo, talvez você não veja os nomes completos das tarefas em algumas barras de tarefas.

6 Aponte o mouse para a tarefa que você acabou de agendar.

Aparece uma Dica de Tela contendo os detalhes essenciais da tarefa.

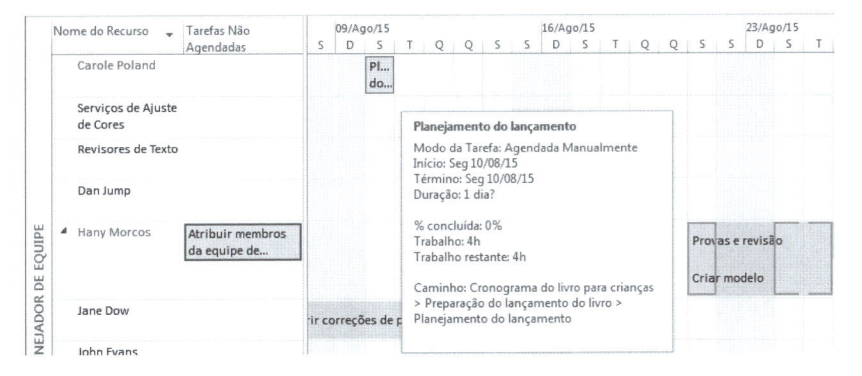

Observe que, embora essa tarefa esteja agora agendada para uma data e hora específicas, ela ainda é uma tarefa agendada manualmente e permanecerá assim até que seja trocada para o *agendamento automático*.

Em seguida, você vai agendar a tarefa não agendada atribuída a Hany Morcos e também vai atribuí-la a Carole. Você quer que essa tarefa também esteja concluída no início de agosto.

7 Clique e arraste o nome da tarefa não agendada de Hany Morcos, *Atribuir membros da equipe de lançamento*, para a linha de Carole Poland, de modo que a data de início da tarefa seja terça-feira, 11 de agosto.

O Project agenda e reatribui a tarefa.

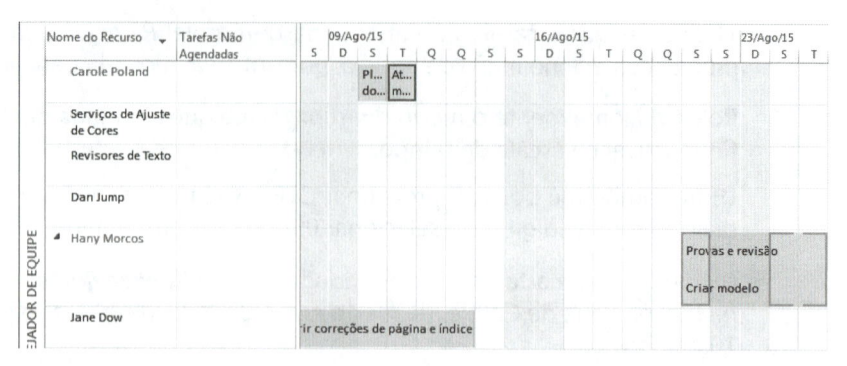

Em seguida, você vai atribuir as duas tarefas não atribuídas e não agendadas. Ambas devem ser atribuídas a Hany Morcos.

8 Clique e arraste a primeira tarefa não atribuída, *Completar questionário do autor*, para a linha de Hany Morcos, de modo que a data de início da tarefa seja segunda-feira, 17 de agosto.

9 Clique e arraste a tarefa não atribuída restante, *Agendar entrevistas com o autor*, para a linha de Hany Morcos, de modo que a data de início da tarefa seja terça-feira, 18 de agosto.

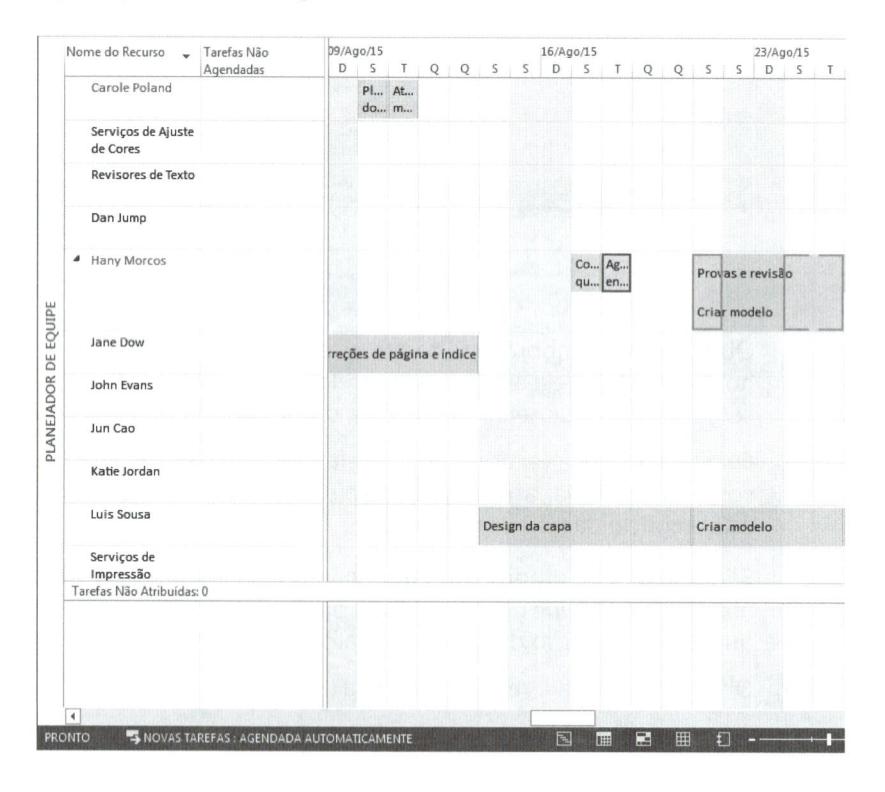

Agora, as duas tarefas estão atribuídas e agendadas, embora permaneçam agendadas manualmente.

Para concluir este exercício, você vai resolver alguns dos problemas de superalocação de recursos que aparecem no lado da escala de tempo do modo de exibição Linha do Tempo.

10 Na guia **Exibição**, no grupo **Zoom**, clique na seta ao lado da caixa **Escala de Tempo** e, depois, em **Semanas**.

A escala de tempo é ajustada para mostrar mais do plano.

11 Role o modo de exibição horizontalmente, até que a semana de 28 de junho fique visível na escala de tempo.

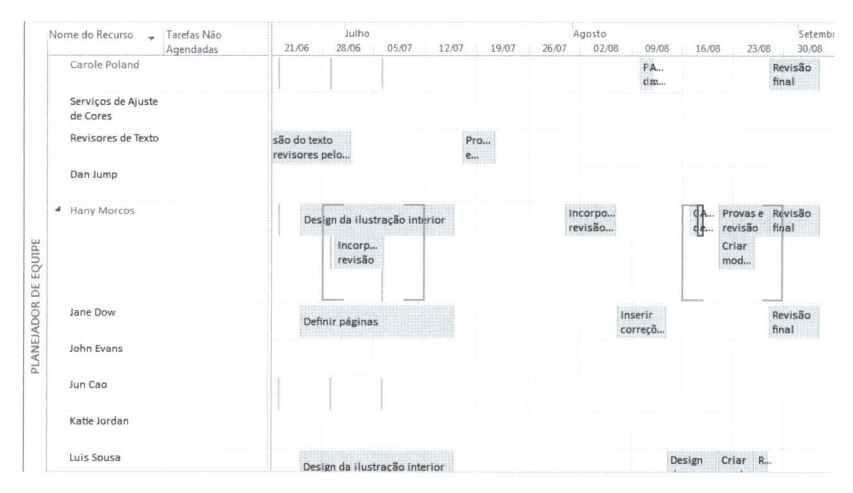

A maioria das superalocações de recursos no plano de projeto é devida à sobreposição das reuniões de status editorial semanais (representadas nesse modo de exibição como linhas verticais finas) com outras tarefas. Como cada ocorrência das reuniões de status editorial dura apenas uma hora, você não está preocupado em resolver esse nível de superalocação. No entanto, você pode ver uma superalocação mais grave para Hany Morcos na semana de 28 de junho.

Como você precisa da atenção total de Hany para a tarefa *Design da ilustração interior*, vai atribuir a tarefa *Incorporar revisão* para outra pessoa.

12 Clique com o botão direito do mouse na tarefa de Hany, *Incorporar revisão* e, no menu de atalho, clique em **Reatribuir Para**, e selecione *Carole Poland*.

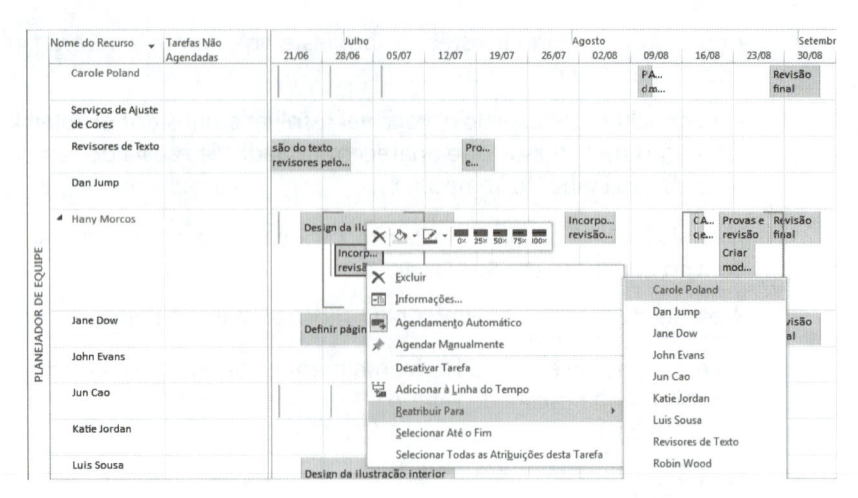

[Screenshot de tela do Planejador de Equipe mostrando menu de contexto com opções como Excluir, Informações, Agendamento Automático, Agendar Manualmente, Desativar Tarefa, Adicionar à Linha do Tempo, Reatribuir Para, Selecionar Até o Fim, Selecionar Todas as Atribuições desta Tarefa.]

O Project reatribui a tarefa, mas não altera as datas de início ou término ou a duração.

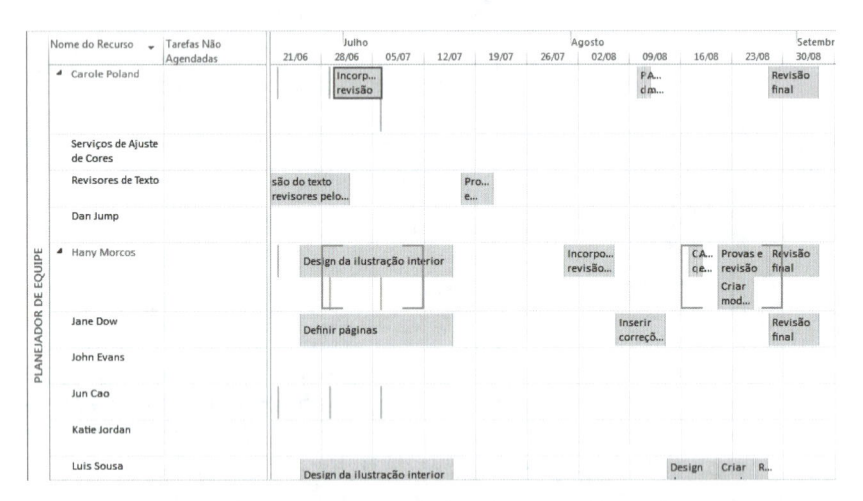

[Screenshot de tela do Planejador de Equipe após a reatribuição.]

**DICA** Também é possível reatribuir tarefas arrastando-as de um recurso para outro. Para controlar melhor o agendamento das tarefas ao reatribuí-las dessa maneira, configure a escala de tempo para diária (para fazer isso, na guia Exibição, no grupo Zoom, clique em Dias na caixa de Escala de Tempo).

Ainda há problemas de superalocação no plano, mas são secundários e não exigem atenção especial.

**ENCERRAMENTO** Feche o arquivo Atribuicoes Avancadas.

## Pontos-chave

- É possível levar em conta a disponibilidade de um recurso variável ao longo do tempo (por meio de seu valor de unidades máximas).
- Ao trabalhar com custos de recursos, é possível especificar diferentes remunerações para diferentes atribuições e aplicar remunerações distintas em diferentes períodos.
- Crie recursos materiais para controlar o custo dos itens consumidos durante a execução do projeto.
- É possível mudar quando um recurso vai começar a trabalhar em uma atribuição, sem afetar outros recursos atribuídos à mesma tarefa.
- O Project contém vários contornos de trabalho predefinidos que podem ser aplicados a uma atribuição.
- Quando atribuídos a uma tarefa, os recursos materiais podem ter uma taxa de consumo fixa ou variável.
- Em um modo de exibição de uso, é possível ver a disponibilidade restante dos recursos de trabalho em qualquer incremento de tempo desejado.
- O modo de exibição Planejador de Equipe permite ajustar facilmente as atribuições entre os recursos com operações de arrastar e soltar (somente no Project Professional).

# Visão geral do capítulo

## Examinar
Veja como os recursos são agendados para trabalhar ao longo da duração de um projeto, página 246.

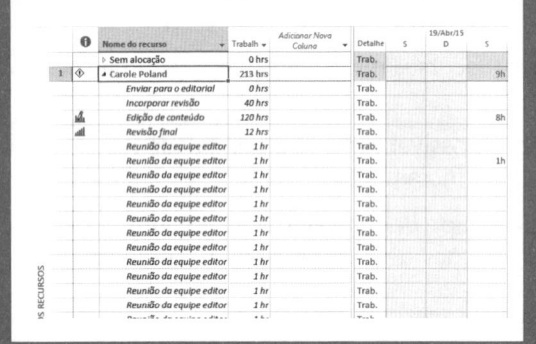

## Solucionar
Edite as atribuições de recursos para solucionar superalocações, página 251.

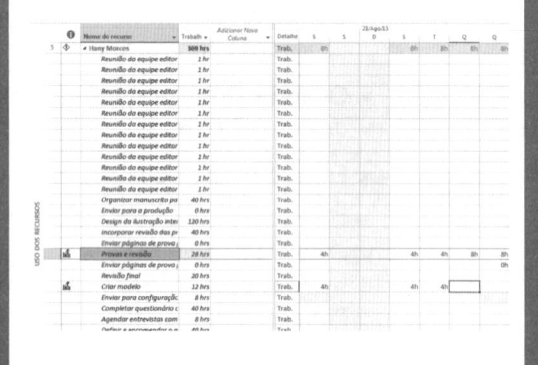

## Nivelar
Use nivelamento de recurso para solucionar problemas de superalocação, página 255.

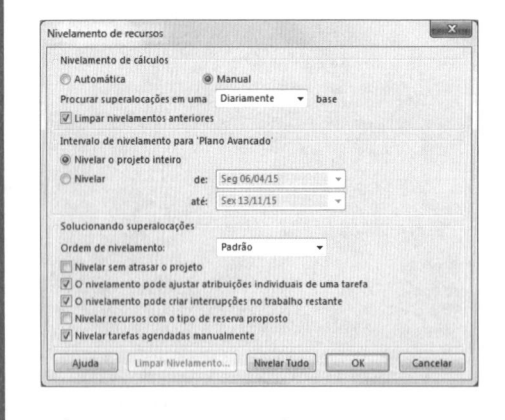

## Desativar
Risque tarefas sem removê-las do plano (somente no Project Professional), página 267.

# Ajuste do plano de projeto    12

## NESTE CAPÍTULO, VOCÊ APRENDERÁ A:

- Ver como os recursos são agendados para trabalhar ao longo da duração de um projeto.
- Editar a atribuição de um recurso para solucionar uma superalocação.
- Solucionar superalocações de recursos automaticamente.
- Verificar o custo total e a data de término do plano.
- Desativar tarefas para que permaneçam no plano, mas não tenham efeito sobre o cronograma (somente no Project Professional).

Nos três capítulos anteriores, você se concentrou nos detalhes de tarefas, recursos e atribuições. Agora, vai examinar os resultados do seu trabalho anterior com o agendamento e se aprofundar nas atribuições de recursos. Em alguns casos, vai rever os recursos do Project apresentados em outros capítulos, mas aqui você vai se concentrar no gerenciamento do plano inteiro, incluindo a duração e o custo totais.

**ARQUIVOS DE PRÁTICA** Para fazer os exercícios deste capítulo, você precisa do arquivo contido na pasta Capitulo12. Para mais informações, consulte "Como baixar os arquivos de prática", na Introdução deste livro.

> **IMPORTANTE** Se você estiver executando o Project Professional com Project Web App/Project Server, tome o cuidado de não salvar no Project Web App (PWA) os arquivos de prática com os quais trabalhará neste livro. Para mais informações, consulte o Apêndice C, "Colaboração: Project, SharePoint e PWA".

# Exame das alocações dos recursos ao longo do tempo

Nesta seção, você vai enfocar a alocação de recursos – como as atribuições de tarefas afetam as cargas de trabalho dos **recursos de trabalho** (pessoas e equipamentos) de um plano. A capacidade de um recurso para trabalhar em um período de tempo específico é determinada por suas **unidades máximas** e seu **calendário de recurso**. A relação entre a capacidade de um recurso e suas atribuições em tarefas é denominada *alocação*. Cada recurso de trabalho está em um de três estados de alocação:

- **SUBALOCADO** As atribuições do recurso não preenchem sua capacidade máxima de trabalho. Por exemplo, um recurso de tempo integral que tem apenas 25 horas de trabalho atribuídas em uma semana de trabalho de 40 horas está *subalocado*.

- **TOTALMENTE ALOCADO** As atribuições do recurso preenchem sua capacidade máxima. Por exemplo, um recurso de tempo integral que tem 40 horas de trabalho atribuídas em uma semana de trabalho de 40 horas está *totalmente alocado*.

- **SUPERALOCADO** As atribuições do recurso excedem a sua capacidade máxima por algum período de tempo. Por exemplo, um recurso de tempo integral que tem 65 horas de trabalho atribuídas em uma semana de trabalho de 40 horas está *superalocado*.

## Enfoque do gerenciamento de projetos: avalie a alocação de recursos

É tentador dizer que alocar totalmente todos os recursos em cada ocasião é o objetivo de todo gerente de projeto – mas isso seria simplificação demasiada. Dependendo da natureza de seu projeto e dos recursos que estão trabalhando nele, algumas subalocações podem ser perfeitamente adequadas. Nem sempre a superalocação poderá ser um problema, dependendo do volume. Se um recurso estiver superalocado por apenas meia hora, o Project sinalizará a superalocação, mas essa pequena superalocação talvez não seja um problema que precise ser resolvido, dependendo do recurso envolvido e da natureza da atribuição. Entretanto, uma grande superalocação – por exemplo, atribuir a um recurso o dobro de trabalho que ele poderia realizar em uma semana – sempre será um problema, e você deve saber como identificá-la e desenvolver estratégias para resolvê-la. Este capítulo ajuda a identificar e solucionar a superalocação de recursos.

Os seguintes estados de alocação se aplicam aos recursos de trabalho. Os *recursos de custo e de materiais* não trabalham; portanto, suas atribuições não estão sujeitas a problemas de alocação.

No Project, a capacidade de um recurso para trabalhar é medida em unidades; a capacidade máxima de determinado recurso é denominada *unidades máximas* (rotulada como **Unid. máximas** no Project). As unidades são medidas como números (por exemplo, três unidades) ou como uma porcentagem (por exemplo, 300% de unidades máximas).

O cenário: na Lucerne Publishing, o plano do novo livro infantil já está desenvolvido o suficiente para você examinar detidamente as atribuições dos recursos e os problemas de superalocação. Você vai começar com Carole Poland.

Neste exercício, você vai examinar as alocações dos recursos e se concentrar em um recurso que está superalocado.

→ PREPARAÇÃO  Para fazer este exercício, você precisa do arquivo Plano Avançado_Inicio localizado na pasta Capitulo12. Abra o arquivo e salve-o como Plano Avançado.

1  Na guia **Exibição**, no grupo **Visãos de Recurso**, clique em **Uso do Recurso**.

O modo de exibição Uso dos Recursos é exibido.

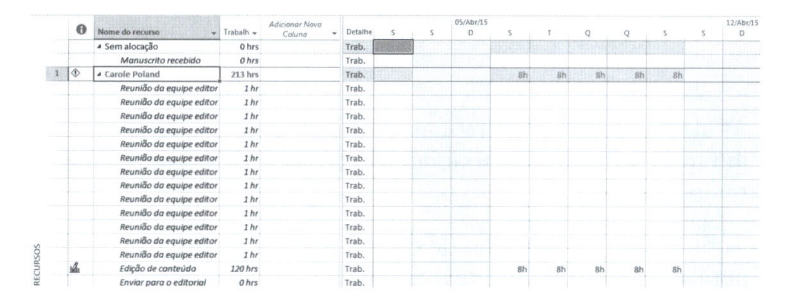

No lado esquerdo do modo de exibição existe uma tabela (por padrão, a tabela Uso) mostrando as atribuições agrupadas por recurso, o trabalho total atribuído a cada recurso e o trabalho de cada atribuição. Essas informações estão organizadas em uma *estrutura de tópicos* que pode ser expandida ou recolhida.

O lado direito do modo de exibição contém os detalhes da atribuição (trabalho, por padrão) organizados em uma escala de tempo. É possível rolar a escala de tempo horizontalmente para ver os diferentes períodos de tempo. Também é possível alterar as informações na escala de tempo para mostrar os dados em unidades de semanas, dias, horas, e assim por diante.

Observe o nome na primeira linha, *Sem alocação*. Esse item lista quaisquer tarefas para as quais não haja recursos específicos atribuídos.

Em seguida, você vai recolher a estrutura de tópicos na tabela para ver o trabalho total por recurso ao longo do tempo.

2 Clique no cabeçalho de coluna **Nome do recurso**.

3 Na guia **Exibição**, no grupo **Dados**, clique em **Mostrar Estrutura de Tópicos** e, em seguida, clique em **Ocultar subtarefas**.

**DICA** Também é possível recolher a estrutura de tópicos pressionando Alt+Shift+− (um sinal de menos).

O Project recolhe a estrutura de tópicos (atribuições por recurso) no modo de exibição Uso dos Recursos.

4 Na coluna **Nome do Recurso**, clique no nome *Carole Poland*.

As atribuições dos recursos estão atualmente ocultas e os valores de trabalho total dos recursos ao longo do tempo aparecem na grade da escala de tempo à direita.

5 Aponte para o cabeçalho de coluna **S** (de *segunda-feira*) da semana de 5 de abril, na parte superior da grade da escala de tempo.

Uma Dica de Tela é exibida com a data da atribuição: 06/04/15.

Essas Dicas de Tela são úteis nos modos de exibição de escala de tempo, como Uso dos Recursos ou Gráfico de Gantt.

No momento, a escala de tempo está definida para mostrar semanas e dias. Agora, você vai mudar a escala de tempo para ver os dados de trabalho mais resumidos.

Capítulo 12  Ajuste do plano de projeto  **249**

6 Na guia **Exibição**, no grupo **Zoom**, na caixa de **Escala de Tempo**, clique em **Meses**.

O Project muda a grade da escala de tempo para mostrar os valores de trabalho agendados por mês.

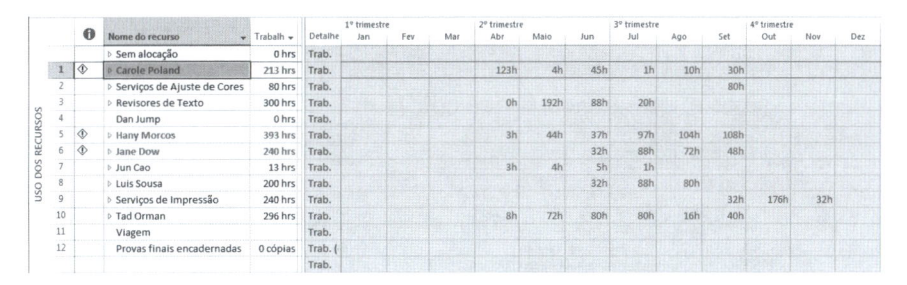

| | | Nome do recurso | Trabalh | Detalhe | 1º trimestre Jan | Fev | Mar | 2º trimestre Abr | Maio | Jun | 3º trimestre Jul | Ago | Set | 4º trimestre Out | Nov | Dez |
|---|---|---|---|---|---|---|---|---|---|---|---|---|---|---|---|---|
| | | ▷ Sem alocação | 0 hrs | Trab. | | | | | | | | | | | | |
| 1 | �️ | ▷ Carole Poland | 213 hrs | Trab. | | | | 123h | 4h | 45h | 1h | 10h | 30h | | | |
| 2 | | ▷ Serviços de Ajuste de Cores | 80 hrs | Trab. | | | | | | | | | 80h | | | |
| 3 | | ▷ Revisores de Texto | 300 hrs | Trab. | | | | 0h | 192h | 88h | 20h | | | | | |
| 4 | | Dan Jump | 0 hrs | Trab. | | | | | | | | | | | | |
| 5 | �️ | ▷ Hany Morcos | 393 hrs | Trab. | | | | 3h | 44h | 37h | 97h | 104h | 108h | | | |
| 6 | �️ | ▷ Jane Dow | 240 hrs | Trab. | | | | | | 32h | 88h | 72h | 48h | | | |
| 7 | | ▷ Jun Cao | 13 hrs | Trab. | | | | 3h | 4h | 5h | 1h | | | | | |
| 8 | | ▷ Luis Sousa | 200 hrs | Trab. | | | | | | 32h | 88h | 80h | | | | |
| 9 | | ▷ Serviços de Impressão | 240 hrs | Trab. | | | | | | | | | 32h | 176h | 32h | |
| 10 | | ▷ Tad Orman | 296 hrs | Trab. | | | | 8h | 72h | 80h | 80h | 16h | 40h | | | |
| 11 | | Viagem | | Trab. | | | | | | | | | | | | |
| 12 | | Provas finais encadernadas | 0 cópias | Trab. ( Trab. | | | | | | | | | | | | |

Observe que os nomes e os valores de atribuição de Carole Poland e de alguns outros recursos aparecem em vermelho. A formatação em vermelho significa que esses recursos estão superalocados: suas tarefas atribuídas excedem sua capacidade de trabalho em um ou mais pontos da agenda.

> **IMPORTANTE** Caso não veja nenhum recurso superalocado, verifique na caixa de diálogo Nivelamento de recursos se Diariamente e Manual estão selecionados (na guia Recurso, no grupo Nível, clique na caixa de diálogo Opções de Nivelamento). Se ainda não vir recursos superalocados, clique no botão Limpar Nivelamento na caixa de diálogo Opções de Nivelamento. Se tudo falhar, reabra o arquivo de prática Plano Avancado_Inicio.

Como você pode ver na grade da escala de tempo, Carole Poland está superalocada em abril. Ela está subalocada nos outros meses nos quais tem atribuições. Observe que o valor de trabalho de Carole de 45 horas em junho está formatado em vermelho. Embora 45 horas em um mês não seja uma superalocação para um recurso de tempo integral, em algum ponto de junho (talvez apenas por um dia), Carole está agendada para trabalhar mais horas do que poderia.

Você vai mudar as configurações de escala de tempo para examinar melhor as superalocações de Carole.

7 Na guia **Exibição**, no grupo **Zoom**, na caixa de **Escala de Tempo**, clique em **Dias**.

O Project ajusta a escala de tempo para sua configuração anterior.

8 Clique na seta expandir/recolher ao lado do nome de Carole na coluna **Nome do recurso.**

O Project expande o modo de exibição Uso dos Recursos para mostrar as atribuições individuais de Carole.

9 Se necessário, role o modo de exibição **Uso dos Recursos** horizontalmente para a direita, a fim de ver as atribuições de Carole na semana de 19 de abril.

O trabalho total de Carole nessa segunda-feira, 20 de abril, é de 9 horas. Ele está formatado em vermelho, indicando a superalocação.

Estas duas atribuições compõem as 9 horas de trabalho agendadas na segunda-feira.

| | Nome do recurso | Trabalh | Adicionar Nova Coluna | Detalhe | 19/Abr/15 S | D | S | T | Q |
|---|---|---|---|---|---|---|---|---|---|
| | ▷ Sem alocação | 0 hrs | | Trab. | | | | | |
| 1 | ▲ Carole Poland | 213 hrs | | Trab. | | | 9h | 8h | 8h |
| | Enviar para o editorial | 0 hrs | | Trab. | | | | | |
| | Incorporar revisão | 40 hrs | | Trab. | | | | | |
| | Edição de conteúdo | 120 hrs | | Trab. | | | 8h | 8h | 8h |
| | Revisão final | 12 hrs | | Trab. | | | | | |
| | Reunião da equipe editor | 1 hr | | Trab. | | | | | |
| | Reunião da equipe editor | 1 hr | | Trab. | | | 1h | | |
| | Reunião da equipe editor | 1 hr | | Trab. | | | | | |

Carole tem duas atribuições em 20 de abril: oito horas na tarefa *Edição de conteúdo* e a tarefa de uma hora *Reunião da equipe editorial 2* (uma instância de uma *tarefa recorrente*).

Essas duas tarefas estão agendadas em períodos que se sobrepõem entre 8:00 e 9:00. (Se quiser observar isso, ajuste a escala de tempo para mostrar as horas.) Essa é uma superalocação real: Carole provavelmente não poderá realizar as duas tarefas simultaneamente. Entretanto, dado o escopo do plano, essa é uma superalocação relativamente sem importância, e você não precisa se preocupar muito em resolver esse nível de superalocação. Contudo, existem outras superalocações mais sérias na agenda, as quais serão resolvidas ainda neste capítulo.

10 Clique na seta expandir/recolher ao lado do nome de Carole, na coluna **Nome do recurso**, para recolher suas atribuições.

Aqui estão outros pontos a serem lembrados ao visualizar alocações de recurso:

- Uma maneira rápida de navegar pelas superalocações de recursos no modo de exibição Uso dos Recursos é usar o botão Próxima Superalocação na guia Recurso do grupo Nível.

- Por padrão, o modo de exibição Uso dos Recursos mostra a tabela Uso; contudo, você pode mostrar diferentes tabelas. Na guia Exibição, no grupo Dados, clique em Tabelas e, em seguida, clique na tabela que deseja exibir.

- Por padrão, o modo de exibição Uso dos Recursos mostra os valores de trabalho na grade da escala de tempo. Entretanto, é possível exibir valores de atribuição adicionais, como custo e disponibilidade restante. Para fazer isso, na guia Formato, no grupo Detalhes, clique no valor que você deseja mostrar.

- Em vez de usar a caixa de Escala de Tempo na guia Exibição para alterar a escala de tempo, você pode clicar nos botões Ampliar e Reduzir na barra de status. Entretanto, esse método talvez não produza o nível de detalhe exato desejado.

- Para ver as alocações de cada recurso representado em uma escala de tempo, você pode exibir o Gráfico de Recursos: na guia Exibição, no grupo Visãos de Recurso, clique em Outros modos de exibição e, em seguida, clique em Gráfico de Recursos. Use as teclas de seta ou a barra de rolagem horizontal para alternar entre os recursos nesse modo de exibição.

- Os usuários do Project Professional podem usar o modo de exibição Planejador de Equipe para ver as atribuições por recurso em um formato mais simples. Para mais informações sobre o modo de exibição Planejador de Equipe, consulte o Capítulo 11, "Detalhes dos recursos e das atribuições".

# Como solucionar superalocações de recursos manualmente

Nesta seção e na próxima, você vai continuar a se concentrar na alocação de recursos – como as atribuições de tarefas afetam as cargas dos recursos de trabalho no plano. Nesta seção, você vai editar manualmente uma atribuição para solucionar uma superalocação de recurso. Na próxima, vai solucionar as superalocações de recursos automaticamente.

Editar uma atribuição manualmente é apenas uma maneira de solucionar uma superalocação de recurso. Outras soluções incluem as seguintes:

- Substituir o recurso superalocado por outro, usando o botão Substituir na caixa de diálogo Atribuir recursos.

- Reduzir o valor do campo Unidades na caixa de diálogo Informações sobre a atribuição ou Atribuir recursos.

- Atribuir um recurso adicional à tarefa para que ambos os recursos compartilhem o trabalho.

- Adicionar manualmente um atraso de nivelamento a uma atribuição.

Se a superalocação não for muito grave (como uma atribuição de nove horas de trabalho em um dia útil normal de oito horas), em geral você pode deixá-la no plano.

O cenário: na Lucerne Publishing, você vê mais superalocações de recurso no plano do novo livro infantil. Ao contrário da superalocação sem importância de Carole Poland examinada anteriormente, você vê superalocações mais sérias para Hany Morcos, as quais exigem uma ação corretiva.

Neste exercício, você vai usar o modo de exibição Uso dos Recursos para examinar as atribuições de um recurso superalocado e editar a atribuição para eliminar a superalocação.

1 Na guia **Exibição**, no grupo **Zoom**, na caixa de **Escala de Tempo**, clique em **Semanas**.

Na configuração semanal, você pode reconhecer mais facilmente as superalocações que precisam ser resolvidas. O trabalho atribuído bem acima de 40 horas semanais para um recurso de tempo integral pode ser um problema sério.

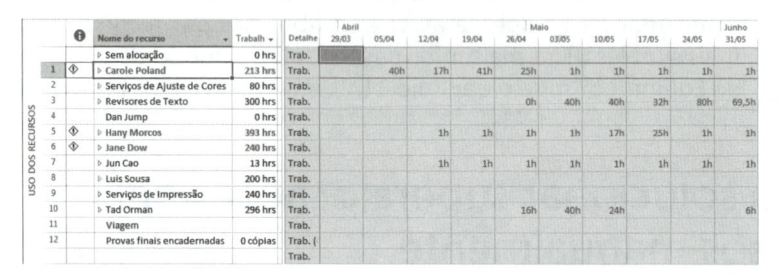

| | | Nome do recurso | Trabalh | Detalhe | Abril 29/03 | 05/04 | 12/04 | 19/04 | Maio 26/04 | 03/05 | 10/05 | 17/05 | 24/05 | Junho 31/05 |
|---|---|---|---|---|---|---|---|---|---|---|---|---|---|---|
| | | ▷ Sem alocação | 0 hrs | Trab. | | | | | | | | | | |
| 1 | ◊ | ▷ Carole Poland | 213 hrs | Trab. | | 40h | 17h | 41h | 25h | 1h | 1h | 1h | 1h | 1h |
| 2 | | ▷ Serviços de Ajuste de Cores | 80 hrs | Trab. | | | | | | | | | | |
| 3 | | ▷ Revisores de Texto | 300 hrs | Trab. | | | | | 0h | 40h | 40h | 32h | 80h | 69,5h |
| 4 | | Dan Jump | 0 hrs | Trab. | | | | | | | | | | |
| 5 | ◊ | ▷ Hany Morcos | 393 hrs | Trab. | | | 1h | 1h | 1h | 1h | 17h | 25h | 1h | 1h |
| 6 | ◊ | ▷ Jane Dow | 240 hrs | Trab. | | | | | | | | | | |
| 7 | | ▷ Jun Cao | 13 hrs | Trab. | | | 1h | 1h | 1h | 1h | 1h | 1h | 1h | 1h |
| 8 | | ▷ Luis Sousa | 200 hrs | Trab. | | | | | | | | | | |
| 9 | | ▷ Serviços de Impressão | 240 hrs | Trab. | | | | | | | | | | |
| 10 | | ▷ Tad Orman | 296 hrs | Trab. | | | | | 16h | 40h | 24h | | | 6h |
| 11 | | Viagem | | Trab. | | | | | | | | | | |
| 12 | | Provas finais encadernadas | 0 cópias | Trab. ( | | | | | | | | | | |
| | | | | Trab. | | | | | | | | | | |

Observe que vários nomes aparecem em vermelho. Esses são os recursos superalocados.

2 Role o modo de exibição de uso horizontalmente para a direita, a fim de examinar as superalocações semanais mais graves.

Dá para ver vários casos de pequenas superalocações, como 41 horas por semana, e alguns casos de superalocação em que o trabalho total tem menos de 40 horas semanais. Observe as superalocações mais graves que afetam Hany Morcos (dentre outros) em agosto.

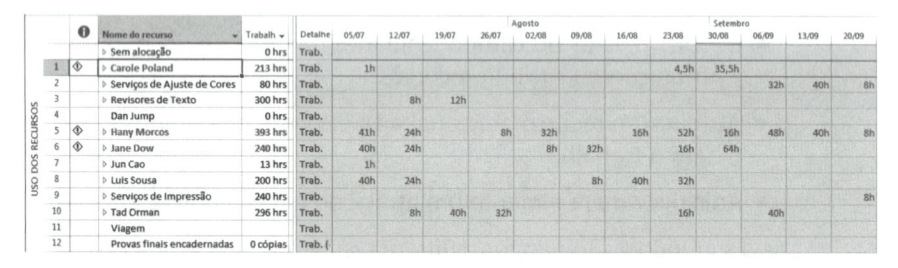

| | | Nome do recurso | Trabalh | Detalhe | 05/07 | 12/07 | 19/07 | 26/07 | Agosto 02/08 | 09/08 | 16/08 | 23/08 | Setembro 30/08 | 06/09 | 13/09 | 20/09 |
|---|---|---|---|---|---|---|---|---|---|---|---|---|---|---|---|---|
| | | ▷ Sem alocação | 0 hrs | Trab. | | | | | | | | | | | | |
| 1 | ◊ | ▷ Carole Poland | 213 hrs | Trab. | 1h | | | | | | | 4,5h | 35,5h | | | |
| 2 | | ▷ Serviços de Ajuste de Cores | 80 hrs | Trab. | | | | | | | | | | 32h | 40h | 8h |
| 3 | | ▷ Revisores de Texto | 300 hrs | Trab. | | 8h | 12h | | | | | | | | | |
| 4 | | Dan Jump | 0 hrs | Trab. | | | | | | | | | | | | |
| 5 | ◊ | ▷ Hany Morcos | 393 hrs | Trab. | 41h | 24h | | 8h | 32h | | 16h | 52h | 16h | 48h | 40h | 8h |
| 6 | ◊ | ▷ Jane Dow | 240 hrs | Trab. | 40h | 24h | | | 8h | 32h | | 16h | 64h | | | |
| 7 | | ▷ Jun Cao | 13 hrs | Trab. | 1h | | | | | | | | | | | |
| 8 | | ▷ Luis Sousa | 200 hrs | Trab. | 40h | 24h | | | | 8h | 40h | 32h | | | | |
| 9 | | ▷ Serviços de Impressão | 240 hrs | Trab. | | | | | | | | | | | | 8h |
| 10 | | ▷ Tad Orman | 296 hrs | Trab. | | 8h | 40h | 32h | | | 16h | | 40h | | | |
| 11 | | Viagem | | Trab. | | | | | | | | | | | | |
| 12 | | Provas finais encadernadas | 0 cópias | Trab. ( | | | | | | | | | | | | |

Essas superalocações são tão graves que merecem mais investigação. Você vai começar com as superalocações de Hany que ocorrem em agosto.

Capítulo 12 Ajuste do plano de projeto **253**

3 Clique na seta expandir/recolher ao lado do nome de Hany na coluna **Nome do recurso**.

Agora, você vai querer examinar melhor as tarefas que estão superalocando Hany nessa semana.

4 Na guia **Exibição**, no grupo **Zoom**, na caixa de **Escala de Tempo**, clique em **Dias**.

5 Role o modo de exibição de uso horizontalmente, para mostrar a sexta-feira, 21 de agosto.

**DICA** Também é possível pressionar CTRL+Y e, no campo Data da caixa de diálogo Ir para, digitar ou selecionar **21/08/15** e, em seguida, clicar em OK.

Na configuração diária, você pode ver que Hany está superalocada na segunda e na terça-feira, 24 e 25 de agosto.

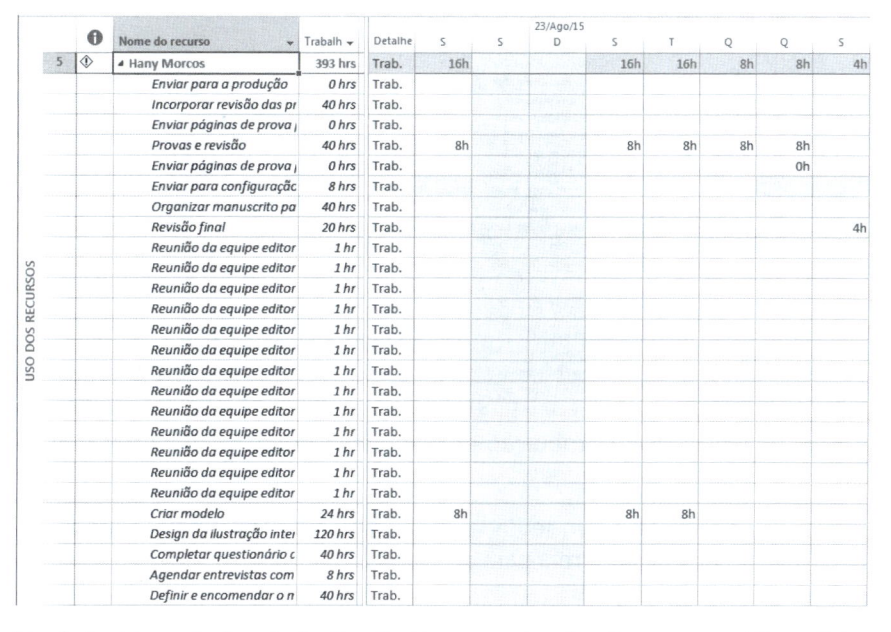

| | | Nome do recurso | Trabalh | Detalhe | S | S | 23/Ago/15 D | S | T | Q | Q | S |
|---|---|---|---|---|---|---|---|---|---|---|---|---|
| 5 | | ▲ Hany Morcos | 393 hrs | Trab. | 16h | | | 16h | 16h | 8h | 8h | 4h |
| | | Enviar para a produção | 0 hrs | Trab. | | | | | | | | |
| | | Incorporar revisão das pr | 40 hrs | Trab. | | | | | | | | |
| | | Enviar páginas de prova | 0 hrs | Trab. | | | | | | | | |
| | | Provas e revisão | 40 hrs | Trab. | 8h | | | 8h | 8h | 8h | 8h | |
| | | Enviar páginas de prova | 0 hrs | Trab. | | | | | | | 0h | |
| | | Enviar para configuraçãc | 8 hrs | Trab. | | | | | | | | |
| | | Organizar manuscrito pa | 40 hrs | Trab. | | | | | | | | |
| | | Revisão final | 20 hrs | Trab. | | | | | | | | 4h |
| | | Reunião da equipe editor | 1 hr | Trab. | | | | | | | | |
| | | Reunião da equipe editor | 1 hr | Trab. | | | | | | | | |
| | | Reunião da equipe editor | 1 hr | Trab. | | | | | | | | |
| | | Reunião da equipe editor | 1 hr | Trab. | | | | | | | | |
| | | Reunião da equipe editor | 1 hr | Trab. | | | | | | | | |
| | | Reunião da equipe editor | 1 hr | Trab. | | | | | | | | |
| | | Reunião da equipe editor | 1 hr | Trab. | | | | | | | | |
| | | Reunião da equipe editor | 1 hr | Trab. | | | | | | | | |
| | | Reunião da equipe editor | 1 hr | Trab. | | | | | | | | |
| | | Reunião da equipe editor | 1 hr | Trab. | | | | | | | | |
| | | Reunião da equipe editor | 1 hr | Trab. | | | | | | | | |
| | | Criar modelo | 24 hrs | Trab. | 8h | | | 8h | 8h | | | |
| | | Design da ilustração inter | 120 hrs | Trab. | | | | | | | | |
| | | Completar questionário c | 40 hrs | Trab. | | | | | | | | |
| | | Agendar entrevistas com | 8 hrs | Trab. | | | | | | | | |
| | | Definir e encomendar o n | 40 hrs | Trab. | | | | | | | | |

Você decide reduzir o trabalho de Hany nas tarefas *Provas e revisão* e *Criar modelo*.

6  Na grade dividida ao longo do tempo do modo de exibição **Uso dos Recursos**, selecione a atribuição de 8 horas de Hany na sexta-feira, 21 de agosto, na tarefa *Provas e revisão*.

7  Digite **4h** e, em seguida, pressione a tecla Tab várias vezes, a fim de deslocar o foco para a segunda-feira, 24 de agosto.

8  Com a atribuição de 8 horas de Hany na mesma tarefa para segunda-feira, 24 de agosto, selecionada, digite **4h** e, em seguida, pressione Tab.

9  Com a atribuição de 8 horas de Hany na mesma tarefa para terça-feira, 25 de agosto, selecionada, digite **4h** e, em seguida, pressione Tab.

| Nome do recurso | Trabalh | Adicionar Nova Coluna | Detalhe | S | S | D | S | T | Q | Q | S |
|---|---|---|---|---|---|---|---|---|---|---|---|
| ▲ Hany Morcos | 381 hrs | | Trab. | 12h | | | 12h | 12h | 8h | 8h | 4h |
| Reunião da equipe editor | 1 hr | | Trab. | | | | | | | | |
| Reunião da equipe editor | 1 hr | | Trab. | | | | | | | | |
| Reunião da equipe editor | 1 hr | | Trab. | | | | | | | | |
| Reunião da equipe editor | 1 hr | | Trab. | | | | | | | | |
| Reunião da equipe editor | 1 hr | | Trab. | | | | | | | | |
| Reunião da equipe editor | 1 hr | | Trab. | | | | | | | | |
| Reunião da equipe editor | 1 hr | | Trab. | | | | | | | | |
| Reunião da equipe editor | 1 hr | | Trab. | | | | | | | | |
| Reunião da equipe editor | 1 hr | | Trab. | | | | | | | | |
| Reunião da equipe editor | 1 hr | | Trab. | | | | | | | | |
| Organizar manuscrito pa | 40 hrs | | Trab. | | | | | | | | |
| Enviar para a produção | 0 hrs | | Trab. | | | | | | | | |
| Design da ilustração inte | 120 hrs | | Trab. | | | | | | | | |
| Incorporar revisão das pr | 40 hrs | | Trab. | | | | | | | | |
| Enviar páginas de prova | 0 hrs | | Trab. | | | | | | | | |
| Provas e revisão | 28 hrs | | Trab. | 4h | | | 4h | 4h | 8h | 8h | |
| Enviar páginas de prova | 0 hrs | | Trab. | | | | | | | 0h | |
| Revisão final | 20 hrs | | Trab. | | | | | | | | 4h |
| Criar modelo | 24 hrs | | Trab. | 8h | | | 8h | 8h | | | |
| Enviar para configuraçãc | 8 hrs | | Trab. | | | | | | | | |
| Completar questionário c | 40 hrs | | Trab. | | | | | | | | |
| Agendar entrevistas com | 8 hrs | | Trab. | | | | | | | | |

10  Selecione a atribuição de Hany de 8 horas na sexta-feira, 21 de agosto, na tarefa *Criar modelo*.

11  Digite **4h** e, em seguida, digite **4h** para cada uma das atribuições diárias de Hany nessa tarefa para segunda e terça-feira.

12  Se necessário, role o modo de exibição verticalmente para cima, até que o nome de Hany e suas atribuições diárias acumuladas fiquem visíveis.

| | Nome do recurso | Trabalh | Detalhe | 16/Ago/15 D | S | T | Q | Q | S | 23/Ago/15 D | S | T | Q | Q | S |
|---|---|---|---|---|---|---|---|---|---|---|---|---|---|---|---|
| 5 | ▲ Hany Morcos | 369 hrs | Trab. | | | | | | 8h | | 8h | 8h | 8h | 8h | 4h |
| | Enviar para a produção | 0 hrs | Trab. | | | | | | | | | | | | |
| | Incorporar revisão das pr | 40 hrs | Trab. | | | | | | | | | | | | |
| | Enviar páginas de prova | 0 hrs | Trab. | | | | | | | | | | | | |
| | Provas e revisão | 28 hrs | Trab. | | | | | | 4h | | 4h | 4h | 8h | 8h | |
| | Enviar páginas de prova | 0 hrs | Trab. | | | | | | | | | | | 0h | |
| | Enviar para configuração | 8 hrs | Trab. | | | | | | | | | | | | |
| | Organizar manuscrito pa | 40 hrs | Trab. | | | | | | | | | | | | |
| | Revisão final | 20 hrs | Trab. | | | | | | | | | | | | 4h |
| | Reunião da equipe editor | 1 hr | Trab. | | | | | | | | | | | | |
| | Reunião da equipe editor | 1 hr | Trab. | | | | | | | | | | | | |
| | Reunião da equipe editor | 1 hr | Trab. | | | | | | | | | | | | |
| | Reunião da equipe editor | 1 hr | Trab. | | | | | | | | | | | | |
| | Reunião da equipe editor | 1 hr | Trab. | | | | | | | | | | | | |
| | Reunião da equipe editor | 1 hr | Trab. | | | | | | | | | | | | |
| | Reunião da equipe editor | 1 hr | Trab. | | | | | | | | | | | | |
| | Reunião da equipe editor | 1 hr | Trab. | | | | | | | | | | | | |
| | Reunião da equipe editor | 1 hr | Trab. | | | | | | | | | | | | |
| | Reunião da equipe editor | 1 hr | Trab. | | | | | | | | | | | | |
| | Reunião da equipe editor | 1 hr | Trab. | | | | | | | | | | | | |
| | Criar modelo | 12 hrs | Trab. | | | | | | 4h | | 4h | 4h | | | |
| | Design da ilustração inter | 120 hrs | Trab. | | | | | | | | | | | | |
| | Completar questionário c | 40 hrs | Trab. | | | | | | | | | | | | |
| | Agendar entrevistas com | 8 hrs | Trab. | | | | | | | | | | | | |
| | Definir e encomendar o n | 40 hrs | Trab. | | | | | | | | | | | | |

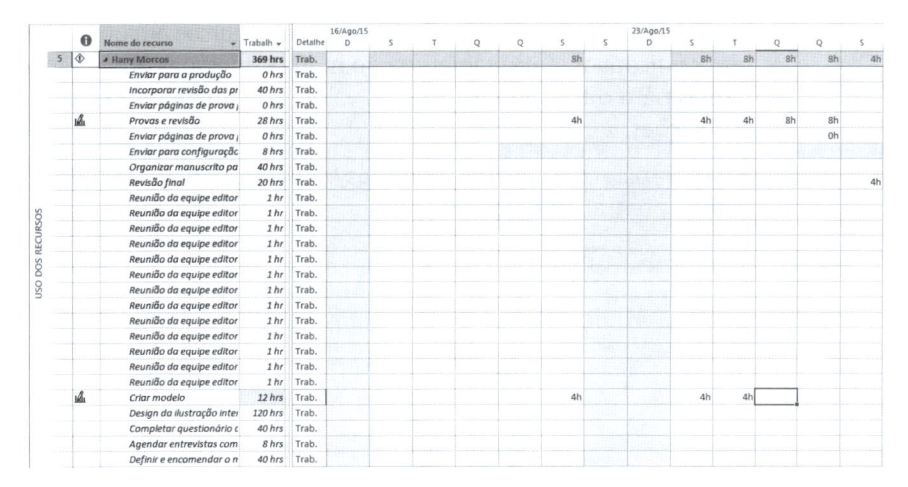

Você resolveu a superalocação dela para a semana, reduzindo seu trabalho nas duas tarefas. Observe que, tomando essas medidas, você reduziu não apenas o trabalho de Hany nessas tarefas, mas o trabalho total no plano. Como gerente de projeto, você precisa ter discernimento para determinar o melhor procedimento nesses casos: reduzir trabalho, alterar atribuições de recurso ou estender o trabalho por um período de tempo maior.

Em seguida, você vai examinar outras superalocações de recursos no plano do novo livro infantil que podem ser solucionadas automaticamente com o nivelamento de recursos.

# Como nivelar recursos superalocados

Nas seções anteriores, você aprendeu sobre a alocação de recursos, descobriu o que causa a superalocação e solucionou uma delas manualmente. *Nivelamento de recursos* é o processo de atrasar ou dividir o trabalho de um recurso em uma tarefa para solucionar uma superalocação. As opções da caixa de diálogo Nivelamento de recursos permitem definir parâmetros referentes ao modo como se deseja que o Project solucione as superalocações de recurso. O Project tentará solucionar essas superalocações quando você optar por nivelar os recursos. Dependendo das opções escolhidas, esse procedimento pode envolver o atraso da data de início de uma atribuição ou tarefa, ou a divisão do trabalho na tarefa.

**DICA** Embora os efeitos do nivelamento de recursos em uma agenda possam ser significativos, o nivelamento não muda as pessoas que estão atribuídas às tarefas nem o trabalho total ou os valores de unidades de atribuição dessas atribuições.

Por exemplo, considere as seguintes tarefas, todas com o mesmo recurso de tempo integral atribuído:

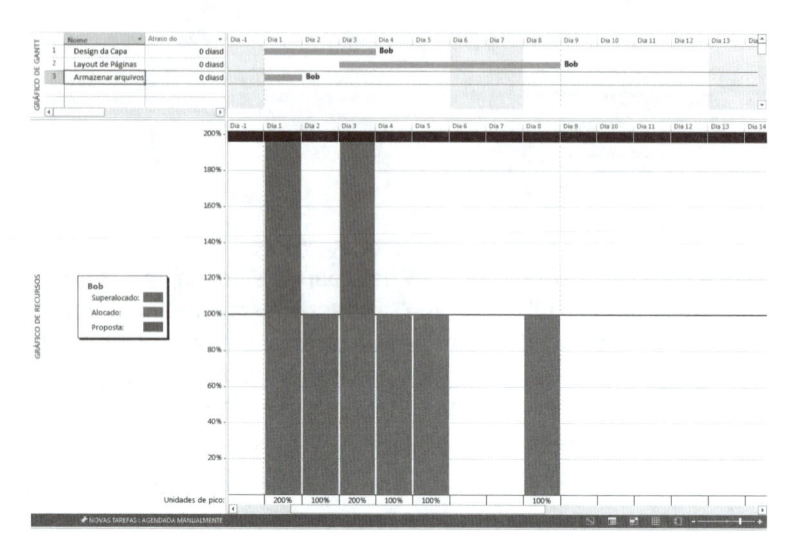

No modo de exibição dividido, o modo Gráfico de Recursos aparece abaixo do modo Gráfico de Gantt. No dia 1, o recurso está superalocado em 200%. No dia 2, o recurso está totalmente alocado em 100%. No dia 3, ele está novamente superalocado em 200%. Após o dia 3, o recurso está totalmente alocado em 100%.

Quando você faz o nivelamento de recursos, o Project atrasa as datas de início da segunda e terceira tarefas para que o recurso não fique superalocado.

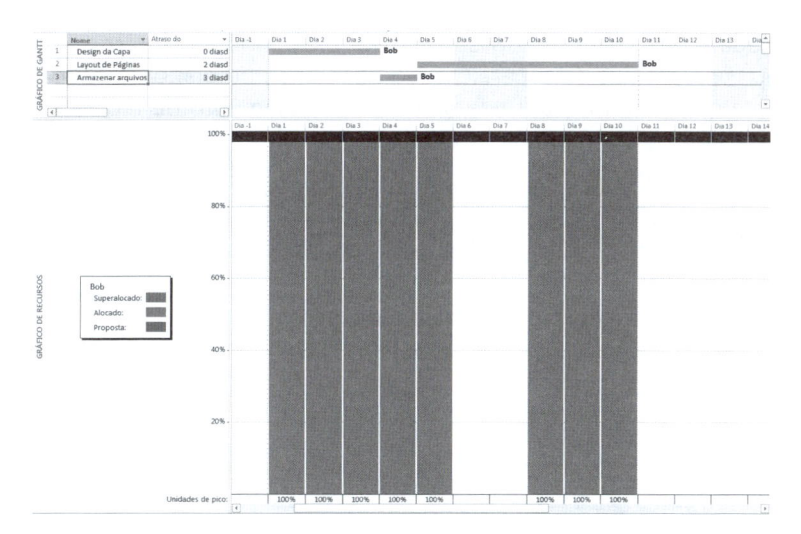

Observe que a data de término da última tarefa agendada mudou do dia 6 para o dia 8. Isso é comum no nivelamento de recursos, que frequentemente altera a data de término do plano. Havia um total de oito dias de trabalho antes do nivelamento, mas dois deles se sobrepunham, fazendo o recurso ser superalocado nesses dias. Após o nivelamento, todos os oito dias de trabalho ainda estão presentes, mas o recurso não está mais superalocado.

O nivelamento de recursos é uma ferramenta poderosa, mas só faz algumas coisas básicas: atrasa tarefas, divide tarefas e atrasa as atribuições de recursos. Ele faz isso seguindo um conjunto complexo de regras e opções especificadas na caixa de diálogo Nivelamento de recursos. (Essas opções estão explicadas no próximo exercício.) O nivelamento de recursos é uma ferramenta de ajuste excelente, mas não pode substituir seu bom senso ao julgar a disponibilidade de recursos, as durações das tarefas, relações e restrições. O nivelamento trabalhará com todas essas informações, conforme inseridas em seu plano, mas talvez não seja possível solucionar completamente todas as superalocações de recurso dentro do período de tempo desejado, a menos que você altere algumas tarefas básicas e valores de recurso no plano. Soluções adicionais podem incluir a redução do escopo global do trabalho ou acrescentar mais recursos.

**DICA** Para saber mais sobre o nivelamento de recursos, clique no botão Ajuda (o ponto de interrogação) no canto superior direito da janela do Project e, na caixa Ajuda do Project, digite **Nivelar atribuições de recursos**.

O cenário: na Lucerne Publishing, você examinou e solucionou manualmente alguns problemas de superalocação de recurso no plano do novo livro infantil. Agora que entende os fundamentos do nivelamento de recursos, está pronto para usar esse componente do Project.

Neste exercício, você vai nivelar recursos e ver os efeitos nas atribuições.

1 Na guia **Exibição**, no grupo **Visãos de Recurso**, clique em **Planilha de Recursos**.

O modo de exibição Planilha de Recursos é exibido.

| | | ❶ | Nome do recurso | Tipo | Unidade do Material | Iniciais | Grupo | Unid. máximas | Taxa padrão | Taxa h. extra | Custo/ut | Acumu | Calendário base |
|---|---|---|---|---|---|---|---|---|---|---|---|---|---|
| | 1 | ◆ | Carole Poland | Trabalho | | C | | 100% | .100,00/sem | R$ 0,00/hr | R$ 0,00 | Rateado | Standard |
| | 2 | | Serviços de Ajuste de Cores | Trabalho | | S | | 200% | R$ 0,00/hr | R$ 0,00/hr | R$ 0,00 | Rateado | Standard |
| | 3 | | Revisores de Texto | Trabalho | | R | | 200% | R$ 45,00/hr | R$ 0,00/hr | R$ 0,00 | Rateado | Standard |
| PLANILHA DE RECURSOS | 4 | | Dan Jump | Trabalho | | D | | 50% | R$ 75,50/hr | R$ 0,00/hr | R$ 0,00 | Rateado | Standard |
| | 5 | ◆ | Hany Morcos | Trabalho | | H | | 100% | .550,00/sem | R$ 0,00/hr | R$ 0,00 | Rateado | Standard |
| | 6 | | Jane Dow | Trabalho | | J | | 100% | R$ 63,25/hr | R$ 0,00/hr | R$ 0,00 | Rateado | Standard |
| | 7 | | Jun Cao | Trabalho | | J | | 100% | R$ 42,00/hr | R$ 63,00/hr | R$ 0,00 | Rateado | Standard |
| | 8 | | Luis Sousa | Trabalho | | L | | 100% | R$ 70,00/hr | R$ 0,00/hr | R$ 0,00 | Rateado | Standard |
| | 9 | | Serviços de Impressão | Trabalho | | S | | 100% | R$ 0,00/hr | R$ 0,00/hr | R$ 0,00 | Rateado | Standard |
| | 10 | | Tad Orman | Trabalho | | T | | 100% | R$ 0,00/hr | R$ 0,00/hr | R$ 0,00 | Rateado | Standard |
| | 11 | | Viagem | Custo | | V | | | | | | Rateado | |
| | 12 | | Provas finais encadernadas | Material | cópias | P | | | R$ 15,00 | | R$ 0,00 | Rateado | |

Observe que alguns nomes de recursos aparecem em vermelho e mostram o ícone Superalocado na coluna Indicadores.

2 Na guia **Recurso**, no grupo **Nível**, clique em **Opções de Nivelamento**.

A caixa de diálogo Nivelamento de recursos é exibida. Você vai percorrer as opções dessa caixa de diálogo seguindo estes passos.

3 Em **Nivelamento de cálculos**, certifique-se de que a opção **Manual** esteja selecionada.

Essa configuração determina se o Project nivelará os recursos constantemente (Automática) ou apenas quando você mandar (Manual). O nivelamento automático ocorre assim que um recurso se torna superalocado.

**DICA** Todas as configurações da caixa de diálogo Nivelamento de recursos se aplicam a todos os planos com os quais você trabalha no Project e não apenas ao plano ativo. Usar o nivelamento automático pode parecer a melhor opção, mas provocará ajustes frequentes nos planos, independentemente da sua vontade. Por isso, recomendamos manter essa configuração em Manual.

4 Na caixa **Procurar superalocações em uma ... base**, certifique-se de que **Diariamente** esteja selecionado.

Essa configuração determina o período de tempo no qual o Project vai procurar superalocações. Se um recurso estiver superalocado, seu nome será formatado em vermelho. Se estiver superalocado no nível escolhido aqui, o Project também mostrará o indicador Superalocado ao lado de seu nome.

**DICA** Na maioria dos projetos, um nivelamento mais detalhado do que diariamente pode resultar em ajustes irreais nas atribuições. Se você prefere não visualizar os indicadores para superalocações diárias, selecione Semanalmente na caixa Procurar superalocações em uma ... base e, em seguida, clique em OK. Isso não nivelará os recursos, mas vai determinar quando o Project mostrará os indicadores de superalocação ao lado dos nomes dos recursos.

5 Certifique-se de que a caixa de seleção **Limpar nivelamentos anteriores** esteja marcada.

Às vezes, será necessário nivelar recursos repetidamente para obter os resultados desejados. Por exemplo, você poderá de início tentar nivelar semanalmente e depois trocar para diariamente. Se a caixa de seleção Limpar nivelamentos anteriores estiver selecionada, o Project removerá todos os atrasos de nivelamento existentes de todas as tarefas e atribuições, antes de nivelar. Por exemplo, se você nivelou o plano anteriormente e, em seguida, adicionou mais atribuições, talvez queira desmarcar essa caixa de seleção, antes de nivelar novamente, para não perder os resultados do nivelamento anterior.

6 Em **Intervalo de nivelamento para 'Plano Avançado'**, certifique-se de que **Nivelar o projeto inteiro** esteja selecionado.

Aqui, você opta por nivelar o plano inteiro ou apenas as atribuições que caem dentro de um intervalo de datas especificado. Nivelar dentro de um intervalo de datas é mais útil depois que você tiver começado a controlar o trabalho real e quiser nivelar apenas as atribuições restantes em um plano.

7 Na caixa **Ordem de nivelamento**, certifique-se de que **Padrão** esteja selecionado.

Você controla a prioridade utilizada pelo Project para determinar quais tarefas ele deve atrasar para solucionar um conflito de recursos. A opção N° da Tarefa atrasa as tarefas apenas de acordo com seus números de identificação: os números de identificação mais altos (por exemplo, 10) serão atrasados antes dos mais baixos (por exemplo, 5). Talvez você queira usar essa opção quando seu plano não tiver relações entre tarefas ou restrições. A opção Padrão atrasa as tarefas de acordo com as relações das predecessoras, datas de início, restrições de tarefas, *margem de atraso*, prioridade e números de identificação. A opção "Prioridade, padrão" examina o valor da prioridade da tarefa antes de outro critério padrão. (***Prioridade da tarefa*** é uma classificação numérica entre 0 e 1000 que indica o nível de prioridade da tarefa para o nivelamento. Tarefas com prioridade mais baixa são as primeiras a serem atrasadas ou divididas.)

8 Certifique-se de que a caixa de seleção **Nivelar sem atrasar o projeto** esteja desmarcada.

**DICA** Lembre-se de que *desmarcar* uma caixa de seleção significa remover a marca de sua caixa, e *marcar* uma caixa de seleção significa inserir a marca. Clique na caixa de seleção para alternar entre seus estados.

Desmarcar essa caixa de seleção permite que o Project prolongue a data de término do plano, se necessário, para solucionar alocações de recursos.

Marcar essa caixa de seleção impedirá que o Project prolongue a data de término do plano para solucionar superalocações de recursos. Em vez disso, o Project usaria apenas a margem de atraso livre dentro da agenda existente. Dependendo do plano, talvez isso não seja suficiente para solucionar completamente as superalocações de recursos.

9 Certifique-se de que a caixa de seleção **O nivelamento pode ajustar atribuições individuais de uma tarefa** esteja marcada.

Isso permite que o Project adicione um atraso de nivelamento (ou divida o trabalho nas atribuições, se a opção O nivelamento pode criar interrupções no trabalho restante também estiver selecionada), independentemente de qualquer outro recurso atribuído à mesma tarefa. Isso pode fazer com que os recursos iniciem e terminem o trabalho em uma tarefa em momentos diferentes.

10 Certifique-se de que a caixa de seleção **O nivelamento pode criar interrupções no trabalho restante** esteja marcada.

Isso permite que o Project divida o trabalho de uma tarefa (ou de uma atribuição, se a opção O nivelamento pode ajustar atribuições individuais de uma tarefa também estiver selecionada), como uma maneira de solucionar uma superalocação.

11 Certifique-se de que a caixa de seleção **Nivelar tarefas agendadas manualmente** esteja marcada.

Isso permite que o Project nivele uma tarefa agendada manualmente, como faria com uma tarefa agendada de maneira automática.

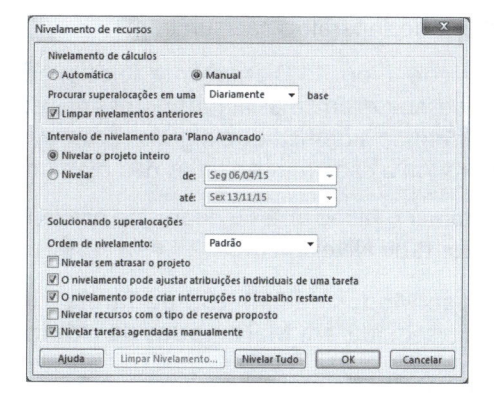

**DICA** Se você estiver usando o Project Professional, em vez do Project Standard, a caixa de diálogo Nivelamento de recursos e algumas outras caixas de diálogo conterão opções adicionais relacionadas ao Project Server. (Nessa caixa de diálogo, a caixa de seleção Nivelar recursos com o tipo de reserva proposto é uma opção relacionada ao Project Server.) Não vamos utilizar o Project Server neste livro; portanto, pode ignorar essas opções por enquanto. Para mais informações sobre o Project Server, consulte o Apêndice C.

Agora que você examinou as opções de nivelamento, está pronto para nivelar o plano.

12 Clique em **Nivelar Tudo**.

**DICA** Após ter definido as opções de nivelamento desejadas na caixa de diálogo Nivelamento de recursos, você pode nivelar o plano clicando no botão Nivelar Tudo no grupo Nível da guia Recurso. Não é preciso retornar à caixa de diálogo Nivelamento de recursos, a menos que você queira alterar as opções de nivelamento.

O Project nivela os recursos superalocados.

| | Nome do recurso | Tipo | Unidade de Material | Iniciais | Grupo | Unid. máximas | Taxa padrão | Taxa h. extra | Custo/us | Acumu | Calendário base |
|---|---|---|---|---|---|---|---|---|---|---|---|
| 1 | Carole Poland | Trabalho | | C | | 100% | .100,00/sem | R$ 0,00/hr | R$ 0,00 | Rateado | Standard |
| 2 | Serviços de Ajuste de Cores | Trabalho | | S | | 200% | R$ 0,00/hr | R$ 0,00/hr | R$ 0,00 | Rateado | Standard |
| 3 | Revisores de Texto | Trabalho | | R | | 200% | R$ 45,00/hr | R$ 0,00/hr | R$ 0,00 | Rateado | Standard |
| 4 | Dan Jump | Trabalho | | D | | 50% | R$ 75,50/hr | R$ 0,00/hr | R$ 0,00 | Rateado | Standard |
| 5 | Hany Morcos | Trabalho | | H | | 100% | .550,00/sem | R$ 0,00/hr | R$ 0,00 | Rateado | Standard |
| 6 | Jane Dow | Trabalho | | J | | 100% | R$ 63,25/hr | R$ 0,00/hr | R$ 0,00 | Rateado | Standard |
| 7 | Jun Cao | Trabalho | | J | | 100% | R$ 42,00/hr | R$ 63,00/hr | R$ 0,00 | Rateado | Standard |
| 8 | Luis Sousa | Trabalho | | L | | 100% | R$ 70,00/hr | R$ 0,00/hr | R$ 0,00 | Rateado | Standard |
| 9 | Serviços de Impressão | Trabalho | | S | | 100% | R$ 0,00/hr | R$ 0,00/hr | R$ 0,00 | Rateado | Standard |
| 10 | Tad Orman | Trabalho | | T | | 100% | R$ 0,00/hr | R$ 0,00/hr | R$ 0,00 | Rateado | Standard |
| 11 | Viagem | Custo | | V | | | | | | Rateado | |
| 12 | Provas finais encadernadas | Material | cópias | P | | | R$ 15,00 | | R$ 0,00 | Rateado | |

Observe que os indicadores de superalocação sumiram.

**DICA** Ao nivelar recursos com a opção Diariamente selecionada, talvez os ícones de superalocação desapareçam, mas alguns nomes de recursos ainda permaneçam em vermelho. Isso significa que alguns recursos ainda estão superalocados a cada hora (ou a cada minuto), mas não diariamente.

Em seguida, você vai examinar o plano antes e depois do nivelamento, usando o modo de exibição Gantt de Nivelamento.

13. Na guia **Exibição**, no grupo **Modos de Exibição de Tarefa**, clique na seta de **Gráfico de Gantt** e, em seguida, em **Mais modos de exibição**.

14. Na caixa de diálogo **Mais modos de exibição**, clique em **Gantt de Nivelamento** e, depois, em **Aplicar**.

   O Project troca para o modo de exibição Gantt de Nivelamento.

15. Na guia **Exibição**, no grupo **Zoom**, clique em **Aplicar Zoom no Projeto Inteiro**.

   Esse modo de exibição dá uma ideia melhor de algumas das tarefas que foram afetadas pelo nivelamento.

16. Role o modo de exibição Gantt de Nivelamento verticalmente para baixo, a fim de ver a tarefa 46, a tarefa resumo *Preparação do lançamento do livro*.

No modo de exibição Gantt de Nivelamento, as barras na parte superior representam a agenda antes do nivelamento. As barras inferiores representam a agenda depois do nivelamento.

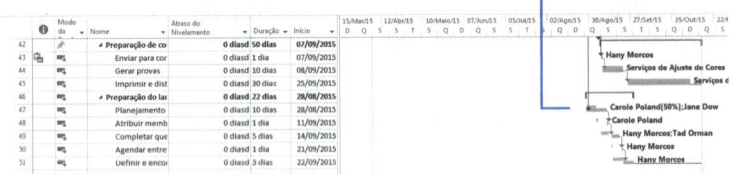

Essas são algumas das tarefas que foram mais afetadas pelo nivelamento de recursos. Observe que cada tarefa tem duas barras. A barra superior representa a tarefa antes do nivelamento. Você pode ver o início, o término e a duração de uma tarefa antes do nivelamento, apontando para a sua barra marrom-claro. A barra inferior representa a tarefa nivelada, conforme está agendada agora.

O Project foi capaz de solucionar as superalocações de recursos. Para esse plano especificamente, o nivelamento não prolongou a data de término. A última tarefa agendada no plano (tarefa 45, *Imprimir e distribuir*) ainda tem alguma margem de atraso devido à duração manual inserida em sua tarefa resumo.

# Verificação do custo e da data de término do plano

Nem todos os planos de projeto incluem informações de custos, mas para aqueles que possuem, o controle dos custos pode ser tão ou mais importante do que o controle da data de término agendada. Nesta seção, você vai examinar o custo e a data de término do plano.

Dois fatores a serem considerados ao examinar os custos do projeto são os tipos específicos de custos que você deseja ver e qual a melhor maneira de visualizá-los.

Os tipos de custos que podem ser encontrados ao longo de um projeto são os seguintes:

- **CUSTOS DA LINHA DE BASE** Os custos originais planejados de tarefas, recursos ou atribuições salvos como parte de um plano na linha de base.

- **CUSTOS ATUAIS (OU AGENDADOS)** Os custos calculados de tarefas, recursos e atribuições em um plano. À medida que você faz ajustes em um plano, como atribuir ou remover recursos, o Project recalcula os custos atuais, exatamente como recalcula as datas de início e de término. Depois que você começa a incorrer nos custos reais (normalmente controlando o trabalho real), o custo atual se iguala ao custo real mais o custo restante por tarefa, recurso ou atribuição. Os custos atuais são os valores que você vê nos campos Custo ou Custo Total.

- **CUSTOS REAIS** Os custos acarretados por tarefas, recursos ou atribuições.

- **CUSTOS RESTANTES** A diferença entre os custos atuais ou agendados e os custos reais de tarefas, recursos ou atribuições.

Talvez você precise comparar esses custos (por exemplo, linha de base *versus* real) ou examiná-los individualmente por tarefa, recurso ou atribuição. Ou talvez seja necessário examinar os valores dos custos de tarefas resumo ou de um plano inteiro. Algumas maneiras comuns de ver esses tipos de custos incluem:

- Ver os valores de custo do plano na caixa de diálogo Estatísticas do projeto. (Você fará isso posteriormente).

- Ver ou imprimir relatórios formatados que incluem fluxos de caixa, orçamento, tarefas ou recursos com saturações de custos e o valor agregado. (Para fazer isso, na guia Relatório, no grupo Ver Relatórios, clique em Custos).

- Ver as informações de custo em nível de tarefa, recursos ou atribuição nos modos de exibição de uso, apresentando a tabela Custo. (Para fazer isso, na guia Exibição, no grupo Dados, clique em Tabelas e, em seguida, em Custo).

- Para ver os detalhes dos custos distribuídos ao longo do tempo em um modo de exibição de uso, faça o seguinte: na guia Formato, no grupo Detalhes, clique em Adicionar Detalhes e, em seguida, selecione os valores de custo desejados.

Além do custo, a data de término é uma medida fundamental (geralmente a mais importante) de um plano. A data de término de um plano é calculada em função da sua duração e data de início. A maioria dos projetos tem uma data de término desejada ou *flexível* e muitos têm uma data de término *obrigatória* ou *rígida*. Ao gerenciar projetos desse tipo, é essencial conhecer o término atual ou agendado do plano.

**DICA** No jargão do gerenciamento de projeto, a data de término de um projeto é determinada por seu **caminho crítico**. O caminho crítico é uma série de tarefas que empurram a data final do projeto se as tarefas forem atrasadas. Por isso, ao avaliar a duração de um projeto, você deve se concentrar principalmente nas tarefas do caminho crítico, denominadas *tarefas críticas*. Lembre-se de que a palavra *crítica* não tem nada a ver com o grau de importância dessas tarefas em relação ao projeto global. A palavra refere-se apenas a como seu agendamento afetará a data de término do projeto. Se precisar de um lembrete sobre caminhos críticos, consulte o Capítulo 10, "Detalhes das tarefas".

O cenário: na Lucerne Publishing, você ajustou partes importantes do plano do novo livro infantil, incluindo atribuições de recursos, custos e durações de tarefas. Para ver os valores de custo e data de término atuais do plano, você vai trocar para um modo de exibição diferente e visualizar os valores de resumo na caixa de diálogo Informações sobre o projeto.

Neste exercício, você vai examinar a data de término, os custos globais e os custos de tarefas individuais do plano.

1 Na guia **Exibição**, no grupo **Modos de Exibição de Tarefa**, clique em **Mais modos de exibição** e, em seguida, em **Planilha de Tarefas**.

O Project troca para o modo de exibição Planilha de Tarefas. Você vai trocar para a tabela Custo.

**DICA** Deseja saber de onde o Project obteve esse nome de tarefa resumo do projeto mostrado para a tarefa 0? O Project usa o título inserido na caixa de diálogo Propriedades Avançadas (na guia Arquivo, no grupo Informações, Informações do Projeto) como o nome da tarefa resumo do projeto. Ou então, se ninguém tiver inserido uma propriedade de título, o Project usa o nome do arquivo como o nome da tarefa resumo do projeto. Se você alterar o nome da tarefa resumo do projeto, depois de tê-la exibido, o Project atualizará a propriedade Título e vice-versa.

2 Na guia **Exibição**, no grupo **Dados**, clique em **Tabelas** e, em seguida, em **Custo**.

A tabela Custo é exibida.

| | Nome da tarefa | Custo | Acumulação de custo | Custo total | Linha de base | Variação | Real | Restante |
|---|---|---|---|---|---|---|---|---|
| 0 | ▲ Cronograma do livro para crianças | R$ 0,00 | Rateado | R$ 73.707,25 | R$ 0,00 | R$ 73.707,25 | R$ 0,00 | R$ 73.707,25 |
| 1 | ▷ Reunião da equipe editorial | R$ 0,00 | Rateado | R$ 1.732,25 | R$ 0,00 | R$ 1.732,25 | R$ 0,00 | R$ 1.732,25 |
| 15 | ▲ Aquisição | R$ 0,00 | Rateado | R$ 9.900,00 | R$ 0,00 | R$ 9.900,00 | R$ 0,00 | R$ 9.900,00 |
| 16 | Manuscrito recebido | R$ 0,00 | Rateado | R$ 0,00 | R$ 0,00 | R$ 0,00 | R$ 0,00 | R$ 0,00 |
| 17 | Edição de conteúdo | R$ 0,00 | Rateado | R$ 6.300,00 | R$ 0,00 | R$ 6.300,00 | R$ 0,00 | R$ 6.300,00 |
| 18 | Revisão da edição de conteúdo pelo autor | R$ 0,00 | Rateado | R$ 3.600,00 | R$ 0,00 | R$ 3.600,00 | R$ 0,00 | R$ 3.600,00 |
| 19 | Enviar para o editorial | R$ 0,00 | Rateado | R$ 0,00 | R$ 0,00 | R$ 0,00 | R$ 0,00 | R$ 0,00 |
| 20 | ▲ Editorial | R$ 0,00 | Rateado | R$ 12.650,00 | R$ 0,00 | R$ 12.650,00 | R$ 0,00 | R$ 12.650,00 |
| 21 | Organizar manuscrito para revisão | R$ 0,00 | Rateado | R$ 1.550,00 | R$ 0,00 | R$ 1.550,00 | R$ 0,00 | R$ 1.550,00 |
| 22 | Revisão de texto | R$ 0,00 | Rateado | R$ 8.100,00 | R$ 0,00 | R$ 8.100,00 | R$ 0,00 | R$ 8.100,00 |
| 23 | Revisão do texto dos revisores pelo autor | R$ 0,00 | Rateado | R$ 900,00 | R$ 0,00 | R$ 900,00 | R$ 0,00 | R$ 900,00 |
| 24 | Incorporar revisão | R$ 0,00 | Rateado | R$ 2.100,00 | R$ 0,00 | R$ 2.100,00 | R$ 0,00 | R$ 2.100,00 |
| 25 | Enviar para a produção | R$ 0,00 | Rateado | R$ 0,00 | R$ 0,00 | R$ 0,00 | R$ 0,00 | R$ 0,00 |
| 26 | ▲ Design e Produção | R$ 0,00 | Rateado | R$ 36.705,00 | R$ 0,00 | R$ 36.705,00 | R$ 0,00 | R$ 36.705,00 |
| 27 | Definir páginas | R$ 0,00 | Rateado | R$ 7.590,00 | R$ 0,00 | R$ 7.590,00 | R$ 0,00 | R$ 7.590,00 |
| 28 | Design da ilustração interior | R$ 0,00 | Rateado | R$ 13.050,00 | R$ 0,00 | R$ 13.050,00 | R$ 0,00 | R$ 13.050,00 |
| 29 | ▲ Revisão das primeiras páginas | R$ 0,00 | Rateado | R$ 7.780,00 | R$ 0,00 | R$ 7.780,00 | R$ 0,00 | R$ 7.780,00 |
| 30 | Provas e índice | R$ 0,00 | Rateado | R$ 900,00 | R$ 0,00 | R$ 900,00 | R$ 0,00 | R$ 900,00 |
| 31 | Incorporar revisão das primeiras páginas | R$ 0,00 | Rateado | R$ 1.550,00 | R$ 0,00 | R$ 1.550,00 | R$ 0,00 | R$ 1.550,00 |
| 32 | Enviar páginas de prova para a produção | R$ 0,00 | Rateado | R$ 0,00 | R$ 0,00 | R$ 0,00 | R$ 0,00 | R$ 0,00 |

Aqui é possível ver muitos tipos de valores de custo para o plano global (o custo total da tarefa resumo 0 do projeto), para as fases do projeto (tarefas resumo) e para tarefas individuais.

Nesse ponto do ciclo de vida do projeto, o plano ainda não inclui uma linha de base; portanto, a coluna Linha de base contém somente valores zero. Da mesma maneira, o plano ainda não contém nenhum progresso real; portanto, a coluna Real contém somente valores zero.

Em seguida, você vai verificar a data de término do plano.

3 Na guia **Projeto**, no grupo **Propriedades**, clique em **Informações do Projeto**.

A caixa de diálogo Informações sobre o projeto é exibida.

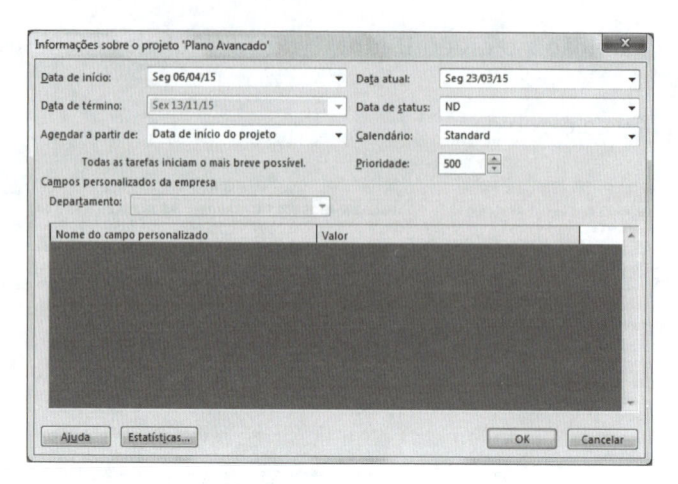

Na caixa de diálogo Informações sobre o projeto é possível ver a data de término atual, baseada em como o plano está agendado no momento. Observe que é possível editar a data de início do plano, mas não sua data de término. O Project calculou essa data de término com base na data de início mais a duração total do plano.

Agora, você vai examinar os valores de duração desse plano.

4 Na caixa de diálogo **Informações sobre o projeto**, clique em **Estatísticas**.

A caixa de diálogo Estatísticas do projeto é exibida. Aqui, novamente, é possível ver as datas de início e término atuais do plano.

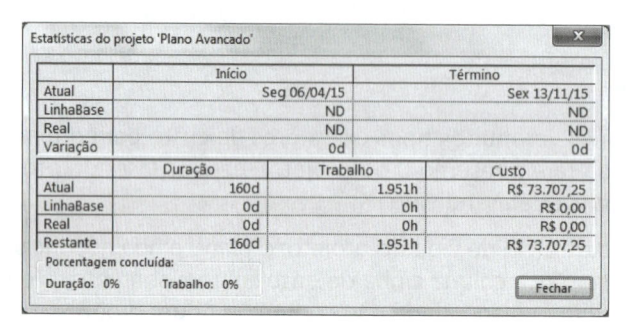

Atualmente, esse plano não tem linha de base nem trabalho real relatados; portanto, você vê *ND* nos campos Início e Término e valores zero nos campos Duração e Trabalho em LinhaBase e Real.

Observe também que o valor de custo na linha Atual é o mesmo que você viu no modo de exibição Planilha de Tarefas.

5 Clique em **Fechar** para fechar a caixa de diálogo **Estatísticas do projeto**.

# Como desativar tarefas

> **IMPORTANTE** A capacidade de desativar tarefas só está disponível no Project Professional e não no Project Standard. Se você tem o Project Standard, pule esta seção.

Você pode incluir tarefas em um plano que mais tarde decide não executar, mas também não quer perder os detalhes sobre elas, excluindo-as. Você poderia, por exemplo, desenvolver tarefas que fazem perguntas do tipo "e se", as quais não pode começar a responder sem antes saber a resposta de perguntas anteriores. Ou poderia projetar um plano que descrevesse um cenário com conclusão provável, mas também incluir conjuntos de tarefas mais otimistas e pessimistas.

No Project Professional, é possível desativar uma ou várias tarefas. Talvez seja preferível desativar as tarefas a excluí-las, pois isso mantém suas informações no plano, mesmo que remova o efeito do agendamento dessas tarefas. Uma tarefa que causa o início de uma sucessora, por exemplo, permanece visível quando desativada, mas tem formatação de texto tachado aplicada no modo de exibição Gráfico de Gantt e em outros modos, sua relação de vínculo é desfeita e sua sucessora é reagendada.

Se, depois, você quiser reativar tarefas desativadas, pode fazer isso facilmente, e o Project as restaurará como tarefas ativas, com o mesmo impacto que tinham anteriormente sobre o agendamento.

**DICA** Você só pode desativar tarefas que não tenham nenhum andamento registrado. Não é possível desativar tarefas concluídas ou que tenham algum progresso registrado.

O cenário: na Lucerne Publishing, você compartilhou com a editora os detalhes do custo atual e da agenda do plano do novo livro infantil. Ela pediu para você identificar algumas atividades que pudessem ser cortadas para reduzir os custos sem colocar em risco os resultados fundamentais do plano. Você identificou as atividades que poderiam ser cortadas e, para ver o resultado do corte, uma vez que mantém a possibilidade de restaurá-las facilmente, vai desativar as tarefas em questão.

Neste exercício, você vai desativar uma tarefa resumo e suas subtarefas.

1 Na guia **Exibição**, no grupo **Modos de Exibição de Tarefa**, clique na seta de **Gráfico de Gantt** e, em seguida, em **Gráfico de Gantt**.

**DICA** Você está se perguntando por que motivo não apenas clica no botão Gráfico de Gantt? Lembre-se de que o Project contém vários modos de exibição de Gráfico de Gantt. O botão Gráfico de Gantt mostrará o modo de exibição de Gráfico de Gantt apresentado por último – neste caso, o modo de exibição Gantt de Nivelamento. Desta vez, para apresentar o modo de exibição Gráfico de Gantt, você precisa selecioná-lo na lista de modos de exibição.

2 Selecione o nome da tarefa 39, *Design do site de acompanhamento do livro*.

3 Na guia **Tarefa**, no grupo **Edição**, clique em **Rolar até a Tarefa**.

Essa tarefa resumo e suas subtarefas refletem um plano inicial de levar em conta o trabalho de projetar um site que promoveria o lançamento do novo livro. Você ainda acha que pode incluir esse trabalho no plano do novo livro, mas, por enquanto, quer desativar essas tarefas.

4 Na guia **Tarefa**, no grupo **Cronograma**, clique em **Ativar/Desativar Tarefas Selecionadas**.

O Project desativa a tarefa resumo e suas subtarefas.

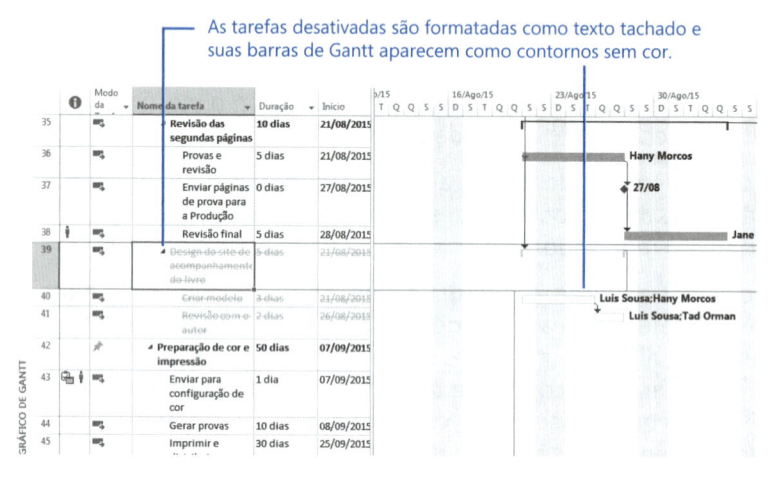

As tarefas desativadas são formatadas como texto tachado e suas barras de Gantt aparecem como contornos sem cor.

As informações das tarefas originais ainda podem ser vistas, mas agora elas não têm nenhum impacto sobre o plano global. Mais tarde, se você optar por incluir essas tarefas no plano, pode reativá-las clicando novamente em Ativar/Desativar Tarefas Selecionadas.

**❌ ENCERRAMENTO** Feche o arquivo Plano Avancado.

# Pontos-chave

- O valor de unidades máximas (Unid. máximas) de um recurso de trabalho e seu período útil (conforme definido pelo calendário do recurso) determinam quando o recurso está superalocado.
- O modo de exibição Uso dos Recursos permite ver os detalhes das atribuições que causam superalocação de recursos.
- É possível solucionar as superalocações dos recursos manual ou automaticamente.
- É possível ver os detalhes dos custos desde o nível das atribuições individuais até para o projeto inteiro.
- No Project Professional é possível desativar tarefas utilizadas em cenários do tipo "e se" ou que não são mais necessárias no plano, mas que você não quer excluir permanentemente.

# Visão geral do capítulo

## Classificar

Classifique dados de tarefas ou recursos, página 272.

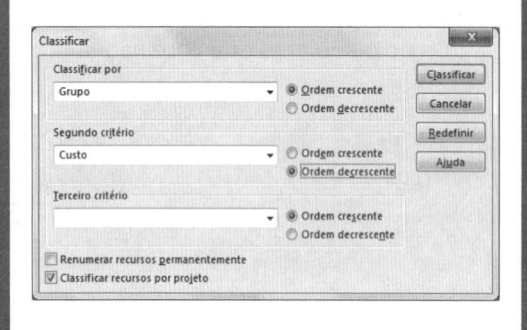

## Agrupar

Agrupe tarefas ou recursos e mostre os valores acumulados ou resumidos por grupo, página 276.

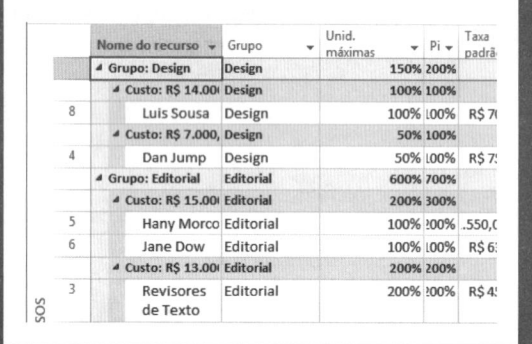

## Filtrar

Crie filtros personalizados para mostrar apenas os dados que você deseja ver, página 281.

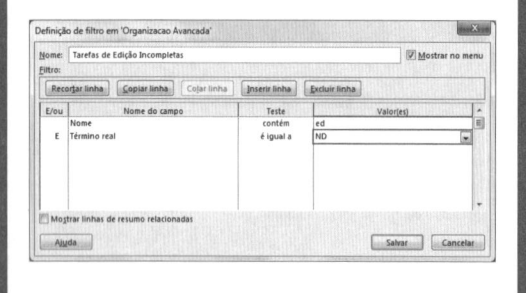

## Personalizar

Crie um modo de exibição próprio com as definições de tabela, grupo e filtro que você desejar, página 290.

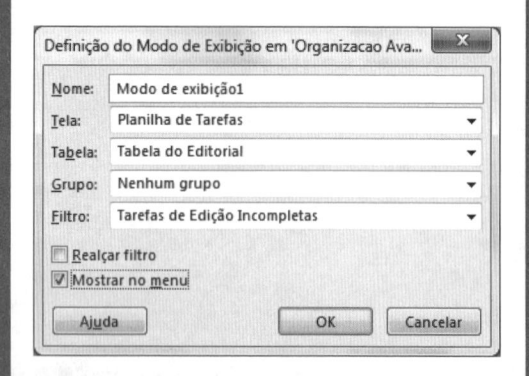

# Organização dos detalhes do projeto

# 13

NESTE CAPÍTULO, VOCÊ APRENDERÁ A:

- Classificar dados de tarefas e recursos.
- Exibir dados de tarefas e recursos em grupos.
- Filtrar ou realçar dados de tarefas e recursos.
- Criar uma tabela personalizada.
- Criar um modo de exibição personalizado.

Após criar um plano no Project, é provável que você precise examinar alguns de seus aspectos específicos para fazer uma análise ou para compartilhar com outros *interessados*. Embora os *modos de exibição*, *tabelas* e *relatórios* incorporados ao Microsoft Project 2013 forneçam muitas formas de examinar um plano, talvez seja preciso organizar as informações para ajustá-las às suas necessidades específicas.

Neste capítulo, você vai usar algumas das ferramentas do Project para controlar o modo como os dados aparecem e como são organizados. O Project contém muitos recursos que permitem organizar e analisar dados que, do contrário, exigiriam ferramentas separadas, como um aplicativo de planilha eletrônica.

**ARQUIVOS DE PRÁTICA** Para fazer os exercícios deste capítulo, você precisa do arquivo contido na pasta Capitulo13. Para mais informações, consulte "Como baixar os arquivos de prática", na Introdução deste livro.

> **IMPORTANTE** Se você estiver executando o Project Professional com Project Web App/Project Server, tome o cuidado de não salvar no Project Web App (PWA) os arquivos de prática com os quais trabalhará neste livro. Para mais informações, consulte o Apêndice C, "Colaboração: Project, SharePoint e PWA".

# Classificação dos detalhes do projeto

***Classificar*** é a maneira mais simples de reorganizar os dados de tarefas ou recursos no Project. É possível classificar tarefas ou recursos por meio de critérios predefinidos ou criar sua própria ordem de classificação com até três níveis de aninhamento. Por exemplo, você pode classificar os recursos por grupo (que é o valor no campo Grupo – Design, Editorial, e assim por diante – em nosso exemplo da Lucerne Publishing) e, em seguida, classificar por custos dentro de cada grupo.

Quando os dados são classificados, a ordem de classificação se aplica ao modo de exibição ativo, independentemente da tabela específica atualmente apresentada no modo de exibição. Por exemplo, se você classificar o modo de exibição Gráfico de Gantt pela data de início enquanto estiver apresentando a tabela Entrada e, em seguida, trocar para a tabela Custo, verá as tarefas classificadas pela data de início na tabela Custo. Você também pode classificar na maioria dos modos de exibição que não incluem uma tabela, como o modo de exibição Gráfico de Recursos.

Como no agrupamento e na filtragem, com os quais você vai trabalhar posteriormente neste capítulo, a classificação não altera (com uma exceção) os dados subjacentes do plano; ela simplesmente reorganiza os dados existentes no modo de exibição ativo. A única exceção é a opção que o Project oferece para renumerar as identificações de tarefas ou recursos após a classificação.

Se você pretende renumerar tarefas ou recursos permanentemente, não há nenhum problema. Por exemplo, ao criar uma lista de recursos, você poderia inserir os nomes dos recursos na ordem em que eles ingressam no projeto. Mais tarde, quando a lista estivesse concluída, poderia classificá-los por ordem alfabética de nomes e renumerá-los de maneira permanente.

No plano do novo livro infantil de nosso exemplo da Lucerne Publishing, cada recurso está atribuído a um de vários grupos de recursos. Esses grupos têm nomes como Design, Editorial e outros pertinentes a uma editora de livros. Para seus planos, você poderia usar grupos de recursos que representassem equipes funcionais, departamentos ou qualquer outro nome que descreva conjuntos de recursos semelhantes da maneira mais lógica.

A classificação de todos os recursos por grupos permite ver com mais facilidade os custos associados a cada um deles. Isso pode ajudá-lo a planejar o orçamento de seu projeto. Também é possível classificar os recursos dentro de cada grupo por custos, do mais caro ao mais barato.

O cenário: na Lucerne Publishing, você quer examinar com detalhes os custos dos recursos no plano de lançamento do novo livro infantil. Além de ver os valores de custo por recurso, com base em suas remunerações e trabalhos atribuídos, você gostaria de ver os valores de custo organizados por grupos de recurso correlacionados aos departamentos da Lucerne. Isso inclui grupos como *Editorial* e *Produção*.

Capítulo 13  Organização dos detalhes do projeto  **273**

Neste exercício, você vai classificar um modo de exibição de recurso por custo.

→ PREPARAÇÃO  Para fazer este exercício, você precisa do arquivo Organizacao Avancada_Inicio localizado na pasta Capitulo13. Abra o arquivo e salve-o como Organizacao Avancada.

1 Na guia **Exibição**, no grupo **Visãos de Recurso**, clique em **Planilha de Recursos**.

   O modo de exibição Planilha de Recursos é exibido. Por padrão, a tabela Entrada aparece no modo de exibição Planilha de Recursos; contudo, a tabela Entrada inclui remunerações, mas não mostra o campo de custo total por recurso. Portanto, você vai trocar para a tabela Resumo.

2 Na guia **Exibição**, no grupo **Dados**, clique em **Tabelas** e, em seguida, em **Resumo**.

   **DICA**  Você pode identificar a tabela ativa apontando para o botão Selecionar Tudo no canto superior esquerdo da tabela ativa. Pode também dar um clique com o botão direito do mouse no botão Selecionar Tudo, a fim de trocar para uma tabela diferente.

   A tabela Resumo é exibida.

   Botão Selecionar Tudo

   | # | Nome do recurso | Grupo | Unid. máximas | Pi | Taxa padrão | Taxa h. extra | Custo | Trabalho |
   |---|---|---|---|---|---|---|---|---|
   | 1 | Carole Poland | Editorial | 100% | 100% | .100,00/sem | R$ 0,00/hr | 11.182,50 | 213 hrs |
   | 2 | Serviços de Ajuste de Cores | Produção | 200% | 100% | R$ 0,00/hr | R$ 0,00/hr | R$ 0,00 | 80 hrs |
   | 3 | Revisores de Texto | Editorial | 200% | 100% | R$ 45,00/hr | R$ 0,00/hr | R$ 13.500,00 | 300 hrs |
   | 4 | Dan Jump | Design | 50% | 100% | R$ 75,50/hr | R$ 0,00/hr | $ 7.134,75 | 94,5 hrs |
   | 5 | Hany Morcos | Editorial | 100% | 100% | .550,00/sem | R$ 0,00/hr | 15.788,75 | 401 hrs |
   | 6 | Jane Dow | Editorial | 100% | 100% | R$ 63,25/hr | R$ 0,00/hr | 15.180,00 | 240 hrs |
   | 7 | Jun Cao | Editorial | 100% | 100% | R$ 42,00/hr | R$ 63,00/hr | R$ 546,00 | 13 hrs |
   | 8 | Luis Sousa | Design | 100% | 100% | R$ 70,00/hr | R$ 0,00/hr | 14.000,00 | 200 hrs |
   | 9 | Serviços de Impressão | Produção | 100% | 100% | R$ 0,00/hr | R$ 0,00/hr | R$ 0,00 | 240 hrs |
   | 10 | Tad Orman | Outro | 100% | 100% | R$ 0,00/hr | R$ 0,00/hr | R$ 0,00 | 296 hrs |
   | 11 | Viagem | Outro | | | 0% | | $ 3.500,00 | |
   | 12 | Provas finais encadernadas | Produção | | | 0 s/dia | R$ 15,00 | R$ 300,00 | 20 cópias |

   Agora você está pronto para classificar o modo de exibição Planilha de Recursos.

3 Clique na seta de **AutoFiltro** no cabeçalho de coluna **Custo** e, no menu que aparece, clique em **Classificar do Maior para o Menor**.

   **DICA** Caso você não veja as setas de AutoFiltro nos cabeçalhos de coluna, tente o seguinte: na guia Exibição, no grupo Dados, na caixa Filtro, clique em Exibir Filtro Automático.

   O modo de exibição Planilha de Recursos é classificado pela coluna Custo, em ordem decrescente.

   É possível classificar uma tabela rapidamente clicando na seta de AutoFiltro.

| | Nome do recurso | Grupo | Unid. máximas | Pi | Taxa padrão | Taxa h. extra | Custo | Trabalho |
|---|---|---|---|---|---|---|---|---|
| 5 | Hany Morcos | Editorial | 100% | 100% | .550,00/sem | R$ 0,00/hr | 15.788,75 | 401 hrs |
| 6 | Jane Dow | Editorial | 100% | 100% | R$ 63,25/hr | R$ 0,00/hr | 15.180,00 | 240 hrs |
| 8 | Luis Sousa | Design | 100% | 100% | R$ 70,00/hr | R$ 0,00/hr | 14.000,00 | 200 hrs |
| 3 | Revisores de Texto | Editorial | 200% | 200% | R$ 45,00/hr | R$ 0,00/hr | R$ 13.500,00 | 300 hrs |
| 1 | Carole Poland | Editorial | 100% | 100% | .100,00/sem | R$ 0,00/hr | 11.182,50 | 213 hrs |
| 4 | Dan Jump | Design | 50% | 100% | R$ 75,50/hr | R$ 0,00/hr | $ 7.134,75 | 94,5 hrs |
| 11 | Viagem | Outro | | 0% | | | $ 3.500,00 | |
| 7 | Jun Cao | Editorial | 100% | 100% | R$ 42,00/hr | R$ 63,00/hr | R$ 546,00 | 13 hrs |
| 12 | Provas finais encadernadas | Produção | | 0 s/dia | R$ 15,00 | | R$ 300,00 | 20 cópias |
| 2 | Serviços de Ajuste de Cores | Produção | 200% | 100% | R$ 0,00/hr | R$ 0,00/hr | R$ 0,00 | 80 hrs |
| 9 | Serviços de Impressão | Produção | 100% | 100% | R$ 0,00/hr | R$ 0,00/hr | R$ 0,00 | 240 hrs |
| 10 | Tad Orman | Outro | 100% | 100% | R$ 0,00/hr | R$ 0,00/hr | R$ 0,00 | 296 hrs |

   Essa disposição é excelente para ver os custos dos recursos do plano inteiro, mas talvez você queira ver esses dados organizados por grupo de recursos. Para isso, você vai aplicar uma ordem de classificação de dois níveis.

4 Na guia **Exibição**, no grupo **Dados**, clique em **Classificar** e, em seguida, em **Classificar por**.

   A caixa de diálogo Classificar é exibida. Nela, é possível aplicar até três níveis de aninhamento de critérios de classificação.

5 Em **Classificar por**, clique em **Grupo** na lista suspensa e, ao lado dela, clique em **Ordem crescente**.

   **DICA** Ao selecionar itens em uma lista como essa, muitas vezes é possível começar a digitar o nome do item desejado e, quando seu nome completo aparecer, selecioná-lo.

   Aqui, *Grupo* se refere ao campo Grupo do recurso, o qual, para o plano do novo livro infantil, contém valores como *Design* e *Editorial*; esses são os grupos aos quais a maioria dos recursos no plano está associada. Esses valores foram adicionados anteriormente ao plano para você.

6 Em **Segundo critério** (no centro da caixa de diálogo), clique em **Custo** na lista suspensa e, ao lado dela, clique em **Ordem decrescente**.

Capítulo 13   Organização dos detalhes do projeto   **275**

> **DICA** É possível classificar por qualquer campo, não apenas pelos campos visíveis no modo de exibição ativo. Contudo, é útil ver o campo pelo qual se classifica – neste caso, o campo Custo.

7 Certifique-se de que a caixa de seleção **Renumerar recursos permanentemente** esteja desmarcada.

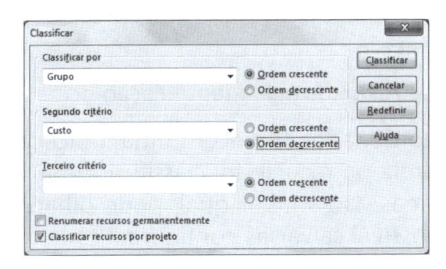

> **IMPORTANTE** A caixa de seleção "Renumerar recursos permanentemente" (ou, quando se está em um modo de exibição de tarefas, a caixa de seleção "Renumerar tarefas permanentemente") na caixa de diálogo Classificar é uma configuração no nível do Project (isto é, do aplicativo); se selecionada, ele renumera permanentemente os recursos ou tarefas em qualquer plano em que você classificar. Como você talvez não queira renumerar os recursos ou tarefas permanentemente toda vez que classificar, é uma boa ideia manter essa caixa de seleção desmarcada.

8 Clique em **Classificar**.

O Project classifica o modo de exibição Planilha de Recursos para exibir os recursos por grupo (*Design, Editorial*, e assim por diante) e, depois, por custo dentro de cada grupo.

| | Nome do recurso | Grupo | Unid. máximas | Pi | Taxa padrão | Taxa h. extra | Custo | Trabalho |
|---|---|---|---|---|---|---|---|---|
| 8 | Luis Sousa | Design | 100% | 100% | R$ 70,00/hr | R$ 0,00/hr | 14.000,00 | 200 hrs |
| 4 | Dan Jump | Design | 50% | 100% | R$ 75,50/hr | R$ 0,00/hr | $ 7.134,75 | 94,5 hrs |
| 5 | Hany Morcos | Editorial | 100% | 100% | .550,00/sem | R$ 0,00/hr | 15.788,75 | 401 hrs |
| 6 | Jane Dow | Editorial | 100% | 100% | R$ 63,25/hr | R$ 0,00/hr | 15.180,00 | 240 hrs |
| 3 | Revisores de Texto | Editorial | 200% | 100% | R$ 45,00/hr | R$ 0,00/hr | R$ 13.500,00 | 300 hrs |
| 1 | Carole Poland | Editorial | 100% | 100% | .100,00/sem | R$ 0,00/hr | 11.182,50 | 213 hrs |
| 7 | Jun Cao | Editorial | 100% | 100% | R$ 42,00/hr | R$ 63,00/hr | R$ 546,00 | 13 hrs |
| 11 | Viagem | Outro | | | 0% | | $ 3.500,00 | |
| 10 | Tad Orman | Outro | 100% | 100% | R$ 0,00/hr | R$ 0,00/hr | R$ 0,00 | 296 hrs |
| 12 | Provas finais encadernadas | Produção | | 0 s/dia | R$ 15,00 | | R$ 300,00 | 20 cópias |
| 2 | Serviços de Ajuste de Cores | Produção | 200% | 100% | R$ 0,00/hr | R$ 0,00/hr | R$ 0,00 | 80 hrs |
| 9 | Serviços de Impressão | Produção | 100% | 100% | R$ 0,00/hr | R$ 0,00/hr | R$ 0,00 | 240 hrs |

Essa classificação proporciona uma maneira fácil de identificar os recursos mais caros em cada grupo de recursos que está trabalhando no projeto do novo livro.

Para concluir este exercício, você vai reclassificar as informações dos recursos para retorná-las à sua ordem original, que é pelo número.

9 Na guia **Exibição**, no grupo **Dados**, clique em **Classificar** e, em seguida, clique em **pelo número da tarefa**.

O Project reclassifica a lista de recursos pela identificação do recurso.

Os números de identificação reordenados fornecem uma indicação visual de que um modo de exibição de tarefa ou recurso foi classificado. Se você vir que foi aplicada uma classificação, mas não souber qual, pode olhar na caixa de diálogo Classificar por. Não é possível salvar as configurações de classificação personalizadas especificadas, como acontece no agrupamento e na filtragem. Entretanto, a ordem de classificação especificada mais recentemente permanecerá em vigor até que você reclassifique o modo de exibição.

# Como agrupar detalhes do projeto

Ao desenvolver um plano, você pode usar os modos de exibição disponíveis no Project para ver e analisar seus dados de várias formas. Um jeito importante de ver os dados nos modos de exibição de tarefas e de recursos é por agrupamento. O *agrupamento* permite organizar as informações de tarefas ou recursos (ou, quando se está em um modo de exibição de uso, as informações de atribuições) de acordo com critérios escolhidos. Por exemplo, em vez de ver a lista de recursos no modo de exibição Planilha de Recursos classificado pela identificação, você pode vê-los classificados por custo. Entretanto, o agrupamento vai um passo além da simples classificação: ele soma os valores de resumo, ou *acumulados*, em intervalos que podem ser personalizados. Por exemplo, é possível agrupar recursos por seus custos com um intervalo de R$1.000,00 entre os grupos.

O agrupamento altera o modo como você vê seus dados de tarefas ou recursos, permitindo um nível mais refinado de análise e apresentação dos dados. O agrupamento não muda a estrutura básica do plano: ele simplesmente reorganiza e resume os dados. Como na classificação, quando você agrupa os dados em um modo de exibição, o agrupamento é aplicado a todas as tabelas que podem ser mostradas nesse modo de exibição. Também é possível agrupar o modo de exibição Diagrama de Rede, o qual não contém uma tabela.

O Project inclui várias definições de grupo predefinidas para tarefas e recursos, como agrupar tarefas por duração ou recursos por remuneração padrão. Também é possível personalizar qualquer um dos grupos internos ou criar o seu próprio grupo.

Capítulo 13  Organização dos detalhes do projeto  **277**

O cenário: na Lucerne Publishing, a análise de custos dos recursos continua. Você descobriu que classificar por grupo de recursos é útil, pois os valores de grupo são correlacionados aos departamentos da Lucerne Publishing. Agora, você quer personalizar ainda mais o modo de exibição das informações de custo dos recursos, agregando-o por grupo. Você prevê que esse novo agrupamento vai ser usado no futuro; portanto, também quer salvá-lo para uso posterior.

Neste exercício, você vai agrupar os recursos e criar uma definição de agrupamento personalizada.

1 Na guia **Exibição**, no grupo **Dados**, clique na seta da caixa **Agrupar por** (inicialmente ela contém *[Nenhum Grupo]*) e, em seguida, clique em **Grupo do recurso**.

> **DICA** Como a coluna Grupo está visível no modo de exibição Planilha de Recursos, também é possível clicar na seta do AutoFiltro no cabeçalho de coluna Grupo e, no menu que aparece, clicar em Grupo neste campo.

O Project reorganiza os dados do recurso em grupos, soma os valores de resumo por grupo e apresenta os dados em forma de estrutura em tópicos expandida.

| | Nome do recurso | Grupo | Unid. máximas | Pi | Taxa padrão | Taxa h. extra | Custo | Trabalho | Adic |
|---|---|---|---|---|---|---|---|---|---|
| | ▲ **Grupo: Design** | **Design** | **150%** | **200%** | | | **21.134,75** | **294,5 hrs** | |
| 4 | Dan Jump | Design | 50% | 100% | R$ 75,50/hr | R$ 0,00/hr | $ 7.134,75 | 94,5 hrs | |
| 8 | Luis Sousa | Design | 100% | 100% | R$ 70,00/hr | R$ 0,00/hr | 14.000,00 | 200 hrs | |
| | ▲ **Grupo: Editorial** | **Editorial** | **600%** | **700%** | | | **56.197,25** | **1.167 hrs** | |
| 1 | Carole Poland | Editorial | 100% | 100% | .100,00/sem | R$ 0,00/hr | 11.182,50 | 213 hrs | |
| 3 | Revisores de Texto | Editorial | 200% | 200% | R$ 45,00/hr | R$ 0,00/hr | R$ 13.500,00 | 300 hrs | |
| 5 | Hany Morcos | Editorial | 100% | 200% | .550,00/sem | R$ 0,00/hr | 15.788,75 | 401 hrs | |
| 6 | Jane Dow | Editorial | 100% | 100% | R$ 63,25/hr | R$ 0,00/hr | 15.180,00 | 240 hrs | |
| 7 | Jun Cao | Editorial | 100% | 100% | R$ 42,00/hr | R$ 63,00/hr | R$ 546,00 | 13 hrs | |
| | ▲ **Grupo: Outro** | **Outro** | **100%** | **100%** | | | **$ 3.500,00** | **296 hrs** | |
| 10 | Tad Orman | Outro | 100% | 100% | R$ 0,00/hr | R$ 0,00/hr | R$ 0,00 | 296 hrs | |
| 11 | Viagem | Outro | | 0% | | | $ 3.500,00 | | |
| | ▲ **Grupo: Produção** | **Produção** | **300%** | **200%** | | | **R$ 300,00** | **320 hrs** | |
| 2 | Serviços de Ajuste de | Produção | 200% | 100% | R$ 0,00/hr | R$ 0,00/hr | R$ 0,00 | 80 hrs | |
| 9 | Serviços de Impressão | Produção | 100% | 100% | R$ 0,00/hr | R$ 0,00/hr | R$ 0,00 | 240 hrs | |
| 12 | Provas finais encadernadas | Produção | | 0 s/dia | R$ 15,00 | | R$ 300,00 | 20 cópias | |

Esse agrupamento é semelhante à classificação feita na seção anterior, mas, desta vez, você verá os valores de custo resumidos para cada grupo de recursos.

O Project aplica formatação de colorido claro às linhas de dados de resumo. Como os dados resumidos são derivados dos dados subordinados, não é possível editá-los diretamente. A apresentação desses valores resumidos não tem nenhum efeito nos cálculos de custo ou de agendamento do plano.

Para ter mais controle sobre o modo como o Project organiza e apresenta os dados, agora você vai criar um grupo.

Contudo, antes de criar um grupo personalizado e personalizações adicionais ao longo deste capítulo, você vai fazer uma mudança nas configurações do Project. Esse ajuste vai ser feito para impedir que esse grupo personalizado se torne disponível em outros planos com os quais você possa trabalhar e que não estejam relacionados a este material de treinamento. (No final do capítulo, o ajuste será retornado para a configuração original.)

2 Clique na guia **Arquivo** e, em seguida, em **Opções**.

A caixa de diálogo Opções do Project é exibida.

3 Clique em **Avançado** e, em **Exibir**, desmarque a caixa de seleção **Adicionar automaticamente novos modos de exibição, tabelas, filtros e grupos ao modelo global**.

4 Clique em **OK** para fechar a caixa de diálogo **Opções do Project**.

Com essa tarefa de limpeza concluída, você está pronto para criar um grupo personalizado.

5 Na guia **Exibição**, no grupo **Dados**, clique na seta da caixa **Agrupar por** e, em seguida, em **Mais grupos**.

A caixa de diálogo Mais grupos é exibida.

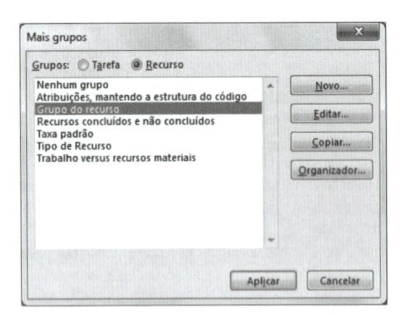

Nessa caixa de diálogo é possível ver todos os grupos predefinidos disponíveis para tarefas (quando se está em um modo de exibição de tarefas) e recursos (quando se está em um modo de exibição de recursos). Seu novo grupo será muito parecido com o Grupo do recurso; portanto, você vai começar copiando-o.

6 Certifique-se de que **Grupo do recurso** esteja selecionado e, em seguida, clique em **Copiar**.

A caixa de diálogo Definição de grupo em é exibida.

Capítulo 13   Organização dos detalhes do projeto   **279**

7   Na caixa **Nome**, selecione o texto exibido e, em seguida, digite **Recursos Agrupados por Custo**.

8   Na coluna **Nome do campo**, clique na primeira célula vazia abaixo de **Grupo**.

9   Digite ou selecione **Custo**.

10  Na coluna **Ordem** do campo **Custo**, selecione **Decrescente**.

Os recursos serão agrupados com base nos valores do campo Grupo e depois pelo campo Custo, dos mais altos para os mais baixos.

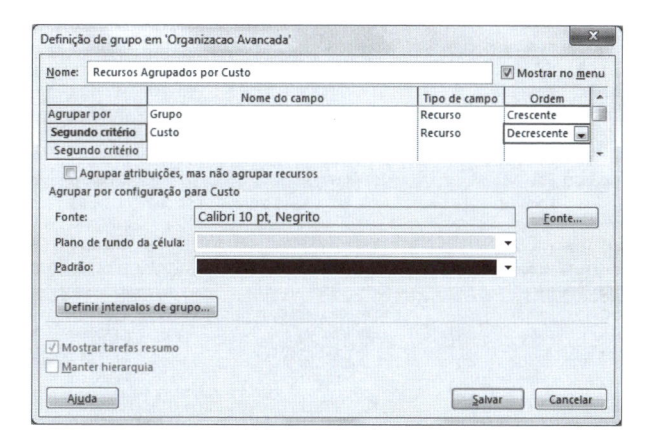

Em seguida, você vai ajustar os intervalos de custos nos quais o Project agrupará os recursos.

11  Com a linha **Custo** ainda selecionada, clique em **Definir intervalos de grupo**.

A caixa de diálogo Definir intervalo de grupo é exibida.

12  Na caixa **Grupo em**, selecione **Intervalo**.

13  Na caixa **Intervalo do grupo**, digite **1000**.

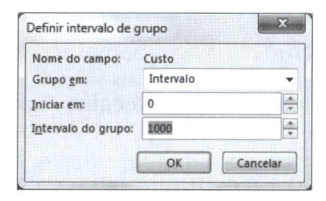

14  Clique em **OK**.

15 Clique em **Salvar** para fechar a caixa de diálogo **Definição de grupo em**.

Agora, o novo grupo, *Recursos Agrupados por Custo*, aparece na caixa de diálogo Mais grupos.

16 Clique em **Aplicar**.

O Project aplica o novo grupo ao modo de exibição Planilha de Recursos.

| | | Nome do recurso | Grupo | Unid. máximas | Pi | Taxa padrão | Taxa h. extra | Custo | Trabalho | Adic |
|---|---|---|---|---|---|---|---|---|---|---|
| | | ▲ Grupo: Design | Design | 150% | 200% | | | 21.134,75 | 294,5 hrs | |
| | | ▲ Custo: R$ 14.000 | Design | 100% | 100% | | | 14.000,00 | 200 hrs | |
| | 8 | Luis Sousa | Design | 100% | 100% | R$ 70,00/hr | R$ 0,00/hr | 14.000,00 | 200 hrs | |
| | | ▲ Custo: R$ 7.000, | Design | 50% | 100% | | | $ 7.134,75 | 94,5 hrs | |
| | 4 | Dan Jump | Design | 50% | 100% | R$ 75,50/hr | R$ 0,00/hr | $ 7.134,75 | 94,5 hrs | |
| | | ▲ Grupo: Editorial | Editorial | 600% | 700% | | | 56.197,25 | 1.167 hrs | |
| | | ▲ Custo: R$ 15.000 | Editorial | 200% | 300% | | | 30.968,75 | 641 hrs | |
| | 5 | Hany Morco | Editorial | 100% | 200% | .550,00/sem | R$ 0,00/hr | 15.788,75 | 401 hrs | |
| | 6 | Jane Dow | Editorial | 100% | 100% | R$ 63,25/hr | R$ 0,00/hr | 15.180,00 | 240 hrs | |
| | | ▲ Custo: R$ 13.000 | Editorial | 200% | 200% | | | 13.500,00 | 300 hrs | |
| P | 3 | Revisores de Texto | Editorial | 200% | 200% | R$ 45,00/hr | R$ 0,00/hr | R$ 13.500,00 | 300 hrs | |
| L A N I L H A   D E   R E C U R S O S | | ▲ Custo: R$ 11.000 | Editorial | 100% | 100% | | | 11.182,50 | 213 hrs | |
| | 1 | Carole Pola | Editorial | 100% | 100% | .100,00/sem | R$ 0,00/hr | 11.182,50 | 213 hrs | |
| | | ▲ Custo: R$ 0,00 - | Editorial | 100% | 100% | | | R$ 546,00 | 13 hrs | |
| | 7 | Jun Cao | Editorial | 100% | 100% | R$ 42,00/hr | R$ 63,00/hr | R$ 546,00 | 13 hrs | |
| | | ▲ Grupo: Outro | Outro | 100% | 100% | | | $ 3.500,00 | 296 hrs | |
| | | ▲ Custo: R$ 3.000, | Outro | | 0% | | | $ 3.500,00 | | |
| | 11 | Viagem | Outro | | 0% | | | $ 3.500,00 | | |
| | | ▲ Custo: R$ 0,00 - | Outro | 100% | 100% | | | R$ 0,00 | 296 hrs | |
| | 10 | Tad Orman | Outro | 100% | 100% | R$ 0,00/hr | R$ 0,00/hr | R$ 0,00 | 296 hrs | |
| | | ▲ Grupo: Produção | Produção | 300% | 200% | | | R$ 300,00 | 320 hrs | |
| | | ▲ Custo: R$ 0,00 - | Produção | 300% | 200% | | | R$ 300,00 | 320 hrs | |
| | 2 | Serviços de Ajuste de | Produção | 200% | 100% | R$ 0,00/hr | R$ 0,00/hr | R$ 0,00 | 80 hrs | |
| | 9 | Serviços de Impressão | Produção | 100% | 100% | R$ 0,00/hr | R$ 0,00/hr | R$ 0,00 | 240 hrs | |
| | 12 | Provas finais | Produção | | 0 s/dia | R$ 15,00 | | R$ 300,00 | 20 cópias | |

Os recursos são agrupados por seus valores nos grupos de recurso (as faixas que unem *Design*, *Editorial*, e assim por diante) e, dentro de cada grupo, por valores de custo em intervalos de R$1.000,00 (as faixas na cor azul-claro).

Para concluir este exercício, você vai remover o agrupamento.

17 Na guia **Exibição**, no grupo **Dados**, clique na seta da caixa **Agrupar por** e, em seguida, em **[Nenhum Grupo]**.

O Project remove os valores de resumo e a estrutura em tópicos, deixando os dados originais. Novamente, exibir ou remover um grupo não tem nenhum efeito sobre os dados do plano.

> **DICA** Todos os grupos predefinidos e os que você cria estão disponíveis por meio da caixa Agrupar por, na guia Exibição. O nome do grupo ativo aparece na caixa. Para ver outros nomes de grupo, clique na seta da caixa Agrupar por. Se nenhum grupo estiver aplicado à tabela atual, a expressão *[Nenhum grupo]* aparece na caixa.

# Como filtrar detalhes do projeto

Outra maneira prática de mudar o modo de ver as informações de tarefas e recursos no Project é por meio de filtragem. Conforme o nome sugere, a *filtragem* oculta dados de tarefas e recursos que não atendem aos critérios especificados, exibindo apenas os dados nos quais você está interessado. Como no agrupamento, a filtragem não altera os dados de seu plano; ela apenas muda o modo como eles aparecem.

Existem duas maneiras de usar filtros: você pode aplicar um AutoFiltro ou um filtro predefinido a um modo de exibição:

- Use **AutoFiltros** para filtragem proposital em qualquer tabela no Project. Pequenas setas de AutoFiltro aparecem ao lado dos nomes dos cabeçalhos de coluna. Clique na seta para apresentar uma lista de critérios pelos quais é possível filtrar os dados. Os critérios mostrados dependem do tipo dos dados contidos na coluna – por exemplo, os critérios de AutoFiltro em uma coluna de data incluem opções como Hoje e Este Mês, assim como uma opção Personalizado, com a qual é possível especificar seus próprios critérios. O AutoFiltro é usado no Project da mesma maneira que o AutoFiltro no Microsoft Excel.

- Aplique um filtro predefinido ou personalizado para ver apenas as informações da tarefa ou do recurso que atendam aos critérios do filtro. Por exemplo, o filtro Crítica apresenta apenas as tarefas que estão no caminho crítico. Alguns filtros predefinidos, como o filtro Intervalo de tarefas, pedem para que você insira critérios específicos – por exemplo, um intervalo de números de identificação de tarefa. Se um modo de exibição tiver um filtro aplicado, a mensagem "Filtro Aplicado" aparecerá na barra de status. Os dois tipos de filtros ocultam as linhas nos modos de exibição Planilha de Tarefas ou Planilha de Recursos que não atendem aos critérios especificados. Talvez você veja lacunas nos números de identificação de tarefas ou recursos. Os dados "ausentes" estão apenas ocultos, não foram excluídos. Como na classificação e no agrupamento, quando você filtra os dados em um modo de exibição, a filtragem é aplicada a todas as tabelas que podem ser mostradas nesse modo. Os modos de exibição que não incluem tabelas, como os modos Calendário e Diagrama de Rede, também suportam filtragem (por meio da caixa Filtro na guia Exibição), mas não AutoFiltros.

Um recurso muito parecido é o *realce*. Enquanto a aplicação de um filtro oculta as informações que não satisfazem aos seus critérios, a aplicação de um realce destaca as informações que atendem aos seus critérios formatando-as com a cor amarela. Fora isso, os dois recursos são praticamente idênticos – você pode aplicar os realces internos ou criar realces personalizados, exatamente como nos filtros. Quando um realce é aplicado, a mensagem "Realçar Filtro Aplicado" aparece na barra de status.

O cenário: na Lucerne Publishing, frequentemente você precisa consultar várias tarefas de edição, pois o trabalho editorial é uma importante área de enfoque na editora. É possível mostrar rapidamente as tarefas de edição com AutoFiltro, mas, agora, você quer criar um filtro personalizado para uso futuro.

Neste exercício, você vai aplicar um filtro interno e, depois, criar um filtro personalizado que atenderá aos critérios especificados.

1 Na guia **Exibição**, no grupo **Modos de Exibição de Tarefa**, clique em **Gráfico de Gantt**.

O modo de exibição Gráfico de Gantt é exibido. Antes de criar um filtro, você vai ver rapidamente as tarefas em que está interessado, aplicando um AutoFiltro.

2 Clique na seta do **AutoFiltro** no cabeçalho de coluna **Nome da Tarefa**, aponte para **Filtros** e, em seguida, clique em **Personalizado**.

A caixa de diálogo Personalizar AutoFiltro é exibida. Você quer ver apenas as tarefas que contêm a palavra *edição*.

3 Em **Nome**, selecione **contém** na primeira caixa.

4 Na caixa ao lado, digite **ed**.

5 Clique em **OK** para fechar a caixa de diálogo **Personalizar AutoFiltro**.

O Project filtra a lista de tarefas para mostrar somente as tarefas que contêm a palavra *edição* e suas tarefas resumo.

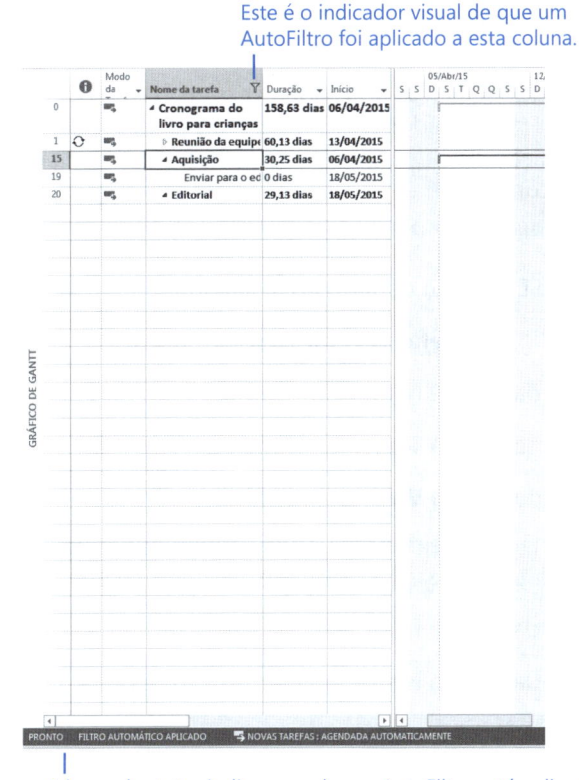

Capítulo 13  Organização dos detalhes do projeto  **283**

*Este é o indicador visual de que um AutoFiltro foi aplicado a esta coluna.*

*A barra de status indica quando um AutoFiltro está aplicado.*

Observe que o indicador de filtro em forma de funil aparece ao lado do rótulo de coluna Nome da Tarefa e a mensagem "Filtro Automático Aplicado" aparece na barra de status. Esses são os indicadores visuais de que um AutoFiltro personalizado foi aplicado a essa coluna.

**DICA** Quando um AutoFiltro é aplicado, você pode apontar para o indicador de filtro e uma descrição de resumo do filtro aparecerá em uma Dica de Tela. Apontar para o rótulo Filtro Automático Aplicado na barra de status informa os campos que foram filtrados.

Você vai desativar o AutoFiltro e criar um filtro personalizado.

6 Clique no indicador de filtro em forma de funil no cabeçalho de coluna **Nome da Tarefa** e, em seguida, clique em **Limpar Todos os Filtros**.

O Project desativa o AutoFiltro, reapresentando todas as tarefas do plano. Agora, você está pronto para criar um filtro personalizado.

7 Na guia **Exibição**, no grupo **Dados**, clique na seta do **Filtro** e, em seguida, em **Mais Filtros**.

A caixa de diálogo Mais filtros é exibida. Nessa caixa de diálogo é possível ver todos os filtros predefinidos disponíveis para tarefas (quando se está em um modo de exibição de tarefas) e recursos (quando se está em um modo de exibição de recursos).

8 Clique em **Novo**.

A caixa de diálogo Definição de filtro em é exibida.

9 Na caixa **Nome**, digite **Tarefas de Edição Incompletas**.

10 Na primeira linha da coluna **Nome do campo**, digite ou selecione **Nome**.

11 Na primeira linha da coluna **Teste**, selecione **contém**.

12 Na primeira linha da coluna **Valor(es)**, digite **ed**.

O valor do texto não diferencia maiúsculas e minúsculas. Isso define o primeiro critério do filtro; você vai adicionar o segundo critério.

13 Na segunda linha da coluna **E/ou**, selecione **E**.

14 Na segunda linha da coluna **Nome do campo**, digite ou selecione **Término real**.

15 Na segunda linha da coluna **Teste**, selecione **é igual a**.

16 Na segunda linha da coluna **Valor(es)**, digite **ND** e pressione Enter.

*ND* significa "não disponível" e é a maneira como o Project marca alguns campos que ainda não têm valor. Ou seja, qualquer tarefa filtrada que ainda não tenha uma data de término real deve ser considerada incompleta.

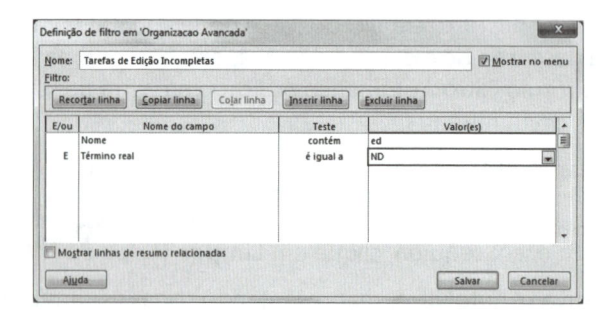

17 Clique em **Salvar** para fechar a caixa de diálogo **Definição de filtro em**.

O novo filtro aparece na caixa de diálogo Mais filtros.

Capítulo 13 Organização dos detalhes do projeto **285**

18 Na lista de filtros, selecione **Tarefas de Edição Incompletas** e, em seguida, clique em **Aplicar**.

O Project aplica o novo filtro ao modo de exibição Gráfico de Gantt.

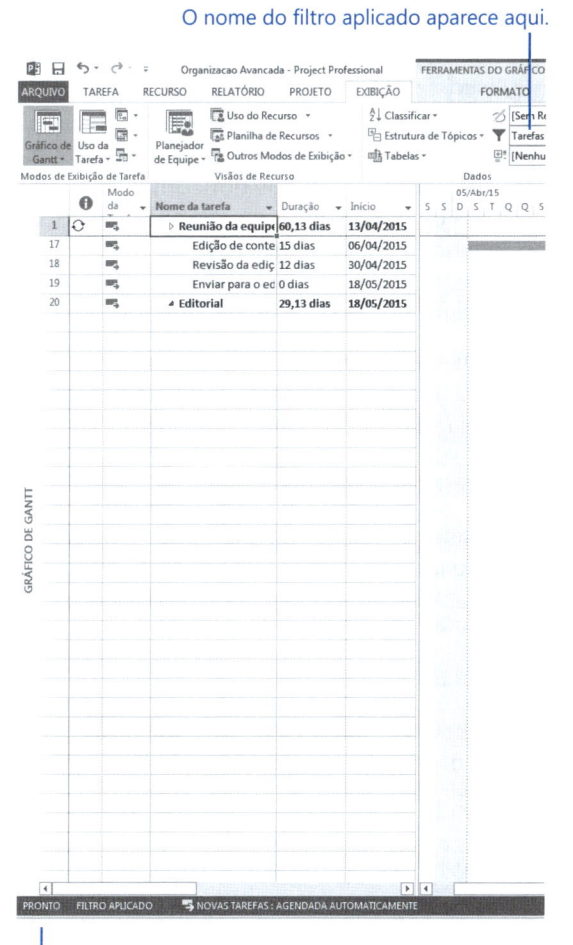

O nome do filtro aplicado aparece aqui.

A barra de status indica quando um filtro está aplicado.

Agora as tarefas estão filtradas para mostrar apenas as de edição incompletas. Como ainda não começamos a controlar o trabalho real, todas as tarefas de edição estão incompletas neste momento.

**DICA** Quando um filtro é aplicado, você pode apontar para o rótulo Filtro Aplicado na barra de status para ver o nome do filtro.

Para concluir este exercício, você vai remover o filtro.

19 Na guia **Exibição**, no grupo **Dados**, clique na seta do **Filtro** e, em seguida, em **[Sem Filtro]**.

O Project remove o filtro. Como sempre, apresentar ou remover um filtro não tem nenhum efeito nos dados originais.

## Como criar novas tabelas

Uma *tabela* é uma apresentação parecida com uma planilha dos dados do projeto, organizada em colunas verticais e linhas horizontais. Cada coluna representa um dos muitos campos existentes no Project e cada linha representa uma única tarefa ou recurso (ou, nos modos de exibição de uso, uma atribuição). A interseção de uma coluna com uma linha pode ser chamada de *célula* (em termos de planilha) ou *campo* (em termos de banco de dados).

O Project inclui várias tabelas que podem ser empregadas nos modos de exibição. Você já usou algumas delas, como Entrada e Resumo. É provável que, na maioria dos casos, as tabelas internas do Project contenham os campos que serão usados. Entretanto, é possível modificar qualquer tabela predefinida ou criar uma nova que contenha apenas os dados desejados.

O cenário: na Lucerne Publishing, você continua a se concentrar nas tarefas editoriais do plano do novo livro infantil. Você decide criar uma tabela personalizada e, nela, apresentar algumas descrições do trabalho editorial que foi acrescentado em um campo de texto no plano.

Neste exercício, você vai criar uma tabela personalizada.

1 Na guia **Exibição**, no grupo **Modos de Exibição de Tarefa**, clique em **Mais modos de exibição** e, em seguida, em **Planilha de Tarefas**.

O Project apresenta o modo de exibição Planilha de Tarefas.

2 Na guia **Exibição**, no grupo **Dados**, clique em **Tabelas** e, em seguida, em **Mais Tabelas**.

A caixa de diálogo Mais tabelas é exibida. A tabela Entrada deve estar selecionada.

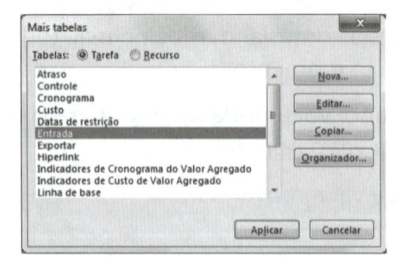

Nessa caixa de diálogo é possível ver todas as tabelas predefinidas disponíveis para tarefas (quando se está em um modo de exibição de tarefas) ou recursos (quando se está em um modo de exibição de recursos).

3  Certifique-se de que a opção **Entrada** esteja selecionada e, em seguida, clique em **Copiar**.

A caixa de diálogo Definição de Tabela em é exibida.

4  Na caixa **Nome**, digite *Tabela do Editorial*.

Você vai remover alguns campos e adicionar outros.

5  Na coluna **Nome do campo**, clique em cada um dos seguintes nomes de campo, clicando no botão **Excluir linha** após cada nome:

**Indicadores**

**Modo da Tarefa**

**Predecessoras**

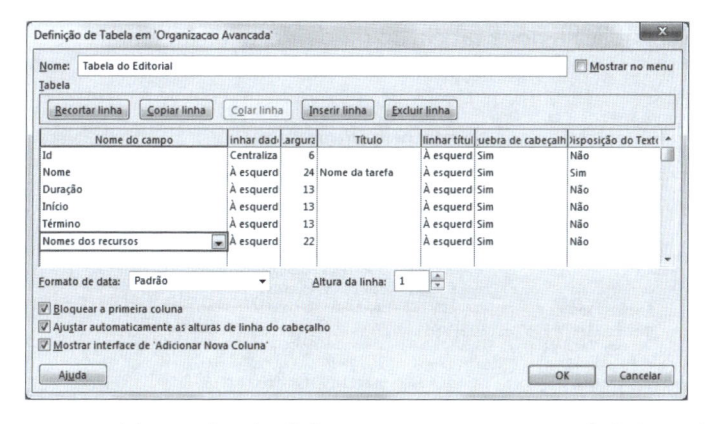

Em seguida, você vai adicionar um campo a essa definição de tabela.

6  Na coluna **Nome de campo**, clique em **Duração** e, depois, em **Inserir linha**.

O Project insere uma linha em branco acima de *Duração*.

7  Na coluna **Nome do campo**, clique na seta do nome de campo vazio da nova linha e selecione **Foco Editorial (Texto9)** na lista suspensa.

O campo de texto personalizado *Foco Editorial* contém algumas anotações sobre o nível de edição necessário por tarefa. Essas informações foram personalizadas anteriormente para você nesse plano.

8  Na coluna **Largura**, digite ou selecione **20**.

Parte 3 Técnicas avançadas de agendamento

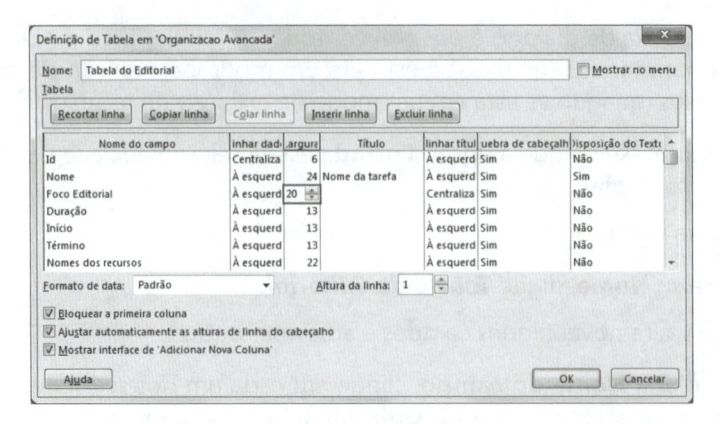

9  Clique em **OK** para fechar a caixa de diálogo **Definição de Tabela em**.

A nova tabela aparece na caixa de diálogo Mais tabelas.

10 Certifique-se de que a opção *Tabela do Editorial* esteja selecionada e, em seguida, clique em **Aplicar**.

O Project aplica a nova tabela ao modo de exibição Planilha de Tarefas.

**DICA** É possível adicionar ou remover colunas rapidamente na tabela atual. Para adicionar uma coluna, primeiro selecione a coluna à direita do ponto onde deseja adicionar uma nova coluna. Em seguida, na guia Formato, no grupo Colunas, clique em Inserir Coluna. O Project apresenta todos os campos disponíveis para o tipo de tabela que está em exibição (tarefa ou recurso); selecione a que você deseja adicionar. Para remover uma coluna, clique com o botão direito do mouse no cabeçalho da coluna e, depois, clique em Ocultar Coluna.

Na próxima seção, você vai combinar o filtro personalizado com essa tabela personalizada para criar um modo de exibição de agenda do editorial para o projeto do novo livro.

## Como criar campos personalizados rapidamente

Nesta seção, você viu um campo, *Texto9*, que foi personalizado com o título *Foco Editorial* e continha detalhes sobre as atividades de edição no plano do novo livro infantil. O Project suporta diversos campos personalizados e você pode adicionar um facilmente a qualquer tabela. A coluna mais à direita em uma tabela é rotulada como *Adicionar Nova Coluna*, e você pode clicar no cabeçalho da coluna e selecionar qualquer campo que queira adicionar, ou pode apenas começar a digitar em uma célula na coluna *Adicionar Nova Coluna*. Quando você digita em uma nova coluna, o Project detecta o tipo dos dados que estão sendo digitados e adiciona o tipo de campo personalizado correto. Por exemplo, se você digita um valor de data, o Project usa um dos campos de data personalizados, como Data1. Se quiser, depois você pode modificar o título desse campo para algo mais significativo.

Os campos personalizados suportados pelo Project são os seguintes:

- Custo (até 10 campos de custo)
- Data (até 10 campos de data)
- Duração (até 10 campos de duração)
- Término (até 10 campos de data de término)
- Sinalizador (até 20 campos "Sim" ou "Não")
- Número (até 20 campos de número)
- Código de estrutura de tópicos (até 10 códigos de estrutura de tópicos)
- Início (até 10 campos de data de início)
- Texto (até 30 campos de texto)

**DICA** Os campos personalizados Término e Início estão disponíveis para uso; contudo, se você salvar um plano provisório (introduzido no Capítulo 14, "Controle do andamento das tarefas e atribuições"), o plano também usará esses campos e poderá sobrescrever seus valores de Término e Início personalizados.

Na verdade, o Project suporta os campos personalizados anteriores com diferentes conjuntos de campos para tarefas e para recursos. Por exemplo, é possível personalizar o campo personalizado Texto1 em um modo de exibição de tarefa e também personalizar o campo Texto1 (um campo personalizado diferente) em um modo de exibição de recurso.

Esses campos personalizados são uma maneira excelente de armazenar informações adicionais sobre tarefas ou recursos em seus planos. Normalmente, nenhum desses campos personalizados tem impacto sobre o agendamento de tarefas ou recursos.

# Como criar novos modos de exibição

Quase todo trabalho que você realiza no Project ocorre em um *modo de exibição*. Um modo de exibição pode conter elementos como tabelas, grupos e filtros. É possível combinar esses elementos entre si (como uma grade de escala de tempo em um modo de exibição de uso) ou com elementos gráficos (como a representação gráfica de tarefas na parte do gráfico do modo de exibição do Gráfico de Gantt).

O Project contém dezenas de modos de exibição que organizam as informações para propósitos específicos. Talvez você precise ver as informações do seu plano de algum modo não disponível nos modos de exibição predefinidos. Se os modos de exibição disponíveis no Project não atenderem às suas necessidades, é possível editar um modo existente ou criar o seu próprio modo de exibição.

O cenário: na Lucerne Publishing, o filtro e a tabela personalizados que criou anteriormente têm ajudado bastante para você se concentrar nas tarefas editoriais no plano do novo livro infantil. Agora, você gostaria de combinar essas personalizações em um modo de exibição personalizado para o qual possa trocar facilmente quando quiser.

Neste exercício, você vai criar um novo modo de exibição que combina o filtro personalizado e a tabela personalizada desenvolvidos nas seções anteriores.

1 Na guia **Exibição**, no grupo **Modos de Exibição de Tarefa**, clique em **Mais, modos de exibição**.

A caixa de diálogo Mais modos de exibição é exibida.

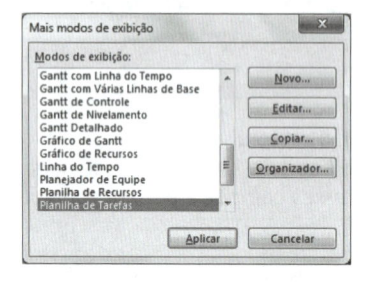

Nessa caixa de diálogo é possível ver todos os modos de exibição predefinidos disponíveis.

2 Clique em **Novo**.

A caixa de diálogo Definir Novo Modo de Exibição é exibida. A maioria dos modos de exibição ocupa um único painel, mas um modo de exibição pode ser composto por dois painéis separados. De fato, o modo de exibição padrão no Project ocupa dois painéis: o Gráfico de Gantt e a Linha do Tempo.

3 Certifique-se de que **Modo de exibição único** esteja selecionado e, em seguida, clique em **OK**.

A caixa de diálogo Definição do Modo de Exibição em é exibida.

4 Na caixa **Nome**, digite **Modo de Exibição Agenda do Editorial**.

5 Na caixa **Tela**, selecione **Planilha de Tarefas** na lista suspensa.

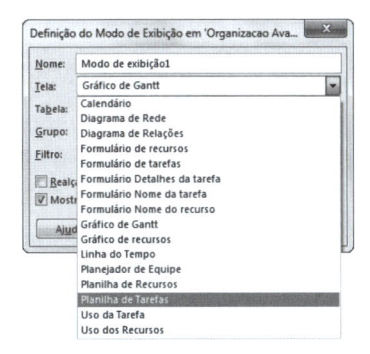

Na caixa Tela você pode ver todos os tipos de modos de exibição suportados pelo Project. Muitos deles consistem em uma tabela (como Planilha de Recursos), uma tabela e um gráfico (como Gráfico de Gantt) ou um formulário (como Formulário de tarefas). Outros modos de exibição são puramente diagramáticos, como os modos Diagrama de Rede e Linha do Tempo.

6 Na caixa **Tabela**, selecione **Tabela do Editorial** na lista suspensa.

*Tabela do Editorial* é a tabela personalizada criada anteriormente.

7 Na caixa **Grupo**, selecione **Nenhum grupo** na lista suspensa.

8 Na caixa **Filtro**, selecione **Tarefas de Edição Incompletas** na lista suspensa.

*Tarefas de Edição Incompletas* é o filtro personalizado criado anteriormente.

**DICA** Todos os modos de exibição têm por base tarefas ou recursos. As tabelas, os grupos e os filtros específicos mostrados nas listas suspensas da caixa de diálogo Definição do Modo de Exibição em dependem do tipo de modo de exibição selecionado na caixa Tela no passo 5. Por exemplo, com Planilha de Tarefas selecionado no campo Tela, somente os filtros que se aplicam a tarefas, como o filtro Crítica, estão disponíveis no campo Filtro. Além disso, os elementos específicos disponíveis variam de acordo com o tipo de modo de exibição. Por exemplo, as opções Tabela e Grupo não estarão disponíveis, se você selecionar o tipo de modo de exibição Calendário no campo Tela mostrado anteriormente.

9 Certifique-se de que a caixa de seleção **Mostrar no menu** esteja marcada.

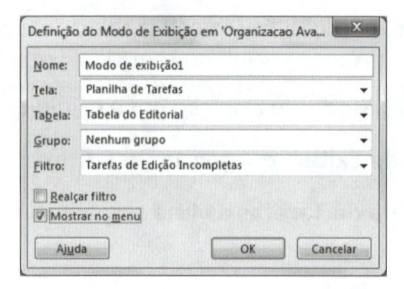

10 Clique em **OK** para fechar a caixa de diálogo **Definição do Modo de Exibição em**.

O novo modo de exibição aparece e deve estar selecionado na caixa de diálogo Mais modos de exibição.

11 Certifique-se de que *Modo de Exibição Agenda do Editorial* esteja selecionado e, em seguida, clique em **Aplicar**.

O Project aplica o novo modo de exibição.

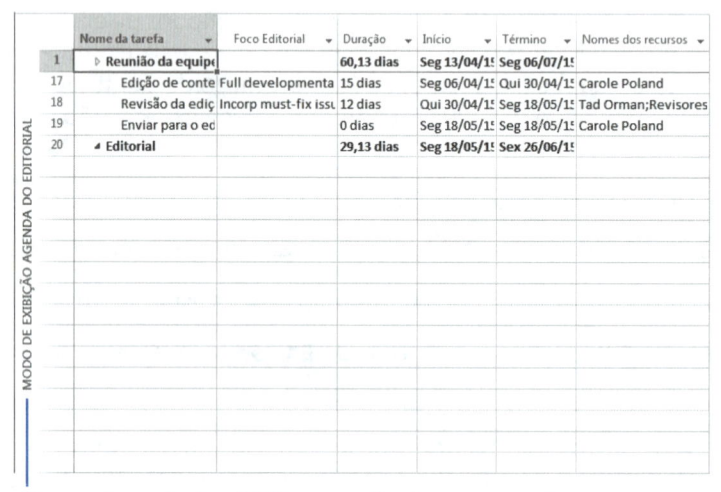

O nome do modo de exibição personalizado aparece aqui.

Agora, apenas as tarefas editoriais incompletas aparecem e os campos são apresentados da maneira desejada. Além disso, o Project adicionou *Modo de Exibição Agenda do Editorial* à lista Mais modos de exibição no grupo Modos de Exibição de Tarefa, na guia Exibição. O novo modo de exibição aparece abaixo do rótulo Personalizado; portanto, ele é sempre facilmente acessível nesse plano.

Por causa do ajuste feito anteriormente neste capítulo, o novo modo de exibição personalizado não está disponível em outros planos. Entretanto, quando você criar seus modos de exibição personalizados, provavelmente desejará tê-los disponíveis em qualquer plano; portanto, mudaremos a configuração de exibição de volta para o padrão. Assim, todos os modos de exibição que você criar no futuro estarão disponíveis em qualquer plano com o qual trabalhe.

12 Clique na guia **Arquivo** e, em seguida, em **Opções**.

A caixa de diálogo Opções do Project é exibida.

13 Clique em **Avançado** e, em **Exibir**, marque a caixa de seleção **Adicionar automaticamente novos modos de exibição, tabelas, filtros e grupos ao modelo global**.

14 Clique em **OK** para fechar a caixa de diálogo **Opções do Project**.

ENCERRAMENTO  Feche o arquivo Organizacao Avancada.

# Pontos-chave

- As formas comuns de organização de dados no Project incluem classificação, agrupamento e filtragem. Em todos os casos, o Project nunca exclui os dados; ele simplesmente altera o que é apresentado e o modo como eles aparecem.

- O Project inclui muitas ordens de classificação, agrupamentos e filtros internos, e também é possível criar o seu.

- Enquanto a classificação e a filtragem reorganizam ou mostram seletivamente apenas alguns dados em um plano, o agrupamento adiciona valores de resumo ou *acumulados*, como custos, com base no intervalo escolhido.

- As tabelas são os principais elementos da maioria dos modos de exibição no Project. O Project contém várias tabelas incorporadas e também é possível criar a sua.

- No Project, você trabalha com dados por meio dos modos de exibição. Eles podem conter tabelas, grupos, filtros e, em alguns casos, gráficos. O modo de exibição Gráfico de Gantt, por exemplo, consiste em uma tabela no lado esquerdo e um gráfico com escala de tempo no lado direito.

- O Project contém muitos modos de exibição incorporados e também é possível criar o seu.

- Por padrão, quaisquer novos modos de exibição, tabelas, filtros e grupos criados em um plano também estão disponíveis em todos os outros planos com os quais você trabalha no Project. Esse comportamento é controlado pela configuração na caixa de diálogo Opções do Project.

# Visão geral do capítulo

## Linha de base
Atualize uma linha de base antes de controlar o trabalho real, página 296.

## Trabalho
Insira os valores de trabalho real para tarefas e atribuições, página 301.

## Distribuído no tempo
Insira o trabalho real dividido ao longo do tempo para tarefas e atribuições, página 307.

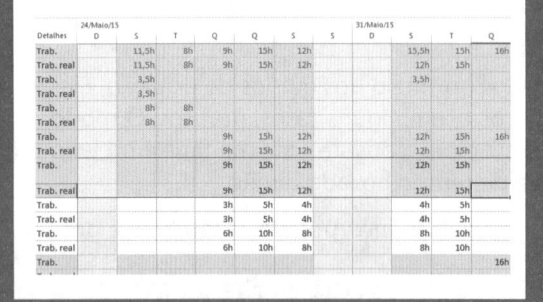

## Reagendar
Interrompa o trabalho no projeto para reiniciar após a data que você especificar, página 312.

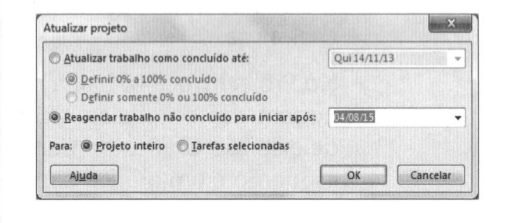

# Controle do andamento das tarefas e atribuições

# 14

NESTE CAPÍTULO, VOCÊ APRENDERÁ A:

- Atualizar um plano de linha de base salvo anteriormente.
- Registrar o trabalho real de tarefas e atribuições.
- Registrar o trabalho real por período de tempo.
- Interromper o trabalho em uma tarefa e reagendar o trabalho restante.

Criar, verificar e comunicar um plano talvez ocupe grande parte ou mesmo quase todo o seu tempo como gerente de projeto. Contudo, o **planejamento** é apenas a primeira fase do gerenciamento dos seus projetos. Após a conclusão do planejamento, começa a fase de implementação do projeto – a execução do plano desenvolvido anteriormente. Em condições ideais, os projetos são implementados exatamente conforme planejados, mas raramente isso acontece. Em geral, quanto mais complexo for o plano e quanto maior a sua duração, maior a possibilidade de ocorrerem variações. **Variação** é a diferença entre o que você pretendia que acontecesse (conforme registrado no plano) e o que realmente aconteceu (conforme registrado pelo seu controle).

Controlar adequadamente o trabalho **real** e compará-lo com o plano original permite identificar a variação de imediato e ajustar a parte não concluída do plano, quando necessário. Se você leu o Capítulo 8, "Controle do andamento", conhece as formas mais simples de **controlar os valores reais** em um plano. Isso inclui registrar a porcentagem concluída de uma tarefa, assim como suas datas de início e de término. Esses métodos de controle do andamento são excelentes para muitos projetos, mas o Microsoft Project 2013 também possibilita formas mais detalhadas de controle.

Neste capítulo, você vai controlar os totais de **trabalho** das tarefas e das atribuições e o trabalho por período de tempo, como o trabalho concluído por semana ou por dia. As informações divididas ao longo do tempo também são conhecidas como *distribuídas no tempo*; portanto, às vezes o controle do trabalho por período de tempo é denominado *controle dos valores reais distribuídos no tempo*. Esse é o nível mais detalhado de controle de andamento disponível no Project.

Como nos métodos de controle mais simples, controlar os valores reais divididos ao longo do tempo é uma maneira de responder às perguntas mais básicas do gerenciamento de um projeto:

- As tarefas estão iniciando e terminando conforme o planejado? Se não, qual será o impacto na data de término do projeto?
- Os recursos estão gastando mais ou menos tempo do que o planejado para concluir as tarefas?
- Estamos gastando mais ou menos dinheiro do que o planejado para concluir as tarefas?

Como gerente de projeto, você deve determinar que nível de controle atende melhor às necessidades do seu plano e dos interessados nele. Como seria de se esperar, quanto mais detalhado o nível de controle, maior o esforço exigido de sua parte e dos recursos atribuídos às tarefas. Este capítulo apresenta os métodos de controle mais detalhados disponíveis no Project.

Neste capítulo, você vai trabalhar com diferentes maneiras de controlar o trabalho e de lidar com trabalho não concluído. No entanto, vai começar atualizando a linha de base do projeto.

**ARQUIVOS DE PRÁTICA** Para fazer os exercícios deste capítulo, você precisa dos arquivos contidos na pasta Capitulo14. Para mais informações, consulte "Como baixar os arquivos de prática", na Introdução deste livro.

**IMPORTANTE** Se você estiver executando o Project Professional com Project Web App/Project Server, tome o cuidado de não salvar no Project Web App (PWA) os arquivos de prática com os quais trabalhará neste livro. Para mais informações, consulte o Apêndice C, "Colaboração: Project, SharePoint e PWA".

# Como atualizar uma linha de base

Se você concluiu o Capítulo 8, já salvou um plano de linha de base para um plano. Lembre-se de que uma *linha de base* é um conjunto de valores importantes em um plano, como as datas de início e de término planejadas e os custos de *tarefas*, *recursos* e *atribuições*. Quando você salva (ou define) uma linha de base, o Project cria um "instantâneo" dos valores existentes e o salva no plano para comparação futura.

Lembre-se de que a finalidade da linha de base é registrar o que você espera ver no plano em determinado ponto do tempo. Entretanto, à medida que o tempo passa, talvez seja necessário mudar suas expectativas. Após salvar um plano de

Capítulo 14   Controle do andamento das tarefas e atribuições   **297**

linha de base inicial, pode ser que você precise ajustar o plano, adicionando ou removendo tarefas ou atribuições, e assim por diante. Para manter uma linha de base precisa para comparações posteriores, existem várias opções:

- **Atualizar a linha de base para o projeto inteiro.** Isso simplesmente substitui os valores da linha de base original pelos valores agendados atualmente.

- **Atualizar a linha de base de tarefas selecionadas.** Isso não afeta os valores da linha de base das outras tarefas nem os valores da linha de base de recursos no plano.

- **Salvar uma segunda linha de base ou linhas de base subsequentes.** É possível salvar até 11 linhas de base em um único plano. A primeira delas é denominada *Linha de Base* e as restantes são a Linha de Base 1 até Linha de Base 10.

O cenário: na Lucerne Publishing, o planejamento do projeto do novo livro infantil passou por alguns ajustes adicionais. Isso inclui correções feitas nas durações de tarefas e uma nova tarefa na fase Aquisição. Devido a essas alterações, você precisa traçar uma nova linha de base antes que o trabalho comece.

Neste exercício, você vai comparar o plano conforme agendado atualmente com o plano da linha de base e atualizar a linha de base do plano.

→ PREPARAÇÃO   Para fazer este exercício, você precisa do arquivo Controle Avançado A_Inicio localizado na pasta Capitulo14. Abra o arquivo e salve-o como Controle Avançado A.

1 Na guia **Exibição**, no grupo **Modos de Exibição de Tarefa**, clique na seta do botão **Gráfico de Gantt** e, em seguida, clique em **Gantt de Controle**.

O modo de exibição Gantt de Controle é exibido.

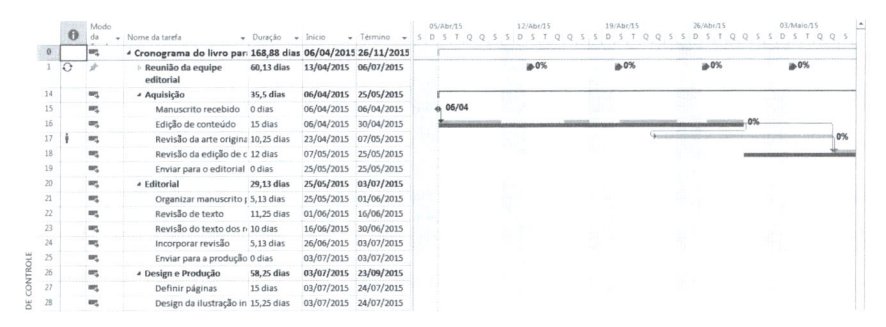

Na parte do gráfico desse modo de exibição, as tarefas, na forma como estão agendadas atualmente, aparecem como barras azuis (se não forem *tarefas críticas*) ou como barras vermelhas (se forem críticas). Abaixo delas, os valores da linha de base de cada tarefa aparecem como barras cinza.

**DICA** Nos modos de exibição de gráfico de Gantt, as cores, padrões e formas das barras representam coisas específicas. Para ver o que cada item no gráfico de Gantt representa, basta apontar o cursor do mouse para ele e uma descrição aparecerá em uma Dica de Tela. Para ver uma legenda completa dos itens do gráfico de Gantt e suas formatações, na guia Formato, no grupo Estilos de Barra, clique em Formatar e, em seguida, em Estilos de Barra.

2  Na coluna **Nome da Tarefa**, clique no nome da tarefa 17, *Revisão da arte original*.

3  Na guia **Tarefa**, no grupo **Edição**, clique em **Rolar até a Tarefa**.

**DICA** Lembre-se de que, para selecionar uma tarefa rapidamente, mesmo uma que não possa ser vista no modo de exibição atual, pode-se pressionar Ctrl+Y. Então, no campo Identificação da caixa de diálogo Ir para, digite um número de tarefa e, em seguida, clique em OK.

O modo de exibição Gantt de Controle rola para mostrar a barra de Gantt da tarefa 17, *Revisão da arte original*. Essa tarefa foi adicionada ao plano depois que a linha de base inicial foi salva. Como você pode ver no modo de exibição Gantt de Controle, essa tarefa não possui uma barra de linha de base, indicando que não tem valores de linha de base. Além disso, a duração da tarefa adicional deslocou suas tarefas sucessoras de suas linhas de base.

Para ter uma visão mais abrangente da linha de base do plano, você vai ajustar o nível de zoom.

4  Na guia **Exibição**, no grupo **Zoom**, na caixa de **Escala de Tempo**, clique em **Semanas**.

Você pode ver que, atualmente, nenhuma das tarefas posteriores no plano corresponde às suas linhas de base.

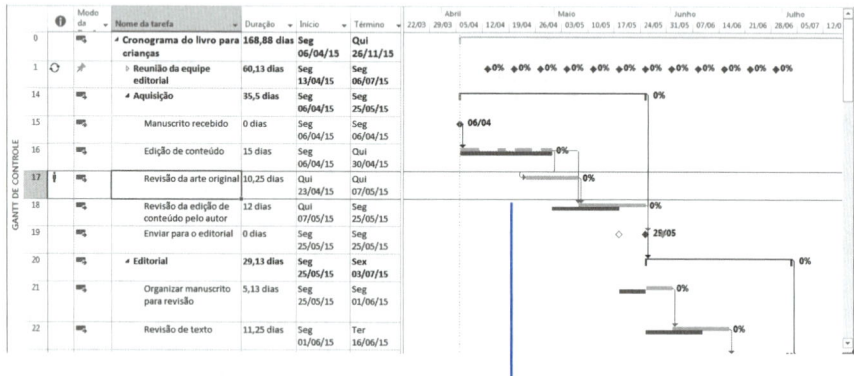

Esta tarefa foi adicionada ao plano depois que a linha de base inicial foi salva, portanto ela não tem linha de base.

Para concluir este exercício, você vai salvar novamente a linha de base do plano. Isso atualizará as informações de linha de base das tarefas, recursos e atribuições, antes do controle do andamento.

**DICA** Esse plano inclui uma linha de base salva anteriormente que você vai sobrescrever agora. É bom fazer isso nesse estágio do projeto do novo livro infantil, quando o planejamento está concluído e você quer ter a linha de base mais atualizada antes de registrar algum trabalho real. Contudo, após o trabalho ter sido registrado, você deve tomar cuidado ao sobrescrever os valores de linha de base salvos anteriormente. Depois que uma linha de base é sobrescrita, os valores originais são substituídos e não podem ser recuperados. Frequentemente, uma estratégia melhor é salvar linhas de base adicionais após o trabalho no projeto começar.

5 Na guia **Projeto**, no grupo **Cronograma**, clique em **Definir Linha de Base** e, em seguida, em **Definir Linha de Base**.

A caixa de diálogo Definir Linha de Base é exibida.

6 Certifique-se de que a opção **Definir Linha de Base** esteja selecionada. Na área **Para**, verifique se a opção **Projeto inteiro** está selecionada. Observe que sua data de "último salvamento" pode ser diferente.

**DICA** Para atualizar uma linha de base referente apenas às tarefas selecionadas, clique em Tarefas selecionadas, abaixo de Para. Ao fazer isso, as opções em Agregar linhas de base se tornam disponíveis. Você pode controlar o modo como as atualizações da linha de base devem afetar os valores da linha de base para tarefas resumo. Por exemplo, se quiser, você pode salvar novamente uma linha de base para uma subtarefa e atualizar os valores da linha de base referentes à tarefa resumo. Para remover uma linha de base, na guia Projeto, no grupo Cronograma, clique no botão Definir Linha de Base e, em seguida, em Limpar Linha de Base.

7 Clique em **OK** para atualizar a linha de base.

O Project o alerta de que os valores da linha de base salvos anteriormente serão sobrescritos.

8 Clique em **Sim**.

O Project atualiza os valores de linha de base do plano.

Após salvar novamente a linha de base para o projeto inteiro, os valores de início, de término e de duração (entre outros) da linha de base correspondem aos valores agendados.

Agora a tarefa 17 tem uma linha de base e todos os valores de linha de base das outras tarefas correspondem aos seus valores agendados. Neste ponto, você considerou as tarefas que estarão no plano. Você está pronto para passar ao próximo estágio de seu plano, que é controlar o andamento real.

**ENCERRAMENTO** Feche o arquivo Controle Avancado A.

## Como salvar planos provisórios

Depois de começar a controlar os valores reais ou toda vez que ajustar seu plano, talvez você queira obter outro instantâneo das datas de início e de término. Isso pode ser feito com um plano provisório. Assim como uma linha de base, um ***plano provisório*** é um conjunto de valores atuais do plano que o Project salva com o arquivo. Entretanto, diferentemente da linha de base, um plano provisório salva apenas as datas de início e de término das tarefas, não os valores de recursos ou atribuições. É possível salvar até 10 conjuntos de datas provisórias diferentes em um plano. (Se precisar de vários instantâneos dos valores agendados, além das datas de início e de término, você deve salvar linhas de base adicionais, em vez de planos provisórios.)

Dependendo do escopo e da duração de seus projetos, talvez você queira salvar um plano provisório em uma das seguintes situações:

- Na conclusão de uma fase importante do trabalho
- Em intervalos de tempo predefinidos, como semanal ou mensalmente
- Imediatamente antes ou depois da inserção de um grande número de valores reais

Para salvar um plano provisório, na guia Projeto, no grupo Cronograma, clique em Definir Linha de Base e, em seguida, em Definir Linha de Base. Na caixa de diálogo Definir Linha de Base, selecione a opção Salvar plano provisório.

# Controle dos valores reais e restantes de tarefas e atribuições

No Capítulo 8, você inseriu valores reais para a data de início, de término e para a duração de tarefas individuais. Para tarefas que têm recursos atribuídos, você pode inserir valores de trabalho reais e restantes para a tarefa como um todo ou para atribuições específicas dessa tarefa. Para ajudá-lo a entender como o Project lida com valores reais, considere o seguinte:

- Se uma tarefa tem um só recurso atribuído, os valores de trabalho reais inseridos para a tarefa ou para a atribuição se aplicam igualmente tanto à tarefa quanto ao recurso. Por exemplo, se você registrar que a atribuição tem cinco horas de trabalho real, esses valores serão aplicados à tarefa e ao recurso atribuído.

- Se uma tarefa tem vários recursos atribuídos, os valores de trabalho reais inseridos para ela são distribuídos (ou reduzidos) entre as atribuições de acordo com suas unidades de atribuição. Esse nível de detalhe é apropriado se você não está preocupado com os pormenores das atribuições individuais.

- Se uma tarefa tem vários recursos atribuídos, os valores de trabalho reais inseridos para uma atribuição se acumulam na tarefa. Contudo, os novos valores de trabalho reais não afetam os outros valores de trabalho das atribuições na mesma tarefa. Esse nível de detalhe é apropriado se os pormenores das atribuições individuais forem importantes para você.

O cenário: na Lucerne Publishing, várias tarefas no plano do novo livro infantil têm mais de um recurso atribuído. Para ver melhor como o registro do trabalho real nessas tarefas afeta o trabalho atribuído, você vai trocar para o modo de exibição Uso da Tarefa e, em seguida, registrar os valores reais.

Neste exercício, você vai registrar os valores reais em nível de tarefa e em nível de atribuição, e vai ver como as informações são acumuladas ou reduzidas entre as tarefas e atribuições.

> PREPARAÇÃO Para fazer este exercício, você precisa do arquivo Controle Avancado B_Inicio localizado na pasta Capitulo14. Abra o arquivo e salve-o como Controle Avancado B.

Essa versão do plano inclui os valores da linha de base atualizados salvos anteriormente, assim como os primeiros valores reais relatados para as primeiras tarefas da fase Aquisição.

1 Na guia **Exibição**, no grupo **Modos de Exibição de Tarefa**, clique em **Uso da Tarefa**.

O modo de exibição Uso da Tarefa é exibido. Conforme mencionado no Capítulo 9, "Agendamento de tarefas avançado", os dois lados do modo de exibição de uso são separados por uma barra divisora vertical. O modo de exibição Uso da Tarefa lista recursos sob as tarefas às quais estão atribuídos. Essas informações aparecem na tabela do lado esquerdo. No lado direito, as linhas estão organizadas em uma escala de tempo. Elas mostram os valores de trabalho agendado para cada tarefa ou recurso atribuído. O modo de exibição Uso da Tarefa utiliza cores para identificar as linhas no lado direito: as linhas de tarefas têm fundo sombreado e as linhas de atribuições têm fundo branco.

2 Na coluna **Nome da Tarefa**, clique no nome da tarefa 17, *Revisão da arte original*.

3 Na guia **Tarefa**, no grupo **Edição**, clique em **Rolar até a Tarefa**.

A grade de divisão ao longo do tempo, no lado direito do modo de exibição, rola para mostrar o primeiro trabalho agendado da tarefa.

Você vai trocar a tabela e os detalhes mostrados no modo de exibição.

4 Na guia **Exibição**, no grupo **Dados**, clique em **Tabelas** e, em seguida, em **Trabalho**.

A tabela Trabalho é exibida.

|    | Nome da tarefa | Trabal | Linha de base | Variação | Real | Restante | Detalhe | T | Q | Q | S |
|----|----------------|--------|---------------|----------|------|----------|---------|---|---|---|---|
| 0  | ▲ Cronograma do livi | 314 hrs | 2.317,5 hrs | -3,5 hrs | 127 hrs | 2.187 hrs | Trab. | 8h | 8h | 20h | 24h |
| 1  | ▷ Reunião da equipe | 42 hrs | 45,5 hrs | -3,5 hrs | 7 hrs | 35 hrs | Trab. | | | | |
| 14 | ▲ Aquisição | 444 hrs | 444 hrs | 0 hrs | 120 hrs | 324 hrs | Trab. | 8h | 8h | 20h | 24h |
| 15 | Manuscrito rece | 0 hrs | 0 hrs | 0 hrs | 0 hrs | 0 hrs | Trab. | | | | |
| 16 | ▲ Edição de conte | 120 hrs | 120 hrs | 0 hrs | 120 hrs | 0 hrs | Trab. | 8h | 8h | 8h | 8h |
|    | Carole Polai | 120 hrs | 120 hrs | 0 hrs | 120 hrs | 0 hrs | Trab. | 8h | 8h | 8h | 8h |
| 17 | ▲ Revisão da arte | 164 hrs | 164 hrs | 0 hrs | 0 hrs | 164 hrs | Trab. | | | 12h | 16h |
|    | Hany Morcc | 82 hrs | 82 hrs | 0 hrs | 0 hrs | 82 hrs | Trab. | | | 6h | 8h |
|    | Jane Dow | 82 hrs | 82 hrs | 0 hrs | 0 hrs | 82 hrs | Trab. | | | 6h | 8h |
| 18 | ▲ Revisão da ediç | 160 hrs | 160 hrs | 0 hrs | 0 hrs | 160 hrs | Trab. | | | | |

Essa tabela inclui as colunas de trabalho Real e Restante com as quais você vai trabalhar em breve, embora talvez ainda não estejam visíveis. Os valores da coluna Trabalho são os totais das tarefas e atribuições para o trabalho agendado. Observe que o valor do trabalho de cada tarefa é a soma dos valores de trabalho da atribuição. Por exemplo, o total de trabalho da tarefa 17, 164 horas, é a soma das 82 horas de trabalho de Hany Morcos e as 82 horas de Jane Dow na tarefa.

Em seguida, você vai alterar os detalhes mostrados na grade de divisão ao longo do tempo, no lado direito do modo de exibição.

5 Na guia **Formato**, no grupo **Detalhes**, clique em **Trabalho Real**.

Capítulo 14 Controle do andamento das tarefas e atribuições **303**

Para cada tarefa e atribuição, o Project mostra agora as linhas de Trabalho e Trabalho real na grade de divisão ao longo do tempo, no lado direito do modo de exibição.

Quando você exibe os detalhes do trabalho real, a linha Trabalho Real aparece na grade de divisão ao longo do tempo para cada atribuição, tarefa e tarefa resumo.

| | Nome da tarefa | Trabal | Linha de base | Variação | Real | Restante | Detalhe | T | Q | Q | S |
|---|---|---|---|---|---|---|---|---|---|---|---|
| 0 | ▲ Cronograma do liv | .314 hrs | 2.317,5 hrs | -3,5 hrs | 127 hrs | 2.187 hrs | Trab. | 8h | 8h | 20h | 24h |
| | | | | | | | Trab. r | 8h | 8h | 8h | 8h |
| 1 | ▷ Reunião da equipe | 42 hrs | 45,5 hrs | -3,5 hrs | 7 hrs | 35 hrs | Trab. | | | | |
| | | | | | | | Trab. r | | | | |
| 14 | ▲ Aquisição | 444 hrs | 444 hrs | 0 hrs | 120 hrs | 324 hrs | Trab. | 8h | 8h | 20h | 24h |
| | | | | | | | Trab. r | 8h | 8h | 8h | 8h |
| 15 | Manuscrito rece | 0 hrs | 0 hrs | 0 hrs | 0 hrs | 0 hrs | Trab. | | | | |
| | | | | | | | Trab. r | | | | |
| 16 | ▲ Edição de conte | 120 hrs | 120 hrs | 0 hrs | 120 hrs | 0 hrs | Trab. | 8h | 8h | 8h | 8h |
| | | | | | | | Trab. r | 8h | 8h | 8h | 8h |
| | Carole Pola | 120 hrs | 120 hrs | 0 hrs | 120 hrs | 0 hrs | Trab. | 8h | 8h | 8h | 8h |
| | | | | | | | Trab. r | 8h | 8h | 8h | 8h |
| 17 | ▲ Revisão da arte | 164 hrs | 164 hrs | 0 hrs | 0 hrs | 164 hrs | Trab. | | | 12h | 16h |
| | | | | | | | Trab. r | | | | |
| | Hany Morc | 82 hrs | 82 hrs | 0 hrs | 0 hrs | 82 hrs | Trab. | | | 6h | 8h |
| | | | | | | | Trab. r | | | | |
| | Jane Dow | 82 hrs | 82 hrs | 0 hrs | 0 hrs | 82 hrs | Trab. | | | 6h | 8h |
| | | | | | | | Trab. r | | | | |
| 18 | ▲ Revisão da ediç | 160 hrs | 160 hrs | 0 hrs | 0 hrs | 160 hrs | Trab. | | | | |

**DICA** É possível alterar os detalhes (isto é, campos) mostrados na grade de divisão ao longo do tempo em um modo de exibição de uso. Você pode adicionar ou remover campos e alterar a formatação dos campos mostrados. Pode, por exemplo, adicionar o campo Custo da Linha de Base aos campos mostrados no modo de exibição de uso e formatá-lo com uma cor de fundo diferente. Para ver os campos disponíveis e as opções de formatação, na guia Formato, no grupo Detalhes, clique em Adicionar Detalhes.

Na grade de divisão ao longo do tempo, pode-se ver os valores do trabalho agendado por dia. Se você somar os valores do trabalho diário de uma tarefa ou atribuição específica, o total é igual ao valor da coluna Trabalho dessa tarefa ou atribuição. Em um modo de exibição de uso, os valores de trabalho são apresentados em dois níveis de detalhes: o valor total para uma tarefa ou atribuição e o nível de divisão ao longo do tempo, mais detalhado. Esses dois conjuntos de valores estão diretamente relacionados.

Em seguida, você vai inserir os valores de trabalho real das tarefas e das atribuições e ver como eles são refletidos nos detalhes distribuídos no tempo.

6 Usando o mouse, arraste a barra divisora vertical para a direita até que você possa ver todas as colunas da tabela Trabalho.

**DICA** Quando o cursor do mouse está na posição correta para arrastar a barra divisora vertical, sua forma muda para uma seta com duas pontas que apontam para a esquerda e para a direita. Dar um clique duplo na barra divisora vertical a posicionará na margem direita da coluna mais próxima.

Parte 3 Técnicas avançadas de agendamento

Para ver mais ou menos da tabela no lado esquerdo e da grade de divisão ao longo do tempo no lado direito, arraste a barra divisora para a esquerda ou para a direita. Dar um clique duplo na barra divisora a posicionará na coluna mais próxima.

| | Nome da tarefa | Trabal | Linha de base | Variação | Real | Restante | % trab. concl. | Detalhe | T | Q | Q |
|---|---|---|---|---|---|---|---|---|---|---|---|
| 0 | ▲ Cronograma do livi | 314 hrs | 2.317,5 hrs | -3,5 hrs | 127 hrs | 2.187 hrs | 5% | Trab. | 8h | 8h | 20h |
| | | | | | | | | Trab. r | 8h | 8h | 8h |
| 1 | ▷ Reunião da equipe | 42 hrs | 45,5 hrs | -3,5 hrs | 7 hrs | 35 hrs | 17% | Trab. | | | |
| | | | | | | | | Trab. r | | | |
| 14 | ▲ Aquisição | 444 hrs | 444 hrs | 0 hrs | 120 hrs | 324 hrs | 27% | Trab. | 8h | 8h | 20h |
| | | | | | | | | Trab. r | 8h | 8h | 8h |
| 15 | Manuscrito rece | 0 hrs | 0 hrs | 0 hrs | 0 hrs | 0 hrs | 100% | Trab. | | | |
| 16 | ▲ Edição de conte | 120 hrs | 120 hrs | 0 hrs | 120 hrs | 0 hrs | 100% | Trab. | 8h | 8h | 8h |
| | | | | | | | | Trab. r | 8h | 8h | 8h |
| | Carole Polai | 120 hrs | 120 hrs | 0 hrs | 120 hrs | 0 hrs | 100% | Trab. | 8h | 8h | 8h |
| | | | | | | | | Trab. r | 8h | 8h | 8h |
| 17 | ▲ Revisão da arte | 164 hrs | 164 hrs | 0 hrs | 0 hrs | 164 hrs | 0% | Trab. | | | 12h |
| | | | | | | | | Trab. r | | | |
| | Hany Morcc | 82 hrs | 82 hrs | 0 hrs | 0 hrs | 82 hrs | 0% | Trab. | | | 6h |
| | | | | | | | | Trab. r | | | |
| | Jane Dow | 82 hrs | 82 hrs | 0 hrs | 0 hrs | 82 hrs | 0% | Trab. | | | 6h |
| | | | | | | | | Trab. r | | | |
| 18 | ▲ Revisão da ediç | 160 hrs | 160 hrs | 0 hrs | 0 hrs | 160 hrs | 0% | Trab. | | | |

7  Na coluna **Real** da tarefa 17, *Revisão da arte original*, digite ou clique em **92h** e, em seguida, pressione a tecla Enter.

A inserção de um valor real para a tarefa faz o Project distribuir os valores reais entre os recursos atribuídos e ajustar o trabalho restante e outros valores.

| | Nome da tarefa | Trabal | Linha de base | Variação | Real | Restante | % trab. concl. | Detalhe | T | Q | Q | S | S | 26/Abr/15 D | S | T | Q | |
|---|---|---|---|---|---|---|---|---|---|---|---|---|---|---|---|---|---|---|
| 0 | ▲ Cronograma do livi | 314 hrs | 2.317,5 hrs | -3,5 hrs | 219 hrs | 2.095 hrs | 9% | Trab. | 8h | 8h | 8h | 20h | 24h | | 26,5h | 24h | 24h | |
| | | | | | | | | Trab. r | | 8h | 8h | 20h | 24h | | 23h | 24h | 24h | |
| 1 | ▷ Reunião da equipe | 42 hrs | 45,5 hrs | -3,5 hrs | 7 hrs | 35 hrs | 17% | Trab. | | | | | | | 3,5h | | | |
| | | | | | | | | Trab. r | | | | | | | | | | |
| 14 | ▲ Aquisição | 444 hrs | 444 hrs | 0 hrs | 212 hrs | 232 hrs | 48% | Trab. | 8h | 8h | 8h | 20h | 24h | | 23h | 24h | 24h | |
| | | | | | | | | Trab. r | 8h | 8h | 8h | 20h | 24h | | 23h | 24h | 24h | |
| 15 | Manuscrito rece | 0 hrs | 0 hrs | 0 hrs | 0 hrs | 0 hrs | 100% | Trab. | | | | | | | | | | |
| | | | | | | | | Trab. r | | | | | | | | | | |
| 16 | ▲ Edição de conte | 120 hrs | 120 hrs | 0 hrs | 120 hrs | 0 hrs | 100% | Trab. | 8h | 8h | 8h | 8h | | | 7h | 8h | 8h | |
| | | | | | | | | Trab. r | 8h | 8h | 8h | 8h | | | 7h | 8h | 8h | |
| | Carole Poland | 120 hrs | 120 hrs | 0 hrs | 120 hrs | 0 hrs | 100% | Trab. | 8h | 8h | 8h | 8h | | | 7h | 8h | 8h | |
| | | | | | | | | Trab. r | 8h | 8h | 8h | 8h | | | 7h | 8h | 8h | |
| 17 | ▲ Revisão da arte original | 164 hrs | 164 hrs | 0 hrs | 92 hrs | 72 hrs | 56% | Trab. | | | | 12h | 16h | | 16h | 16h | 16h | |
| | | | | | | | | Trab. r | | | | 12h | 16h | | 16h | 16h | 16h | |
| | Hany Morcos | 82 hrs | 82 hrs | 0 hrs | 46 hrs | 36 hrs | 56% | Trab. | | | | 6h | 8h | | 8h | 8h | 8h | |
| | | | | | | | | Trab. r | | | | 6h | 8h | | 8h | 8h | 8h | |
| | Jane Dow | 82 hrs | 82 hrs | 0 hrs | 46 hrs | 36 hrs | 56% | Trab. | | | | 6h | 8h | | 8h | 8h | 8h | |
| | | | | | | | | Trab. r | | | | 6h | 8h | | 8h | 8h | 8h | |
| 18 | ▲ Revisão da | 160 hrs | 160 hrs | 0 hrs | 0 hrs | 160 hrs | 0% | Trab. | | | | | | | | | | |

O Project realça os valores alterados mais recentemente.

Várias alterações importantes ocorreram quando você pressionou Enter:

- O Project aplicou o realce de alteração aos valores atualizados na tabela.
- O volume de trabalho real que você inseriu foi subtraído da coluna Trabalho Restante (rotulada como Restante na interface do Project).
- O trabalho real foi distribuído para as duas atribuições na tarefa, resultando em 46 horas de trabalho real registradas para um recurso e 46 horas para o outro. Da mesma maneira, o valor do trabalho restante atualizado foi recalculado para cada atribuição.

Capítulo 14   Controle do andamento das tarefas e atribuições   **305**

- Os valores do trabalho real e restante atualizados foram acumulados na tarefa resumo Aquisição.

- Os valores de trabalho real também foram redistribuídos nos valores divididos ao longo do tempo de tarefas e atribuições.

No lado da grade de divisão ao longo do tempo do modo de exibição, é possível ver os valores do trabalho real e do trabalho agendado diário dos dois recursos até quinta-feira, 30 de abril. Como você inseriu um valor de trabalho real para a tarefa inteira, o Project supõe que o trabalho foi realizado conforme agendado e registra esses valores divididos ao longo do tempo para as atribuições do recurso.

Para concluir este exercício, você vai inserir valores de trabalho real em nível de atribuição e observar o efeito sobre a tarefa.

8  Na coluna **Real** referente à atribuição de Hany Morcos para a tarefa 17 (que atualmente contém o valor *46 hrs*), digite ou clique em **62h** e, em seguida, pressione Enter.

| | Nome da tarefa | Trabal | Linha de base | Variação | Real | Restante | % trab. concl. | Detalhe | T | Q | Q | S |
|---|---|---|---|---|---|---|---|---|---|---|---|---|
| 0 | ▲ Cronograma do livr | .314 hrs | 2.317,5 hrs | -3,5 hrs | 235 hrs | 2.079 hrs | 10% | Trab. | 8h | 8h | 20h | 24h |
| | | | | | | | | Trab. r | 8h | 8h | 20h | 24h |
| 1 | ▷ Reunião da equipe | 42 hrs | 45,5 hrs | -3,5 hrs | 7 hrs | 35 hrs | 17% | Trab. | | | | |
| | | | | | | | | Trab. r | | | | |
| 14 | ▲ Aquisição | 444 hrs | 444 hrs | 0 hrs | 228 hrs | 216 hrs | 51% | Trab. | 8h | 8h | 20h | 24h |
| | | | | | | | | Trab. r | 8h | 8h | 20h | 24h |
| 15 | Manuscrito rece | 0 hrs | 0 hrs | 0 hrs | 0 hrs | 0 hrs | 100% | Trab. | | | | |
| | | | | | | | | Trab. r | | | | |
| 16 | ▲ Edição de conte | 120 hrs | 120 hrs | 0 hrs | 120 hrs | 0 hrs | 100% | Trab. | 8h | 8h | 8h | 8h |
| | | | | | | | | Trab. r | 8h | 8h | 8h | 8h |
| | Carole Poland | 120 hrs | 120 hrs | 0 hrs | 120 hrs | 0 hrs | 100% | Trab. | 8h | 8h | 8h | 8h |
| | | | | | | | | Trab. r | 8h | 8h | 8h | 8h |
| 17 | ▲ Revisão da arte original | 164 hrs | 164 hrs | 0 hrs | 108 hrs | 56 hrs | 66% | Trab. | | | 12h | 16h |
| | | | | | | | | Trab. r | | | 12h | 16h |
| | Hany Morcos | 82 hrs | 82 hrs | 0 hrs | 62 hrs | 20 hrs | 76% | Trab. | | | 6h | 8h |
| | | | | | | | | Trab. r | | | 6h | 8h |
| | Jane Dow | 82 hrs | 82 hrs | 0 hrs | 46 hrs | 36 hrs | 56% | Trab. | | | 6h | 8h |
| | | | | | | | | Trab. r | | | 6h | 8h |
| 18 | ▲ Revisão da | 160 hrs | 160 hrs | 0 hrs | 0 hrs | 160 hrs | 0% | Trab. | | | | |

Inserir trabalho real nesta atribuição atualiza o trabalho restante e os valores relacionados na tarefa.

Os valores de trabalho real e restante de Hany são atualizados e essas atualizações também se acumulam na tarefa e em sua tarefa resumo. (O Project realça os valores alterados). Entretanto, os valores de trabalho real e restante de Jane Dow, o outro recurso atribuído à tarefa, não são afetados.

9  Arraste a barra divisora vertical de volta para a esquerda, a fim de ver mais valores divididos ao longo do tempo atualizados da tarefa.

| Nome da tarefa | Trabal | Linha de base | Variação | Real | Detalhe | S | T | Q | Q | S | S | 03/Maio/15 D | S | T |
|---|---|---|---|---|---|---|---|---|---|---|---|---|---|---|
| 0 ▲ Cronograma do livi | .314 hrs | 2.317,5 hrs | -3,5 hrs | 235 hrs | Trab. | 26,5h | 24h | 24h | 18h | 16h | | | 19,5h | 16h |
| | | | | | Trab. r | 23h | 24h | 24h | 18h | 8h | | | 8h | |
| 1 ▷ Reunião da equipe | 42 hrs | 45,5 hrs | -3,5 hrs | 7 hrs | Trab. | 3,5h | | | | | | | 3,5h | |
| | | | | | Trab. r | | | | | | | | | |
| 14 ▲ Aquisição | 444 hrs | 444 hrs | 0 hrs | 228 hrs | Trab. | 23h | 24h | 24h | 18h | 16h | | | 16h | 16h |
| | | | | | Trab. r | 23h | 24h | 24h | 18h | 8h | | | 8h | |
| 15 Manuscrito rece | 0 hrs | 0 hrs | 0 hrs | 0 hrs | Trab. | | | | | | | | | |
| | | | | | Trab. r | | | | | | | | | |
| 16 ▲ Edição de conte | 120 hrs | 120 hrs | 0 hrs | 120 hrs | Trab. | 7h | 8h | 8h | 2h | | | | | |
| | | | | | Trab. r | 7h | 8h | 8h | 2h | | | | | |
| Carole Poland | 120 hrs | 120 hrs | 0 hrs | 120 hrs | Trab. | 7h | 8h | 8h | 2h | | | | | |
| | | | | | Trab. r | 7h | 8h | 8h | 2h | | | | | |
| 17 ▲ Revisão da arte original | 164 hrs | 164 hrs | 0 hrs | 108 hrs | Trab. | 16h | 16h | 16h | 16h | 16h | | | 16h | 16h |
| | | | | | Trab. r | 16h | 16h | 16h | 16h | 8h | | | 8h | |
| Hany Morcos | 82 hrs | 82 hrs | 0 hrs | 62 hrs | Trab. | 8h | 8h | 8h | 8h | 8h | | | 8h | 8h |
| | | | | | Trab. r | 8h | 8h | 8h | 8h | 8h | | | 8h | |
| Jane Dow | 82 hrs | 82 hrs | 0 hrs | 46 hrs | Trab. | 8h | 8h | 8h | 8h | 8h | | | 8h | 8h |
| | | | | | Trab. r | 8h | 8h | 8h | 8h | | | | | |
| 18 ▲ Revisão da edição de | 160 hrs | 160 hrs | 0 hrs | 0 hrs | Trab. | | | | | | | | | |

O valor de trabalho real inserido na tabela para a tarefa e para a atribuição é distribuído na grade de divisão ao longo do tempo.

Novamente, o Project supõe que o valor do trabalho real inserido para Hany foi concluído conforme agendado; portanto, seus valores de trabalho e trabalho real divididos ao longo do tempo correspondem àqueles até segunda-feira, 4 de maio.

**ENCERRAMENTO** Feche o arquivo Controle Avancado B.

**DICA** Você inseriu valores de trabalho real neste exercício, mas também pode inserir valores de trabalho restante ou a porcentagem de conclusão do trabalho. Todos esses valores estão relacionados entre si – uma alteração feita em um valor afeta os outros. Esses valores podem ser atualizados na tabela Trabalho ou na guia Controle da caixa de diálogo Informações sobre a atribuição (quando uma atribuição estiver selecionada).

Controlar o valor de conclusão de trabalho real de uma tarefa é mais detalhado do que inserir um valor de conclusão percentual simples. Contudo, nenhum dos métodos é tão detalhado como inserir o trabalho real dividido ao longo do tempo para tarefas ou atribuições (conforme você verá na próxima seção). Não há problema em controlar o trabalho real de tarefas ou atribuições (ou simplesmente inserir um valor de porcentagem de conclusão), se esse nível de detalhe atender às suas necessidades. Na verdade, vendo ou não os detalhes distribuídos no tempo, o Project sempre distribui qualquer conclusão percentual ou valor real das atribuições ou tarefas que você inserir nos valores divididos ao longo do tempo correspondentes, como visto anteriormente. Esse é um motivo pelo qual os usuários iniciantes do Project às vezes ficam surpresos ao encontrar valores extremamente precisos, como 7,67 horas de trabalho agendadas para um dia específico. Entretanto, se você entende a matemática adotada pelo Project, consegue descobrir de onde os números vêm. Por outro lado, pode ser que você não se importe com esse nível de detalhe do agendamento – e isso é normal.

Capítulo 14 Controle do andamento das tarefas e atribuições **307**

## Como inserir custos reais manualmente

Todas as vezes em que você inseriu valores de trabalho real neste capítulo, o Project calculou os valores do custo real da tarefa afetada, de sua tarefa resumo, dos recursos atribuídos à tarefa e do projeto inteiro. Por padrão, o Project calcula os custos reais e não permite que você os insira diretamente. Na maioria dos casos, isso é o que recomendamos e o que é feito com os arquivos de prática deste livro. Contudo, se quiser inserir por conta própria os valores de custos reais nos seus planos, siga estes passos.

> **IMPORTANTE** O seguinte procedimento é fornecido para sua informação geral; no entanto, não o siga agora, caso esteja fazendo os exercícios deste livro. Se o fizer, você produzirá resultados que não corresponderão aos mostrados neste livro.

1. Na guia **Arquivo**, clique em **Opções**.

   A caixa de diálogo Opções do Project é exibida.

2. Clique na guia **Cronograma**.

3. Em **Opções de cálculo deste projeto**, desmarque a caixa de seleção **Custos reais são sempre calculados pelo Project**.

4. Clique em **OK**.

Depois que o cálculo de custo automático estiver desativado, você poderá inserir ou importar custos reais de tarefas ou atribuições no campo Real. Esse campo está disponível em vários locais, como na tabela Custo. Também é possível inserir valores de custos reais diários ou em outro intervalo, em qualquer modo de exibição de escala de tempo, como o modo Uso da Tarefa ou Uso dos Recursos. Com um modo de exibição de uso na tela, na guia Formato, no grupo Detalhes, clique em Custo Real.

## Controle do trabalho real dividido ao longo do tempo de tarefas e atribuições

A inserção de valores reais *divididos ao longo do tempo* exige mais trabalho por parte do gerente de projeto e talvez mais trabalho dos recursos para mantê-lo informado sobre seus valores reais diários ou semanais. Entretanto, esse método proporciona um nível bem mais detalhado do status das tarefas e recursos do projeto do que os outros usados para inserir valores reais. Inserir valores divididos ao longo do tempo pode ser a melhor estratégia, caso você tenha um grupo de tarefas ou um projeto inteiro que inclua o seguinte:

- Tarefas de alto risco
- Tarefas de duração relativamente curta nas quais uma variação de apenas um dia pode colocar todo o projeto em risco

- Tarefas para as quais você gostaria de desenvolver ou validar medidas de desempenho ou velocidades nas quais determinada quantidade de um resultado possa ser completada ao longo de um período específico de tempo, como *Revisar 3.000 palavras por dia*
- Tarefas especialmente importantes para patrocinadores ou outros interessados
- Tarefas que exigem faturamento de trabalho por hora

Quando precisar controlar o trabalho real no nível mais detalhado possível, use a grade de divisão ao longo do tempo no modo de exibição Uso da Tarefa ou Uso dos Recursos. Em qualquer um desses modos, é possível inserir valores de trabalho real para atribuições individuais diárias, semanais ou em qualquer período de tempo desejado (ajustando a escala de tempo). Por exemplo, se uma tarefa tem três recursos atribuídos e você sabe que dois deles trabalharam nela por oito horas em um dia e o terceiro recurso trabalhou por seis horas, pode inserir isso como três valores separados em uma grade de divisão ao longo do tempo.

**DICA** Se sua empresa usa um sistema de informações com registro de horas trabalhadas para controlar o trabalho real, talvez você possa usar os dados desse registro no Project como valores reais divididos ao longo do tempo. Talvez você não precise de um controle nesse nível, mas se os recursos preenchem registros de horas trabalhadas para outros propósitos (para o faturamento de outros departamentos dentro da empresa, por exemplo), pode usar esses dados e poupar algum trabalho.

O cenário: na Lucerne Publishing, a fase Aquisição do trabalho no plano do novo livro infantil foi concluída e a fase Editorial acabou de começar. Devido ao grande número de recursos envolvidos e à inconstância do trabalho editorial, essas tarefas são as de maior risco até aqui no projeto. Para gerenciar os valores reais dessas tarefas da maneira mais detalhada possível, você vai registrar valores reais divididos ao longo do tempo.

Neste exercício, você vai inserir alguns valores reais para tarefas, para atribuições e para períodos de tempo específicos.

**PREPARAÇÃO** Você precisa do arquivo Controle Avancado C_Inicio localizado na pasta Capitulo14. Abra o arquivo e salve-o como Controle Avancado C.

1 Clique na seta expandir\recolher ao lado da tarefa 14, *Aquisição*, para recolher essa fase do plano.

Essa fase do trabalho foi concluída.

2 Na coluna **Nome da Tarefa**, clique no nome da tarefa 21, *Organizar manuscrito para revisão*; em seguida, na guia **Tarefa**, no grupo **Edição**, clique em **Rolar até a Tarefa**.

O Project rola a grade de distribuição no tempo para mostrar os primeiros valores de trabalho agendado da fase Editorial.

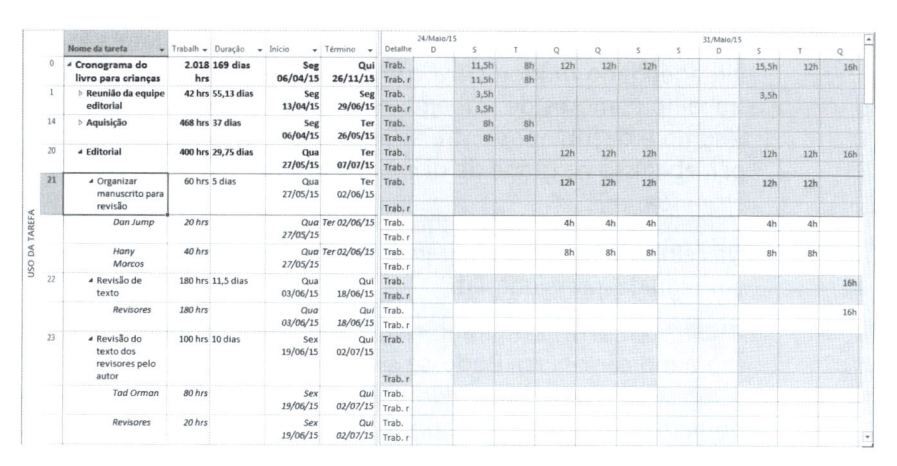

## Capítulo 14 Controle do andamento das tarefas e atribuições 309

Os primeiros valores de trabalho real divididos ao longo do tempo que você vai inserir serão para as tarefas e não para as atribuições específicas.

3 Na grade de divisão ao longo do tempo, clique na célula onde se cruzam a linha de trabalho real e a coluna quarta-feira, 27 de maio da tarefa 21. A linha de trabalho real está logo abaixo da linha de trabalho, que contém o valor *12h*.

**DICA** Se você apontar para o nome de um dia na escala de tempo, o Project mostrará a data completa desse dia em uma Dica de Tela. É possível mudar a formatação da escala de tempo para controlar o período de tempo no qual você vai inserir os valores reais na grade de divisão ao longo do tempo. Por exemplo, é possível formatar a escala de tempo para mostrar semanas em vez de dias; quando você inserir um valor real no nível semanal, esse valor será distribuído ao longo da semana.

4 Digite **9h** e, em seguida, pressione a tecla Tab.

Aqui está o primeiro valor de trabalho real dividido ao longo do tempo que você inseriu.

Assim que você inseriu o primeiro valor real para a tarefa, o valor do trabalho agendado mudou para corresponder a esse valor. Tanto os valores de trabalho como os de trabalho real foram acumulados nos níveis de tarefa resumo e distribuídos entre as atribuições específicas na tarefa. Você pode perceber isso na grade de divisão ao longo do tempo à direita e na tabela à esquerda.

5 Na célula de trabalho real referente à quinta-feira, 28 de maio, digite **15h** e, em seguida, pressione Tab.

**DICA** Ao inserir o trabalho real, não é necessário incluir a abreviação "h" (para indicar horas). Pode-se simplesmente digitar o número e o Project o registrará como horas. Hora é o valor de trabalho padrão para entrada de dados. Se quiser, você pode mudar isso. Clique na guia Arquivo e, em seguida, em Opções. Na guia Cronograma da caixa de diálogo Opções do Project, na caixa Trabalho inserido em, selecione o incremento de tempo padrão desejado.

6 Para a tarefa 21, insira os seguintes valores de trabalho real para as datas listadas:

| Data | Horas reais |
|---|---|
| Sexta-feira, 29 de maio | 12 |
| Segunda-feira, 1º de junho | 12 |
| Terça-feira, 2 de junho | 15 |

Esse passo conclui o trabalho real registrado em nível de tarefa. Em seguida, você vai inserir os valores de trabalho real em uma tarefa, em nível de atribuição.

Para a tarefa 22, *Revisão de texto*, você tem valores de trabalho real semanal do recurso atribuído. Os revisores concluíram a tarefa. Para essa tarefa, você vai ajustar a escala de tempo para registrar valores reais semanais.

Capítulo 14   Controle do andamento das tarefas e atribuições

7 Na guia **Exibição**, no grupo **Zoom**, na caixa de **Escala de Tempo**, clique em **Semanas**.

8 Insira os seguintes valores de trabalho real na grade de divisão ao longo do tempo para a atribuição dos Revisores na tarefa 22, *Revisão de texto*:

| Data (Semana de) | Horas reais |
|---|---|
| 31 de maio | 60 |
| 7 de junho | 80 |
| 14 de junho | 48 |

Os valores de trabalho real do recurso foram somados aos valores de trabalho real da tarefa. Os valores de trabalho originais foram salvos na linha de base, caso você precise referenciá-los posteriormente.

**DICA** Neste exercício, você viu como os valores de tarefas e atribuições estão diretamente relacionados; uma atualização feita em um afeta diretamente o outro. Entretanto, é possível quebrar esse vínculo, se você desejar. Isso permite, por exemplo, registrar o andamento das atribuições dos recursos e inserir manualmente os valores reais para as tarefas às quais esses recursos estão atribuídos. Você não deve interromper essa relação a menos que haja necessidade de relatórios especiais em sua empresa – por exemplo, se precisar seguir uma metodologia para relatórios de status baseados em algo diferente dos valores reais registrados para as atribuições nos planos. Para quebrar esse vínculo, faça o seguinte: na guia Arquivo, clique em Opções. Na caixa de diálogo Opções do Project, clique na guia Cronograma e, em seguida, em Opções de cálculo deste projeto, desmarque a caixa de seleção Atualizar Status da tarefa atualiza status do recurso. Essa configuração se aplica ao plano inteiro que estiver aberto no momento; não é possível aplicá-la somente a algumas tarefas dentro de um plano.

**ENCERRAMENTO**  Feche o arquivo Controle Avançado C.

> ### Enfoque do gerenciamento de projetos: colete valores reais dos recursos
>
> O modo de exibição utilizado no exercício anterior é semelhante a um cartão de ponto. Na verdade, para inserir valores de trabalho das atribuições, talvez você precise de algum tipo de cartão de ponto em papel ou seu equivalente eletrônico. Vários métodos são utilizados para coletar esses dados dos recursos, supondo que você precise controlar os trabalhos restantes e reais nesse nível de detalhe. Alguns métodos de coleta incluem os seguintes:
>
> - **Coletar valores reais por conta própria** Esse método é viável se você geralmente se comunica apenas com um pequeno grupo de recursos, como em uma reunião de posicionamento semanal. Também é uma boa oportunidade para falar diretamente com os recursos sobre quaisquer barreiras ou surpresas que tenham encontrado (positivas ou negativas) durante a execução do trabalho.
>
> - **Coletar valores reais por meio de um sistema de relatório de status formal** Essa técnica pode percorrer a hierarquia já existente em sua organização e servir a outras finalidades, além de relatar o status.
>
> Independentemente dos métodos de coleta de dados que pretenda utilizar, saiba que os recursos podem estar preocupados a respeito de como seus valores de trabalho real refletirão em seus desempenhos globais. Talvez você precise comunicar aos recursos que os valores reais de agendamento ajudam no gerenciamento do projeto; porém, a avaliação do desempenho é uma preocupação do gerenciamento da empresa e não do gerenciamento de projetos.
>
> Falando em cartões de ponto, dependendo de como sua empresa funciona, talvez você queira explorar a capacidade de operação conjunta do Project Professional com os serviços online SharePoint e Project Web App (PWA). Para mais informações, consulte o Apêndice C, "Colaboração: Project, SharePoint e PWA".

# Reagendamento do trabalho não concluído

No transcorrer de um projeto, ocasionalmente o trabalho de uma tarefa ou do projeto inteiro pode ser interrompido. Caso isso aconteça, é possível fazer o Project reagendar o trabalho restante para reiniciar após uma data especificada.

Ao reagendar um trabalho não concluído, você especifica a data após a qual ele pode ser reiniciado – a data de reagendamento. Aqui está como o Project manipula as tarefas em relação à data reagendada:

- Se a tarefa não tem um trabalho real registrado para ela antes da data reagendada e não tem uma restrição aplicada, a tarefa inteira é reagendada para começar após essa data.

- Se a tarefa tem algum trabalho real registrado antes da data reagendada, mas nenhum depois dela, a tarefa é dividida de modo que todo o trabalho restante inicie após a data reagendada. O trabalho real não é afetado.

Capítulo 14 Controle do andamento das tarefas e atribuições **313**

- Se a tarefa tem algum trabalho real registrado para antes e depois da data reagendada, a tarefa não é afetada.

O cenário: na Lucerne Publishing, o trabalho na fase Editorial do plano do novo livro infantil foi concluído. A equipe começou a trabalhar na fase seguinte, Design e Produção. Entretanto, você precisa resolver um atraso no trabalho, provocado por um problema imprevisto.

Neste exercício, você vai reagendar o trabalho incompleto.

➜ PREPARAÇÃO Você precisa do arquivo Controle Avancado D_Inicio localizado na pasta Capitulo14. Abra o arquivo e salve-o como Controle Avancado D.

No momento, o plano está no modo de exibição Uso da Tarefa. Você vai trocar para o modo de exibição Gráfico de Gantt.

1 Na guia **Exibição**, no grupo **Modos de Exibição de Tarefa**, clique na seta do botão **Gráfico de Gantt** e, em seguida, em **Gráfico de Gantt**.

2 Role o modo de exibição Gráfico de Gantt para cima, até que *Revisão das primeiras páginas* (tarefa 29) apareça próximo à parte superior da tela.

3 Na coluna **Nome da Tarefa**, clique no nome da tarefa 30, *Provas e índice*.

Atualmente, a tarefa 30 tem dois dias de trabalho real concluído e vários dias de trabalho restante reagendado.

Barras de andamento indicam a parte da tarefa que foi concluída.

| | | Modo da | Nome da tarefa | Duração | Início | Término | Jul/15 | 02/Ago/15 | 09/Ago/15 | 16/Ago/15 | 23/Ago/15 | 3 |
|---|---|---|---|---|---|---|---|---|---|---|---|---|
| 29 | | | ▲ Revisão das primeiras páginas | 30 dias | Qui 30/07/15 | Qua 09/09/15 | | | | | | |
| 30 | | | Provas e índice | 10 dias | Qui 30/07/15 | Qua 12/08/15 | | Tad Orman;Revisores de Texto | | | | |
| 31 | | | Incorporar revisão das primeiras páginas | 10 dias | Qui 13/08/15 | Qua 26/08/15 | | | | | Hany Mor | |
| 32 | | | Enviar páginas de prova para a produção | 0 dias | Qua 26/08/15 | Qua 26/08/15 | | | | | 26/08 | |
| 33 | | | Inserir correções de página e índice | 5 dias | Qui 27/08/15 | Qua 02/09/15 | | | | | | |
| 34 | | | Design da capa | 5 dias | Qui 03/09/15 | Qua 09/09/15 | | | | | | |
| 35 | | | ▲ Revisão das segundas páginas | 12 dias | Qui 10/09/15 | Sex 25/09/15 | | | | | | |
| 36 | | | Provas e revisão | 6,5 dias | Qui 10/09/15 | Sex 18/09/15 | | | | | | |

Você soube que, no fim de semana de 1º de agosto, uma tubulação de água se rompeu no escritório dos revisores de provas. Nenhum equipamento ou material do projeto foi danificado, mas a limpeza atrasará o trabalho até quarta-feira, 5 de agosto. Esse fato interrompe o trabalho na tarefa de revisão de provas por alguns dias. Em seguida, você vai reagendar o trabalho incompleto de modo que o projeto possa ser reiniciado na quarta-feira.

4 Na guia **Projeto**, no grupo **Status**, clique em **Atualizar Projeto**.

A caixa de diálogo Atualizar projeto é exibida.

5   Selecione a opção **Reagendar trabalho não concluído para iniciar após** e, na caixa de texto, digite ou selecione **04/08/15**.

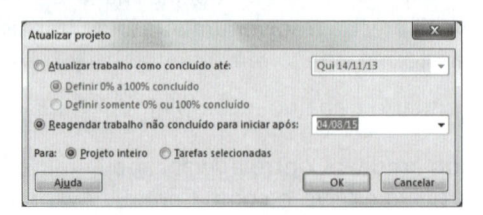

6   Clique em **OK** para fechar a caixa de diálogo **Atualizar projeto**.

O Project divide a tarefa 30 de modo que a parte não concluída da tarefa seja atrasada até quarta-feira.

O reagendamento do trabalho no plano fez o Project dividir a tarefa e reagendar o restante dela (e todas as tarefas subsequentes) para depois da data que você especificou.

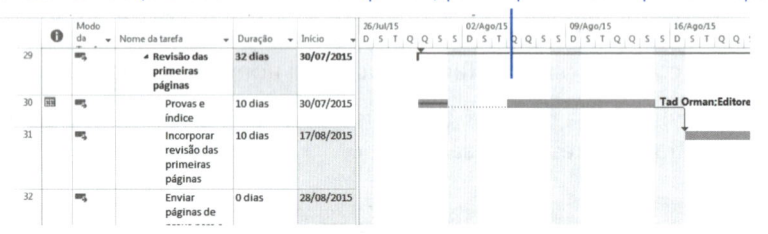

Como você pode ver, embora a duração da tarefa 30 permaneça em 10 dias de trabalho, sua data de término e datas de início subsequentes das tarefas sucessoras foram adiadas. Embora você tenha tratado de um problema específico, ao fazer isso, criou outros problemas no restante do projeto. Você vai tratar desse e de outros problemas no plano em capítulos posteriores.

Aqui estão outros pontos a serem lembrados ao controlar o andamento:

- É possível desativar a capacidade do Project de reagendar trabalho não concluído em tarefas para as quais algum trabalho real esteja registrado. Na guia Arquivo, clique em Opções. Na caixa de diálogo Opções do Project, clique na guia Cronograma e, em Opções de agendamento deste projeto, desmarque a caixa de seleção Dividir as tarefas em andamento.

- Se você usa datas de status para relatar valores reais, o Project suporta várias opções para controlar a maneira como os segmentos concluídos e não concluídos de uma tarefa são agendados em torno da data de status. Você pode ver as opções fazendo o seguinte: na guia Arquivo, clique em Opções. Na caixa de diálogo Opções do Project, clique na guia Avançado e, em seguida, em Opções de cálculo deste projeto, ajuste as configurações Mover o final das partes concluídas após a data de status para a data de status e as outras três caixas de seleção abaixo dela.

❌ ENCERRAMENTO   Feche o arquivo Controle Avancado D.

# Pontos-chave

- Ao salvar uma linha de base, salva-se um grande conjunto de valores de tarefas, recursos e atribuições em um plano. Entretanto, ao salvar um plano provisório, salva-se apenas as datas de início e de término das tarefas.

- Se você controla o trabalho no nível de tarefa, ele é reduzido nas atribuições. Inversamente, se você controla o trabalho no nível de atribuição, ele é acumulado no nível de tarefa.

- Nos modos de exibição de uso, é possível alterar os incrementos de tempo da escala de tempo para corresponder ao período no qual você deseja controlar. Por exemplo, se quiser registrar trabalho real por semana, pode definir a escala de tempo para mostrar semanas.

- Caso o trabalho em um projeto seja interrompido por algum motivo, você pode reagendá-lo para começar novamente em uma data especificada.

# Visão geral do capítulo

## Comparação
Compare o andamento real em relação ao plano de linha de base, página 318.

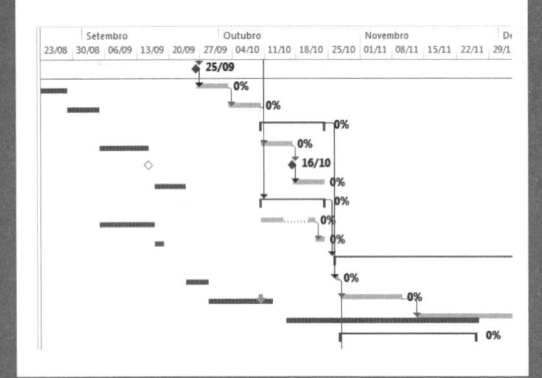

## Tarefa
Veja as tarefas com orçamento estourado, página 324.

## Recurso
Veja os recursos com orçamento estourado, página 327.

## Sinal verde/Sinal vermelho
Use campos e fórmulas personalizados para criar um modo de exibição de sinaleira, página 330.

# Como visualizar e informar o status do projeto

# 15

NESTE CAPÍTULO, VOCÊ APRENDERÁ A:

- Determinar quais tarefas foram iniciadas ou concluídas com atraso.
- Visualizar os custos da tarefa nos níveis resumido e detalhado.
- Examinar os custos dos recursos e suas variações.
- Usar campos personalizados para criar um modo de exibição de sinaleira que ilustre a variação de custo de cada tarefa.

Depois de definida a **linha de base** de um projeto e iniciados os trabalhos, o foco principal do gerente de projeto muda do planejamento para a coleta, atualização e análise dos detalhes do desempenho do projeto. Para a maioria dos projetos, esses detalhes do desempenho se resumem a três questões principais ou sinais vitais:

- Qual foi o **trabalho** necessário para concluir uma tarefa?
- A **tarefa** iniciou e terminou no prazo?
- Qual foi o custo para concluir a tarefa?

A comparação das respostas a essas perguntas com os valores da linha de base fornece ao gerente do projeto e a outros **interessados** uma boa maneira de medir o andamento do projeto e determinar quando uma ação corretiva pode ser necessária.

Onde o desempenho do projeto agendado ou real difere do plano na linha de base, você tem uma variação. A **variação** normalmente é medida em tempo, como dias de atraso em relação ao cronograma, ou em custos, como o montante que excedeu ao orçamento. Depois de concluído o planejamento inicial do projeto, muitos gerentes de projeto passam a maior parte do tempo identificando, investigando e, em muitos casos, respondendo às variações. Entretanto, antes que se possa responder à variação, é preciso primeiro identificá-la. Esse é o assunto deste capítulo.

Comunicar o status do projeto aos principais interessados, como clientes e patrocinadores, é o papel mais importante de um gerente de projeto e, provavelmente, o que ocupa a maior parte do seu tempo. Embora o fluxo de comunicação perfeito não garanta o sucesso de um projeto, um projeto com um fluxo de comunicação deficiente quase sempre é malsucedido.

O segredo para a comunicação adequada do status de um projeto é o seguinte:

- Quem precisa saber o status do projeto e para quê?
- De que formato ou nível de detalhe essa pessoa precisa?

O momento de responder a essas perguntas é na fase de planejamento inicial do projeto. Depois que o trabalho estiver em andamento, sua principal tarefa de comunicação será relatar o status do projeto. Isso pode ocorrer de várias formas:

- Relatórios de status descrevendo a situação do projeto em termos de custo, escopo e agenda (os três lados do *triângulo do projeto*, conforme descrito no Apêndice A, "Um breve curso em gerenciamento de projetos").
- Relatórios de andamento documentando as realizações específicas da equipe de projeto.
- Previsões sobre o desempenho futuro do projeto.

Neste capítulo, você vai ver o status do projeto em termos de variação na agenda e nos custos.

**ARQUIVOS DE PRÁTICA** Para fazer os exercícios deste capítulo, você precisa do arquivo contido na pasta Capitulo15. Para mais informações, consulte "Como baixar os arquivos de prática", na Introdução deste livro.

> **IMPORTANTE** Se você estiver executando o Project Professional com Project Web App/Project Server, tome o cuidado de não salvar no Project Web App (PWA) os arquivos de prática com os quais trabalhará neste livro. Para mais informações, consulte o Apêndice C, "Colaboração: Project, SharePoint e PWA".

# Como identificar as tarefas que foram adiadas

Quando as tarefas começam ou terminam antes ou depois do planejado, o resultado é uma variação na agenda. Uma causa de variação na agenda é o atraso no início ou no término de tarefas. Certamente, você deseja saber quais tarefas começaram atrasadas ou quais tarefas futuras poderão não iniciar de acordo com o cronograma. Também é útil identificar as tarefas concluídas que não iniciaram no prazo para tentar determinar por que isso ocorreu.

Existem diferentes maneiras de ver as tarefas com variação, dependendo do tipo de informação desejada:

- Aplicar o modo de exibição Gantt de Controle para comparar graficamente as datas da linha de base das tarefas com suas datas reais ou agendadas. (Para fazer isso, na guia Exibição, no grupo Modos de Exibição de Tarefa, clique na seta do botão Gráfico de Gantt e, em seguida, em Gantt de Controle.)

- Aplicar o modo de exibição Gantt Detalhado para mostrar graficamente o adiamento de cada tarefa em relação à linha de base. (Para fazer isso, na guia Exibição, no grupo Modos de Exibição de Tarefa, clique em Mais modos de exibição e, em seguida, clique duas vezes em Gantt Detalhado).

- Aplicar a tabela Variação a um modo de exibição de tarefas para ver o número de dias de variação das datas de início e término de cada tarefa. (Para fazer isso, na guia Exibição, no grupo Dados, clique em Tabelas e, em seguida, em Variação.)

- Filtrar as tarefas atrasadas ou adiadas com o filtro Progresso das Tarefas Adiadas, Tarefas adiadas ou Tarefas Atrasadas. (Para fazer isso, na guia Exibição, no grupo Dados, na caixa Filtro, selecione o filtro que deseja aplicar.)

## Enfoque do gerenciamento de projetos: a variação pode ser positiva?

No gerenciamento de projetos, geralmente esperamos que uma variação tenha um efeito adverso em um projeto, como atrasar a data de término ou aumentar o custo de um projeto. Entretanto, o termo *variação* se refere a qualquer diferença entre os eventos reais e planejados da agenda – mesmo diferenças que tenham um efeito útil, como uma data de término adiantada ou um custo mais baixo do que o esperado. Caso você tenha a sorte de gerenciar um projeto que tenha variações úteis, as técnicas descritas aqui ajudarão a identificar tanto as variações benéficas como as adversas. Seu enfoque como gerente de projeto é basicamente o mesmo, independentemente da natureza da variação – espere e, quando ela ocorrer, comunique a variação e os seus efeitos aos patrocinadores do projeto e a outros interessados, e (se for uma variação adversa) trate-a de acordo com a natureza do projeto.

O cenário: na Lucerne Publishing, o trabalho no plano do livro infantil está bem encaminhado. Você encontrou certa variação em relação ao plano – em outras palavras, o trabalho real nem sempre correspondeu ao plano, conforme capturado em sua linha de base. Você quer visualizar melhor essa variação no plano.

Neste exercício, você vai usar modos de exibição e filtros para identificar variações em tarefas e no plano como um todo. Para iniciar a análise das tarefas que foram adiadas, você vai começar no nível mais alto – as informações de resumo do projeto.

> PREPARAÇÃO Para fazer este exercício, você precisa do arquivo Relatando Status_Inicio localizado na pasta Capitulo15. Abra o arquivo e salve-o como Relatando Status.

1 Na guia **Projeto**, no grupo **Propriedades**, clique em **Informações do Projeto**.

   A caixa de diálogo Informações sobre o projeto é exibida.

2 Clique em **Estatísticas**.

   A caixa de diálogo Estatísticas do projeto é exibida.

| Estatísticas do projeto 'Relatando Status' | | | |
|---|---|---|---|
| | Início | | Término |
| Atual | Seg 06/04/15 | | Qui 24/12/15 |
| LinhaBase | Seg 06/04/15 | | Qui 26/11/15 |
| Real | Seg 06/04/15 | | ND |
| Variação | 0d | | 20,13d |
| | Duração | Trabalho | Custo |
| Atual | 189d | 2.722,1h | R$ 112.723,50 |
| LinhaBase | 168,88d | 2.317,5h | R$ 97.588,00 |
| Real | 115,52d | 1.865,1h | R$ 78.466,50 |
| Restante | 73,48d | 857h | R$ 34.257,00 |
| Porcentagem concluída: | | | |
| Duração: 61% | Trabalho: 69% | | Fechar |

Nessa caixa de diálogo é possível ver (entre outras coisas) que o plano do novo livro da Lucerne Publishing atualmente tem uma variação de agenda significativa na data de término. A data de término do projeto global estourou o prazo em mais de 20 dias.

3 Clique em **Fechar** para fechar a caixa de diálogo **Estatísticas do projeto**.

   Para o restante deste exercício, você vai usar várias técnicas para examinar a variação de tarefa específica.

4 Na guia **Exibição**, no grupo **Modos de Exibição de Tarefa**, clique na seta do botão **Gráfico de Gantt** e, em seguida, em **Gantt de Controle**.

   O Project exibe o modo de exibição Gantt de Controle.

5 Na guia **Exibição**, no grupo **Zoom**, clique na seta da caixa **Escala de Tempo** e, em seguida, clique em **Semanas**.

   A escala de tempo é ajustada para mostrar mais do plano.

6 Na coluna **Nome da Tarefa**, clique no nome da tarefa 33, *Enviar páginas de prova para a produção*, e role o modo de exibição Gantt de Controle para cima, a fim de que a tarefa 33 apareça próximo à parte superior da tela.

Capítulo 15 Como visualizar e informar o status do projeto **321**

7 Na guia **Tarefa**, no grupo **Edição**, clique em **Rolar até a Tarefa**.

   **DICA** Você também pode clicar com o botão direito do mouse no nome da tarefa e, no menu de atalho, clicar em Rolar até a Tarefa.

   Na parte do gráfico desse modo de exibição, as tarefas, na forma como estão agendadas atualmente, aparecem como barras azuis (se não estiverem no *caminho crítico*) ou como barras vermelhas (se estiverem no caminho crítico). Na metade inferior da linha de cada tarefa, as datas de início e término da linha de base de cada uma delas aparecem como barras cinza.

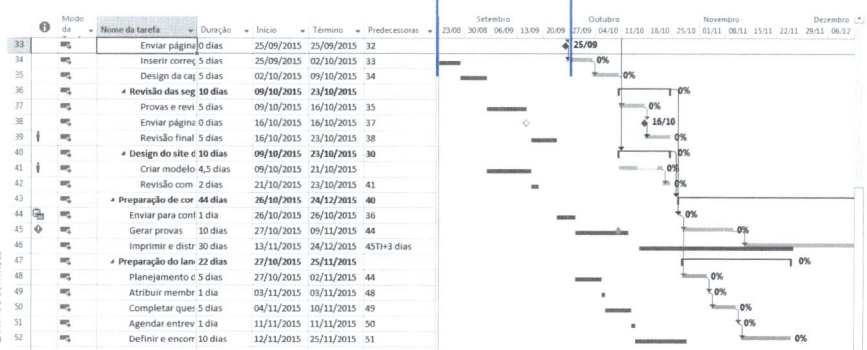

   Comparando as barras de Gantt agendadas atualmente com as barras de Gantt da linha de base, é possível ver que as tarefas começaram mais tarde que o planejado ou demoraram mais tempo para terminar.

   **DICA** Para visualizar os detalhes sobre alguma barra ou qualquer outro item em um modo de exibição Gráfico de Gantt, posicione o cursor do mouse sobre ele. Após um instante, uma Dica de Tela é exibida com os detalhes.

   Para focar apenas as tarefas adiadas, você vai aplicar um filtro.

8 Na guia **Exibição**, no grupo **Dados**, clique na seta da caixa **Filtro** (inicialmente ela contém *[Sem Filtro]*) e, em seguida, clique em **Mais Filtros**.

   A caixa de diálogo Mais filtros é exibida. Nessa caixa de diálogo é possível ver todos os filtros predefinidos disponíveis para tarefas (quando se está em um modo de exibição de tarefas) e recursos (quando se está em um modo de exibição de recursos).

9 Clique em **Tarefas adiadas** e, em seguida, em **Aplicar**.

   O Project filtra a lista de tarefas para mostrar apenas as incompletas que, conforme estão agendadas agora, foram adiadas em relação aos seus agendamentos de linha de base.

Observe as ausências nos números de identificação de tarefa. As tarefas de 2 a 26, por exemplo, não aparecem com o filtro aplicado, pois já estão concluídas.

Nesse ponto no cronograma, a data de início agendada das tarefas incompletas foi adiada consideravelmente. A maioria das barras de Gantt agendadas dessas tarefas está formatada em vermelho para indicar que são críticas, o que significa que qualquer atraso na conclusão dessas tarefas atrasará a data de término do projeto.

10 Na guia **Exibição**, no grupo **Dados**, clique na seta da caixa **Filtro** (agora ela contém *[Tarefas adiadas]*) e, em seguida, em **Limpar Filtro**.

O Project remove o filtro. Como sempre, apresentar ou remover um filtro não tem efeito algum nos dados originais.

O modo de exibição Gantt de Controle ilustra graficamente a diferença entre o desempenho do projeto agendado, real e de linha de base. Para ver essas informações em formato tabular, você vai exibir a tabela Variação no modo de exibição Planilha de Tarefas.

11 Na guia **Exibição**, no grupo **Modos de Exibição de Tarefa**, clique em **Mais modos de exibição** e, em seguida, em **Planilha de Tarefas**.

O Project exibe o modo de exibição Planilha de Tarefas. Você vai trocar para a tabela Variação.

12 Na guia **Exibição**, no grupo **Dados**, clique em **Tabelas** e, em seguida, em **Variação**.

**DICA** Você também pode clicar com o botão direito do mouse em Selecionar tudo, no canto superior esquerdo da tabela ativa, a fim de trocar para uma tabela diferente.

A tabela Variação é exibida no modo de exibição Planilha de Tarefas.

| | Modo da | Nome da tarefa | Início | Término | Início da linha de base | Término da linha de base | Var. do início | Var. do término |
|---|---|---|---|---|---|---|---|---|
| 0 | | ▲ Cronograma do | 06/04/2015 | 24/12/2015 | 06/04/2015 | 26/11/2015 | 0 dias | 20,25 dias |
| 1 | | ▷ Reunião da eq | 13/04/2015 | 05/08/2015 | 13/04/2015 | 06/07/2015 | 0 dias | 23 dias |
| 15 | | ▷ Aquisição | 06/04/2015 | 26/05/2015 | 06/04/2015 | 25/05/2015 | 0 dias | 1,5 dias |
| 21 | | ▲ Editorial | 27/05/2015 | 06/07/2015 | 25/05/2015 | 03/07/2015 | 1,63 dias | 0,78 dias |
| 22 | | Organizar m | 27/05/2015 | 02/06/2015 | 25/05/2015 | 01/06/2015 | 1,63 dias | 1,38 dias |
| 23 | | Revisão de | 03/06/2015 | 17/06/2015 | 01/06/2015 | 16/06/2015 | 1,5 dias | 0,63 dias |
| 24 | | Revisão do | 17/06/2015 | 01/07/2015 | 16/06/2015 | 30/06/2015 | 0,63 dias | 0,83 dias |
| 25 | | Incorporar r | 29/06/2015 | 06/07/2015 | 26/06/2015 | 03/07/2015 | 0,78 dias | 0,78 dias |
| 26 | | Enviar para | 06/07/2015 | 06/07/2015 | 03/07/2015 | 03/07/2015 | 0,78 dias | 0,78 dias |
| 27 | | ▲ Design e Produ | 06/07/2015 | 23/10/2015 | 03/07/2015 | 23/09/2015 | 0,78 dias | 22,13 dias |
| 28 | | Definir pági | 06/07/2015 | 27/07/2015 | 03/07/2015 | 24/07/2015 | 0,78 dias | 0,78 dias |
| 29 | | Design da il | 06/07/2015 | 29/07/2015 | 03/07/2015 | 24/07/2015 | 0,78 dias | 3,13 dias |
| 30 | | ▲ Revisão das | 30/07/2015 | 09/10/2015 | 24/07/2015 | 04/09/2015 | 3,25 dias | 25,13 dias |
| 31 | | Provas e | 30/07/2015 | 28/08/2015 | 24/07/2015 | 07/08/2015 | 3,25 dias | 15,13 dias |
| 32 | | Incorpora | 31/08/2015 | 25/09/2015 | 07/08/2015 | 21/08/2015 | 15,25 dias | 25,13 dias |

Nessa tabela é possível ver os valores agendados, de linha de base e de variação por tarefa.

## Enfoque do gerenciamento de projetos: divulgue informações

Se você trabalha em uma empresa altamente voltada para projetos e gerenciamento de projetos, é provável que já existam métodos e formatos padronizados para informar status de projetos. Se esse não for o caso, talvez você possa introduzir formatos de status de projeto baseados nos princípios da comunicação clara e do gerenciamento de projetos eficiente.

As técnicas que podem ser usadas no Project para ajudá-lo a relatar status de projetos são as seguintes:

- Imprimir o relatório Visão Geral do Projeto. (Para fazer isso, na guia Relatório, no grupo Ver Relatórios, clique em Painéis e, em seguida, em Visão Geral do Projeto). Para mais informações, consulte o Capítulo 7, "Formatação e compartilhamento de seu plano", e o Capítulo 18, "Formatação de relatórios avançada".

- Se você tem o Microsoft Excel ou o Microsoft Visio, imprima um relatório visual voltado ao status. (Para fazer isso, na guia Relatório, no grupo Exportar, clique em Relatórios Visuais). Para mais informações, consulte o Capítulo 20, "Compartilhamento de informações com outros programas".

- Copiar dados do Project para outros aplicativos – por exemplo, para copiar o modo de exibição Gráfico de Gantt, use Copiar Imagem. (Para fazer isso, na guia Tarefa, no grupo Área de Transferência, clique na seta do botão Copiar.) Para mais informações, consulte o Capítulo 20.

- Exportar dados do Project em outros formatos. (Para fazer isso, na guia Arquivo, clique em Exportar e, em seguida, em Criar Documento PDF/XPS ou em Salvar Projeto como Arquivo, e selecione o formato desejado.) Para mais informações, consulte o Capítulo 20.

- Compartilhar informações do Project com outras pessoas via SharePoint e Project Web Access (PWA). Para mais informações, consulte o Apêndice C: "Colaboração: Project, SharePoint e PWA".

Aqui estão mais algumas dicas e sugestões para visualizar tarefas adiadas:

- É possível ver os critérios utilizados pela maioria dos filtros para determinar quais tarefas ou recursos serão exibidos ou ocultos. Na guia Exibição, no grupo Dados, na caixa Filtro, clique em Mais Filtros. Na caixa de diálogo Mais filtros, clique em um filtro e, em seguida, em Editar. Na caixa de diálogo Definição de filtro em, é possível ver os testes aplicados aos vários campos do filtro.

- Você pode mostrar rapidamente as tarefas atrasadas – tarefas que estão atrasadas em relação à data de status que você definiu. Para definir uma data de status, na guia Projeto, no grupo Status, clique em Data do Status. Depois, na guia Formato, no grupo Estilos de Barra, marque a caixa de seleção Tarefas Atrasadas. As barras de Gantt das tarefas que foram agendadas para serem concluídas na data de status, mas estão incompletas, são formatadas em cinza escuro.

- O relatório Tarefas Adiadas descreve as tarefas que não estão cumprindo a agenda. Para ver um relatório de Tarefas Adiadas, na guia Relatório, no grupo Ver Relatórios, clique em Em Andamento e, em seguida, em Tarefas Adiadas.

- Se você salvou uma linha de base em seu plano, pode mostrar a linha de base e as barras de adiamento na parte do gráfico de um modo de exibição de Gráfico de Gantt. Na guia Formato, no grupo Estilos de Barra, clique em Linha de Base ou em Adiamento e, em seguida, selecione os valores de linha de base desejados.

- Neste exercício, você viu a variação de uma tarefa. Para ver a variação de atribuições em uma tarefa, troque para o modo de exibição Uso da Tarefa e clique na tabela Variação (para ver a variação agendada) ou na tabela Trabalho (para ver a variação do trabalho).

# Como examinar os custos da tarefa

O status da agenda (que determina se as tarefas iniciaram e terminaram no prazo), embora crucial para quase todos os projetos, é apenas um indicador da saúde do projeto como um todo. Para projetos que incluem informações de *custo*, outro indicador importante é a variação do custo: as tarefas estão sendo executadas acima ou abaixo do orçamento? No Project, os custos das tarefas consistem em custos fixos aplicados diretamente a elas, custos de recursos derivados de atribuições ou ambos. Quando as tarefas custam mais ou menos do que planejado para serem concluídas, o resultado é uma variação no custo. A avaliação da variação do custo permite fazer ajustes incrementais no orçamento de tarefas individuais, a fim de evitar que o projeto exceda o seu orçamento global.

Embora as tarefas e os recursos (e seus custos) sejam diretamente relacionados, é instrutivo avaliar cada um individualmente.

O cenário: na Lucerne Publishing, você viu o escopo global da variação de custo do plano do novo livro infantil. Agora, você vai se concentrar nas tarefas que acarretaram a maior variação.

Neste exercício, você vai ver a variação de custo de tarefas. Vai começar apresentando a tabela Custo.

1 Na guia **Exibição**, no grupo **Dados**, clique em **Tabelas** e, em seguida, em **Custo**.

A tabela Custo é exibida no modo de exibição Planilha de Tarefas.

| | Nome da tarefa | Custo fixo | Acumulação de custo fixo | Custo total | Linha de base | Variação | Real | Restante |
|---|---|---|---|---|---|---|---|---|
| 0 | ▲ Cronograma do liv | R$ 0,00 | Rateado | R$ 112.723,50 | R$ 97.588,00 | R$ 15.135,50 | R$ 78.466,50 | R$ 34.257,00 |
| 1 | ▷ Reunião da equipe | R$ 0,00 | Rateado | R$ 2.223,00 | R$ 2.223,00 | R$ 0,00 | R$ 1.197,00 | R$ 1.026,00 |
| 15 | ▷ Aquisição | R$ 0,00 | Rateado | R$ 18.804,00 | R$ 18.264,00 | R$ 540,00 | R$ 18.804,00 | R$ 0,00 |
| 21 | ▲ Editorial | R$ 0,00 | Rateado | R$ 16.201,00 | R$ 15.670,00 | R$ 531,00 | R$ 16.201,00 | R$ 0,00 |
| 22 | Organizar manu | R$ 0,00 | Rateado | R$ 3.213,00 | R$ 3.060,00 | R$ 153,00 | R$ 3.213,00 | R$ 0,00 |
| 23 | Revisão de text | R$ 0,00 | Rateado | R$ 8.460,00 | R$ 8.100,00 | R$ 360,00 | R$ 8.460,00 | R$ 0,00 |
| 24 | Revisão do text | R$ 0,00 | Rateado | R$ 918,00 | R$ 900,00 | R$ 18,00 | R$ 918,00 | R$ 0,00 |
| 25 | Incorporar revis | R$ 0,00 | Rateado | R$ 3.610,00 | R$ 3.610,00 | R$ 0,00 | R$ 3.610,00 | R$ 0,00 |
| 26 | Enviar para a pr | R$ 0,00 | Rateado | R$ 0,00 | R$ 0,00 | R$ 0,00 | R$ 0,00 | R$ 0,00 |
| 27 | ▲ Design e Produçã | R$ 0,00 | Rateado | R$ 60.743,50 | R$ 46.679,00 | R$ 14.064,50 | R$ 42.264,50 | R$ 18.479,00 |
| 28 | Definir páginas | R$ 0,00 | Rateado | R$ 7.590,00 | R$ 7.590,00 | R$ 0,00 | R$ 7.590,00 | R$ 0,00 |
| 29 | Design da ilustr | R$ 0,00 | Rateado | R$ 15.234,50 | R$ 13.050,00 | R$ 2.184,50 | R$ 15.234,50 | R$ 0,00 |
| 30 | ▲ Revisão das prir | R$ 0,00 | Rateado | R$ 26.280,00 | R$ 13.860,00 | R$ 12.420,00 | R$ 19.440,00 | R$ 6.840,00 |
| 31 | Provas e índi | R$ 0,00 | Rateado | R$ 7.200,00 | R$ 900,00 | R$ 6.300,00 | R$ 7.200,00 | R$ 0,00 |
| 32 | Incorporar re | R$ 0,00 | Rateado | R$ 12.240,00 | R$ 6.120,00 | R$ 6.120,00 | R$ 12.240,00 | R$ 0,00 |

Nessa tabela é possível ver o custo da linha de base, o custo agendado (na coluna Custo Total), o custo real e a variação de custo de cada tarefa. A variação é a diferença entre o custo da linha de base e o agendado. É claro que os custos não são agendados da mesma maneira que o trabalho; contudo, os custos derivados de recursos de trabalho (excluindo os custos fixos e os custos associados aos recursos materiais e de recursos) são derivados diretamente do trabalho agendado.

A tarefa 0 é a tarefa resumo do projeto; seus valores de custo são os do projeto e correspondem aos valores que você verá na caixa de diálogo Estatísticas do projeto. Esses valores incluem os seguintes:

- O valor de custo total atual é a soma dos valores de custo real (isto é, completo) e restante (incompleto).

- O valor de custo da linha de base é o custo planejado do projeto quando sua linha de base foi definida.

- O custo real é o que foi acarretado até o momento.

- O custo restante é a diferença entre o atual e o real.

Você vai se concentrar nos custos mais altos.

2 Na guia **Exibição**, no grupo **Dados**, clique em **Mostrar Estrutura de Tópicos** e, em seguida, em **Nível 1**.

O Project oculta todas as subtarefas e tarefas resumo aninhadas, deixando visíveis apenas as tarefas de nível superior.

Examinando a coluna Variação, é possível ver que a fase *Design e Produção* (tarefa 27) é responsável por praticamente toda a variação do projeto.

Para concluir este exercício, você vai usar filtros para ajudá-lo a destacar as tarefas que têm variação de custo.

3 Na guia **Exibição**, no grupo **Dados**, clique em **Mostrar Estrutura de Tópicos** e, em seguida, em **Todas as subtarefas**.

O Project expande a lista de tarefas para mostrar todas as subtarefas.

4 Na guia **Exibição**, no grupo **Dados**, clique na seta da caixa **Filtro** e, em seguida, em **Mais Filtros**.

5 Na caixa de diálogo **Mais filtros**, clique em **Custo acima do orçado** e, em seguida, em **Aplicar**.

O Project filtra a lista de tarefas para mostrar apenas aquelas que tiveram custos reais e agendados maiores do que seus custos de linha de base. Examinando a lista de tarefas, é possível ver que as tarefas 31 e 32 acarretaram uma variação significativa.

| | | Nome da tarefa | Custo | Acumulação de custo | Custo | Linha de | Variação | Real | Restante |
|---|---|---|---|---|---|---|---|---|---|
| | 0 | ⊿ **Cronograma do livro para crianças** | R$ 0,00 | Rateado | R$ 12.723,50 | R$ 97.588,00 | R$ 15.135,50 | R$ 78.466,50 | R$ 34.257,00 |
| | 15 | ⊿ **Aquisição** | R$ 0,00 | Rateado | R$ 18.804,00 | R$ 18.264,00 | R$ 540,00 | R$ 18.804,00 | R$ 0,00 |
| | 19 | Revisão pelo autor do conteúdo editado | R$ 0,00 | Rateado | R$ 4.140,00 | R$ 3.600,00 | R$ 540,00 | R$ 4.140,00 | R$ 0,00 |
| | 21 | ⊿ **Editorial** | R$ 0,00 | Rateado | R$ 16.201,00 | R$ 15.670,00 | R$ 531,00 | R$ 16.201,00 | R$ 0,00 |
| | 22 | Organizar manuscrito para revisão | R$ 0,00 | Rateado | R$ 3.213,00 | R$ 3.060,00 | R$ 153,00 | R$ 3.213,00 | R$ 0,00 |
| PLANILHA DE TAREFAS | 23 | Revisão de texto | R$ 0,00 | Rateado | R$ 8.460,00 | R$ 8.100,00 | R$ 360,00 | R$ 8.460,00 | R$ 0,00 |
| | 24 | Revisão do texto dos revisores pelo autor | R$ 0,00 | Rateado | R$ 918,00 | R$ 900,00 | R$ 18,00 | R$ 918,00 | R$ 0,00 |
| | 27 | ⊿ **Design e Produção** | R$ 0,00 | Rateado | R$ 60.743,50 | R$ 46.679,00 | R$ 14.064,50 | R$ 42.264,50 | R$ 18.479,00 |
| | 29 | Design da ilustração interior | R$ 0,00 | Rateado | R$ 15.234,50 | R$ 13.050,00 | R$ 2.184,50 | R$ 15.234,50 | R$ 0,00 |
| | 30 | ⊿ **Revisão das primeiras páginas** | R$ 0,00 | Rateado | R$ 26.280,00 | R$ 13.860,00 | R$ 12.420,00 | R$ 19.440,00 | R$ 6.840,00 |
| | 31 | Provas e índice | R$ 0,00 | Rateado | R$ 7.200,00 | R$ 900,00 | R$ 6.300,00 | R$ 7.200,00 | R$ 0,00 |
| | 32 | Incorporar revisão das primeiras páginas | R$ 0,00 | Rateado | R$ 12.240,00 | R$ 6.120,00 | R$ 6.120,00 | R$ 12.240,00 | R$ 0,00 |

6 Na guia **Exibição**, no grupo **Dados**, clique na seta da caixa **Filtro** e, em seguida, em **Limpar Filtro**.

O Project remove o filtro.

O que causou a variação nos custos das tarefas no projeto do novo livro? Como os custos desse projeto são quase inteiramente provenientes do trabalho executado pelos recursos, podemos concluir que foi necessário mais trabalho do que o originalmente agendado para concluir as tarefas até agora.

Como já mencionado, os custos de tarefas e recursos estão intimamente relacionados; na maioria dos casos, os custos das tarefas são em grande parte, ou totalmente, derivados dos custos dos recursos atribuídos às tarefas. O exame dos custos dos recursos é o assunto do próximo exercício.

Aqui estão algumas dicas e sugestões adicionais para trabalhar com dados de custo:

- Para visualizar as tarefas que estão acima do orçamento, use o relatório Visão Geral do Custo da Tarefa. Para ver esse relatório, na guia Relatório, no grupo Ver Relatórios, clique em Custos e, em seguida, em Visão Geral do Custo da Tarefa.

- Se você tem o Excel, pode usar o Relatório de Custo de Orçamento. Para criar o Relatório de Custo de Orçamento, na guia Relatório, no grupo Exportar, clique em Relatórios Visuais. Na guia Uso de Atribuições da caixa de diálogo Relatórios Visuais, clique em Relatório de Custo de Orçamento e, em seguida, em Exibir.

- Aplique o filtro Tarefas atrasadas/orç. estourado atribuídas a... a um recurso específico. Para fazer isso, na guia Exibição, no grupo Dados, clique na seta da caixa Filtro e, em seguida, em Mais Filtros.

- Mostre a variação de trabalho na tabela Trabalho em um modo de exibição de tarefa. Para fazer isso, na guia Exibição, no grupo Dados, clique em Tabelas e, em seguida, em Trabalho. Lembre-se de que, em um plano onde a maioria dos custos é derivada de recursos de trabalho, examinar a variação do trabalho é uma maneira de examinar a variação do custo.

- Em um modo de exibição de uso é possível comparar trabalho da linha de base dividida ao longo do tempo e o agendado. Por exemplo, no modo de exibição Uso da Tarefa, na guia Formato, no grupo Detalhes, clique em Trabalho da Linha de Base.

- Neste exercício, você visualizou a variação de custo de uma tarefa. Para ver a variação de custo ao longo do tempo das atribuições para uma tarefa, troque para o modo de exibição Uso da Tarefa e, em seguida, aplique a tabela Custo. Enquanto está em um modo de exibição de uso, você também pode mostrar os detalhes de Custo, Custo da linha de base e Custo real, por meio da caixa de diálogo Adicionar Detalhes. Na guia Formato, no grupo Detalhes, selecione as opções desejadas.

# Como examinar os custos dos recursos

Às vezes, os gerentes de projeto enfocam os custos dos recursos como um meio de medir o andamento e a variação dentro de um projeto. Contudo, as informações de custo de recursos também servem para outras pessoas e outras necessidades. Para muitas empresas, os custos dos recursos são o principal ou mesmo o único custo acarretado na execução de projetos; portanto, observar de perto os custos dos recursos pode ter relação direta com a saúde financeira de uma empresa. Talvez não seja um gerente de projeto, mas um executivo, contador ou *gerente de recursos* que esteja interessado nos custos dos recursos dos projetos, na medida em que estão relacionados aos custos da empresa.

Outra razão comum para controlar os custos dos recursos é o faturamento interno (por exemplo, cobrar outro departamento pelos serviços que seu departamento forneceu) ou externo de uma empresa. Em ambos os casos, as informações dos custos dos recursos armazenadas nos planos podem servir como base para a cobrança dos serviços que o seu departamento ou empresa forneceu para outros.

O cenário: na Lucerne Publishing, as despesas no plano do novo livro infantil são, em grande parte, derivadas dos custos das atribuições dos recursos. Você já viu os custos das tarefas; portanto, agora vai se concentrar na variação dos custos dos recursos.

Neste exercício, você vai usar diferentes tabelas e opções de classificação para ver a variação dos custos dos recursos.

1 Na guia **Exibição**, no grupo **Visãos de Recurso**, clique em **Planilha de Recursos**.

O modo de exibição Planilha de Recursos é exibida.

2 Na guia **Exibição**, no grupo **Dados**, clique em **Tabelas** e, em seguida, em **Custo**.

A tabela Custo é exibida.

| | Nome do recurso | Custo | Custo da linha de | Variação | Custo real | Restante |
|---|---|---|---|---|---|---|
| 1 | Carole Poland | 11.182,50 | R$ 11.182,50 | R$ 0,00 | R$ 8.767,50 | R$ 2.415,00 |
| 2 | Serviços de Ajuste de Cores | R$ 0,00 | R$ 0,00 | R$ 0,00 | R$ 0,00 | R$ 0,00 |
| 3 | Revisores de Texto | R$ 20.718,00 | R$ 13.500,00 | R$ 7.218,00 | R$ 20.718,00 | R$ 0,00 |
| 4 | Dan Jump | 11.740,25 | R$ 8.644,75 | R$ 3.095,50 | R$ 9.399,75 | R$ 2.340,50 |
| 5 | Hany Morcos | 25.432,25 | R$ 22.066,25 | R$ 3.366,00 | R$ 16.654,75 | R$ 8.777,50 |
| 6 | Jane Dow | 18.848,50 | R$ 18.848,50 | R$ 0,00 | R$ 12.776,50 | R$ 6.072,00 |
| 7 | Jun Cao | R$ 546,00 | R$ 546,00 | R$ 0,00 | R$ 294,00 | R$ 252,00 |
| 8 | Luis Sousa | 15.456,00 | R$ 14.000,00 | R$ 1.456,00 | R$ 9.856,00 | R$ 5.600,00 |
| 9 | Serviços de Impressão | R$ 0,00 | R$ 0,00 | R$ 0,00 | R$ 0,00 | R$ 0,00 |
| 10 | Tad Orman | R$ 0,00 | R$ 0,00 | R$ 0,00 | R$ 0,00 | R$ 0,00 |
| 11 | Viagem | $ 3.500,00 | R$ 3.500,00 | R$ 0,00 | R$ 0,00 | R$ 3.500,00 |
| 12 | Provas finais encadernadas | R$ 300,00 | R$ 300,00 | R$ 0,00 | R$ 0,00 | R$ 300,00 |

Na tabela Custo é possível ver o custo, o custo da linha de base e os valores de custos relacionados de cada recurso. Na maioria dos casos aqui, os valores de custo dos recursos de trabalho são provenientes da taxa de custo de cada recurso, multiplicada pelo trabalho em suas atribuições nas tarefas do plano.

Atualmente, a planilha de recursos está classificada por identificação de recurso. Você vai classificá-la por custo de recurso.

3 Clique na seta de **AutoFiltro** no cabeçalho da coluna **Custo** e, no menu que aparece, clique em **Classificar do Maior para Menor**.

O Project classifica os recursos por custo, do mais alto para o mais baixo. Observe que os recursos são classificados de acordo com os valores da coluna Custo, que é a soma de seus custos reais (ou históricos) e seus custos restantes (ou esperados).

## Capítulo 15 Como visualizar e informar o status do projeto

| | Nome do recurso | Custo | Custo da linha de | Variação | Custo real | Restante |
|---|---|---|---|---|---|---|
| 5 | Hany Morcos | R$ 25.432,25 | R$ 22.066,25 | R$ 3.366,00 | R$ 16.654,75 | R$ 8.777,50 |
| 3 | Revisores de Texto | R$ 20.718,00 | R$ 13.500,00 | R$ 7.218,00 | R$ 20.718,00 | R$ 0,00 |
| 6 | Jane Dow | R$ 18.848,50 | R$ 18.848,50 | R$ 0,00 | R$ 12.776,50 | R$ 6.072,00 |
| 8 | Luis Sousa | R$ 15.456,00 | R$ 14.000,00 | R$ 1.456,00 | R$ 9.856,00 | R$ 5.600,00 |
| 4 | Dan Jump | R$ 11.740,25 | R$ 8.644,75 | R$ 3.095,50 | R$ 9.399,75 | R$ 2.340,50 |
| 1 | Carole Poland | R$ 11.182,50 | R$ 11.182,50 | R$ 0,00 | R$ 8.767,50 | R$ 2.415,00 |
| 11 | Viagem | R$ 3.500,00 | R$ 3.500,00 | R$ 0,00 | R$ 0,00 | R$ 3.500,00 |
| 7 | Jun Cao | R$ 546,00 | R$ 546,00 | R$ 0,00 | R$ 294,00 | R$ 252,00 |
| 12 | Provas finais encadernadas | R$ 300,00 | R$ 300,00 | R$ 0,00 | R$ 0,00 | R$ 300,00 |
| 2 | Serviços de Ajuste de Cores | R$ 0,00 | R$ 0,00 | R$ 0,00 | R$ 0,00 | R$ 0,00 |
| 9 | Serviços de Impressão | R$ 0,00 | R$ 0,00 | R$ 0,00 | R$ 0,00 | R$ 0,00 |
| 10 | Tad Orman | R$ 0,00 | R$ 0,00 | R$ 0,00 | R$ 0,00 | R$ 0,00 |

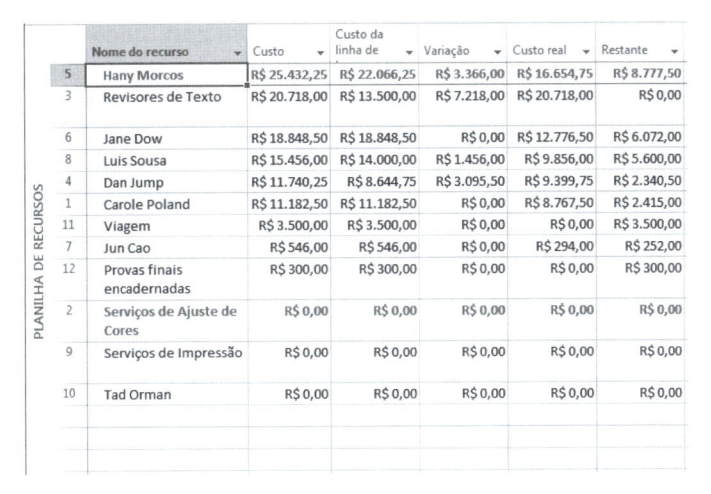

Essa classificação informa rapidamente quais são, de forma cumulativa, os recursos mais caros e os mais baratos (conforme indicado na coluna Custo), mas não ajuda a ver os padrões de variação. Você vai fazer isso em seguida.

4 Clique na seta de **AutoFiltro** no cabeçalho da coluna **Variação** e, no menu que aparece, clique em **Classificar do Maior para Menor**.

O Project reclassifica os recursos por variação de custo, do mais alto para o mais baixo.

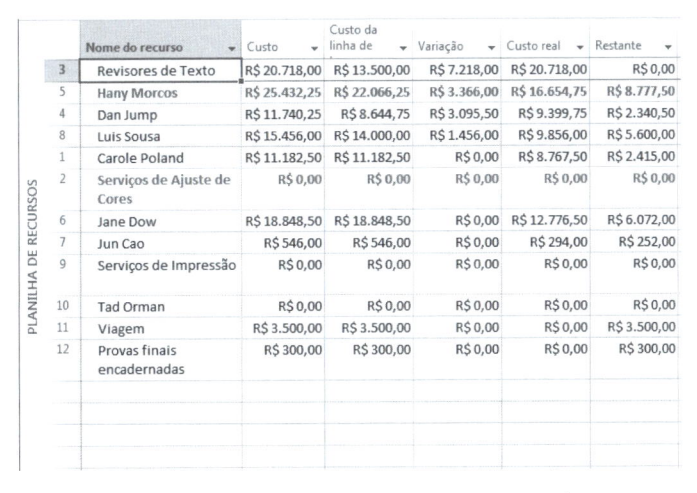

| | Nome do recurso | Custo | Custo da linha de | Variação | Custo real | Restante |
|---|---|---|---|---|---|---|
| 3 | Revisores de Texto | R$ 20.718,00 | R$ 13.500,00 | R$ 7.218,00 | R$ 20.718,00 | R$ 0,00 |
| 5 | Hany Morcos | R$ 25.432,25 | R$ 22.066,25 | R$ 3.366,00 | R$ 16.654,75 | R$ 8.777,50 |
| 4 | Dan Jump | R$ 11.740,25 | R$ 8.644,75 | R$ 3.095,50 | R$ 9.399,75 | R$ 2.340,50 |
| 8 | Luis Sousa | R$ 15.456,00 | R$ 14.000,00 | R$ 1.456,00 | R$ 9.856,00 | R$ 5.600,00 |
| 1 | Carole Poland | R$ 11.182,50 | R$ 11.182,50 | R$ 0,00 | R$ 8.767,50 | R$ 2.415,00 |
| 2 | Serviços de Ajuste de Cores | R$ 0,00 | R$ 0,00 | R$ 0,00 | R$ 0,00 | R$ 0,00 |
| 6 | Jane Dow | R$ 18.848,50 | R$ 18.848,50 | R$ 0,00 | R$ 12.776,50 | R$ 6.072,00 |
| 7 | Jun Cao | R$ 546,00 | R$ 546,00 | R$ 0,00 | R$ 294,00 | R$ 252,00 |
| 9 | Serviços de Impressão | R$ 0,00 | R$ 0,00 | R$ 0,00 | R$ 0,00 | R$ 0,00 |
| 10 | Tad Orman | R$ 0,00 | R$ 0,00 | R$ 0,00 | R$ 0,00 | R$ 0,00 |
| 11 | Viagem | R$ 3.500,00 | R$ 3.500,00 | R$ 0,00 | R$ 0,00 | R$ 3.500,00 |
| 12 | Provas finais encadernadas | R$ 300,00 | R$ 300,00 | R$ 0,00 | R$ 0,00 | R$ 300,00 |

Com a lista de recursos classificada por variação de custo, você pode identificar rapidamente os recursos com a maior variação – neste caso, os revisores.

5 Na guia **Exibição**, no grupo **Dados**, clique em **Classificar** e, em seguida, clique em **pelo número da tarefa**.

O Project reclassifica a lista de recursos pelo número da tarefa.

Observe que o valor em reais da variação, embora importante, não conta a história toda. O que seria útil saber é quais tarefas tiveram a porcentagem mais alta de variação. Uma tarefa com custo de linha de base de R$1.000,00 e custo real de R$1.200,00 tem uma porcentagem menor de variação do que um custo de linha de base de R$100,00 e um custo real de R$200,00. Em projetos complexos, saber quais tarefas são propensas a porcentagens maiores de variação pode ajudá-lo a evitar problemas similares no futuro. Na próxima seção, você vai ver um modo de começar a analisar a variação dessa maneira.

Aqui estão mais algumas dicas e sugestões para trabalhar com custos de recurso:

- Você pode usar o relatório Visão Geral do Custo para ver os recursos que estão com orçamento estourado. Para fazer isso, na guia Relatório, no grupo Ver Relatórios, clique em Painéis e, em seguida, em Visão Geral do Custo.

- Você também pode ver os valores de custos divididos ao longo do tempo em um modo de exibição de uso. Por exemplo, no modo de exibição Uso dos Recursos, na guia Formato, no grupo Detalhes, clique em Adicionar Detalhes. Na caixa de diálogo Estilos de detalhe, mostre os campos Custo da linha de base e Custo. Isso também funciona no modo de exibição Uso da Tarefa.

- Se você tem o Excel, pode usar o Relatório de Resumo de Custo do Recurso. Para fazer isso, na guia Relatório, no grupo Exportar, clique em Relatórios Visuais. Na guia Uso de Recursos da caixa de diálogo Relatórios Visuais, clique em Relatório de Resumo de Custo do Recurso e, em seguida, em Exibir.

# Como informar a variação do custo do projeto com um modo de exibição de sinaleira

Existem muitas maneiras de relatar o status de um projeto em termos de variação de tarefas ou de orçamento, ou outras medidas. Não faltam recursos no Project no que se refere a informar o status do projeto, mas o ponto principal é lembrar que o método utilizado para relatar o status é menos uma questão técnica do que uma questão de comunicação. Por exemplo, que formato e nível de detalhe os interessados no projeto precisam ver? Os patrocinadores do projeto veem aspectos do desempenho de um projeto diferentes daqueles vistos por seus recursos? Essas questões são fundamentais para o trabalho do gerente de projeto. Felizmente, conforme já mencionamos, o Project é uma ferramenta de comunicação valiosa que pode ser utilizada para construir o tipo de informação de status do projeto que melhor atenda às necessidades dos interessados.

Em seguida, você vai se concentrar na criação do que é denominado *relatório de sinaleira*. Esse relatório de status representa os principais indicadores das tarefas, por exemplo, o status da agenda ou do orçamento, como uma simples cor vermelha, amarela ou verde. Esses relatórios de status são fáceis de entender e dão rapidamente uma ideia geral da saúde de um projeto. Rigorosamente falando, o que você vai criar aqui não é um relatório do Project; portanto, vamos chamá-lo de *modo de exibição* de sinaleira.

**DICA** Este exercício utiliza campos e fórmulas personalizados. Esses são recursos poderosos do Project e você vai verificar que eles podem ser aplicados a muitas outras situações, além do relatório de sinaleira que mostramos aqui.

O cenário: na Lucerne Publishing, você conclui que a melhor maneira de ajudar a equipe que está trabalhando no plano do novo livro infantil a entender a variação de custo é empregar um de modo de exibição estilo sinaleira.

Neste exercício, você vai editar um modo de exibição usando campos e fórmulas personalizados para destacar visualmente a variação de custo das tarefas.

1  Na guia **Exibição**, no grupo **Modos de Exibição de Tarefa**, clique em **Mais modos de exibição** e, em seguida, em **Planilha de Tarefas**.

   O Project apresenta o modo de exibição Planilha de Tarefas. Atualmente, ele contém a tabela Custo.

   Para economizar seu tempo, personalizamos um campo nesse arquivo do Project que contém uma fórmula que avalia a variação de custo de cada tarefa. Em seguida, você vai visualizar a fórmula para entender o que ela faz e também visualizar os indicadores gráficos atribuídos ao campo.

2  Na guia **Formato**, no grupo **Colunas**, clique em **Campos Personalizados**.

   A caixa de diálogo Campos Personalizados é exibida.

3  Na caixa **Tipo**, localizada no canto superior direito da caixa de diálogo, clique em **Número** na lista suspensa.

4  Na caixa de listagem de Campo, clique em **Acima do orçamento (Número3)**. Esse é o campo personalizado que configuramos para você.

## Parte 3 Técnicas avançadas de agendamento

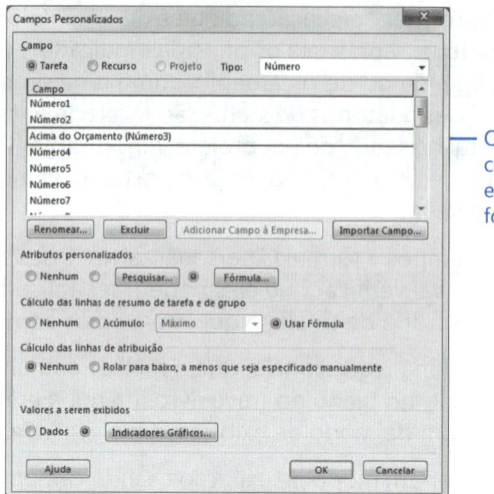

*O campo Número3 foi renomeado como "Acima do Orçamento" e personalizado com uma fórmula e indicadores gráficos.*

5 Em **Atributos personalizados**, clique em **Fórmula**.

A caixa de diálogo Fórmula para é exibida.

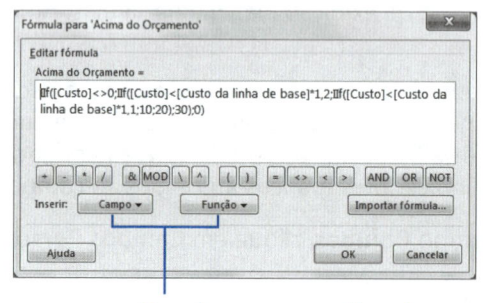

*Quando escrever uma fórmula, use estes botões para inserir campos ou funções do Project nas suas fórmulas.*

Essa fórmula avalia a variação de custo de cada tarefa. Se o custo da tarefa estiver 10% ou menos acima da linha de base, a fórmula atribuirá o número 10 à tarefa. Se o custo estiver entre 10 e 20% acima da linha de base, receberá o valor 20. Se o custo estiver mais de 20% acima da linha de base, receberá um 30. Esses valores 10, 20 ou 30 aparecerão no campo Número3 personalizados como *Acima do Orçamento*.

6 Clique em **Cancelar** para fechar a caixa de diálogo **Fórmula para**.

Capítulo 15  Como visualizar e informar o status do projeto  **333**

7  Na caixa de diálogo **Campos Personalizados**, em **Valores a serem exibidos**, clique em **Indicadores Gráficos**.

A caixa de diálogo Indicadores gráficos para é exibida. Aqui, você especifica um indicador gráfico exclusivo a ser exibido, dependendo do valor do campo para cada tarefa. Novamente, para economizar seu tempo, os indicadores já estão selecionados.

Dependendo do valor retornado pela fórmula, o Project exibirá um destes três indicadores gráficos na coluna Acima do Orçamento.

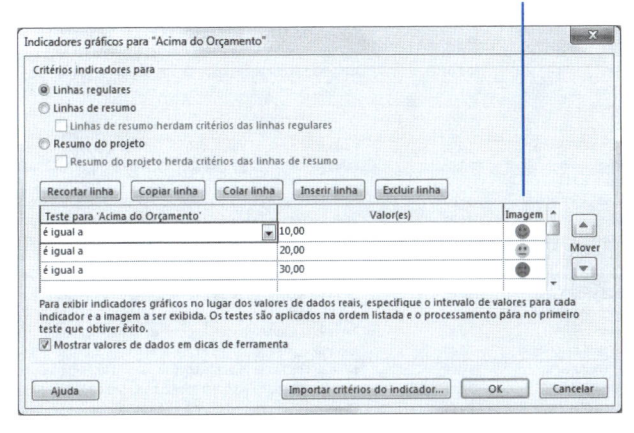

8  Clique na primeira célula da coluna **Imagem** (ela contém um *smile* verde) e, em seguida, na seta.

Aqui é possível ver os muitos indicadores gráficos que podem ser associados aos valores dos campos.

9  Clique em **Cancelar** para fechar a caixa de diálogo **Indicadores gráficos para** e, em seguida, clique em **Cancelar** novamente, para fechar a caixa de diálogo **Campos Personalizados**.

10  Na coluna **Nome da Tarefa**, clique na seta expandir/recolher, ao lado do nome da tarefa 1, a tarefa resumo recorrente *Reunião da equipe editorial*.

A lista da tarefa recorrente é recolhida para mostrar apenas a tarefa resumo recorrente.

Para concluir este exercício, você vai exibir a coluna Acima do Orçamento (Número3) na tabela Custo.

11  No lado direito da tabela, clique no cabeçalho de coluna **Adicionar Nova Coluna**.

Uma lista de campos disponíveis é exibida.

12  Na lista de campos, clique em **Acima do Orçamento (Número3)** na lista suspensa.

Você também vai ver o mesmo campo personalizado *Acima do Orçamento (Número3)* na lista de campos.

**DICA** Ao selecionar itens em uma lista como essa, é possível começar a digitar o nome do item desejado e, quando o nome inteiro aparecer, selecioná-lo.

O Project exibe a coluna Acima do Orçamento na tabela Custo.

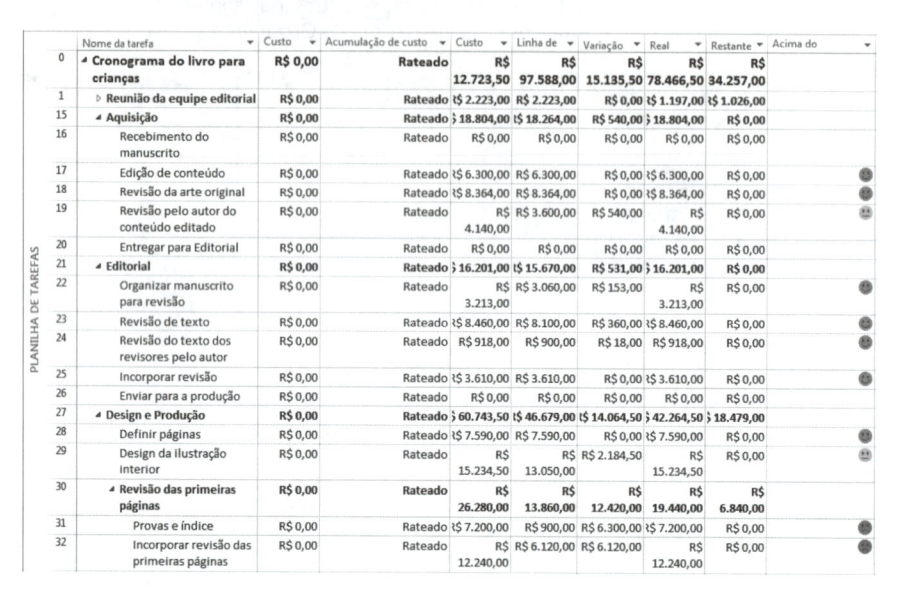

| | Nome da tarefa | Custo | Acumulação de custo | Custo | Linha de | Variação | Real | Restante | Acima do |
|---|---|---|---|---|---|---|---|---|---|
| 0 | ▲ Cronograma do livro para crianças | R$ 0,00 | Rateado | R$ 12.723,50 | R$ 97.588,00 | R$ 15.135,50 | R$ 78.466,50 | R$ 34.257,00 | |
| 1 | ▷ Reunião da equipe editorial | R$ 0,00 | Rateado | R$ 2.223,00 | R$ 2.223,00 | R$ 0,00 | R$ 1.197,00 | R$ 1.026,00 | |
| 15 | ▲ Aquisição | R$ 0,00 | Rateado | R$ 18.804,00 | R$ 18.264,00 | R$ 540,00 | R$ 18.804,00 | R$ 0,00 | |
| 16 | Recebimento do manuscrito | R$ 0,00 | Rateado | R$ 0,00 | R$ 0,00 | R$ 0,00 | R$ 0,00 | R$ 0,00 | |
| 17 | Edição de conteúdo | R$ 0,00 | Rateado | R$ 6.300,00 | R$ 6.300,00 | R$ 0,00 | R$ 6.300,00 | R$ 0,00 | ● |
| 18 | Revisão da arte original | R$ 0,00 | Rateado | R$ 8.364,00 | R$ 8.364,00 | R$ 0,00 | R$ 8.364,00 | R$ 0,00 | ● |
| 19 | Revisão pelo autor do conteúdo editado | R$ 0,00 | Rateado | R$ 4.140,00 | R$ 3.600,00 | R$ 540,00 | R$ 4.140,00 | R$ 0,00 | ● |
| 20 | Entregar para Editorial | R$ 0,00 | Rateado | R$ 0,00 | R$ 0,00 | R$ 0,00 | R$ 0,00 | R$ 0,00 | |
| 21 | ▲ Editorial | R$ 0,00 | Rateado | R$ 16.201,00 | R$ 15.670,00 | R$ 531,00 | R$ 16.201,00 | R$ 0,00 | |
| 22 | Organizar manuscrito para revisão | R$ 0,00 | Rateado | R$ 3.213,00 | R$ 3.060,00 | R$ 153,00 | R$ 3.213,00 | R$ 0,00 | ● |
| 23 | Revisão de texto | R$ 0,00 | Rateado | R$ 8.460,00 | R$ 8.100,00 | R$ 360,00 | R$ 8.460,00 | R$ 0,00 | ● |
| 24 | Revisão do texto dos revisores pelo autor | R$ 0,00 | Rateado | R$ 918,00 | R$ 900,00 | R$ 18,00 | R$ 918,00 | R$ 0,00 | ● |
| 25 | Incorporar revisão | R$ 0,00 | Rateado | R$ 3.610,00 | R$ 3.610,00 | R$ 0,00 | R$ 3.610,00 | R$ 0,00 | |
| 26 | Enviar para a produção | R$ 0,00 | Rateado | R$ 0,00 | R$ 0,00 | R$ 0,00 | R$ 0,00 | R$ 0,00 | |
| 27 | ▲ Design e Produção | R$ 0,00 | Rateado | R$ 60.743,50 | R$ 46.679,00 | R$ 14.064,50 | R$ 42.264,50 | R$ 18.479,00 | |
| 28 | Definir páginas | R$ 0,00 | Rateado | R$ 7.590,00 | R$ 7.590,00 | R$ 0,00 | R$ 7.590,00 | R$ 0,00 | ● |
| 29 | Design da ilustração interior | R$ 0,00 | Rateado | R$ 15.234,50 | R$ 13.050,00 | R$ 2.184,50 | R$ 15.234,50 | R$ 0,00 | ● |
| 30 | ▲ Revisão das primeiras páginas | R$ 0,00 | Rateado | R$ 26.280,00 | R$ 13.860,00 | R$ 12.420,00 | R$ 19.440,00 | R$ 6.840,00 | |
| 31 | Provas e índice | R$ 0,00 | Rateado | R$ 7.200,00 | R$ 900,00 | R$ 6.300,00 | R$ 7.200,00 | R$ 0,00 | ● |
| 32 | Incorporar revisão das primeiras páginas | R$ 0,00 | Rateado | R$ 12.240,00 | R$ 6.120,00 | R$ 6.120,00 | R$ 12.240,00 | R$ 0,00 | ● |

**DICA** Para visualizar o valor numérico de um indicador gráfico em uma Dica de Tela, basta apontar para o indicador.

À medida que a variação de custo de cada tarefa muda, os indicadores gráficos mudam de acordo com os intervalos especificados na fórmula. Essa é uma forma prática para identificar as tarefas cuja variação de custo está mais alta do que você gostaria, conforme sinalizado pelos indicadores amarelos ou vermelhos. Você pode ver que as tarefas 31 e 32, e consequentemente sua tarefa resumo 30, tiveram uma variação muito grande em reais e uma porcentagem alta acima da linha de base, conforme mostrado pelos indicadores *smile* vermelhos.

Até agora, você identificou variação na agenda e no orçamento em um modo de exibição de tarefas e variação de orçamento em um modo de exibição de recursos – cada uma delas é uma medida importante do status do projeto. Este é um bom momento para lembrar que o qualificador final do status do projeto não é a formatação exata dos dados no Project, mas as necessidades dos interessados no projeto. Determinar essas necessidades exige bom discernimento e habilidades de comunicação.

❌ ENCERRAMENTO  Feche o arquivo Relatando Status.

## Pontos-chave

- A variação na agenda é provocada pelas tarefas adiadas em relação a suas datas de início ou de término (conforme registrado em uma linha de base). É possível usar uma combinação de modos de exibição, tabelas, filtros e relatórios para identificar quais tarefas foram adiadas e causaram variação.

- As variações de agenda e de custos estão intimamente relacionadas – se um plano tem uma delas, provavelmente tem a outra. Como na variação da agenda, é possível aplicar uma combinação de modos de exibição, tabelas, filtros e relatórios para localizar variação de custo.

- É possível usar fórmulas e indicadores gráficos em campos personalizados para criar um modo de exibição altamente personalizado, como um modo de exibição de sinaleira, para comunicar importantes indicadores da saúde do projeto aos interessados.

# Visão geral do capítulo

## Solucionar
Solucione prazos finais não cumpridos reagendando tarefas, página 338.

## Reduzir
Adicione recursos para reduzir as durações das tarefas, página 344.

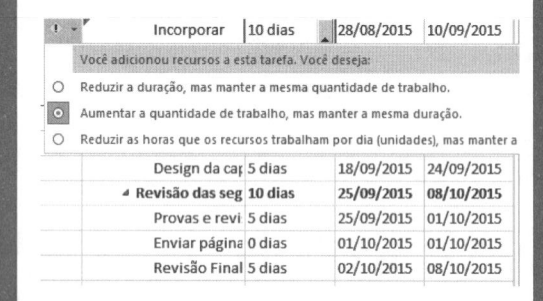

## Substituir
Substitua recursos por outros mais baratos, página 347.

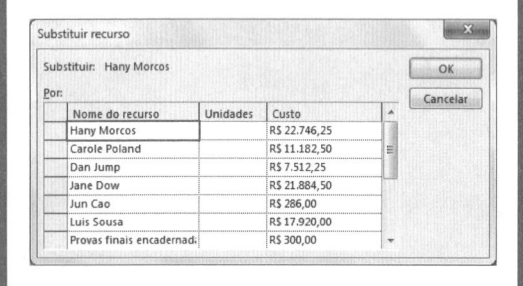

## Desativar
Desative tarefas (Project Professional) ou exclua tarefas (Project Standard) para reduzir o escopo global do projeto, página 351.

# Como retomar o controle do projeto

## 16

NESTE CAPÍTULO, VOCÊ APRENDERÁ A:

- Resolver um prazo final não cumprido, ajustando detalhes da tarefa, como relações entre tarefas e atribuições de recurso.

- Reduzir custo e superalocação, substituindo recursos atribuídos às tarefas.

- Reduzir o escopo do projeto, excluindo ou desativando tarefas.

Depois de iniciado o trabalho em um projeto, não é possível tratar a **variação** como uma ocorrência única; em vez disso, é necessário um esforço contínuo do gerente de projeto. A maneira como você deve responder à variação depende do tipo de variação e da natureza do projeto. Neste capítulo, vamos nos concentrar em alguns dos muitos problemas de variação que podem surgir em um projeto à medida que o trabalho progride. Vamos ajustar esses problemas em torno do **triângulo do projeto**, descrito em detalhes no Apêndice A, "Um breve curso em gerenciamento de projetos".

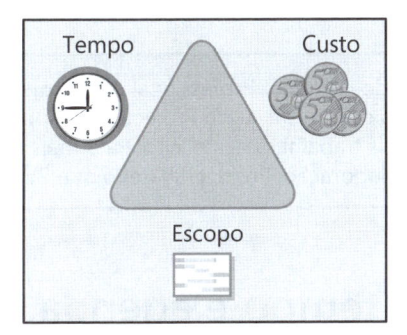

Resumindo, o modelo de triângulo do projeto ajusta um projeto em termos de **tempo** (ou duração), **custo** (ou orçamento) e **escopo** (o trabalho no projeto necessário para produzir um **resultado** satisfatório). Nesse modelo, tempo, custo e escopo estão interligados; portanto, a alteração de um elemento pode afetar os outros dois. Para fins de identificação, análise e tratamento dos problemas no gerenciamento de projetos, é útil enquadrar os problemas em uma dessas três categorias.

Em praticamente qualquer projeto, um desses fatores será mais importante do que os outros dois. O fator mais importante às vezes é chamado de *restrição de controle*, pois satisfazê-lo orienta suas ações como gerente de projeto. Por exemplo, para um projeto que deve ser concluído em uma data específica, você talvez precise assumir compromissos de custo e escopo para cumprir o prazo final. Trabalhar com o triângulo de projeto proporciona um bom método para analisar os compromissos que quase sempre precisam ser assumidos. Tão importante quanto isso, ele fornece uma maneira clara de explicar os prós e os contras dos compromissos para os **recursos**, **patrocinadores** e outros **interessados** no projeto.

As questões específicas que enfocaremos neste capítulo não são necessariamente as mais comuns que você encontrará em seus próprios projetos. Como cada projeto é único, não há como antecipar exatamente o que você vai encontrar. Entretanto, tentamos destacar as questões mais prementes na metade do projeto do novo livro infantil da Lucerne Publishing que estamos discutindo em todo este livro e aplicar soluções aos problemas comuns. Você já trabalhou com a maioria dos recursos usados neste capítulo, mas aqui seu objetivo é outro – colocar o projeto de volta nos trilhos. Neste capítulo, você vai aplicar diversas estratégias para tratar de problemas de tempo, custo e escopo ocorridos em um projeto.

**ARQUIVOS DE PRÁTICA** Para fazer os exercícios deste capítulo, você precisa do arquivo contido na pasta Capitulo16. Para mais informações, consulte "Como baixar os arquivos de prática", na Introdução deste livro.

> **IMPORTANTE** Se você estiver executando o Project Professional com Project Web App/Project Server, tome o cuidado de não salvar no Project Web App (PWA) os arquivos de prática com os quais trabalhará neste livro. Para mais informações, consulte o Apêndice C, "Colaboração: Project, SharePoint e PWA".

# Solução de problemas de tempo e agenda

Variações na agenda quase sempre aparecem em qualquer projeto prolongado. Manter o controle sobre a agenda exige que o gerente de projeto saiba quando a variação ocorreu e sua extensão e, então, adote uma ação corretiva oportuna

Capítulo 16 Como retomar o controle do projeto

para manter o rumo. Para ajudar a identificar quando a variação ocorreu, o plano do novo livro infantil inclui o seguinte:

- Uma data de prazo final aplicada a uma tarefa urgente.

- Uma linha de base do projeto em relação à qual é possível comparar o desempenho real.

A data de prazo final e a linha de base do projeto ajudarão a solucionar problemas de tempo e agenda no Project.

O cenário: na Lucerne Publishing, o plano do novo livro infantil encontrou variação de cronograma suficiente para exigir ações corretivas.

Neste exercício, você vai ajustar um prazo final não cumprido e reduzir as durações de algumas tarefas no *caminho crítico*.

➜ PREPARAÇÃO Para fazer este exercício, você precisa do arquivo Retomada Controle_Inicio localizado na pasta Capitulo16. Abra o arquivo e salve-o como Retomada Controle.

Para começar a solucionar os problemas de tempo e agenda, você vai ter uma visão de alto nível do grau de variação na agenda do plano até agora.

1 Na guia **Projeto**, no grupo **Propriedades**, clique em **Informações do Projeto**.

A caixa de diálogo Informações sobre o projeto é exibida.

2 Clique em **Estatísticas**.

| Estatísticas do projeto 'Retomada Controle_Inicio' | | | |
|---|---|---|---|
| | Início | | Término |
| Atual | Seg 06/04/15 | | Sex 11/12/15 |
| LinhaBase | Seg 06/04/15 | | Qui 26/11/15 |
| Real | Seg 06/04/15 | | ND |
| Variação | 0d | | 11,13d |
| | Duração | Trabalho | Custo |
| Atual | 180d | 2.588,5h | R$ 108.301,50 |
| LinhaBase | 168,88d | 2.317,5h | R$ 97.588,00 |
| Real | 87,54d | 1.375,5h | R$ 62.714,50 |
| Restante | 92,46d | 1.213h | R$ 45.587,00 |
| Porcentagem concluída: | | | |
| Duração: 49% | Trabalho: 53% | | Fechar |

Como você pode ver, o plano do novo livro tem variação de cronograma e de custo. A variação no cronograma aparece na interseção da coluna Término com a linha Variação. Observe também que, em termos de duração total, esse plano está 50% concluído.

3 Clique em **Fechar** para fechar a caixa de diálogo **Estatísticas do projeto**.

A caixa de diálogo Estatísticas do projeto inclui a data de término do projeto. Contudo, para monitorar a data de término à medida que você trabalha na agenda, preste atenção na data de Término da tarefa 0, a tarefa resumo do projeto.

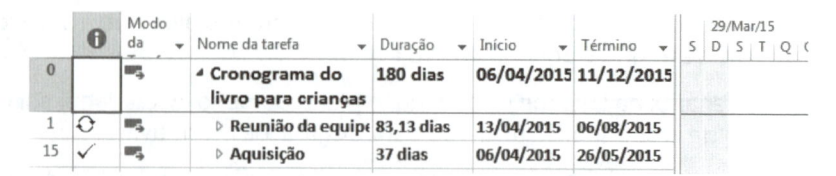

| | ❶ | Modo da | Nome da tarefa | Duração | Início | Término | 29/Mar/15 S D S T Q ( |
|---|---|---|---|---|---|---|---|
| 0 | | | **Cronograma do livro para crianças** | **180 dias** | **06/04/2015** | **11/12/2015** | |
| 1 | ⟳ | | ▷ Reunião da equipe | 83,13 dias | 13/04/2015 | 06/08/2015 | |
| 15 | ✓ | | ▷ Aquisição | 37 dias | 06/04/2015 | 26/05/2015 | |

Observe a data de término atual do projeto no campo Término da tarefa 0. Você sabe que essa data deve ser recuada para atender à data de impressão do livro. Antes de tratar da duração do projeto global, você vai examinar o prazo final não cumprido para a tarefa *Gerar provas*.

4 Na coluna **Nome da Tarefa**, selecione o nome da tarefa 45, *Gerar provas*.

5 Na guia **Tarefa**, no grupo **Edição**, clique em **Rolar até a Tarefa**.

**DICA** Para selecionar uma tarefa rapidamente, mesmo uma que não possa ser vista no modo de exibição atual, pressione Ctrl+Y e, no campo Identificação da caixa de diálogo Ir para, digite um número de tarefa e, em seguida, clique em OK.

6 Aponte para o indicador de prazo final não cumprido na coluna **Indicadores** da tarefa 45, *Gerar provas*.

Posicionar o cursor do mouse sobre o indicador de prazo não cumprido exibe uma Dica de Tela com os detalhes do prazo final.

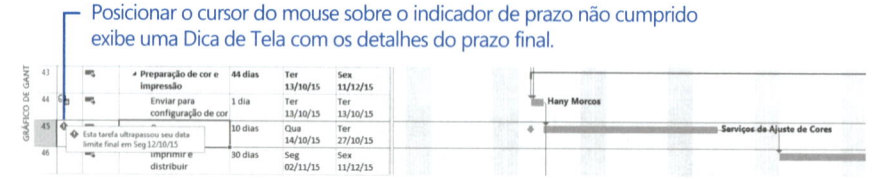

| | | | | | | | | |
|---|---|---|---|---|---|---|---|---|
| 43 | | | Preparação de cor e impressão | 44 dias | Ter 13/10/15 | Sex 11/12/15 | | |
| 44 | | | Enviar para configuração de cor | 1 dia | Ter 13/10/15 | Ter 13/10/15 | Hany Morcos | |
| 45 | ◆ | Esta tarefa ultrapassou seu data limite final em Seg 12/10/15 | | 10 dias | Qua 14/10/15 | Ter 27/10/15 | | Serviços de Ajuste de Cores |
| 46 | | | Imprimir e distribuir | 30 dias | Seg 02/11/15 | Sex 11/12/15 | | |

Ocorreram alterações suficientes na agenda para fazer com que a conclusão agendada para essa tarefa passasse de sua data de prazo final de 12 de outubro. Em seguida, você vai formatar o modo de exibição para visualizar melhor as tarefas do *caminho crítico* – isto é, as tarefas que estão controlando a data de término do plano.

7 Na guia **Exibição**, no grupo **Zoom**, na caixa de **Escala de Tempo**, clique em **Semanas**.

## Capítulo 16 Como retomar o controle do projeto

8 Na guia **Formato**, no grupo **Estilos de Barra**, clique em **Tarefas Críticas**.

Para as tarefas que estão no caminho crítico, o Project formata suas barras com a cor vermelha.

| | | Modo da | Nome da tarefa | Duração | Início | Término | |
|---|---|---|---|---|---|---|---|
| 34 | | | Inserir correções de página e índice | 5 dias | Ter 15/09/15 | Seg 21/09/15 | Jane Dow;Dan Jump[50%] |
| 35 | | | Design da capa | 5 dias | Ter 22/09/15 | Seg 28/09/15 | Luis Sousa |
| 36 | | | ▲ Revisão das segundas páginas | 10 dias | Ter 29/09/15 | Seg 12/10/15 | |
| 37 | i | | Provas e revisão | 5 dias | Ter 29/09/15 | Seg 05/10/15 | Hany Morcos |
| 38 | | | Enviar páginas de prova para a Produção | 0 dias | Seg 05/10/15 | Seg 05/10/15 | ◆ 05/10 |
| 39 | | | Revisão Final | 5 dias | Ter 06/10/15 | Seg 12/10/1! | Jane Dow;Hany Mc |
| 40 | | | ▲ Design do site de acompanhamento do livro | 5 dias | Ter 29/09/15 | Seg 05/10/15 | |
| 41 | i | | Criar modelo | 3 dias | Ter 29/09/15 | Qui 01/10/15 | Luis Sousa;Hany Morcos |
| 42 | | | Revisão com o autor | 2 dias | Sex 02/10/15 | Seg 05/10/15 | Luis Sousa;Tad Orman;Vi |
| 43 | | | ▲ Preparação de cor e impressão | 44 dias | Ter 13/10/15 | Sex 11/12/15 | |
| 44 | | | Enviar para configuração de cor | 1 dia | Ter 13/10/15 | Ter 13/10/15 | Hany Morcos |
| 45 | ◆ | | Gerar provas | 10 dias | Qua 14/10/15 | Ter 27/10/15 | Serviç |
| 46 | | | Imprimir e distribuir | 30 dias | Seg | Sex | |

Com o modo de exibição mostrado dessa maneira, é possível ver que a tarefa 45 e muitas de suas predecessoras estão no caminho crítico.

Para continuar a tratar do prazo final não cumprido na tarefa 45, você vai se concentrar na sua sucessora controlada e nas tarefas predecessoras de controle, usando o recurso Caminho da Tarefa.

9 Com a tarefa 45 ainda selecionada, na guia **Formato**, no grupo **Estilos de Barra**, clique em **Caminho da Tarefa** e, em seguida, em **Predecessoras de Controle**.

10 Na guia **Formato**, no grupo **Estilos de Barra**, clique em **Caminho da Tarefa** e, em seguida, em **Sucessoras Controladas**.

O Project aplica um formato laranja escuro nas barras das tarefas que atualmente estão controlando a agenda da tarefa 45. Você vai se concentrar nessas tarefas para recuar a data de término agendada da tarefa 45.

11 Na coluna **Nome da Tarefa**, selecione o nome da tarefa 31, *Provas e índice*.

12 Na guia **Tarefa**, no grupo **Edição**, clique em **Rolar até a Tarefa**.

A barra de Gantt da tarefa 31 é exibida.

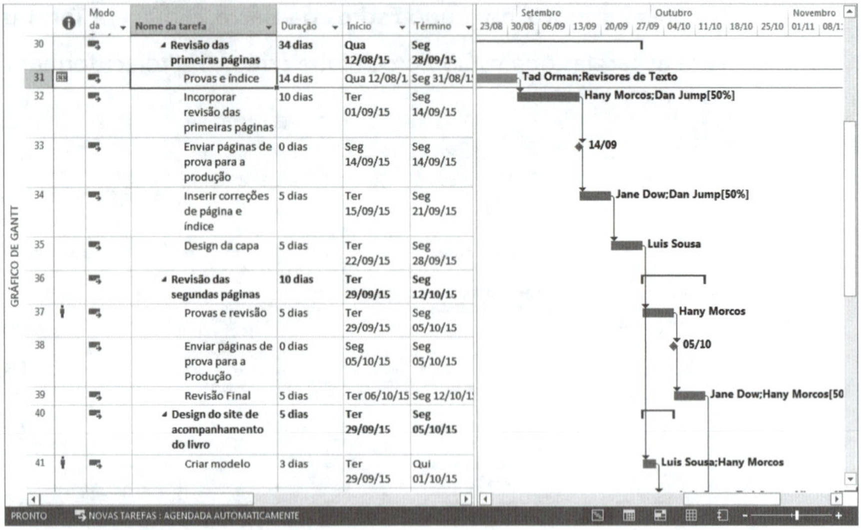


Essa é a primeira tarefa da série de predecessoras de controle da tarefa 45. As tarefas anteriores foram concluídas e não afetam mais o agendamento das tarefas incompletas restantes.

O autor do novo livro infantil, Tad Orman, e uma revisora estão atribuídos à tarefa. Após consultar os recursos atribuídos, vocês concordaram que a tarefa 31 pode ser concluída em um tempo um pouco menor: 12 dias.

13 No campo **Duração** da tarefa 31, digite **12d** e, em seguida, pressione a tecla Enter.

O Project reduz a duração da tarefa e reagenda as sucessoras afetadas, incluindo a tarefa 45 e a data de término do projeto.

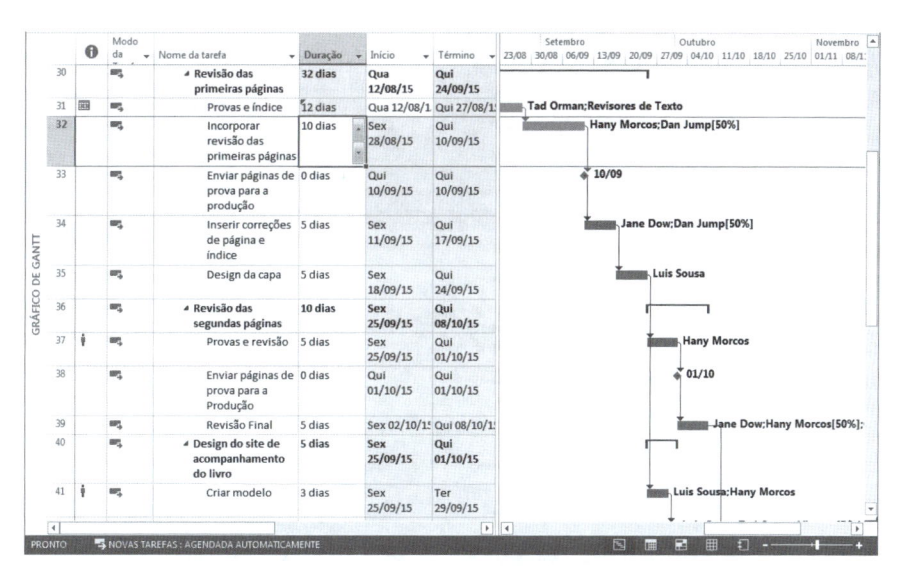

## Capítulo 16 Como retomar o controle do projeto 343

| | | Modo da | Nome da tarefa | Duração | Início | Término |
|---|---|---|---|---|---|---|
| 30 | | | ⊿ Revisão das primeiras páginas | 32 dias | Qua 12/08/15 | Qui 24/09/15 |
| 31 | | | Provas e índice | 12 dias | Qua 12/08/1 | Qui 27/08/1 |
| 32 | | | Incorporar revisão das primeiras páginas | 10 dias | Sex 28/08/15 | Qui 10/09/15 |
| 33 | | | Enviar páginas de prova para a produção | 0 dias | Qui 10/09/15 | Qui 10/09/15 |
| 34 | | | Inserir correções de página e índice | 5 dias | Sex 11/09/15 | Qui 17/09/15 |
| 35 | | | Design da capa | 5 dias | Sex 18/09/15 | Qui 24/09/15 |
| 36 | | | ⊿ Revisão das segundas páginas | 10 dias | Sex 25/09/15 | Qui 08/10/15 |
| 37 | | | Provas e revisão | 5 dias | Sex 25/09/15 | Qui 01/10/15 |
| 38 | | | Enviar páginas de prova para a Produção | 0 dias | Qui 01/10/15 | Qui 01/10/15 |
| 39 | | | Revisão Final | 5 dias | Sex 02/10/1! | Qui 08/10/1! |
| 40 | | | ⊿ Design do site de acompanhamento do livro | 5 dias | Sex 25/09/15 | Qui 01/10/15 |
| 41 | | | Criar modelo | 3 dias | Sex 25/09/15 | Ter 29/09/15 |

Contudo, esse ajuste não é suficiente para corrigir o prazo final não cumprido da tarefa 45.

A tarefa 32 agora deve estar selecionada. Para ela, você e os recursos atribuídos concordam que adicionar outro recurso deve reduzir sua duração.

14 Certifique-se de que a tarefa 32 está selecionada e, na guia **Recurso**, no grupo **Atribuições,** clique em **Atribuir Recursos**.

A caixa de diálogo Atribuir recursos é exibida, com os nomes dos recursos atualmente atribuídos à tarefa 32 na parte superior da coluna Nome do recurso.

15 Na caixa de diálogo **Atribuir recursos**, na coluna **Nome do recurso**, clique em Jane Dow e, em seguida, em **Atribuir**.

Após atribuir o recurso adicional, você precisa dizer ao Project como deve ajustar o agendamento da tarefa.

16 Clique no indicador de **Ações** no campo **Nome da Tarefa** da tarefa 32 (o pequeno triângulo no canto superior esquerdo do campo) e, em seguida, clique no botão **Ações** que aparece.

A lista Ações é exibida.

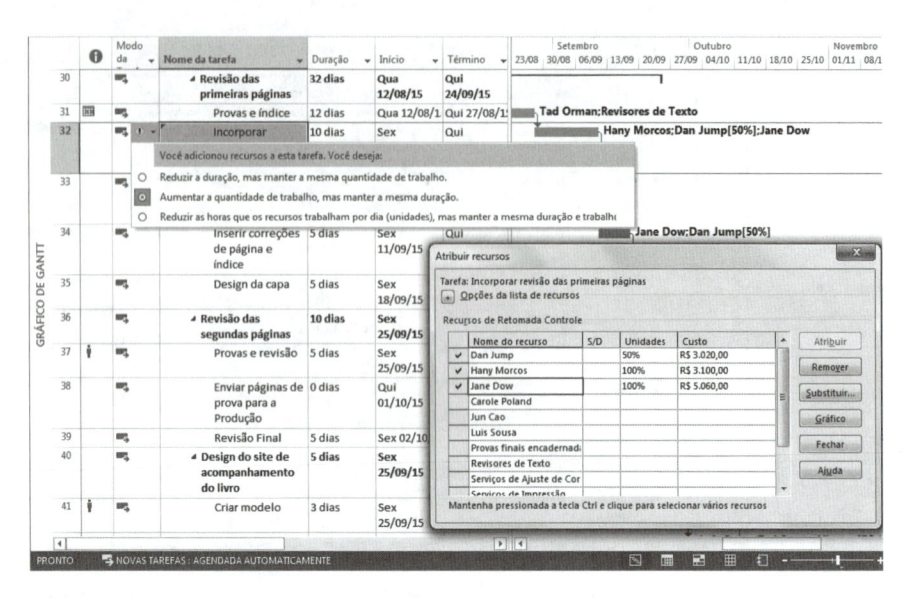

17 Clique em **Reduzir a duração, mas manter a mesma quantidade de trabalho**.

O Project reduz a duração da tarefa 32 de 10 para 6 dias. Devido à opção Ações escolhida, o Project manteve a mesma quantidade de trabalho na tarefa, mas agora ele está distribuído entre os três recursos atribuídos, em vez de dois.

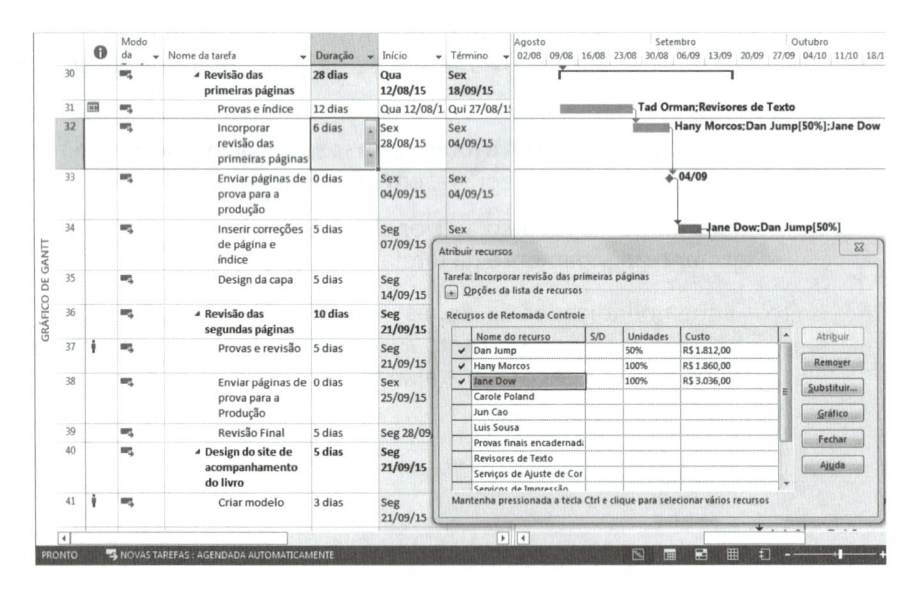

# Capítulo 16 Como retomar o controle do projeto

18 Clique em **Fechar** na caixa de diálogo **Atribuir recursos**.

Verificando o indicador de prazo final e a barra de Gantt da tarefa 45, percebe-se que essas ações moveram a data de conclusão dessa tarefa para mais perto de seu prazo final, mas que ainda não chegou lá.

Examinando as tarefas restantes que são predecessoras da tarefa 45, nota-se que as tarefas 34 e 35 têm uma relação término-a-início e diferentes recursos atribuídos. Após consultar os recursos atribuídos, você decide que essas tarefas podem ser realizadas em paralelo. Em seguida, você vai alterar o tipo de relação.

19 Role a parte da tabela do modo de exibição **Gráfico de Gantt** para a direita a fim de mostrar a coluna **Predecessoras**.

20 No campo **Predecessoras** da tarefa 35, digite **34II** e, em seguida, pressione Enter.

O Project altera o tipo de relação da tarefa para início-a-início.

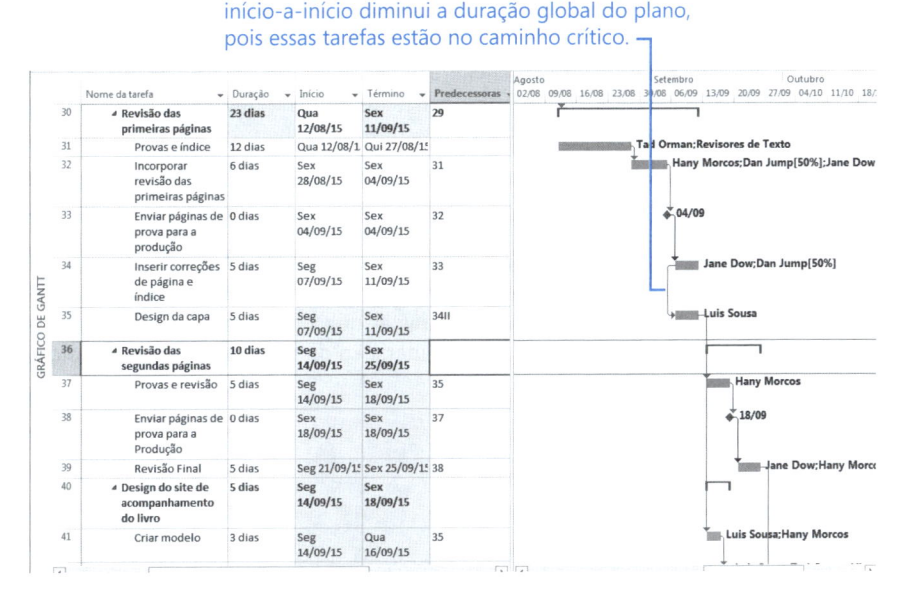

Alterar a relação entre essas tarefas para início-a-início diminui a duração global do plano, pois essas tarefas estão no caminho crítico.

Agora que essas duas tarefas têm uma relação início-a-início, a data de início da tarefa sucessora é recuada em cinco dias. Verificando o indicador de prazo final na tarefa 45, você percebe que o indicador de prazo final não cumprido desapareceu; você recuou a data de término da tarefa 45 o suficiente (pelo menos por enquanto). A data de término do projeto foi ajustada de modo correspondente, devido a essas alterações de agenda feitas nas tarefas do caminho crítico.

Esse é um prazo final importante na tarefa 45, de modo que você pretende monitorar de perto o andamento das suas tarefas predecessoras à medida que o trabalho progredir.

21 Na guia **Formato**, no grupo **Estilos de Barra**, clique em **Caminho da Tarefa** e, em seguida, em **Remover Realce**.

## Redução da duração das tarefas com horas extras

Uma maneira de reduzir a duração de uma tarefa é adicionar horas extras ao recurso atribuído. Uma desvantagem pode ser os custos adicionais, especialmente se o recurso receber remuneração por horas extras. Para adicionar hora extra a uma atribuição, siga estes passos.

1 Na guia **Tarefa**, no grupo **Propriedades**, clique em **Exibir Detalhes da Tarefa**.

O Formulário Detalhes da Tarefa aparece abaixo do modo de exibição Gráfico de Gantt.

2 Clique em qualquer lugar no **Formulário Detalhes da Tarefa** e, em seguida, na guia **Formato**, no grupo **Detalhes**, clique em **Trabalho**.

3 Para a tarefa à qual você deseja adicionar horas extras, no **Formulário Detalhes da Tarefa**, digite o número de horas extras de trabalho desejadas na coluna **Trab. h. extra** e, em seguida, clique em **OK**.

Quando você adiciona horas extras de trabalho, o trabalho total do recurso na tarefa permanece o mesmo. Contudo, após a inserção de um valor de horas adicionais de trabalho, esse número de horas será agendado como horas extras. A mesma quantidade de trabalho será executada, mas em um espaço de tempo menor. O Project também aplicará taxas de custo de horas extras, caso tenham sido configuradas, na parte das horas extras da atribuição. Se você pretende atribuir horas extras às quais deva ser aplicada uma remuneração específica, certifique-se de ter uma remuneração de hora extra válida definida para o recurso atribuído.

# Solução de problemas de custos e recursos

Nos projetos em que foram inseridas informações de custos para os recursos, talvez você verifique que precisa ajustar os detalhes dos recursos e das atribuições para tratar de problemas de custo ou orçamento. Embora essa possa não ser sua intenção, a alteração dos detalhes das atribuições de recursos não afeta apenas os custos; pode afetar também as durações das tarefas.

O cenário: na Lucerne Publishing, além da variação no cronograma, o plano do novo livro infantil tem alguma variação de custo. Conforme agendado atualmente, o plano acabará custando cerca de R$11.000,00 a mais do que o planejado, ou quase 11% acima do orçamento. No Capítulo 15, "Como visualizar e informar o status do projeto", vimos que a variação de custo do plano do novo livro é o resultado de algumas durações de tarefas maiores do que o esperado e que o trabalho adicional aumentou os custos dos recursos atribuídos. Para resolver a variação de custo nesse projeto, você vai se concentrar nos custos dos recursos. Enquanto examina os problemas de custo dos recursos, você também vai procurar oportunidades para solucionar quaisquer problemas de superalocação de recursos que tenham ocorrido no plano.

Neste exercício, você vai examinar os valores de custo dos recursos e substituir um recurso atribuído a uma tarefa por outro recurso.

1. Na guia **Exibição**, no grupo **Visãos de Recurso**, clique em **Planilha de Recursos**.

   Você vai usar o modo de exibição Planilha de Recursos para identificar os recursos mais dispendiosos das tarefas restantes – mais dispendiosos não na remuneração por hora, mas sim na despesa total desse plano, com base em suas atribuições.

2. Na guia **Exibição**, no grupo **Dados**, clique em **Tabelas** e, em seguida, em **Custo**.

   A tabela Custo é exibida no modo de exibição Planilha de Recursos.

Parte 3 Técnicas avançadas de agendamento

| # | Nome do recurso | Custo | Custo da linha de | Variação | Custo real | Restante |
|---|---|---|---|---|---|---|
| 1 | Carole Poland | R$ 11.182,50 | R$ 11.182,50 | R$ 0,00 | R$ 8.767,50 | R$ 2.415,00 |
| 2 | Serviços de Ajuste de Cores | R$ 0,00 | R$ 0,00 | R$ 0,00 | R$ 0,00 | R$ 0,00 |
| 3 | Revisores de Texto | R$ 17.838,00 | R$ 13.500,00 | R$ 4.338,00 | R$ 13.518,00 | R$ 4.320,00 |
| 4 | Dan Jump | R$ 7.512,25 | R$ 8.644,75 | -R$ 1.132,50 | R$ 3.359,75 | R$ 4.152,50 |
| 5 | Hany Morcos | R$ 22.746,25 | R$ 22.066,25 | R$ 680,00 | R$ 11.818,75 | R$ 10.927,50 |
| 6 | Jane Dow | R$ 21.884,50 | R$ 18.848,50 | R$ 3.036,00 | R$ 12.776,50 | R$ 9.108,00 |
| 7 | Jun Cao | R$ 286,00 | R$ 546,00 | -R$ 260,00 | R$ 154,00 | R$ 132,00 |
| 8 | Luis Sousa | R$ 17.920,50 | R$ 14.000,00 | R$ 3.920,00 | R$ 12.320,00 | R$ 5.600,00 |
| 9 | Serviços de Impressão | R$ 0,00 | R$ 0,00 | R$ 0,00 | R$ 0,00 | R$ 0,00 |
| 10 | Tad Orman | R$ 0,00 | R$ 0,00 | R$ 0,00 | R$ 0,00 | R$ 0,00 |
| 11 | Viagem | R$ 3.500,00 | R$ 3.500,00 | R$ 0,00 | R$ 0,00 | R$ 3.500,00 |
| 12 | Provas finais encadernadas | R$ 300,00 | R$ 300,00 | R$ 0,00 | R$ 0,00 | R$ 300,00 |

Neste ponto, cerca de metade da duração do projeto já transcorreu; portanto, os recursos mais dispendiosos no total podem não ser os mais caros para o trabalho ainda não concluído. Para identificar os recursos mais dispendiosos para o trabalho restante, você vai classificar a tabela.

3 Clique na seta de **AutoFiltro** no cabeçalho da coluna **Restante** e, no menu que aparece, clique em **Classificar do Maior para Menor**.

| # | Nome do recurso | Custo | Custo da linha de | Variação | Custo real | Restante |
|---|---|---|---|---|---|---|
| 5 | Hany Morcos | R$ 22.746,25 | R$ 22.066,25 | R$ 680,00 | R$ 11.818,75 | R$ 10.927,50 |
| 6 | Jane Dow | R$ 21.884,50 | R$ 18.848,50 | R$ 3.036,00 | R$ 12.776,50 | R$ 9.108,00 |
| 8 | Luis Sousa | R$ 17.920,00 | R$ 14.000,00 | R$ 3.920,00 | R$ 12.320,00 | R$ 5.600,00 |
| 3 | Revisores de Texto | R$ 17.838,00 | R$ 13.500,00 | R$ 4.338,00 | R$ 13.518,00 | R$ 4.320,00 |
| 4 | Dan Jump | R$ 7.512,25 | R$ 8.644,75 | -R$ 1.132,50 | R$ 3.359,75 | R$ 4.152,50 |
| 11 | Viagem | R$ 3.500,00 | R$ 3.500,00 | R$ 0,00 | R$ 0,00 | R$ 3.500,00 |
| 1 | Carole Poland | R$ 11.182,50 | R$ 11.182,50 | R$ 0,00 | R$ 8.767,50 | R$ 2.415,00 |
| 12 | Provas finais encadernadas | R$ 300,00 | R$ 300,00 | R$ 0,00 | R$ 0,00 | R$ 300,00 |
| 7 | Jun Cao | R$ 286,00 | R$ 546,00 | -R$ 260,00 | R$ 154,00 | R$ 132,00 |
| 2 | Serviços de Ajuste de Cores | R$ 0,00 | R$ 0,00 | R$ 0,00 | R$ 0,00 | R$ 0,00 |
| 9 | Serviços de Impressão | R$ 0,00 | R$ 0,00 | R$ 0,00 | R$ 0,00 | R$ 0,00 |
| 10 | Tad Orman | R$ 0,00 | R$ 0,00 | R$ 0,00 | R$ 0,00 | R$ 0,00 |

Pode-se ver que Hany Morcos e Jane Dow têm os maiores valores de custo restante nesse ponto da duração do plano. Gerenciar os custos desses dois recursos é uma maneira de ajudar a limitar a variação de custo adicional. Observe também que o nome de Hany está formatado em vermelho, indicando que ela está superalocada.

4 Na guia **Exibição**, no grupo **Modos de Exibição de Tarefa**, clique em **Gráfico de Gantt**.

O Project apresenta o modo de exibição Gráfico de Gantt. Em seguida, você vai ver as tarefas às quais Hany e Jane estão atribuídas.

5 Se necessário, arraste a barra divisora vertical para a direita a fim de mostrar a coluna **Nomes dos recursos** e, em seguida, clique na seta de **AutoFiltro** no cabeçalho dessa coluna.

6 No menu, clique em **(Selecionar Tudo)** para desmarcar todos os nomes dos recursos e selecione *Hany Morcos* e *Jane Dow*.

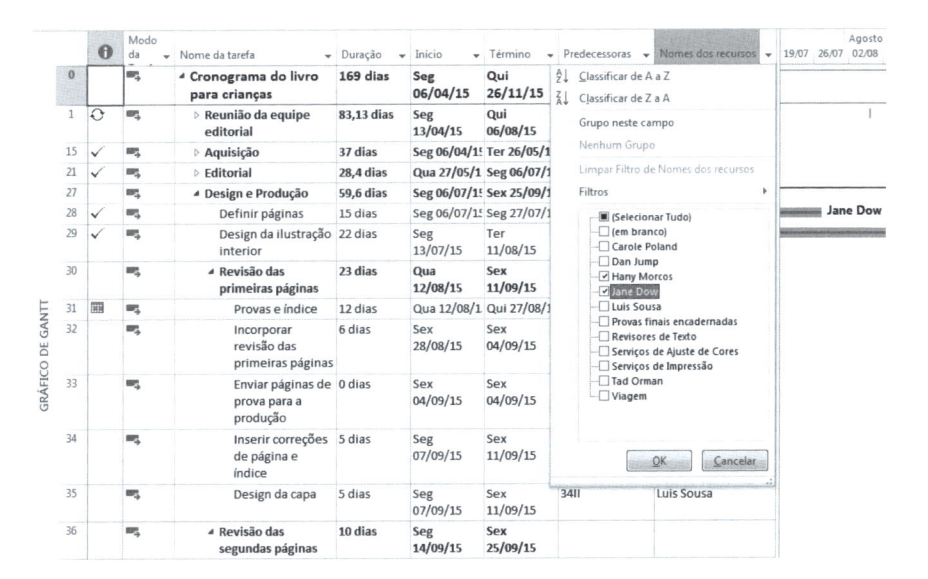

7 Clique em **OK**.

O Project filtra a lista de tarefas para exibir somente aquelas às quais Hany ou Jane estão atribuídas.

8 Role o modo de exibição Gráfico de Gantt para baixo a fim de exibir as tarefas posteriores.

## Parte 3 Técnicas avançadas de agendamento

| | Modo da | Nome da tarefa | Duração | Início | Término | Predecessoras | Nomes dos recursos |
|---|---|---|---|---|---|---|---|
| 36 | | ▲ Revisão das seg | 10 dias | 14/09/2015 | 25/09/2015 | | |
| 37 | ⓘ | Provas e revi | 5 dias | 14/09/2015 | 18/09/2015 | 35 | Hany Morcos |
| 38 | | Enviar página | 0 dias | 18/09 | 18/09/2015 | 37 | Hany Morcos |
| 39 | | Revisão Final | 5 dias | 21/09/2015 | 25/09/2015 | 38 | Jane Dow;Hany Morc |
| 40 | | ▲ Design do site d | 5 dias | 14/09/2015 | 18/09/2015 | | |
| 41 | ⓘ | Criar modelo | 3 dias | 14/09/2015 | 16/09/2015 | 35 | Luis Sousa;Hany Morc |
| 43 | | ▲ Preparação de cor | 44 dias | 28/09/2015 | 26/11/2015 | | |
| 44 | | Enviar para conf | 1 dia | 28/09/2015 | 28/09/2015 | 39;42 | Hany Morcos |

Examinando as tarefas não concluídas, você pode identificar a superalocação de Hany Morcos: ela está atribuída às tarefas 37 e 41, que se sobrepõem. É por isso que os indicadores vermelhos de *recurso superalocado* aparecem na coluna Indicadores dessas tarefas.

Você poderia corrigir a alocação global de Hany por meio do nivelamento de recursos, mas isso provavelmente prolongaria a data de término do projeto e não ajudaria a reduzir o custo global do projeto. Em vez disso, você vai substituir Hany por um recurso menos dispendioso em uma de suas atribuições.

9 Clique na seta de **AutoFiltro** (em forma de funil, pois o filtro está aplicado) no cabeçalho da coluna **Nomes de recursos** e, no menu que aparece, clique em **Limpar Filtro de Nomes dos recursos**.

O Project não filtra mais a lista de tarefas, ele mostra todas as tarefas.

10 Na coluna **Nome da Tarefa**, clique no nome da tarefa 37, *Provas e revisão*.

Essa é uma tarefa que um editor menos experiente (e mais barato) deve ser capaz de realizar; portanto, você vai substituir Hany.

11 Na guia **Recurso**, no grupo **Atribuições**, clique em **Atribuir Recursos**.

A caixa de diálogo Atribuir recursos é exibida. Observe o custo da atribuição de Hany para a tarefa 37: R$1.550,00.

12 Na caixa de diálogo **Atribuir recursos**, na coluna **Nome do recurso**, clique em *Hany Morcos* e, em seguida, em **Substituir**.

A caixa de diálogo Substituir recurso é exibida. Nessa caixa de diálogo, você vê o custo total por recurso, com base nas suas taxas de custo e atribuições para tarefas no plano.

| Substituir recurso | | | |
|---|---|---|---|
| Substituir: Hany Morcos | | | OK |
| Por: | | | Cancelar |
| Nome do recurso | Unidades | Custo | |
| Hany Morcos | | R$ 22.746,25 | |
| Carole Poland | | R$ 11.182,50 | |
| Dan Jump | | R$ 7.512,25 | |
| Jane Dow | | R$ 21.884,50 | |
| Jun Cao | | R$ 286,00 | |
| Luis Sousa | | R$ 17.920,00 | |
| Provas finais encadernada | | R$ 300,00 | |

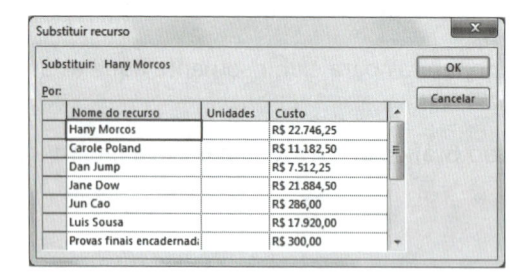

13 Na coluna **Nome do recurso** da caixa de diálogo **Substituir recurso**, clique em *Jun Cao* e, em seguida, em **OK**.

O Project substitui Hany por Jun nessa atribuição.

O custo mais baixo de Jun na atribuição, R$880,00, aparece na caixa de diálogo Atribuir recursos. Observe também que os indicadores vermelhos de *recurso superalocado* não estão mais na coluna Indicadores; você solucionou a superalocação global de Hany. Por fim, observe também que a data de término da tarefa 37 foi antecipada em um dia. Isso se deve ao calendário de trabalho "quatro por dez" de Jun que você definiu no Capítulo 5, "Configuração dos recursos".

14 Na caixa de diálogo **Atribuir recursos**, clique em **Fechar**.

# Solução de problemas de escopo do trabalho

O escopo de um projeto inclui todo o trabalho necessário – e apenas o trabalho necessário – para entregar com êxito o produto do projeto ao seu cliente final. Depois que o trabalho do projeto começa, o gerenciamento do seu escopo normalmente requer que você faça trocas compensatórias: tempo, por dinheiro, qualidade por tempo, e assim por diante. Talvez você tenha como objetivo nunca fazer essas trocas, mas um objetivo mais real seria fazê-las da forma mais bem informada possível.

O cenário: na Lucerne Publishing, você acabou de ser consultado pela direção (isto é, pelos patrocinadores do projeto). Foi solicitado um corte de quase R$5.000,00 nas tarefas restantes no plano do novo livro. A data de término do plano está ótima, mas o custo real superou um pouco o orçamento. Você precisa reduzir trabalho para reduzir os custos restantes.

Neste exercício, você vai ver os custos restantes das tarefas e remover algumas delas do plano.

1 Na guia **Exibição**, no grupo **Dados**, clique em **Tabelas** e, em seguida, em **Custo**.

Aqui, você vai se concentrar nas tarefas que ainda não foram concluídas; portanto, vai filtrar a lista de tarefas.

2 Na guia **Exibição**, no grupo **Dados**, clique na seta da caixa **Filtro** e, em seguida, em **Tarefas não concluídas**.

O Project filtra a lista de tarefas para mostrar somente as tarefas que ainda não estão concluídas, mais as suas tarefas resumo.

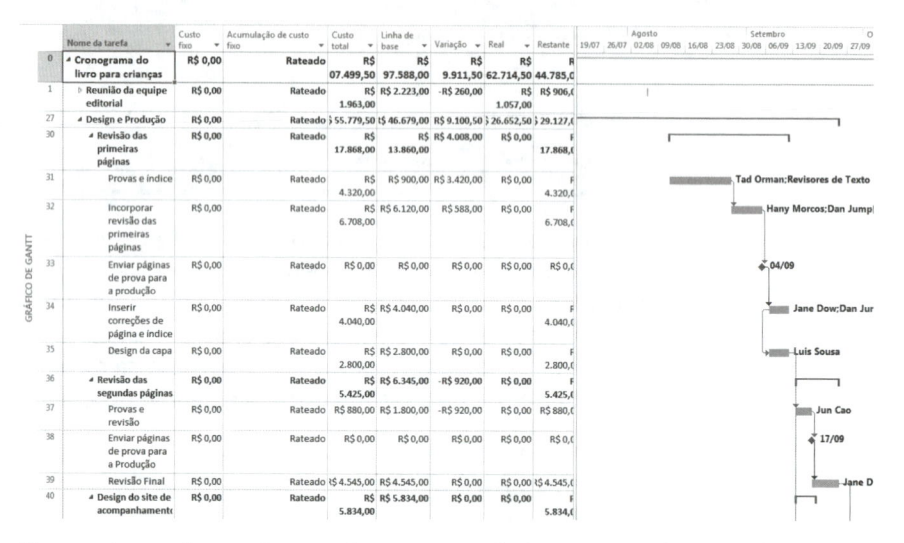

| | Nome da tarefa | Custo fixo | Acumulação de custo | Custo total | Linha de base | Variação | Real | Restante |
|---|---|---|---|---|---|---|---|---|
| 0 | ⊿ Cronograma do livro para crianças | R$ 0,00 | Rateado | R$ 07.499,50 | R$ 97.588,00 | R$ 9.911,50 | R$ 62.714,50 | R$ 44.785,0 |
| 1 | ▷ Reunião da equipe editorial | R$ 0,00 | Rateado | R$ 1.963,00 | R$ 2.223,00 | -R$ 260,00 | R$ 1.057,00 | R$ 906,0 |
| 27 | ⊿ Design e Produção | R$ 0,00 | Rateado | $ 55.779,50 | t$ 46.679,00 | R$ 9.100,50 | $ 26.652,50 | $ 29.127,0 |
| 30 | ⊿ Revisão das primeiras páginas | R$ 0,00 | Rateado | R$ 17.868,00 | R$ 13.860,00 | R$ 4.008,00 | R$ 0,00 | R$ 17.868,0 |
| 31 | Provas e índice | R$ 0,00 | Rateado | R$ 4.320,00 | R$ 900,00 | R$ 3.420,00 | R$ 0,00 | R$ 4.320,0 |
| 32 | Incorporar revisão das primeiras páginas | R$ 0,00 | Rateado | R$ 6.708,00 | R$ 6.120,00 | R$ 588,00 | R$ 0,00 | R$ 6.708,0 |
| 33 | Enviar páginas de prova para a produção | R$ 0,00 | Rateado | R$ 0,00 | R$ 0,00 | R$ 0,00 | R$ 0,00 | R$ 0,0 |
| 34 | Inserir correções de página e índice | R$ 0,00 | Rateado | R$ 4.040,00 | R$ 4.040,00 | R$ 0,00 | R$ 0,00 | R$ 4.040,0 |
| 35 | Design da capa | R$ 0,00 | Rateado | R$ 2.800,00 | R$ 2.800,00 | R$ 0,00 | R$ 0,00 | R$ 2.800,0 |
| 36 | ⊿ Revisão das segundas páginas | R$ 0,00 | Rateado | R$ 5.425,00 | R$ 6.345,00 | -R$ 920,00 | R$ 0,00 | R$ 5.425,0 |
| 37 | Provas e revisão | R$ 0,00 | Rateado | R$ 880,00 | R$ 1.800,00 | -R$ 920,00 | R$ 0,00 | R$ 880,0 |
| 38 | Enviar páginas de prova para a Produção | R$ 0,00 | Rateado | R$ 0,00 | R$ 0,00 | R$ 0,00 | R$ 0,00 | R$ 0,0 |
| 39 | Revisão Final | R$ 0,00 | Rateado | t$ 4.545,00 | R$ 4.545,00 | R$ 0,00 | R$ 0,00 | t$ 4.545,0 |
| 40 | ⊿ Design do site de acompanhament | R$ 0,00 | Rateado | R$ 5.834,00 | R$ 5.834,00 | R$ 0,00 | R$ 0,00 | R$ 5.834,0 |

Um conjunto de tarefas no plano que poderia ser cortado sem afetar o resultado no plano do novo livro é a tarefa 40 e suas subtarefas, *Design do site de acompanhamento do livro*. O custo restante desse trabalho é maior do que R$5.000,00, valor cujo corte no plano foi solicitado. Após consultar os patrocinadores do projeto, todos concordaram que esse parece ser um bom conjunto de tarefas para remover do plano.

3 Selecione o nome da tarefa 40, a tarefa resumo *Design do site de acompanhamento do livro*.

4 Escolha uma das opções:

- Se você estiver executando o Project Professional, continue no passo 5.
- Se você estiver executando o Project Standard, pule para o passo 6.

**DICA** Você não sabe qual é a edição do seu Project? Aqui está uma maneira fácil de descobrir. Na barra de título do aplicativo Project aparece "Project Professional" ou "Project Standard". Também é possível ver a edição identificada na tela Conta do modo de exibição Backstage. (Para verificar isso, clique em Arquivo, depois, em Conta e, em seguida, procure o nome de sua edição no lado direito do painel Conta.)

Capítulo 16  Como retomar o controle do projeto **353**

5 Na guia **Tarefa**, no grupo **Cronograma**, clique em **Ativar/Desativar Tarefas Selecionadas**.

O Project desativa a tarefa resumo e suas subtarefas.

No Project Professional, as tarefas desativadas aparecem assim.

> **IMPORTANTE** Se precisar de um lembrete sobre tarefas inativas no Project Professional, consulte o Capítulo 12, "Ajuste do plano de projeto".

Essas tarefas desativadas permanecerão no plano, mas agora não têm qualquer impacto no custo ou no agendamento. Observe que o valor de custo Restante da tarefa 0, a *tarefa resumo do projeto*, e da tarefa 27, a tarefa resumo *Design e Produção*, são reduzidos de forma correspondente.

> **NOTA** Os usuários do Project Professional devem pular para o final deste procedimento. Os usuários do Project Standard seguem do passo 4 diretamente para o 6.

6 Com o nome da tarefa 40 selecionado, clique com o botão direito do mouse e, no menu de atalho, clique em **Excluir Tarefa**.

Uma mensagem do Assistente de planejamento pode aparecer, solicitando que você confirme a exclusão dessa tarefa resumo e de suas subtarefas. Se isso acontecer, certifique-se de que **Continuar** esteja selecionado e, em seguida, clique em **OK**.

O Project exclui a tarefa resumo e suas subtarefas e renumera as tarefas restantes.

*Após a exclusão de tarefas, as tarefas subsequentes são renumeradas.*

| | Nome da tarefa | Custo fixo | Acumulação de custo fixo | Custo total | Linha de base | Variação | Real | Restante | |
|---|---|---|---|---|---|---|---|---|---|
| 30 | ▲ Revisão das primeiras páginas | R$ 0,00 | Rateado | R$ 17.868,00 | R$ 13.860,00 | R$ 4.008,00 | R$ 0,00 | R$ 17.868,0 | |
| 31 | Provas e índice | R$ 0,00 | Rateado | R$ 4.320,00 | R$ 900,00 | R$ 3.420,00 | R$ 0,00 | R$ 4.320,0 | Tad Orman;Revisores de Texto |
| 32 | Incorporar revisão das primeiras páginas | R$ 0,00 | Rateado | R$ 6.708,00 | R$ 6.120,00 | R$ 588,00 | R$ 0,00 | R$ 6.708,0 | Hany Morcos;Dan Jump[] |
| 33 | Enviar páginas de prova para a produção | R$ 0,00 | Rateado | R$ 0,00 | R$ 0,00 | R$ 0,00 | R$ 0,00 | R$ 0,0 | 04/09 |
| 34 | Inserir correções de página e índice | R$ 0,00 | Rateado | R$ 4.040,00 | R$ 4.040,00 | R$ 0,00 | R$ 0,00 | R$ 4.040,0 | Jane Dow;Dan Jum |
| 35 | Design da capa | R$ 0,00 | Rateado | R$ 2.800,00 | R$ 2.800,00 | R$ 0,00 | R$ 0,00 | R$ 2.800,0 | Luis Sousa |
| 36 | ▲ Revisão das segundas páginas | R$ 0,00 | Rateado | R$ 5.425,00 | R$ 6.345,00 | -R$ 920,00 | R$ 0,00 | R$ 5.425,0 | |
| 37 | Provas e revisão | R$ 0,00 | Rateado | R$ 880,00 | R$ 1.800,00 | -R$ 920,00 | R$ 0,00 | R$ 880,0 | Jun Cao |
| 38 | Enviar páginas de prova para a Produção | R$ 0,00 | Rateado | R$ 0,00 | R$ 0,00 | R$ 0,00 | R$ 0,00 | R$ 0,0 | 17/09 |
| 39 | Revisão Final | R$ 0,00 | Rateado | R$ 4.545,00 | R$ 4.545,00 | R$ 0,00 | R$ 0,00 | R$ 4.545,0 | Jane Do |
| 40 | ▲ Preparação de cor e impressão | R$ 0,00 | Rateado | R$ 5.310,00 | R$ 5.310,00 | R$ 0,00 | R$ 0,00 | R$ 5.310,0 | |
| 41 | Enviar para configuração de cor | R$ 0,00 | Rateado | R$ 310,00 | R$ 310,00 | R$ 0,00 | R$ 0,00 | R$ 310,0 | Han |
| 42 | Gerar provas | R$ 5.000,00 | Fim | R$ 5.000,00 | R$ 5.000,00 | R$ 0,00 | R$ 0,00 | R$ 5.000,0 | |

Observe que o valor de custo Restante da tarefa 0, a *tarefa resumo do projeto*, e da tarefa 27, a tarefa resumo *Design e Produção*, são reduzidos de forma correspondente.

Você se reúne com os patrocinadores do projeto, que estão contentes porque será possível terminar o projeto do novo livro com um custo menor. Embora completar o trabalho restante dentro de um determinado tempo e custo seja um desafio, você está otimista sobre o desempenho futuro do projeto, graças às suas habilidades de gerente de projeto e o seu conhecimento do Project.

> ❌ **ENCERRAMENTO** Feche o arquivo Retomada Controle.

# Pontos-chave

- Ao tratar da variação em um plano, é útil avaliar seu plano (e variação) em termos de tempo, custo e escopo: os três lados do triângulo do projeto.

- Ao tratar de problemas de agenda, concentre suas soluções em tarefas do caminho crítico; elas controlam a data de término do projeto.

- Ao tratar de problemas de custo ou escopo, concentre-se nos recursos dispendiosos – especialmente em suas atribuições mais longas.

# Parte 4

# Tópicos avançados e especiais

17 Formatação e impressão avançadas 357

18 Formatação de relatórios avançada 383

19 Como personalizar o Project 411

20 Compartilhamento de informações com
outros programas 437

21 Consolidação de projetos e recursos 461

# Visão geral do capítulo

## Definir
Adicione mais detalhes a um modo de exibição Gráfico de Gantt, página 358.

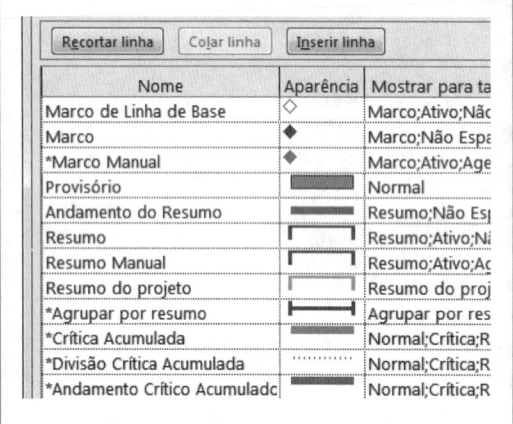

## Personalizar
Personalize texto e barras de tarefas em um modo de exibição Linha do Tempo, página 364.

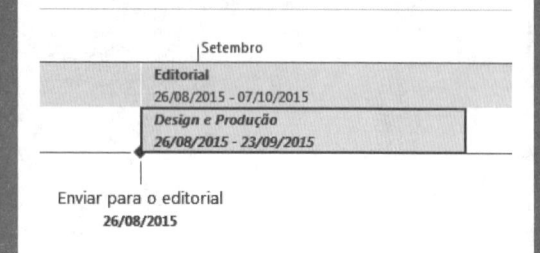

## Alterar
Altere os detalhes em um modo de exibição Diagrama de Rede, página 367.

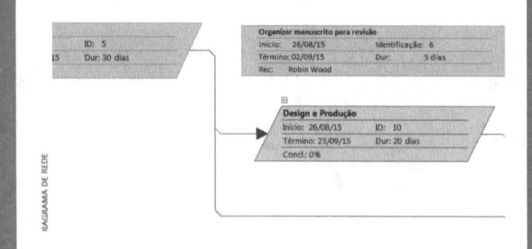

## Exportar
Imprima modos de exibição e gere arquivos PDF ou XPS, página 375.

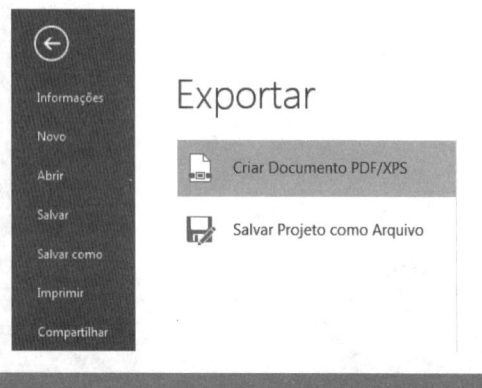

# Formatação e impressão avançadas

# 17

## NESTE CAPÍTULO, VOCÊ APRENDERÁ A:

- Personalizar um modo de exibição de Gráfico de Gantt.
- Formatar um modo de exibição Linha do Tempo.
- Ajustar os detalhes mostrados nos nós de um modo de exibição Diagrama de Rede.
- Adicionar outros tipos de barra a um modo de exibição Calendário.
- Ajustar opções de impressão e gerar instantâneos em PDF ou XPS de modos de exibição.

Este capítulo apresenta alguns dos recursos de formatação mais avançados do Microsoft Project 2013. Um plano bem formatado pode ser valioso ao se comunicar detalhes para *recursos*, clientes e outros *interessados*. Alguns dos recursos de formatação do Project são semelhantes aos de um processador de texto baseado em estilo, como o Microsoft Word, no qual uma única definição de estilo afeta todo o conteúdo do documento ao qual o estilo foi aplicado. No Project, é possível usar estilos para alterar a aparência de um tipo específico de barra de Gantt, como uma barra de resumo, em todo o plano. Outras opções de formatação apresentadas neste capítulo enfocam a formatação direta de tarefas e de alguns dos modos de exibição mais usados. Neste capítulo, você vai aplicar alguns dos recursos de formatação mais avançados do Project em modos de exibição.

**ARQUIVOS DE PRÁTICA** Para fazer os exercícios deste capítulo, você precisa do arquivo contido na pasta Capitulo17. Para mais informações, consulte "Como baixar os arquivos de prática", na Introdução deste livro.

> **IMPORTANTE** Se você estiver executando o Project Professional com Project Web App/Project Server, tome o cuidado de não salvar no Project Web App (PWA) os arquivos de prática com os quais trabalhará neste livro. Para mais informações, consulte o Apêndice C, "Colaboração: Project, SharePoint e PWA".

# Formatação de um modo de exibição de Gráfico de Gantt

É possível formatar itens específicos (um *marco*, por exemplo) em um *modo de exibição de Gráfico de Gantt* para alterar sua aparência. Se você concluiu o Capítulo 7, "Formatação e compartilhamento de seu plano", já trabalhou com estilos de gráfico de Gantt e com a formatação direta de barras de Gantt. Nesta seção, você vai trabalhar com estilos de barra para mudar a aparência visual de tipos específicos de barras de Gantt (como tarefas resumo) e de outros elementos (como indicadores de prazo final), de uma maneira que os estilos de gráfico de Gantt não podem fazer. As mudanças de formato que você vai fazer serão aplicadas apenas ao modo de exibição ativo.

**DICA** Lembre-se de que o modo de exibição de Gráfico de Gantt pode ser exibido sob várias formas, embora apenas uma delas seja especificamente denominada *modo de exibição Gráfico de Gantt*. As outras formas de exibir o modo de exibição de Gráfico de Gantt são Gantt Detalhado, Gantt de Nivelamento, Gantt com Várias Linhas de Base e Gantt de Controle. O termo *modo de exibição Gráfico de Gantt* geralmente se refere a um tipo de apresentação que mostra as barras de Gantt organizadas ao longo de uma escala de tempo.

Além de alterar a formatação de itens que aparecem em um modo de exibição Gráfico de Gantt (como a barra de Gantt de uma tarefa), você pode adicionar ou remover itens. Por exemplo, pode ser útil comparar os planos de linha de base, provisório e agendado em um único modo de exibição. Isso ajuda a avaliar os ajustes feitos na agenda.

O cenário: na Lucerne Publishing, você segue gerenciando o projeto de livro que está em andamento. Nesse projeto, você está monitorando o andamento de perto e achou interessante mostrar à equipe um modo de exibição comparando o andamento atual com o plano na linha de base. Agora, quer adicionar um plano provisório a esse modo de exibição, pois é mais adequado do que a linha de base original.

Neste exercício, você vai personalizar um modo de exibição de Gráfico de Gantt com um estilo de barra personalizado.

➔ PREPARAÇÃO  Para fazer este exercício, você precisa do arquivo Formatacao Avancada_Inicio localizado na pasta Capitulo17. Abra o arquivo e salve-o como Formatacao Avancada.

Para começar, você vai exibir o modo de exibição Gantt de Controle.

1  Na guia **Exibição**, no grupo **Modos de Exibição de Tarefa**, clique na seta do botão **Gráfico de Gantt** e, em seguida, em **Gantt de Controle**.

O Project exibe o modo de exibição Gantt de Controle.

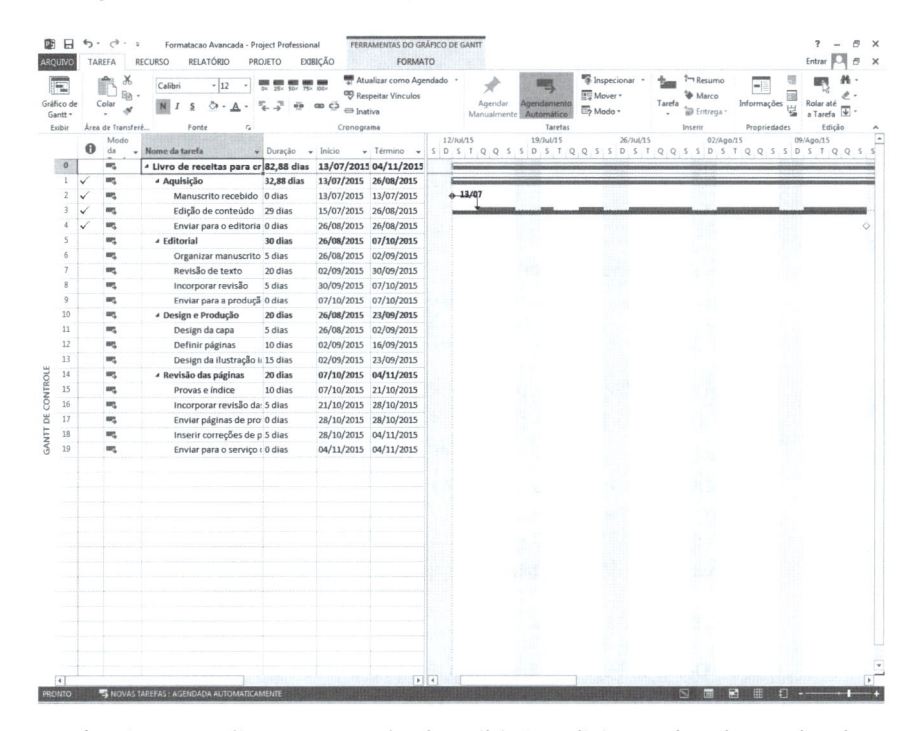

Você vai personalizar esse modo de exibição adicionando a barra do plano provisório a ele.

2  Na guia **Formato**, no grupo **Estilos de Barra**, clique em **Formatar** e, em seguida, em **Estilos de Barra**.

A caixa de diálogo Estilos de barra é exibida. Nessa caixa de diálogo, as alterações de formatação feitas em um tipo de barra específico ou em outro elemento se aplicam a todas as barras ou elementos do gráfico de Gantt. Todos esses tipos de barras e elementos são listados na coluna Nome da caixa de diálogo Estilos de barra.

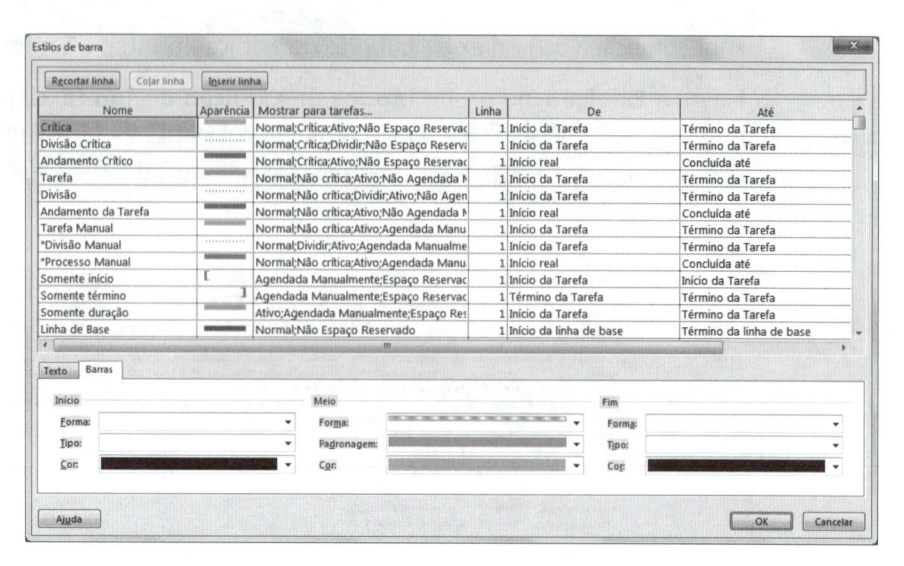

DICA  Você também pode exibir essa caixa de diálogo dando um clique duplo no plano de fundo da parte gráfica de um modo de exibição de Gráfico de Gantt ou clicando com o botão direito do mouse no plano de fundo e selecionando Estilos de Barra no menu de atalho.

3  Role a lista das barras para baixo e, na coluna **Nome**, clique em **Andamento de Resumo (Summary Progress)**.

4  Clique em **Inserir linha**.

O Project insere uma linha na tabela para um novo tipo de barra e desenha as barras de Gantt na ordem em que são listadas na caixa de diálogo Estilos de barra.

5  Na nova célula da coluna **Nome**, digite **Provisório**.

*Provisório* é o nome do novo tipo de barra que aparecerá na parte do gráfico do modo de exibição.

DICA  Os nomes das barras de tarefa aparecerão na legenda dos modos de exibição Gráfico de Gantt impressos. Se não quiser que um nome de barra de tarefa apareça na legenda, digite um asterisco (*) no início do seu nome. Por exemplo, se quiser impedir que *Provisório* apareça na legenda, digite seu nome como **\*Provisório**. Na caixa de diálogo Estilos de barra, você pode ver que o nome da barra de tarefa \*Marco Manual (entre outras) é iniciado com um asterisco, portanto não aparece na legenda do modo de exibição Gráfico de Gantt impresso.

Capítulo 17  Formatação e impressão avançadas

6   Na mesma linha, clique na célula da coluna **Mostrar para tarefas...** e, em seguida, clique em **Normal** na lista suspensa.

O valor Mostrar para tarefas... indica o tipo de tarefa que a barra representará (como uma tarefa normal, uma tarefa resumo ou um marco) ou o status da tarefa (como crítica ou em andamento).

7   Clique na célula da coluna **Linha** e, na lista suspensa, clique em **2**.

Isso faz com que o Project mostre várias linhas de barras de Gantt para cada tarefa no modo de exibição. Cada tarefa pode ter até quatro linhas de barra.

**DICA** O Project desenha barras e outros elementos em uma linha de barra na ordem em que são listadas na caixa de diálogo Estilos de barra. Isso possibilita que uma barra oculte outra barra (ou outro elemento). Se não obtiver os resultados desejados, observe a ordem dos itens na caixa de diálogo Estilos de barra.

8   Clique na célula da coluna **De** e, na lista suspensa, clique em **Início1**.

9   Clique na célula da coluna **Até** e, na lista suspensa, clique em **Término1**.

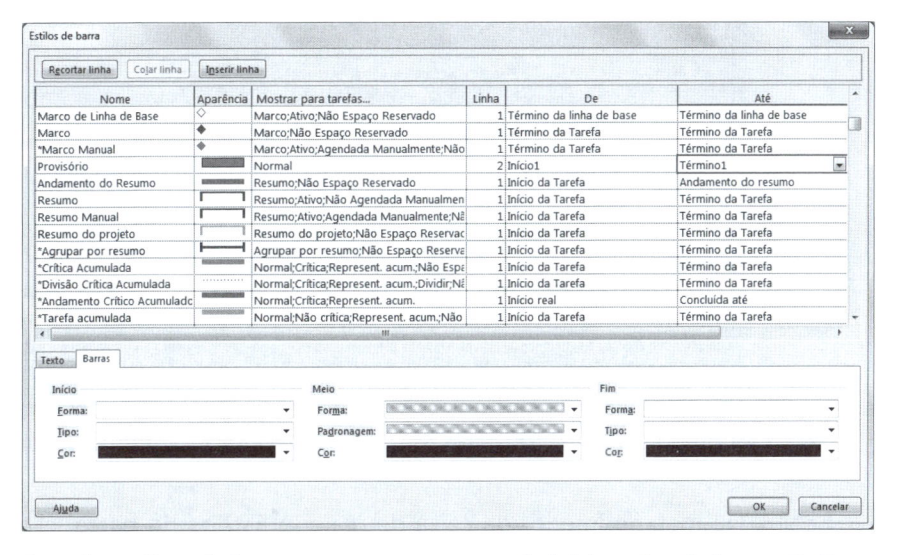

Os valores De e Até representam os pontos de início e fim da barra. Os itens *Início1* e *Término1* são os campos nos quais os valores do primeiro plano provisório foram definidos anteriormente para você no plano. As datas de início e de término atuais de cada tarefa do plano foram salvas nesses campos quando o plano provisório foi definido. Se você concluiu o Capítulo 14, "Controle do andamento das tarefas e atribuições", já foi apresentado aos planos provisórios.

Você instruiu o Project a exibir as datas de início e término do primeiro plano provisório como barras. Agora preste atenção na metade inferior da caixa de diálogo Estilos de barra. Nela, você vai mudar a aparência do novo estilo de barra.

10 Certifique-se de que a barra *Provisório* que você acabou de criar ainda está selecionada. Na opção **Meio**, na caixa **Forma**, certifique-se de que a barra de altura total (a segunda opção a partir do topo da lista) está selecionada.

11 Na caixa **Padronagem**, clique na barra cheia, a segunda opção a partir do topo da lista.

12 Clique na caixa **Cor** e, em **Cores Padrão**, clique na cor verde.

DICA Aponte para uma cor para ver seu nome em uma Dica de Tela.

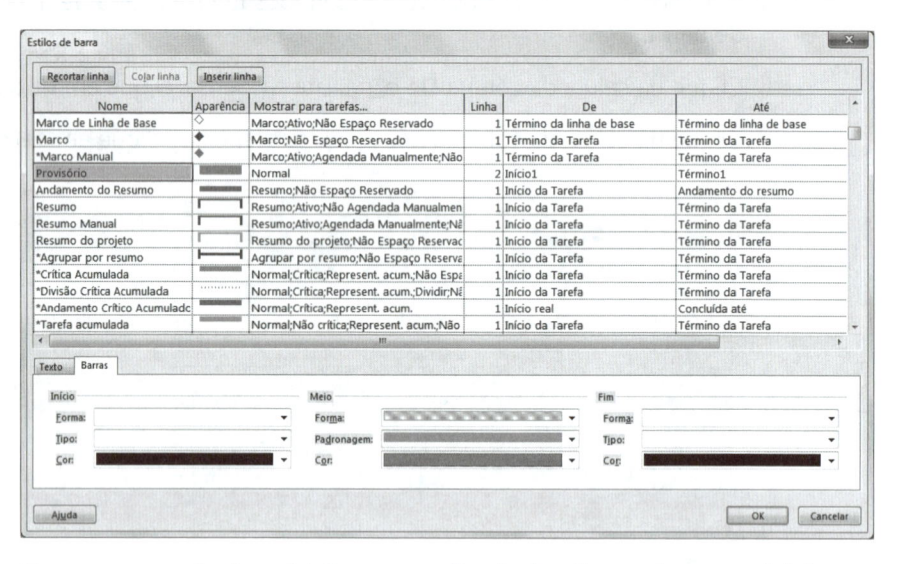

Como esse modo de exibição personalizado focaliza o plano provisório, em seguida, você vai formatar as barras provisórias para mostrar suas datas de início e de término.

13 Na metade inferior da caixa de diálogo **Estilos de barra**, clique na guia **Texto**.

14 Na caixa **Esquerda**, selecione **Início1** na lista suspensa.

DICA Ao selecionar itens em uma lista como essa, você pode começar a digitar o nome do item desejado e, quando seu nome completo aparecer, selecioná-lo. Por exemplo, se você digitar **i**, o Project mostra os valores que começam com a letra *i*. Se você digitar **n**, o Project mostra os valores que começam com as letras *in*.

15 Na caixa **Direita**, selecione **Término1** na lista suspensa.

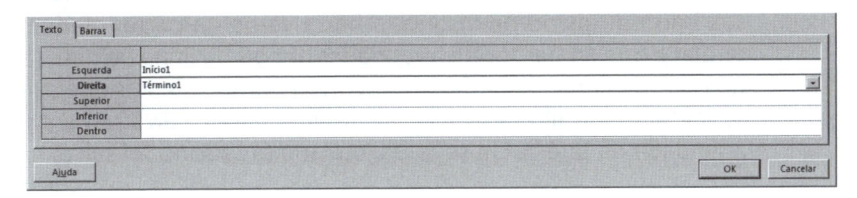

A seleção desses valores fará com que as datas Início1 e Término1 apareçam nos dois lados das barras provisórias.

16 Clique em **OK** para fechar a caixa de diálogo Estilos de barra.

O Project mostra as barras provisórias verdes no modo de exibição Gantt de Controle.

Com várias linhas de barras agora mostradas por tarefa, pode ser difícil associar visualmente os nomes de tarefa às suas barras. Para solucionar isso, você vai adicionar linhas de grade horizontais na parte do gráfico do modo de exibição, para que possa associar as barras de Gantt às suas tarefas com mais facilidade.

17 Na guia **Formato**, no grupo **Formatar**, clique em **Linhas de Grade** e, em seguida, em **Linhas de Grade**.

18 Em **Alterar linha**, deixe a opção **Linhas de Gantt** selecionada e, na caixa **Tipo** abaixo de **Normal**, selecione a linha com tracejado pequeno (a quarta opção) e, em seguida, clique em **OK**.

O Project desenha linhas tracejadas ao longo da parte do gráfico do modo de exibição Gráfico de Gantt.

Para concluir este exercício, você vai reduzir o zoom para ter uma visão melhor do plano global.

19 Na guia **Exibição**, no grupo **Zoom**, clique na seta da caixa **Escala de Tempo** e, depois, em **Semanas**.

20 Na coluna **Nome da Tarefa**, clique no nome da tarefa 3, *Edição de conteúdo*.

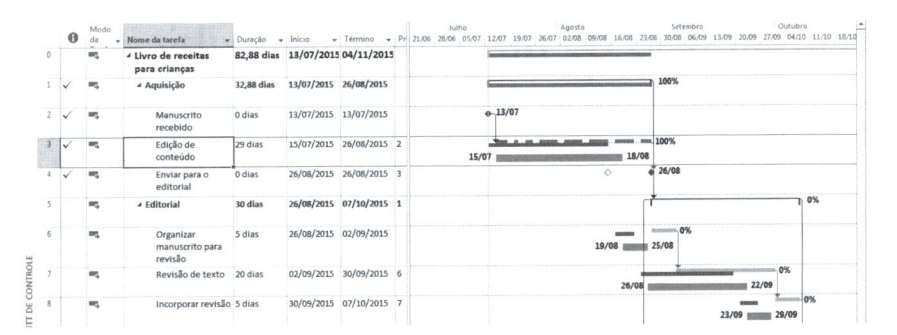

Aqui é possível ver que a tarefa concluída 3 (mostrada como uma barra azul na parte superior da linha da tarefa) compartilha a mesma data de início de sua barra de plano provisório (a barra verde na parte inferior da linha da tarefa) e que ambas foram agendadas depois da linha de base (a barra cinza no meio da linha da tarefa). Isso ocorreu porque, depois que a linha de base foi definida, as alterações feitas na agenda empurraram a data de início agendada da tarefa. Em seguida, o plano provisório foi salvo.

**DICA** Para ver detalhes sobre qualquer barra em um gráfico de Gantt, basta apontar o cursor do mouse para a barra. Seus detalhes aparecerão em uma Dica de Tela.

## Mais opções de formatação

O Project admite vários recursos de formatação de gráfico de Gantt além daqueles com os quais trabalhamos nesta seção. Se quiser explorar outras opções de formatação, examine estes comandos na guia Formato:

- **O botão Estilos de Texto no grupo Formatar** Para formatar texto associado a um tipo de tarefa específico, como texto de tarefa resumo.

- **O botão Layout no grupo Formatar** Para formatar linhas de vínculo e a aparência das barras de Gantt.

- **Os comandos Linha de Base e Adiamento no grupo Estilos de Barra** Para alternar rapidamente entre os 11 conjuntos de barras de linha de base e linhas de adiamento (Linha de base, Linha de base1 até Linha de base10) a aparecer na parte do gráfico de um modo de exibição de Gráfico de Gantt.

Todas as opções selecionadas no grupo Estilos de Barra da guia Formato (exceto o próprio comando Formatar) são representadas na caixa de diálogo Estilos de barra. Você pode mudar a aparência de tarefas críticas, margem de atraso e outros itens por meio da caixa de diálogo Estilos de barra. Além disso, se você salvou várias linhas de base, pode mudar rapidamente a linha de base exibida (no modo de exibição Gantt de Controle, por exemplo) com o comando Linha de Base no grupo Estilos de Barra. Quando se faz isso, o Project troca automaticamente os valores De e Até das barras de linha de base e dos elementos para usar os valores da linha de base exibida.

# Formatação de um modo de exibição Linha do Tempo

Como vimos nos Capítulos 2 e 7, o *modo de exibição Linha do Tempo* é uma maneira prática de ter uma visão geral do plano de projeto. Se você concluiu o Capítulo 7, personalizou o modo de exibição Linha do Tempo e ajustou a apresentação visual de algumas tarefas; por exemplo, mudou a apresentação de uma

Capítulo 17 Formatação e impressão avançadas **365**

tarefa de barra para texto explicativo. Talvez você considere que a formatação de texto padrão do modo de exibição Linha do Tempo atende às suas necessidades, mas também é possível personalizar sua aparência. Como nos modos de exibição de Gráfico de Gantt, você pode formatar categorias inteiras de itens (como todas as datas de marco) com estilos de texto ou aplicar formatação direta a um item específico.

O cenário: na Lucerne Publishing, você descobriu que a equipe que está trabalhando no projeto do livro de receitas culinárias para crianças gosta do modo de exibição Linha do Tempo. Algumas dessas pessoas disseram que os valores de data de marco são pequenos demais; portanto, você vai deixá-los mais destacados. Enquanto estiver fazendo isso, também vai aplicar outras alterações de formatação no modo de exibição Linha do Tempo.

Neste exercício, você vai formatar texto e elementos da barra de tarefas no modo de exibição Linha do Tempo.

1  Na guia **Exibição**, no grupo **Modo Divisão**, marque a caixa de seleção **Linha do Tempo**.

   O Project exibe o modo de exibição Linha do Tempo. Esse modo de exibição foi preenchido para você com algumas tarefas do plano.

2  Clique em qualquer lugar no modo de exibição **Linha do tempo** e, em seguida, na guia **Formato**.

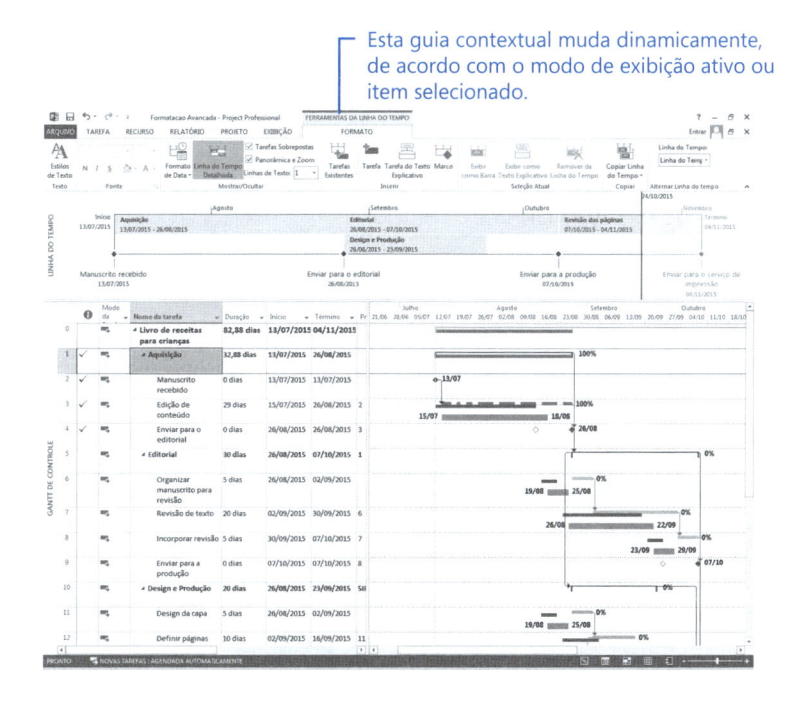

Esta guia contextual muda dinamicamente, de acordo com o modo de exibição ativo ou item selecionado.

Colocar o foco na linha do tempo faz com que os comandos da guia Formato mudem. Lembre que a guia Formato é contextual; ela se ajusta de acordo com o que está selecionado no momento.

Primeiro, você vai ajustar a formatação de uma categoria inteira de valores de texto no modo de exibição Linha do Tempo.

3 Na guia **Formato**, no grupo **Texto**, clique em **Estilos de Texto**.

A caixa de diálogo Estilos de texto é exibida. Com ela, você pode alterar a formatação de todas as ocorrências de um tipo específico de informação no modo de exibição.

4 Na caixa **Alterar item**, clique em **Data de marco**.

5 Na caixa **Estilo de fonte**, clique em **Negrito**.

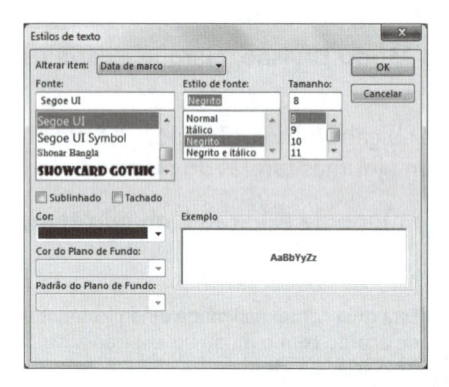

6 Clique em **OK**.

O Project aplica a alteração de estilo de texto a todas as datas de marco no modo de exibição Linha do Tempo.

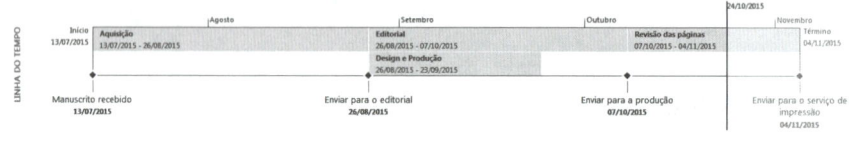

Em seguida, você quer salientar visualmente a tarefa *Design e Produção* na linha do tempo. Isso vai ser feito por meio de formatação direta, em vez de uma alteração de formato baseada em estilo, como aconteceu nos passos anteriores.

7 No modo de exibição **Linha do Tempo**, clique na barra da tarefa *Design e Produção*.

Uma borda de seleção aparece ao redor da barra da tarefa, indicando que ela está selecionada.

8  Na guia **Formato**, no grupo **Fonte**, clique em **Itálico**.

   O Project aplica o efeito de texto itálico ao rótulo da barra da tarefa (o nome da tarefa) e a suas datas.

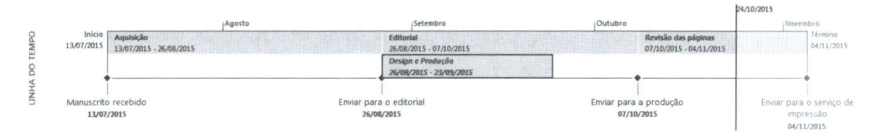

9  Na guia **Formato**, no grupo **Fonte**, clique na seta do botão **Cor de Plano de Fundo** (a lata de tinta inclinada) e, em **Cores Padrão**, clique no amarelo.

   O Project muda a cor da barra de tarefa para amarelo.

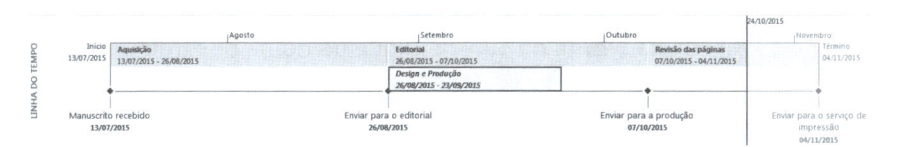

   Agora que você aplicou a formatação desejada, vai ocultar temporariamente o modo de exibição Linha do Tempo.

10 Na guia **Exibição**, no grupo **Modo Divisão**, desmarque a caixa de seleção **Linha do Tempo**.

   O Project oculta o modo de exibição Linha do Tempo. (As informações do modo de exibição não são perdidas; estão apenas ocultas.)

Como o modo de exibição Linha do Tempo é mais simples do que a maioria dos outros modos de exibição do Project, ele tem menos opções de formatação.

# Formatação de um modo de exibição Diagrama de Rede

No gerenciamento de projetos tradicional, um *diagrama de rede* é um modo padrão de representar as atividades do projeto e suas relações. As tarefas são representadas como caixas, ou *nós*, e as relações entre elas são desenhadas como linhas que conectam os nós. Ao contrário de um gráfico de Gantt, que é um modo de exibição em escala de tempo, um diagrama de rede permite ver as atividades do projeto de maneira mais parecida com a estrutura de um fluxograma. Isso é útil quando você quer dar mais ênfase às relações entre as atividades do que às suas durações e sequências.

Como nos modos de exibição de Gráfico de Gantt, o Project fornece opções de formatação elaboradas para o modo de exibição Diagrama de Rede. Por exemplo, é possível mudar o layout global desse modo de exibição para agrupar os nós por período de tempo. Nesta seção, você vai personalizar as informações que aparecem nos nós e o formato dos nós. Se você já é um usuário experiente de diagramas de rede, desejará explorar as opções de formatação com mais detalhes.

O cenário: na Lucerne Publishing, você descobriu que o modo de exibição Diagrama de Rede ajuda a equipe de projeto a distinguir mais claramente as relações entre as tarefas, em vez da sequência das tarefas. Você decide ajustar a formatação do modo de exibição Diagrama de Rede.

Neste exercício, você vai mudar as informações que aparecem em caixas de tarefa e seus formatos no modo de exibição Diagrama de Rede.

1 Na coluna **Nome da Tarefa**, clique no nome da tarefa 7, *Revisão de texto*.

   Quando você trocar para o modo de exibição Diagrama de Rede, encontrará a tarefa 7 visível no lado direito de sua tela.

2 Na guia **Exibição**, no grupo **Modos de Exibição de Tarefa**, clique em **Diagrama de Rede**.

   O modo de exibição Diagrama de Rede é exibido. Nesse modo de exibição, cada tarefa é representada por uma caixa ou nó, e cada nó contém várias informações (ou campos) sobre a tarefa.

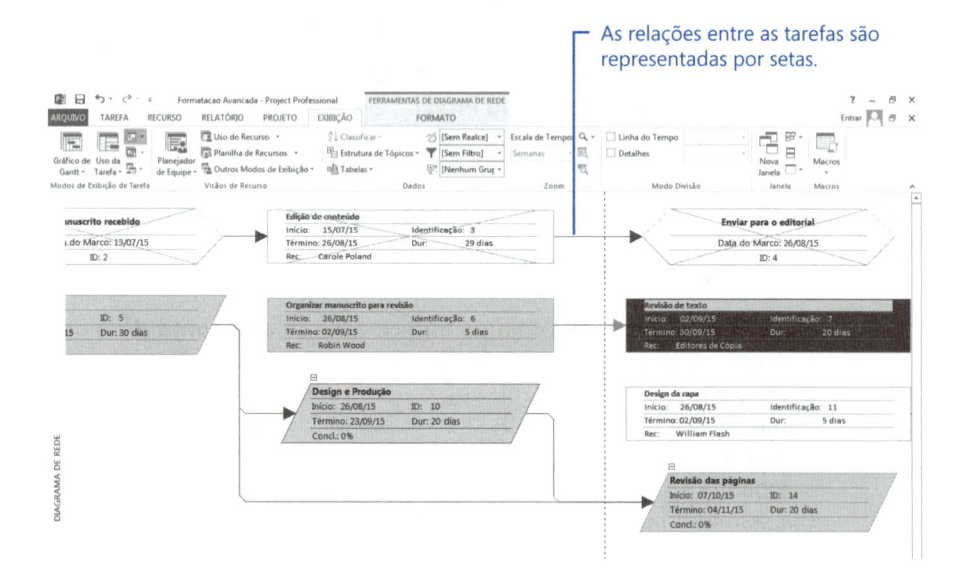

Os nós com um X sobre eles representam as tarefas concluídas. Os nós em forma de paralelogramo representam as tarefas resumo.

Neste exercício, você quer substituir os valores de identificação das tarefas por códigos *EDT (Estrutura de Divisão do Trabalho)*. Ao contrário dos números de identificação de tarefa, os códigos EDT indicam o posicionamento de cada tarefa na hierarquia do plano.

3 Na guia **Formato**, no grupo **Formatar**, clique em **Estilos de Caixa**.

Lembre-se de que os comandos da guia Formato mudam de acordo com o tipo de modo de exibição ativo; a guia Formato é contextual.

A caixa de diálogo Estilos de caixa é exibida.

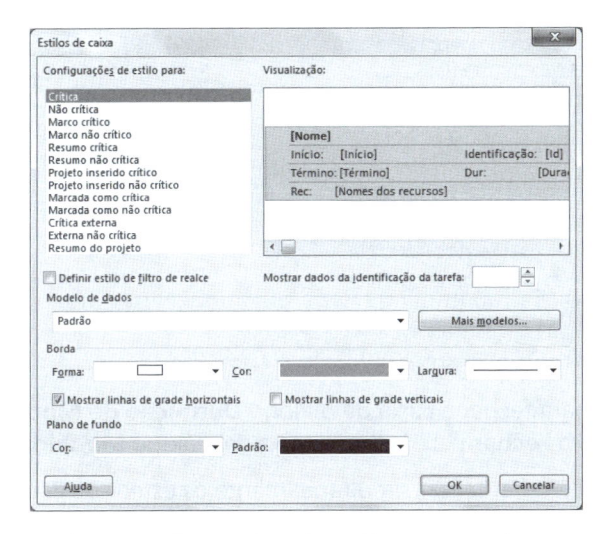

Na lista Configurações de estilo para, pode-se ver todos os estilos de caixa de tarefa disponíveis no Project.

Atualmente, o modo de exibição Diagrama de Rede tem o modelo Padrão aplicado a vários estilos de caixa, como *Crítica*. Nesse contexto, os *modelos* determinam quais campos aparecem em caixas (nós) e qual será o layout (não confunda com os modelos de arquivo). Em seguida, você vai criar uma cópia desse modelo para personalizar, deixando seu modelo Padrão intacto.

4 Clique em **Mais modelos**.

A caixa de diálogo Modelo de dados é exibida.

5 Na lista de **Modelos em "Diagrama de Rede"**, certifique-se de que **Padrão** esteja selecionado e, em seguida, clique em **Copiar**.

A caixa de diálogo Definição de Modelo de Dados é exibida. Na cópia do modelo Padrão, você vai substituir o valor de identificação pelo valor do código EDT (Estrutura de Divisão do Trabalho) no canto superior direito do nó.

6   Na caixa **Nome do modelo**, digite **Padrão com EDT**.

7   Abaixo de **Escolher célula(s)**, clique em **Id**. Esse é o campo que você vai substituir.

8   Clique na seta e, na lista suspensa de campos que aparece, clique em **EDT**.

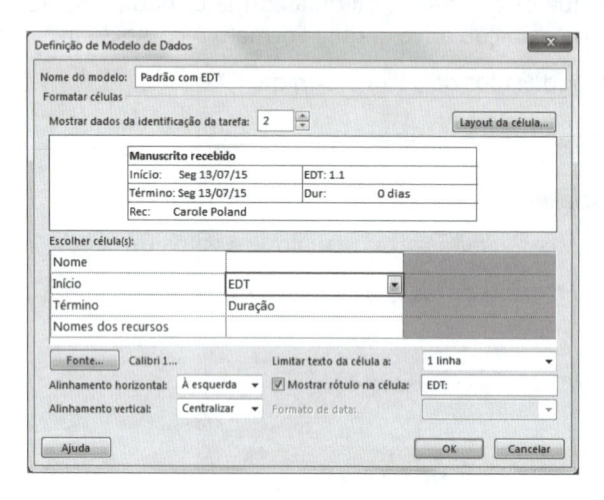

9   Clique em **OK** para fechar a caixa de diálogo **Definição de Modelo de Dados** e, depois, em **Fechar** para fechar a caixa de diálogo **Modelos de dados**.

Em seguida, você vai atualizar simultaneamente os estilos de caixa de vários tipos de tarefa.

10  Na caixa de diálogo **Estilos de caixa**, em **Configurações de estilo para**, selecione **Crítica** e, mantendo a tecla Shift pressionada, clique em **Marco não crítico**.

Os quatro tipos de subtarefas são selecionados.

11  Na caixa de **Modelo de dados**, selecione **Padrão com EDT** na lista suspensa.

12  Na caixa de **Forma**, selecione a última forma da lista.

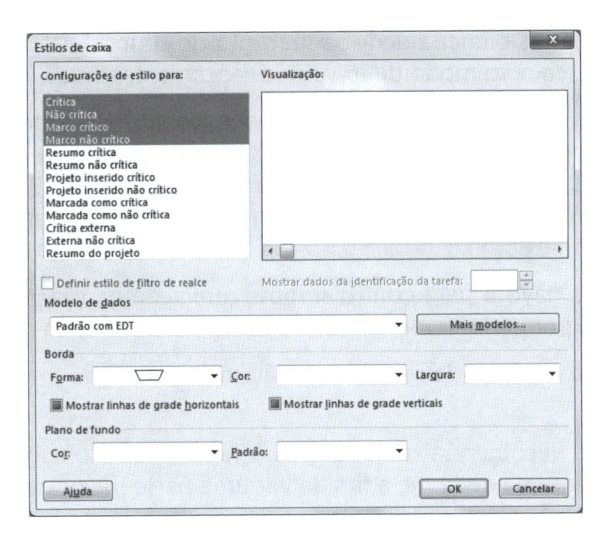

## Capítulo 17  Formatação e impressão avançadas

[Caixa de diálogo "Estilos de caixa" com as Configurações de estilo para: Crítica, Não crítica, Marco crítico, Marco não crítico, Resumo crítica, Resumo não crítica, Projeto inserido crítico, Projeto inserido não crítico, Marcada como crítica, Marcada como não crítica, Crítica externa, Externa não crítica, Resumo do projeto. Modelo de dados: Padrão com EDT. Opções de Borda (Forma, Cor, Largura) e Plano de fundo.]

13  Clique em **OK** para fechar a caixa de diálogo **Estilos de caixa**.

O Project aplica o estilo de caixa modificado às caixas de tarefa no modo de exibição Diagrama de Rede.

Após você reformatar os estilos de caixa no modo de exibição Diagrama de Rede, o código EDT substitui a identificação da tarefa e a forma da caixa muda.

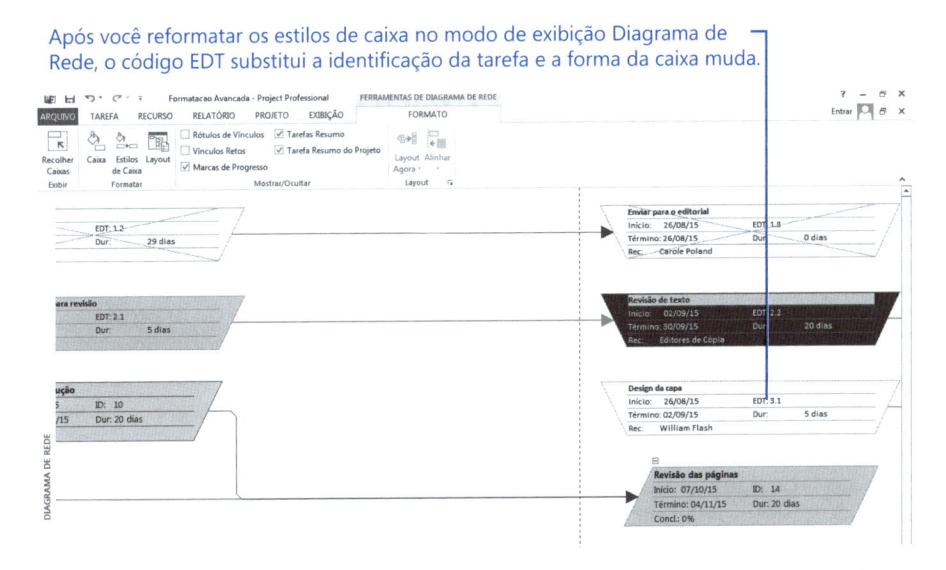

Agora, para esses estilos de caixa, o valor de EDT aparece no canto superior direito de cada caixa, em vez da identificação da tarefa, e as formas das caixas dos tipos de tarefa selecionados nos passos anteriores são alteradas.

Aqui, estão mais alguns comandos de formatação do grupo Formatar da guia Formato que se aplicam ao modo de exibição Diagrama de Rede:

- No modo de exibição Diagrama de Rede é possível formatar todas as caixas com o comando Estilos de Caixa ou formatar apenas a caixa ativa com o comando Caixa. Isso é semelhante aos comandos Estilos de Barra e Barra disponíveis na guia Formato quando um modo de exibição de Gráfico de Gantt está sendo exibido.

- Use o comando Layout para controlar itens como a organização global de caixas de tarefa por período de tempo, por exemplo, por semana ou por mês.

- Exiba ou oculte os tipos de relações entre tarefas, clicando em Rótulos de Vínculos.

- Use o comando Recolher Caixas para reduzir rapidamente o zoom do modo de exibição Diagrama de Rede, a fim de ver uma parte maior da rede.

**DICA** Se você tem o Microsoft Visio 2007 ou posterior, pode gerar um relatório visual do Visio semelhante a um modo de exibição de diagrama de rede. Os relatórios visuais do Visio são diagramas dinâmicos que podem ser personalizados. Para mais informações sobre relatórios visuais, consulte o Capítulo 20, "Compartilhamento de informações com outros programas".

# Formatação de um modo de exibição Calendário

Assim como o modo de exibição Linha do Tempo, o *modo de exibição Calendário* é um dos mais simples disponíveis no Project; contudo, mesmo ele oferece várias opções de formatação. Esse modo de exibição é especialmente útil para compartilhar informações de agenda com recursos ou interessados que prefiram um formato "mensal" tradicional, em vez de um modo de exibição mais detalhado, como o Gráfico de Gantt. Como nos outros modos de exibição, o Project oferece formatação direta e baseada em estilos no modo de exibição Calendário.

O cenário: na Lucerne Publishing, alguns membros de sua equipe disseram que gostam da simplicidade do modo de exibição Calendário. No entanto, o modo padrão não inclui tudo o que eles gostariam, e você quer diferenciar visualmente as tarefas que estão no caminho crítico das que não estão.

Capítulo 17 Formatação e impressão avançadas **373**

Neste exercício, você vai exibir tarefas resumo e reformatar tarefas críticas no modo de exibição Calendário.

1 Na guia **Exibição**, no grupo **Modos de Exibição de Tarefa**, clique em **Calendário**.

O modo de exibição Calendário é exibido.

O modo de exibição Calendário é semelhante a um calendário "mensal" tradicional e exibe as tarefas como barras abrangendo os dias nos quais estão agendadas para ocorrer.

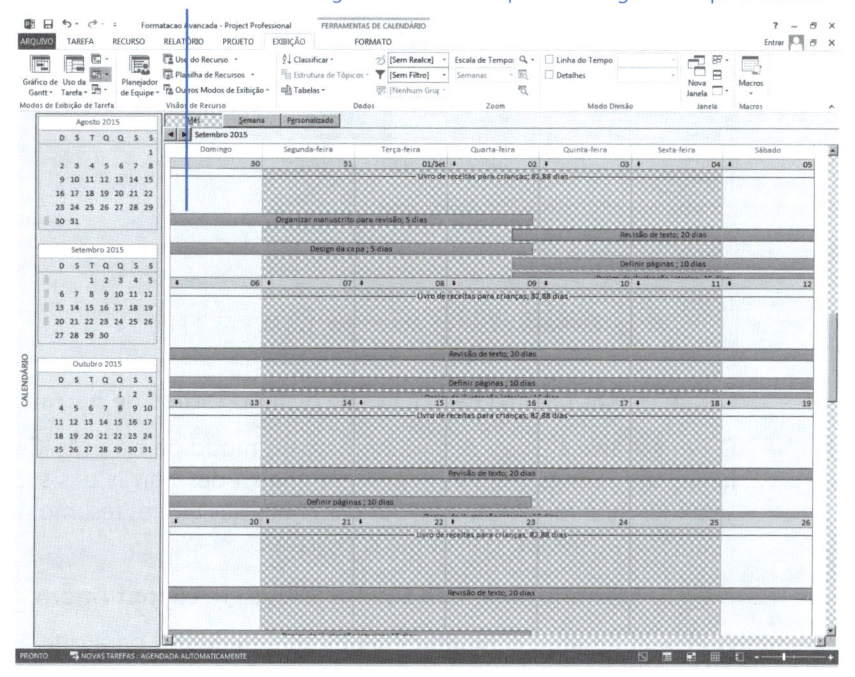

Esse modo de exibição mostra várias semanas de uma vez e desenha barras de tarefas nos dias em que há tarefas agendadas. As semanas visíveis são indicadas por blocos de cor laranja nos calendários mensais, no lado esquerdo do modo de exibição.

Em geral, o modo de exibição Calendário inclui barras para a tarefa resumo do projeto e para as subtarefas, mas não barras para tarefas resumo. Você vai exibi-las agora.

2 Na guia **Formato**, no grupo **Formatar**, clique em **Estilos de Barra**.

A caixa de diálogo Estilos de barra é exibida.

3 Na caixa **Tipo de tarefa**, clique em **Resumo**.

4 Na caixa **Tipo de barra**, clique em **Linha** na lista suspensa.

Você em breve vai ver as tarefas resumo exibidas como linhas no modo de exibição Calendário, mas, como está na caixa de diálogo Estilos de barra, vai alterar a formatação das tarefas críticas. Assim como está, o modo de exibição Calendário formata as tarefas críticas e não críticas do mesmo jeito; você vai mudar isso.

5 Na caixa de **Tipo de tarefa**, clique em **Crítica**.

6 Clique na caixa **Cor** e, em **Cores Padrão**, clique na cor vermelha.

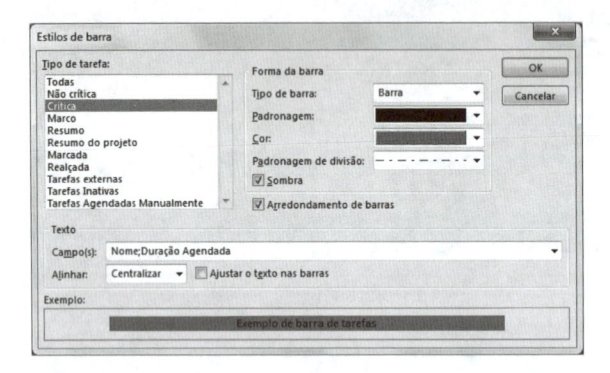

7 Clique em **OK** para fechar a caixa de diálogo **Estilos de barra**.

O Project aplica as opções de formato ao modo de exibição Calendário. As linhas das tarefas resumo aparecem abaixo das barras das subtarefas. Em seguida, você vai ajustar o layout das linhas das tarefas resumo de modo que apareçam acima das barras das subtarefas.

8 Na guia **Formato**, no grupo **Layout**, clique em **Layout Agora**.

O Project atualiza o modo de exibição Calendário para que as barras das subtarefas apareçam abaixo das linhas de suas tarefas resumo.

Observe as setas apontando para baixo que aparecem ao lado de muitas datas. Elas indicam que algumas barras de tarefa não cabem na altura atual das linhas de semana. Você vai ajustar isso.

9 Na guia **Formato**, no grupo **Layout**, clique em **Ajustar Altura da Semana**.

O Project ajusta a altura das linhas de semana para mostrar todas as barras de tarefa.

Capítulo 17  Formatação e impressão avançadas  **375**

Após você reformatar o modo de exibição Calendário, as tarefas críticas aparecem em vermelho e as tarefas resumo, como linhas.

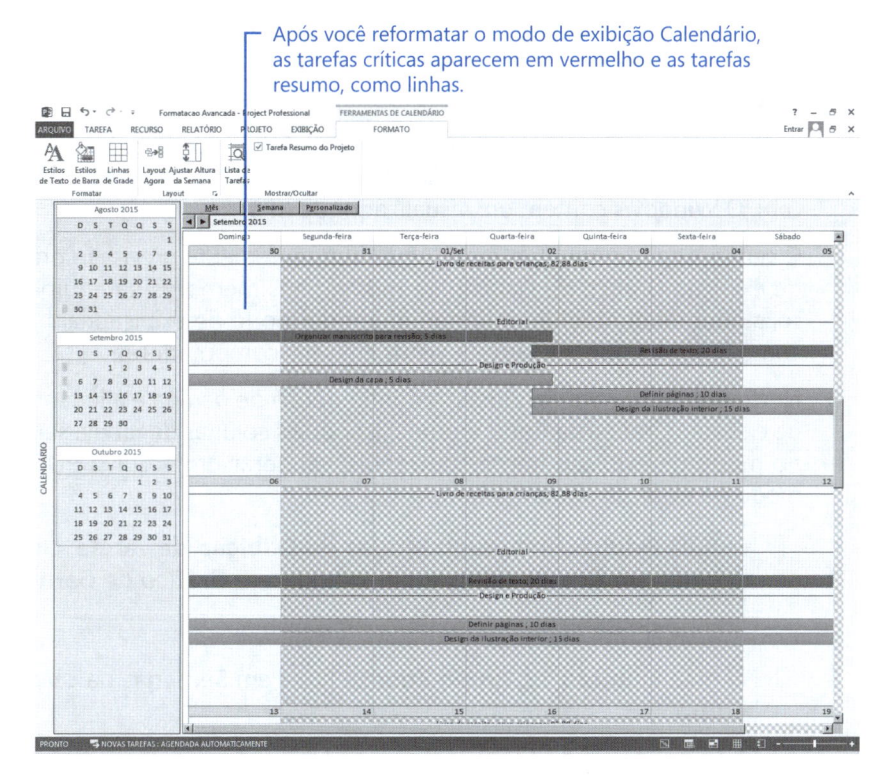

Como nos outros modos de exibição que você personalizou neste capítulo, o modo Calendário possui opções de formatação adicionais, disponíveis na guia Formato.

# Como imprimir e exportar modos de exibição

O Project oferece opções de personalização para imprimir modos de exibição além daquelas com que você trabalhou no Capítulo 7. Uma vez que os modos de exibição, como o modo Gráfico de Gantt, geralmente são compartilhados com recursos e outros interessados no projeto, talvez você precise adicionar detalhes aos modos de exibição que imprimir.

Ao imprimir modos de exibição, você pode escolher uma grande variedade de opções. Por exemplo, pode personalizar cabeçalhos e rodapés, especificar o que será impresso na legenda e incluir opções específicas, como anotações sobre tarefas ou recursos.

As opções de impressão e layout de página que podem ser ajustadas variam de acordo com o tipo de modo de exibição apresentado no momento. Os modos de exibição mais simples, como Planilha de Recursos, têm menos opções de impressão e layout de página do que os mais complexos, como o Gráfico de Gantt.

Às vezes, pode ser necessário produzir um instantâneo em alta fidelidade de um modo de exibição para visualização online. Para isso, o Project dá suporte para uma fácil geração de arquivos nos formatos PDF e XPS.

**DICA** Talvez você precise instalar um visualizador de PDF para fazer este exercício. Uma versão gratuita do Adobe Acrobat Reader está disponível em *www.adobe. com*. O Windows contém um visualizador de XPS.

O cenário: na Lucerne Publishing, você frequentemente precisa imprimir o modo de exibição Gráfico de Gantt para mostrar aos membros da equipe. Além disso, alguns deles solicitaram instantâneos do modo de exibição Linha do Tempo como arquivos que possam ser vistos em seus computadores.

Neste exercício, você vai ajustar a configuração de página e a legenda do modo de exibição Gráfico de Gantt e especificar quais colunas da tabela serão incluídas no modo de exibição impresso. Depois, vai gerar um arquivo PDF ou XPS do modo de exibição Linha do Tempo.

1 Na guia **Exibição**, no grupo **Modos de Exibição de Tarefa**, clique na seta do botão **Gráfico de Gantt** e, em seguida, em **Gráfico de Gantt**.

 O modo de exibição Gráfico de Gantt é exibido.

2 Na guia **Exibição**, no grupo **Zoom**, clique em **Semanas** na caixa **Escala de Tempo**.

 O Project ajusta a configuração de zoom.

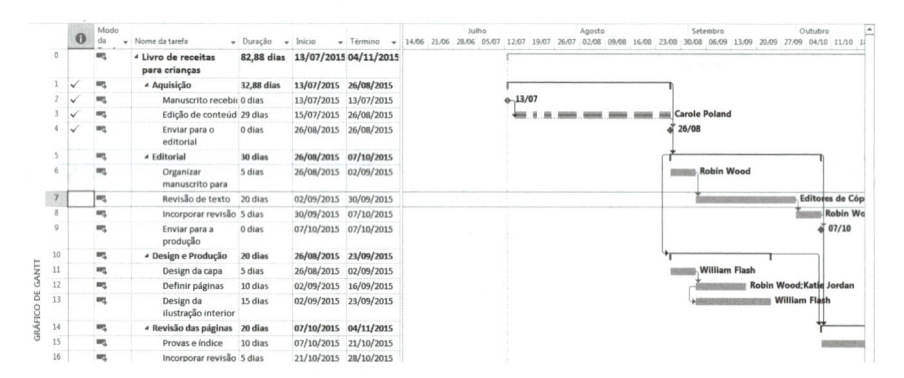

Se você concluiu o Capítulo 7, já viu o modo de exibição Gráfico de Gantt na janela Visualizar impressão no Backstage. Lá, você ajustou algumas opções de impressão, como imprimir um intervalo de datas específico. Aqui, você vai explorar mais algumas opções de impressão.

Capítulo 17 Formatação e impressão avançadas **377**

3  Na guia **Arquivo**, clique em **Imprimir**.

A tela Imprimir é exibida no Backstage com o gráfico de Gantt na visualização. Conforme configurado atualmente, esse modo de exibição requer duas páginas tamanho carta para ser impresso. Observe a mensagem de status *1 de 2* abaixo da visualização de impressão.

**DICA** Se você tem um plotter selecionado como impressora padrão ou um tamanho de página diferente selecionado, o que vê na tela de inspeção da visualização de impressão pode ser diferente do que é mostrado neste exercício.

4  Em **Configurações**, clique em **Configuração de Página**. O link que aparece na parte inferior dos controles, à esquerda da visualização de impressão.

A caixa de diálogo Configurar página é exibida. Você vai ajustar as configurações para que o modo de exibição Gráfico de Gantt completo seja impresso em uma única página.

5  Verifique se a guia **Página** está visível e, em seguida, em **Escala**, clique em **Ajustar para:** e digite ou selecione **1** páginas de largura por **1** de altura.

Em seguida, você vai personalizar o que aparece na legenda do Gráfico de Gantt.

6  Na caixa de diálogo **Configurar página**, clique na guia **Legenda**.

7  Na guia **Legenda** existem três guias de alinhamento. Clique na guia **À esquerda**.

Aqui, você pode ver o texto e os códigos de campo que aparecem na legenda.

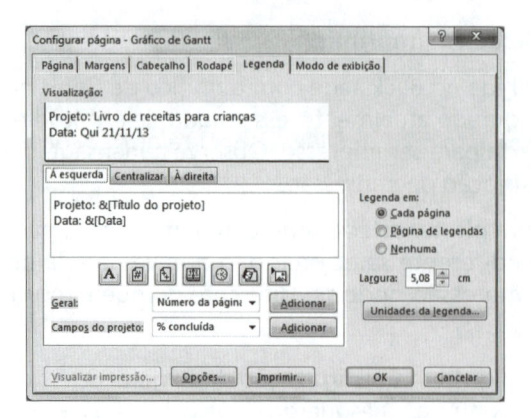

O Project vai imprimir o título do projeto e a data atual no lado esquerdo da legenda. Você também quer imprimir na legenda o valor de custo estimado do plano.

8 Na guia **À esquerda**, clique no final da segunda linha de texto e, em seguida, pressione a tecla Enter.

9 Digite **Custo Total:** seguido por um espaço.

10 Na caixa **Campos do projeto**, selecione **Custo** na lista suspensa e, em seguida, clique em **Adicionar**.

O Project adiciona o código de custo ao texto da legenda À esquerda e o valor do custo aparece na Visualização.

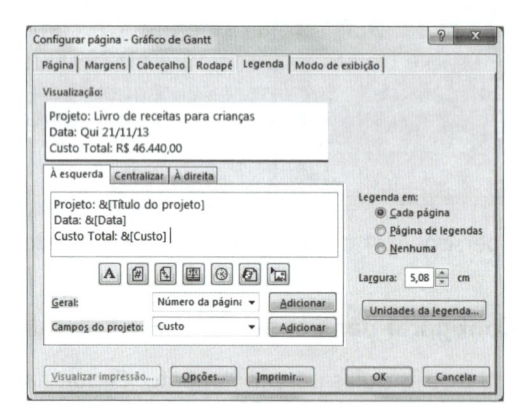

Para concluir a personalização da configuração de página, você vai especificar quais colunas da tabela no modo de exibição Gráfico de Gantt serão impressas.

11 Clique na guia **Modo de exibição**.

Capítulo 17 Formatação e impressão avançadas **379**

12 Clique em **Imprimir todas as colunas da planilha** e, em seguida, clique em **OK** para fechar a caixa de diálogo **Configurar página**.

O Project aplica as alterações especificadas na caixa de diálogo Configurar página. Para observar com mais detalhes, aumente o zoom da legenda.

13 Na tela **Visualização de impressão**, clique no canto inferior esquerdo da página com o cursor de lente de aumento.

O Project aumenta o zoom para mostrar a página em uma resolução legível.

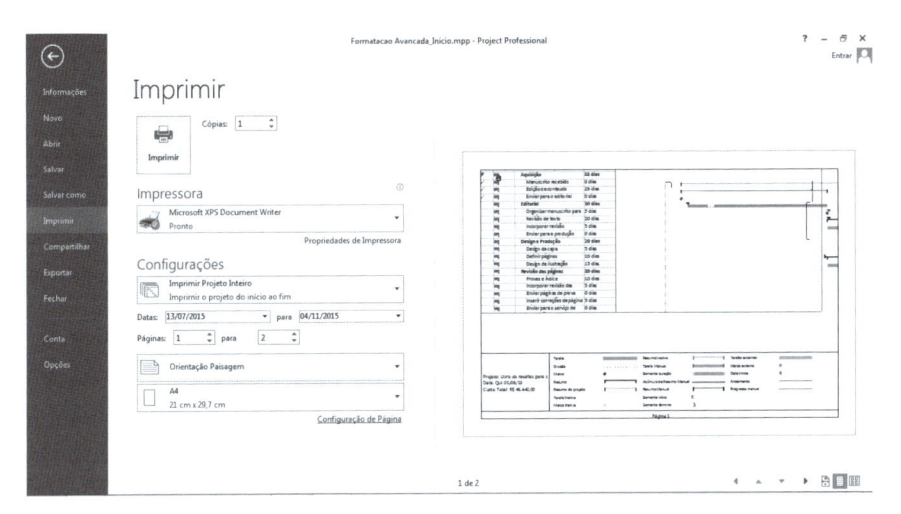

Em seguida, você vai mudar o foco das opções de formatação de saída para os tipos de arquivos de saída. Dois formatos de arquivo comuns de saída impressa são o PDF (Portable Document Format) e o XPS (XML Paper Specification). Um PDF representa um documento do Adobe Acrobat. O XPS é um formato suportado pela Microsoft. Ambos fornecem uma representação online em alta fidelidade do que apareceria em uma página impressa. Para concluir este exercício, você vai gerar um arquivo de saída PDF ou XPS do modo de exibição Linha do Tempo.

14 Clique no botão Voltar para sair do Backstage.

15 Na guia **Exibição**, no grupo **Modo Divisão**, marque a caixa de seleção **Linha do Tempo**.

O Project exibe o modo de exibição Linha do Tempo que você personalizou anteriormente neste capítulo.

16 Clique em qualquer lugar no modo de exibição **Linha do Tempo** para deixá-lo em foco.

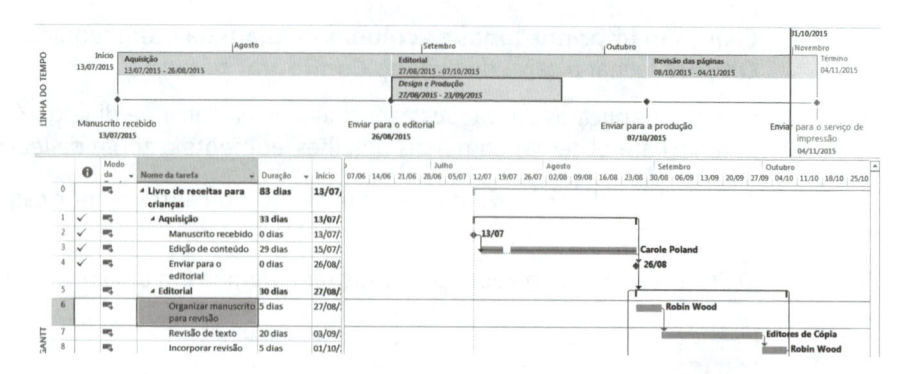

17 Na guia **Arquivo**, clique em **Exportar**.

A tela Exportar tem opções para compartilhamento do plano. Observe a explicação sobre documentos PDF e XPS que aparece no lado direito da tela.

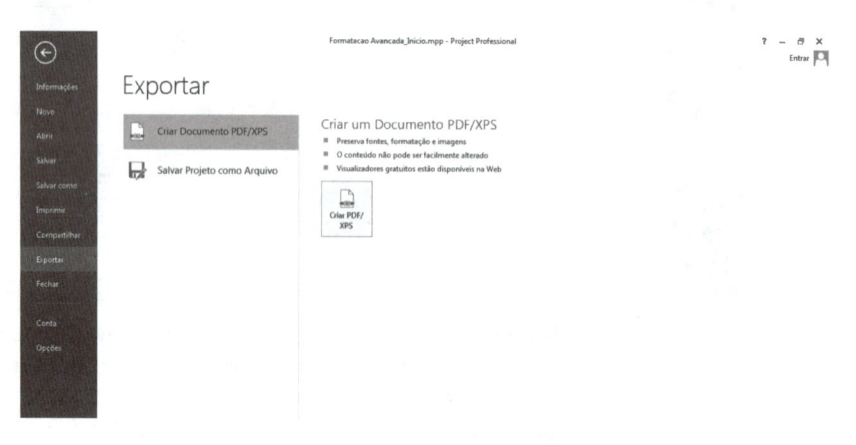

18 No lado direito da tela, clique em **Criar PDF/XPS**.

A caixa de diálogo Procurar é exibida. Use o nome do arquivo e o local fornecidos na caixa de diálogo.

19 Na caixa **Tipo**, selecione **Arquivos PDF** ou **Arquivos XPS** (dependendo do formato que você deseja ver) e, em seguida, clique em **OK**.

A caixa de diálogo Opções de Exportação de Documento é exibida.

Capítulo 17   Formatação e impressão avançadas   **381**

20  Clique em **OK** para usar as configurações padrão.

O Project gera o documento PDF ou XPS.

21  No Explorador de Arquivos, navegue até a pasta Capitulo17 e dê um clique duplo no documento PDF ou XPS que você criou.

Você pode compartilhar detalhes de seus planos com os membros da equipe e com outros interessados no projeto. Ao fazer isso, considere o nível de detalhe adequado e o formato em que vai compartilhar.

❌ ENCERRAMENTO  Feche o arquivo Formatacao Avancada.

# Pontos-chave

- Use a caixa de diálogo Estilos de barra para adicionar mais tipos de barra ou outros elementos, como um plano provisório, em um modo de exibição Gráfico de Gantt.

- Use a caixa de diálogo Estilos de barra para mudar a aparência de um tipo específico de barra de Gantt, como todas as tarefas resumo.

- No modo de exibição Linha do Tempo é possível modificar diretamente o texto ou todos os estilos de texto, como todos os nomes de tarefas, com os comandos dos grupos Fonte e Texto na guia Formato.

- Os nós representam tarefas e tarefas resumo no modo de exibição Diagrama de Rede. É possível personalizar as informações que aparecem em um nó.

- O modo de exibição Calendário é particularmente útil para aqueles que preferem um formato "mensal" tradicional.

- É possível ajustar o layout de página e o texto da legenda dos modos de exibição de Gráfico de Gantt no Backstage.

- Use os formatos PDF ou XPS para compartilhar detalhes do projeto, os quais mostram na tela o que pode ser impresso.

# Visão geral do capítulo

## Formatação
Personalize tabelas em relatórios, página 384.

## Visualização
Personalize gráficos em relatórios, página 393.

## Escolha
Crie relatórios personalizados com campos de sua escolha, página 400.

## Estilo
Aplique estilos a gráficos e tabelas em relatórios personalizados, página 406.

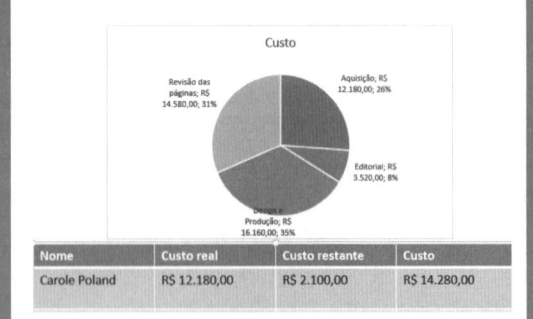

# Formatação de relatórios avançada

## 18

NESTE CAPÍTULO, VOCÊ APRENDERÁ A:

- Alterar o conteúdo e a formatação de tabelas em um relatório.
- Alterar o layout e o conteúdo de um gráfico.
- Criar um relatório personalizado com gráfico e tabela.

Este capítulo dá continuidade ao estudo da formatação avançada e dos recursos de personalização apresentados no capítulo anterior. Este capítulo se concentra nos relatórios.

Você deve se lembrar da seção "Como personalizar relatórios" do Capítulo 7, que o Microsoft Project 2013 substituiu o antigo recurso de relatórios tabulares por uma maneira totalmente nova de visualizar seus dados. O novo recurso de relatórios contém uma mistura dinâmica de tabelas, gráficos e conteúdo textual, e é bastante adaptável.

**DICA** Se estiver procurando informações sobre relatórios visuais, consulte a seção "Como gerar relatórios visuais com Excel e Visio", no Capítulo 20, "Compartilhamento informações com outros programas".

Para começar, vamos comparar os *relatórios* com os *modos de exibição*. Todo relatório ou modo de exibição se concentra apenas em um subconjunto dos dados de seu plano. No Project, eles são projetados para ajudá-lo a visualizar melhor algum aspecto de seu plano. Normalmente, você precisa trabalhar com vários relatórios e modos de exibição ao longo do tempo, para gerenciar os aspectos mais importantes de seu plano.

Por exemplo, se seu projeto é regido principalmente por um prazo final, você terá uma ideia melhor de seu plano trabalhando com modos de exibição com *escala de tempo*, como os modos de Gráfico de Gantt, Linha do Tempo e os modos de exibição de uso, e relatórios como Tarefas Futuras, Tarefas Críticas e Tarefas Atrasadas.

Contudo, existem diferenças importantes entre os relatórios e os modos de exibição. Ao longo deste livro, você trabalhou com modos de exibição para inserir e modificar dados de agenda (como os nomes de tarefas e atribuições de recursos) e para ver detalhes da agenda (como quais recursos estão atribuídos a quais tarefas). No entanto, nos relatórios não é possível alterar os dados de seu plano diretamente. Você não pode adicionar ou excluir tarefas nem alterar atribuições de recursos, por exemplo. Os relatórios se destacam por oferecem mais opções para descobrir e compartilhar aspectos importantes de seu plano em formatos visualmente atraentes. Além disso, é possível personalizar os relatórios para incluir exatamente a informação desejada, apresentada da maneira pretendida.

**DICA** O Project contém um conjunto de ferramentas educativas projetadas como relatórios. Na guia Relatório, no grupo Ver Relatórios, clique em Introdução e, em seguida, no relatório desejado. Mais informações sobre relatórios podem ser encontradas na ajuda online do Project. Clique no botão Ajuda (o ponto de interrogação) no canto superior direito da janela do Project e, na caixa Ajuda, digite **Criar um relatório no Project**.

Os relatórios podem conter dois elementos principais: tabelas e gráficos. Além disso, podem incluir outros elementos, como caixas de texto, imagens (como fotografias) e formas. Neste capítulo, você vai formatar e personalizar elementos de tabela e gráfico, e criar um relatório personalizado que inclui uma mistura de elementos.

**ARQUIVOS DE PRÁTICA** Para fazer os exercícios deste capítulo, você precisa do arquivo contido na pasta Capitulo18. Para mais informações, consulte "Como baixar os arquivos de prática", na Introdução deste livro.

> **IMPORTANTE** Se você estiver executando o Project Professional com Project Web App/Project Server, tome o cuidado de não salvar no Project Web App (PWA) os arquivos de prática com os quais trabalhará neste livro. Para mais informações, consulte o Apêndice C, "Colaboração: Project, SharePoint e PWA".

## Formatação de tabelas em um relatório

Como nos modos de exibição, as tabelas nos relatórios utilizam rótulos de campo do Project como cabeçalhos de coluna e mostram os valores dos campos nas linhas. Os rótulos de *campo* (como *Duração*) e os valores (como *20 dias*) são os mesmos que se vê nos modos de exibição e caixas de diálogo por todo o Project. Na verdade, muitas das tabelas incluídas em relatórios são semelhantes às tabelas encontradas nos modos de exibição, como a tabela Entrada.

Quando uma tabela é selecionada em um relatório, o painel Lista de Campos aparece. Nesse painel, você controla os campos que são incluídos na tabela selecionada. No painel Lista de Campos também é possível aplicar *filtragem*, *agrupamento* e *classificação* nas linhas da tabela e, para campos de tarefa, alterar os níveis de estrutura de tópicos das tarefas que serão mostradas. No Project, os campos são organizados em campos de tarefa e campos de recurso. Você vai trabalhar com o painel Lista de Campos no próximo exercício.

Quando uma tabela é selecionada em um relatório, além do painel Lista de Campos, também aparecem na Faixa de Opções as duas guias contextuais de Ferramentas de Tabela, Design e Layout:

- **GUIA DESIGN** Contém comandos para adicionar ou remover uma linha de cabeçalho, alterar a formatação da tabela, aplicar estilos de tabela (esquemas de cor) e aplicar estilos de WordArt em texto selecionado na tabela.

- **GUIA LAYOUT** Contém comandos utilizados para ajustar altura de linha e largura de coluna, ajustar o alinhamento do conteúdo de células da tabela e fazer outros ajustes de tamanho da tabela.

Além disso, sempre que um relatório é apresentado, aparece a guia contextual Design de Ferramentas de Relatório. Você vai trabalhar com essa guia posteriormente neste capítulo, quando criar um relatório personalizado.

O cenário: na Lucerne Publishing, a equipe que está trabalhando no livro de receitas culinárias para crianças e os patrocinadores do projeto gostam do relatório Visão Geral do Projeto por causa de seu status de projeto conciso, que pode ser visto de imediato. Como o plano do livro de receitas contém uma linha de base, você quer incluir no relatório os valores de término da linha de base dos marcos futuros. Você também gosta de como a caixa de diálogo Estatísticas do projeto mostra % concluída e % trabalho concluído lado a lado e quer adicionar isso também ao relatório.

Neste exercício, você vai alterar o conteúdo e a formatação de tabelas em um relatório.

PREPARAÇÃO Para fazer este exercício, você precisa do arquivo Relatorio Avancado_Inicio localizado na pasta Capitulo18. Abra o arquivo e salve-o como Relatorio Avancado.

1 Na guia **Relatório**, no grupo **Ver Relatórios**, clique em **Painéis** e, em seguida, em **Visão Geral do Projeto**.

O Project exibe o relatório Visão Geral do Projeto.

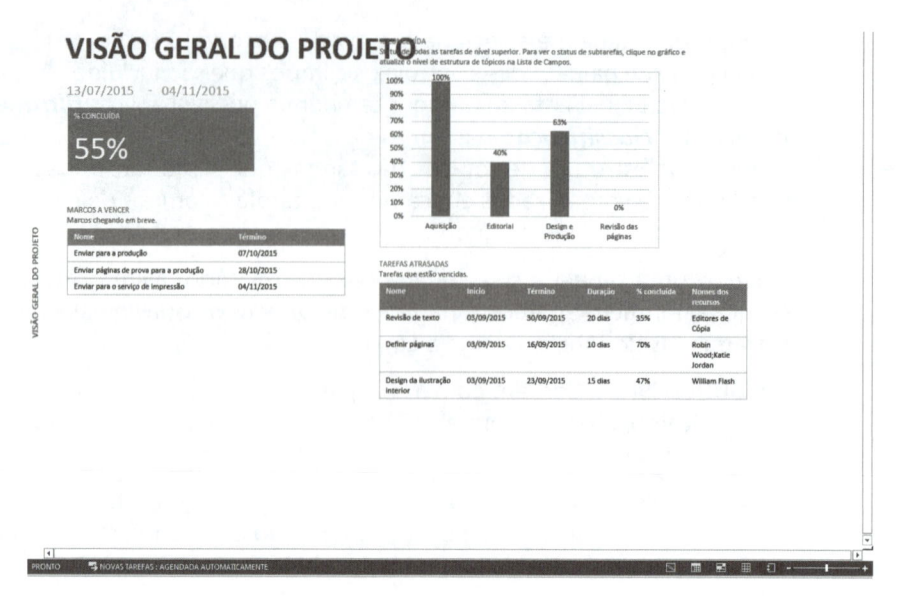

Esse é um relatório útil que comunica as estatísticas fundamentais de um plano. Para começar suas personalizações nesse relatório, você vai adicionar o campo Término da linha de base na tabela Marcos a Vencer.

2 Clique em qualquer lugar da tabela *Marcos a Vencer*, no canto inferior esquerdo do relatório.

O Project exibe o painel Lista de Campos.

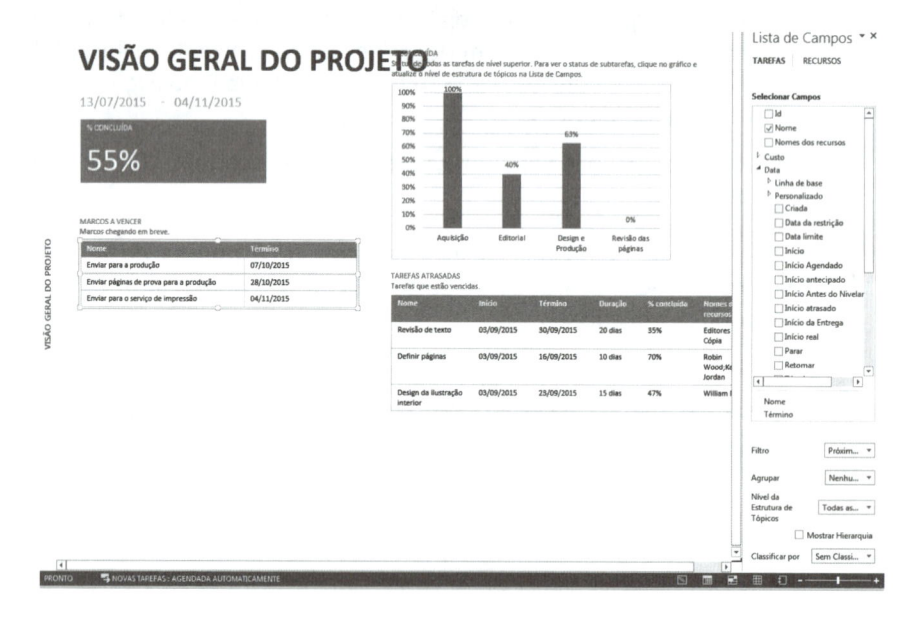

**DICA** Se o painel Lista de Campos não apareceu quando você clicou na tabela Marcos a Vencer, tente o seguinte: na guia Design de Ferramentas de Tabela, no grupo Mostrar/Ocultar, clique em Dados da Tabela. Esse comando ativa ou desativa o painel Lista de Campos.

No painel Lista de Campos, percorra a lista de itens abaixo de Selecionar Campos. Conforme você pode ver, os campos selecionados *Nome* e *Término* correspondem aos campos incluídos na tabela Marcos a Vencer. (Os nomes de campo selecionados também são listados abaixo da caixa Selecionar Campos.) Além disso, essa tabela está com o filtro Próximos Marcos aplicado (o qual pode estar truncado como *Próximos...*) na caixa Filtro, na parte inferior do painel Lista de Campos. Se esse filtro não estivesse aplicado, a tabela incluiria os nomes e datas de término de todas as tarefas do plano. No entanto, com o filtro aplicado, somente as tarefas de marco incompletas são apresentadas. Observe que as opções de filtro, agrupamento, estrutura de tópicos e classificação disponíveis em uma tabela de relatório são semelhantes às que podem ser aplicadas a um modo de exibição.

Como você pretende adicionar um campo (ou coluna) na tabela, precisará redimensioná-la posteriormente para que ela se encaixe corretamente no relatório. Em seguida, você vai observar a largura atual da tabela.

3  Na guia **Layout** de **Ferramentas de Tabela**, no grupo **Tamanho da Tabela**, observe a largura atual.

Agora você está pronto para adicionar o campo Término da linha de base à tabela. O painel Lista de Campos organiza os campos do Project em uma hierarquia; portanto, você vai trabalhar na estrutura hierárquica para obter o campo desejado. Como o campo Término da linha de base é um campo de linha de base que contém um valor de data, você vai examinar a categoria Linha de base.

4  Na caixa **Selecionar Campos**, em **Data**, clique na seta expandir/recolher ao lado de **Linha de base**, a fim de expandir a lista de campos de Linha de base.

5  Na lista de campos de **Linha de base**, clique em **Término da linha de base**.

O Project adiciona o campo Término da linha de base à tabela.

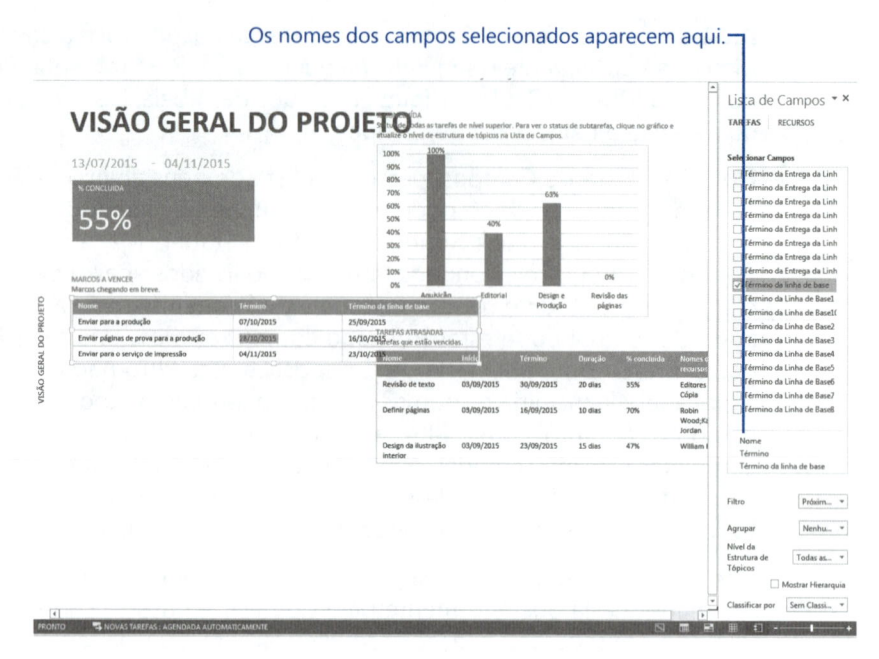

Os nomes dos campos selecionados aparecem aqui.

[Imagem da tela do relatório "VISÃO GERAL DO PROJETO" com a Lista de Campos aberta]

Como o filtro Próximos Marcos está aplicado a essa tabela, só aparecem nela os valores de Término de linha de base dos marcos futuros.

Com a coluna Término da linha de base adicionada à tabela, agora ela está larga demais. Você já vai cuidar disso.

6 Na guia **Layout** de **Ferramentas de Tabela**, no grupo **Tamanho da Tabela**, na caixa **Largura**, digite ou selecione **4,4** e, em seguida, pressione a tecla Enter.

**DICA** Se não vir imediatamente a alteração de formatação aplicada ao relatório, tente o seguinte: clique no plano de fundo do relatório para anular a seleção da tabela ou do gráfico.

O Project redimensiona a tabela com um tamanho próximo à sua largura original.

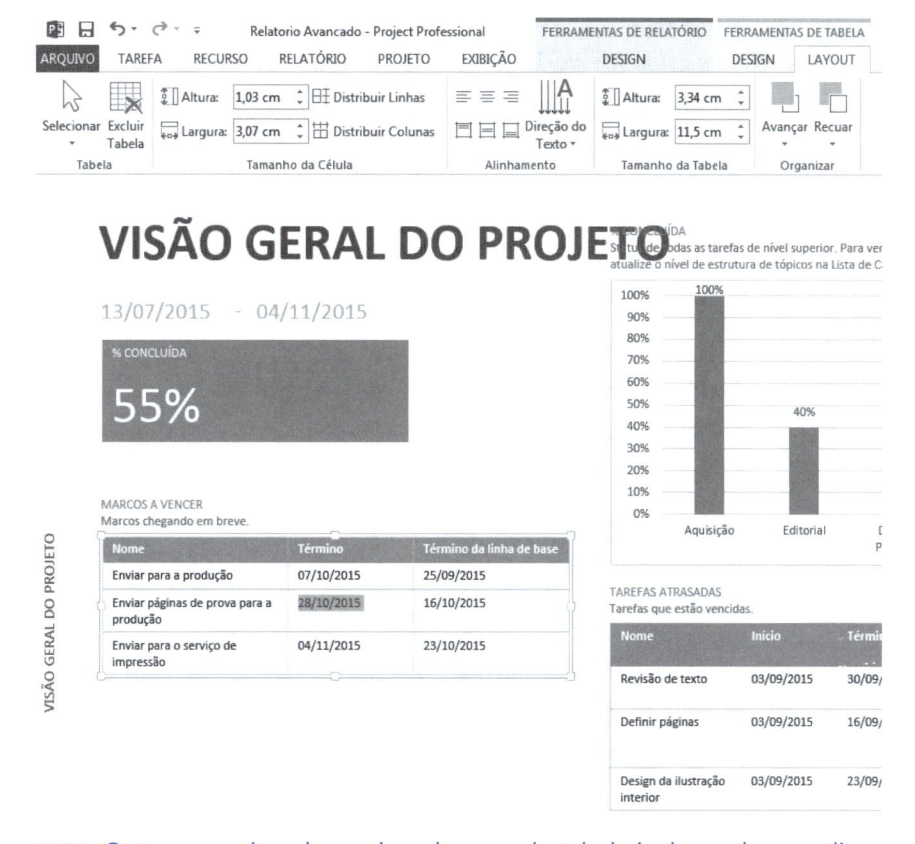

Capítulo 18   Formatação de relatórios avançada   **389**

[Captura de tela da guia LAYOUT de Ferramentas de Tabela mostrando os grupos Tabela, Tamanho da Célula, Alinhamento, Tamanho da Tabela e Organizar.]

[Imagem do relatório "VISÃO GERAL DO PROJETO" contendo: datas 13/07/2015 - 04/11/2015; % CONCLUÍDA 55%; gráfico de barras com Aquisição 100% e Editorial 40%; tabela de MARCOS A VENCER com as colunas Nome, Término, Término da linha de base (Enviar para a produção 07/10/2015 25/09/2015; Enviar páginas de prova para a produção 28/10/2015 16/10/2015; Enviar para o serviço de impressão 04/11/2015 23/10/2015); tabela de TAREFAS ATRASADAS com as colunas Nome, Início, Término (Revisão de texto 03/09/2015 30/09/; Definir páginas 03/09/2015 16/09/; Design da ilustração interior 03/09/2015 23/09/).]

**DICA** Outras maneiras de mudar a largura da tabela incluem dar um clique duplo nos divisores de coluna para que se ajustem, a fim de acomodar o conteúdo da coluna ou arrastar para a esquerda a alça da margem direita da tabela. Fique à vontade para testar essas técnicas.

Agora que a tabela contém os campos desejados, você vai aplicar um estilo de tabela para que ela tenha uma aparência diferente.

7  Na guia **Design** de **Ferramentas de Tabela**, no grupo **Estilos de Tabela**, clique no botão **Mais** para apresentar a galeria de estilos de tabela.

[Imagem da guia Design de Ferramentas de Tabela destacando o grupo Estilos de Tabela, com indicação "O botão Mais".]

8 Em **Médios**, clique no estilo laranja (o terceiro na fileira superior; sua Dica de Tela é *Estilo Médio 1 – Ênfase 2*).

O Project aplica o estilo à tabela.

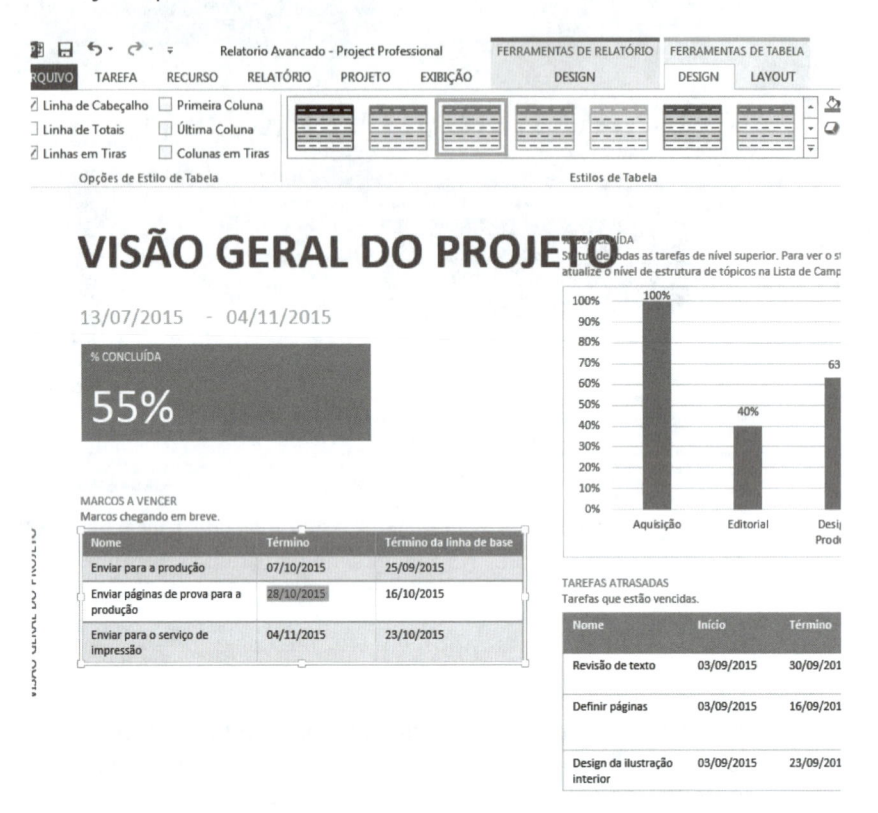

Em seguida, você vai voltar sua atenção para a caixa laranja grande % Concluída, no canto superior esquerdo do relatório. Esse elemento também é uma tabela, mas contém apenas uma coluna, o campo % concluída. Lembre-se de que é possível incluir campos do Project apenas em tabelas; portanto, usar uma tabela com apenas uma coluna (isto é, a célula que contém o valor do campo, mais o nome do campo como rótulo) é uma maneira engenhosa de focar visualmente um único valor, como % concluída.

Nesse relatório, você quer mostrar % concluída e % trabalho concluído lado a lado. A diferença entre os dois valores é sutil, mas importante:

- **% CONCLUÍDA** A parte da duração agendada total do plano decorrida até o momento.

- **% TRABALHO CONCLUÍDO** A parte do trabalho agendado total do plano concluída até o momento.

9 Clique em qualquer lugar na tabela *% Concluída*.

Observe que os campos, o filtro e o nível de estrutura de tópicos selecionados no painel Lista de Campos são diferentes para essa tabela.

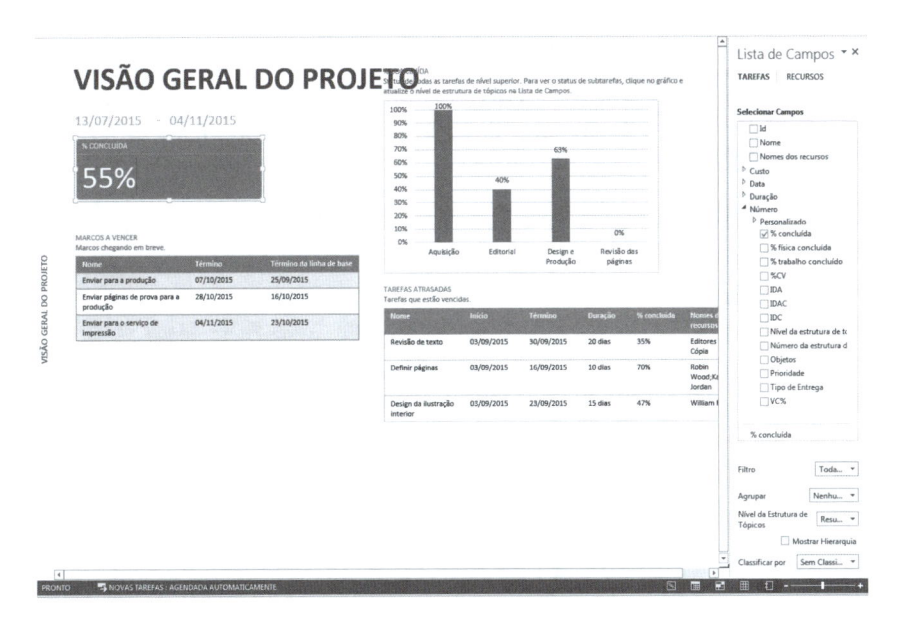

Capítulo 18 Formatação de relatórios avançada **391**

Como essa é uma tabela com apenas uma coluna, somente o campo % concluída da tarefa resumo do projeto é exibido. Observe o valor na caixa Nível da Estrutura de Tópicos no painel Lista de Campos: Resumo do Projeto (que pode estar truncado como *Resumo do Pro...*).

10  Na caixa **Selecionar Campos**, em **Número**, selecione **% trabalho concluído**.

O Project adiciona o campo % trabalho concluído à tabela, embora não esteja visível no momento, pois o texto dessa tabela está formatado como branco (assim como o plano de fundo do relatório).

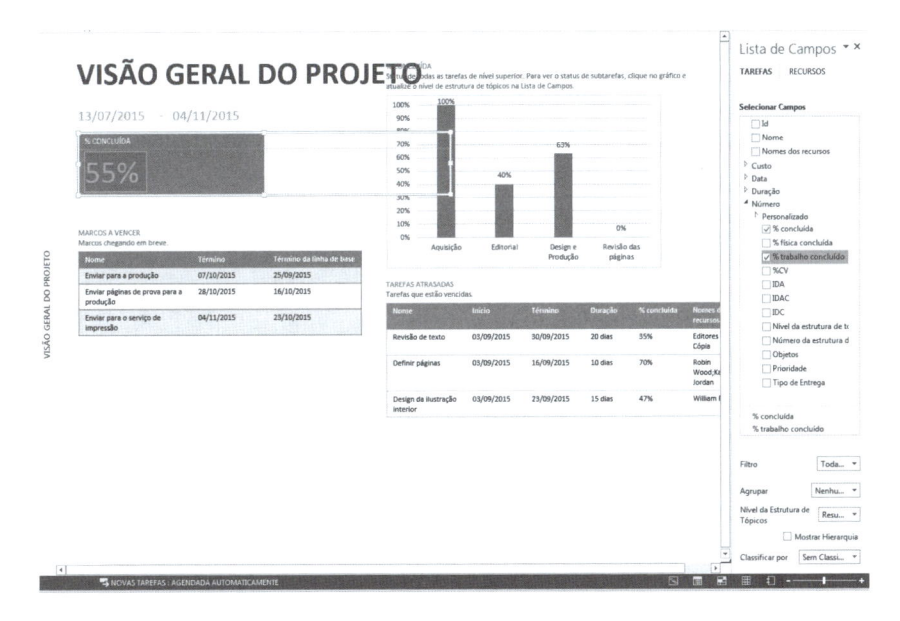

Você vai mudar a formatação de cor da tabela.

11 Na guia **Design** de **Ferramentas de Tabela**, no grupo **Estilos de Tabela**, clique em **Sombreamento** e, em seguida, na fileira superior de **Cores do Tema**, clique em **Laranja** (sua Dica de Tela é *Laranja – Ênfase 2*).

O Project aplica preenchimento laranja à tabela.

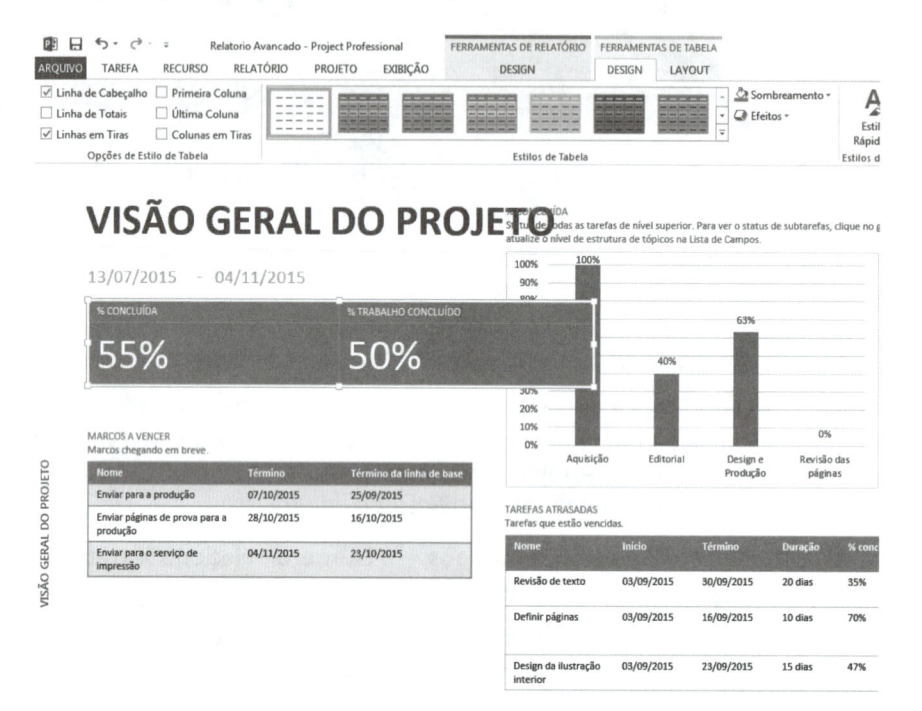

Para concluir este exercício, você vai redimensionar a tabela.

12 Clique na alça do lado direito da tabela e arraste para a esquerda, até que a largura dessa tabela corresponda aproximadamente à largura da tabela *Marcos a Vencer* abaixo dela.

O Project redimensiona a tabela.

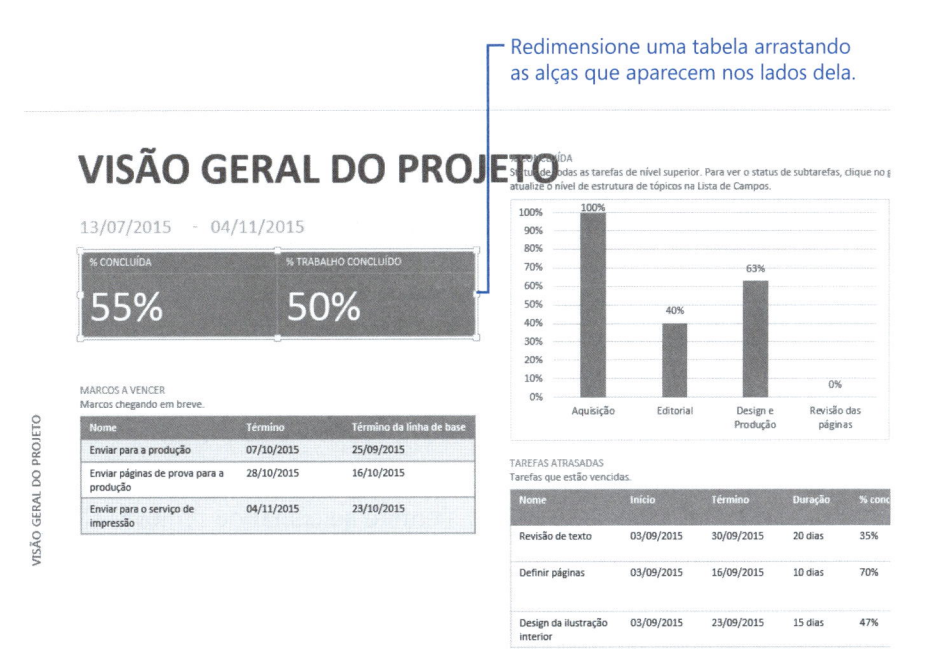

Esta seção apresentou a formatação de tabelas em um relatório. Na próxima, você vai se concentrar na formatação de gráficos.

# Formatação de gráficos em um relatório

Os relatórios do Project oferecem recursos para geração de gráficos comparáveis ao que anteriormente você esperaria encontrar em um aplicativo como o Excel. No Project, agora é possível criar uma variedade de tipos de gráficos, incluindo gráficos de colunas, linhas, pizza e barras. O Project incluiu o modo de exibição Gráfico de Recursos (um gráfico de barras mostrando alocação de trabalho por recurso) em várias versões. Contudo, com a adição de gráficos em relatórios, você tem muito mais coisas com que trabalhar.

Quando um gráfico é selecionado em um relatório, além do painel Lista de Campos também aparecem na Faixa de Opções as duas guias contextuais de Ferramentas de Gráfico, Design e Formatar. Observe que essas guias contextuais são diferentes das que aparecem quando uma tabela é selecionada em um relatório:

- **GUIA DESIGN** Contém comandos para alterar o layout e o estilo do gráfico e inclui elementos como rótulos de dados.

- **GUIA FORMATAR** Contém comandos para formatar elementos do gráfico, como séries de dados, para adicionar e aplicar estilo nas formas de um gráfico, como caixas de texto, e para aplicar efeitos de WordArt no texto selecionado.

Além disso, sempre que um gráfico é selecionado, aparecem três comandos contextuais flutuantes:

- Elementos do Gráfico
- Estilos de Gráfico
- Filtros de Gráfico

- **ELEMENTOS DO GRÁFICO** Permite adicionar ou remover elementos rapidamente, como rótulos de dados.

- **ESTILOS DE GRÁFICO** Permite trocar o gráfico selecionado por outro de estilo diferente (basicamente combinações de cor e preenchimento) e mudar o esquema de cores do gráfico.

- **FILTROS DE GRÁFICO** Permite adicionar ou remover uma série de dados específicos (que correspondem aos campos do Project) e categorias de dados (que correspondem às tarefas ou aos recursos específicos).

Esses três comandos flutuantes proporcionam rápido acesso a alguns dos recursos da guia Design. As opções de Filtros de Gráfico incluem ou excluem categorias de dados (tarefas ou recursos específicos) de um gráfico. Esse recurso é particularmente útil e você vai usá-lo no próximo exercício.

O cenário: na Lucerne Publishing, a equipe de projeto e a direção gostam do relatório Visão geral do Recurso por mostrar concisamente o trabalho real e o trabalho restante por recurso. Você quer mudar parte do conteúdo incluído no relatório e alterar sua aparência.

Neste exercício, você vai alterar o conteúdo e a formatação de gráficos em um relatório.

1 Na guia **Relatório**, no grupo **Ver Relatórios**, clique em **Recursos** e, em seguida, em **Visão geral do Recurso**.

O Project exibe o relatório Visão Geral do Recurso.

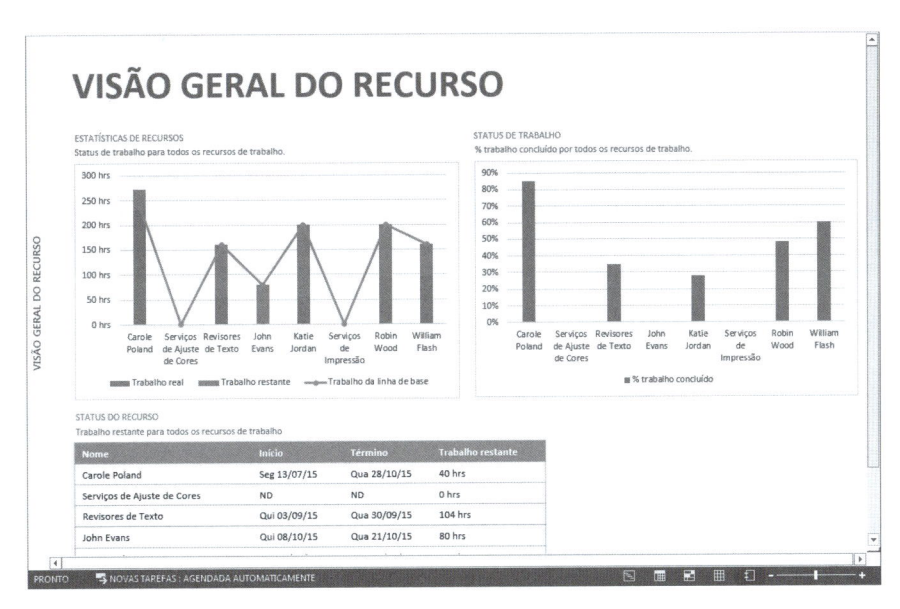

Esse relatório contém dois gráficos e uma tabela. Observe que os dois gráficos incluem recursos que não têm valores de trabalho. Você vai remover esses recursos do primeiro gráfico.

2 Clique em qualquer lugar no gráfico *Estatísticas de Recursos*.

O Project exibe os três comandos contextuais flutuantes para esse gráfico e também o painel Lista de Campos. Além disso, as guias contextuais da Faixa de Opções são atualizadas.

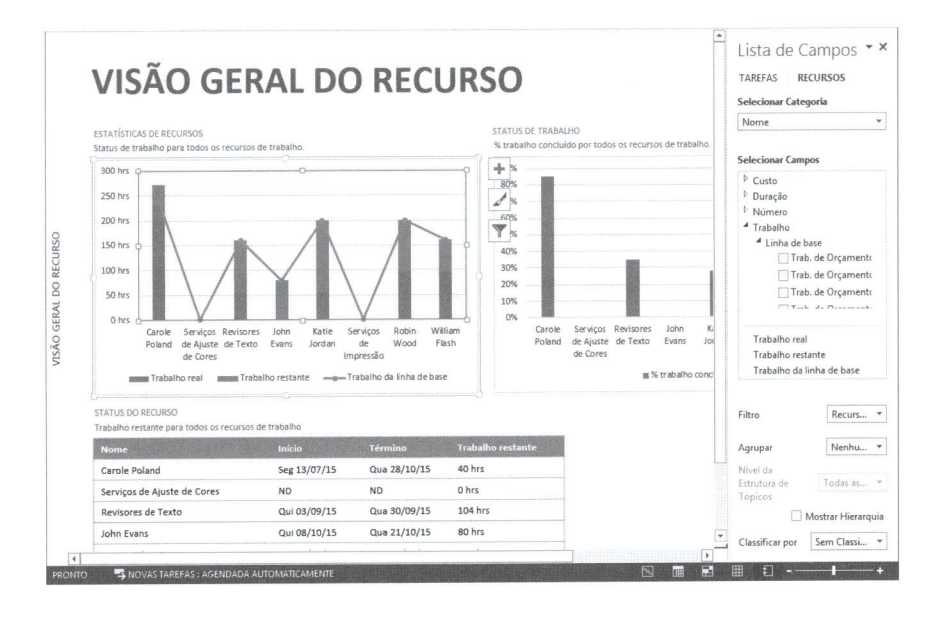

Você vai usar o comando contextual Filtros de Gráfico para excluir dois recursos desse gráfico.

3 Clique no comando **Filtros de Gráfico** à direita do gráfico Estatísticas de Recursos.

O Project apresenta a lista Valores para esse gráfico, a qual inclui os valores de Série (os valores que estão sendo medidos) e as Categorias (neste caso, os recursos cujos valores de Série estão sendo representados no gráfico).

4 Em **Categorias**, desmarque as caixas de seleção de *Serviços de Ajuste de Cores* e *Serviços de Impressão*; em seguida, clique em **Aplicar**.

O Project remove esses recursos do gráfico.

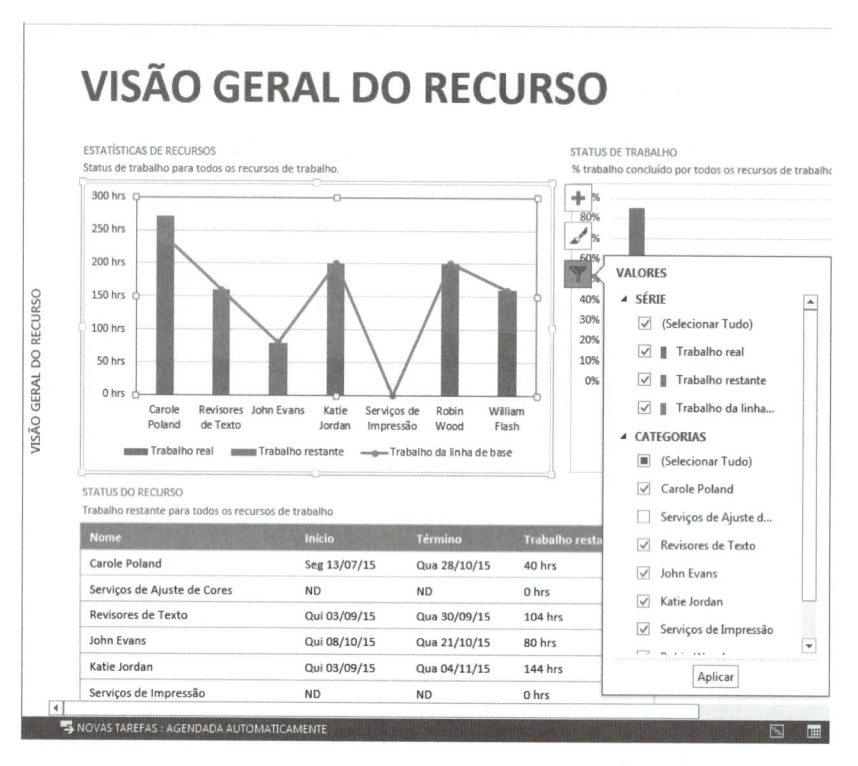

5 Clique novamente no comando contextual **Filtros de Gráfico** para fechá-lo.

Outra adição a fazer nesse gráfico é acrescentar uma tabela expondo mais explicitamente os valores de trabalho dos recursos individuais.

6 Na guia **Design** de **Ferramentas de Gráfico**, no grupo **Layout de Gráfico**, clique em **Adicionar Elemento Gráfico**, aponte para **Tabela de Dados** e, em seguida, clique em **Com Chaves de Legenda**.

O Project adiciona a tabela de dados abaixo do gráfico. Em seguida, você vai ocultar a legenda, agora redundante, abaixo da tabela de dados.

7 Na guia **Design** de **Ferramentas de Gráfico**, no grupo **Layout de Gráfico**, clique em **Adicionar Elemento Gráfico**, aponte para **Legenda** e, em seguida, clique em **Nenhuma**.

Em seguida, você vai usar os recursos do painel Lista de Campos para mudar a ordem em que os nomes dos recursos aparecem no gráfico Status de Trabalho. Ao fazer isso, você vai explorar algumas outras configurações do painel Lista de Campos.

8 Clique em qualquer lugar no gráfico *Status de Trabalho*.

9 No painel Lista de Campos, clique na seta da caixa **Selecionar Categoria**.

Um pouco antes, neste capítulo, vimos que "Categoria" no contexto de um gráfico significa o tipo dos valores que serão apresentados nele. Para esse gráfico, a categoria selecionada são os nomes dos recursos, os quais aparecem no eixo X do gráfico.

**DICA** Embora o valor da categoria Hora não seja aplicável a esse gráfico, ele é único e merece alguma explicação. A categoria Hora pode ser usada para mostrar valores (como trabalho) ao longo do tempo. Quando a categoria Hora é utilizada com um gráfico, um comando Editar aparece ao lado da caixa Selecionar Categoria. Use esse comando para ajustar a escala de tempo em seu gráfico. Se quiser mexer com as configurações da categoria Hora, um bom relatório para ver é o Relatório de Marco.

10  Clique novamente na seta da caixa **Selecionar Categoria** para fechá-la.

Na lista Selecionar Campos, pode-se ver que % trabalho concluído é o campo de recurso para o qual o Project mostrará os valores por categoria (neste caso, nomes de recurso). Esses valores estão delineados no eixo Y do gráfico e os valores específicos por recurso aparecem por coluna.

11  Clique na seta da caixa **Filtro**.

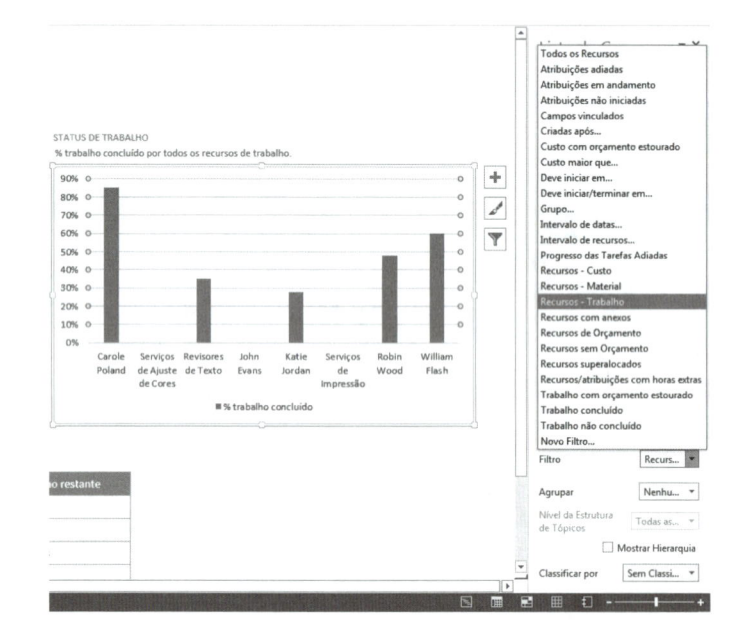

Capítulo 18  Formatação de relatórios avançada  **399**

Esse filtro exclui todos os valores que não são recursos de trabalho. Você vai classificar a ordem dos recursos de trabalho.

12 Na caixa **Classificar por**, clique em **% trabalho concluído**.

O Project classifica os nomes dos recursos de trabalho em ordem crescente, dos valores de % trabalho concluído mais baixos para os mais altos. Você vai trocar essa ordem para decrescente.

13 Imediatamente à direita da caixa **Classificar por**, clique no botão de ordem de classificação **Crescente/Decrescente**.

O Project reclassifica os nomes dos recursos de trabalho em ordem decrescente.

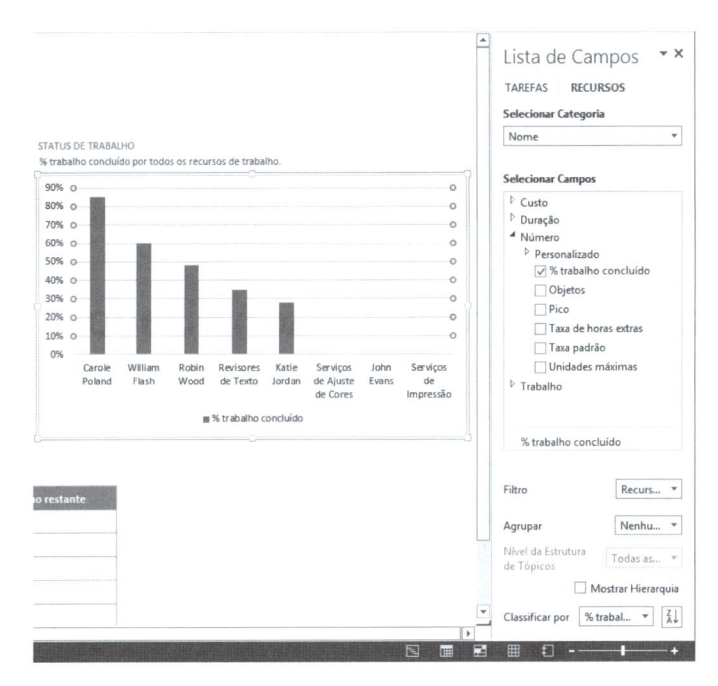

Para concluir este exercício, você vai exibir rótulos de dados nas barras do gráfico.

14 Na guia **Design** de **Ferramentas de Gráfico**, no grupo **Layout de Gráfico**, clique em **Adicionar Elemento Gráfico**, aponte para **Rótulos de Dados** e, em seguida, clique em **Extremidade Externa**.

O Project adiciona ao gráfico os valores de % trabalho concluído por coluna (isto é, por recurso de trabalho).

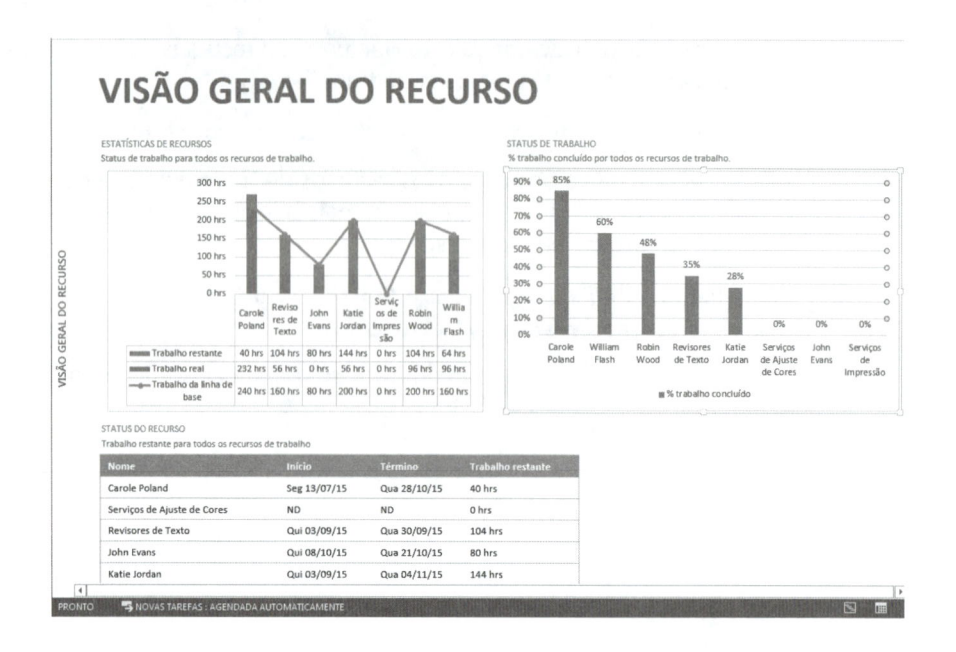

## Como criar um relatório personalizado

Se você concluiu os exercícios anteriores, então trabalhou com elementos de gráfico e de tabela usando campos de tarefa e de recurso em relatórios.

Além de personalizar os relatórios internos do Project, como fez anteriormente neste capítulo, você pode criar relatórios personalizados. Os relatórios personalizados podem conter qualquer mistura de elementos de relatório (gráficos e tabelas), caixas de texto e elementos gráficos. Na verdade, é possível combinar informações de tarefas e recursos em um único relatório para transmitir ideias, o que não é possível em outras partes do Project.

Nesta seção, você vai criar um relatório personalizado para o projeto do livro de receitas culinárias. Ao criar seus próprios relatórios personalizados, você vai querer se aprofundar nos comandos da guia Design de Ferramentas de Relatório. Esses comandos são utilizados para selecionar os elementos de relatório desejados, aplicar temas e controlar opções de configuração de página.

Capítulo 18 Formatação de relatórios avançada **401**

O cenário: na Lucerne Publishing, às vezes solicitam a você detalhes do custo do projeto em termos de tarefas resumo (ou fases) e recursos. Você vai criar um relatório personalizado que inclui a mistura de informações de custo desejada.

Neste exercício, você vai criar um relatório personalizado que inclui um gráfico e uma tabela.

1 Na guia **Relatório**, no grupo **Ver Relatórios**, clique em **Novo relatório**.

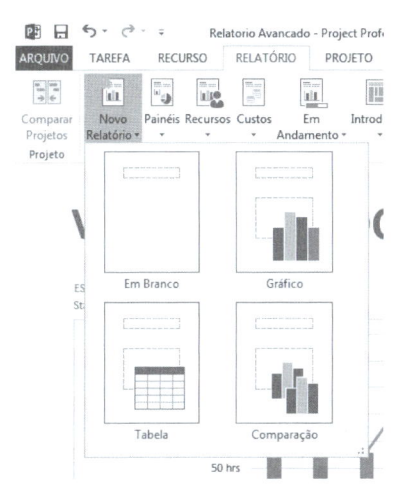

Essas opções permitem começar com um relatório em branco ou com uma tabela ou gráfico inicial. A opção Comparação cria um novo relatório contendo dois gráficos idênticos, na expectativa de que você personalize um deles ou ambos.

2 Clique em **Em Branco**.

A caixa de diálogo Nome do Relatório é exibida. O nome digitado será o título da parte superior do relatório e aparecerá no menu Personalizado (no grupo Ver Relatórios, na guia Relatório) para que você possa ver esse relatório posteriormente.

3 No campo **Nome**, digite **Resumo de Custo do Livro de Receitas** e, em seguida, clique em **OK**.

O Project cria o novo relatório em branco.

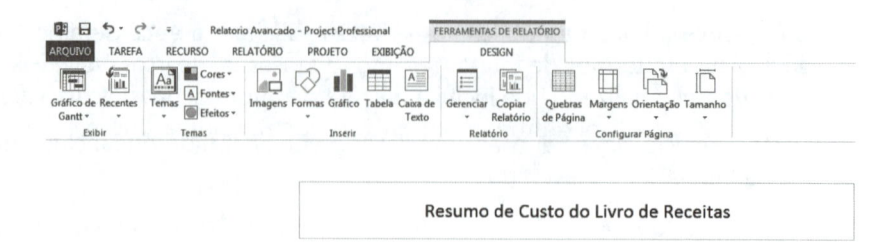

O primeiro elemento que você vai adicionar no relatório é um gráfico. Uma maneira interessante de expressar o custo desse plano é em um gráfico de pizza, com cada fase do plano (*Aquisição, Editorial,* e assim por diante) representada como uma fatia do gráfico. Para esclarecer melhor quanto custa cada fase, você vai rotular cada fatia do gráfico de pizza com o nome, o custo e a porcentagem do custo total dessa fase. Isso proporcionará uma visão completa e única do custo do projeto.

4 Na guia **Design** de **Ferramentas de Relatório**, no grupo **Inserir**, clique em **Gráfico**.

A caixa de diálogo Inserir Gráfico é exibida.

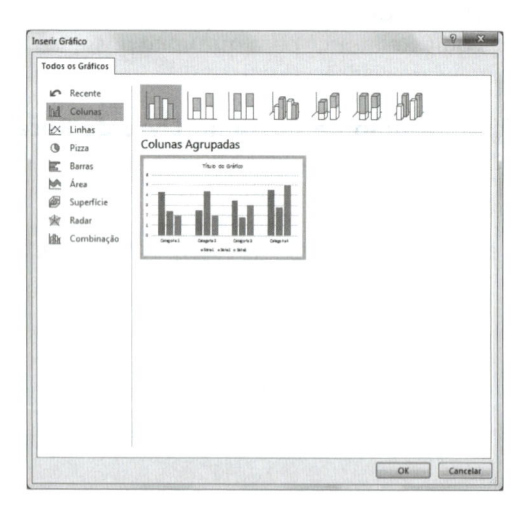

Capítulo 18  Formatação de relatórios avançada  **403**

Percorra os tipos de gráfico suportados.

5 Clique em **Pizza** e, em seguida, em **OK**.

O Project adiciona um novo gráfico de pizza no relatório e exibe o painel Lista de Campos.

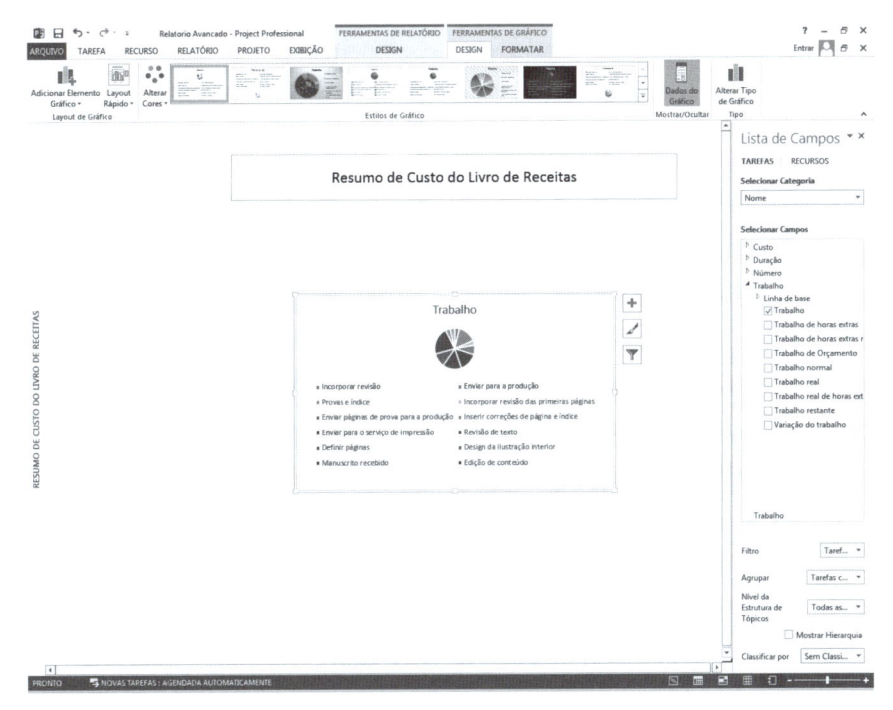

O novo gráfico de pizza padrão não contém os valores desejados, portanto você vai alterá-los.

6 No painel Lista de Campos, na caixa **Selecionar Campos**, clique na seta expandir/recolher ao lado de **Custo**, a fim de expandir a lista desse campo, e, em seguida, marque a caixa de seleção **Custo**.

Você vai remover o campo que não quer incluir no gráfico.

7 Na caixa **Selecionar Campos**, na lista do campo Trabalho, desmarque a caixa de seleção **Trabalho**.

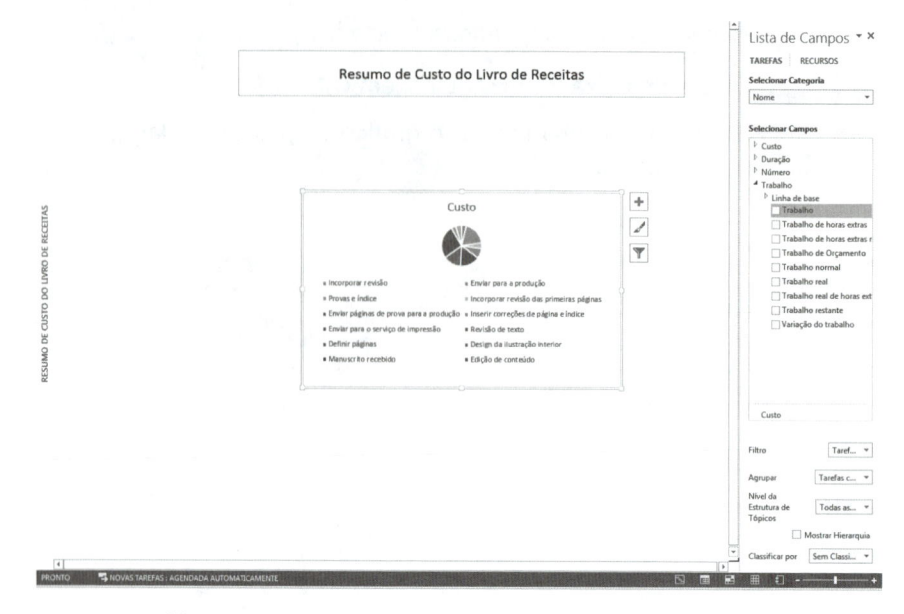

Agora o gráfico de pizza tem o campo correto aplicado, mas não para as tarefas resumo de nível superior que representam as fases do plano. Você vai mudar isso.

8   Na caixa **Filtro**, selecione **Todas as Tarefas**.

9   Na caixa **Agrupar**, selecione **Nenhum grupo**.

10  Na caixa **Nível da Estrutura de Tópicos**, selecione **Level 1**.

Agora o gráfico de pizza contém uma fatia por fase de nível superior (o nível de estrutura de tópicos Level 1) e cada fatia tem tamanho proporcional para representar a porcentagem das fases no custo total do plano.

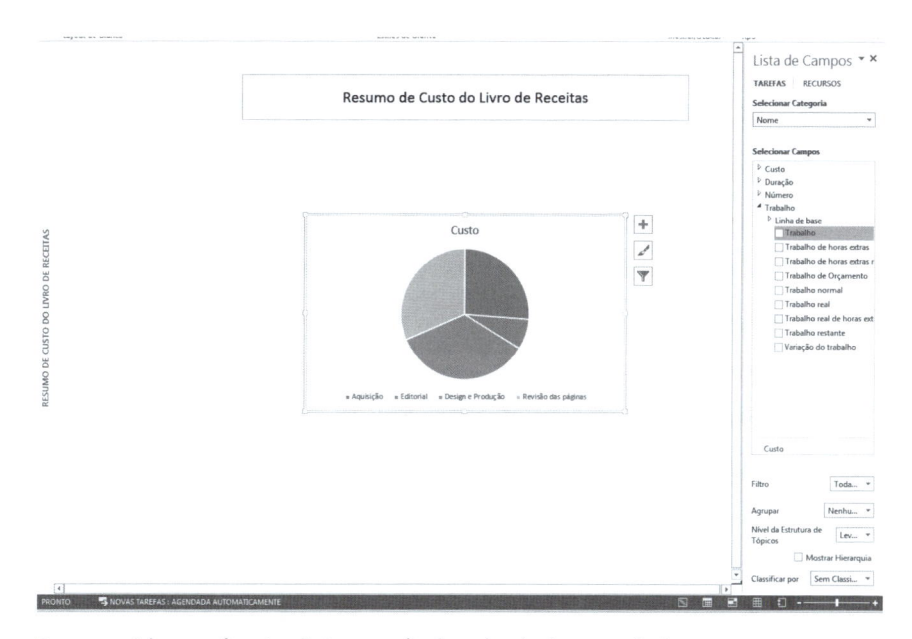

## Capítulo 18 Formatação de relatórios avançada

Em seguida, você vai adicionar rótulos de dados nas fatias.

11 Na guia **Design** de **Ferramentas de Gráfico**, no grupo **Layout de Gráfico**, clique em **Adicionar Elemento Gráfico**, aponte para **Rótulos de Dados** e, em seguida, clique em **Mais Opções de Rótulo de Dados**.

> **DICA** Também é possível clicar no comando contextual flutuante Elementos do Gráfico, clicar em Rótulos de Dados e, em seguida, em Mais Opções.

O painel Formatar Rótulos de Dados é exibido.

12 Em **Opções de Rótulo**, clique (para marcar) nas seguintes caixas: **Nome da Categoria** e **Porcentagem**. Deixe marcados os outros valores selecionados.

13 Em **Posição do Rótulo**, selecione **Extremidade Externa**.

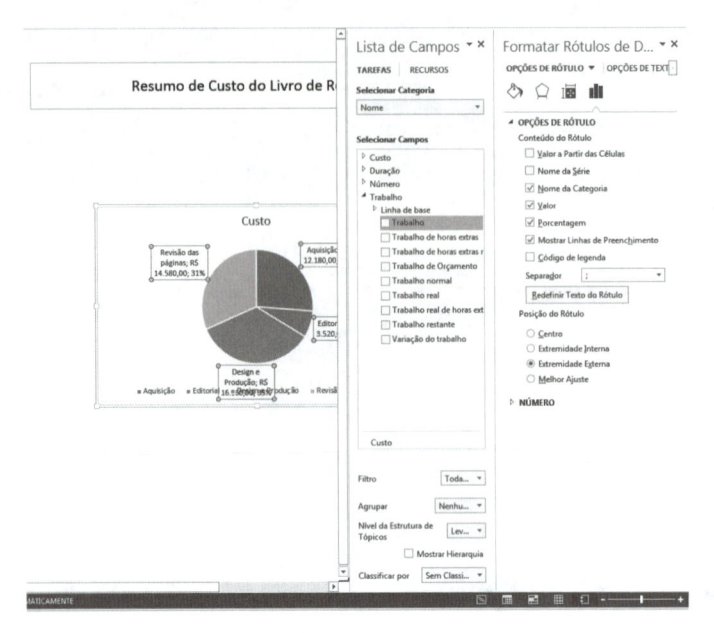

Você vai ocultar a legenda abaixo do gráfico, porque incluiu os valores de Nome da Categoria por fatia.

14 Feche o painel **Formatar Rótulos de Dados**.

15 Na guia **Design** de **Ferramentas de Gráfico**, no grupo **Layout de Gráfico**, clique em **Adicionar Elemento Gráfico**, aponte para **Legenda** e, em seguida, clique em **Nenhuma**.

Sua tela deve ser parecida com esta figura.

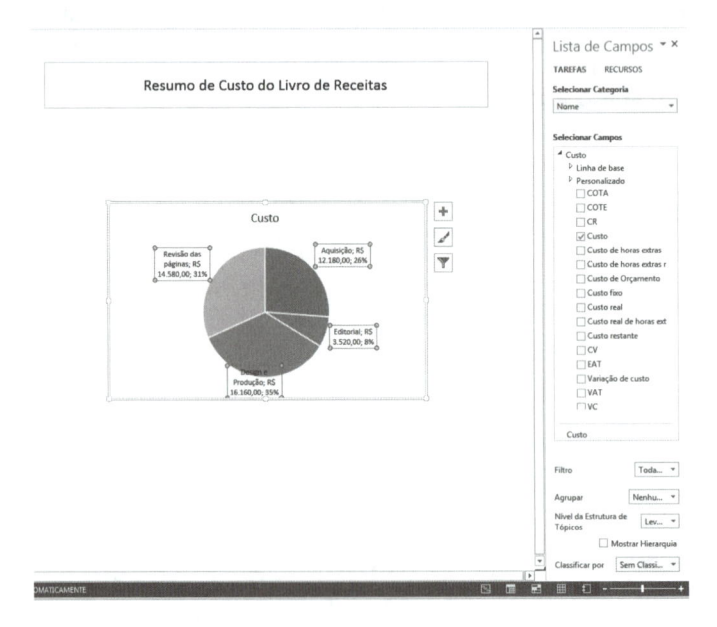

Em seguida, você vai adicionar uma tabela para comunicar os valores de custo por recurso.

16  Clique em qualquer lugar fora do gráfico para desfazer sua seleção.

17  Na guia **Design** de **Ferramentas de Relatório**, no grupo **Inserir**, clique em **Tabela**.

O Project adiciona uma tabela no relatório.

18  Arraste a tabela para baixo do gráfico de pizza.

Resumo de Custo do Livro de Receitas

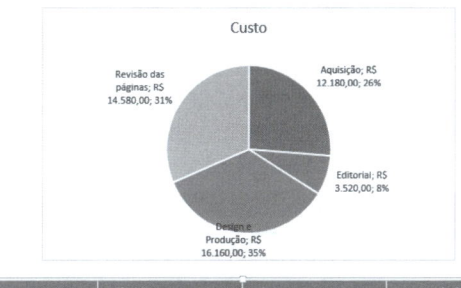

| Nome | Início | Término | % concluída |
|---|---|---|---|
| Livro de receitas para crianças | 13/07/2015 | 04/11/2015 | 55% |

Agora, você vai alterar os campos incluídos na tabela.

19  Na parte superior do painel **Lista de Campos**, clique em **Recursos**.

Essa tabela vai conter campos de recurso.

A tabela de recursos padrão já contém os nomes dos recursos na primeira coluna, mas não os valores de custo que você deseja. Você vai adicioná-los.

20  Abaixo da caixa **Selecionar Campos**, clique com o botão direito do mouse em **Término** e, no menu de atalho, clique em **Remover Campo**.

21  Clique com o botão direito do mouse em **Início** e, no menu de atalho, clique em **Remover Campo**.

Observe que, à medida que você adiciona ou remove campos no painel Lista de Campos, a tabela é atualizada para refletir os campos selecionados.

22 Na caixa **Selecionar Campos**, clique na seta expandir/recolher ao lado de **Custo**, a fim de expandir a lista desse campo, e clique nos seguintes campos, na ordem listada:

- **Custo real**
- **Custo restante**
- **Custo**

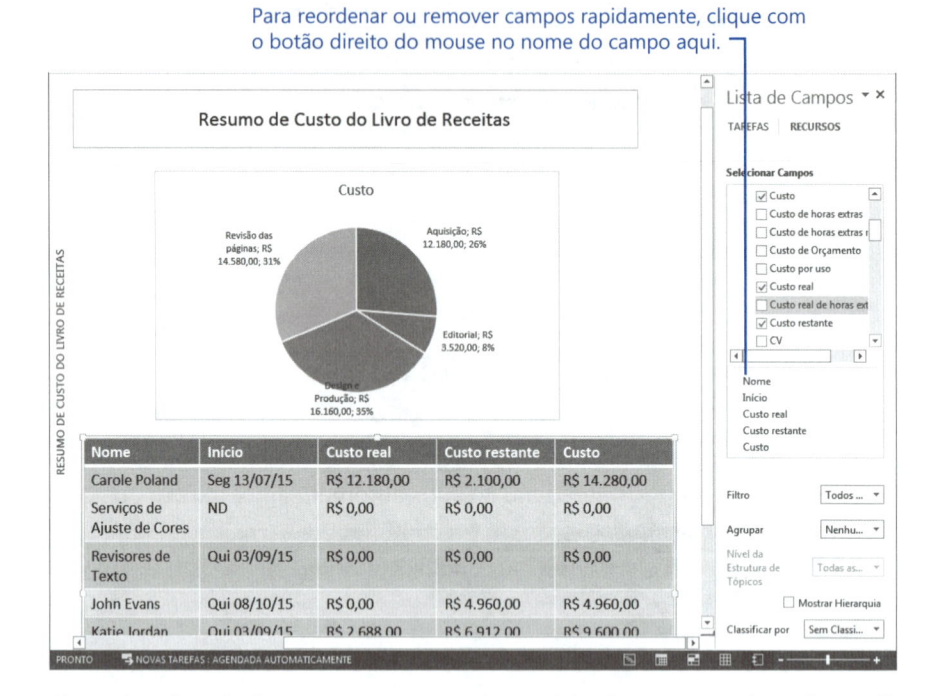

O motivo de selecionar os campos nessa ordem é para que eles sejam adicionados como colunas da esquerda para a direita na mesma ordem. Como o custo é a soma do custo real e do custo restante, é mais lógico adicioná-lo por último para que apareça na coluna mais à direita.

**DICA** Também é possível reordenar os campos de uma tabela arrastando para a ordem desejada os nomes de campo que aparecem abaixo da caixa Selecionar Campos.

Para concluir este exercício, você vai aplicar um estilo de tabela.

23 Na guia **Design** de **Ferramentas de Tabela**, no grupo **Estilos de Tabela**, na caixa de estilos de tabela, clique em um estilo laranja (a terceira linha de estilos na caixa; sugerimos *Estilo Médio 2 – Ênfase 2*).

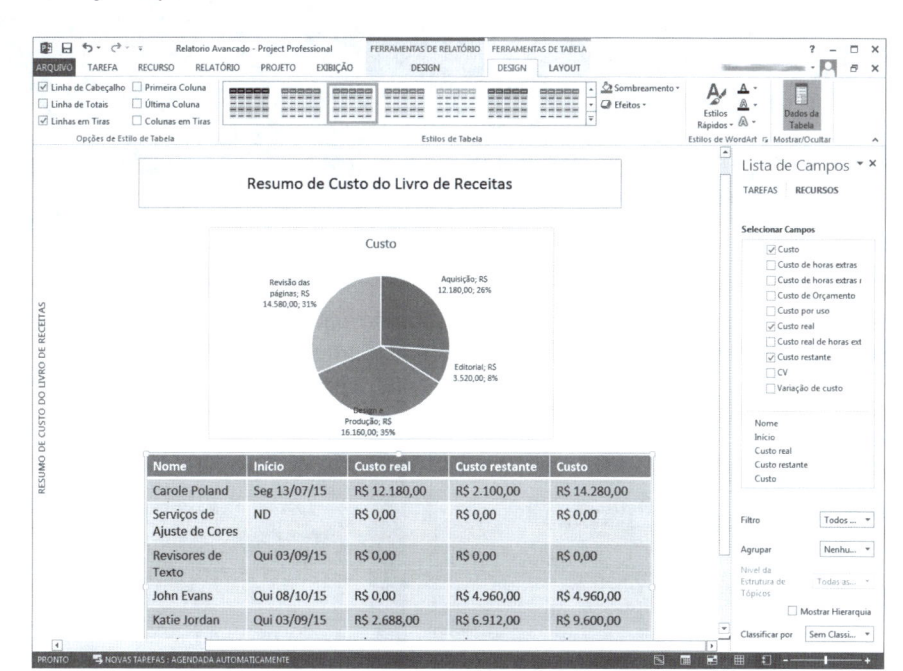

O Project aplica o estilo à tabela.

Como em todos os relatórios, os valores de campo incluídos nesse relatório personalizado serão atualizados automaticamente quando os dados de custo e agenda subjacentes mudarem no plano.

**DICA** Os relatórios personalizados ficam dentro do plano no qual foram criados e não estão disponíveis em outros planos. Para tornar um relatório personalizado disponível em qualquer plano com que você trabalhar no Project, use o Organizador para copiá-lo para o modelo Global. Para mais informações sobre o Organizador, consulte o Capítulo 19, "Como personalizar o Project".

❌ ENCERRAMENTO  Feche o arquivo Relatorio Avancado.

# Pontos-chave

- No Project, os relatórios o ajudam a visualizar seus dados com uma mistura de tabelas, gráficos e outros elementos.
- O painel Lista de Campos é usado para controlar os campos que são incluídos em uma tabela e como são organizados.
- O Project admite uma ampla variedade de tipos de gráfico, incluindo gráficos de colunas, linhas, pizza e barras.
- É possível criar um relatório personalizado com uma mistura de elementos de tabela e gráfico mostrando campos de tarefa ou de recurso.

# Visão geral do capítulo

## Compartilhar

Trabalhe com o Organizador para compartilhar elementos personalizados entre os planos, página 412.

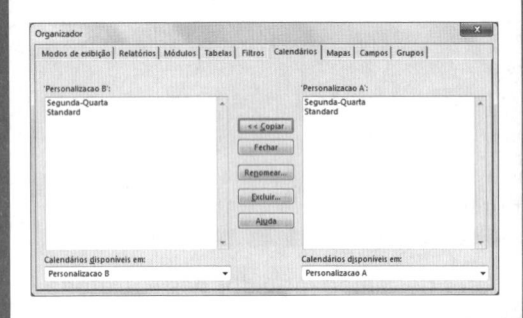

## Gravar

Grave uma macro VBA para executar uma sequência de ações repetitivas, página 418.

## Codificar

Edite código de macro VBA no Visual Basic Editor, página 423.

## Personalizar

Crie sua própria guia personalizada na Faixa de Opções, página 429.

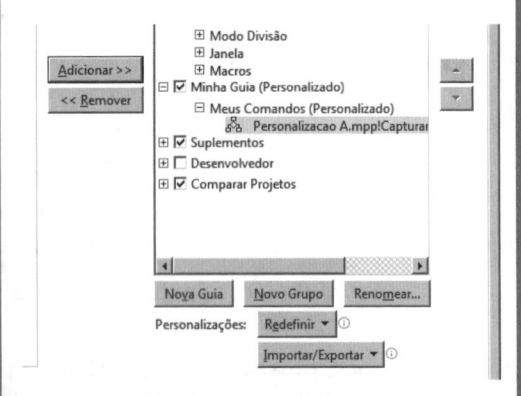

# Como personalizar o Project

# 19

NESTE CAPÍTULO, VOCÊ APRENDERÁ A:

- Copiar um elemento personalizado, (por exemplo, um calendário) de um plano para outro usando o Organizador.

- Gravar e executar uma macro.

- Editar uma macro no Visual Basic for Applications (VBA) Editor.

- Personalizar a Barra de Ferramentas de Acesso Rápido e a Faixa de Opções.

Este capítulo descreve algumas maneiras de personalizar o Microsoft Project 2013 para adequá-lo às suas preferências. Assim como a maioria dos outros aplicativos do Microsoft Office, o Project utiliza a **Faixa de Opções**, a qual oferece boas opções de personalização. O Project tem outros recursos de personalização exclusivos do programa, como o Organizador e o modelo global. Além disso, possui recursos de personalização, como gravação de macros VBA (Microsoft Visual Basic for Applications), semelhantes aos de outros aplicativos do Microsoft Office.

> **IMPORTANTE** Algumas das ações que você vai executar neste capítulo podem afetar suas configurações globais no Project, independentemente do plano específico que estiver utilizando. Para manter seu ambiente do Project intacto ou com as "configurações de fábrica", incluímos passos para desfazer algumas ações.

> **ARQUIVOS DE PRÁTICA** Para fazer os exercícios deste capítulo, você precisa dos arquivos contidos na pasta Capitulo19. Para mais informações, consulte "Como baixar os arquivos de prática", na Introdução deste livro.

> **IMPORTANTE** Se você estiver executando o Project Professional com Project Web App/Project Server, tome o cuidado de não salvar no Project Web App (PWA) os arquivos de prática com os quais trabalhará neste livro. Para mais informações, consulte o Apêndice C, "Colaboração: Project, SharePoint e PWA".

# Compartilhamento de elementos personalizados entre planos

O Project usa um *modelo global*, denominado Global.mpt, para fornecer os modos de exibição, tabelas, relatórios e outros elementos padrão que você vê no programa. Na primeira vez em que você apresenta um modo de exibição, tabela ou elemento similar em um plano, ele é copiado automaticamente do modelo global para esse plano. Depois disso, o elemento reside no plano. Qualquer personalização subsequente desse elemento no plano (por exemplo, alterar os campos apresentados em uma tabela) se aplicará apenas a esse plano e não afetará o modelo global. O modelo global é instalado como parte do Project e, em geral, você não trabalha com ele diretamente.

No início, as definições específicas de todos os modos de exibição, tabelas e outros elementos listados aqui estão contidos no modelo global. Por exemplo, o fato de a tabela Uso padrão conter um conjunto de campos e não outro é determinado pelo modelo global. A lista de elementos fornecidos pelo modelo global inclui os seguintes:

- Modos de exibição
- Relatórios
- Tabelas
- Filtros
- Calendários
- Grupos

Além disso, é possível copiar módulos (macros VBA), importar/exportar mapas e personalizar campos no modelo global ou entre planos.

Quando um elemento, como um modo de exibição, é personalizado, ele permanece no plano no qual foi personalizado. No caso dos modos de exibição e das tabelas, existe a opção de atualizar a versão desse elemento no modelo global com seu modo de exibição ou tabela personalizados. Contudo, se você criar um novo elemento, como um novo modo de exibição, esse novo elemento é copiado no modelo global e, então, ficará disponível em todos os outros planos com os quais você trabalhar.

No entanto, os calendários são uma exceção. Quando você cria um calendário personalizado, ele permanece apenas no plano no qual foi criado. Um calendário padrão personalizado que atende às suas necessidades em um plano poderia redefinir horas úteis em outros planos de maneira indesejada. Por isso, o Project tem um recurso que permite compartilhar calendários personalizados (e outros elementos) entre planos de maneira controlada. Esse recurso é o **Organizador**.

A lista completa de elementos que podem ser copiados entre planos com o Organizador foi apresentada anteriormente e é indicada pelos nomes das guias na caixa de diálogo Organizador, que você vai ver em breve.

Você pode usar o Project com frequência e nunca precisar tocar no modelo global. Entretanto, quando você trabalha com o modelo global, faz isso por intermédio do Organizador. Algumas ações que podem ser executadas, relacionadas com o modelo global, incluem os seguintes:

- Criar um elemento personalizado, como um calendário personalizado, e torná-lo disponível em todos os planos com que você trabalhar, copiando o calendário personalizado para o modelo global.

- Substituir um elemento personalizado, como um modo de exibição ou uma tabela, em um plano, copiando o elemento original, não modificado, do modelo global para o plano no qual o mesmo elemento foi personalizado.

- Copiar um elemento personalizado, como um relatório personalizado, de um plano para outro.

As configurações do modelo global se aplicam a todos os planos com os quais você trabalha no Project. Como não queremos alterar o modelo global, neste exercício enfocaremos a cópia de elementos personalizados entre dois planos. Lembre-se, contudo, de que o processo geral de utilização do Organizador mostrado aqui é o mesmo, esteja você trabalhando com o modelo global e um plano ou com dois planos.

> **IMPORTANTE** No Organizador, quando você tenta copiar um modo de exibição, tabela ou outro elemento personalizado de um plano para o modelo global, o Project avisa que sobrescreverá esse elemento com o mesmo nome no modelo global. Se você decidir sobrescrevê-lo, esse elemento personalizado (um modo de exibição personalizado, por exemplo) estará disponível em todos os novos planos e em qualquer outro plano que ainda não contenha esse elemento. Se você decidir renomear um elemento personalizado, ele se tornará disponível em todos os planos, mas não afetará os elementos existentes já armazenados no modelo global. Geralmente é recomendável dar aos seus elementos personalizados nomes exclusivos, como **Gráfico de Gantt Personalizado**, para que você possa manter o elemento original intacto.

O cenário: na Lucerne Publishing, anteriormente você criou um calendário para aplicar a uma tarefa que só pode ser iniciada em certos dias da semana. Outro plano inclui o mesmo tipo de tarefa, com os mesmos requisitos de calendário, então, você quer usar o calendário da tarefa nesse outro plano.

Neste exercício, você vai utilizar o Organizador para copiar um calendário personalizado de um plano para outro.

→ PREPARAÇÃO Para fazer este exercício, você precisa dos dois arquivos localizados na pasta Capitulo19.

1 Abra o arquivo **Personalizacao B_Inicio** e salve-o como **Personalizacao B**.

2 Em seguida, abra o arquivo **Personalizacao A_Inicio** e salve-o como **Personalizacao A**.

O plano Personalizacao A contém um calendário personalizado, chamado *Segunda-Quarta*, que foi criado no Capítulo 9, "Agendamento de tarefas avançado".

3 Role o modo de exibição **Gráfico de Gantt** verticalmente até a tarefa 44, *Enviar para configuração de cor*, ficar visível e, então, aponte o cursor do mouse para o ícone de calendário na coluna **Indicadores**.

| 43 |  | ▲ Preparação de cor e impressão | 44 dias | 06/10/2015 | 04/12/2015 |  |
| 44 |  | Enviar para<br>O calendário 'Segunda-Quarta' está atribuído à tarefa. | 1 dia | 06/10/2015 | 06/10/2015 | 39;42 |
| 45 |  | Gerar provas | 10 dias | 07/10/2015 | 20/10/2015 | 44 |
| 46 |  | Imprimir e distribuir | 30 dias | 26/10/2015 | 04/12/2015 | 45TI+3 d |

Essa tarefa usa o calendário personalizado; portanto, só pode ocorrer em uma segunda, terça ou quarta-feira. Você quer usar esse calendário no plano Personalizacao B.

4 Na guia **Arquivo** (e, se a tela Informações ainda não estiver visível), clique em **Informações**. Em seguida, clique em **Organizador**.

A caixa de diálogo Organizador é exibida.

5 Clique nas várias guias da caixa de diálogo para ver os tipos de elementos que podem ser gerenciados com o Organizador e, em seguida, clique na guia **Calendários**.

Como você pode ver, a maioria das guias da caixa de diálogo Organizador tem estrutura parecida: os elementos do modelo global aparecem à esquerda da caixa de diálogo e os elementos que foram usados no plano ativo, não importa quando (por exemplo, modos de exibição apresentados), aparecem à direita.

Selecionar um elemento no lado esquerdo da caixa de diálogo e, depois, clicar no botão Copiar, copiará esse elemento para o plano listado à direita. Inversamente, selecionar um elemento no lado direito da caixa de diálogo e, depois, clicar no botão Copiar, copiará esse elemento para o arquivo listado à esquerda (por padrão, o modelo global).

6 Na lista suspensa de **Calendários disponíveis em**, no lado esquerdo da caixa de diálogo **Organizador**, selecione **Personalizacao B**.

Esse plano aparece na lista porque está aberto no Project.

O lado da caixa de diálogo na qual um elemento foi selecionado determina a direção em que o elemento é copiado.

Como você pode ver, o plano Personalizacao B (à esquerda) não possui o calendário personalizado Segunda-Quarta e o plano Personalizacao A (à direita) possui.

7  Na lista de calendários no lado direito da caixa de diálogo, clique em **Segunda-Quarta**.

Observe que os símbolos com duas setas (>>) no botão Copiar trocam de sentido (<<) quando você seleciona um elemento no lado direito da caixa de diálogo.

8  Clique em **Copiar**.

O Project copia o calendário personalizado do plano Personalizacao A para o plano Personalizacao B.

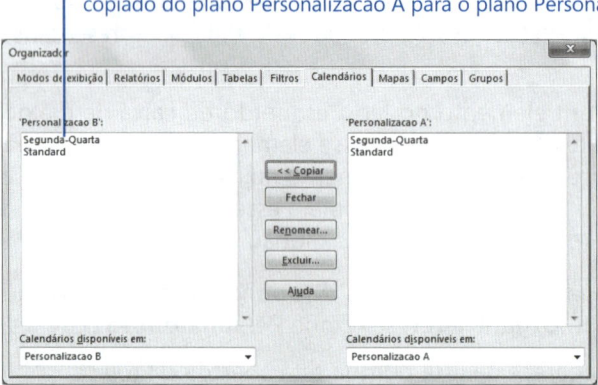

*Após clicar no botão Copiar, o calendário Segunda-Quarta é copiado do plano Personalizacao A para o plano Personalizacao B.*

9  Clique em **Fechar** para fechar a caixa de diálogo **Organizador**.

**DICA** Neste exercício, você utilizou o Organizador para copiar um calendário personalizado de um plano para outro. Se quiser tornar um calendário personalizado disponível em todos os planos, utilize o Organizador para copiá-lo para o modelo global.

Para concluir este exercício, você vai aplicar o calendário personalizado a uma tarefa no plano Personalizacao B.

10  Clique no botão Voltar para sair do modo de exibição Backstage.

Capítulo 19  Como personalizar o Project  **417**

11 Na guia **Exibição**, no grupo **Janela**, clique em **Alternar Janelas** e, em seguida, em **2 Personalizacao B**.

O Project troca para o plano Personalizacao B, que é o plano para o qual você acabou de copiar o calendário personalizado.

12 Selecione o nome da tarefa 19, *Enviar para o serviço de configuração de cor*.

Observe que essa tarefa de um dia está agendada no momento para ocorrer em uma quinta-feira.

13 Na guia **Tarefa**, no grupo **Propriedades**, clique em **Informações**.

A caixa de diálogo Informações da tarefa é exibida.

14 Clique na guia **Avançado**.

Como você pode ver na caixa Calendário, o padrão para todas as tarefas é "Nenhum".

15 Na caixa **Calendário**, selecione **Segunda-Quarta** na lista de calendários base disponíveis e, em seguida, clique em **OK** para fechar a caixa de diálogo.

O Project aplica o calendário Segunda-Quarta à tarefa 19 e a reagenda para iniciar na segunda-feira, o próximo dia útil no qual a tarefa pode ocorrer. Um ícone de calendário de tarefa aparece na coluna Indicadores.

16 Aponte para o ícone de calendário de tarefa.

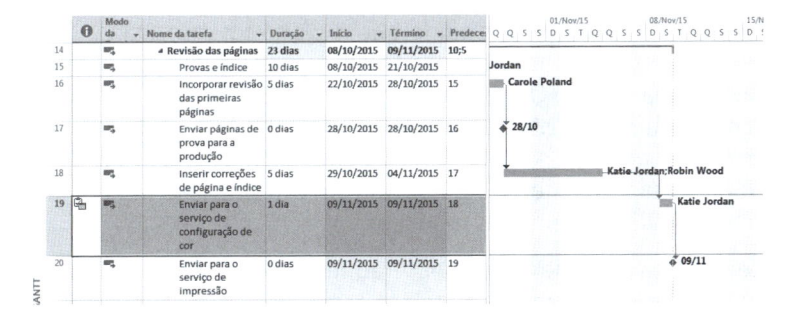

A Dica de Tela do indicador de calendário de tarefa lembra que essa tarefa tem um calendário aplicado. Observe que o calendário Segunda-Quarta não estava disponível nesse plano até você o ter copiado por meio do Organizador.

À medida que você personalizar modos de exibição, tabelas e outros elementos, talvez perceba que o Organizador é um recurso útil para gerenciar seus elementos personalizados e os elementos internos do Project.

> **ENCERRAMENTO** Feche o arquivo Personalizacao B. O arquivo Personalizacao A deve permanecer aberto.

# Como gravar macros

Muitas atividades executadas no Project podem ser repetitivas. Para economizar tempo, você pode gravar uma *macro* que captura toques de teclas e ações do mouse para reprodução posterior. A macro é gravada no Microsoft Visual Basic for Applications (VBA), a linguagem de programação de macros interna do Microsoft Office. É possível executar procedimentos sofisticados com VBA, mas você pode gravar e executar macros simples sem sequer ver ou trabalhar diretamente com o código VBA.

Por padrão, as macros são armazenadas no modelo global, portanto estão disponíveis sempre que o Project está em execução. O plano para o qual a macro foi criada originalmente não precisa estar aberto para que ela possa ser executada em outros planos. Também é possível usar o Organizador para copiar macros entre planos. Por exemplo, você pode utilizar o Organizador para copiar o módulo VBA (que contém a macro) do modelo global para outro plano a fim de enviá-lo a um amigo.

Quais tipos de atividades repetitivas você desejaria capturar em uma macro? Aqui está um exemplo. Gerar um instantâneo de imagem gráfica de um modo de exibição é uma excelente forma de compartilhar os detalhes do projeto com outras pessoas. Entretanto, é provável que os detalhes capturados inicialmente fiquem logo obsoletos, à medida que o plano for atualizado. Capturar instantâneos atualizados pode ser uma tarefa repetitiva ideal para a automação por meio de uma macro. Quando essa tarefa é automatizada, é possível gerar rapidamente um novo instantâneo de imagem GIF de um plano e salvar essa imagem em um arquivo. A partir daí, você poderia anexar o arquivo de imagem GIF a uma mensagem de email, publicá-la em um site, inseri-la em um documento ou compartilhá-la de outras maneiras.

O cenário: na Lucerne Publishing, frequentemente você gera uma imagem GIF do instantâneo (ou captura de tela) de um plano para compartilhar com a equipe. Você quer automatizar essa tarefa.

Neste exercício, você vai gravar e executar uma macro.

1. Na guia **Exibição** do plano Personalizacao A, no grupo **Macros**, clique na seta do botão **Macros** e, em seguida, em **Gravar Macro**.

   A caixa de diálogo Gravar macro é exibida.

2. Na caixa **Nome da macro**, digite **Captura_Imagem_GIF**.

   **DICA** Os nomes de macro devem começar com uma letra e não podem conter espaços. Para melhorar a legibilidade de seus nomes de macro, você pode usar um sublinhado (_) no lugar de um espaço. Por exemplo, em vez de denominar uma macro **CapturaImagemGIF**, você pode chamá-la de **Captura_Imagem_GIF**.

   Para essa macro, não usaremos uma tecla de atalho. Quando gravar outras macros, observe que você não poderá usar uma combinação de teclas reservada pelo Project, portanto combinações como Ctrl+L (a tecla de atalho para Localizar) e Ctrl+Y (Ir para) não estão disponíveis. Quando você fechar a caixa de diálogo, o Project avisará se for necessário escolher uma combinação de teclas diferente.

3. Na caixa **Armazenar macro em**, clique em **Este projeto** a fim de armazenar a macro no plano ativo.

   Quando uma macro é armazenada em um plano, ela pode ser usada por qualquer plano, desde que aquele que a contém esteja aberto. A opção padrão, *Arquivo global*, refere-se ao modelo global. Quando uma macro está armazenada no modelo global, ela pode ser usada por qualquer plano, a qualquer momento, pois o modelo global está aberto sempre que o Project está em execução. Neste exercício, como não desejamos personalizar seu modelo global, você vai armazenar a macro no plano ativo.

4. Na caixa **Descrição**, selecione o texto atual e substitua-o, digitando **Salva um GIF do modo de exibição Gráfico de Gantt.**

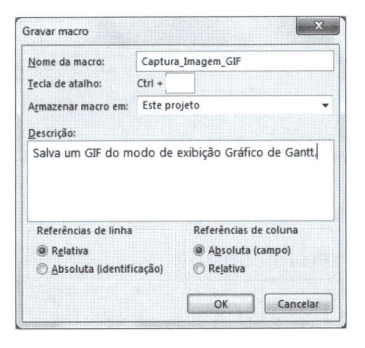

A descrição é útil para ajudar a identificar as ações que a macro vai executar.

5  Clique em **OK**.

O Project começa a gravar a nova macro. O Project não grava literalmente nem mesmo reproduz cada movimento e segunda passagem do mouse; ele grava apenas os resultados dos toques de tecla e as ações do mouse. Não é preciso se apressar para completar a gravação da macro.

6  Na guia **Exibição**, no grupo **Modos de Exibição de Tarefa**, clique na seta do botão **Gráfico de Gantt** e, em seguida, em **Gráfico de Gantt**.

Embora o plano já esteja mostrando o modo de exibição Gráfico de Gantt, a inclusão desse passo na macro grava a ação para que, caso o plano esteja inicialmente em um modo de exibição diferente, a macro troque para o modo de exibição Gráfico de Gantt.

7  Na guia **Exibição**, no grupo **Zoom**, na caixa **Escala de Tempo**, clique em **Períodos de dez dias**.

O Project ajusta a escala de tempo para apresentar mais do projeto.

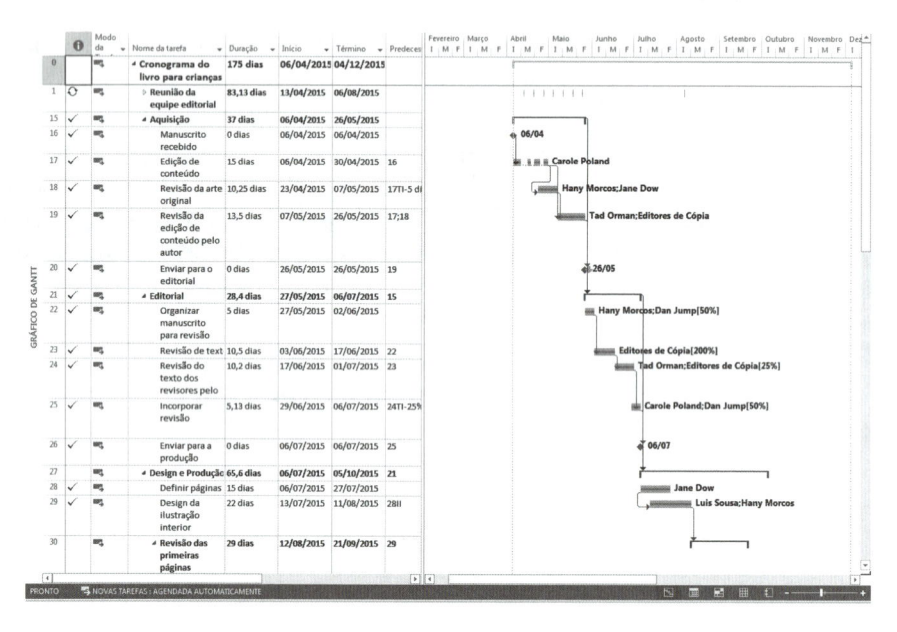

8  Clique no cabeçalho de coluna **Nome da Tarefa**.

Isso seleciona todas as tarefas para serem copiadas.

9  Na guia **Tarefa**, no grupo **Área de Transferência**, clique na seta do botão **Copiar** e, em seguida, em **Copiar Imagem**.

A caixa de diálogo Copiar imagem é exibida.

10 Em **Renderizar imagem**, clique em **Para arquivo de imagem GIF** e, em seguida, em **Procurar**.

11 Na caixa de diálogo **Procurar**, navegue até a pasta **Capitulo19** e clique em **OK**.

12 De volta à caixa de diálogo **Copiar imagem**, em **Copiar**, clique em **Linhas selecionadas**.

13 Em **Escala de tempo**, na caixa **De**, digite ou selecione **06/04/15** e, na caixa **Até**, digite ou selecione **04/12/15**.

Esse intervalo corresponde às datas de inicio e de término atuais do plano. Você pode ver essas datas na tarefa 0, a *tarefa resumo do projeto*.

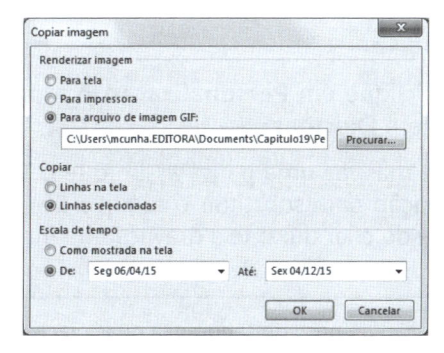

14 Clique em **OK** para fechar a caixa de diálogo **Copiar imagem**.

O Project salva a imagem GIF.

15 Na guia **Exibição**, no grupo **Zoom**, clique em **Zoom** e, em seguida, em **Zoom**.

16 Na caixa de diálogo **Zoom**, clique em **Redefinir** e, depois, em **OK**.

Agora, você já pode parar a gravação.

17 Na guia **Exibição**, no grupo **Macros**, clique na seta do botão **Macros** e, em seguida, em **Parar gravação**.

Você vai executar a macro para vê-la em ação.

18 Na guia **Exibição**, no grupo **Macros**, clique em **Macros**.

A caixa de diálogo Macros é exibida.

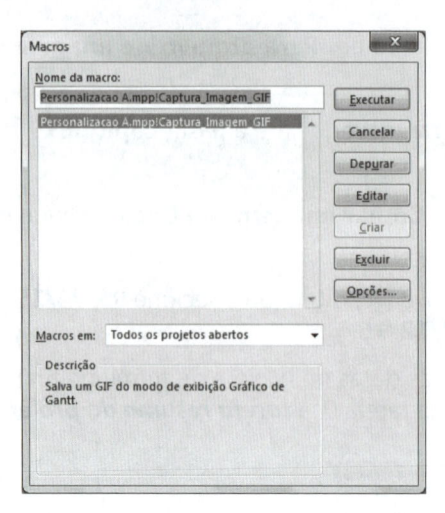

19 Na caixa **Nome da macro**, clique em **Personalizacao A.mpp!Captura_ Imagem_GIF** e, em seguida, em **Executar**.

A macro começa a executar, mas faz uma pausa assim que o Project gera uma mensagem de confirmação para substituir o arquivo de imagem GIF existente (o que você acabou de criar durante a gravação da macro).

> **IMPORTANTE** Sua configuração de nível de segurança no Project afeta a capacidade do programa de executar as macros gravadas por você ou recebidas de outras pessoas. Talvez você não tenha definido o nível de segurança diretamente, mas ele pode ter sido definido na instalação do Project ou por uma política de sistemas dentro da sua empresa.

20 Clique em **Sobrescrever** para sobrescrever o arquivo de imagem GIF criado anteriormente.

A macro salva novamente a imagem GIF. Em seguida, você vai ver os resultados das ações da macro.

21 No Windows Explorer (Windows 7) ou no Explorador de Arquivos (Windows 8), navegue até a pasta **Capitulo19** e dê um clique duplo no arquivo de imagem GIF **Personalizacao A** para abri-lo em seu editor de imagem ou aplicativo de visualização.

A imagem GIF aparece em seu aplicativo visualizador de imagens.

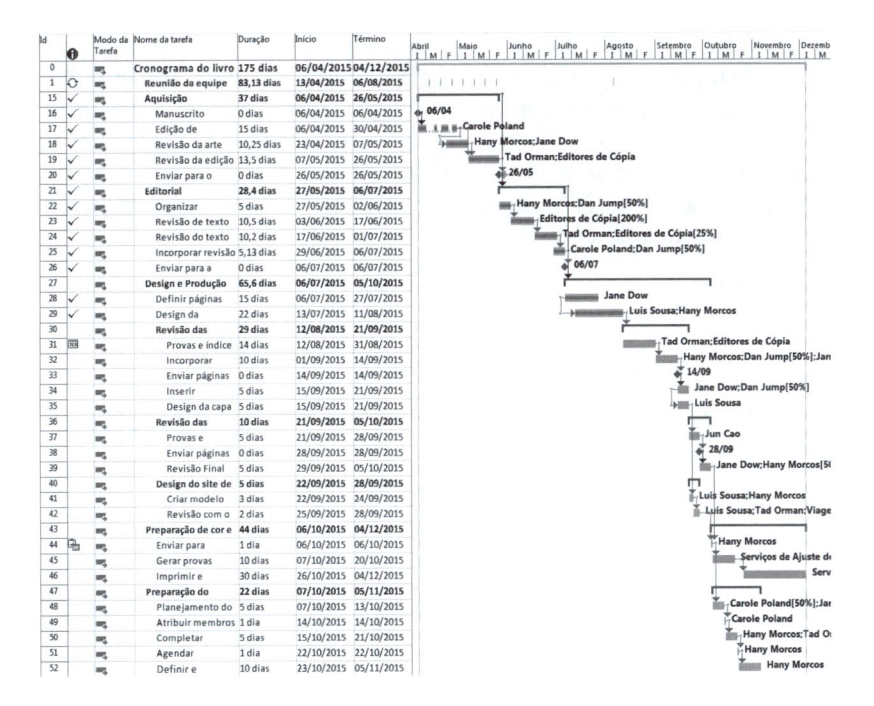

[Gantt chart com cronograma de tarefas do livro]

22 Feche o visualizador de imagens e retorne ao plano Personalizacao A no Project.

Uma macro como essa poderia ser muito útil se você precisasse recapturar o instantâneo de um plano com frequência.

# Como editar macros

Uma vez gravada, uma macro pode funcionar perfeitamente bem ou se beneficiar de alguns ajustes em seu código. Editando-se o código da macro, é possível dar a ela uma funcionalidade que não pode ser capturada na gravação, como descartar um alerta. O código de uma macro reside em um módulo VBA e você trabalha com ele no ambiente do Visual Basic for Applications, comumente chamado de *VBA Editor*.

**DICA** A linguagem VBA e o VBA Editor são padrões em muitos aplicativos do Microsoft Office, incluindo o Project. Embora os detalhes específicos de cada programa sejam diferentes, a maneira geral de usar o VBA em cada um deles é a mesma. A automação VBA é uma ferramenta poderosa que você pode dominar, e esse conhecimento pode ser usado em muitos programas da Microsoft.

O cenário: na Lucerne Publishing, você gravou uma macro para capturar uma tarefa repetitiva. Apesar de a macro Captura_Imagem_GIF ser prática de usar, ela pode ser melhorada. Lembre-se de que, quando você a executou no exercício anterior, precisou confirmar que o Project deveria sobrescrever a imagem GIF existente. Como a finalidade da macro é capturar as informações mais atualizadas, você sempre vai querer sobrescrever as mais antigas. É possível alterar diretamente o código da macro para fazer isso.

Neste exercício, você vai trabalhar no VBA Editor para ajustar e melhorar a macro gravada no exercício anterior e, então, executá-la.

1 Na guia **Exibição**, no grupo **Macros**, clique em **Macros**.

2 Em **Nome da macro**, clique em **Personalizacao A.mpp!Captura_Imagem_GIF** e, em seguida, em **Editar**.

O Project carrega o módulo que contém a macro no VBA Editor.

> O código VBA foi gerado quando o Project gravou sua macro.

Uma explicação completa da linguagem VBA está fora dos objetivos deste livro, mas o guiaremos em algumas etapas para alterar o comportamento da macro gravada anteriormente. Você também poderá reconhecer algumas das ações que já tenha gravado, pelos nomes usados no código VBA.

3 Clique no início da linha **ViewApplyEx Name:="&Gráfico de Gantt", ApplyTo:=0** e pressione a tecla Enter.

Clique na nova linha que você acabou de criar, pressione a tecla Tab se necessário e digite o seguinte:

```
Application.Alerts False
```

Essa linha de código vai suprimir o prompt que você recebeu quando executou a macro e aceitar a opção padrão de substituir o arquivo de imagem GIF existente com o mesmo nome.

Aqui está o texto que você digitou.

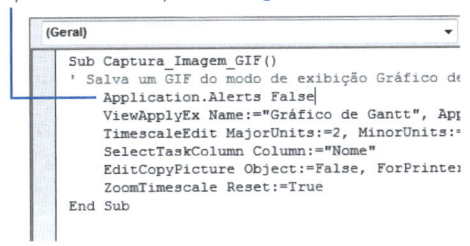

```
Sub Captura_Imagem_GIF()
' Salva um GIF do modo de exibição Gráfico de
    Application.Alerts False
    ViewApplyEx Name:="Gráfico de Gantt", App
    TimescaleEdit MajorUnits:=2, MinorUnits:=
    SelectTaskColumn Column:="Nome"
    EditCopyPicture Object:=False, ForPrinte:
    ZoomTimescale Reset:=True
End Sub
```

**DICA** Observe que, quando você estava digitando, algumas caixas de seleção e Dicas de Tela podem ter aparecido. O VBA Editor usa essas ferramentas e informações para ajudá-lo a digitar o texto corretamente em um módulo.

5 Na linha que começa com **EditCopyPicture**, selecione a data e hora **"06/04/15 08:00"** (incluindo as aspas) que vêm após **FromDate:=** e digite o seguinte:

```
ActiveProject.ProjectStart
```

Esse código VBA descreve a data de início do projeto ativo.

Aqui está a string de texto que você digitou para retornar à data de início do projeto.

```
Sub Captura_Imagem_GIF()
' Salva um GIF do modo de exibição Gráfico de Gantt.
    Application.Alerts False
    ViewApplyEx Name:="Gráfico de Gantt", ApplyTo:=0
    TimescaleEdit MajorUnits:=2, MinorUnits:=7, MajorCount:=1, MinorCount:=1, TierCount:=2
    SelectTaskColumn Column:="Nome"
    EditCopyPicture Object:=False, ForPrinter:=2, SelectedRows:=1, FromDate:=ActiveProject.ProjectStart, ToDate:=
    ZoomTimescale Reset:=True
End Sub
```

Isso faz com que a macro obtenha a data de início atual do plano ativo para a imagem GIF criada pela macro.

6 Na mesma linha, selecione a data e hora **"04/12/2015 17:00"** (incluindo as aspas) que vêm após **ToDate:=** e digite o seguinte:

```
ActiveProject.ProjectFinish
```

Aqui está a string de texto que você digitou para retornar à data de término do projeto.

```
Sub Captura_Imagem_GIF()
' Salva um GIF do modo de exibição Gráfico de Gantt.
    Application.Alerts False
    ViewApplyEx Name:="Gráfico de Gantt", ApplyTo:=0
    TimescaleEdit MajorUnits:=2, MinorUnits:=7, MajorCount:=1, MinorCount:=1, TierCount:=2
    SelectTaskColumn Column:="Nome"
    EditCopyPicture Object:=False, ForPrinter:=2, SelectedRows:=1, FromDate:=ActiveProject.ProjectStart, ToDate:=ActiveProject.ProjectFinish, FileName
    ZoomTimescale Reset:=True
End Sub
```

Isso faz com que a macro obtenha a data de término atual do plano ativo para a imagem GIF criada pela macro. Agora, se a data de início ou de término do plano mudar, o intervalo usado ao copiar a imagem GIF também mudará.

Em seguida, você vai adicionar novos recursos de macro enquanto está no Editor VBA.

7   Clique no início da linha **SelectTaskColumn** e pressione Enter.

8   Clique na nova linha que você acabou de criar, pressione Tab se necessário e digite o seguinte:

```
FilterApply Name:="Tarefas não concluídas"
```

Essa linha de código aplicará o filtro Tarefas não concluídas ao modo de exibição atual.

9   Clique no início da linha **ZoomTimescale Reset:=True** e pressione Enter.

10  Clique na nova linha que você acabou de criar, pressione Tab se necessário e digite o seguinte:

```
FilterClear
```

Essa linha de código removerá o filtro Tarefas não concluídas do modo de exibição atual.

Aqui estão as duas linhas de texto que você adicionou nessa macro.

```
(Geral)                                              Captura_Imagem_GIF
Sub Captura_Imagem_GIF()
    Salva um GIF do modo de exibição Gráfico de Gantt.
    Application.Alerts False
    ViewApplyEx Name:="Gráfico de Gantt", ApplyTo:=0
    TimescaleEdit MajorUnits:=2, MinorUnits:=7, MajorCount:=1, MinorCount:=1, TierCount:=2
    FilterApply Name:="Tarefas não concluídas"
    SelectTaskColumn Column:="Nome"
    EditCopyPicture Object:=False, ForPrinter:=2, SelectedRows:=1, FromDate:=ActiveProject.ProjectStart, ToDate:=ActiveProject.Proje
    FilterClear
    ZoomTimescale Reset:=True
End Sub
```

11  No menu **Arquivo** do VBA Editor, clique em **Fechar e voltar para o Microsoft Project**.

O VBA Editor fecha e você retorna ao plano.

Você poderia executar a macro atualizada agora, mas primeiro vai gravar algum andamento nas tarefas. Assim, vai ver como a macro filtra o novo andamento e ajusta o que é capturado na imagem GIF.

12  Clique no nome da tarefa 31, *Provas e índice*.

13  Na guia **Tarefa**, no grupo **Cronograma**, clique na seta de **Atualizar como Agendado** e, em seguida, em **Atualizar Tarefas**.

A caixa de diálogo Atualizar tarefas é exibida.

14  No campo **Duração real**, digite **16d** e clique em **OK**.

Em seguida, você vai registrar o andamento parcial de outra tarefa.

15  Clique no nome da tarefa 32, *Incorporar revisão das primeiras páginas*.

16  Na guia **Tarefa**, no grupo **Cronograma**, clique na seta de **Atualizar como Agendado** e, em seguida, em **Atualizar Tarefas**.

17  No campo **Duração real**, digite **5d** e clique em **OK**.

| | 🛈 | Modo da | Nome da tarefa | Duração | Início | Término | Predeces |
|---|---|---|---|---|---|---|---|
| 28 | ✓ | 🏳 | Definir páginas | 15 dias | 06/07/2015 | 27/07/2015 | |
| 29 | ✓ | 🏳 | Design da ilustração interior | 22 dias | 13/07/2015 | 11/08/2015 | 28II |
| 30 | | 🏳 | ▲ Revisão das primeiras páginas | 31 dias | 12/08/2015 | 23/09/2015 | 29 |
| 31 | ✓ | 🏳 | Provas e índice | 16 dias | 12/08/2015 | 02/09/2015 | |
| 32 | | 🏳 | Incorporar revisão das primeiras páginas | 10 dias | 03/09/2015 | 16/09/2015 | 31 |
| 33 | | 🏳 | Enviar páginas de prova para a | 0 dias | 16/09/2015 | 16/09/2015 | 32 |
| 34 | | 🏳 | Inserir correções de página e | 5 dias | 17/09/2015 | 23/09/2015 | 33 |

Agora você está pronto para executar a macro novamente.

18  Na guia **Exibição**, no grupo **Macros**, clique em **Macros**.

19  Em **Nome da macro**, clique em **Personalizacao A.mpp!Captura_Imagem_GIF** e, em seguida, clique em **Executar**.

A macro executa e, desta vez, não há aviso sobre sobrescrever o arquivo salvo anteriormente, como aconteceu no exercício anterior. Para verificar se a macro executou corretamente, você vai ver a imagem GIF atualizada em seu aplicativo de imagem.

20  No Windows Explorer (Windows 7) ou no Explorador de Arquivos (Windows 8), navegue até a pasta **Capitulo19** e dê um clique duplo no arquivo de imagem GIF **Personalizacao A** para abri-lo em seu editor de imagem ou aplicativo de visualização.

A imagem GIF aparece no seu aplicativo de imagem. Dependendo do aplicativo, talvez seja possível ampliar a imagem para ter uma visão melhor.

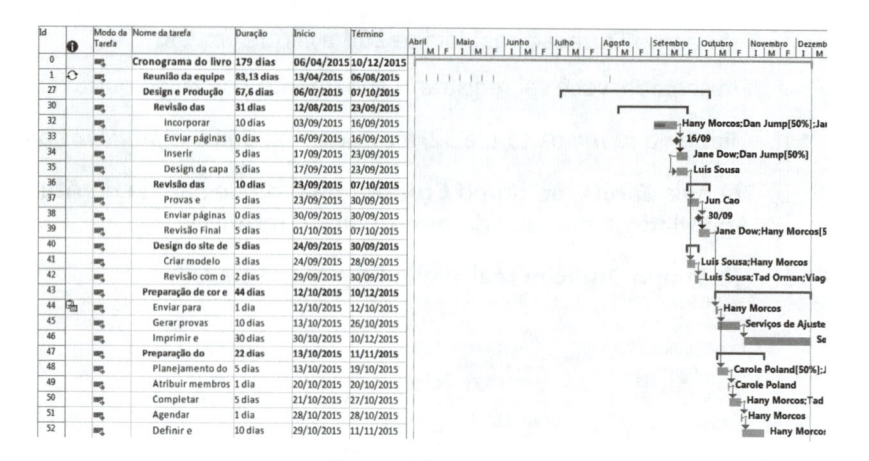

| Id | | Modo da Tarefa | Nome da tarefa | Duração | Início | Término |
|---|---|---|---|---|---|---|
| 0 | ❶ | ■▱ | Cronograma do livro | 179 dias | 06/04/2015 | 10/12/2015 |
| 1 | ⟳ | ■▱ | Reunião da equipe | 83,13 dias | 13/04/2015 | 06/08/2015 |
| 27 | | ■▱ | Design e Produção | 67,6 dias | 06/07/2015 | 07/10/2015 |
| 30 | | ■▱ | Revisão das | 31 dias | 12/08/2015 | 23/09/2015 |
| 32 | | ■▱ | Incorporar | 10 dias | 03/09/2015 | 16/09/2015 |
| 33 | | ■▱ | Enviar páginas | 0 dias | 16/09/2015 | 16/09/2015 |
| 34 | | ■▱ | Inserir | 5 dias | 17/09/2015 | 23/09/2015 |
| 35 | | ■▱ | Design da capa | 5 dias | 17/09/2015 | 23/09/2015 |
| 36 | | ■▱ | Revisão das | 10 dias | 23/09/2015 | 07/10/2015 |
| 37 | | ■▱ | Provas e | 5 dias | 23/09/2015 | 30/09/2015 |
| 38 | | ■▱ | Enviar páginas | 0 dias | 30/09/2015 | 30/09/2015 |
| 39 | | ■▱ | Revisão Final | 5 dias | 01/10/2015 | 07/10/2015 |
| 40 | | ■▱ | Design do site de | 5 dias | 24/09/2015 | 30/09/2015 |
| 41 | | ■▱ | Criar modelo | 3 dias | 24/09/2015 | 28/09/2015 |
| 42 | | ■▱ | Revisão com o | 2 dias | 29/09/2015 | 30/09/2015 |
| 43 | | ■▱ | Preparação de cor e | 44 dias | 12/10/2015 | 10/12/2015 |
| 44 | 🗎 | ■▱ | Enviar para | 1 dia | 12/10/2015 | 12/10/2015 |
| 45 | | ■▱ | Gerar provas | 10 dias | 13/10/2015 | 26/10/2015 |
| 46 | | ■▱ | Imprimir e | 30 dias | 30/10/2015 | 10/12/2015 |
| 47 | | ■▱ | Preparação do | 22 dias | 13/10/2015 | 11/11/2015 |
| 48 | | ■▱ | Planejamento do | 5 dias | 13/10/2015 | 19/10/2015 |
| 49 | | ■▱ | Atribuir membros | 1 dia | 20/10/2015 | 20/10/2015 |
| 50 | | ■▱ | Completar | 5 dias | 21/10/2015 | 27/10/2015 |
| 51 | | ■▱ | Agendar | 1 dia | 28/10/2015 | 28/10/2015 |
| 52 | | ■▱ | Definir e | 10 dias | 29/10/2015 | 11/11/2015 |

A captura de tela atualizada inclui a data de término do projeto e mostra apenas as tarefas incompletas, pois a macro aplicou o filtro Tarefas não concluídas. (Observe que a tarefa 31, que agora está concluída, não aparece). Você pode executar a macro com a frequência que precisar para capturar as informações mais atualizadas.

21 Feche o aplicativo de visualização de imagem e retorne ao plano Personalizacao A no Project.

Aqui estão mais algumas dicas para trabalhar com macros VBA no Project.

- VBA é uma linguagem de programação poderosa e bem documentada. Se quiser examiná-la melhor no Project, tente isto: na guia Exibição, no grupo Macros, clique na seta do botão Macros e, em seguida, em Visual Basic. Na janela Microsoft Visual Basic for Applications, no menu Ajuda, clique em Ajuda do Microsoft Visual Basic for Applications.

- Enquanto trabalha em um módulo, você pode obter ajuda sobre itens específicos, como objetos, propriedades e métodos. Clique em uma palavra e, em seguida, pressione a tecla F1.

- Para fechar o VBA Editor e retornar ao Project, no menu Arquivo, clique em Fechar e voltar para o Microsoft Project.

# Como personalizar a Faixa de Opções e a Barra de Ferramentas de Acesso Rápido

Como nos outros aplicativos do Office, você tem várias opções a respeito de como trabalhar com o Project. Algumas das muitas configurações de personalização incluem as seguintes:

- Adicionar comandos usados com frequência à Barra de Ferramentas de Acesso Rápido.
- Personalizar uma guia existente na Faixa de Opções ou criar uma nova guia que inclua os comandos desejados.

O cenário: na Lucerne Publishing, você quer disponibilizar a macro personalizada, que gera um instantâneo de imagem GIF de um plano, por meio de uma guia.

Neste exercício, você vai adicionar um comando à Barra de Ferramentas de Acesso Rápido e criar uma guia personalizada.

1. Na guia **Arquivo**, clique em **Opções**.

   A caixa de diálogo Opções do Project é exibida.

2. Na caixa de diálogo **Opções do Project**, clique na guia **Barra de Ferramentas de Acesso Rápido**.

   **DICA** Você também pode clicar na seta suspensa na borda direita da Barra de Ferramentas de Acesso Rápido e, então, clicar em Mais Comandos.

3. No lado esquerdo da caixa de diálogo, na caixa **Escolher comandos em**, clique em **Comandos Fora da Faixa de Opções**.

   O Project exibe a lista de comandos que não estão acessíveis atualmente na Faixa de Opções. Examine essa lista para ver os comandos aos quais você gostaria de ter acesso rápido.

4. Na lista de comandos (na caixa grande no lado esquerdo da caixa de diálogo), clique em **Ir para** e, em seguida, clique em **Adicionar**.

   O Project adiciona o comando Ir para na caixa de diálogo à direita.

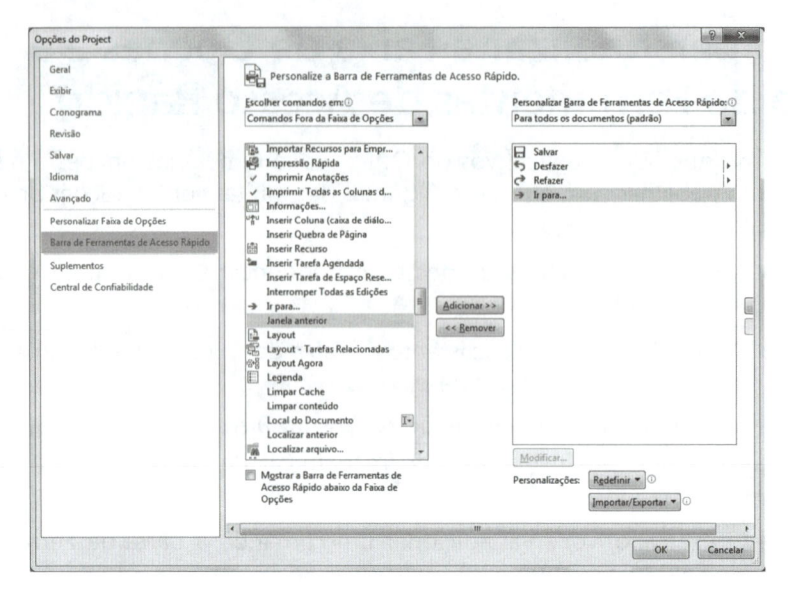

O comando Ir para é uma maneira prática de navegar para uma identificação de tarefa específica e rolar a escala de tempo no modo de exibição Gráfico de Gantt, tudo em uma única ação.

5  Clique em **OK** para fechar a caixa de diálogo **Opções do Project**.

O Project adiciona o comando Ir para à Barra de Ferramentas de Acesso Rápido.

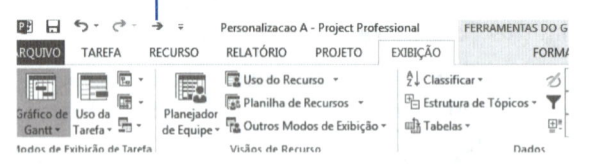

Agora, teste o comando Ir para, executando os seguintes passos:

6  Na **Barra de Ferramentas de Acesso Rápido**, clique em **Ir para**.

7  Na caixa de diálogo **Ir para**, digite **43** na caixa **Identificação** e, em seguida, clique em **OK**.

DICA  Na caixa de diálogo Ir para, também é possível inserir um valor de data no campo Data, a fim de rolar a escala de tempo do Gráfico de Gantt para uma data específica.

O Project pula para a tarefa 43 e rola a parte do gráfico do modo de exibição Gráfico de Gantt para mostrar sua barra de Gantt.

Capítulo 19 Como personalizar o Project **431**

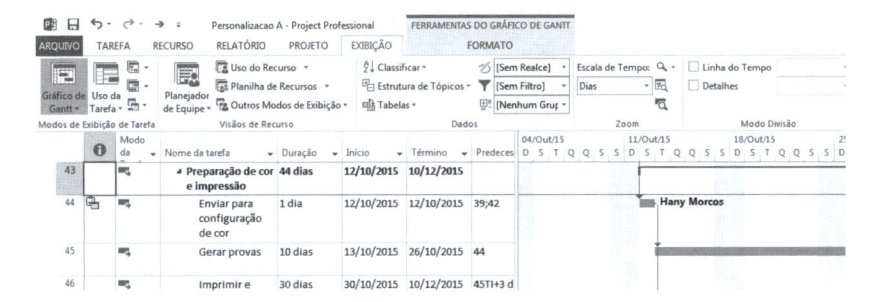

Se quiser remover o comando da Barra de Ferramentas de Acesso Rápido, execute este passo.

8 Na **Barra de Ferramentas de Acesso Rápido**, clique com o botão direito do mouse no botão **Ir para** e, no menu de atalho, clique em **Remover da Barra de Ferramentas de Acesso Rápido**.

**DICA** Você pode adicionar rapidamente qualquer comando da Faixa de Opções na Barra de Ferramentas de Acesso Rápido. Clique com o botão direito do mouse no comando e, no menu de atalho, clique em Adicionar à Barra de Ferramentas de Acesso Rápido.

Para concluir este exercício, você vai criar uma guia personalizada e adicionar nela um comando que executa a macro personalizada Captura_Imagem_GIF.

9 Na guia **Arquivo**, clique em **Opções**.

10 Na caixa de diálogo **Opções do Project**, clique na guia **Personalizar Faixa de Opções**.

O Project exibe as opções para personalizar a Faixa de Opções.

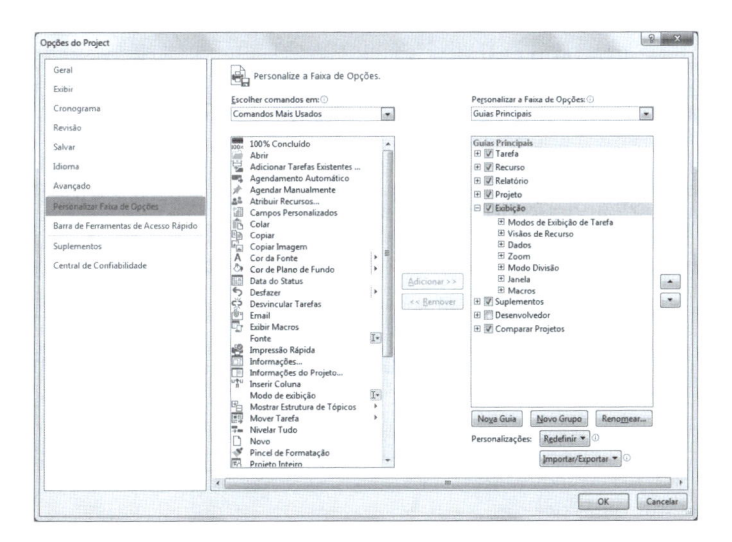

Aqui é possível ter acesso aos comandos e recursos suportados pelo Project.

11  No lado direito da caixa de diálogo, em **Guias Principais**, selecione o item **Exibição** (mas não desmarque sua caixa de seleção) e, em seguida, clique em **Nova Guia**.

O Project cria uma nova guia e um grupo abaixo (que na Faixa de Opções estará à direita) da guia Exibição.

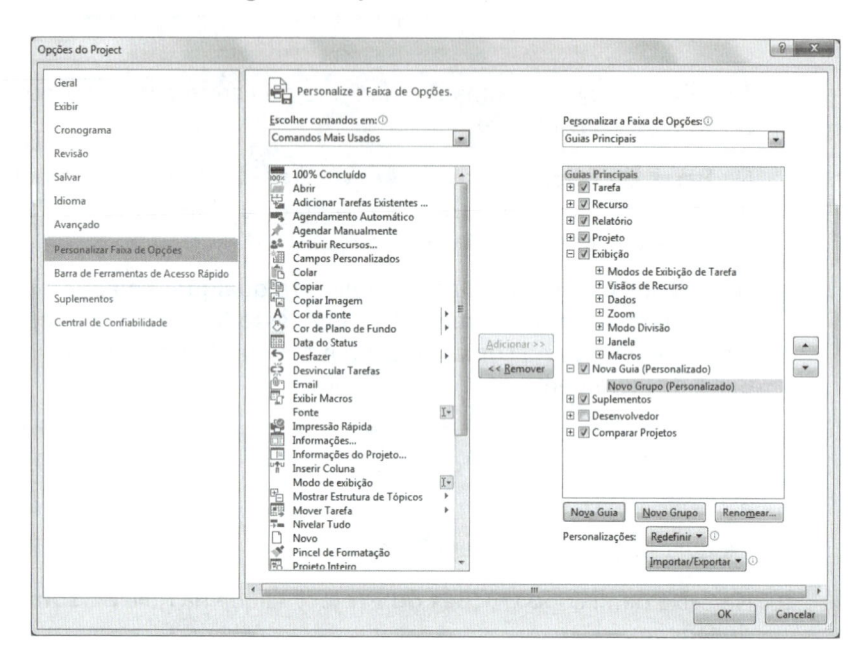

12  Em **Guias Principais**, selecione o item **Nova Guia (Personalizado)** (mas não desmarque sua caixa de seleção) e, em seguida, clique em **Renomear**.

A caixa de diálogo Renomear é exibida.

13  No campo **Nome para exibição**, digite **Minha Guia** e clique em **OK**.

14  Clique no item **Novo Grupo (Personalizado)** e, em seguida, em **Renomear**.

A caixa de diálogo Renomear é exibida.

15  No campo **Nome para exibição**, digite **Meus Comandos** e clique em **OK**.

Agora você está pronto para adicionar a macro personalizada à nova guia.

16  No lado esquerdo da caixa de diálogo, na caixa **Escolher comandos em**, clique em **Macros**.

Capítulo 19  Como personalizar o Project  **433**

O nome da macro personalizada é exibido.

17 Selecione o nome da macro **Personalizacao A.mpp!Captura_Imagem_GIF** e, em seguida, clique em **Adicionar**.

O Project adiciona o item de macro ao seu grupo personalizado.

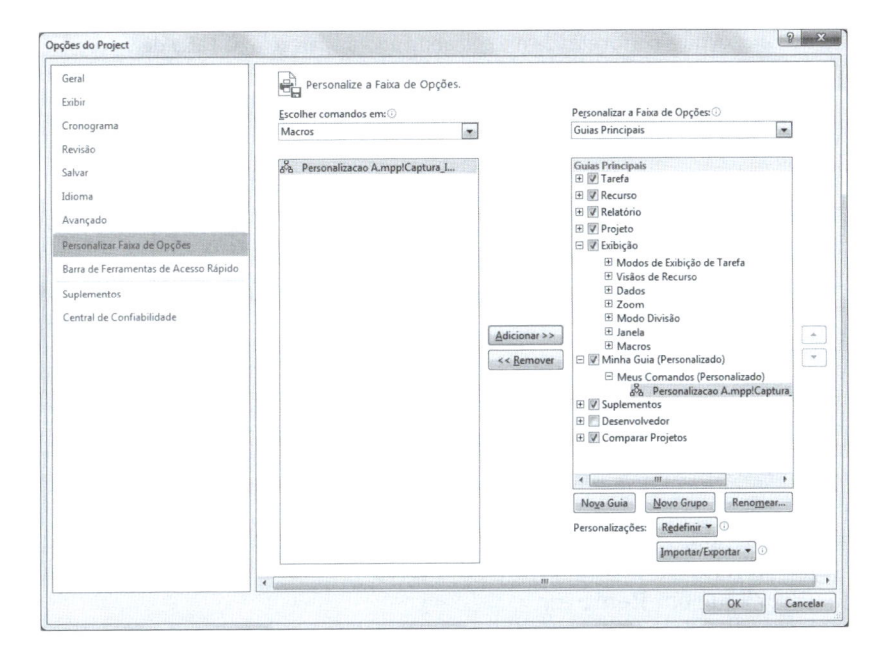

Em seguida, você vai renomear o comando de macro e atribuir um ícone a ele.

18 No lado direito da caixa de diálogo, selecione o nome da macro **Personalizacao A.mpp!Captura_Imagem_GIF** e, em seguida, clique em **Renomear**.

19 No campo **Nome para exibição**, digite Copiar GIF e na caixa **Símbolo**, selecione a imagem da paisagem (a quarta a partir da esquerda, na segunda fileira).

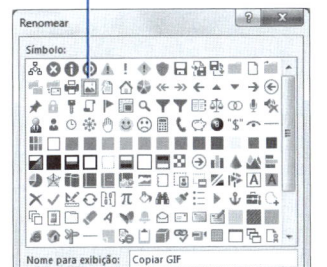

Selecione esta imagem.

20  Clique em **OK** para fechar a caixa de diálogo **Renomear** e, em seguida, clique em **OK** novamente para fechar a caixa de diálogo **Opções do Project**.

O Project adiciona sua guia personalizada à interface.

21  Clique na guia **Minha Guia**.

*A guia personalizada e o comando agora aparecem na Faixa de Opções.*

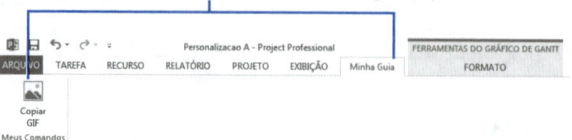

22  Na guia **Minha Guia**, no grupo **Meus Comandos**, clique em **Copiar GIF**.

O Project executa a macro. Se quiser, navegue até a pasta Capitulo19 para ver a imagem GIF.

Por fim, você vai remover a guia personalizada para desfazer essa personalização.

23  Clique com o botão direito do mouse na guia **Minha Guia** e, no menu de atalho, clique em **Personalizar a Faixa de Opções**.

24  No lado direito da caixa de diálogo **Opções do Project**, clique com o botão direito do mouse em **Minha Guia (Personalizado)** e, no menu de atalho, clique em **Remover**.

**DICA** Você também pode clicar no botão Redefinir para desfazer todas as personalizações da Faixa de Opções e da Barra de Ferramentas de Acesso Rápido que possam ter sido feitas em sua cópia do Project.

25  Clique em **OK** para fechar a caixa de diálogo **Opções do Project**.

O Project removeu a guia personalizada.

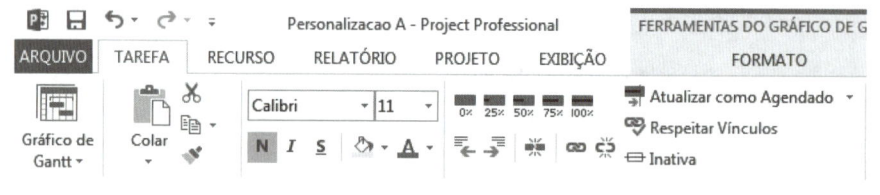

**ENCERRAMENTO**  Feche o arquivo Personalizacao A.

# Pontos-chave

- No Project, os elementos, como calendários personalizados, são gerenciados no modelo global por meio do Organizador.

- O Project, como muitos outros aplicativos do Microsoft Office, usa a linguagem de programação de macro VBA (Visual Basic for Applications). Entre outras coisas, as macros permitem automatizar tarefas repetitivas.

- Se quiser trabalhar diretamente com o código VBA, use o VBA Editor, que está incluído no Project, assim como em outros aplicativos do Office.

- É possível personalizar a Barra de Ferramentas de Acesso Rápido e as guias do Project para incluir os comandos e recursos que mais interessam a você.

# Visão geral do capítulo

## Copiar

Copie dados do Project, incluindo cabeçalhos de coluna, para outros programas, página 438.

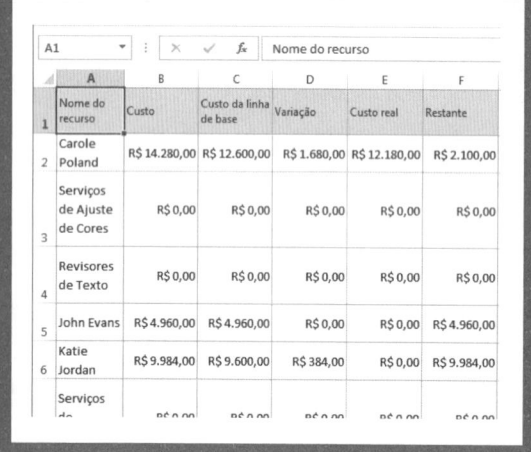

## Importar

Importe dados de outros programas para o Project, página 443.

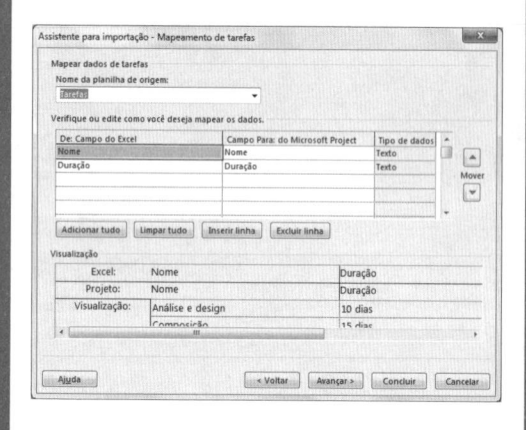

## Exportar

Exporte dados do Project para outros formatos de arquivos, página 448.

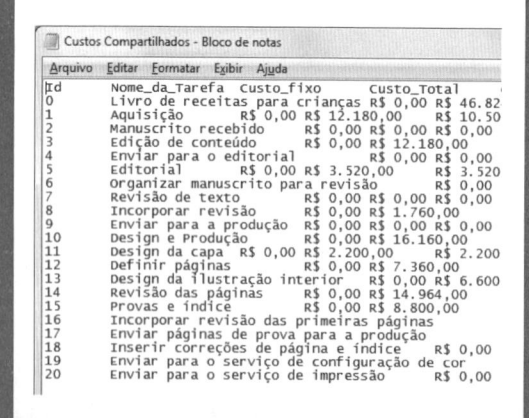

## Visualizar

Crie um relatório visual para representar os detalhes da agenda no Excel ou Visio, página 454.

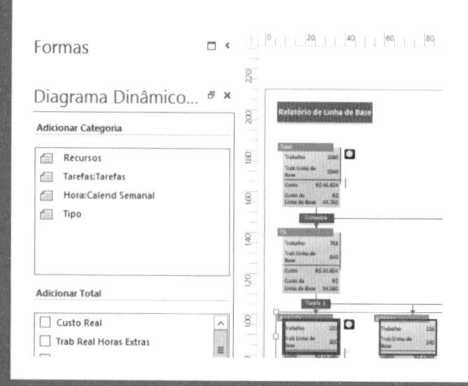

# Compartilhamento de informações com outros programas

## 20

NESTE CAPÍTULO, VOCÊ APRENDERÁ A:

- Copiar e colar dados tabulares do Project para outros programas.
- Usar o Project para abrir um arquivo produzido em outro programa.
- Salvar dados do Project em outros formatos de arquivo usando os mapas de importação/exportação.
- Gerar documentos do Excel e do Visio utilizando o recurso Relatórios Visuais.

Neste capítulo, você vai se concentrar nas várias maneiras de compartilhar dados do Microsoft Project 2013. Além dos recursos de copiar e colar padrão do Microsoft Windows que talvez você já conheça, o Project oferece várias opções para importar e exportar dados.

Ao longo deste capítulo, você verá os seguintes termos:

- O *programa de origem* é o programa do qual você copia as informações.
- O *programa de destino* é o programa no qual você cola as informações.

**ARQUIVOS DE PRÁTICA** Para fazer os exercícios deste capítulo, você precisa dos arquivos contidos na pasta Capitulo20. Para mais informações, consulte "Como baixar os arquivos de prática", na Introdução deste livro.

> **IMPORTANTE** Se você estiver executando o Project Professional com Project Web App/Project Server, tome o cuidado de não salvar no Project Web App (PWA) os arquivos de prática com os quais trabalhará neste livro. Para mais informações, consulte o Apêndice C, "Colaboração: Project, SharePoint e PWA".

# Como copiar dados do Project para outros programas

O Project admite cópia e colagem de informações entre programas. Entretanto, como as informações do Project são altamente estruturadas, há alguns detalhes a observar.

Ao copiar dados do Project para outros aplicativos, você tem algumas opções para os resultados que obtém:

- É possível copiar informações (como nomes de tarefas e datas) de uma tabela do Project e colá-las como dados tabulares estruturados em aplicativos de planilha eletrônica, como o Microsoft Excel, ou como uma tabela em aplicativos de processadores de texto que suportam tabelas, como o Microsoft Word. Na maioria dos casos, os cabeçalhos de coluna da tabela dos dados copiados também serão colados e a hierarquia resumo/subtarefa será indicada pelo recuo das subtarefas.

- É possível copiar texto de uma tabela do Project e colá-lo como texto delimitado por tabulação em aplicativos editores de texto que não suportam tabelas, como o WordPad ou o Bloco de Notas.

- Ao colar informações do Project em aplicativos de email, como o Microsoft Outlook, você provavelmente obterá resultados tabulares, caso seu aplicativo de email suporte o formato HTML (Hypertext Markup Language).

- É possível gerar um instantâneo de imagem gráfica do modo de exibição ativo e colar a imagem em qualquer aplicativo que suporte imagens gráficas. Você trabalhou com o recurso Copiar Imagem (na guia Tarefa) no Capítulo 7, "Formatação e compartilhamento de seu plano".

    **DICA** Muitos programas do Windows – como o Word, o Excel e o PowerPoint, têm o recurso Colar Especial. Esse recurso fornece mais opções para colar dados do Project no programa de destino. Por exemplo, é possível usar o recurso Colar Especial do Word para colar texto formatado ou não formatado, uma imagem ou um Microsoft Project Document Object (um objeto OLE). Você também pode optar por colar somente os dados ou colá-los com um vínculo para os dados de origem no Project. Quando colados com um vínculo, os dados de destino no Project poderão ser atualizados sempre que os dados de origem forem alterados.

Também existem opções ao colar dados de outros programas no Project:

- É possível colar texto (como uma lista de tarefas ou nomes de recursos) em uma tabela do Project. Por exemplo, você pode colar no Project um intervalo de células do Excel ou um grupo de parágrafos do Word. Também pode colar uma série de nomes de tarefas organizados em uma coluna vertical do Excel ou do Word na coluna Nome da Tarefa no Project.

- É possível colar uma imagem gráfica ou um objeto OLE de outro programa na parte do gráfico de um modo de exibição Gráfico de Gantt. Pode-se também colar uma imagem gráfica ou um objeto OLE em uma anotação de tarefa, recurso ou atribuição e em um modo de exibição de formulário, como o modo de exibição Formulário de Tarefas ou Formulário de Recursos.

**DICA** Colar texto como várias colunas no Project exige certo planejamento. Em primeiro lugar, certifique-se de que a ordem das informações no programa de origem corresponde à ordem das colunas na tabela do Project. Você pode reorganizar os dados no programa de origem para corresponder à ordem das colunas na tabela do Project ou vice-versa. Segundo, certifique-se de que as colunas no programa de origem aceitam os mesmos tipos de dados (texto, números, datas, e assim por diante) que as colunas do Project.

O cenário: na Lucerne Publishing, você já usou o recurso Colar Imagem do Project para gerar instantâneos de detalhes do cronograma compartilhá-los com outras pessoas. Contudo, a imagem resultante não pode ser editada como conteúdo textual. Você quer compartilhar conteúdo textual, como listas de tarefas e recursos do Project, com outros aplicativos do Office.

Neste exercício, você vai copiar dados tabulares do Project e colá-los no Excel e no Word.

**DICA** O próximo exercício requer o Word e o Excel. Caso não tenha acesso a um desses programas ou a ambos, você pode testar a colagem de dados tabulares do Project em outros aplicativos. Em geral, você obterá os resultados esperados se seu aplicativo de destino aceitar o formato HTML.

➜ PREPARAÇÃO Para fazer este exercício, você precisa do arquivo Compartilhamento_Inicio localizado na pasta Capitulo20. Abra o arquivo e salve-o como Compartilhamento.

Para começar, você vai copiar alguns nomes de tarefas, durações e datas de início e de término do Project para o Word.

1 Na tabela **Entrada** no lado esquerdo do modo de exibição **Gráfico de Gantt**, selecione do nome da tarefa 5, *Editorial*, até a data de término da tarefa 13, *Qua 23/09/15*.

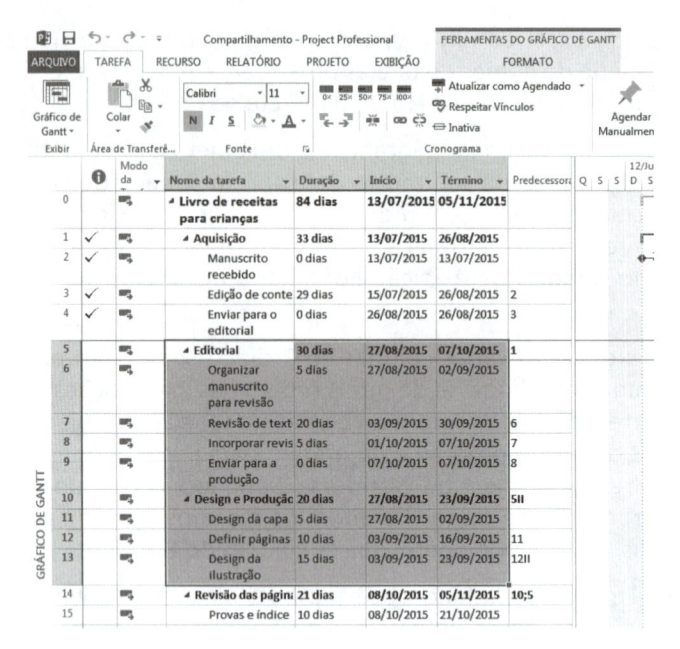

**DICA** Uma maneira rápida e fácil de selecionar esse intervalo é clicar no nome da tarefa 5, manter a tecla Shift pressionada e clicar na data de término da tarefa 13.

2 Na guia **Tarefa**, no grupo **Área de Transferência**, clique em **Copiar**.

O Project copia o intervalo selecionado para a Área de Transferência.

3 Inicie o Word (ou um processador de texto equivalente), crie um novo documento e, então, cole o conteúdo da Área de Transferência no novo documento.

Se você tem o Word 2013, sua tela deve estar parecida com esta imagem:

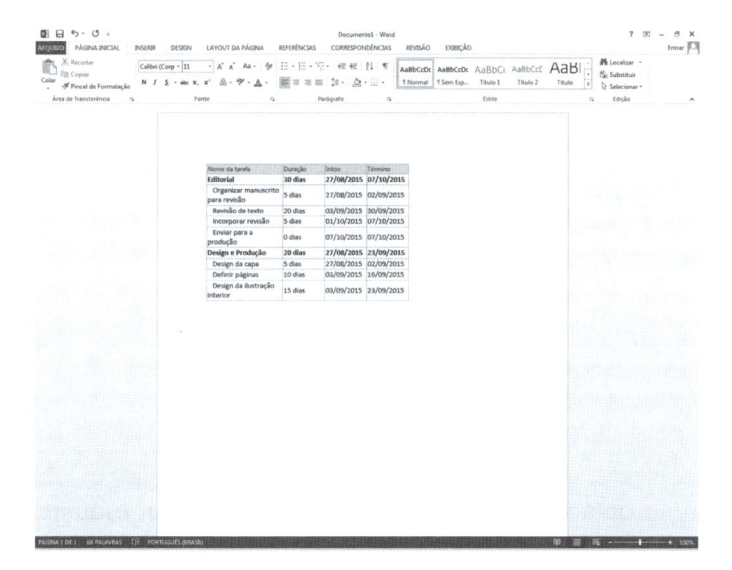

## Capítulo 20 Compartilhamento de informações com outros programas 441

A colagem no Word gerou uma tabela formatada. Os cabeçalhos de coluna do Project estão incluídos na tabela, e a tarefa resumo e a estrutura em tópicos das subtarefas do Project também foram indicadas.

Em seguida, você vai colar dados tabulares do Project em um aplicativo de planilha eletrônica.

4   Inicie o Excel (ou um aplicativo de planilha eletrônica semelhante) e crie uma nova pasta de trabalho.

Agora, você vai copiar os detalhes dos custos dos recursos do Project para o Excel.

5   Volte para o Project.

6   Na guia **Exibição**, no grupo **Visões de Recurso**, clique em **Planilha de Recursos**.

O modo de exibição Planilha de Recursos substitui o modo de exibição Gráfico de Gantt.

7   Na guia **Exibição**, no grupo **Dados**, clique em **Tabelas** e, em seguida, em **Custo**.

Estas são as informações de custo dos recursos que você quer colar no Excel.

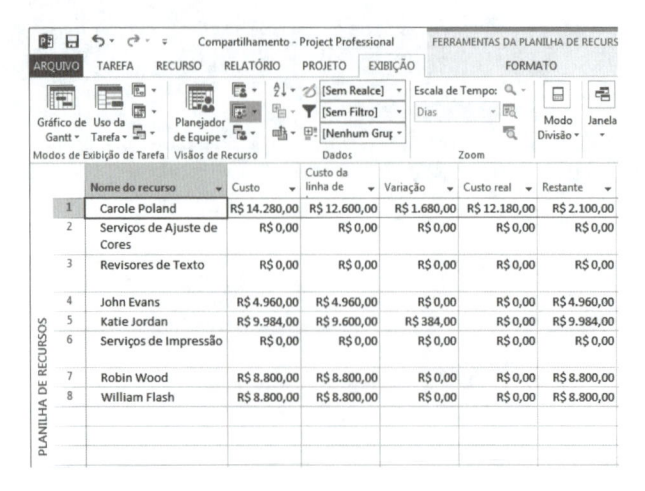

8 Clique no botão **Selecionar Tudo** no canto superior esquerdo da tabela **Custo**.

O Project seleciona a tabela inteira, mas somente as células que contêm valores serão copiadas.

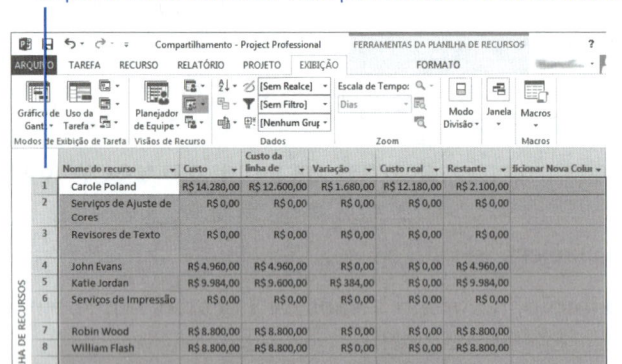

Clique no botão Selecionar Tudo para selecionar a tabela inteira.

9 Na guia **Tarefa**, no grupo **Área de Transferência**, clique em **Copiar**.

O Project copia o intervalo selecionado para a Área de Transferência.

10 Volte ao Excel e cole o conteúdo da Área de Transferência na nova pasta de trabalho.

No Excel, se necessário, aumente a largura das colunas que apresentam os símbolos ##. Se você tem o Excel 2013, sua tela deve ser parecida com a seguinte imagem.

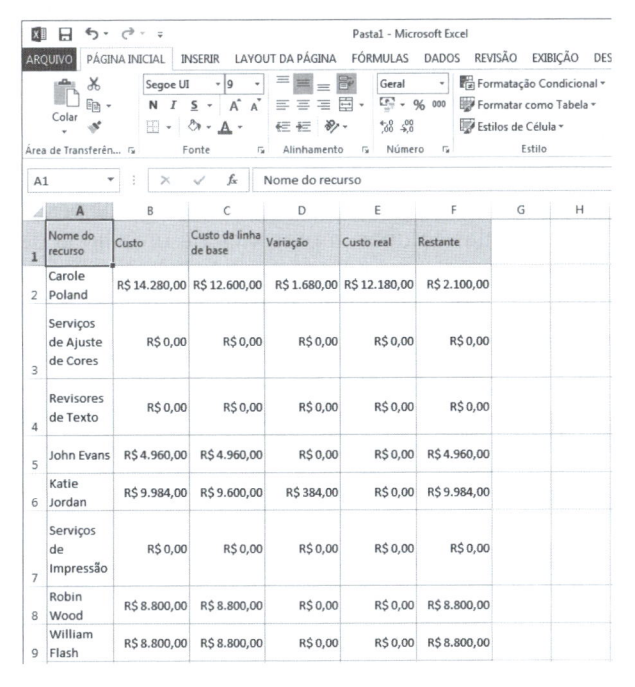

| Nome do recurso | Custo | Custo da linha de base | Variação | Custo real | Restante |
|---|---|---|---|---|---|
| Carole Poland | R$ 14.280,00 | R$ 12.600,00 | R$ 1.680,00 | R$ 12.180,00 | R$ 2.100,00 |
| Serviços de Ajuste de Cores | R$ 0,00 | R$ 0,00 | R$ 0,00 | R$ 0,00 | R$ 0,00 |
| Revisores de Texto | R$ 0,00 | R$ 0,00 | R$ 0,00 | R$ 0,00 | R$ 0,00 |
| John Evans | R$ 4.960,00 | R$ 4.960,00 | R$ 0,00 | R$ 0,00 | R$ 4.960,00 |
| Katie Jordan | R$ 9.984,00 | R$ 9.600,00 | R$ 384,00 | R$ 0,00 | R$ 9.984,00 |
| Serviços de Impressão | R$ 0,00 | R$ 0,00 | R$ 0,00 | R$ 0,00 | R$ 0,00 |
| Robin Wood | R$ 8.800,00 | R$ 8.800,00 | R$ 0,00 | R$ 0,00 | R$ 8.800,00 |
| William Flash | R$ 8.800,00 | R$ 8.800,00 | R$ 0,00 | R$ 0,00 | R$ 8.800,00 |

Assim como o procedimento de colar no Word, observe que colar no Excel gerou os cabeçalhos de colunas corretos. Os valores do Project também receberam a formatação correta (como moeda) no Excel.

11 Feche o Word e o Excel sem salvar as alterações e volte ao Project.

O procedimento de colar dados tabulares no Word ou no Excel não funciona da mesma maneira em todos os aplicativos. Se você colasse os mesmos dados no Bloco de Notas, por exemplo, o resultado seria dados delimitados por tabulação sem cabeçalhos de coluna. Fique à vontade para testar isso.

# Como abrir outros formatos de arquivo no Project

As informações a serem incorporadas em um plano do Project podem ter origens diversas. Uma lista de tarefas de uma planilha eletrônica ou os custos dos recursos de um banco de dados são dois exemplos. Talvez você queira usar os recursos exclusivos do Project para analisar dados de outro programa. Por exemplo, muitas pessoas mantêm listas de tarefas a fazer e listas de tarefas simples no Excel, mas levar em conta problemas básicos de agendamento, como distinguir entre período útil e não útil, é inviável no Excel.

Ao salvar ou abrir dados de outros formatos, o Project usa mapas (também conhecidos como *mapas de importação/exportação* ou *mapas de dados*) que especificam os dados exatos a serem importados ou exportados e como estruturá-los. Os mapas de importação/exportação são utilizados para especificar como se deseja que os campos individuais no arquivo do programa de origem correspondam aos campos individuais no arquivo do programa de destino. Após definir um mapa de importação/exportação, você pode utilizá-lo várias vezes.

**DICA** Se você tem o Excel instalado em seu computador, abra a pasta de trabalho Exemplo de Lista de Tarefas na pasta Capitulo20. Esse é o arquivo que você vai importar para o Project. O importante a observar a respeito da pasta de trabalho são os nomes e a ordem das colunas, a presença de uma linha de cabeçalho (os rótulos na parte superior das colunas) e se os dados estão em uma planilha denominada "Tarefas". Quando tiver terminado de examinar a pasta de trabalho, feche-a sem salvar as alterações.

O cenário: na Lucerne Publishing, um colega enviou a você uma pasta de trabalho do Excel contendo tarefas e durações recomendadas para atividades de um trabalho que a editora poderá realizar no futuro. Você quer importar esses dados para o Project.

Neste exercício, você vai abrir uma pasta de trabalho do Excel no Project e definir um mapa de importação/exportação para controlar o modo como os dados do Excel são importados.

> **IMPORTANTE** O Project 2013 tem uma configuração de segurança que pode impedir a abertura de arquivos de versões anteriores do programa ou arquivos em outros formatos não padrão. Você vai alterar essa configuração para concluir a atividade e depois vai restaurar suas configurações originais.

1 No Project, na guia **Arquivo**, clique em **Opções**.

   A caixa de diálogo Opções do Project é exibida.

2 Clique em **Central de Confiabilidade**.

3 Clique em **Configurações da Central de Confiabilidade**.

   A caixa de diálogo Central de Confiabilidade é exibida.

4 Clique em **Formatos Herdados**.

5 Em **Formatos Herdados**, clique em **Perguntar ao carregar arquivos com formatos herdados ou não padrão**.

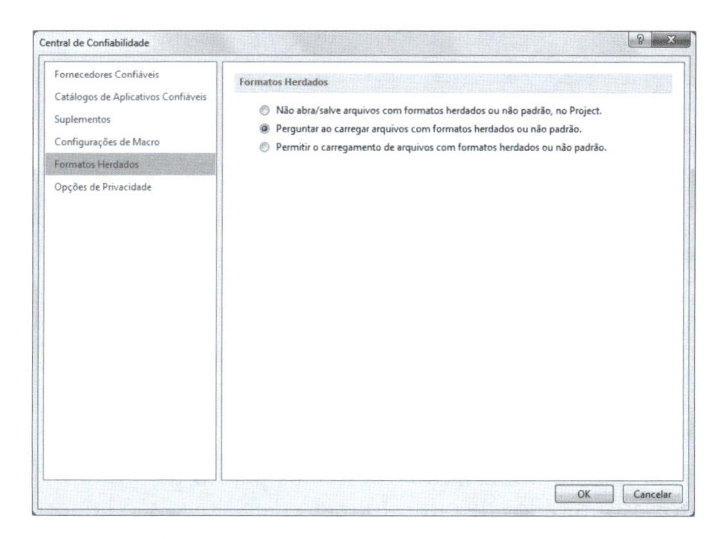

Capítulo 20  Compartilhamento de informações com outros programas **445**

6 Clique em **OK** para fechar a caixa de diálogo **Central de Confiabilidade** e, em seguida, clique em **OK** novamente para fechar a caixa de diálogo **Opções do Project**.

Com essa alteração nas configurações da Central de Confiabilidade do Project concluída, você está pronto para importar uma pasta de trabalho do Excel.

7 Clique na guia **Arquivo** e, em seguida, em **Abrir**.

8 Navegue até a pasta de arquivo de prática Capitulo20.

9 Na caixa tipo de arquivo (inicialmente rotulada como **Projetos**), selecione **Pasta de Trabalho do Excel** na lista suspensa.

**DICA** Ao rolar pela caixa de tipo de arquivo, você vê os formatos de arquivo que o Project pode importar. Se você trabalha com programas que salvam dados em qualquer um desses formatos, pode importar seus dados no Project.

10 Selecione o arquivo **Exemplo de Lista de Tarefas** e clique em **Abrir**.

O Assistente para importação é exibido. Esse assistente ajuda a importar dados estruturados de um formato diferente para o Project.

11 Clique em **Avançar**.

A segunda página do Assistente para importação é exibida.

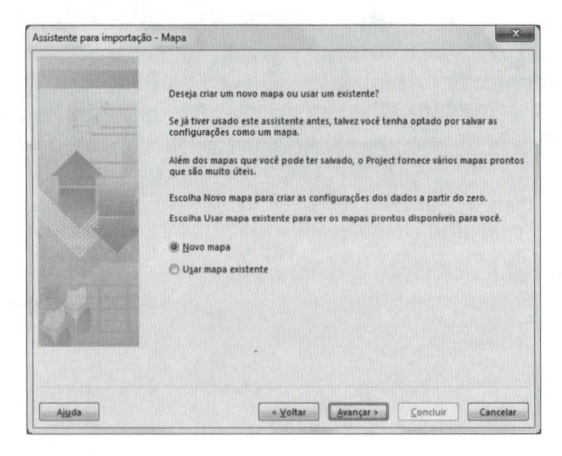

O Assistente para importação usa mapas para organizar a maneira como os dados estruturados de outro formato de arquivo são importados para o Project. Neste exercício, você vai criar um novo mapa.

12 Certifique-se de que **Novo mapa** está selecionado e, em seguida, clique em **Avançar**.

A página Modo de importação do Assistente para importação é exibida.

13 Certifique-se de que **Como um novo projeto** está selecionado e, em seguida, clique em **Avançar**.

A página Opções de mapa do Assistente para importação é exibida.

14 Marque a caixa de seleção **Tarefas** e certifique-se de que **Incluir cabeçalhos ao importar** também está selecionado.

Cabeçalhos, aqui, referem-se aos cabeçalhos de coluna.

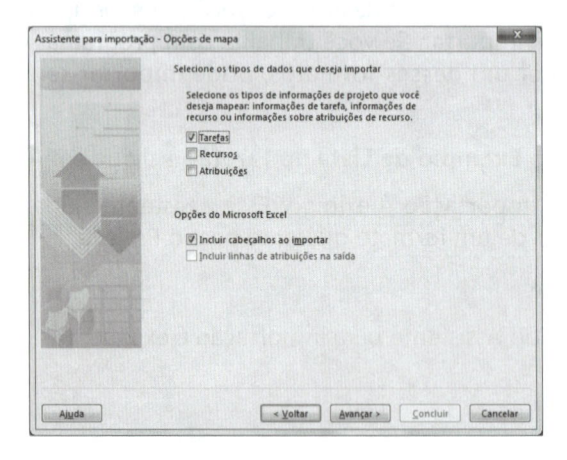

# Capítulo 20 Compartilhamento de informações com outros programas 447

15 Clique em **Avançar**.

A página Mapeamento de tarefas do Assistente para importação é exibida. Aqui, você identifica a planilha de origem dentro da pasta de trabalho do Excel e especifica como deseja mapear os dados da planilha de origem para os campos do Project

16 Na caixa **Nome da planilha de origem**, selecione **Tarefas**.

*Tarefas* é o nome da planilha na pasta de trabalho do Excel. O Project analisa os nomes da linha de cabeçalho da planilha e sugere os nomes de campo do Project que sejam prováveis correspondências. Se o Project não conseguisse fazer a correspondência correta de nomes ou tipos de coluna, você poderia alterar o mapeamento para outros campos aqui.

Nesta página do Assistente para importação, você especifica como o Project deve importar dados de outros formatos de arquivo – neste caso, uma pasta de trabalho do Excel.

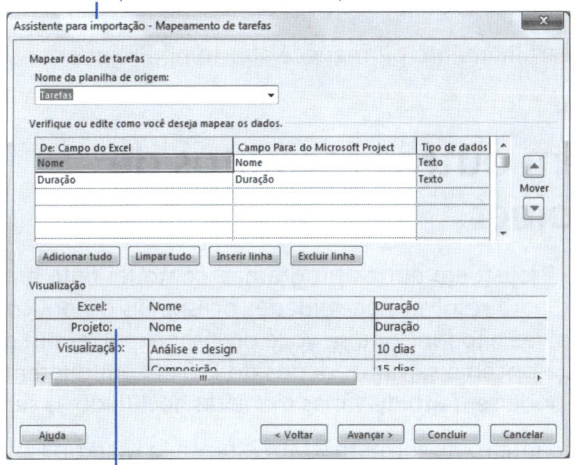

Use a área Visualização para ver como os dados de outro formato de arquivo serão mapeados nos campos do Project, com base nas configurações escolhidas acima.

17 Clique em **Avançar**.

A última página do Assistente para importação é exibida. Aqui, você tem a opção de salvar as configurações do novo mapa de importação, o que será útil no futuro, quando quiser importar dados semelhantes para o Project. Desta vez você vai pular esse passo.

18 Clique em **Concluir**.

O Project importa os dados do Excel para um novo plano. (As datas que você vê na escala de tempo serão diferentes das mostradas, pois o Project usa a data atual como data de início do projeto no novo arquivo.)

A menos que você tenha alterado a configuração de agendamento padrão para novas tarefas, a lista de tarefas está agendada manualmente.

Essa é uma lista de tarefas simples, apenas com nomes e durações de tarefas. Contudo, o processo para importar dados estruturados mais complexos é semelhante.

19 Feche o novo arquivo Exemplo de Lista de Tarefas sem salvar as alterações.

O plano Compartilhamento permanece aberto no Project.

# Como salvar em outros formatos de arquivo no Project

Colar os dados do Project em outros programas, como foi feito anteriormente, pode ser excelente para resolver necessidades ocasionais ou pouco frequentes, mas essa técnica talvez não funcione se você precisar exportar um grande volume de dados. Outra opção é salvar os dados do Project em diferentes formatos de arquivo, o que pode ser feito de várias maneiras, incluindo as seguintes:

- Salvar o projeto inteiro no formato XML (Extensible Markup Language) para a troca de dados estruturados com outros aplicativos que aceitem XML.

- Salvar apenas os dados especificados em um formato diferente. Os formatos suportados incluem pasta de trabalho do Excel e texto delimitado por tabulações ou por vírgulas. Ao salvar nesses formatos, você escolhe aquele no qual deseja salvar, seleciona um mapa de exportação interno (ou cria o seu próprio mapa) e exporta os dados.

**DICA** Também é possível salvar o modo de exibição ativo em um formato de arquivamento, como XPS ou PDF, que preservam o layout e a formatação, mas geralmente não podem ser editados. Para mais informações, consulte o Capítulo 17, "Formatação e impressão avançadas".

O cenário: na Lucerne Publishing, o departamento financeiro solicitou alguns dados de custo do projeto do livro. Você quer fornecer esses dados, mas o departamento utiliza um programa de orçamento que não trabalha diretamente com arquivos do Project. Você decide fornecer esses dados como texto delimitado por tabulações, o que permitirá maior flexibilidade na importação para o programa de orçamento.

Neste exercício, você vai salvar dados do projeto em um arquivo de texto usando um mapa de exportação interno.

1 Na guia **Arquivo**, clique em **Exportar**.

2 Clique em **Salvar Projeto como Arquivo**.

Em Salvar Projeto como Arquivo, você pode ver alguns dos tipos de arquivo suportados.

3 Em **Outros Tipos de Arquivo**, clique em **Salvar como Outro Tipo de Arquivo** e, em seguida, em **Salvar como**.

4 Navegue até a pasta de arquivo de prática Capitulo20.

5 Na caixa **Nome do arquivo**, digite **Custos Compartilhados**.

6 Na caixa **Tipo**, clique em **Texto (delimitado por tabulação)** na lista e, em seguida, em **Salvar**.

Aparece uma caixa de diálogo de confirmação, pois agora o Project está tentando salvar em um formato de arquivo não padrão.

7 Clique em **Sim**.

O Assistente para exportação é exibido.

**DICA** Quando você usa mapas de importação/exportação, o modo de exibição atual do Project não faz a menor diferença. O modo de exibição atual não afeta os dados que podem ou não ser exportados.

8  Clique em **Avançar**.

A segunda página do Assistente para exportação é exibida.

9  Clique em **Usar mapa existente** e, em seguida, em **Avançar**.

10  Em **Escolha um mapa para os dados**, selecione **Dados de Custo por Tarefa**.

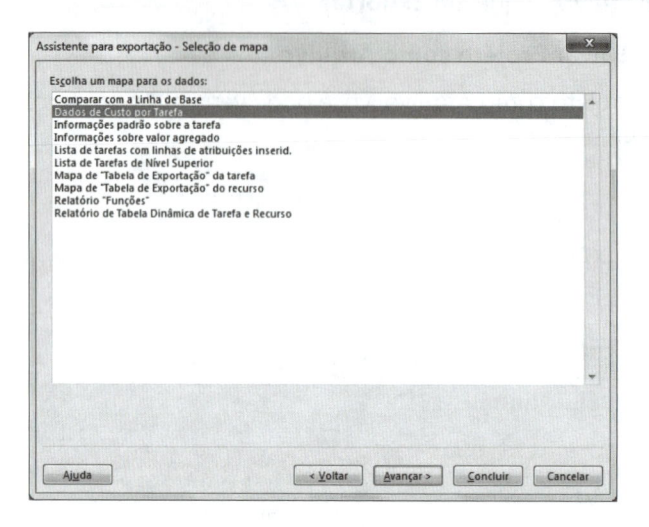

11  Clique em **Avançar**.

Na página seguinte, você pode ver as opções para os tipos de dados a serem exportados, o delimitador entre valores de dados (tabulação, espaço ou ponto e vírgula) e outras opções. Desta vez, você vai usar as opções padrão.

12  Clique em **Avançar**.

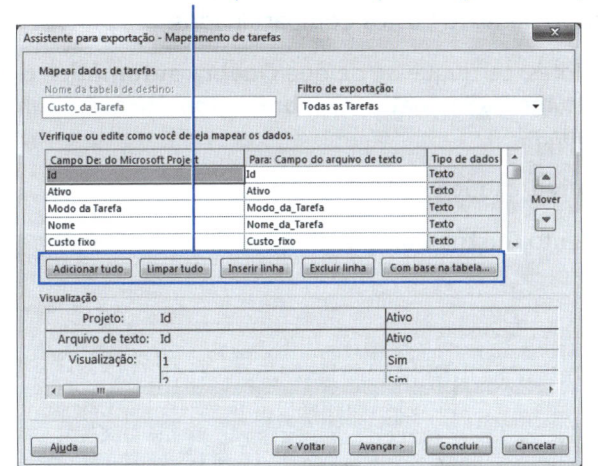

## Capítulo 20 Compartilhamento de informações com outros programas

Use estes botões para controlar quais campos serão exportados.

Aqui, você pode ver o mapeamento de campo detalhado a ser aplicado nessa exportação. Em seguida, você vai personalizar os dados a serem exportados. Dois campos serão removidos da exportação.

13 Na coluna **Campo De:**, clique em **Ativo**.

14 Clique em **Excluir linha**.

Você vai remover o segundo campo.

15 Na coluna **Campo De:**, clique em **Modo da Tarefa**.

16 Clique em **Excluir linha**.

O Project remove o campo Modo da Tarefa da lista de exportação e atualiza o painel Visualização embaixo.

17 Clique em **Concluir**.

O Project salva o arquivo de texto. Para visualizá-lo, você vai abrir o arquivo no Bloco de Notas.

18 Escolha uma das opções:

- Se estiver usando Windows 7 ou anterior, no menu **Iniciar**, clique em **Todos os Programas** e, no grupo de programas **Acessórios**, clique em **Bloco de Notas**.

- Se estiver usando Windows 8, na tela Inicial, digite **bloco de notas** e, na lista de resultados dos aplicativos, clique ou toque em **Bloco de Notas**.

O Bloco de Notas inicia.

**DICA** Você também pode navegar até a pasta Capitulo20 e dar um clique duplo no arquivo de texto Custos Compartilhados.

19  No Bloco de Notas, certifique-se de que **Quebra automática de linha** está desativada. (No menu **Formatar**, **Quebra automática de linha** não deve estar selecionada.)

20  No menu **Arquivo**, clique em **Abrir**.

21  Abra o documento **Custos Compartilhados** da pasta Capitulo20.

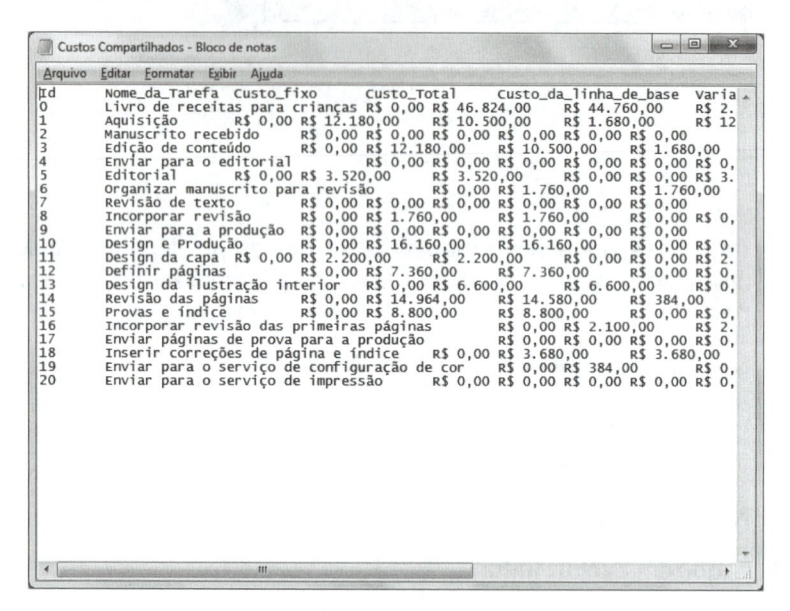

Nesse arquivo, os campos são separados por tabulações. Talvez não seja fácil de ler, mas esse formato é facilmente importado em quase todos os programas de processamento de dados.

22  No Bloco de Notas, no menu **Arquivo**, clique em **Sair**.

O Bloco de Notas fecha e você retorna ao Project.

Para concluir este exercício, você vai restaurar as configurações da Central de Confiabilidade.

23  Na guia **Arquivo**, clique em **Opções**.

24  Clique em **Central de Confiabilidade** e, em seguida, em **Configurações da Central de Confiabilidade**.

25  Clique em **Formatos Herdados**.

26 Em **Formatos Herdados**, clique em **Não abra/salve arquivos com formatos herdados ou não padrão, no Project**.

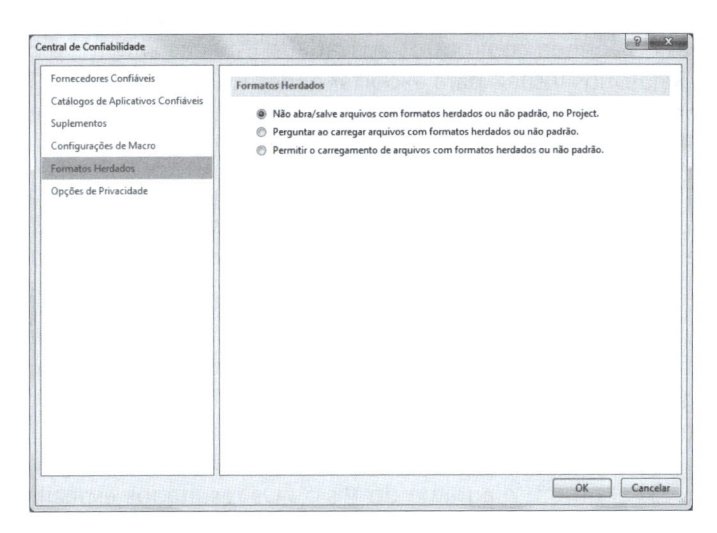

27 Clique em **OK** para fechar a caixa de diálogo **Central de Confiabilidade** e, em seguida, clique em **OK** novamente para fechar a caixa de diálogo **Opções do Project**.

> # Como trabalhar com arquivos de versões anteriores do Project
>
> As versões 2000, 2002 e 2003 do Project compartilhavam um formato de arquivo comum que podia ser aberto em qualquer uma delas. Em outras palavras, se você estivesse usando o Project 2000, 2002 ou 2003, não precisava prestar atenção no formato de arquivo entre essas três versões.
>
> Para incorporar as novas funcionalidades introduzidas em uma nova versão do produto, o Project 2007 introduziu seu próprio formato de arquivo, tal qual aconteceu com o Project 2010. No entanto, o Project 2010 e 2013 compartilham o mesmo formato de arquivo.
>
> Ao executar o Project 2013, você talvez precise compartilhar planos com usuários de versões anteriores do programa. Uma estratégia é salvar no formato do Microsoft Project 2000–2003 ou no formato do Microsoft Project 2007. (Ambos são formatos de arquivo listados na caixa Tipo da caixa de diálogo Salvar como). Entretanto, alguns dados relacionados a novos recursos do Project 2013 serão alterados ou descartados quando salvos em um formato mais antigo. As tarefas agendadas manualmente, por exemplo, serão convertidas em tarefas agendadas automaticamente.
>
> Para saber mais sobre formatos de arquivo e versões do Project, clique no botão Ajuda (o ponto de interrogação) no canto superior direito da janela do Project e, na caixa Ajuda do Project, digite **Formatos de arquivo com suporte**.

# Como gerar relatórios visuais com Excel e Visio

O Project pode gerar relatórios visuais que se concentram no compartilhamento de detalhes da agenda com outros aplicativos. Especificamente, é possível usar o recurso Relatórios Visuais para exportar dados do Project para o Excel ou para o Microsoft Visio e, uma vez lá, representar visualmente os detalhes da agenda em formatos atraentes.

**DICA** Alguns relatórios visuais (particularmente os gerados no Excel) são semelhantes aos relatórios internos agora disponíveis no Project 2013. Talvez você ache os relatórios visuais vantajosos para analisar dados mais complexos no Excel.

Um relatório visual pode incluir detalhes de tarefas, recursos ou atribuições. Quando um relatório visual é selecionado no Project, o programa gera um banco de dados altamente estruturado, denominado *cubo OLAP (Online Analytical Processing)*, a partir de seu plano. Então, o Project inicia o Excel ou o Visio (dependendo do relatório visual selecionado), carrega e organiza os dados utilizados por esse aplicativo e gera uma representação gráfica desses dados (um gráfico do Excel ou um diagrama do Visio). Os resultados específicos obtidos dependem do tipo de relatório visual que você escolher:

- Os relatórios visuais do Excel utilizam os recursos de Tabela Dinâmica e Gráfico Dinâmico desse programa. É possível formatar o gráfico e modificar os detalhes do relatório na Tabela Dinâmica a partir da qual o gráfico é gerado. Os relatórios que usam Tabela Dinâmica são convenientes para analisar e resumir os grandes volumes de dados que os planos podem conter. Você pode criar relatórios visuais com o Excel 2003 ou posterior.

- Os relatórios visuais do Visio utilizam o recurso Diagramas Dinâmicos. Os Diagramas Dinâmicos são adequados para apresentar dados hierárquicos e podem complementar o Project muito bem. É possível não apenas personalizar os relatórios visuais como um diagrama do Visio, mas também filtrar e reorganizar os dados a partir dos quais o diagrama é gerado. Os relatórios visuais do Visio exigem a versão 2007 ou posterior do programa.

O Project contém diversos modelos de relatórios visuais do Excel e do Visio. Também é possível criar seus próprios relatórios visuais a partir do zero ou modificar um dos modelos fornecidos. Os relatórios visuais podem ser úteis para qualquer usuário do Project. Se você já conhece as Tabelas Dinâmicas do Excel ou é usuário experiente do Visio, e precisa analisar e apresentar dados do Project, vai achar os relatórios visuais muito interessantes.

## Capítulo 20 Compartilhamento de informações com outros programas 455

O cenário: na Lucerne Publishing, uma colega é especialista em Excel e em Visio. Ela solicitou a você alguns dados do Project com os quais poderá trabalhar nos dois aplicativos.

Neste exercício, você vai gerar relatórios visuais no Excel e no Visio.

> **IMPORTANTE** Se o computador no qual você está trabalhando não tem o Excel 2003 ou posterior, você não poderá completar este exercício. Se esse for o caso, pule para a parte da seção específica do Visio.

1 Na guia **Relatório**, no grupo **Exportar**, clique em **Relatórios Visuais**.

A caixa de diálogo Relatórios Visuais é exibida. Se você não tiver o Excel ou o Visio instalado, talvez não consiga ver esta imagem.

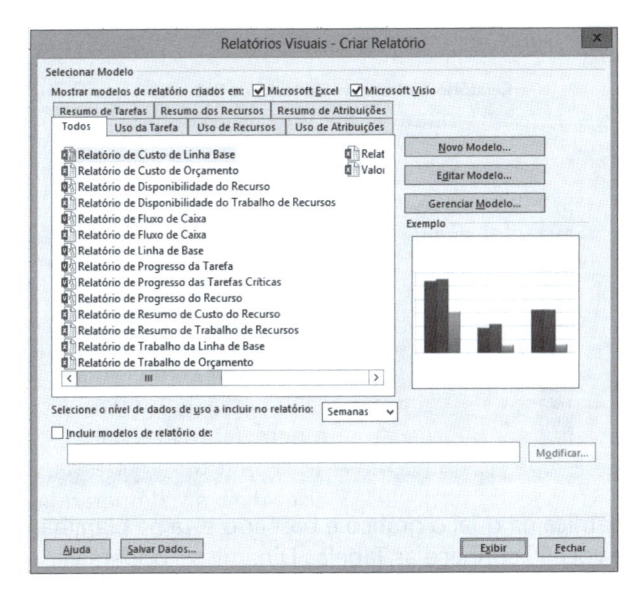

Essa caixa de diálogo agrupa os relatórios visuais de várias maneiras: todos os relatórios, somente relatórios do Excel ou do Visio e detalhes de tarefas, recursos ou atribuições (divididos por relatórios de resumo e de uso). A caixa de diálogo inclui uma visualização simplificada do tipo de elemento (gráfico ou diagrama) associado a cada relatório visual. Se quiser, você pode clicar nas diversas guias da caixa de diálogo para ver como os relatórios visuais estão organizados.

O primeiro relatório visual que você vai gerar é baseado no Excel.

2 Clique na guia **Resumo dos Recursos**.

3 Clique em **Relatório de Trabalho Restante de Recursos** e, em seguida, em **Exibir**.

O Project gera os dados solicitados por esse relatório, inicia o Excel e cria o relatório.

4 Se o painel **Campos do Gráfico Dinâmico** não aparecer automaticamente, clique em qualquer lugar no gráfico.

Talvez seja preciso ajustar o nível de zoom para ver o gráfico inteiro.

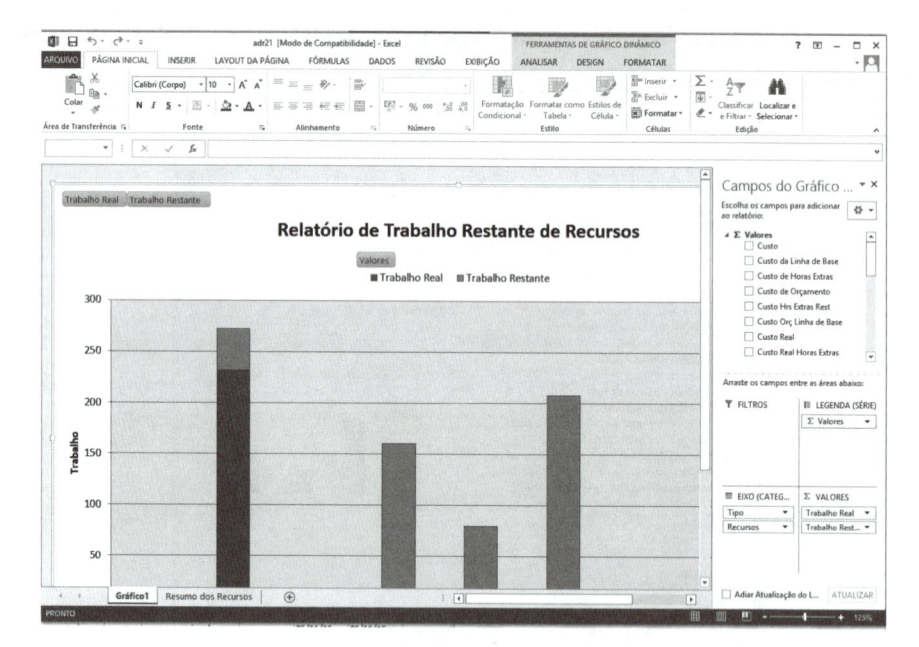

A Tabela Dinâmica na qual o gráfico é baseado está na planilha Resumo dos Recursos. Se você já conhece as Tabelas Dinâmicas, poderá ver essa planilha e modificar as configurações da Tabela Dinâmica, se desejar.

**DICA** As Tabelas Dinâmicas são um recurso poderoso do Excel. Para aprender mais, pesquise **Tabela Dinâmica** na Ajuda do Excel.

5 Quando tiver terminado de trabalhar no gráfico do Excel, feche o programa sem salvar as alterações.

Para concluir este exercício, você vai gerar um relatório visual baseado no Visio.

Capítulo 20  Compartilhamento de informações com outros programas  **457**

> **IMPORTANTE** Se o computador no qual você está trabalhando não tem o Visio 2007 ou posterior, você não poderá completar este exercício. Se esse for o caso, pule para o final desta seção.

No Project, a caixa de diálogo Relatórios Visuais ainda deve estar aberta.

6 Clique na guia **Uso de Atribuições**.

7 Clique em **Relatório de Trabalho da Linha de Base** e, em seguida, em **Exibir**.

O Project gera os dados solicitados por esse relatório, inicia o Visio e cria o diagrama Relatório de Trabalho da Linha de Base. Sua tela deve ser parecida com esta:

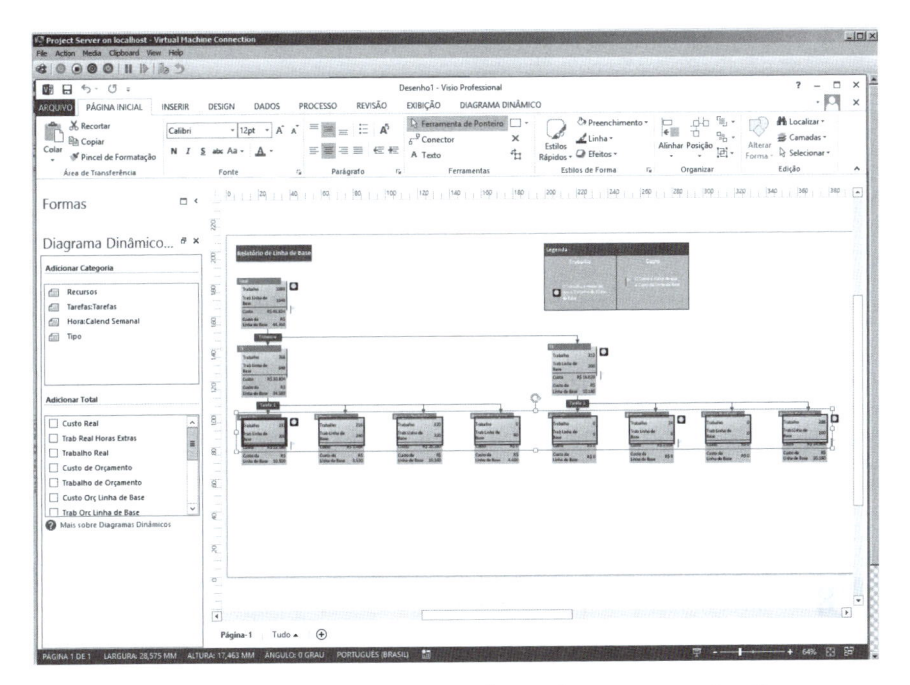

Em seguida, você vai examinar os itens desse diagrama em detalhes.

8 Escolha uma das opções:

- No Visio 2007, no menu **Exibir**, aponte para **Zoom** e, em seguida, clique em **100%**.

- No Visio 2010 ou 2013, no controle deslizante de Zoom, defina o nível de zoom como **100%**.

Parte 4 Tópicos avançados e especiais

9  Se necessário, ajuste as barras de rolagem vertical e horizontal até que você possa ver os detalhes do diagrama.

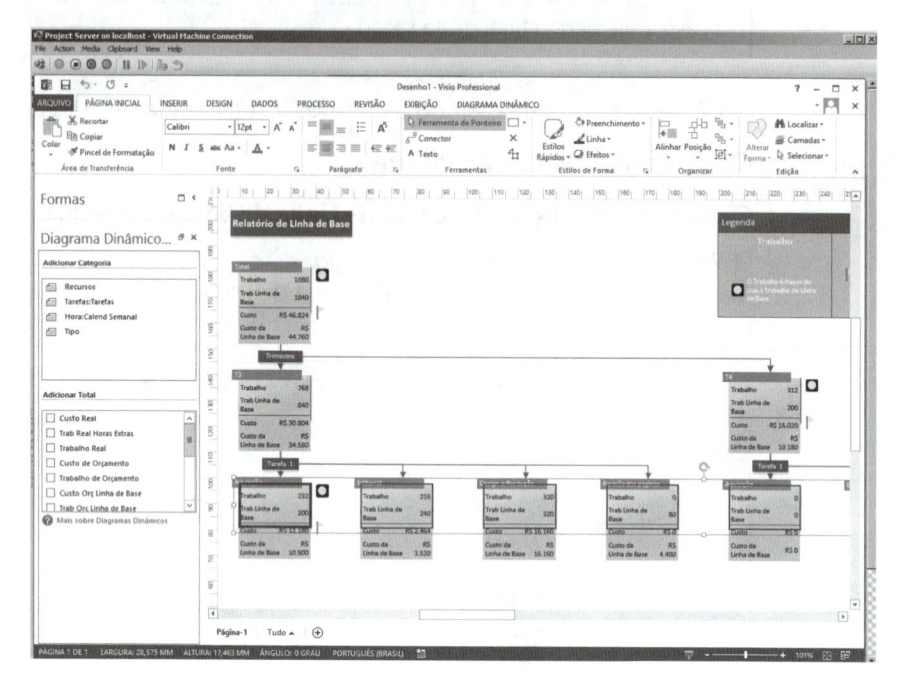

Nesse ponto, você deve ajustar as configurações do painel Diagrama Dinâmico no Visio para alterar os detalhes incluídos no diagrama.

10  Quando terminar de trabalhar no diagrama do Visio, feche o programa sem salvar as alterações.

11  No Project, clique em **Fechar** para fechar a caixa de diálogo **Relatórios Visuais**.

ENCERRAMENTO  Feche o arquivo Compartilhamento.

## Pontos-chave

- Você pode usar o recurso copiar e colar no Project exatamente como na maioria dos outros aplicativos do Windows. Contudo, quando colar dados em uma tabela no Project, verifique se os dados desejados estão realmente nos campos e nos tipos de campos corretos.

- Ao abrir outros formatos de dados no Project, o programa usa mapas de importação para ajudar a organizar os dados na estrutura correta de uma tabela.

- O Project fornece suporte para salvar dados em formatos estruturados comuns, como XML.

- Os relatórios visuais ajudam a exportar dados do Project para gráficos do Excel e diagramas do Visio.

# Visão geral do capítulo

## Compartilhar

Compartilhe recursos entre vários planos, a partir de um pool centralizado, página 462.

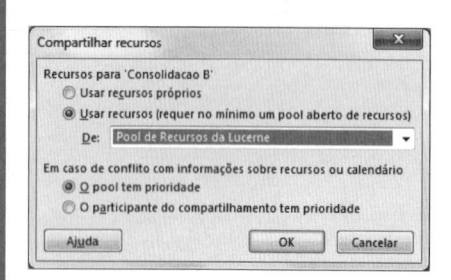

## Gerenciar

Gerencie recursos e atribuições entre vários planos, página 468.

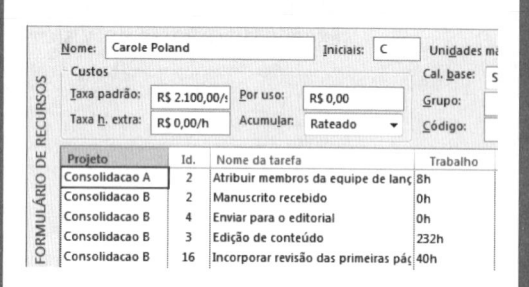

## Consolidar

Crie um plano consolidado para ter uma visão geral de vários planos, página 487.

## Vincular

Vincule tarefas entre diferentes planos, página 490.

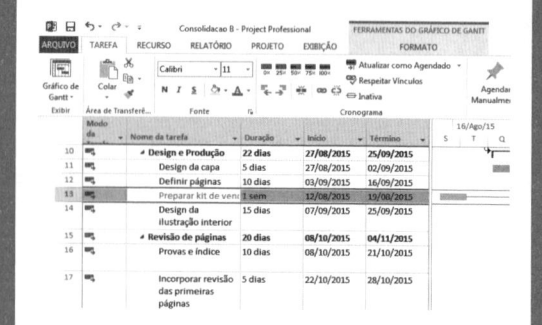

# Consolidação de projetos e recursos

## 21

NESTE CAPÍTULO, VOCÊ APRENDERÁ A:

- Criar um pool de recursos para compartilhá-los entre vários planos.
- Examinar a alocação de recursos entre vários planos.
- Alterar as atribuições de recursos em um plano participante e ver os efeitos em um pool de recursos.
- Alterar o período útil de um recurso em um pool de recursos e ver os efeitos em um plano participante.
- Criar um período não útil em uma data específica em um pool de recursos e ver os efeitos no plano participante.
- Criar um plano e transformá-lo em um plano participante para um pool de recursos.
- Alterar atribuições no plano participante e atualizar um pool de recursos.
- Inserir planos para criar um plano consolidado.
- Vincular tarefas entre dois planos.

Nos exercícios anteriores deste livro, de modo geral você trabalhou com um plano por vez. Embora esse possa ser seu principal enfoque no Project em grande parte do tempo, é possível que você ou sua empresa precise coordenar pessoas, trabalho e produtos de vários projetos ao mesmo tempo. Este capítulo apresenta as poderosas ferramentas do Project que podem ajudá-lo a otimizar seus recursos, consolidar vários planos em um único plano consolidado e criar dependências entre planos.

Para fazer os exercícios deste capítulo, você terá que abrir e fechar mais arquivos de prática do que foi necessário nos capítulos anteriores. Em alguns casos, vai dar passos adicionais para ver em um plano os resultados das ações realizadas em outro.

> **ARQUIVOS DE PRÁTICA** Para fazer os exercícios deste capítulo, você precisa dos arquivos contidos na pasta Capitulo21. Para mais informações, consulte "Como baixar os arquivos de prática", na Introdução deste livro.

> **IMPORTANTE** Se você estiver executando o Project Professional com Project Web App/Project Server, tome o cuidado de não salvar no Project Web App (PWA) os arquivos de prática com os quais trabalhará neste livro. Para mais informações, consulte o Apêndice C, "Colaboração: Project, SharePoint e PWA".

# Como criar um pool de recursos

Durante o gerenciamento de vários projetos é comum que ***recursos de trabalho*** (pessoas e equipamentos) sejam atribuídos a mais de um projeto ao mesmo tempo. Talvez seja difícil coordenar o tempo dos recursos de trabalho entre os vários projetos, especialmente se forem gerenciados por pessoas diferentes. Por exemplo, um editor em uma editora de livros tem ***atribuições*** de tarefas para um novo livro, um site promocional e um comunicado para a imprensa – três projetos em andamento simultaneamente. Em cada projeto, o editor poderá ficar ***totalmente alocado*** ou até mesmo ***subalocado***. Entretanto, se você somar todas as suas tarefas nesses planos, poderá descobrir que ele foi superalocado ou atribuído para trabalhar em mais tarefas do que é capaz de conduzir ao mesmo tempo. Ao trabalhar com recursos de custos de vários projetos, talvez você queira ver não apenas o custo por plano associado a um recurso de custo, mas também os custos acumulados dos planos. Da mesma maneira, ao trabalhar com recursos materiais em vários planos, você veria os recursos materiais consumidos acumulados em qualquer unidade de consumo que tenha utilizado.

Um ***pool de recursos*** pode ajudá-lo a ver como os recursos são utilizados entre vários planos. O pool de recursos é um plano a partir do qual outros planos buscam informações a respeito dos recursos. Ele contém informações sobre as atribuições de tarefas de todos os recursos de todos os planos vinculados ao pool de recursos. Você pode alterar as informações dos recursos – como unidades máximas, taxas de custo e período não útil – no pool de recursos e todos os planos vinculados utilizarão as informações atualizadas.

Os planos vinculados ao pool de recursos são denominados ***planos participantes***. Aqui está uma maneira de visualizar um pool de recursos e os planos participantes.

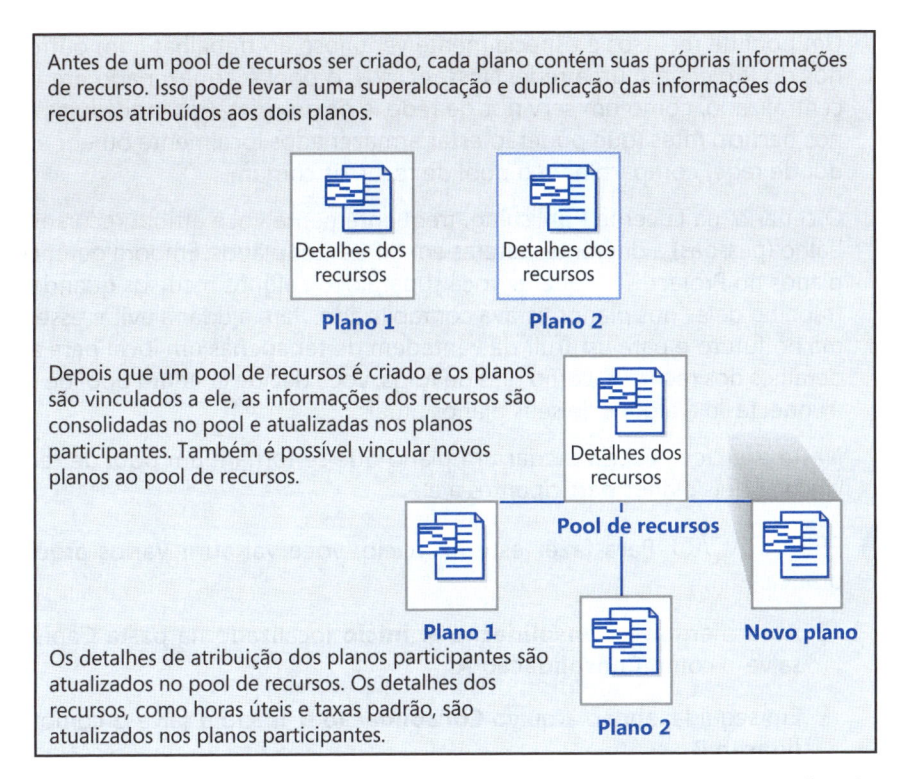

Antes de um pool de recursos ser criado, cada plano contém suas próprias informações de recurso. Isso pode levar a uma superalocação e duplicação das informações dos recursos atribuídos aos dois planos.

Detalhes dos recursos — Plano 1
Detalhes dos recursos — Plano 2

Depois que um pool de recursos é criado e os planos são vinculados a ele, as informações dos recursos são consolidadas no pool e atualizadas nos planos participantes. Também é possível vincular novos planos ao pool de recursos.

Detalhes dos recursos — Pool de recursos

Plano 1 — Novo plano

Os detalhes de atribuição dos planos participantes são atualizados no pool de recursos. Os detalhes dos recursos, como horas úteis e taxas padrão, são atualizados nos planos participantes.

Plano 2

Se você gerencia apenas um projeto com recursos que não são utilizados em outros planos, um pool de recursos não proporcionará vantagem alguma. Entretanto, se sua empresa planeja gerenciar vários projetos, a definição de um pool permitirá o seguinte:

- Inserir informações de recursos, como período não útil, em qualquer um dos planos participantes ou no pool de recursos, para que estejam disponíveis nos outros planos participantes.
- Ver detalhes da atribuição dos recursos de vários planos em um único local.
- Ver os custos de atribuição por recurso entre vários planos.
- Ver os custos acumulados para recursos de trabalho e de custo entre vários planos.
- Ver valores de consumo acumulados para recursos materiais entre vários planos.
- Localizar recursos que estão superalocados entre vários planos, mesmo que estejam subalocados em planos individuais.

Um pool de recursos é especialmente vantajoso ao trabalhar com outros usuários do Project em uma rede. Nesses casos, o pool é armazenado em um local centralizado, como um servidor de rede, e os proprietários individuais dos planos participantes (que poderão estar armazenados localmente ou em um servidor de rede) compartilham o pool de recursos comum.

O cenário: na Lucerne Publishing, frequentemente você atribui recursos de trabalho (pessoas) a diferentes tarefas em diferentes planos. Embora gerencie esses planos no Project, sem querer você superalocou alguns recursos quando todo o trabalho deles nos planos estava contabilizado. Para ajudar a evitar esse problema no futuro e para usufruir da vantagem de ter apenas um local para atualizar detalhes dos recursos, como dias de folga, você decide criar um pool de recursos e conectá-lo a alguns de seus planos atuais.

Neste exercício, você vai criar um plano que se tornará um pool de recursos e vincular dois planos participantes a ele.

➡ PREPARAÇÃO Para fazer este exercício, você vai abrir vários arquivos de prática.

1 Abra o arquivo **Consolidacao A_Inicio** localizado na pasta Capitulo21 e salve-o como **Consolidacao A**.

2 Em seguida, abra o arquivo **Consolidacao B_Inicio** e salve-o como **Consolidacao B**.

Esses dois planos foram criados anteriormente e ambos contêm informações sobre recursos. Na última vez em que foram salvos, o modo de exibição ativo nos dois planos era Planilha de Recursos.

Você vai criar um novo plano que se tornará um pool de recursos.

3 Na guia **Arquivo**, clique em **Novo** e, em seguida, em **Projeto vazio**.

O Project cria um novo plano, apresentando o modo de exibição Gantt com Linha do Tempo.

4 Na guia **Arquivo**, clique em **Salvar como**.

5 Navegue até a pasta **Capitulo21**.

6 Na caixa **Nome do arquivo**, digite **Pool de Recursos da Lucerne** e, em seguida, clique em **Salvar**.

DICA Você pode dar o nome que quiser a um pool de recursos, mas é recomendável indicar que se trata de um pool de recursos no nome de arquivo.

# Capítulo 21 Consolidação de projetos e recursos

7 Na guia **Exibição**, no grupo **Visãos de Recurso**, clique em **Planilha de Recursos**.

O modo de exibição Planilha de Recursos substitui o modo de exibição Gráfico de Gantt.

8 Na guia **Exibição**, no grupo **Janela**, clique em **Organizar Tudo**.

O Project organiza as três janelas de plano dentro da janela do Project.

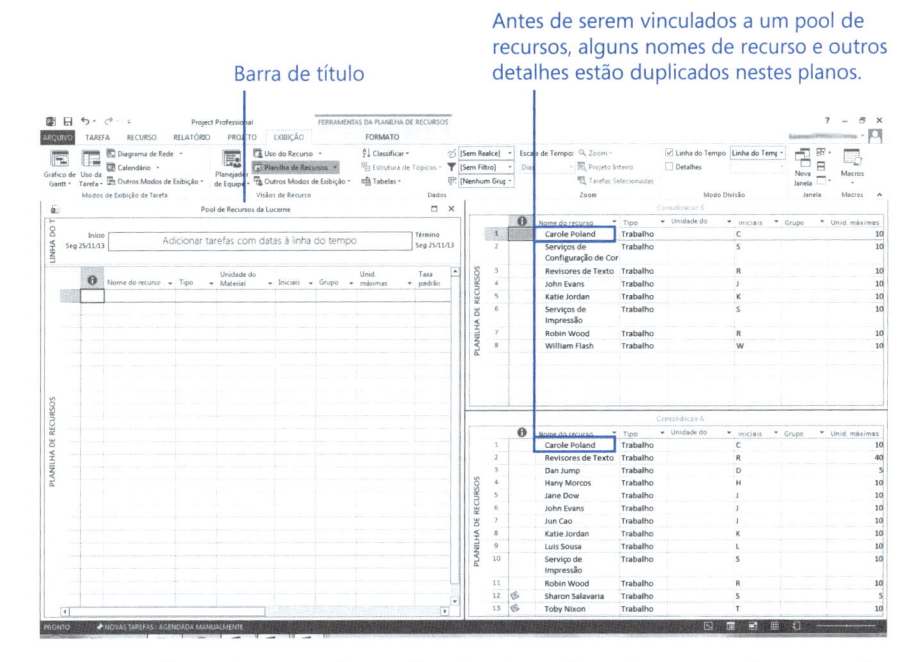

**DICA** Não é preciso organizar as janelas de projeto dessa maneira para criar um pool de recursos, mas é útil para ver os resultados à medida que eles ocorrem nesta seção.

Examinando os nomes dos recursos nos dois planos (Consolidacao A e Consolidacao B), pode-se ver que vários recursos iguais aparecem em ambos. Entre eles estão *Carole Poland*, *Revisores de texto*, *John Evans* e outros. Nenhum desses recursos está superalocado nos planos.

9 Clique na barra de título da janela **Consolidacao B**.

10 Na guia **Recurso**, no grupo **Atribuições**, clique em **Pool de Recursos** e, em seguida, em **Compartilhar recursos**.

A caixa de diálogo Compartilhar recursos é exibida.

11 Em **Recursos para 'Consolidacao B'**, selecione a opção **Usar recursos**.

A lista em De contém os planos abertos que podem ser utilizados como pool de recursos.

12 Na caixa **De**, clique em **Pool de Recursos da Lucerne**.

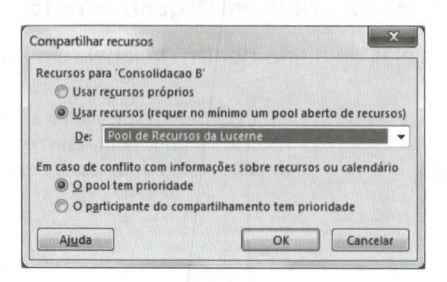

13 Clique em **OK** para fechar a caixa de diálogo **Compartilhar recursos**.

Você vê as informações sobre os recursos do plano Consolidacao B aparecerem no plano Pool de Recursos da Lucerne. Em seguida, você vai definir o plano Consolidacao A como um plano participante com o mesmo pool de recursos.

14 Clique na barra de título da janela **Consolidacao A**.

15 Na guia **Recurso**, no grupo **Atribuições**, clique em **Pool de Recursos** e, em seguida, em **Compartilhar recursos**.

16 Em **Recursos para 'Consolidacao A'**, clique na opção **Usar recursos**.

17 Na lista **De**, certifique-se de que **Pool de Recursos da Lucerne** esteja selecionado.

*Pool de Recursos da Lucerne* é selecionado por padrão. O plano Consolidacao A já é um plano participante e o Project não permitirá que um plano participante seja um pool de recursos de outro plano.

18 Em **Em caso de conflito com informações sobre recursos ou calendário**, certifique-se de que a opção **O pool tem prioridade** esteja selecionada.

Selecionar essa opção faz com que o Project use as informações de recursos (como taxas de custos) do pool de recursos e não do plano participante, caso encontre alguma diferença entre os dois planos.

19 Clique em **OK** para fechar a caixa de diálogo **Compartilhar recursos**.

Você vê as informações sobre os recursos do plano Consolidacao A aparecerem no pool de recursos.

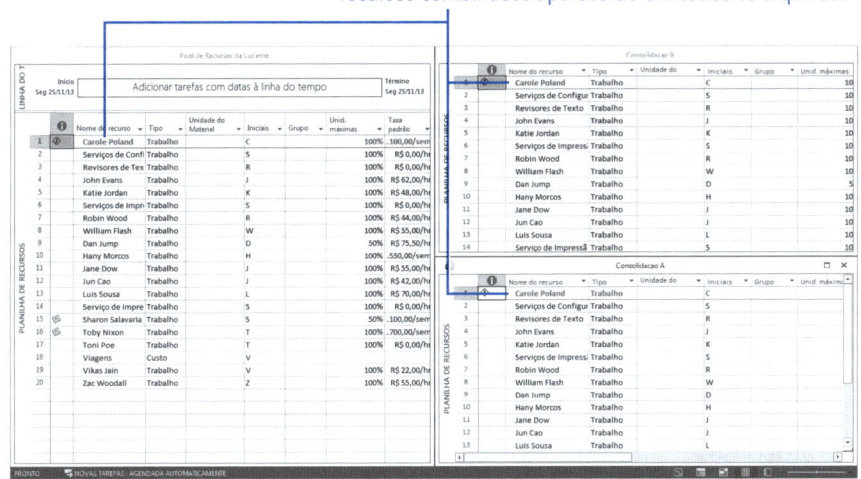

Capítulo 21 Consolidação de projetos e recursos **467**

> Depois que estes dois planos participantes forem vinculados ao pool de recursos, as informações de recursos combinadas aparecerão em todos os arquivos.

O pool de recursos contém as informações dos recursos dos dois planos participantes. O Project consolidará as informações dos recursos dos planos participantes com base no nome do recurso. *John Evans*, por exemplo, está listado apenas uma vez no pool, independentemente de quantos planos participantes o listem como recurso.

> **IMPORTANTE** O Project não consegue combinar variações de um nome de recurso – por exemplo, *John Evans* de um plano participante e *J. Evans* de outro. Por isso, crie uma convenção para os nomes de recurso na sua empresa e a mantenha.

**DICA** Se você decidir que não deseja usar um pool de recursos com um plano, pode quebrar o vínculo. Para fazer isso, no plano participante, na guia Recurso, clique em Pool de Recursos e, em seguida, em Compartilhar recursos. Em Recursos para *<nome do projeto atual>*, selecione a opção Usar recursos próprios.

Agora você pode ver como os recursos são atribuídos entre vários projetos. Vinculando-se os novos planos ao pool de recursos, as informações dos recursos estarão disponíveis no novo plano instantaneamente. (Você vai fazer isso na próxima seção.)

Novamente, observe que não é preciso organizar as janelas do plano, como foi feito neste exercício, para vincular os planos participantes ao pool de recursos. Contudo, isso foi útil nesta seção para ver os resultados à medida que eles ocorreram.

> ## Como criar um pool de recursos dedicado
>
> Todo plano, com ou sem tarefas, pode servir como pool de recursos. Entretanto, é melhor designar como pool de recursos um plano que não contenha tarefas. Isso porque qualquer projeto com tarefas provavelmente será concluído em algum ponto e talvez você não queira que as atribuições para essas tarefas (com seus custos e outros detalhes associados) sejam incluídas indefinidamente no pool de recursos.
>
> Além disso, um pool de recursos dedicado sem tarefas permite que pessoas como **gerentes de linha** ou gerentes de recursos mantenham informações sobre seus recursos, como período não útil, no pool de recursos. Talvez essas pessoas não tenham uma função no gerenciamento do projeto e não precisem lidar com detalhes específicos de tarefas no pool de recursos.

# Visualização de detalhes de atribuição em um pool de recursos

Uma das vantagens mais importantes de usar um pool de recursos é que ele permite ver como os recursos estão alocados entre os planos. Por exemplo, é possível identificar os recursos que estão superalocados entre os vários planos aos quais estão atribuídos.

Vamos ver um exemplo específico. Como você deve ter observado na seção anterior, o recurso Carole Poland, que não estava superalocado nos planos individuais, apareceu superalocado depois que o Project considerou todas as suas atribuições nos dois planos. Quando as atribuições de Carole nos dois planos participantes foram combinadas, elas excederam sua capacidade de trabalhar em pelo menos um dia. Embora Carole provavelmente tenha conhecimento desse problema, o gerente do projeto pode não saber disso sem definir um pool de recursos (ou ouvi-lo diretamente de Carole).

O cenário: na Lucerne Publishing, você quer usar seu pool de recursos recentemente criado para procurar quaisquer superalocações de recurso entre os dois planos participantes.

Neste exercício, você vai ver atribuições entre planos no pool de recursos.

1 Dê um clique duplo na barra de título da janela do **Pool de Recursos da Lucerne**.

> A janela do pool de recursos é maximizada para preencher a janela do Project. No pool de recursos é possível ver todos os recursos dos dois planos

participantes. Para ver melhor o uso dos recursos, você vai alterar os modos de exibição.

2 Na guia **Exibição**, no grupo **Visões de Recurso**, clique em **Uso dos Recursos**.

O modo de exibição Uso dos Recursos é exibido.

3 Na coluna **Nome do recurso**, se ainda não estiver selecionado, clique no nome do recurso 1, *Carole Poland*.

4 Na guia **Tarefa**, no grupo **Edição**, clique em **Rolar até a Tarefa**.

Os detalhes divididos ao longo do tempo, no lado direito da janela do modo de exibição, rolam horizontalmente para mostrar as primeiras atribuições de tarefas de Carole Poland. Os números em vermelho (por exemplo, 16 horas em 20 de julho) indicam um dia no qual Carole está superalocada. Em seguida, você vai apresentar o Formulário de Recursos para obter mais detalhes sobre as atribuições de Carole.

5 Na guia **Exibição**, no grupo **Modo Divisão**, clique em **Detalhes**.

O Formulário de Recursos aparece abaixo do modo de exibição Uso dos Recursos.

6 Se necessário, arraste para a direita o divisor vertical entre as colunas **Projeto** e **Id.** no Formulário de Recursos até que você possa ver todo o conteúdo da coluna **Projeto**.

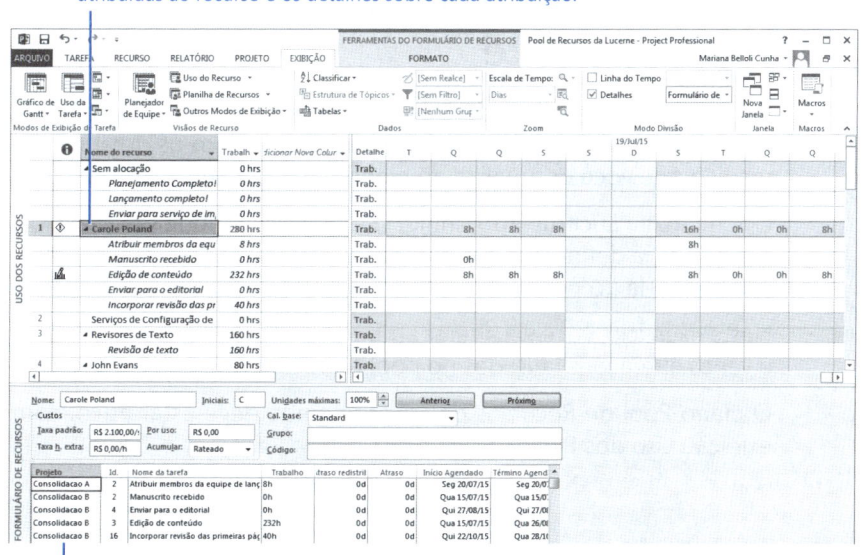

Nesse modo de exibição combinado, é possível ver as tarefas atribuídas ao recurso e os detalhes sobre cada atribuição.

O Formulário de Recursos mostra as atribuições entre vários projetos ao usar um pool de recursos.

Nesse modo de exibição combinado, você pode ver todos os recursos do pool de recursos e suas atribuições (no painel superior), assim como os detalhes do recurso selecionado (no painel inferior) de todos os planos participantes. É possível ver, por exemplo, que a tarefa *Atribuir membros da equipe de lançamento*, à qual Carole está atribuída, é do projeto Consolidacao A e a tarefa *Edição de conteúdo* é do projeto Consolidacao B. Carole não estava superalocada em nenhum dos projetos, mas está superalocada quando você vê suas atribuições entre os planos dessa maneira.

Se quiser, clique nos diferentes nomes de recursos no modo de exibição Uso dos Recursos para ver os detalhes de suas atribuições no Formulário de Recursos.

7 Na guia **Exibição**, no grupo **Modo Divisão**, desmarque a caixa de seleção **Detalhes**.

> **DICA** Em um pool de recursos, o Formulário de Recursos é apenas uma maneira de ver os detalhes de atribuições específicas de planos participantes. Também é possível adicionar a coluna Projeto ou Nome da tarefa resumo na parte da tabela do modo de exibição Uso dos Recursos. Isso mostrará em que projeto cada atribuição de tarefa está e qual o nome da tarefa resumo da atribuição.

Neste exercício, você viu atribuições de recurso entre planos no pool de recursos. Ao adicionar ou alterar atribuições, você sempre verá as informações sobre atribuições mais atualizadas no pool de recursos e nos planos participantes.

# Atualização de atribuições em um plano participante

Como os detalhes da atribuição de um recurso se originam nos planos participantes, o Project atualiza o pool de recursos com os detalhes da atribuição à medida que você os atualiza no plano participante.

O cenário: na Lucerne Publishing, você precisa atribuir um recurso a uma tarefa. Agora que já definiu o pool de recursos, após fazer a atribuição do recurso, você vai verificá-la no pool.

Neste exercício, você vai alterar atribuições de recurso em um plano participante e ver as alterações lançadas no pool de recursos.

O plano Pool de Recursos da Lucerne ainda deve estar ativo, com o modo de exibição Uso dos Recursos aplicado.

Capítulo 21 Consolidação de projetos e recursos **471**

1 No cabeçalho de coluna **Nome do recurso**, selecione o recurso 13, *Luis Sousa*.

Você pode ver que Luis não tem atribuições nos planos participantes. (Ele não tem atribuições listadas embaixo de seu nome.) Em seguida, você vai atribuir Luis a uma tarefa em um dos planos participantes e ver o resultado no pool de recursos e também no plano participante.

2 Na guia **Exibição**, no grupo **Janela**, clique em **Alternar Janelas** e, em seguida, em **Consolidacao A**.

O Project mostra o plano Consolidacao A. Atualmente, ele está mostrando o modo de exibição Planilha de Recursos.

3 Na guia **Exibição**, no grupo **Modos de Exibição de Tarefa**, clique em **Gráfico de Gantt**.

O modo de exibição Gráfico de Gantt é exibido.

4 Na guia **Recurso**, no grupo **Atribuições**, clique em **Atribuir Recursos**.

A caixa de diálogo Atribuir recursos é exibida.

5 Na coluna **Nome da Tarefa**, clique no nome da tarefa 5, *Definir e encomendar o material de marketing*.

6 Na coluna **Nome do recurso** da caixa de diálogo **Atribuir recursos**, clique em **Luis Sousa** e, em seguida, em **Atribuir**.

O Project atribui Luis à tarefa.

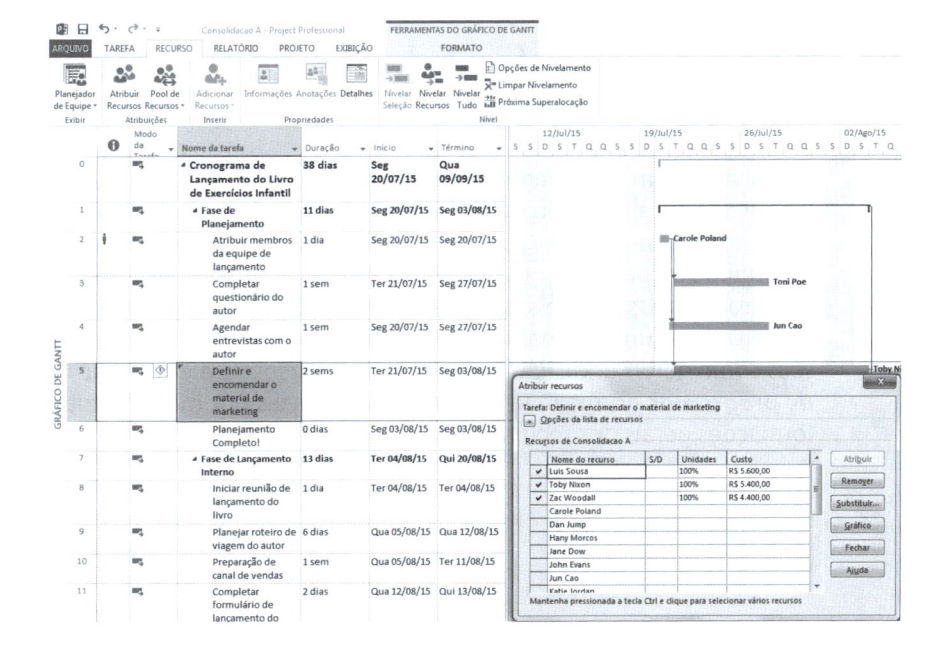

7 Clique em **Fechar** para fechar a caixa de diálogo **Atribuir recursos**.

8 Na guia **Exibição**, no grupo **Janela**, clique em **Alternar Janelas** e, em seguida, em **Pool de Recursos da Lucerne**.

9 Certifique-se de que o recurso 13, *Luis Sousa*, está selecionado e, em seguida, na guia **Tarefa**, no grupo **Edição**, clique em **Rolar até a Tarefa**.

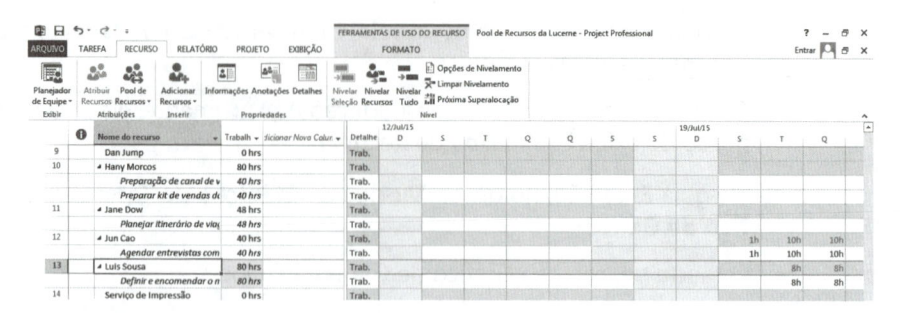

Conforme o esperado, a nova atribuição de tarefa de Luis Sousa aparece no pool de recursos.

Quando o pool de recursos está aberto no Project, todas as alterações feitas nas atribuições de recursos ou em outras informações sobre os recursos de qualquer um dos planos participantes aparecem imediatamente em todos os outros planos participantes abertos e no pool de recursos. Para verificar as atribuições de recursos atualizadas, não é necessário alternar entre os planos participantes e o pool de recursos, como você fez nesta seção.

# Atualização das informações de um recurso em um pool de recursos

Outra vantagem importante de usar um pool de recursos é que ele proporciona um local centralizado no qual são inseridos detalhes dos recursos, como taxas de custos e período útil. Quando as informações de um recurso são atualizadas no pool de recursos, os novos dados se tornam disponíveis em todos os planos participantes. Isso pode ser particularmente útil em empresas com um grande número de recursos trabalhando em vários projetos. Em empresas maiores, pessoas como gerentes de linha, gerentes de recursos ou a equipe de um *escritório de programas* normalmente são os responsáveis por manter atualizadas as informações gerais dos recursos.

## Capítulo 21  Consolidação de projetos e recursos    473

O cenário: na Lucerne Publishing, William Flash informou que não estará disponível para trabalhar nos dias 3 e 4 de setembro, pois pretende participar de um seminário. Você quer registrar essa exceção de calendário apenas uma vez no pool de recursos.

Neste exercício, você vai atualizar o período útil de um recurso no pool e ver as alterações nos planos participantes.

1 No plano Pool de Recursos da Lucerne, selecione o nome do recurso 8, *William Flash*.

2 Role a parte dividida ao longo do tempo do modo de exibição para a direita, até as atribuições de William na semana de 30 de agosto.

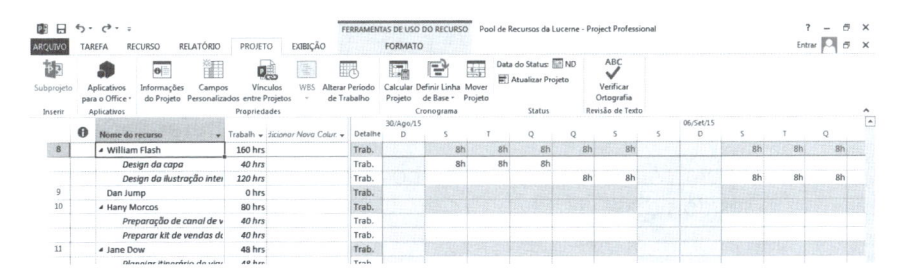

3 Na guia **Projeto**, no grupo **Propriedades**, clique em **Alterar Período de Trabalho**.

A caixa de diálogo Alterar Período Útil é exibida.

4 Na caixa **Para calendário**, certifique-se de que *William Flash* esteja selecionado.

O calendário de recurso de William aparece na caixa de diálogo Alterar Período Útil. William disse que não estaria disponível para trabalhar na quinta e na sexta, 3 e 4 de setembro.

5 Na guia **Exceções** da caixa de diálogo **Alterar Período Útil**, clique na primeira linha da coluna **Nome** e digite William em seminário.

A descrição da exceção do calendário é um lembrete útil para você e outras pessoas que poderão examinar o plano futuramente.

6 Clique no campo **Início** e digite ou selecione 03/09/15.

7 Clique no campo **Concluir**, digite ou selecione 04/09/15 e, em seguida, pressione Enter.

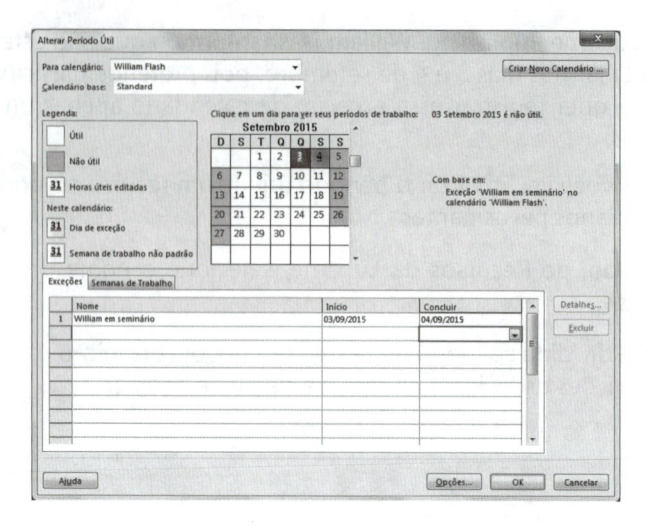

8 Clique em **OK** para fechar a caixa de diálogo **Alterar Período Útil**.

Agora William não tem trabalho agendado (como tinha anteriormente) nesses dois dias.

Como 3 e 4 de setembro foram definidos como dias não úteis para este recurso, nenhum trabalho está agendado nesses dias e eles são formatados como dias não úteis para o recurso.

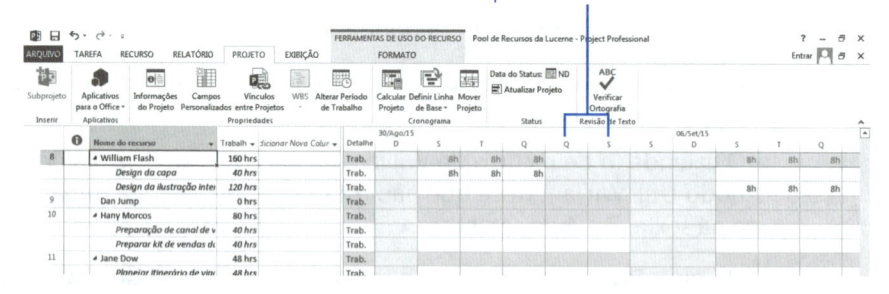

Para verificar se a definição de período não útil de William foi atualizada nos planos participantes, você vai examinar o período útil dele em um desses planos.

9 Na guia **Exibição**, no grupo **Janela**, clique em **Alternar Janelas** e, em seguida, em **Consolidacao A**.

Capítulo 21 Consolidação de projetos e recursos **475**

10 Na guia **Projeto**, no grupo **Propriedades**, clique em **Alterar Período de Trabalho**.

A caixa de diálogo Alterar Período Útil é exibida.

11 Na caixa **Para calendário**, clique em **William Flash**.

Na guia Exceções, você pode ver que 3 e 4 de setembro estão sinalizados como dias não úteis para William; a alteração do período útil desse recurso no pool de recursos foi atualizada nos planos participantes.

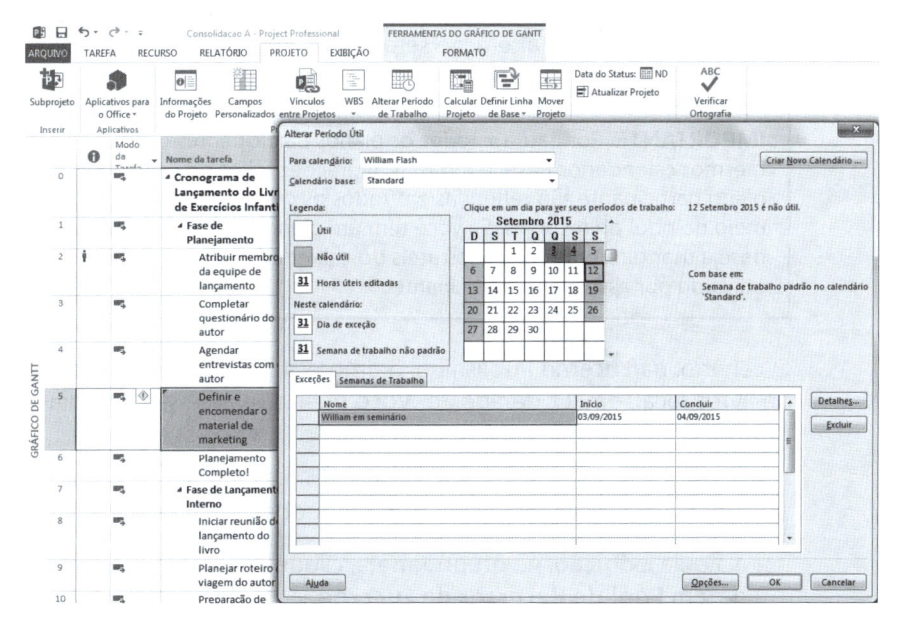

**DICA** Para rolar o calendário rapidamente para setembro de 2015 na caixa de diálogo Alterar Período Útil, basta selecionar o nome da exceção ou a data de início ou término da exceção de William.

12 Clique em **Cancelar** para fechar a caixa de diálogo **Alterar Período Útil**.

# Atualização dos períodos úteis de todos os planos em um pool de recursos

No exercício anterior, você alterou o período de trabalho de um recurso individual no pool de recursos e viu a alteração ser lançada em um plano participante. Outra capacidade poderosa de um pool de recursos é permitir que você altere os períodos úteis de um calendário base e veja as alterações atualizadas em todos os planos participantes que utilizam esse calendário. Por exemplo, se você especificar que determinados dias (como feriados) devem ser dias não úteis no pool de recursos, essa alteração será lançada em todos os planos participantes.

> **IMPORTANTE** Por padrão, todos os planos participantes compartilham os mesmos calendários base, e todas as alterações feitas no calendário base em um plano participante são refletidas em todos os outros planos participantes por meio do pool de recursos. Se você tem um plano participante específico no qual deseja usar diferentes períodos úteis do calendário base, altere o calendário base utilizado por esse plano participante.

O cenário: na Lucerne Publishing, a empresa inteira vai participar de uma feira de livros local, em 17 de agosto. Você quer que esse seja um dia não útil para todos os planos participantes.

Neste exercício, você vai definir o período não útil em um calendário base no pool de recursos e ver essa alteração em todos os planos participantes.

1. Na guia **Exibição**, no grupo **Janela**, clique em **Alternar Janelas** e, em seguida, em **Pool de Recursos da Lucerne**.

2. Na guia **Projeto**, no grupo **Propriedades**, clique em **Alterar Período de Trabalho**.

   A caixa de diálogo Alterar Período Útil é exibida.

3. Na caixa **Para calendário**, selecione **Standard (Calendário do projeto)** na lista suspensa.

   > **DICA** Os calendários base – como 24 Horas, Turno da Noite e Padrão (ou Standard) – aparecem na parte superior da lista na caixa Para calendário. Os nomes dos calendários dos recursos aparecem abaixo dos calendários base.

   As alterações feitas no período útil para o calendário base Standard no pool de recursos afetam todos os planos participantes do pool de recursos.

4. Na guia **Exceções** da caixa de diálogo **Alterar Período Útil**, clique na primeira linha da coluna **Nome** e digite **Feira do livro local**.

5 Clique no campo **Início** e digite ou selecione **17/08/15**; em seguida, clique no campo **Concluir**.

O Project preenche o campo Concluir com o mesmo valor.

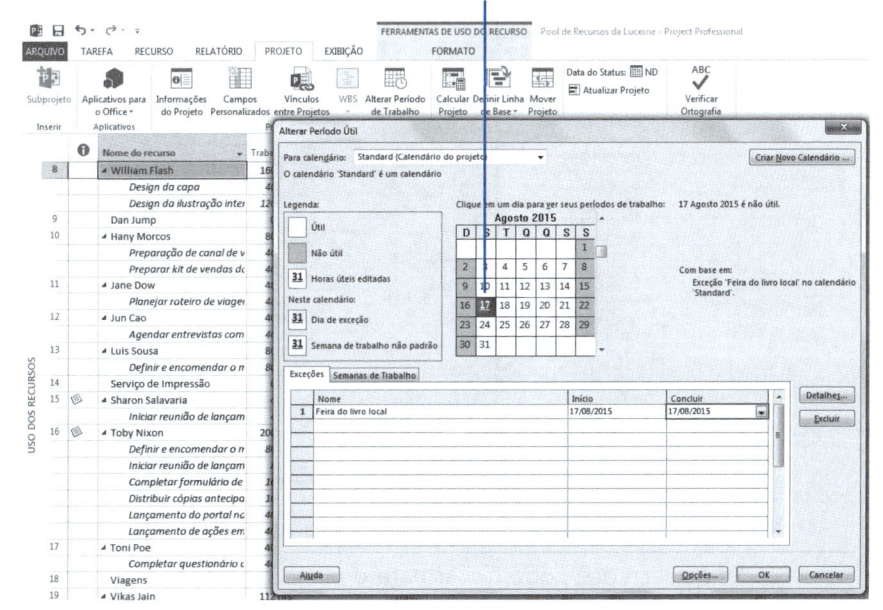

17 de agosto está definido como um dia não útil no pool de recursos.

6 Clique em **OK** para fechar a caixa de diálogo **Alterar Período Útil**.

Para verificar se essa alteração feita no calendário base Standard no pool de recursos foi atualizada nos planos participantes, você vai examinar períodos úteis em um deles.

7 Na guia **Exibição**, no grupo **Janela**, clique em **Alternar Janelas** e, em seguida, em **Consolidacao A**.

8 Na guia **Projeto**, no grupo **Propriedades**, clique em **Alterar Período de Trabalho**.

A caixa de diálogo Alterar Período Útil é exibida.

9 Na caixa **Para calendário**, certifique-se de que **Standard (Calendário do projeto)** está selecionado na lista suspensa.

Observe a exceção *Feira do livro local* em 17 de agosto. Todos os planos que são planos participantes do mesmo pool de recursos verão essa mudança no calendário base.

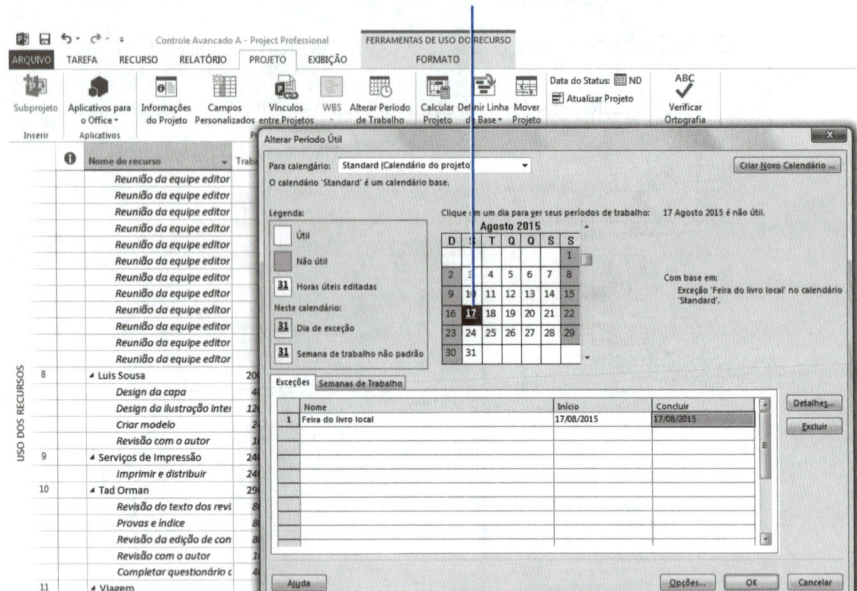

10 Clique em **Cancelar** para fechar a caixa de diálogo **Alterar Período Útil**.

Se quiser, você pode trocar para o plano Consolidacao B e verificar que 17 de agosto também é um dia não útil para esse projeto.

11 Feche e salve as alterações de todos os planos abertos, incluindo o pool de recursos.

> **IMPORTANTE** Ao trabalhar com planos participantes e um pool de recursos, é preciso entender que, quando você abre um plano participante, também deve abrir o pool de recursos, caso queira que o plano participante seja atualizado com as alterações mais recentes no pool. Por exemplo, suponha que você altere o período útil do calendário de projeto no pool de recursos, salve-o e, depois, feche-o. Se, posteriormente, você abrir um plano participante, mas não abrir também o pool de recursos, esse plano participante não refletirá o período útil do calendário de projeto atualizado.

# Vinculação de novos planos a um pool de recursos

Você pode transformar um plano em um plano participante de um pool de recursos a qualquer momento: ao inserir inicialmente as tarefas do plano, depois de atribuir recursos às tarefas ou mesmo depois de o trabalho ter começado. Após definir um pool de recursos, talvez seja útil fazer planos participantes de todos os novos planos, junto com os planos participantes já criados. Dessa maneira, você se acostuma a contar com o pool de recursos para obter informações sobre os recursos.

Com relação à economia de tempo, uma vantagem definitiva de criar novos planos como planos participantes de um pool de recursos é que as informações dos seus recursos estarão disponíveis instantaneamente. Não é preciso inserir novamente dados de nenhum recurso.

O cenário: na Lucerne Publishing, você está prestes a iniciar um plano para um novo projeto. Você quer que esse novo plano seja um plano participante de seu pool de recursos, para que obtenha as informações dos recursos que já estão no pool.

Neste exercício, você vai criar um plano e transformá-lo em um plano participante do pool de recursos.

➡ PREPARAÇÃO Para fazer este exercício, você vai abrir vários arquivos de prática.

1 No modo de exibição Backstage, clique em **Abrir**.

   A tela Abrir é exibida.

2 Navegue até a pasta Capitulo21 e abra **Pool de Recursos da Lucerne**.

   **DICA** Como alternativa, você pode selecionar o nome de arquivo na lista Projetos Recentes da tela Abrir.

   Quando você abre o arquivo do pool de recursos, o Project pede para que selecione como deseja abri-lo.

   > **IMPORTANTE** A opção padrão é abrir o pool de recursos como somente leitura. Talvez você queira escolher essa opção se estiver compartilhando um pool de recursos com outros usuários do Project em uma rede. Desse modo, não impedirá que outros usuários do Project atualizem o pool de recursos. Entretanto, se você armazenar o pool de recursos localmente, deve abri-lo como leitura-gravação.

3 Clique na segunda opção para abrir o pool de recursos como leitura-gravação.

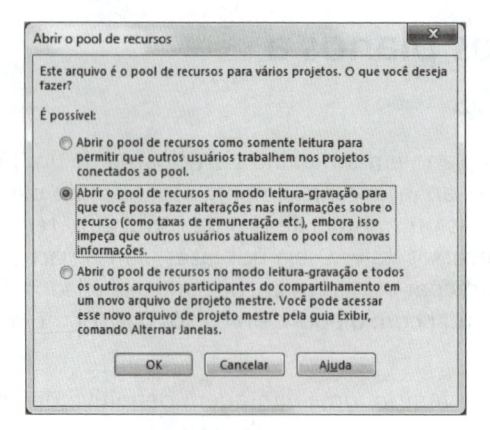

4 Clique em **OK**.

O pool de recursos é aberto, mostrando o modo de exibição Uso dos Recursos.

Ao trabalhar com um pool de recursos, talvez você queira ver uma lista de seus planos participantes (especialmente se outros usuários do Project acessam o mesmo arquivo de pool de recursos). Você vai fazer isso agora.

5 Na guia **Recurso**, no grupo **Atribuições**, clique em **Pool de Recursos** e, em seguida, em **Compartilhar recursos**.

A caixa de diálogo Compartilhar recursos é exibida. Os valores de caminho de Vínculos de compartilhamento que você vê podem ser diferentes dos mostrados aqui.

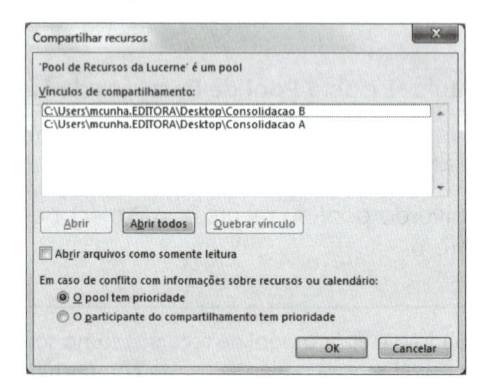

Como o pool de recursos é o plano ativo, a caixa de diálogo Compartilhar recursos contém os caminhos e nomes de arquivo de seus planos participantes. Se você quiser quebrar o vínculo com um plano participante, pode fazer isso aqui.

6  Clique em **Cancelar** para fechar a caixa de diálogo **Compartilhar recursos**.

Em seguida, você vai ver a lista de recursos no pool de recursos. É de se esperar que esses mesmos recursos se tornem disponíveis para qualquer plano novo que você transforme em um participante desse pool de recursos.

7  Na guia **Exibição**, no grupo **Visãos de Recurso**, clique em **Planilha de Recursos**.

O modo de exibição Planilha de Recursos é exibido. Essas são as informações que se tornarão disponíveis para o novo plano que você transformará em um plano participante desse pool de recursos.

8  Na guia **Arquivo**, clique em **Novo** e, em seguida, em **Projeto vazio**.

O Project cria um novo plano.

9  Na guia **Arquivo**, clique em **Salvar como**.

10 Navegue até a pasta Capitulo21.

A caixa de diálogo Salvar como é exibida.

11 Na caixa **Nome do arquivo**, digite Consolidacao C e, em seguida, clique em **Salvar**.

12 Na guia **Recurso**, no grupo **Atribuições**, clique em **Atribuir Recursos**.

A caixa de diálogo Atribuir recursos está inicialmente vazia, pois você ainda não inseriu informações de recursos nesse plano.

13 Na guia **Recurso**, no grupo **Atribuições**, clique em **Pool de Recursos** e, em seguida, em **Compartilhar recursos**.

A caixa de diálogo Compartilhar recursos é exibida.

14 Em **Recursos para 'Consolidacao C'**, selecione a opção **Usar recursos**.

15 Certifique-se de que **Pool de Recursos da Lucerne** esteja selecionado na caixa **De** e, em seguida, clique em **OK** para fechar a caixa de diálogo **Compartilhar recursos**.

Na caixa de diálogo Atribuir recursos, aparecem exatamente os mesmos nomes de recursos do pool de recursos.

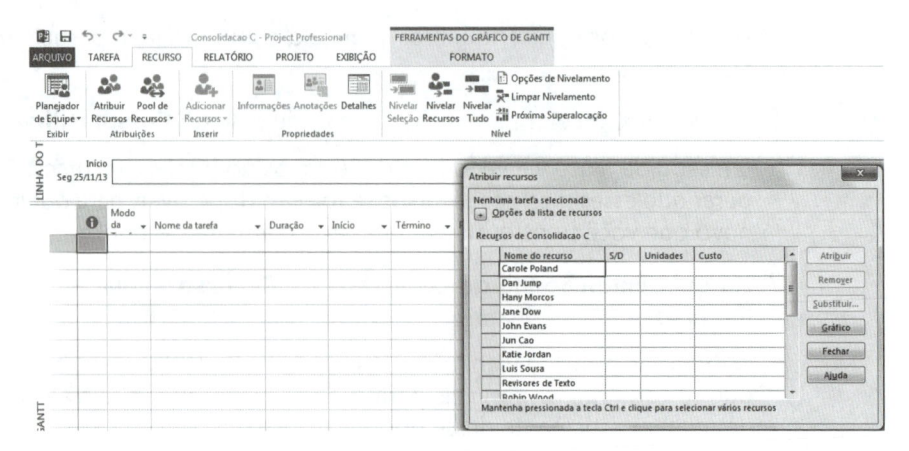

Agora esses recursos estão prontos para serem atribuídos às novas tarefas desse projeto.

16 Clique em **Fechar** para fechar a caixa de diálogo **Atribuir recursos**.

17 Na guia **Arquivo**, clique em **Fechar**. Quando solicitado, clique em **Sim** para salvar suas alterações.

O plano Consolidacao C é fechado e o plano Pool de Recursos da Lucerne permanece aberto.

18 Na guia **Arquivo**, clique em **Fechar**. Quando solicitado, clique em **Sim** para salvar suas alterações no pool de recursos.

> **IMPORTANTE** Você salva as alterações feitas no pool de recursos porque ele registra os nomes e locais de seus planos participantes.

**DICA** As informações de atribuição de um plano participante são duplicadas em seu pool de recursos. Se um plano participante for excluído, suas informações de atribuição permanecem no pool de recursos. Para apagar as informações de atribuição do pool de recursos, você precisa quebrar o vínculo com o plano participante. Para fazer isso, abra o pool de recursos como leitura-gravação. Na guia Recurso, no grupo Atribuições, clique em Pool de Recursos e, em seguida, em Compartilhar recursos. Na caixa de diálogo Compartilhar recursos, clique no nome do plano participante agora excluído e, em seguida, no botão Quebrar vínculo. Note que o que você vê na caixa de diálogo Compartilhar recursos para um pool de recursos é diferente do que você vê em todos os outros tipos de planos.

# Como alterar atribuições de um plano participante e atualizar um pool de recursos

Se você está compartilhando um pool de recursos com outros usuários do Project em uma rede, quem quer que esteja com o pool aberto como leitura/gravação impedirá que os outros atualizem informações de recursos, como taxas de custo padrão, ou tornem outros planos participantes desse pool. Por isso, você deve abri-lo como somente leitura e usar o comando Atualizar Pool de Recursos apenas quando for necessário atualizá-lo com informações de atribuição. Esse comando atualiza o pool de recursos com as novas informações de atribuição; depois que isso é feito, qualquer pessoa que abra o pool de recursos verá as informações de atribuição mais recentes.

Neste capítulo, você está trabalhando exclusivamente com o pool de recursos e os planos participantes localmente. Se for compartilhar um pool de recursos com outros usuários do Project em uma rede, você precisa entender o processo de atualização. Este exercício apresenta esse processo.

O cenário: na Lucerne Publishing, você quer testar os comandos do Project para passar atualizações de atribuição de um plano participante para o pool de recursos. Se posteriormente você decidir dar a outros usuários do Project acesso a esse pool de recursos, saberá como atualizá-lo de acordo.

Neste exercício, você vai alterar atribuições em um plano participante e enviar as informações de atribuição atualizadas para o pool de recursos.

➔ PREPARAÇÃO Para fazer este exercício, você precisa dos arquivos de prática deste capítulo.

1 No modo de exibição Backstage, clique em **Abrir**.

2 Navegue até a pasta Capitulo21 e abra o arquivo **Consolidacao A**.

Como esse plano é um participante vinculado a um pool de recursos, o Project fornece as opções mostradas nesta imagem:

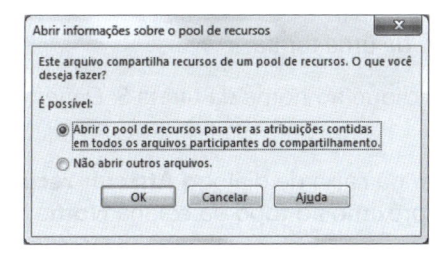

3 Clique na opção **Abrir o pool de recursos para ver as atribuições contidas em todos os arquivos participantes do compartilhamento** e, em seguida, em **OK**.

**DICA** Escolher a segunda opção, Não abrir outros arquivos, permite ver atribuições somente do plano participante.

O pool de recursos é aberto como somente leitura em segundo plano. (Se quiser verificar isso, examine os itens no comando Alternar Janelas da guia Exibição.) Em seguida, você vai alterar algumas atribuições no plano participante.

4 Na guia **Recurso**, no grupo **Atribuições**, clique em **Atribuir Recursos**.

A caixa de diálogo Atribuir recursos é exibida. Primeiro, você vai atribuir um recurso a uma tarefa.

5 Na coluna **Nome da Tarefa**, clique no nome da tarefa 3, *Completar questionário do autor*.

6 Na coluna **Nome do recurso** da caixa de diálogo **Atribuir recursos**, clique em **Hany Morcos** e, em seguida, em **Atribuir**.

O Project atribui Hany à tarefa.

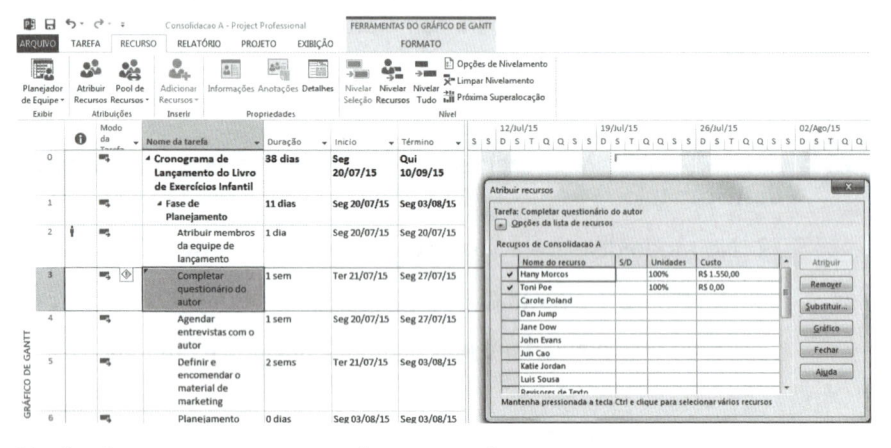

Você vai remover um recurso de uma tarefa.

7 Na coluna **Nome da Tarefa**, clique no nome da tarefa 5, *Definir e encomendar o material de marketing*.

8 Na coluna **Nome do recurso** da caixa de diálogo **Atribuir recursos**, clique em **Toby Nixon** (localizado próximo ao topo da coluna **Nome do recurso**) e, em seguida, em **Remover**.

O Project remove Toby da tarefa.

Capítulo 21 Consolidação de projetos e recursos **485**

[captura de tela da janela do Project mostrando o Gráfico de Gantt do Cronograma de Lançamento do Livro de Exercícios Infantil com a caixa de diálogo "Atribuir recursos" aberta]

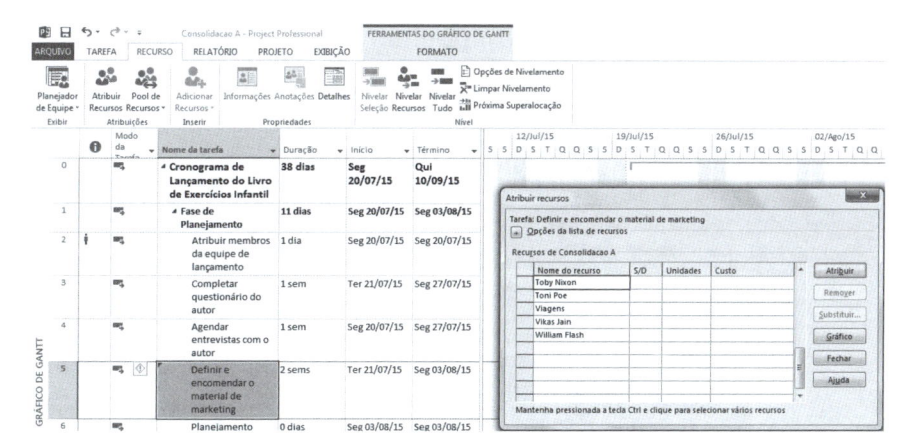

Você fez duas alterações de atribuição no plano participante. Como o pool de recursos está aberto como somente leitura, essas alterações não foram salvas permanentemente no pool. Em seguida, você vai atualizar o pool de recursos.

9  Na guia **Recurso**, no grupo **Atribuições**, clique em **Pool de Recursos** e, depois, em **Atualizar Pool de Recursos**.

Em segundo plano, o Project atualiza as informações de atribuição no pool de recursos com os novos detalhes do plano participante e salva o pool de recursos. Qualquer pessoa que abra ou atualize o pool de recursos agora verá as informações de atribuição atualizadas.

> **IMPORTANTE** Somente as informações de atribuição são salvas no pool de recursos do plano participante. Quaisquer alterações feitas nos detalhes de recursos, como unidades máximas, no plano participante não são salvas no pool de recursos quando você atualiza. Quando quiser alterar os detalhes dos recursos, abra o pool de recursos como leitura-gravação. Depois que ele estiver aberto como leitura-gravação, você pode alterar os detalhes dos recursos no pool de recursos ou no plano participante, e os outros planos serão atualizados.

Em seguida, você vai alterar outra atribuição no plano participante, fechar esse plano e atualizar o pool de recursos.

10  Na coluna **Nome da tarefa**, clique no nome da tarefa 8, *Iniciar reunião de lançamento do livro*.

11  Na coluna **Nome do recurso** da caixa de diálogo **Atribuir recursos**, clique em **Carole Poland** e, em seguida, em **Atribuir**.

O Project atribui Carole à tarefa.

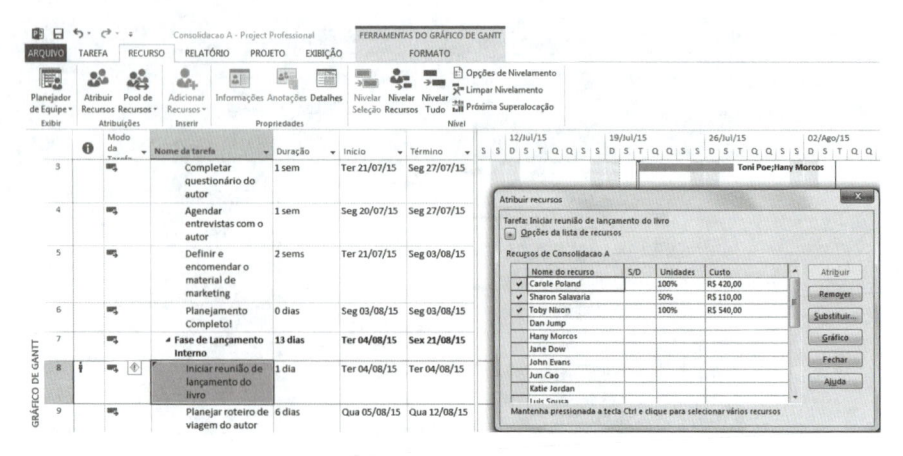

12 Clique em **Fechar** para fechar a caixa de diálogo **Atribuir recursos**.

13 Na guia **Arquivo**, clique em **Fechar**.

14 Quando solicitado a salvar as alterações feitas no plano Consolidacao A, clique em **Sim**.

O Project determina que, como o pool de recursos foi aberto como somente leitura, as alterações de atribuição mais recentes do plano participante não foram atualizadas no pool. Você tem as opções mostradas na seguinte caixa de mensagem.

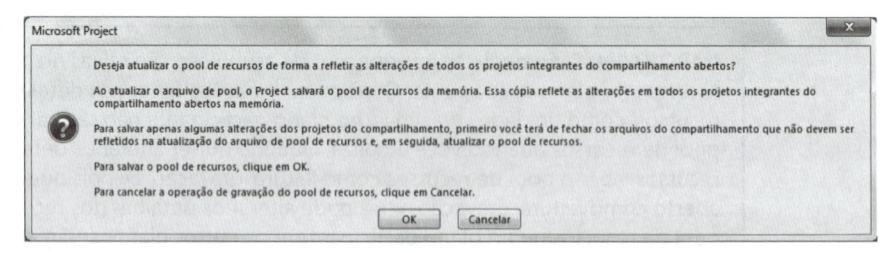

15 Clique em **OK**.

Clicar em OK faz com que o Project salve as informações de atribuição atualizadas do plano participante no pool de recursos, exatamente como foi feito anteriormente nesta seção. O pool de recursos permanece aberto como somente leitura.

16 Na guia **Arquivo**, clique em **Fechar** para fechar o pool de recursos.

Como o pool de recursos foi aberto como somente leitura, o Project o fecha sem solicitar que as alterações sejam salvas.

> **DICA** Além de você passar as atualizações para seu pool de recursos, outros usuários do Project que compartilham o mesmo pool podem também obter as informações mais atualizadas quando quiserem. Para fazer isso, eles só precisam selecionar Atualizar Pool de Recursos, no grupo Pool de Recursos da guia Recursos.

Ao compartilhar um pool de recursos com outros usuários do Project, tenha certeza de que ele está atualizado com as informações de atribuição mais recentes. As atribuições atualizadas podem afetar alocações de recursos em outros planos.

# Como consolidar planos

É provável que você gerencie vários planos que envolvam alguns dos mesmos recursos e que possam estar relacionados ao mesmo objetivo ou resultado global de uma empresa. Embora um pool de recursos possa ajudá-lo a gerenciar detalhes dos recursos em diferentes planos, talvez ele não proporcione o nível de controle desejado sobre tarefas e relações entre planos. Ou então, você poderá coordenar várias pessoas trabalhando nas tarefas em momentos diferentes, às vezes em locais diferentes e, muitas vezes, para diferentes supervisores. Nestes casos, talvez seja necessário produzir um único modo de exibição "total" de planos distintos, porém relacionados.

Uma boa maneira de reunir as extensas informações de um projeto é utilizar um plano consolidado, um plano que contém outros planos, denominados *planos inseridos*. Os planos inseridos não residem no plano consolidado; em vez disso, são vinculados a ele de tal maneira que podem ser vistos e editados a partir dele. Se um plano for editado fora do plano consolidado, as informações atualizadas aparecerão no plano consolidado na próxima vez em que for aberto.

**DICA** Os planos consolidadados também são conhecidos como **projetos consolidados** ou projetos mestre, e os planos inseridos são conhecidos também como *subprojetos*; contudo, este capítulo utiliza os termos planos *consolidados* e *inseridos*.

Utilizar planos consolidados permite fazer o seguinte:

- Ver todas as tarefas dos planos de sua empresa em um único modo de exibição.
- Resumir as informações em níveis mais altos de gerenciamento. Por exemplo, você poderia inserir o plano de uma equipe no plano maior consolidado do departamento e, depois, inserir esse plano no plano maior consolidado da empresa.
- Dividir os dados do projeto em diferentes planos para corresponder à natureza do seu projeto, como por fase, componente ou local. Assim, você pode colocá-los de volta em um plano consolidado para um exame abrangente do todo.
- Ver todas as informações dos seus planos em um único local, para que possa filtrar, classificar e agrupar os dados.

Os planos consolidados utilizam recursos de estrutura de tópicos do Project. Um plano inserido aparece como uma tarefa resumo no plano consolidado, exceto por sua barra de Gantt de resumo ser cinza e um ícone de projeto inserido aparecer na coluna Indicadores. Quando você salva um plano consolidado, também é solicitado a salvar todas as alterações feitas nos planos inseridos.

O cenário: na Lucerne Publishing, ocasionalmente você precisa examinar informações de projetos. Para ter uma visão "total" dos planos, você decide adicioná--los a um plano consolidado.

Neste exercício, você vai criar um novo plano consolidado inserindo outros planos.

> PREPARAÇÃO Para fazer este exercício, você precisa dos arquivos de prática deste capítulo.

1  Na tela **Novo** do modo de exibição Backstage, clique em **Projeto vazio**.

   O Project cria um novo plano. Esse plano se tornará o plano consolidado no qual você vai inserir outros planos.

2  Na guia **Projeto**, no grupo **Inserir**, clique em **Subprojeto**.

   A caixa de diálogo Inserir projeto é exibida.

3  Navegue até a pasta Capitulo21 e, enquanto mantém a tecla Ctrl pressionada, selecione **Consolidacao A** e **Consolidacao B**.

4  Clique em **Inserir**.

   O Project insere os dois planos no plano consolidado como tarefas resumo recolhidas.

5  Na guia **Tarefa**, no grupo **Edição**, clique em **Rolar até a Tarefa**.

   O Project mostra as barras de Gantt dos planos inseridos recolhidos.

Observe o ícone de Projeto Inserido na coluna Indicadores e as barras de tarefa resumo na cor cinza.

Você vai salvar o novo projeto consolidado.

6  Na guia **Arquivo**, clique em **Salvar como**.

7  Navegue até a pasta Capitulo21.

Capítulo 21 Consolidação de projetos e recursos **489**

8 Na caixa **Nome do arquivo**, digite **Projetos Consolidados da Lucerne** e clique em **Salvar**.

Em seguida, você vai apresentar os detalhes dos dois planos inseridos.

9 Na guia **Exibição**, no grupo **Dados**, clique em **Mostrar Estrutura de Tópicos** e, em seguida, clique em **Todas as subtarefas**.

A caixa Abrir informações sobre o pool de recursos é exibida. O Project pergunta se você deseja abrir o pool de recursos. Na verdade, o Project ainda não carregou o conteúdo dos planos inseridos, e mostrar as subtarefas no plano consolidado é semelhante a abri-los.

10 Certifique-se de que a opção **Abrir o pool de recursos para ver as atribuições contidas em todos os arquivos participantes do compartilhamento** está selecionada e clique em **OK**.

O Project expande os dois planos. Observe que as identificações de tarefa nos dois planos inseridos começam com 1 e que as tarefas resumo representando os planos inseridos são numeradas como 1 e 2.

Em seguida, você vai examinar os detalhes dos planos inseridos.

11 Na guia **Exibição**, no grupo **Zoom**, clique em **Aplicar Zoom no Projeto Inteiro**.

O Project ajusta a escala de tempo no Gráfico de Gantt para que a duração total dos dois planos inseridos fique visível.

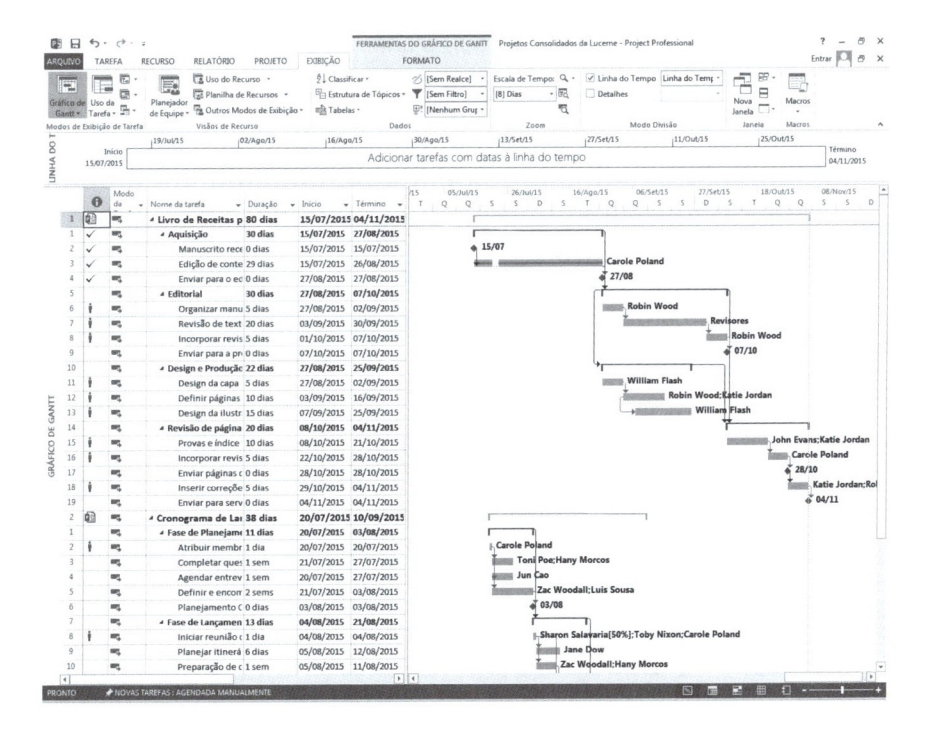

Para concluir este exercício, você vai exibir a tarefa resumo do projeto do plano consolidado.

12 Na guia **Formato**, no grupo **Mostrar/Ocultar**, clique em **Tarefa Resumo do Projeto**.

O Project exibe a tarefa resumo do plano consolidado.

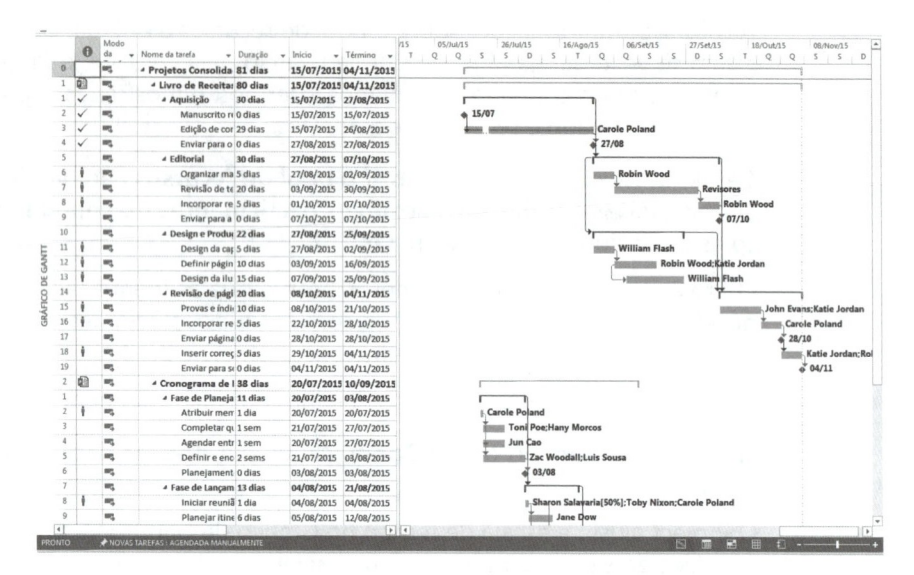

Os valores dessa tarefa resumo, como duração e trabalho, representam os valores acumulados dos dois planos inseridos.

13 Feche e salve as alterações de todos os arquivos abertos.

**DICA** Para criar rapidamente um plano consolidado e inserir planos que estão abertos no Project, na guia Exibição, no grupo Janela, clique em Nova Janela. Em Projetos, selecione os planos abertos que você deseja inserir e, em seguida, clique em OK.

À medida que você criar mais planos, inseri-los em um plano consolidado dessa maneira proporcionará um local único para ver todas as atividades de sua empresa.

# Como criar dependências entre planos

A maioria dos projetos não existe isoladamente. As tarefas ou fases de um projeto podem depender de tarefas de outros projetos. Essas dependências podem ser mostradas vinculando-se tarefas entre planos.

As razões pelas quais talvez seja necessário criar dependências entre planos incluem as seguintes:

- A conclusão de uma tarefa em um plano pode permitir o início de uma tarefa em outro. Por exemplo, outro gerente de projeto talvez precise concluir um estudo de impacto ambiental antes que você possa iniciar a construção de um edifício. Mesmo que essas duas tarefas sejam gerenciadas em planos separados (possivelmente porque departamentos distintos de uma empresa de desenvolvimento as estejam concluindo), um plano tem uma dependência lógica em relação ao outro.

- Uma pessoa ou um equipamento pode ser atribuído a uma tarefa em um plano e você precisa atrasar o início de uma tarefa em outro plano até que o recurso conclua a primeira. Talvez as duas tarefas não tenham nada em comum além da necessidade desse recurso.

As relações das tarefas entre os planos são semelhantes aos vínculos entre tarefas dentro de um plano, exceto que tarefas predecessoras e sucessoras têm nomes e barras de Gantt na cor cinza (às vezes chamadas de *tarefas-fantasma*). Tais tarefas não são vinculadas a tarefas dentro do plano, mas apenas a tarefas em outros planos.

O cenário: na Lucerne Publishing, você identificou que precisa ter o produto de uma tarefa de um plano pronto antes que a tarefa em outro plano possa começar. Você decide criar um vínculo entre esses dois planos.

Neste exercício, você vai vincular tarefas em dois planos e ver os resultados nesses planos, assim como em um plano consolidado.

➡ PREPARAÇÃO Para fazer este exercício, você vai abrir os arquivos de prática deste capítulo.

1 No modo de exibição Backstage, clique em **Abrir**.

   A tela Abrir é exibida.

2 Navegue até a pasta Capitulo21 e abra o arquivo **Consolidacao B**.

   A caixa Abrir informações sobre o pool de recursos é exibida.

3 Clique em **Abrir o pool de recursos para ver as atribuições contidas em todos os arquivos participantes do compartilhamento** e, em seguida, em **OK**.

   Agora, você está pronto para abrir um segundo arquivo.

4 Na guia **Arquivo**, clique em **Abrir**.

5 Navegue até a pasta Capitulo21 e abra o arquivo **Consolidacao A**.

   Desta vez não é solicitado para que você abra o pool de recursos, pois ele foi aberto com o arquivo Consolidacao B.

Parte 4 Tópicos avançados e especiais

6. Na coluna **Nome da Tarefa**, do plano Consolidacao A, clique no nome da tarefa 12, *Preparar kit de vendas do livro*.

   Você precisa do kit de vendas do livro antes de começar uma tarefa no plano Consolidacao B; portanto, vai criar uma dependência de tarefa entre os dois planos.

7. Na guia **Exibição**, no grupo **Janela**, clique em **Alternar Janelas** e, em seguida, em **Consolidacao B**.

8. Na guia **Exibição**, no grupo **Modos de Exibição de Tarefa**, clique em **Gráfico de Gantt**.

   O modo de exibição Gráfico de Gantt é exibida.

9. Clique no nome da tarefa 13, *Design da ilustração interior*.

10. Na guia **Tarefa**, no grupo **Edição**, clique em **Rolar até a Tarefa**.

    O Project rola o modo de exibição Gráfico de Gantt para mostrar a tarefa 13.

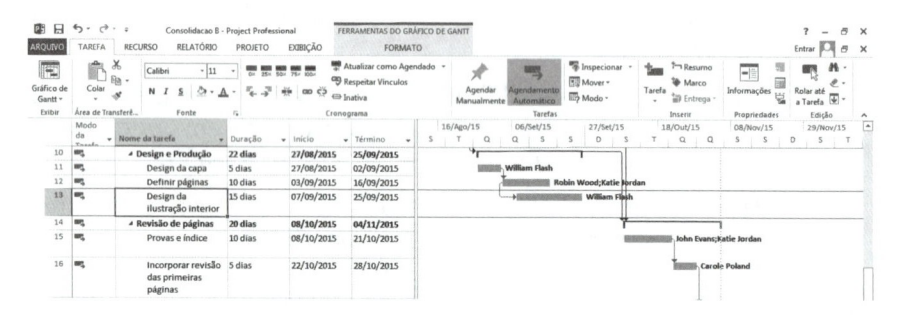

11. Na guia **Tarefa**, no grupo **Propriedades**, clique em **Informações**.

    A caixa de diálogo Informações da tarefa é exibida.

12. Clique na guia Predecessoras e, imediatamente abaixo do valor da predecessora *12* existente no campo Id, digite **Consolidacao A\12** e, em seguida, pressione Tab.

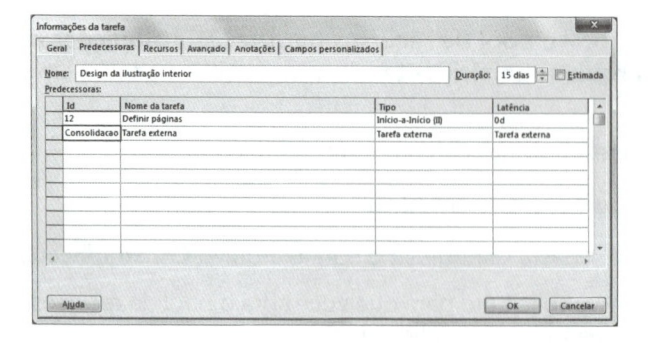

**NOTA** Ao criar um vínculo de predecessora externa, o Project requer o seguinte formato: *Nome do Arquivo\Id da Tarefa*.

O Project fornece o valor *Tarefa externa* para o nome da nova tarefa predecessora e para outros valores.

13 Clique em **OK** para fechar a caixa de diálogo **Informações da tarefa**.

O Project insere a tarefa predecessora externa chamada *Preparar kit de vendas do livro* no projeto. A tarefa externa representa a tarefa 12 do projeto Consolidacao A.

A tarefa predecessora externa aparece no plano ao qual está vinculada com seu nome de tarefa em cinza.

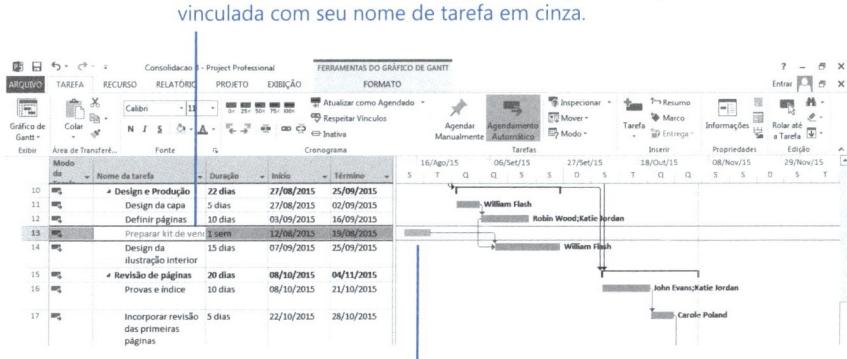

A barra de Gantt da tarefa externa é cinza.

**DICA** Se você apontar para a barra de Gantt da tarefa externa, o Project apresentará uma Dica de Tela contendo detalhes sobre a tarefa, incluindo o caminho completo para o plano externo onde a tarefa predecessora externa está localizada.

Em seguida, você vai examinar a tarefa externa no plano Consolidacao A.

14 Na guia **Exibição**, no grupo **Janela**, clique em **Alternar Janelas** e, depois, em **Consolidacao A**.

15 Na coluna **Nome da Tarefa**, selecione os nomes da tarefa 12, *Preparar kit de vendas do livro*, e da tarefa 13, *Design da ilustração interior*.

16 Na guia **Exibição**, no grupo **Zoom**, clique em **Aplicar Zoom nas Tarefas Selecionadas**.

O Project ajusta a parte do gráfico do modo de exibição Gráfico de Gantt para mostrar as tarefas selecionadas.

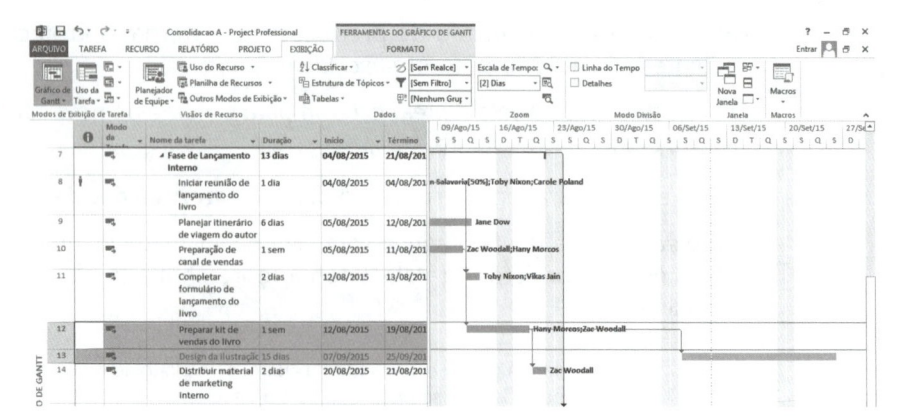

Aqui é possível ver que a tarefa 12, *Preparar kit de vendas do livro*, é uma predecessora da tarefa externa 13, *Design da ilustração interior*. Como a tarefa 13 é uma sucessora sem outros vínculos nesse projeto, ela não tem efeito sobre outras tarefas aqui.

O vínculo entre esses dois planos permanecerá até que você o desfaça. A exclusão de uma tarefa no plano de origem ou da tarefa externa no plano de destino excluirá a tarefa correspondente ou a tarefa externa no outro plano.

17 Feche e salve as alterações de todos os arquivos abertos.

Para concluir este exercício, você vai apresentar o vínculo entre esses dois planos no plano consolidado.

18 No modo de exibição Backstage, clique em **Abrir**.

19 Navegue até a pasta Capitulo21 e abra o arquivo **Projetos Consolidados da Lucerne**.

A caixa Abrir informações sobre o pool de recursos é exibida.

20 Clique em **Abrir o pool de recursos para ver as atribuições contidas em todos os arquivos participantes do compartilhamento** e, em seguida, em **OK**.

21 No plano de agendamento **Cronograma de Lançamento do Livro de Exercícios Infantil** (o segundo projeto inserido), clique na seta expandir/recolher ao lado do nome da tarefa 1, *Fase de Planejamento*, a fim de recolhê-la.

O Project recolhe essa fase. Isso permite que você veja as tarefas predecessora e sucessora nos dois planos inseridos.

22 Se necessário, role para cima até que a tarefa 14 do primeiro plano inserido esteja visível.

Você pode ver a linha de vínculo entre a tarefa *Preparar kit de vendas do livro* em um plano inserido e a tarefa *Design da ilustração interior* no outro.

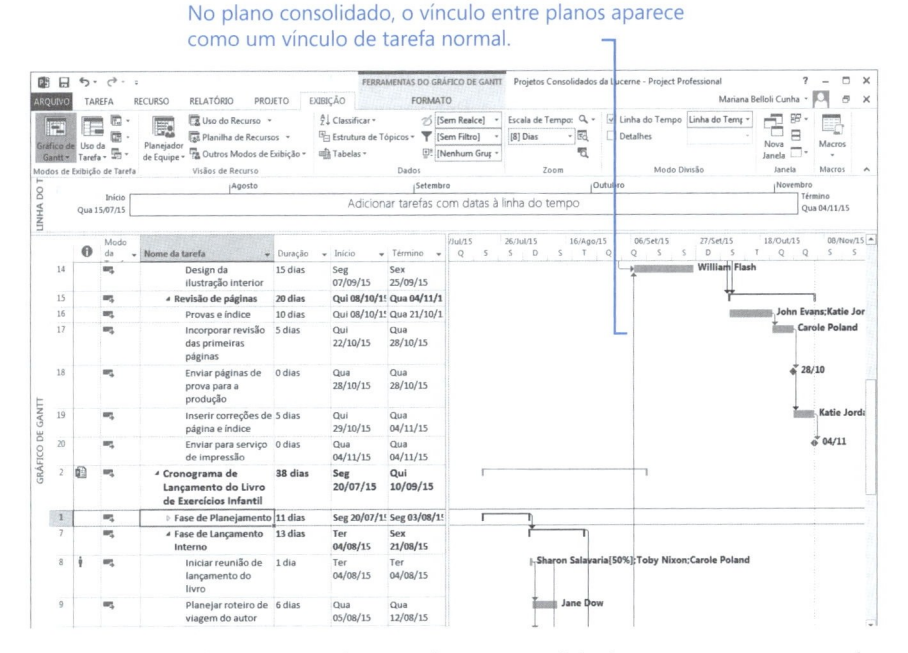

## Capítulo 21 Consolidação de projetos e recursos

*No plano consolidado, o vínculo entre planos aparece como um vínculo de tarefa normal.*

[Captura de tela do Gráfico de Gantt no Microsoft Project mostrando o plano consolidado com tarefas como Design da ilustração interior, Revisão de páginas, Provas e índice, Incorporar revisão das primeiras páginas, Enviar páginas de prova para a produção, Inserir correções de página e índice, Enviar para serviço de impressão, Cronograma de Lançamento do Livro de Exercícios Infantil, Fase de Planejamento, Fase de Lançamento Interno, Iniciar reunião do lançamento do livro, Planejar roteiro de viagem do autor.]

Como você está examinando um plano consolidado que mostra as tarefas dos dois planos, o vínculo entre os planos não aparece como uma tarefa externa.

Aqui estão mais algumas dicas e sugestões para trabalhar com vínculos entre planos:

- Se quiser, você pode desativar a apresentação de tarefas externas. Para fazer isso, na guia Arquivo, clique em Opções. Na caixa de diálogo Opções do Project, na guia Avançado, em Opções de vinculação entre projetos deste projeto *<nome do arquivo>*, desmarque as caixas de seleção Mostrar sucessoras externas e Mostrar predecessoras externas.

- Ao examinar um plano consolidado, você pode criar rapidamente vínculos entre planos, clicando no botão Vincular tarefas na guia Tarefa. Arrastar o mouse entre duas barras de tarefas terá o mesmo efeito.

- Cada vez que você abrir um plano com vínculos entre planos, o Project pedirá para que atualize os vínculos entre eles. Você pode suprimir essa solicitação se não quiser ser lembrado outra vez ou pode dizer ao Project para que aceite automaticamente os dados atualizados do plano vinculado. Para fazer isso, na guia Arquivo, clique em Opções. Na caixa de diálogo Opções do Project, na guia Avançado, em Opções de vinculação entre projetos deste projeto *<nome do arquivo>*, selecione as opções desejadas.

- Para excluir um vínculo entre planos, faça o seguinte: vá primeiro para a tarefa sucessora. Na guia Tarefa, no grupo Propriedades, clique em Informações. Na caixa de diálogo Informações da tarefa, clique na guia Predecessoras. Na caixa Predecessoras, selecione o Id do vínculo da tarefa externa e pressione Delete.

- Para ver e gerenciar todos os vínculos (predecessoras externas e sucessoras externas) dentro e fora de um plano, na guia Projeto, no grupo Propriedades, clique em Vínculos entre Projetos.

ENCERRAMENTO Feche todos os arquivos abertos.

# Pontos-chave

- Se você tiver informações de recursos duplicadas em mais de um plano, um pool de recursos é uma maneira excelente de coletar informações de recursos entre planos e identificar problemas, como o de superalocação.

- Além de indicar o período não útil de vários recursos em um pool, você pode editar o calendário do projeto em um pool de recursos (por exemplo, marcar feriados como período não útil) e essas informações serão propagadas para todos os planos participantes do arquivo do pool.

- Os detalhes de atribuição de recursos de todos os planos participantes estão disponíveis para visualização (mas não para edição) no arquivo do pool de recursos.

- A consolidação de planos em um único plano é útil quando se quer ver todos os detalhes agregados em um único local (o plano consolidado) e ainda continuar trabalhando com os planos individuais.

- Quando uma tarefa em um único plano tem uma dependência lógica em relação a uma tarefa de outro plano, pode-se vincular os dois com um vínculo entre planos. Isso produz uma tarefa externa (a tarefa predecessora ou sucessora) nos dois planos.

# Apêndices

A Um breve curso em gerenciamento de projetos 499

B Como desenvolver suas habilidades em gerenciamento de projetos 507

C Colaboração: Project, Sharepoint e PWA 511

D Uso deste livro em sala de aula 523

# A

Neste livro, incluímos orientações sobre a melhor maneira de usar o Microsoft Project 2013, ao mesmo tempo em que se usa práticas consagradas do gerenciamento de projetos. Este apêndice enfoca os fundamentos básicos do gerenciamento de projetos, independentemente das ferramentas de software que possam ser utilizadas para ajudá-lo a gerenciar projetos. Embora o gerenciamento de projetos seja um assunto abrangente e complexo, neste apêndice, vamos nos concentrar no modelo **triângulo do projeto**. Nesse modelo, os projetos são considerados em termos de **tempo**, **custo** e **escopo**.

## O que define um projeto

Ser bem-sucedido como gerente de projetos requer que você conclua seus projetos no prazo, dentro do orçamento e que os resultados deixem seus clientes satisfeitos. Isso parece muito simples, mas quantos projetos você conhece (ou em quantos já trabalhou) que foram concluídos com atraso, custaram muito mais do que o orçado ou não atenderam às necessidades de seus clientes?

O livro *A Guide to the Project Management Body of Knowledge* (publicado pelo Project Management Institute) – referido como PMBOK – define um projeto como "um esforço temporário empreendido para criar um produto ou serviço exclusivo". Vamos analisar essa definição para esclarecer o que é e o que não é um projeto.

**DICA** Para mais informações sobre o Project Management Institute e o PMBOK, consulte o Apêndice B, "Como desenvolver suas habilidades em gerenciamento de projetos".

Primeiro, um projeto é *temporário*. A duração de um projeto pode ser de apenas uma semana ou se prolongar por anos, mas todo projeto tem uma data de término. Talvez você não conheça essa data de término quando o projeto começa, mas ela está em algum momento no futuro. Projetos não são operações contínuas, embora ambos tenham muito em comum. As **operações contínuas**, conforme o nome sugere, duram indefinidamente; você não estabelece uma data de término. Exemplos disso incluem a maioria das atividades dos departamentos de contabilidade e de recursos humanos. As pessoas que realizam operações contínuas também podem gerenciar projetos; por exemplo, um gerente do departamento de recursos humanos de uma grande empresa pode planejar uma feira de recrutamento de universitários. Contudo, os projetos se diferenciam das operações contínuas pela data de término prevista, como a data da feira de recrutamento.

Além disso, um projeto é um *esforço*. Os **recursos**, como pessoas e equipamentos, precisam realizar trabalho. O esforço é empreendido por uma equipe ou por uma organização e, portanto, os projetos são compostos de eventos planejados, intencionais. Projetos bem-sucedidos não acontecem espontaneamente; é preciso uma boa preparação e um planejamento inicial.

Por fim, todo projeto gera um *produto* ou *serviço* exclusivo. Esse é o **resultado** do projeto e a razão pela qual foi empreendido. Uma refinaria que produz gasolina não produz um produto exclusivo. A ideia geral, nesse caso, é produzir um bem de consumo padronizado; normalmente, você não compra em um posto uma gasolina que seja significativamente diferente da gasolina de outro posto. Por outro lado, aviões comerciais são produtos exclusivos. Embora todos os aviões Boeing 787 Dreamliner possam parecer idênticos para a maioria das pessoas, na verdade, cada um deles é altamente personalizado para atender às necessidades de seu comprador.

A esta altura você pode perceber que grande parte do trabalho realizado no mundo é baseado em um projeto. Na verdade, uma parte significativa do seu trabalho pode se concentrar no gerenciamento de projetos – mesmo que esse não seja seu cargo.

O gerenciamento de projetos é uma profissão reconhecida por muitas décadas, mas alguma forma de trabalho de gerenciamento de projeto sempre ocorre quando as pessoas executam algum trabalho complexo. Quando as Grandes Pirâmides foram construídas em Gizé, no Egito, alguém, em algum lugar, estava controlando recursos, cronogramas e especificações de alguma maneira.

**DICA** Atualmente, o gerenciamento de projeto é uma profissão muito reconhecida na maioria das indústrias. Para aprender mais sobre empresas que treinam gerentes de projetos e sobre o gerenciamento de projeto avançado como uma profissão, consulte o Apêndice B.

# O triângulo do projeto: tempo, custo e escopo

Você pode visualizar o trabalho do projeto de várias maneiras, mas o nosso método preferido é o que, às vezes, é chamado de **triângulo do projeto** ou *triângulo de restrição tripla*.

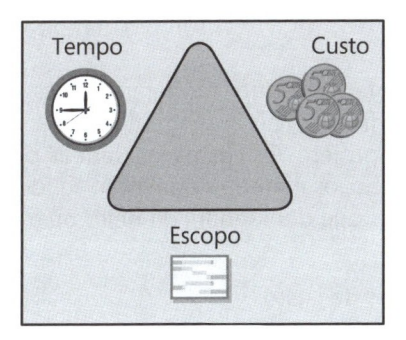

Esse tema tem muitas variações, mas o conceito básico é que todo projeto tem algum elemento de restrição de tempo, algum tipo de orçamento e exige alguma quantidade de trabalho para ser concluído. (Em outras palavras, ele tem um escopo definido.) O termo ***restrição*** tem um significado específico no Project, mas aqui estamos usando o sentido mais geral, que é "fator de limitação". Vamos considerar essas restrições uma de cada vez.

# Tempo

Você já trabalhou em um projeto que tinha um prazo final? (Talvez devêssemos perguntar se você já trabalhou em um projeto que não tinha prazo final.) ***Tempo*** limitado é uma restrição em qualquer projeto, com a qual provavelmente já estamos acostumados. Se você estiver trabalhando em um projeto agora, peça aos integrantes de sua equipe para dizer a data do prazo final do projeto. Talvez eles não conheçam o orçamento do projeto ou o escopo de trabalho detalhadamente, mas é possível que todos saibam quais são os prazos finais imediatos e também o prazo final do projeto como um todo.

Aqui estão alguns exemplos de restrições de tempo:

- Você está construindo uma casa e precisa terminar o telhado antes do início do período das chuvas.
- Você está montando um grande estande de exposição para uma feira que começará em dois meses.
- Você está desenvolvendo um novo sistema de controle de estoque que deve estar testado e funcionando no início do próximo ano fiscal.

Desde crianças, fomos treinados para entender o tempo. Usamos relógios de pulso, agendas de papel ou eletrônicas e outras ferramentas para nos ajudar a gerenciar o tempo. Para muitos projetos que geram um produto ou evento, o tempo é a restrição mais importante a ser gerenciada.

## Custo

Você pode pensar em custo simplesmente em termos monetários, mas, no contexto dos projetos, o *custo* tem um significado mais abrangente: ele inclui todos os recursos necessários para executar o projeto. Os custos incluem as pessoas e os equipamentos que executam o trabalho, os materiais que estão sendo utilizados e todos os outros eventos e questões que demandam dinheiro ou a atenção de alguém em um projeto.

Aqui estão alguns exemplos de restrições de custo:

- Você assinou um contrato a preço fixo para desenvolver um site comercial para um cliente. Se os seus custos excederem o preço combinado, seu cliente até poderá ser muito compreensivo, mas provavelmente não concordará em renegociar o contrato.

- O presidente da sua empresa o indicou para executar um projeto de pesquisa de clientes utilizando apenas o pessoal e o equipamento do seu departamento.

- Você recebeu uma doação de R$5.000,00 para criar uma instalação pública de artes. Não há outro fundo.

Para quase todos os projetos, o custo é fundamentalmente uma restrição limitante; poucos projetos podem ultrapassar o orçamento sem exigir uma ação corretiva.

## Escopo

Você deve considerar dois aspectos do *escopo*: o do produto e o do projeto. Todo projeto bem-sucedido gera um produto único: um item tangível ou um serviço. Normalmente, os clientes têm algumas expectativas a respeito dos recursos e funções dos produtos que pensam em comprar. O *escopo do produto* descreve a qualidade pretendida, os recursos e as funções desse produto – em geral nos mínimos detalhes. Os documentos que resumem essas informações às vezes são chamados de *especificações do produto*. Normalmente, um serviço ou um evento também tem algumas características previstas. Todos nós temos expectativas sobre o que faremos ou veremos em uma festa, em um concerto ou em um evento esportivo.

Por outro lado, o *escopo do projeto* descreve o trabalho necessário para entregar um produto ou serviço com o escopo do produto pretendido. O escopo do projeto normalmente é medido em fases e tarefas.

Aqui estão alguns exemplos de restrições de escopo:

- Sua empresa ganhou um contrato para desenvolver um produto automotivo que tem requisitos precisos – por exemplo, dimensões físicas medidas em 0,01 mm. Essa é uma restrição de escopo de produto que vai influenciar os planos de escopo do projeto.

- Você está construindo um prédio em um terreno que tem uma restrição de altura de 15 metros.
- Você só pode usar serviços internos para desenvolver parte do seu produto, e esses serviços seguem uma metodologia de desenvolvimento de produto diferente da que você tinha planejado.

O escopo do produto e o escopo do projeto têm uma relação direta. O gerente de projeto que gerencia o escopo do projeto também deve entender o escopo do produto ou saber se comunicar com aqueles que entendem.

# Tempo, custo e escopo: gerenciamento das restrições do projeto

O gerenciamento de projeto se torna mais interessante quando você precisa equilibrar as restrições de tempo, custo e escopo de seus projetos. O triângulo do projeto ilustra o processo de equilibrar as restrições, pois os três lados do triângulo estão conectados e a alteração de um lado afeta pelo menos um dos outros.

Aqui estão alguns exemplos de equilíbrio das restrições:

- Se a duração (tempo) do cronograma de seu projeto diminuir, é possível que seja necessário aumentar o orçamento (custo), pois você precisará contratar mais recursos para fazer o mesmo trabalho em menos tempo. Caso não possa aumentar o orçamento, talvez seja necessário reduzir o escopo, pois os recursos existentes não poderão completar todo o trabalho planejado em menos tempo.

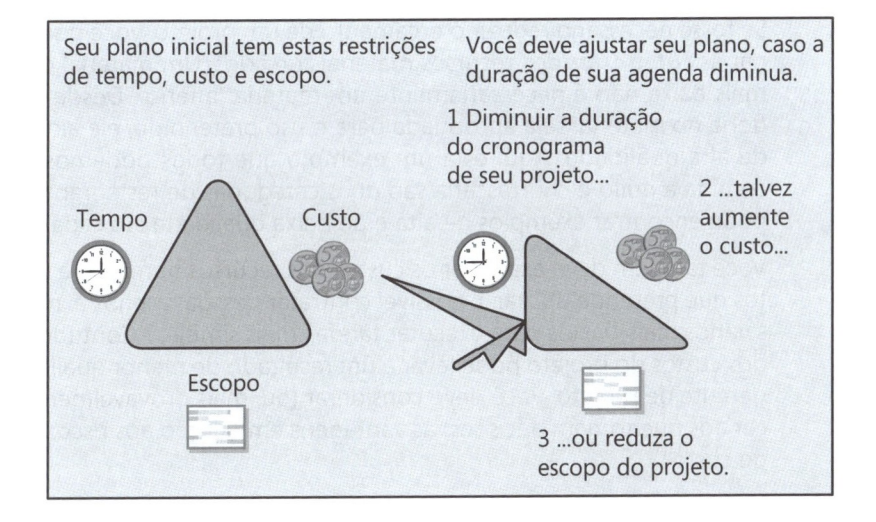

Caso seja necessário diminuir a duração de um projeto, certifique-se de que a qualidade global do projeto não será reduzida de forma não intencional. Por exemplo, os testes e o controle de qualidade geralmente ocorrem por último em um projeto de desenvolvimento de software; se a duração do projeto diminuir no final, essas tarefas poderão sofrer cortes. Você precisa pesar as vantagens da redução da duração do projeto em relação às desvantagens em potencial de um resultado com qualidade menor.

- Se o orçamento (custo) do seu projeto diminuir, talvez seja necessário mais tempo, pois você não poderá pagar por tantos recursos ou por recursos da mesma eficiência. Caso não possa aumentar o tempo, precisará reduzir o escopo do projeto, pois todo o trabalho planejado não poderá ser realizado por menos recursos no tempo que você tem.

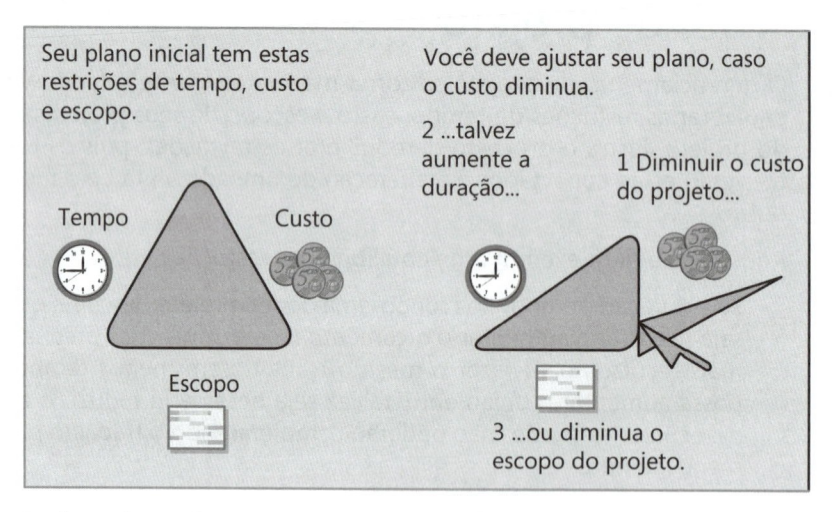

Seu plano inicial tem estas restrições de tempo, custo e escopo.

Tempo  Custo

Escopo

Você deve ajustar seu plano, caso o custo diminua.

2 ...talvez aumente a duração...

1 Diminuir o custo do projeto...

3 ...ou diminua o escopo do projeto.

Se fosse necessário reduzir o orçamento de um projeto, você poderia examinar as *categorias* dos recursos materiais orçados. Um material de categoria mais baixa não é necessariamente um material inferior. Desde que a categoria do material seja apropriada para o uso pretendido, ele ainda pode ser de alta qualidade. Aqui está um exemplo que todos podemos identificar: comida a quilo e churrascaria são duas categorias de restaurante, mas você pode encontrar exemplos de alta e de baixa qualidade em cada um deles.

Você também deve examinar os custos dos recursos humanos e equipamentos que pretende utilizar. É possível contratar pessoas menos experientes por salários mais baixos para executar tarefas mais simples? Contudo, a redução dos custos do projeto pode levar a um resultado de menor qualidade. Como gerente de projeto, você deve considerar (ou, mais provavelmente, comunicar aos que tomam decisões) as vantagens em relação aos riscos da redução de custos.

- Se o escopo do projeto aumentar, talvez seja necessário mais tempo ou recursos (custo) para completar o trabalho adicional. Quando o escopo do projeto aumenta depois de o projeto ter iniciado, isso é denominado deformação de escopo. A alteração do escopo no meio do projeto não é necessariamente algo ruim; por exemplo, o ambiente no qual o resultado de seu projeto vai operar pode ter sido mudado ou você pode ter aprendido mais sobre a natureza do trabalho desde o início do projeto. A alteração do escopo do projeto só será ruim se o gerente do projeto não reconhecer e planejar os novos requisitos – isto é, quando outras restrições (custo, tempo) não forem igualmente examinadas e, se necessário, ajustadas.

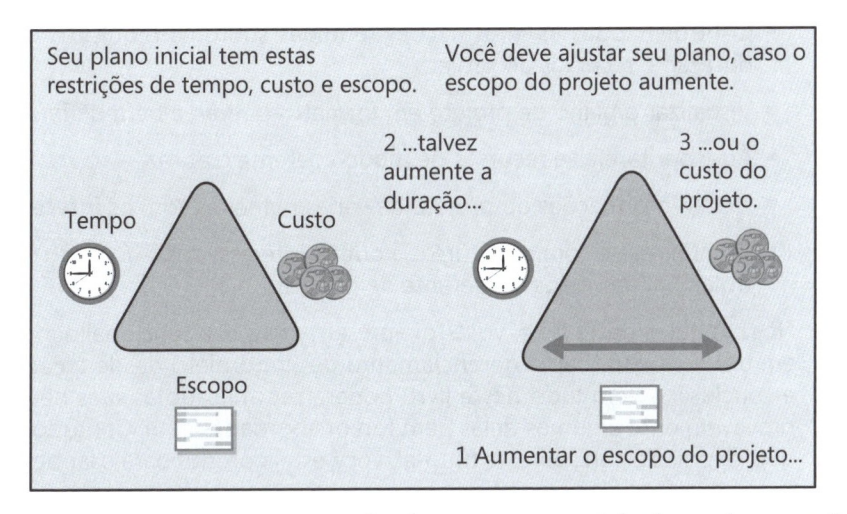

Tempo, custo e escopo são os três elementos essenciais de qualquer projeto. Para ser bem-sucedido como gerente de projeto, você deve saber como essas três restrições se aplicam aos seus projetos e ser capaz de comunicar isso aos interessados.

Aqui está nosso comentário final sobre o modelo de triângulo do projeto. Como todos os modelos simples de assuntos complexos, esse modelo é uma ferramenta de aprendizagem útil, mas nem sempre é um reflexo do mundo real. Se projetos reais sempre fossem executados conforme o triângulo do projeto sugere, talvez você visse projetos entregues com atraso, mas ao custo planejado ou com o escopo esperado; ou então, projetos poderiam ser concluídos no prazo com o escopo esperado, mas a um custo mais alto. Em outras palavras, você esperaria ver pelo menos um elemento do triângulo dentro do que foi planejado. Mas a triste realidade é que muitos projetos, mesmo com uma rigorosa supervisão de gerenciamento de projeto, são entregues com atraso, acima do orçamento e com um escopo bem aquém do esperado em termos de funcionalidade. Provavelmente você participou de alguns projetos desse tipo. O gerenciamento de projetos é um campo exigente. O sucesso no gerenciamento de projeto requer uma mistura rara de habilidades e conhecimento sobre práticas e ferramentas de agendamento, assim como competência na área ou setor no qual o projeto será executado.

## Como gerenciar seus projetos com o Project

A melhor ferramenta de gerenciamento de projeto existente nunca substitui um bom discernimento. Entretanto, a ferramenta correta pode e deve ajudá-lo a executar as seguintes ações:

- Controlar todas as informações reunidas sobre os requisitos de trabalho, duração e recursos do projeto.
- Visualizar o plano de projeto em formatos padrão e bem definidos.
- Agendar tarefas e recursos de modo coerente e eficaz.
- Trocar informações do projeto de várias maneiras com os *interessados*.
- Comunicar-se com os recursos e outros interessados, enquanto deixa o controle final nas mãos do gerente de projeto.

Nos capítulos deste livro, você foi apresentado à rica funcionalidade do Project em um contexto real: o gerenciamento de um projeto desde a concepção até a conclusão. Nem tudo neste livro poderá ser aplicado às suas necessidades e provavelmente algumas delas nem foram abordadas aqui. Contudo, esperamos que, depois de concluir este tutorial, você esteja pronto para usar bem o Project!

Se você concluiu a maioria ou todos os capítulos deste livro, está bem preparado para dominar o Microsoft Project 2013. Entretanto, um livro pode levá-lo apenas até aqui. Para ajudar a aprofundar seu conhecimento do Project e no gerenciamento de projetos, comece com as fontes listadas neste apêndice.

# Participe de uma comunidade de aprendizado do Project

Se há alguma coisa que podemos comentar sobre os usuários do Project, é que eles adoram falar sobre o aplicativo, seus trabalhos com ele e ainda compartilhar ideias com outras pessoas. Se você é um profissional autônomo ou trabalha em uma grande empresa, provavelmente encontrará uma comunidade de usuários do Project por perto.

Se estiver em uma grande organização, especialmente uma com um forte enfoque em gerenciamento de projeto, talvez encontre aí um grupo interno de usuários do Project ou um grupo de suporte. Esses grupos fazem reuniões informais frequentes para dar treinamento e suporte, criticar planos de projeto e compartilhar as melhores práticas. Se não existir esse tipo de grupo em sua empresa, talvez você possa criar um.

Existem muitos grupos de usuários do Project no âmbito público. Em geral, eles se reúnem regularmente para compartilhar dicas e truques sobre o Project. Ingressar em um grupo de usuários é uma excelente maneira de ampliar sua exposição ao uso do programa; também pode ser uma excelente fonte de suporte informal ao produto, treinamento e contatos profissionais.

Aqui estão alguns locais onde você pode procurar grupos de usuários do Project e recursos relacionados:

- O Microsoft Project User Group (MPUG) é a associação oficial do setor para o Project. O MPUG oferece informações sobre uma variedade de recursos de gerenciamento de projeto e do Project, assim como um catálogo de grupos de usuários em todo o mundo. Encontre-o em *www.mpug.com*.

- A área do Project do site Microsoft Office Online inclui várias ferramentas e informações da Microsoft e outros usuários do Project para ajudá-lo a gerenciar seus projetos. Encontre-a em office.microsoft.com e navegue pela página do Project.

- A área Project Support do site Microsoft Office Support contém perguntas e respostas da comunidade, downloads e acesso a especialistas em suporte técnico. Encontre-a em *office.microsoft.com/en-us/support*; navegue pela página do Project ou vá diretamente para *support.microsoft.com/ph/931/en-us* para ver a página Project Support.

- A Project Community oficial oferece ajuda e discussões com outros usuários do Project, incluindo os Microsoft Most Valuable Professionals (MVPs). Para começar, consulte *answers.microsoft.com/en-us/office/*.

- Os MVPs do Microsoft Project são especialistas no Project independentes (não funcionários da Microsoft) que recebem da Microsoft o status oficial de MVP em reconhecimento por suas habilidades com o produto e pelo trabalho ao ajudar uma grande comunidade de usuários a utilizar o Project com êxito. Os MVPs frequentemente respondem a perguntas nos fóruns da Project Community. Encontre informações sobre o Project MVP em *https://mvp.support.microsoft.com/communities/mvp.aspx* e navegue pela página do Project.

- Um dos autores deste livro, Carl Chatfield, posta em um blog cujo enfoque é o Project, gerenciamento de projeto e equipes de profissionais do conhecimento. Encontre o blog em *www.projhugger.com*.

Para demonstrar formalmente sua especialidade no Project, você pode se tornar um profissional certificado. A Microsoft desenvolveu certificações Microsoft Certified Technology Specialist (MCTS) para o Project, soluções de gerenciamento de projeto empresarial para o Project 2010 e ainda oferece certificações similares para o Project 2013. Para descobrir as oportunidades de treinamento e os requisitos para certificação no Project, visite *www.microsoft.com/learning*.

# Participe de uma comunidade de aprendizado em gerenciamento de projetos

Talvez mais do que outros programas de área de trabalho, o Project requer que você esteja envolvido em uma atividade formal específica: o gerenciamento de projeto. O gerenciamento de projeto pode ser uma mistura estimulante de desafios técnicos, organizacionais e sociais. O Project Management Institute (PMI) é a organização líder em gerenciamento de projeto profissional. O PMI se concentra na definição de padrões de gerenciamento de projeto, desenvolve e oferece programas educativos e certifica gerentes de projeto. A certificação PMI mais conhecida é a Project Management Professional (PMP).

O livro *A Guide to the Project Management Body of Knowledge* – publicado pelo PMI e referido como PMBOK descreve as práticas de gerenciamento de projeto, áreas de conhecimento e terminologia geralmente aceitas. Além disso, o PMI publica os periódicos *Project Management Journal* e *PM Network*. Você pode aprender mais sobre o PMI em *www.pmi.org*. Se você está envolvido profissionalmente na prática do gerenciamento de projeto, deve participar do PMI.

## Comentários finais

Evidentemente, existem muitas outras organizações comerciais e sem fins lucrativos dedicadas ao Project e ao gerenciamento de projetos além das que descrevemos aqui. O Project desfruta de uma posição de liderança no diversificado, às vezes controverso, mas sempre interessante mundo do gerenciamento de projetos. Sempre que você estiver usando seu próprio Project ou necessitar de conhecimentos em gerenciamento de projeto, ou ainda de desenvolvimento de carreira, pode encontrar hoje uma grande variedade de organizações de suporte e parceiros. Os autores desejam a você o maior sucesso!

Este apêndice apresenta alguns dos recursos de colaboração em equipe disponíveis quando se combina o Microsoft Project 2013 Professional com o Microsoft SharePoint 2013 ou ainda com o Project Web App (PWA). Embora uma abordagem completa da operação conjunta do Project com o SharePoint e o PWA esteja fora dos objetivos deste livro, queremos ajudá-lo a ter uma noção básica das vantagens que esses produtos oferecem, além dos recursos do Project na área de trabalho. Concluiremos o apêndice com uma discussão sobre o EMP (Enterprise Project Management) baseado no Project Server e quais capacidades o EMP pode acrescentar à sua empresa.

Como talvez você não tenha acesso ao SharePoint ou ao PWA, este apêndice descreve e ilustra esses serviços, mas não inclui atividades com arquivos de prática. Cada seção termina com uma lista "Fontes para mais informações" de recursos online que você pode consultar.

## Introdução ao compartilhamento de seu plano com SharePoint

Os gerentes e equipes de projeto se beneficiam quando compartilham informações. Com o Project Professional 2013, é possível sincronizar tarefas entre o Project e o SharePoint 2013. Você pode criar a lista de tarefas inicial no Project e, então, sincronizá-la com uma lista no SharePoint ou criar a lista de tarefas inicial no SharePoint e, então, criar um novo plano no Project com base na lista de tarefas. Os membros da equipe podem ver, editar e relatar o status de suas tarefas na lista do SharePoint.

As imagens mostram algumas das principais partes do trabalho com uma lista de tarefas no SharePoint.

A página Resumo do Projeto inclui uma linha do tempo, tarefas futuras e atrasadas, e outros detalhes importantes sobre o plano.

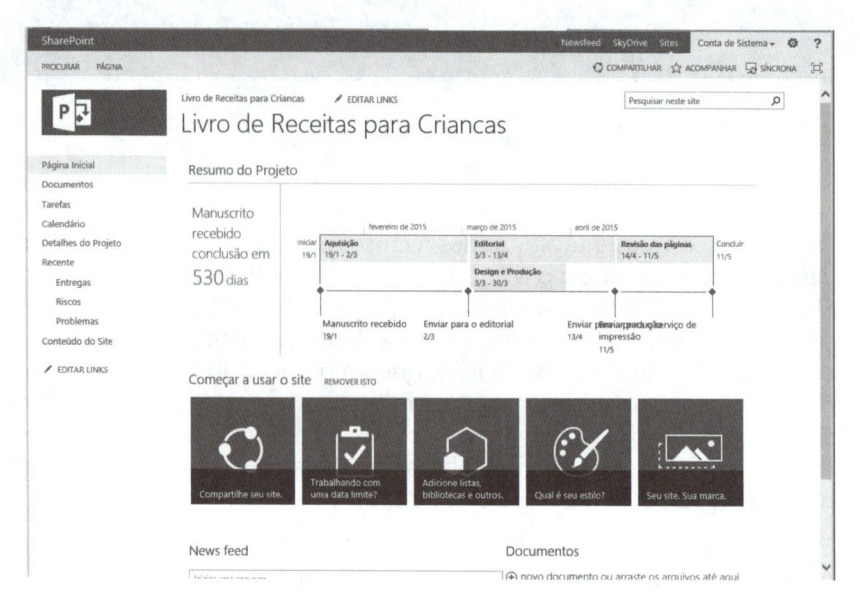

A partir da página Resumo do Projeto é possível compartilhar o plano, personalizar o site e analisar a lista de tarefas. Aqui mostramos como uma linha do tempo e uma lista de tarefas são exibidas no SharePoint:

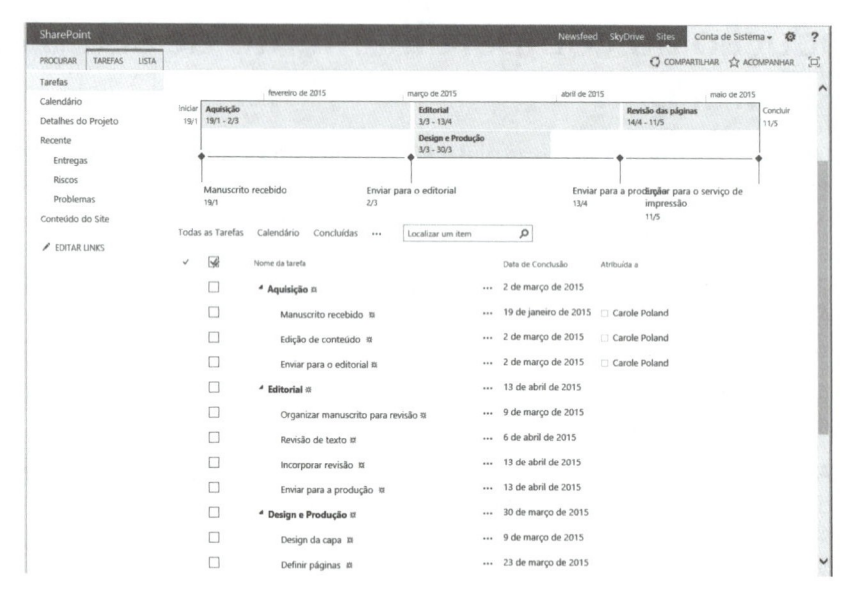

No SharePoint é possível monitorar o andamento de uma tarefa ou adicionar novas tarefas, mas não ocorre nenhum agendamento ativo. Você pode até ver sua lista de tarefas em outros modos de exibição, incluindo um calendário e, como mostrado, um Gráfico de Gantt.

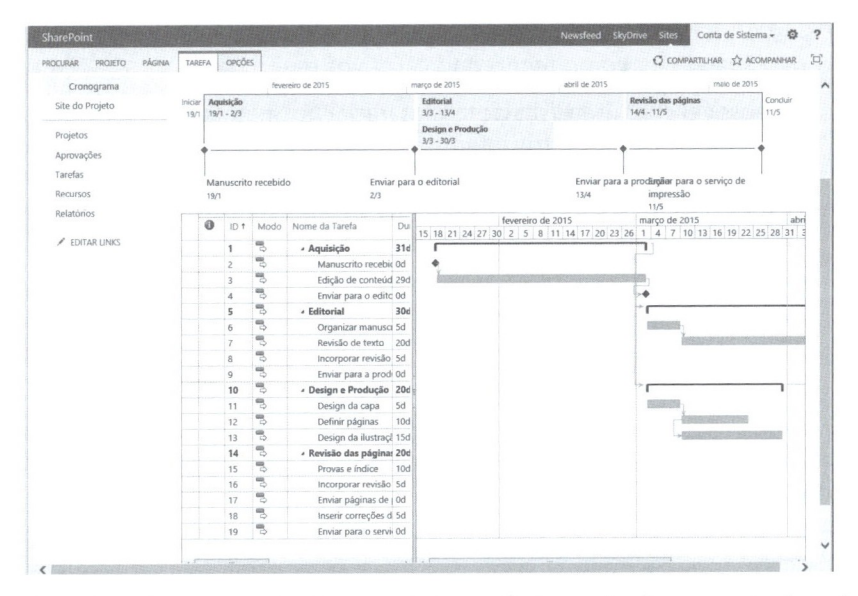

Quando a lista de tarefas do SharePoint está sincronizada com o Project, é possível tirar total proveito do conjunto de recursos e do mecanismo de agendamento do Project. Aqui, você pode ver a lista de tarefas do SharePoint da imagem anterior, agora mostrada no Project:

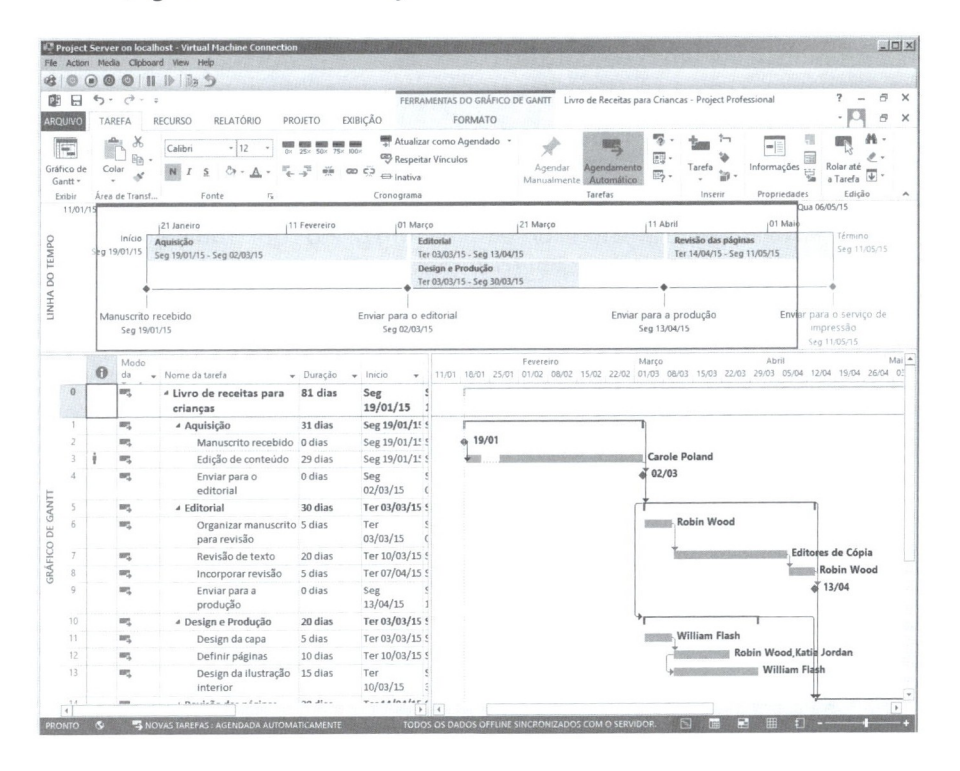

Os usuários do Project Professional podem considerar a sincronização de tarefas com o SharePoint como tendo dois objetivos muito úteis:

- É possível criar uma lista de tarefas inicial no SharePoint e convidar os membros da equipe e outros interessados a adicionar tarefas, durações e outros detalhes no SharePoint. Você pode abrir a lista no Project e fazer o trabalho de agendamento nele. Em seguida, sincronizar novamente no SharePoint para que a equipe possa ver os resultados.

- É possível criar uma lista de tarefas inicial no Project e, depois, sincronizá-la com o SharePoint. Você pode convidar os membros da equipe e outros interessados a ajustar os detalhes das tarefas conforme for necessário. Em seguida, editar a lista no Project para fazer ajustes adicionais na agenda.

Nos dois casos, você usa o mecanismo de agendamento do Project e os recursos colaborativos, multiusuário, do SharePoint – a melhor combinação dos poderes dos dois produtos.

Também é possível converter uma lista de tarefas do SharePoint em um projeto do PWA (descrito na próxima seção). Você pode optar por isso, por exemplo, ao descobrir que precisa de um controle de status mais detalhado ou de gerenciamento do fluxo de trabalho das tarefas.

Esta seção apresentou a integração do Project e do SharePoint por meio da sincronização de listas de tarefas. Dependendo das práticas e ferramentas colaborativas de sua empresa, talvez você descubra que o Project e o SharePoint juntos resultam em uma combinação poderosa.

## Fontes para mais informações

Aqui estão alguns recursos da integração do Project Professional e do SharePoint:

- No Project é possível compartilhar um plano com o SharePoint na tela Salvar como do modo de exibição Backstage. Para saber mais, no Project, clique no botão Ajuda (o ponto de interrogação) no canto superior direito da janela do programa e, na caixa Ajuda, digite *sincronizar com o SharePoint*.

- No SharePoint, você pode abrir uma lista de tarefas com o Project, com o comando Abrir com o Project no grupo Conectar e Exportar da guia Lista, enquanto está em um modo de exibição de lista de tarefas. Para saber mais, no SharePoint, clique no botão Ajuda (o ponto de interrogação) no canto superior direito da janela do programa e, na caixa Ajuda, digite *Project site*.

- Visite o portal do produto SharePoint em *sharepoint.microsoft.com* e navegue pela lista de tarefas ou por outros recursos do SharePoint em que tenha interesse.

- Os membros da equipe Project Engineering postaram alguns artigos detalhados no Office Blog sobre listas de tarefas do Project e do SharePoint. Visite *blogs.office.com* e procure por **SharePoint task list**.

# Introdução à colaboração em equipe com o Project Web App

*Project Web App (PWA)* é a interface baseada em navegador para o Project Server. Os gerentes de projeto podem usar o PWA em conjunto com o aplicativo Project Professional para criar e gerenciar projetos. Outros que podem utilizar o PWA incluem os seguintes:

- Membros da equipe que tenham atribuições em tarefas
- Gerentes de portfólio que reúnem e analisam dados de vários projetos
- Administradores de site que configuram e gerenciam o acesso ao PWA e produzem experiências personalizadas para os usuários

Os projetos que podem ser gerenciados no PWA vêm de diversas fontes, incluindo estas:

- Planos do Project Professional (arquivos MPP)
- Listas de tarefas do SharePoint
- Os criados diretamente no PWA

Um projeto do PWA é armazenado no Project Server e pode ser editado por interessados autorizados no PWA e pelo gerente de projeto no Project.

À primeira vista, uma lista de tarefas no PWA pode parecer igual a uma lista de tarefas do SharePoint. Contudo, as listas de tarefas do PWA oferecem recursos de agendamento muito melhores e aceitam os recursos de agendamento do PWA e o conjunto de recursos completo do Project Professional.

As próximas imagens mostram alguns dos recursos do PWA para gerentes de projeto e membros de equipe.

O Centro do PWA é a tela Página Inicial.

# Apêndice C  Colaboração: Project, SharePoint e PWA

[Captura de tela do Project Web App - Página Inicial, mostrando os blocos "Introdução ao Project Web App" (Criar ou importar projetos, Relatórios de uso. Obtém idéias., Compartilhe seu site., Mais recursos?, Seu site. Sua marca.) e "Controle seu trabalho" (Projetos, Aprovações: 0 Pendente, Tarefas: Novo: 0, Relatórios).]

A partir daqui é possível gerenciar seu site PWA e entrar em seus projetos e tarefas. Aqui está como um conjunto de projetos, ou *portfólio*, aparece na Central de Projetos:

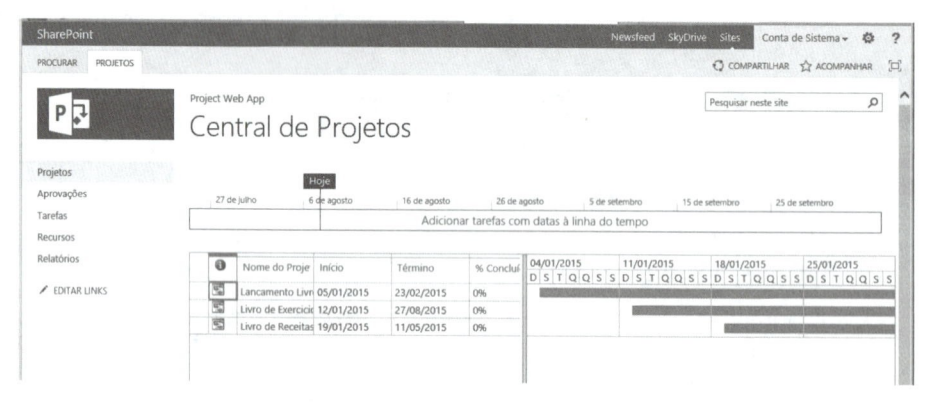

[Captura de tela da Central de Projetos mostrando uma linha do tempo e uma tabela com as colunas: Nome do Projeto, Início, Término, % Concluí. Linhas: Lançamento Livr 05/01/2015 23/02/2015 0%; Livro de Exercíci 12/01/2015 27/08/2015 0%; Livro de Receitas 19/01/2015 11/05/2015 0%.]

Os comandos da guia Projetos (mostrada mais adiante) indicam algumas das ações que podem ser executadas. As capacidades importantes incluem adicionar novos projetos ao portfólio, controlar o acesso aos projetos e alterar o modo como a lista de projetos é exibida.

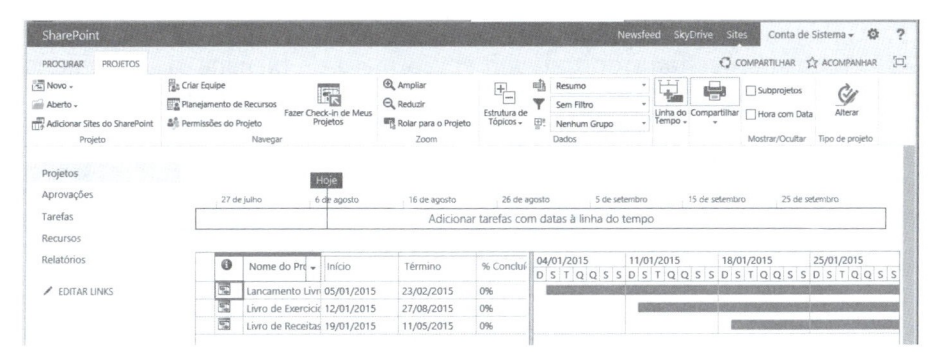

# Apêndice C  Colaboração: Project, SharePoint e PWA  **517**

Quando você vê um projeto, recebe o conhecido modo de exibição Gráfico de Gantt com Linha do Tempo, muito parecido com o que se vê no Project. Na verdade, você pode ver na guia Tarefas (na próxima imagem) muitos dos mesmos recursos de gerenciamento de tarefas encontrados no Project, incluindo controle de andamento e aplicação de grupos ou filtros.

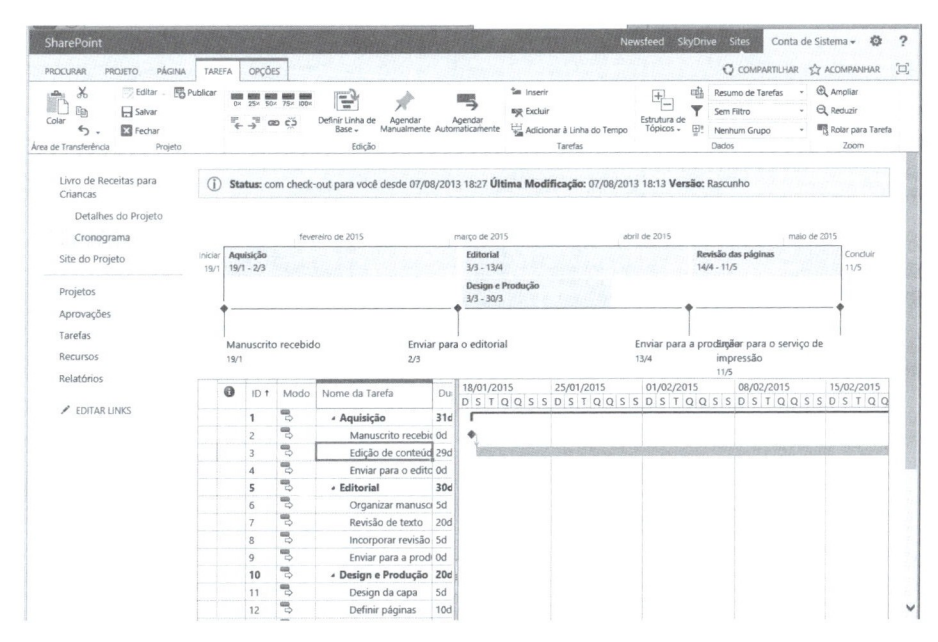

Em seguida, vamos ver o PWA do ponto de vista de um membro da equipe que tenha atribuições em tarefas em um projeto do PWA.

Algo importante em que os membros de equipe podem utilizar o PWA é no registro de status do trabalho em formato de planilha, dividido ao longo do tempo ou Gráfico de Gantt. Aqui, um membro da equipe registra os valores reais distribuídos no tempo (isto é, o trabalho real dividido ao longo do tempo) em algumas de suas tarefas atribuídas.

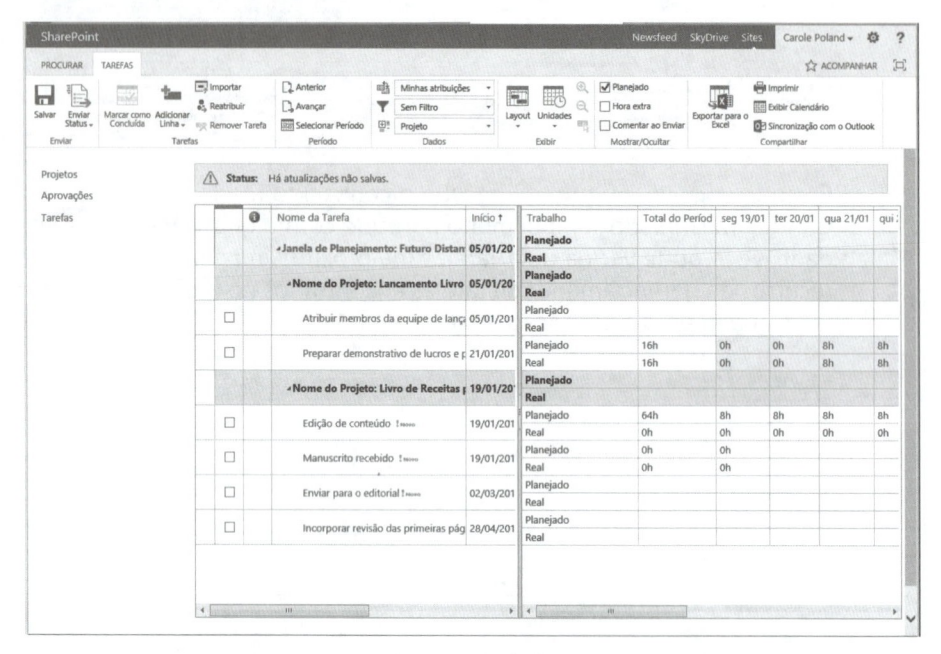

Depois que o membro da equipe tiver registrado seu status de trabalho, pode apresentá-lo para aprovação do gerente de projeto.

Aqui está como as atualizações de status aparecem para o gerente de projeto:

Os membros da equipe podem adicionar comentários aos seus status por tarefa, os quais aparecem assim para o gerente de projeto:

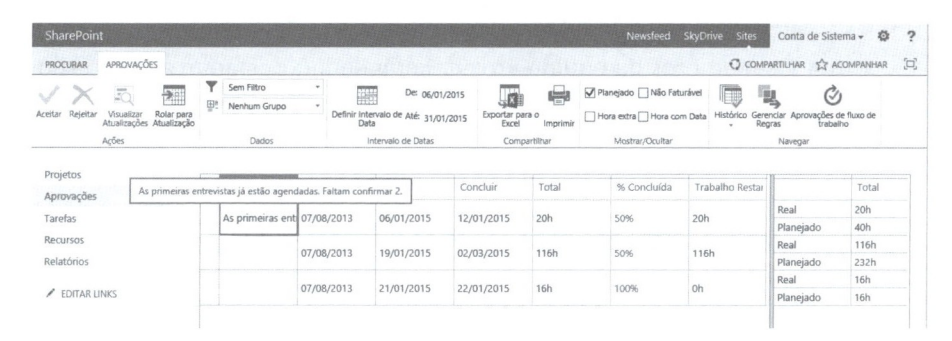

Uma vez que o gerente de projeto aceita as atualizações de status, o mecanismo de agendamento do Project responde ao andamento relatado pelos membros da equipe e a quaisquer outras alterações feitas no plano no PWA.

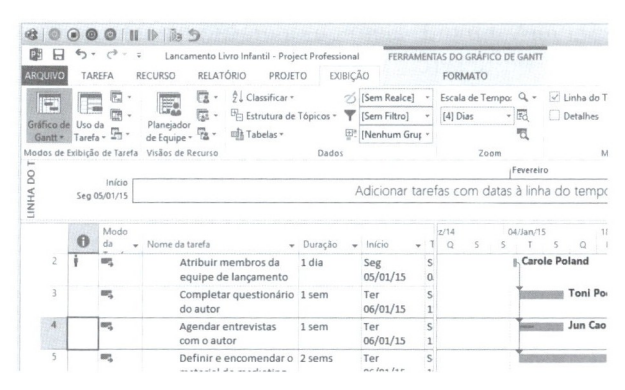

Na próxima vez em que o plano for publicado, todos os membros da equipe e outros interessados verão as alterações. Esse processo colaborativo continua ao longo de toda a duração do projeto.

# Fontes para mais informações

Aqui estão alguns recursos sobre a integração do Project Professional e do PWA:

- Caso você tenha acesso ao PWA, pode obter uma visão geral das atividades suportadas na Ajuda do PWA. Clique no botão Ajuda (o ponto de interrogação) no canto superior direito da janela do PWA e explore o conteúdo da Ajuda.

- Visite o portal do produto Project Server em *office.microsoft.com/products*.
- Consulte o conteúdo IT-Pro sobre o Project Server 2013 em *technet. microsoft.com/en-US/projectserver*.
- Os membros da equipe Project Engineering postaram alguns artigos detalhados no Office Blog sobre listas de tarefas do Project e do SharePoint. Visite *blogs.office.com* e procure por **PWA**.

# Introdução ao Enterprise Project Management

As seções anteriores apresentaram alguns dos recursos de colaboração em equipe permitidos pelo SharePoint e pelo Project Web App (PWA). Por trás do PWA está o Project Server. O Project Server é o pilar da solução Microsoft Enterprise Project Management (EPM). (Vamos nos referir a isso como *EPM baseado no Project Server*; você também poderá ver o rótulo relacionado *Project Portfolio Management*, ou PPM). A funcionalidade de gerenciamento de projetos do EPM baseado no Project Server vai muito além da operação na área de trabalho do Project que você praticou neste livro.

Esta seção apresenta algumas das principais diferenças entre o gerenciamento de projetos na área de trabalho e o **Enterprise Project Management** baseado no Project Server. O EPM é uma das práticas mais complexas, mas potencialmente a mais compensadora, que uma grande empresa pode adotar.

Algumas vantagens organizacionais do EPM baseado no Project Server são as seguintes:

- Capturar as melhores práticas de sua empresa em relação a modelos de fluxo de trabalho e habilidades de recursos nos modelos empresariais.
- Aumentar a percepção em relação à carga de trabalho e disponibilidade dos recursos em todos os projetos e outras atividades na sua empresa.
- Desenvolver maneiras uniformes de descrever e controlar atividades de projeto em toda a empresa.
- Coletar uma ampla gama de dados relacionados aos projetos e relatar esses dados de maneira informativa e oportuna.

Embora você possa ser o único usuário do Project em sua empresa, o verdadeiro "usuário" do EPM é a empresa inteira; portanto, o conjunto de ferramentas de software é igualmente mais complexo do que a execução do Project em um único computador. Por esse motivo, uma abordagem completa dos detalhes do EPM está muito além dos objetivos deste livro. Contudo, queremos ilustrar aqui o EPM baseado no Project Server, para que você possa começar a pensar se ele pode ser útil para sua empresa. Para a maioria das empresas, acreditamos que a resposta seja "sim", mas do interesse inicial no EPM baseado no Project Server a uma implementação completa, existe uma série de etapas complexas. Esperamos que esta breve introdução possa ajudá-lo a formular algumas ideias sobre como o EPM baseado no Project Server pode melhorar o desempenho de sua empresa.

Se você completou os capítulos anteriores deste livro, já tem uma boa introdução ao gerenciamento de projeto na escala de um gerente de projeto único, com projetos que possuem dezenas de recursos trabalhando em centenas de tarefas. Você poderia praticar o gerenciamento de projeto nessa escala agora. Na verdade, com um pool de recursos e recursos de vários projetos, como projetos consolidados, um único gerente poderá estar à frente de diversos projetos em vários estágios de conclusão, com o Project sendo executado em um único computador.

Agora, imagine dezenas de gerentes de projeto planejando e controlando centenas de projetos, cada um com centenas ou mesmo milhares de recursos e tarefas – todos dentro de uma única empresa. O gerenciamento de projeto nessa escala exige um alto grau de planejamento, coordenação e padronização. Este é o mundo do EPM: uma grande empresa planejando, coordenando e executando um grande número de projetos simultaneamente.

Pense em suas experiências anteriores ou atuais trabalhando em projetos em uma grande empresa e tente responder a estas perguntas:

- Os possíveis projetos foram avaliados em relação às metas e aos objetivos da empresa, de forma que os projetos selecionados para execução se alinharam com as metas estratégicas dela?

- Os projetos foram definidos e delimitados de maneira coerente que permitisse comparações precisas?

- As atribuições de recursos foram feitas com conhecimento completo das habilidades, localização e disponibilidade de cada recurso?

- O principal executivo da empresa tem uma visão clara do status de cada projeto?

Se a sua resposta a essas perguntas for "não", provavelmente a empresa não pratica o EPM de maneira efetiva. Não há dúvida de que várias empresas grandes podem ter muitas vantagens por adotar o EPM, entretanto essa não é uma tarefa fácil, senão elas já o teriam implementado. O êxito com o EPM exige muita força de vontade da liderança da empresa (o patrocinador executivo), um grupo de administradores bem treinados, gerentes de projeto e de recursos, e uma infraestrutura de software (no local ou hospedada via Project Online) capaz de permitir isso.

## Fontes para mais informações

Aqui estão alguns recursos para ajudá-lo a avaliar, planejar e implantar uma solução EPM baseada no Project Server:

- Examine todo o material relevante na área Project Server do site Office Online. Encontre-o em *office.microsoft.com* e navegue pela página do Project Server.

- Pense na possibilidade de participar de um treinamento em sala de aula sobre implantação de EPM do Microsoft Learning. Procure informações sobre o Project Server no site do Microsoft Learning: *www.microsoft.com/learning*.

- Se você está em uma empresa que é relativamente iniciante em matéria de gerenciamento de projeto e de portfólio, pense na possibilidade de trabalhar no processo de implantação do Project Server com um parceiro Project reconhecido. Você pode começar sua busca por uma empresa parceira qualificada aqui: *pinpoint.microsoft.com*.

Esperamos que esta breve introdução proporcione a você e à sua empresa um bom começo na exploração das ferramentas e práticas do EPM.

Este livro é adequado para vários ambientes e necessidades de aprendizado, incluindo o seguinte:

- Treinamento individualizado
- Treinamento em sala de aula com instrutor

Se você é um instrutor e está preparando material de treinamento para usar em sala de aula, este apêndice oferece algumas sugestões sobre como integrar melhor este livro aos seus planos de estudo ou de aula.

# Como unir o conteúdo às necessidades educacionais

Esta tabela descreve a organização do livro e como você, como instrutor, pode incorporá-lo ao seu ambiente de treinamento em sala de aula.

| Nível do livro | Enfoque do treinamento |
| --- | --- |
| Livro inteiro | Utilizar durante todo o curso ou na parte que se concentra no desenvolvimento de habilidades com o Microsoft Project 2013. |
| Parte | Parte 1, "Introdução ao Microsoft Project", inclui os capítulos 1 e 2. O Capítulo 2 é uma introdução ao Project, particularmente direcionada a iniciantes. |
| | Parte 2, "Fundamentos do agendamento", inclui os capítulos 3 a 8, os quais abordam um ciclo de vida do projeto completo e apresentam recursos mais simples relativos a tarefas, recursos, atribuições, formatação e controle do Project. Estes capítulos seguem uma sequência lógica para construir um plano e monitorar o andamento. Se seus alunos já têm alguma experiência com o Project 2013, você pode pular a Parte 2. |
| | Parte 3 (capítulos 9 a 16), "Técnicas avançadas de agendamento". Estes capítulos abordam um ciclo de vida de projeto completo e apresentam recursos e habilidades mais avançados relacionados a tarefas, recursos, atribuições, formatação e atividades de controle do Project. Seguem uma sequência lógica na qual você ajusta um plano, monitora o andamento e responde às variações. |
| | Parte 4 (capítulos 17 a 21), "Tópicos avançados e especiais". Estes capítulos abordam alguns temas que não fazem parte do ciclo de vida de um projeto, mas são importantes para um treinamento abrangente no Project. Eles não estão em nenhuma sequência específica e podem ser usados em qualquer ordem. |

| Nível do livro | Enfoque do treinamento |
|---|---|
| Capítulo | Cada capítulo é uma solução de aprendizado completa que enfoca um conjunto de recursos importantes do Project. A maioria dos capítulos deste livro requer o uso de pelo menos um e, às vezes, vários arquivos de prática.<br><br>Se existem áreas de recursos específicas que você deseja abordar, pode designar os capítulos com base no assunto. Por exemplo, se deseja enfocar as características de recursos no Project, pode designar o Capítulo 5, "Configuração dos recursos", seguido do Capítulo 11, "Detalhes dos recursos e das atribuições", e possivelmente o Capítulo 21, "Consolidação de projetos e recursos" (se deseja tratar do pool de recursos).<br><br>Vários capítulos incluem quadros "Enfoque do gerenciamento de projetos", nos quais os princípios ou questões do gerenciamento de projeto são apresentados no contexto da funcionalidade do Project. Esses quadros são uma excelente oportunidade para ampliar as discussões e as atividades em sala de aula, para abranger as práticas do gerenciamento de projetos. |
| Seção | Cada capítulo consiste em várias seções. No início de cada capítulo, você encontrará os objetivos de aprendizado tratados nesse capítulo. Os objetivos informam as metas educacionais de cada seção para que você e seus alunos saibam que habilidades irão dominar.<br><br>Neste livro, as seções são fortemente sequenciais dentro dos capítulos; os alunos devem completar as seções na ordem em que aparecem. Se você precisar designar apenas algumas seções de um capítulo, verifique em que estado o arquivo (ou arquivos) de prática do capítulo deve estar no início de cada seção designada. Em alguns casos, talvez seja necessário criar versões dos arquivos de prática específicas para a seção. |
| Parte explicativa da seção | Cada seção é mais ou menos dividida entre uma parte explicativa, que define os conceitos básicos, e a atividade prática (o procedimento numerado). Ao apresentar os conceitos básicos para os alunos, talvez você queira acrescentar detalhes ao conteúdo fornecido. Por exemplo, se estiver ensinando gerenciamento de projeto em um curso de engenharia, talvez queira dar exemplos e citar termos mais específicos da engenharia em sua explicação. |
| Atividade prática por seção | A atividade prática por seção deve ser feita pelos alunos ou por um instrutor enquanto é observado pelos alunos. Os procedimentos são bem ilustrados para que os alunos possam comparar com os seus resultados.<br><br>Os alunos podem trabalhar nas atividades práticas fora da sala de aula ou dentro dela, se estiver equipada com computadores. Para ambientes de laboratório, talvez você ache útil trabalhar em duplas, para que um aluno faça a atividade prática enquanto o outro lê as instruções, e ambos discutam os resultados. Eles podem também alternar as funções entre as seções. |

| Nível do livro | Enfoque do treinamento |
|---|---|
| Arquivos de prática | Este livro contém instruções sobre como baixar os arquivos de prática utilizados nas atividades participativas do livro. Caso os arquivos de prática se tornem impróprios para os novos usuários (por exemplo, os alunos completam as atividades mas sobrescrevem os arquivos de prática originais), você pode reinstalar novos arquivos de prática a partir da Web. |

As seções e os capítulos deste livro variam em termos de número de páginas e, para as atividades práticas, no tempo de conclusão. Por isso, recomendamos que você mesmo faça as atividades que pretende designar aos alunos para que possa estimar melhor a duração. Um usuário experiente no Project será capaz de completar qualquer capítulo deste livro em uma hora; contudo, um iniciante poderá necessitar de um tempo significativamente maior.

Dependendo do ambiente de sua sala de aula e dos objetivos do treinamento, talvez você ache várias estratégias educacionais eficazes, incluindo as seguintes:

- O instrutor discute o conteúdo durante a explicativa de uma seção e demonstra a atividade prática no Project.
- O instrutor dá aula e depois pede aos alunos que façam a atividade prática nos computadores da sala de aula ou do laboratório.
- O instrutor dá aula e depois pede aos alunos que façam a atividade prática fora da sala de aula.
- O instrutor pede aos alunos que leiam e concluam as atividades práticas fora da sala de aula.

Essas são apenas algumas das opções possíveis.

# Como ensinar gerenciamento de projeto com o Project

Um princípio fundamental da estratégia educacional deste livro é que o sucesso com o Project depende do sucesso na prática de gerenciamento de projeto básica. Embora o Project seja um aplicativo cheio de recursos, apenas o domínio de seus recursos não garante o sucesso no gerenciamento de projetos. Por isso, você vai encontrar material sobre prática de gerenciamento de projeto ao longo deste livro. Consulte, por exemplo, o seguinte:

- Os muitos quadros "Enfoque do gerenciamento de projetos" ao longo dos capítulos
- O Apêndice A, "Um breve curso em gerenciamento de projetos"
- O Apêndice B, "Como desenvolver suas habilidades em gerenciamento de projeto"

Este livro não prescreve uma metodologia de gerenciamento de projetos específica, mas, em geral, seus objetivos estão alinhados com o livro *A Guide to the Project Management Body of Knowledge* (PMBOK) do Project Management Institute (PMI) e com as práticas de gerenciamento de projeto normalmente aceitas.

Dito isso, é importante reconhecer que algumas áreas básicas do gerenciamento de projeto estão fora do alcance das atividades realizadas com o Project. Recrutamento e aquisição de recursos, por exemplo, são atividades fundamentais para muitos projetos, mas não são suportadas diretamente pelo Project. Se seu contexto educacional se concentra mais nos recursos do Project do que na prática do gerenciamento de projetos, você deve explorar essa questão com seus alunos para que eles possam ter um entendimento mais completo do amplo campo do gerenciamento de projetos e descobrir onde especificamente o Project pode auxiliá-los melhor.

# Glossário

**acumulação** Método pelo qual um plano incorre no custo de uma tarefa ou de um recurso. Os três tipos de acumulação são início, rateado e fim. Consulte o Capítulo 10.

**agendamento controlado pelo empenho** Método de agendamento no qual o trabalho de uma tarefa permanece constante independentemente do número de recursos atribuídos a ela. À medida que recursos são adicionados a uma tarefa, a duração diminui, mas o trabalho total permanece o mesmo e é distribuído entre os recursos atribuídos. O agendamento controlado pelo empenho é desativado por padrão, mas pode ser ativado para tarefas de unidades fixas ou de duração fixa. O agendamento controlado pelo empenho é sempre ativado para tarefas de trabalho fixo. Consulte o Capítulo 6.

**alocação** Parte da capacidade de um recurso dedicada ao trabalho em uma tarefa específica. Consulte o Capítulo 12.

**anotação** Informações (incluindo arquivos vinculados ou incorporados) que você deseja associar a uma tarefa, recurso ou atribuição. Consulte os Capítulos 4 e 5.

**atribuição** Associação de um recurso de trabalho (uma pessoa ou um equipamento) a uma tarefa. Também é possível atribuir um recurso material ou de custo a uma tarefa, mas esses recursos não têm efeito sobre o trabalho nem sobre a duração. Consulte os Capítulos 6 e 11.

**AutoFiltro** Em uma tabela, modo rápido de visualizar ou organizar apenas as informações de tarefas ou recursos que atendem aos critérios escolhidos. Consulte o Capítulo 13.

**barra de progresso** Representação gráfica em uma barra no modo de exibição Gráfico de Gantt que mostra a quantidade (ou porcentagem) concluída de uma tarefa. Consulte o Capítulo 8.

**calendário** Configurações que definem os dias e horas úteis de um plano, recursos ou tarefas. Consulte o Capítulo 11.

**calendário base Padrão** Calendário base incluído no Microsoft Project, designado a acomodar um turno de trabalho das 09:00 às 18:00 de segunda a sexta-feira. Consulte o Capítulo 3.

**calendário base Turno da Noite** Calendário base incluído no Microsoft Project, designado a acomodar um turno de trabalho entre 23:00 e 08:00, também chamado de turno de trabalho do "cemitério". Consulte o Capítulo 3.

**calendário de base** Calendário que pode servir como calendário de um projeto ou de uma tarefa. Um calendário base também define os períodos úteis padrão para calendários de recursos. O Microsoft Project inclui três calendários base, denominados Padrão (ou Standard), 24 horas e Turno da noite. Você pode personalizá-los ou usá-los como base para o seu próprio calendário base. Consulte o Capítulo 3.

**calendário de recursos** Os dias e horas úteis e não úteis de um recurso de trabalho específico. Consulte o Capítulo 5.

**calendário de tarefa** Calendário base utilizado por uma tarefa específica. Um calendário de tarefa define os períodos úteis e não úteis de uma tarefa, independentemente das definições do calendário do projeto. Consulte o Capítulo 9.

**calendário do projeto** Calendário base usado pelo plano inteiro. O calendário do projeto define os dias e horas úteis e não úteis normais. Consulte o Capítulo 3.

**caminho crítico** Série de tarefas que, se atrasadas, empurrarão a data de término de um plano. Consulte os Capítulos 10 e 15.

**campo** Informação de nível mais baixo sobre uma tarefa, recurso ou atribuição. Consulte o Capítulo 2.

*campo distribuído no tempo* Valor de tarefa, recurso ou atribuição dividido ao longo do tempo. Os valores de campos distribuídos no tempo aparecem na grade de escala de tempo no lado direito de um modo de exibição, como os modos Uso da Tarefa ou Uso dos Recursos. Consulte o Capítulo 14.

*campo Grupo* Campo de recurso em que é possível especificar um nome de grupo (como um departamento) ao qual se deseja associar um recurso. Se você organizar os recursos em grupos, poderá classificar, filtrar ou agrupar recursos por grupo. Consulte o Capítulo 13.

*classificação* Maneira de ordenar as informações sobre recursos ou tarefas em um modo de exibição pelo critério escolhido. Consulte o Capítulo 13.

*contorno* Maneira pela qual o trabalho de um recurso em uma tarefa é agendado ao longo do tempo. O Microsoft Project contém vários contornos de trabalho predefinidos que podem ser aplicados a uma atribuição. Por exemplo, um contorno crescente agenda uma pequena quantidade de trabalho no início de uma atribuição e, à medida que o tempo avança, agenda quantidades crescentes de trabalho. Também é possível contornar uma atribuição manualmente, editando os valores de trabalho em um modo de exibição de uso, como o modo de exibição Uso dos Recursos. A aplicação de um contorno predefinido ou de um contorno manual faz com que o Project exiba um ícone de contorno de trabalho na coluna Indicadores. Consulte o Capítulo 11.

*controle* Segunda fase importante do trabalho de gerenciamento de projetos. O controle inclui toda a coleta, inserção e análise dos valores de desempenho reais, como o trabalho nas tarefas e as durações reais. Consulte os Capítulos 8 e 14.

*custo* Valores necessários para executar um plano, incluindo as pessoas que realizarão o trabalho, o equipamento utilizado e os materiais consumidos à medida que o trabalho for concluído. O custo é um dos lados do modelo do triângulo do projeto. Consulte o Capítulo 15 e o Apêndice A.

*custo fixo* Montante definido de dinheiro orçado para uma tarefa. Essa quantia é independente dos custos dos recursos e da duração da tarefa. Consulte o Capítulo 10.

*data de status* Data especificada por você (não necessariamente a data atual) que determina o modo como o Microsoft Project calcula os dados de valor obtidos. Consulte o Capítulo 8.

*dependência* Vínculo entre uma tarefa predecessora e uma tarefa sucessora. A dependência controla o início ou o término de uma tarefa em relação ao início ou término de outra. A dependência mais comum é a término-a-início (TI), na qual a data de término da tarefa predecessora determina a data de início da tarefa sucessora. Consulte o Capítulo 4.

*divisão* Interrupção em uma tarefa, representada na barra de Gantt como uma linha pontilhada entre os segmentos de uma tarefa. É possível dividir uma tarefa várias vezes. Consulte o Capítulo 9.

*duração* Extensão do período útil previsto para concluir uma tarefa. Consulte o Capítulo 4.

*duração decorrida* Extensão ininterrupta de tempo para terminar uma tarefa, com base em um dia de 24 horas e uma semana de 7 dias. A duração decorrida não é limitada pelos calendários de projeto, recurso ou tarefa; ela é contínua. Consulte o Capítulo 4.

*duração fixa* Tipo de tarefa na qual o valor da duração é fixo. Se você alterar a quantidade de trabalho previsto para a tarefa, o Microsoft Project vai recalcular as unidades de pico da atribuição de recurso para cada recurso. Se você alterar a duração ou as unidades, o Project recalculará o trabalho. Consulte o Capítulo 9.

*EDT (Estrutura de Divisão do Trabalho)* A identificação de cada tarefa em um plano que reflete a localização dessa tarefa na hierarquia do plano. Consulte o Capítulo 17.

***Enterprise Project Management (EPM)*** Gerenciamento de projetos praticado de maneira formal e uniforme em uma empresa. Consulte o Apêndice C.

***escala de tempo*** Exibida em um modo de exibição, por exemplo, Gráfico de Gantt ou Uso dos Recursos, como uma faixa ao longo da parte superior da grade e indica as unidades de tempo. Para personalizar a escala de tempo, faça o seguinte: na guia Exibição, no grupo Zoom, clique na seta da caixa Escala de Tempo e, em seguida, em Escala de tempo desejada. Consulte o Capítulo 2.

***escopo*** Produtos ou serviços a serem fornecidos por um plano e o trabalho necessário para entregá-los. Para o planejamento, é útil distinguir entre escopo do produto e escopo do projeto. O escopo é um lado do modelo do triângulo do projeto. Consulte o Apêndice A.

***escopo do produto*** Qualidade, características e funções (geralmente chamadas de *especificações*) do resultado do projeto. Consulte o Capítulo 4 e o Apêndice A.

***escopo do projeto*** Trabalho necessário para produzir um resultado com qualidade, características e funções combinadas. Consulte o Capítulo 4 e o Apêndice A.

***escritório de programas*** Departamento dentro de uma empresa que supervisiona um conjunto de projetos (como produção de asas e motores), cada um deles contribuindo para um resultado completo (um avião, por exemplo) e para os objetivos estratégicos da empresa. Às vezes também chamado de escritório de gerenciamento de programas ou PMO. Consulte o Capítulo 21.

***estrutura de tópicos*** Hierarquia de tarefas resumo e subtarefas dentro do Microsoft Project, normalmente correspondendo às fases principais do trabalho. Consulte o Capítulo 4.

***Faixa de Opções (ribbon interface)*** Design de interface de usuário utilizado pelos aplicativos do Microsoft Office. Na Faixa de Opções, os comandos são organizados em grupos e guias para acesso rápido. Consulte os Capítulos 2 e 19.

***fase*** Sequência de tarefas que representam uma parte importante do trabalho no plano. No Microsoft Project, as fases são representadas por tarefas resumo. Consulte o Capítulo 4.

***filtragem*** Em um modo de exibição, maneira de ver ou realçar apenas as informações sobre tarefas ou recursos que atendem aos critérios escolhidos. Consulte o Capítulo 13.

***fórmula de agendamento*** Representação de como o Microsoft Project calcula o trabalho, com base na duração e nas unidades de recurso de uma atribuição. A fórmula de agendamento é Duração × Unidades de Atribuição = Trabalho. Consulte os Capítulos 6 e 9.

***gerente de linha*** Gerente de um grupo de recursos; também denominado *gerente funcional*. Um gerente de linha também pode ter habilidades e responsabilidades no gerenciamento de projetos, dependendo da estrutura da empresa. Consulte o Capítulo 21.

***gerente de recursos*** Pessoa que supervisiona o uso dos recursos nas atividades de um plano, especificamente para gerenciar a alocação de tempo e os custos dos recursos. Um gerente de recursos também pode ter funções e responsabilidades no gerenciamento de projetos, dependendo da estrutura da empresa. Consulte o Capítulo 15.

***grupo*** Maneira de reordenar informações sobre tarefas ou recursos em uma tabela e mostrar os valores de resumo de cada grupo. É possível especificar vários níveis de grupos. (O termo *grupo* também é usado para indicar o campo Grupo de recursos, ao qual não está relacionado.) Consulte o Capítulo 13.

***hiperlink*** Link (vínculo) para outro arquivo, local específico em um arquivo, página na Internet ou em uma intranet. Consulte o Capítulo 4.

***identificação da tarefa*** Número exclusivo atribuído pelo Microsoft Project a cada tarefa de um plano. Na tabela Entrada, a identificação da tarefa aparece na coluna mais à esquerda. Consulte o Capítulo 4.

*interessados* Pessoas ou organizações que podem ser afetadas pelas atividades do projeto (aquelas que "têm interesse" no seu sucesso). Isso inclui também os recursos que trabalham no plano, assim como outras pessoas externas (como clientes) ao trabalho do plano. Consulte o Capítulo 15.

*latência* Atraso entre tarefas que têm uma relação. Por exemplo, uma latência faz com que a tarefa sucessora em uma relação término-a-início (TI) comece algum tempo depois da conclusão de sua tarefa predecessora. Consulte o Capítulo 9.

*linha de base* Plano original, salvo para comparação posterior com o plano revisado ou atualizado. A linha de base inclui as datas de início e de término planejadas, durações e valores de trabalho das tarefas e atribuições, assim como seus custos planejados. Os planos podem ter até 11 linhas de base. Consulte os Capítulos 8, 14 e 15.

*macro* Conjunto de instruções gravadas ou programadas que executam uma ação específica quando iniciadas. No Microsoft Project, as macros usam Microsoft Visual Basic for Applications (VBA). Consulte o Capítulo 19.

*mapa de exportação* Especificações para exportar campos do Microsoft Project para outros formatos de arquivo, como o formato delimitado por tabulações. O Project contém vários mapas de exportação, os quais podem ser modificados ou utilizados como estão. Consulte o Capítulo 20.

*mapa de importação/exportação* Conjunto de especificações para importar/exportar dados específicos de campos do Microsoft Project. O Project contém vários mapas incorporados, os quais podem ser modificados ou usados como estão. Os mapas de importação e exportação às vezes são denominados *mapas de dados*. Consulte o Capítulo 20.

*marco* Evento significativo alcançado dentro do plano ou imposto pelo plano. No Microsoft Project, os marcos são normalmente representados como tarefas de duração zero. Consulte o Capítulo 4.

*margem de atraso* Quantidade de tempo que uma tarefa pode ser atrasada sem atrasar uma tarefa sucessora (margem de atraso permitida) ou a data de término do plano (margem de atraso total). A margem de atraso também é conhecida como *flutuação*. Consulte o Capítulo 10.

*margem de atraso negativa* Quantidade de tempo de sobreposição de tarefas, devido a um ajuste entre restrições e relações entre tarefas. Consulte o Capítulo 9.

*margem de atraso permitida* Quantidade de tempo que uma tarefa pode ser atrasada sem atrasar a data de início de outra tarefa. Consulte o Capítulo 10.

*margem de atraso total* Quantidade de tempo que uma tarefa pode ser atrasada sem atrasar a data de término do plano. Consulte o Capítulo 10.

*medida de desempenho* Medida da quantidade de um resultado que pode ser concluída ao longo de um determinado período de tempo, normalmente expressa como uma razão. Por exemplo, "pintar uma parede por dia" descreve uma quantidade de um resultado (uma parede pintada) que pode ser produzida em um determinado período de tempo (um dia). Observe que o período de tempo utilizado em uma métrica é trabalho, e não tempo decorrido. Consulte o Capítulo 14.

*menu de atalho* Menu que aparece quando você aponta para um item na tela e, em seguida, clica com o botão direito do mouse. Os menus de atalho contêm apenas os comandos que se aplicam ao item para o qual você está apontando. Consulte o Capítulo 2.

*modelo* Formato de arquivo que permite a reutilização de planos existentes como base para novos planos. O Project inclui vários modelos relacionados a vários setores, e

Glossário **531**

você pode criar seus próprios modelos. Consulte o Capítulo 2.

*modelo global* Modelo do Microsoft Project denominado Global.mpt que contém os modos de exibição, tabelas, filtros e outros itens padrão utilizados pelo Project. Consulte o Capítulo 19.

*modo de exibição* Representação visual das tarefas ou dos recursos em seu plano. As três categorias de modos de exibição são os gráficos, as planilhas e os formulários. Os modos de exibição permitem inserir, organizar e examinar as informações em vários formatos. Consulte os Capítulos 2 e 13.

*modo de exibição Backstage* Modo de exibição acessado a partir da guia Arquivo, o qual é padronizado na maioria dos aplicativos do Office 2013. Esse modo de exibição contém opções de personalização e compartilhamento, além de comandos essenciais para gerenciamento de arquivos, como Abrir, Novo e Salvar. Consulte o Capítulo 2.

*modo de exibição Calendário* Modo de exibição simples do Project que mostra as tarefas em um layout "mensal". Consulte o Capítulo 17.

*modo de exibição Diagrama de Rede* Modo de exibição do Project que se concentra nas atividades e suas relações. As tarefas são representadas como nós e as relações entre elas são desenhadas como linhas que conectam os nós. Consulte o Capítulo 17.

*modo de exibição Gráfico de Gantt* Modo de exibição predefinido do Microsoft Project, composto de uma tabela (por padrão, a tabela Entrada) no lado esquerdo e um gráfico de barras no lado direito, mostra que o plano ao longo do tempo. Consulte o Capítulo 17.

*modo de exibição Linha do Tempo* Modo de exibição do Project no qual é possível mostrar as tarefas e os marcos selecionados em uma linha de tempo simples. Consulte os Capítulos 7 e 17.

*nivelamento de recursos* Método para solucionar a superalocação de um recurso atrasando a data de início de uma atribuição ou de uma tarefa inteira, ou dividindo o trabalho de uma tarefa. O Microsoft Project pode nivelar recursos de maneira automática ou você mesmo pode fazer isso manualmente. Consulte o Capítulo 12.

*operação contínua* Atividade que não tem uma data de término planejada e é repetitiva por natureza. Exemplos incluem contabilidade, gerenciamento de recursos humanos e algumas tarefas de produção. Consulte o Capítulo 1 e o Apêndice A.

*Organizador* No Microsoft Project, caixa de diálogo na qual é possível copiar modos de exibição, tabelas, filtros e outros itens entre o modelo Global.mpt e outros planos, ou entre dois planos diferentes. Consulte o Capítulo 19.

*patrocinador* Pessoa ou organização que fornece suporte financeiro e patrocina a equipe de projeto dentro da empresa. Consulte os Capítulos 6 e 16.

*planejamento* Primeira e principal fase do trabalho de gerenciamento de projetos. O planejamento inclui todo o trabalho de desenvolvimento da agenda até o ponto em que o controle do trabalho real começa. Consulte o Capítulo 14.

*planejamento de baixo para cima* Método de desenvolvimento de um plano que começa com as tarefas de nível mais baixo e as organiza em fases amplas. Consulte o Capítulo 4.

*planejamento de cima para baixo* Método de desenvolvimento de um plano pela identificação das fases de nível mais alto ou tarefas resumo, antes de dividi-las em componentes de nível mais baixo ou subtarefas. Consulte o Capítulo 4.

*plano* Tipo de documento do Microsoft Project, também referido como agendas, projetos e MPPs. Os planos do Project têm a extensão de arquivo .MPP. Consulte o Capítulo 3.

*plano inserido* No Microsoft Project, plano que é inserido em outro plano, denominado *plano consolidado*. Um plano inserido também é conhecido como *subprojeto*. Consulte o Capítulo 21.

*plano participante* Plano vinculado a um pool de recursos. Os planos participantes utilizam recursos de um pool de recursos. Consulte o Capítulo 21.

*plano provisório* Valores de início e de término de uma tarefa, salvos para comparação posterior. No Microsoft Project, cada plano pode ter, no máximo, 10 planos provisórios. Consulte o Capítulo 14.

*pool de recursos* No Microsoft Project, plano que outros planos utilizam para obter informações sobre seus recursos. Os pools de recursos contêm informações sobre atribuições de tarefas de recursos de todos os planos (denominados *planos participantes*) vinculados ao pool de recursos. Consulte o Capítulo 21.

*prazo final* Valor de data que pode ser inserido para uma tarefa indicando a última data na qual ela deve estar concluída. Se a data de término agendada de uma tarefa for posterior a esse prazo final, o Microsoft Project o avisará. A vantagem de inserir datas de prazo final é que elas não restringem as tarefas. Consulte o Capítulo 10.

*predecessora de controle* Tarefa predecessora que afeta ou determina diretamente o agendamento de sua tarefa sucessora. Consulte o Capítulo 9.

*prioridade da tarefa* Classificação numérica, entre 0 e 1000, da importância de uma tarefa e da conveniência de redistribuição de recursos. Se necessário, as tarefas com a prioridade mais baixa são atrasadas ou divididas em primeiro lugar. O valor padrão é 500. Consulte o Capítulo 12.

*programa de destino* Programa no qual os dados são colocados durante uma troca entre o Microsoft Project e outro programa. Consulte o Capítulo 20.

*programa de origem* Durante a troca de dados entre o Microsoft Project e outro programa, programa no qual os dados residem originalmente. Consulte o Capítulo 20.

*Project Web App (PWA)* Interface baseada em navegador para o Project Server, o alicerce do Enterprise Project Management (EPM) da Microsoft e das soluções Project and Portfolio Management (PPM). Consulte o Apêndice C.

*projeto* Esforço temporário empreendido para criar um produto ou serviço exclusivo. Consulte o Capítulo 1.

*projeto consolidado* Plano no Microsoft Project que contém um ou mais planos inseridos. Os planos inseridos são vinculados ao plano consolidado para que todas as alterações feitas nos inseridos sejam refletidas no consolidado e vice-versa. Um plano consolidado também é conhecido como *projeto mestre*. Consulte o Capítulo 21.

*real* Detalhe sobre o andamento efetivo da tarefa registrado em um plano no Microsoft Project. Antes do registro dos dados reais, o plano contém informações agendadas ou planejadas. A comparação das informações do projeto planejadas com os dados reais ajuda o gerente a controlar melhor a execução do projeto. Consulte os Capítulos 8 e 14.

*recursos* Pessoas, equipamentos e materiais (e os custos associados de cada um deles) necessários para concluir o trabalho em um plano. Consulte o Capítulo 5.

*recurso de custo* Tipo de recurso usado para representar os custos financeiros associados às tarefas em um plano. Use os recursos de custo para contabilizar categorias padrão de custos que você deseja controlar em um plano, como custos de viagens ou alimentação. Um recurso de custo não trabalha e não tem efeito sobre o agendamento de uma tarefa à qual é atribuído. Consulte os Capítulos 5 e 6.

*recursos de trabalho* Pessoas e equipamentos que fazem o trabalho do plano. Consulte os Capítulos 5 e 11.

*recursos materiais* Bens de consumo utilizados à medida que um plano avança. Assim como nos recursos de trabalho, você atribui recursos materiais às tarefas. Ao contrário dos recursos de trabalho, os recursos materiais não têm efeito no volume total de trabalho agendado em uma tarefa. Consulte o Capítulo 11.

**regra 8/80** Diretriz geral que diz respeito à estimativa de duração da tarefa. Durações de tarefas entre 8 horas (ou um dia) e 80 horas (10 dias de trabalho ou duas semanas) geralmente são razoáveis. Consulte o Capítulo 4.

**relação** Tipo de dependência entre duas tarefas, indicada visualmente por uma linha de vínculo. Os tipos de relações incluem término-a-início (TI), início-a-início (II), término-a-término (TT) e início-a-término (IT). Também conhecida como *vínculo, relação lógica, dependência entre tarefas* ou *relação de precedência*. Consulte os Capítulos 4 e 9.

**relatório** Formato estilo modo de exibição que inclui uma mistura dinâmica de tabelas, gráficos e conteúdo textual, e pode ser personalizado. O Microsoft Project contém vários relatórios predefinidos, cada um enfocando aspectos específicos de seu plano. Você também pode definir seus próprios relatórios. Outro tipo de relatório é o *relatório visual*, o qual exporta dados estruturados para o Microsoft Excel ou para o Microsoft Visio para análise e representação gráfica. Consulte os Capítulos 2, 7 e 18.

**restrição** Limitação, como Deve terminar em (DTE) ou Não terminar depois de (NTDD), que pode ser colocada para a data de início ou de término de uma tarefa. Consulte o Capítulo 9.

**restrição flexível** Tipo de restrição que proporciona ao Microsoft Project a flexibilidade de alterar as datas de início ou de término (mas não a duração) de uma tarefa. O Mais Breve Possível (OMBP) e O mais tarde possível (OMTP) são exemplos de restrições flexíveis. Consulte o Capítulo 9.

**restrição inflexível** Tipo de restrição que obriga uma tarefa a começar ou a terminar em determinada data. Deve iniciar em (DIE) e Deve terminar em (DTE) são restrições inflexíveis. Consulte o Capítulo 9.

**restrição semiflexível** Tipo de restrição que proporciona ao Microsoft Project a flexibilidade de alterar as datas de início ou de término de uma tarefa dentro de um limite de datas. Não iniciar antes de (NIAD), Não iniciar depois de (NIDD), Não terminar antes de (NTAD), Não terminar depois de (NTDD) são restrições semiflexíveis. Consulte o Capítulo 9.

**resultado** Produto, serviço ou evento final que um plano pretende gerar. Consulte o Capítulo 4 e o Apêndice A.

**risco** Evento que diminui a probabilidade de conclusão do plano no prazo, dentro do orçamento e de acordo com as especificações (ou, menos provavelmente, uma oportunidade para melhorar o desempenho do projeto). Consulte o Capítulo 4.

**sequência** Ordem cronológica na qual as tarefas ocorrem. Uma sequência é ordenada da esquerda para a direita na maioria dos modos de exibição que incluem uma escala de tempo, como o modo de exibição Gráfico de Gantt. Consulte o Capítulo 4.

**subalocado** Condição dos recursos quando estão atribuídos a menos trabalho do que sua capacidade de trabalho normal. Por exemplo, um recurso de tempo integral que tem apenas 25 horas de trabalho atribuídas em uma semana de trabalho de 40 horas está subalocado. Consulte o Capítulo 12.

**subtarefa** Tarefa que fica recuada abaixo de uma tarefa resumo. As tarefas resumo e as subtarefas compõem a estrutura de tópicos de um plano. Consulte o Capítulo 4.

**superalocado** Condição dos recursos quando estão atribuídos a mais trabalho do que sua capacidade de trabalho normal. Consulte o Capítulo 5.

**tabela** Apresentação em planilha dos dados de um plano, organizados em colunas verticais e linhas horizontais. Cada coluna representa um dos muitos campos existentes no Microsoft Project e cada linha representa uma única tarefa ou recurso. Em um modo de exibição de uso, as linhas adicionais representam as atribuições. Consulte o Capítulo 13.

*tabela de taxa de custo* As remunerações dos recursos são armazenadas na guia Custos da caixa de diálogo Informações sobre o recurso. É possível ter até cinco tabelas de taxas de custo separadas por recurso. Consulte o Capítulo 11.

*tabela Entrada* Grade do lado esquerdo do modo de exibição Gráfico de Gantt padrão. Consulte o Capítulo 2.

*tarefa* Atividade que tem um ponto de início e um de término. Uma tarefa é o bloco de construção básico de um projeto. Consulte o Capítulo 4.

*tarefa agendada automaticamente* Tarefa para a qual o Microsoft Project ajusta dinamicamente a data de início e de término levando em conta as alterações da agenda em um plano. Consulte o Capítulo 4.

*tarefa agendada manualmente* Tarefa para a qual o Microsoft Project não define uma data de início ou de término ou a duração automaticamente. Na maioria dos campos, essa tarefa pode incluir qualquer tipo de valor. Consulte o Capítulo 4.

*tarefa predecessora* Tarefa cuja data de início ou término determina o início ou término de outra tarefa (ou tarefas), denominada *sucessora*. Consulte os Capítulos 4 e 9.

*tarefa recorrente* Tarefa que é repetida em intervalos estabelecidos. Você pode criar uma tarefa recorrente que é repetida um número fixo de vezes ou que termina em uma data específica. Consulte o Capítulo 10.

*tarefa resumo do projeto* Tarefa resumo que contém informações de nível superior, como duração, trabalho e custos, do plano inteiro. A tarefa resumo do projeto tem a identificação de tarefa 0 e é apresentada por meio do grupo Mostrar/Ocultar da guia Formato. Consulte o Capítulo 4.

*tarefa resumo* Tarefa que resume as subtarefas abaixo dela e das quais é composta. No Microsoft Project, as fases do trabalho de um plano são representadas por tarefas resumo. Consulte o Capítulo 4.

*tarefa sucessora* Tarefa cujo início ou término é controlado por outra tarefa (ou tarefas), denominada *predecessora*. Consulte os Capítulos 4, 9 e 10.

*tarefas não críticas* Tarefas que têm margem de atraso. As tarefas não críticas podem terminar dentro de suas margens de atraso sem afetar a data da conclusão do plano. Consulte o Capítulo 10.

*taxa de consumo fixa* Quantidade fixa de um recurso material a ser consumida na conclusão de uma atribuição. Consulte o Capítulo 11.

*taxa de consumo variável* Quantidade de um recurso material a ser consumido que será alterada se a duração da tarefa à qual o recurso está atribuído for alterada. Consulte o Capítulo 11.

*tempo* Duração agendada de tarefas individuais e do plano global. O tempo é um lado do modelo do triângulo de projeto. Consulte o Apêndice A.

*tempo de avanço* Sobreposição entre tarefas que têm uma relação. Por exemplo, um tempo de avanço faz com que a tarefa sucessora em uma relação término-a-início (TI) comece antes do término de sua tarefa predecessora. No Microsoft Project, você insere o tempo de avanço como uma latência negativa. Consulte o Capítulo 9.

*tipo de tarefa* Definição aplicada a uma tarefa que determina o modo como o Microsoft Project agenda a tarefa, baseado no valor da fórmula de agendamento que está fixado. Os três tipos de tarefas são unidades fixas, duração fixa e trabalho fixo. Consulte o Capítulo 9.

*totalmente alocado* Condição de um recurso quando o trabalho total de suas atribuições de tarefas é exatamente igual à sua capacidade de trabalho. Consulte o Capítulo 12.

*trabalho* Esforço total agendado para uma tarefa, um recurso, uma atribuição de recurso ou um plano inteiro. O trabalho é medido em pessoas/horas e pode não corresponder à duração da tarefa. O trabalho é uma variável na fórmula de agendamento: Duração × Unidades = Trabalho. Consulte os Capítulos 4 e 6.

*trabalho fixo* Tipo de tarefa na qual o valor do trabalho é fixo. Se você alterar a duração da tarefa, o Microsoft Project vai recalcular as unidades de pico da atribuição de recurso para cada recurso. Se você alterar as unidades ou o trabalho, o Project recalculará a duração. Consulte o Capítulo 9.

*triângulo do projeto* Conhecido modelo de gerenciamento de projetos no qual tempo, custo e escopo são representados como os três lados de um triângulo. Uma alteração em um lado afetará pelo menos um dos outros dois lados. Existem muitas variações desse modelo. Consulte o Capítulo 16 e o Apêndice A.'

*unidades* Modo padrão de medir a capacidade de um recurso trabalhar quando você o atribui a uma tarefa no Microsoft Project. As unidades são uma variável da fórmula de agendamento: Duração × Unidades = Trabalho. Consulte o Capítulo 5.

*unidades fixas* Tipo de tarefa na qual o valor das unidades da atribuição de recurso é fixo. Se você alterar a duração de uma tarefa, o Microsoft Project vai recalcular a quantidade de trabalho agendado para a tarefa. Se você alterar as unidades ou o trabalho, o Project recalculará a duração. Consulte o Capítulo 9.

*unidades máximas* Capacidade máxima (conforme inserida no campo Unid. máximas) de um recurso para executar tarefas. Se você alocar o recurso além da sua capacidade, o Microsoft Project avisará que o recurso está superalocado. Consulte os Capítulos 5 e 6.

*variação* Desvio do cronograma ou do orçamento estabelecido pelo plano de linha de base. Consulte os Capítulos 14 e 15.

*vínculo* Relação lógica entre tarefas que controla a sequência e a dependência. Nos modos de exibição Gráfico de Gantt e Diagrama de Rede, os vínculos aparecem como linhas entre as tarefas. Consulte os Capítulos 4 e 9.

# Índice

## A

Active Directory, importando detalhes de recursos para, 5–6
agendamento, 69–73
   a partir da data de término, 181
   controlado pelo empenho, 108–112
   dependências e, 71
   detalhes, visualizando, 171–172
   fórmula para, 100, 107, 187
   método arrastar e soltar, 237–242
   reagendando, 183
   realce de alteração, 65–66
   restrições Deve terminar em, 196
   restrições e, 176–181
   restrições O Mais Breve Possível, 196–197
   tarefas agendadas automaticamente, 69–70
   tarefas agendadas manualmente. *Consulte* tarefas agendadas manualmente
   tarefas resumo, 207–210
   tarefas vinculadas, 63–65
   tempos de avanço e latência, 64–65, 169–171
   tipo de tarefas e, 187–193
   variação da agenda, 318–324
agendamento controlado pelo empenho, 112, 187, 192–193
agrupando, 13
   caixa de diálogo Mais grupos, 278–279
   detalhes do projeto, 276–280
   grupos de recursos, 277–278
   intervalos de grupo, 279–280
   removendo, 280
Ajuda, 13, 206, 427–428
alocação de recursos
   estado subalocado, 246
   estado superalocado, 246
   estado totalmente alocado, 246
   examinando, 246–251
   superalocação. *Consulte* superalocação
andamento, 154–157. *Consulte também* controle do andamento
anotações, 75–77, 95–98
anotações de atribuição, 75, 229–230
anotações de recurso, 75
anotações de tarefas, 75–77
aplicativos do Office, 5–6. *Consulte também* Excel
   Visio, 7–8, 372, 454–458
   Word, 440–441
área Project Support no site Microsoft Office Support, 507–508
arquivos de prática, baixando, 11
arquivos de saída, 379–381
Assistente para exportação, 449–451
Assistente para importação, 445–448
atribuições, 99–112, 116–118
   adicionando e removendo, 108–112
   atrasando, 222–225, 257
   coluna Nome do recurso, 105–106
   contornando, 183, 225–230
   custos, 86, 102, 114–115
   de recursos de custo, 112–115
   editando, 225
   em planos participantes, 470–472, 483–487
   horas extras, adicionando, 346
   no modo de exibição Planejador de Equipe, 237–242
   reatribuindo, 241–242
   tarefas recorrentes, 202–204
   unidades de pico, 187
   valor de unidades, 100, 188–189
   valores de trabalho, editando manualmente, 228–230
   valores de trabalho real, 304–306
   variação, vendo, 323–324
   vendo entre planos, 468–470
AutoFiltro, 6–7, 274, 281–283

## B

Barra de Ferramentas de Acesso Rápido, 13
   comando Desfazer, 104
   comandos, adicionando, 429–430
   comandos, removendo, 431
barra de status, 13–14
   rótulo Filtro Aplicado, 285
barras de andamento, 154, 156, 313–314
barras de Gantt
   barras de andamento, 154, 156
   detalhes, vendo, 364
   formatação com cor, 166–169
   nomes, 360
   valores De e Até, 361–362
   vinculando objetos a, 129–130
Bloco de Notas, exportando dados para, 449–453
blog do Office, 515, 520
botão Gráfico de Gantt, 267
botão Nivelar Tudo, 261
botão Redefinir, 433–434
botão Selecionar Tudo, 273
botões divididos, 22
botões iniciadores de caixa de diálogo, 24–25

## C

caixa de diálogo Abrir informações sobre o pool de recursos, 489
caixa de diálogo Adicionar Tarefas à Linha do Tempo, 130–131
caixa de diálogo Agrupar por, 280
caixa de diálogo Alterar Período Útil, 43–45, 473, 475–477
   calendário base, alterando, 94
   calendários base, criando, 184

dias e horas da semana de trabalho, modificando, 92–93
exceções para o período útil, adicionando, 90–91
guia Semanas de Trabalho, 185
caixa de diálogo Atribuir recursos, 21, 101–106
    botão Substituir, 251
    campo Custo, 113–115
    campo Unidades, 251
    lista de Recursos, 114–115
    recursos materiais, atribuindo, 232–233
    valores de custo, inserindo, 94
caixa de diálogo Atualizar projeto, 153–154, 313–314
caixa de diálogo Atualizar tarefas, 155, 159–160, 426–427
caixa de diálogo Campos Personalizados, 331–332
caixa de diálogo Central de Confiabilidade, 444–445
caixa de diálogo Classificar, 274–275
caixa de diálogo Classificar por, 276–277
caixa de diálogo Compartilhar recursos, 465–466
    caminho Vínculos de compartilhamento, 480
    opção Quebrar vínculo, 482
caixa de diálogo Configurar página, 377–378
caixa de diálogo Copiar imagem, 137, 420–421
caixa de diálogo Criar novo calendário base, 184–185
caixa de diálogo Definição de filtro, 284, 323
caixa de diálogo Definição de Modelo de Dados, 370
caixa de diálogo Definição de Tabela em, 287
caixa de diálogo Definição do Modo de Exibição, 291–292
caixa de diálogo Definir intervalo de grupo, 279–280
caixa de diálogo Definir Linha de Base, 150–151, 299–300
caixa de diálogo Definir Novo Modo de Exibição, 290
caixa de diálogo Dependência entre tarefas, 170–171
caixa de diálogo Detalhes, 91
caixa de diálogo Estatísticas, 340
caixa de diálogo Estatísticas do projeto, 74, 118–119, 266
    custos do plano, 263
    duração, 74
    variação na agenda e do custo, 320, 338–340
caixa de diálogo Estilos de barra, 24–25, 359–364
    gráficos de Gantt, formatando, 124
caixa de diálogo Estilos de caixa, 369
caixa de diálogo Estilos de texto, 366
caixa de diálogo Formatar barra, 127–128
caixa de diálogo Fórmula, 332
caixa de diálogo Gravar macro, 418–419
caixa de diálogo Indicadores gráficos, 333
caixa de diálogo Informações da tarefa
    caixa Calendário, 186
    exibindo, 174
    guia Anotações, 75–77
    guia Predecessoras, 66
    informações sobre o tipo da tarefa, 188, 191–193
    opção Controlada pelo empenho, 111

opções de vínculo entre planos, 496
prazos finais, inserindo, 197–198
restrições, ajustando, 179
tempos de avanço e latência, inserindo, 170–171, 173–174
vinculando tarefas, 66
caixa de diálogo Informações sobre a atribuição, 223–227, 231
caixa de diálogo Informações sobre o projeto, 41–42
    calendário do projeto, selecionando, 43–44
    configuração do relógio do sistema, 217–218
    datas de início e término, 74, 266
    estatísticas, 101, 320
caixa de diálogo Informações sobre o recurso
    campo Custo por uso, 221–222
    disponibilidade do recurso, 215–218
    guia Custos, 218–220
caixa de diálogo Informações sobre Tarefas Recorrentes, 201–202
caixa de diálogo Inserir Gráfico, 402–403
caixa de diálogo Inserir hiperlink, 77
caixa de diálogo Inserir projeto, 488
caixa de diálogo Ir Para, 178, 430
caixa de diálogo Layout, 183
caixa de diálogo Macros, 421–422
caixa de diálogo Mais filtros, 284, 320–323
caixa de diálogo Mais grupos, 278–279
caixa de diálogo Mais modos de exibição, 205, 290
caixa de diálogo Mais tabelas, 286–288
caixa de diálogo Modelos de dados, 369–370
caixa de diálogo Nivelamento de recursos, 255, 257, 259–261
    botão Nivelar Tudo, 261
    no Project Professional, 261
    superalocações, procurando, 259
caixa de diálogo Nome do Relatório, 401
caixa de diálogo Opções de Exportação de Documento, 380–381
caixa de diálogo Opções do Project, 17
    adicionando novos recursos e tarefas automaticamente, 88
    comandos, adicionando acesso rápido aos, 429–430
    guia Cronograma, 180
    guia Personalizar Faixa de Opções, 431–432
    modos de exibição padrão, definindo, 123
    opções de agendamento, 111, 314
    opções de cálculo, 311–312, 314
    opções de inicialização, 12
    opções de vínculo entre projetos, 495
    opções para novos modos de exibição, tabelas, filtros e grupos, 278–279
    tarefas críticas, marcando, 206
caixa de diálogo Personalizar AutoFiltro, 282
caixa de diálogo Propriedades, 46–47, 76–77
caixa de diálogo Propriedades Avançadas, 46
caixa de diálogo Relatórios Visuais, 455
caixa de diálogo Salvar como modelo, 19
caixa de diálogo Substituir recurso, 350–351
caixa Escala de Tempo, 26
calendário base Padrão (Standard), 89–90, 185

Índice **539**

calendários, 42
  calendários base, 43–44, 94, 184–186, 476–478
  calendários de projeto, 7-8, 43–45
  calendários de recurso, 89–94
  calendários de tarefa, 183-186, 416-418
  exceções, 44–45, 473–474
  períodos, 89-94
  personalizados, 412–418
caminho crítico
  crashing, 204
  datas de término e, 264–265
  formatando, 206
  margem de atraso e, 204–197
  novo cálculo do, 206
  vendo, 204–206, 340–341
Caminho da Tarefa, 5, 166–169, 204
  comando Predecessoras, 167
  comando Predecessoras de Controle, 167–168, 341–342
  comando Remover Realce, 168–169
  comando Sucessoras, 167–168
campo % concluída, 161, 390–391
campo % trabalho concluído, 161, 390–391
campo de unidades de pico, 187
campo Duração Agendada, 210
campo Início Agendado, 210
campo Término Agendado, 210
campo Unid. máximas, 81–85, 89, 100
campos
  classificando por, 275
  personalizados, 6–7, 289
capacidade de trabalho, 84–86
capacidade do recurso, 234–237
Cenários "e se", 267–268
Chatfield, Carl, 508
classificando, 272–277
códigos *EDT (Estrutura de Divisão de Trabalho)*, 369–371
colaboração em equipe com PWA, 515–520
colando. *Consulte também* copiando e colando
  em programas de destino, 438, 440
  no Project, 438–439
coluna Indicadores, 77
coluna Modo da Tarefa, 52
coluna Nome da tarefa resumo, 470
coluna Projeto ou Nome da tarefa resumo, 470
comando [Nenhum Grupo] (guia Exibição), 280
comando Adiamento, 364
comando Adicionar à Linha do Tempo (guia Tarefa), 132
comando Agendamento Automático (guia Tarefa), 70–71
comando Ativar/Desativar Tarefas Selecionadas (guia Tarefa), 268
comando Atribuir Recursos (guia Recurso), 21
comando Atualizar como Agendado (guia Tarefa), 153
comando Atualizar Pool de Recursos, 483, 485
comando Barra (guia Formato), 127–128
comando Caixa (guia Formato), 372
comando Classificar (guia Exibição), 21–22
comando Copiar Linha do Tempo (guia Formato), 138–139

comando Copiar Relatório (guia Design), 140
Comando Desfazer, 104
  vários níveis, 7–8
comando Dividir Tarefa (guia Tarefa), 181–182
comando Escala de Tempo (guia Exibição), 29–30
comando Estilos de Barra (guia Formato), 128
comando Estilos de Caixa (guia Formato), 372
comando Excluir Tarefa, 53
comando Exibir Filtro Automático (guia Exibição), 274
comando Imprimir Datas Específicas, 143
comando Imprimir Projeto Inteiro, 143
comando Informações, 174
comando Ir Para, 429–430
comando Layout (guia Formato), 372
comando Limpar (guia Tarefa), 77
comando Limpar Filtro (guia Exibição), 286
comando Limpar Todos os Filtros (guia Exibição), 283
comando Linha de Base, 364
comando Mais modos de exibição, 30
comando Marcar tarefa como marco, 60
comando Novo Relatório (guia Relatório), 401
comando Predecessoras (guia Formato), 167
comando Predecessoras de Controle (guia Formato), 167–168
comando Recolher Caixas, 372
comando Recuar Tarefa (guia Tarefa), 62
comando Recuar Tarefa para a Esquerda (guia Tarefa), 62
comando Remover Realce (guia Formato), 168–169
comando Respeitar Vínculos (guia Tarefa), 69
comando Rolar até a Tarefa (guia Tarefa), 124, 174
comando Salvar Projeto como Arquivo (guia Arquivo), 449
comando Sucessoras (guia Formato), 167–168
comando Vincular as Tarefas Selecionadas (guia Tarefa), 65–66, 72–73
comandos, 14, 20–25. *Consulte também nomes de comandos específicos*
  adicionando na Barra de Ferramentas de Acesso Rápido, 429–431
  botões divididos, 22
  teclas de atalho, 25
compartilhando
  com o SharePoint, 7–8, 17, 511–515
  elementos personalizados, 412–418
comunidades de aprendizado, 507–509
contornos, 225–230
  crescente, 226–227
  detalhes, registrando em anotações, 229–230
  indicadores, 227–229
  tarefas de duração fixa e, 228–229
  uniforme (padrão), 226
contornos de trabalho, 225–230
controlando o desempenho, 148–161
controle deslizante de zoom, 13–14, 26
controle do andamento, 148
  custos de recursos, 327
  método simples, 157
  nível de, 149, 296
  plano conforme agendado, 153–154
  porcentagem de conclusão de tarefa, 154–157

processo de atualização do Project, 158
valores reais, 157–161, 301–306
valores reais distribuídos no tempo, 295, 307–312
controles de panorâmica e zoom, 133
copiando e colando, 6–7. *Consulte também* colando
para outros programas, 438–443
cubo Online Analytical Processing (OLAP), 454
custos
atuais (agendados), 263
cálculo, 100
como restrição, 502
custo por uso (taxa estabelecida), 87, 221–222
custos de recursos, 81, 327–330
detalhes da atribuição, relação com, 347
exibindo, 250
fixos, 198-200
inserindo, 198–200
legendas, adicionando a, 378
linha de base, 263
material, 232-233
planejados, 113
reais, 263
restantes, 263
taxas, 86–89
valores distribuídos no tempo, 330
visualizando, 114–119, 263–266
custos de recursos, 327–330. *Consulte também* custos
controlando, 327
variação, vendo, 328–330

## D

dados de resumo, 277–278
dados do projeto
agrupando, 276–280
classificando, 272–277
compartilhando, 323
copiando e colando, 6–7, 323, 438–443
exportando, 323
filtrando, 6–7, 280–286
datas. *Consulte também* datas de término; datas de início
prazos finais, 180, 196–198, 501
vinculando objetos a, 130
datas de início, 40
atrasando, 222–225
datas de Início Agendado, 210
de tarefas recorrentes, 201, 203
definindo, 41–43, 57, 223–225
plano provisório, 300
registrando, 157
restrição Não iniciar antes de, 180, 201
valores reais, registrando, 159–160
visualizando, 115–116
datas de status, 314, 323–324
datas de término, 40, 73–75
caminho crítico e, 204, 264–265
datas Término Agendado, 210
de tarefas recorrentes, 201, 203
inserindo, 57
nivelamento de recursos e, 257

plano provisório, 300
restrição Não terminar antes de, 180
últimas, 5–6
vendo, 115–116, 263–266
deformação do escopo, 505
dependências, 50
agendamento e, 71
criando, 63–69
entre planos, criando, 490–496
motivos para, 490–491
despesas de viagem, 94–95
detalhes do trabalho, 104
diagramas de rede, 367
diagramas de relações, 141
dias não úteis, 43–45
Dicas de Tela
calendários de tarefa, 186
datas, 308–309
datas de atribuição, 248
detalhes da barra de Gantt, 320–321, 364
detalhes da tarefa, 239
para tarefas divididas, 181–182
tarefas externas, 493
visualizando, 179
Dicas de Tela Andamento, 156–157
disponibilidade de recursos, 214–218, 250
documentos PDF, 6–7, 17, 376, 379–381
documentos XPS, 6–7, 17, 376, 379–381
duração, 50, 73–75, 499
abreviações para, 54
ajustando, 108–111, 190–192, 344
caminho crítico, gerenciando com, 206
contornos e, 228–229
de tarefas recorrentes, 203
de tarefas resumo, 60, 207–210
decorrida, 55–56
definindo manualmente, 207–210
estimando, 58–59
inserindo, 54–59, 68
reduzindo, 346
tarefas divididas, 183
tempo decorrido *versus* trabalho realizado, 161
valor de Duração Agendada, 210
valores de texto, 54–55, 58
valores numéricos, 71
valores padrão, 55
valores reais, registrando, 159–161
visualizando, 114–119

## E

elementos personalizados, compartilhando entre planos, 412–418
email
copiando dados do Project em, 436
planos, enviando, 17
Enterprise Project Management (EPM), 520–522
entrada com o mouse, 5–6
entrada por toque, 5–6
habilitando, 20
escala de tempo, 383
ajustando, 26, 29–30, 241, 251, 308–309

Índice **541**

escopo
   do trabalho, gerenciando, 351–354
   escopo do produto, 53, 502-503
   escopo do projeto, 53, 351–354, 502–503
   produto *versus* projeto, 502–503
escritórios de programa, 472
Estilos de Agendamento, 125
Estilos de Apresentação, 125–126
estilos de cor, 23–24
exceções, período útil, 7–8, 43–45, 90–91, 473–474
Excel
   colando dados do Project no, 439–441
   importando dados do, 443–446
   relatórios visuais, 7–8, 452–455
   salvando projetos como pastas de trabalho, 446
   Tabelas Dinâmicas, 452, 454
exportando dados, 17, 376, 379–381, 449–453

## F

Faixa de Opções, 5–6, 13, 19–25, 411
   comandos da Barra de Ferramentas de Acesso Rápido, 429–431
   guias, adicionando e removendo, 431–435
   modo de entrada por toque, 20
   personalizando, 6–7, 429–435
   Recolhendo e expandindo, 19
fases, 60
ferramenta Desenho, 129–130
filtrando
   AutoFiltros, 6–7, 274, 281–283
   detalhes do projeto, 6–7, 280–286
   filtros personalizados, 283–285
   filtros predefinidos, 281
   por recurso, 349
   recursos por custo, 328–329
   removendo, 286
   tarefas adiadas e atrasadas, 319–322
   tarefas incompletas, 352
   variação de custo, 325–327
filtro Progresso das Tarefas Adiadas, 319
filtro Tarefas adiadas, 319
filtro Tarefas Atrasadas, 319
filtro Tarefas atrasadas/orç. estourado atribuídas a…, 327
flutuação, 204
formatando, 6–7
   caminho crítico e margem de atraso, 206
   com base no estilo, 364–366
   diretamente, 366–367
   gráficos, 393–400
   linhas de dados de resumo, 277–278
   linhas de vínculo, 364
   modo de exibição Calendário, 372–375
   modo de exibição Diagrama de Rede, 367–372
   modo de exibição Linha do Tempo, 364–367
   modos de exibição de Gráfico de Gantt, 123–130, 298, 358–364
   superalocação, 249–250
   tabelas, 384–393
   texto, 364–367

formato XML, salvando projetos como, 448
formatos de arquivo do Project, 453
Formulário de Recursos, 468–470
   anotações, inserindo, 95–98
Formulário de Tarefas, 29–30, 103
   detalhes do trabalho, 104
   informações sobre o tipo da tarefa, 188
   opção Controlada pelo empenho, 111
   tempos de avanço e latência, inserindo, 170–171
   valores de custo, inserindo, 94
Formulário Detalhes da Tarefa, 346
fórmulas, personalizadas, 332

## G

Gantt, Henry, 123
gerenciamento de projetos, 8–9, 499–506
   agendamento controlado pelo empenho, 112
   alocação de recursos, 246
   capacidade do recurso, entendendo, 234
   com o Project, 47, 506
   comunidades de aprendizado, 508–509
   durações de tarefa, 58–59
   ensinando com o Project, 527–528
   escopo, 53
   gerenciamento de custos, 89
   larga escala, 520–522
   planejamento, de cima para baixo e de baixo para cima, 61
   resultados, definindo, 53
   status do projeto, avaliando, 161
   status do projeto, relatando, 323
   valores reais, coletando, 311–312
   variação, 319
gerenciamento de recursos, 80–81
gerentes de linha, 468
grade de divisão ao longo do tempo
   células, trabalhando com, 230
   configurações, ajustando, 248–250
   detalhes, mostrando, 303
   duração, visualizando, 224
   linhas de Trabalho e Trabalho real, 302–303
   nível de zoom, 236
   no modo de exibição Uso da Tarefa, 229–230
   valores de trabalho, 248
   valores reais, inserindo, 307–308
Gráfico de Recursos, 251, 256, 393
   capacidade do recurso, visualizando, 237
gráfico Estatísticas de Recursos, 31–32, 117–118, 395–396
gráfico Status de Trabalho, 397–399
gráficos
   campos, adicionando e removendo, 403–404
   comandos contextuais, 394
   elementos, adicionando, 396–397
   escala de tempo, ajustando, 398
   filtrando dados, 394, 396
   formatando, 134–135, 393–400
   guia Design, 393
   guia Formato, 394
   legenda, ocultando, 406

relatórios, adicionando em, 402–407
rótulos de dados, 405–406
valor de categoria Tempo, 398
grupo Estilo de Gráfico de Gantt, 124–126
grupo Estilos de Gráfico, 135
grupo Modo Divisão, 26, 29–30
grupo Modos de Exibição de Tarefa, 29–30
grupo Visões de Recurso, 28–30
grupo Zoom, 26
grupos de recursos, 272, 274–275, 277–279
guia Design, 20, 33
guia Exibição, 20–21
   grupo Dados, 158
   grupo Modo Divisão, 26–27, 29–30, 103–104
   grupo Modos de Exibição de Tarefa, 29–30
   grupo Visões de Recurso, 28–30, 83
   grupo Zoom, 26, 168–169
guia Ferramentas de Relatório, 33
guia Ferramentas de Tabela, 33, 34
guia Formato, 20
   botão Estilos de Texto, 364
   botão Layout, 364
   comandos Linha de Base e Adiamento, 364
   grupo Desenhos, 130
   grupo Detalhes, 96
   grupo Estilo de Gráfico de Gantt, 124–126
   grupo Estilos de Barra, 124, 127
   grupo Formatar, 129
   grupo Inserir, 130
   grupo Mostrar/Ocultar, 75
   grupo Seleção Atual, 132
   natureza contextual, 364–366
   rótulo, 27
guia Layout, 20, 34
guia Projeto, 20
   grupo Cronograma, 150–151
   grupo Propriedades, 41, 43, 74, 90, 101
   grupo Status, 153
guia Recurso, 19, 101
guia Relatório, 19–21, 384
guia Tarefa, 19–20
   grupo Área de Transferência, 137
   grupo Cronograma, 62, 65–66, 155
   grupo Edição, 77, 124
   grupo Inserir, 53, 59, 62
   grupo Propriedades, 76
   grupo Tarefas, 70
guias, 13, 19–25
   adicionando à Faixa de Opções, 431–434
   grupos, 13
   macros, adicionando a, 432–433
   no modo de exibição Backstage, 16–17
   recolhendo e expandindo, 19
   removendo da Faixa de Opções, 433–435
*Guide to the Project Management Body of Knowledge, A* (Project Management Institute), 499, 509, 527

# H

hiperlinks, tarefa, 75–77
horas extras, 87, 218–219, 346

# I

identificações de recurso, 272, 275
imagens, copiando, 137
imagens gráficas
   colando no Project, 439
   instantâneos, 418–423, 438
importando dados, 445–448
imprimindo
   configuração de página, 144–145, 377–379
   legendas, 377–378
   modos de exibição, 141–146
   mudando a escala de documentos, 377
   relatórios, 141–146
indicadores
   calendários de tarefa, 186
   ícone de Projeto Inserido, 488
   indicador de prazo não cumprido, 340
   indicador de superalocação, 236
   indicador de tarefa recorrente, 202
   indicadores de Ações, 109
   indicadores de AutoFiltro, 283
   indicadores de contorno, 227–229
   indicadores de prazo final, 196–198
   indicadores de restrição, 179
   ponto de exclamação vermelho, 198
   vendo, 114–119
indicadores gráficos, 333–334
interessados, 317–318
interface Microsoft Office Fluent, 5–6

# J

janelas, organizando, 465

# L

latência, 169–171, 173–174
legendas, 377–378, 404
linhas de grade, formatando, 129
lista de Ações, 108–111, 190–192
livro, treinamento e instrução com, 523–526
Lync 2010, 81–82

# M

macros
   adicionando às guias da Faixa de Opções, 432–433
   editando, 423–428
   registrando, 417–423
mapas de dados, 444, 446–447, 450
mapas de importação/exportação, 444, 446–447, 450
marcos, 59–60, 132, 197–198
margem de atraso, 166–168
   formatando, 206
   negativa, 180–181
   permitida, 204 - 206
   total, 204
   visualizando, 205–206
menus de atalho, 14

Índice **543**

métodos de acumulação, 199–200
Microsoft Enterprise Project Management (EPM), 520–522
Microsoft Excel. *Consulte* Excel
Microsoft Project 2013. *Consulte* Project 2013
Microsoft Project User Group (MPUG), 507
Microsoft SharePoint. *Consulte* SharePoint
Microsoft Visual Basic for Applications (VBA).
 *Consulte* VBA (Visual Basic for Applications)
minibarras de ferramentas, 6–8, 14
modelo global, 409, 412–414, 418–420
modelo Projeto vazio, 41
modelos, 18–19, 41
modo de exibição Backstage, 6–7, 15–19
  acesso ao SkyDrive, 5
modo de exibição Calendário, 23, 372–375
modo de exibição Diagrama de Rede, 276–277, 367–372
modo de exibição Estrutura de Tópicos, 208
modo de exibição Formulário de tarefas, 103-104
modo de exibição Gantt com Linha do Tempo, 123
modo de exibição Gantt de Controle
  datas de linha de base *versus* datas reais ou agendadas, 319–321
  formatando, 359–364
  tarefas conforme agendadas atualmente, 297
  valores de linha de base de tarefa, 297–298
modo de exibição Gantt de Nivelamento, 262
modo de exibição Gantt Detalhado, 205, 206, 319
modo de exibição Gráfico de Gantt, 20, 22–25
  barras de Gantt, 124, 320–321
  barras de linha de base e adiamento, 323–324
  coluna Nome do recurso, 105–106
  copiando, 136–139
  escala de tempo, 26
  gráfico de barras, 123
  linhas de grade horizontais, 128–129
  opções de impressão, 376–379
  personalizando, 123–130
  tarefa resumo do projeto, 75, 115–116
  valores de linha de base, 152
  valores reais, mostrando, 159
  visão panorâmica e zoom, 133
  Visualização de Impressão, 142–144
modo de exibição Gráfico de Recursos, 393
modo de exibição Linha do Tempo, 6–7, 26, 34, 115–117
  copiando, 138–140
  datas de início e de término, 73–74
  exportando como arquivo PDF ou XPS, 379–381
  formatando, 364–367
  formato detalhado, 139
  modo de exibição Gráfico de Gantt, visão panorâmica e zoom, 133
  personalizando, 130–133
modo de exibição Planejador de Equipe, 6–7, 237–242, 251
modo de exibição Planilha de Recursos, 28, 83, 215–216, 258, 481
  campo Custo/uso, 87, 221–222
  campo Taxa h. extra, 88
  campo Taxa padrão, 87

campo Unid. máximas, 217–218
classificando, 273–277
coluna Grupo, 277–278
dados de custo, 347–349
tabela Custo, 328
tabela Resumo, 273
modo de exibição Planilha de Tarefas, 28, 264–265
  campos e fórmulas personalizados, 331–332
  tabela Custo, 323–325
  tabela Variação, 152, 321–322
modo de exibição Projeto Inteiro, 208
modo de exibição Todas as subtarefas, 210
modo de exibição Uso da Tarefa, 29–30, 189–192, 223–224, 301–302
  botão Anotações, 229–230
  campo Tabela de taxas de custo, 231
  tarefas, dividindo, 229–230
modo de exibição Uso dos Recursos, 28–30, 468–469
  botão Anotações, 229–230
  campo Tabela de taxas de custo, 231
  coluna Nome da tarefa resumo, 470
  disponibilidade do recurso, visualizando, 235–236
  escala de tempo dos detalhes da atribuição, 247
  modo de exibição de estrutura de tópicos, 247–248
  superalocações, editando, 252–255
  tabela Uso, 247
  tabelas, exibindo, 250
  valores de atribuição, mostrando, 250
modos de agendamento, 51, 54
  alterando, 70–72
  automático, 69–73
  indicador de, 52
modos de exibição, 25–30. *Consulte também nomes de modo de exibição específicos*
  agrupando dados em, 276–280
  atalhos, 13–14
  ativos, 14
  baseados em tarefas ou em recursos, 291
  classificando dados em, 272–277
  colunas, inserindo, 190–191
  com escala de tempo, 383
  configurações de apresentação, 292–293
  copiando, 136–141
  criando, 290–293
  exportando, 379–381
  filtrando dados em, 281–286
  formatando, 358–375
  imprimindo, 141–146, 375–379
  instantâneos de imagem gráfica de, 438
  internos, 290
  modos de exibição padrão, 25, 123
  personalizando, 123–133
  rótulos Modo de Exibição, 14
  setas de AutoFiltro, 274, 281
  *versus* relatórios, 383–384
  visualizando, 30
modos de exibição de Formulário, 141
modos de exibição de uso, 29–30, 264–265, 303, 327, 330
modos de exibição divididos, 96

modos de exibição gráfico de Gantt, 123, 358
  desenhando em, 129–130
  exibindo, 267
  formatando, 123–130, 298, 358–364
  linhas de grade, 363
MVPs do Microsoft Project, 507

## N

níveis de zoom, 168–169, 236
nivelamento de recursos, 255–262

## O

operações contínuas, 8–9, 499
Organizador, 16, 412–414
  elementos, copiando com, 415–416
  elementos, copiando no modelo global, 416–417
  guia Calendários, 414–416
  guias no, 415–416

## P

painel Formatar Rótulos de Dados, 405
painel Inspetor de Tarefas, 7–8, 171–172, 179
painel Lista de Campos, 135, 384–385
  exibindo, 386–387
  hierarquia de campos, 387
  nomes de campo selecionados, 387
  nomes de recurso, reordenando, 397–399
período não útil, 157
período útil, 89–94
  ajustando, 183–186
  em pools de recurso, atualizando, 473–478
  unidades máximas, 84–86
pico, 188–189
planejamento, 61, 295
planos. *Consulte também* projetos
  agendando, 40. *Consulte também* agendamento
  alocação de recursos entre, 468. *Consulte também* pools de recurso
  campo % concluída, 390–391
  campo % trabalho concluído, 390–391
  compartilhando, 19, 511–515
  controlando. *Consulte* controlando o andamento
  custos, verificando, 263–266
  data de início, definindo, 41–43
  data de término, verificando, 263–266
  dependências entre, criando, 490–494
  dias não úteis, definindo, 43–45
  duração, visualizando, 73–74
  elementos personalizados, compartilhando entre, 412–418
  enviando por email, 17
  escalas de tempo, 26
  exportando, 17
  imprimindo, 16
  indicadores, visualizando, 114–119
  informações sobre, 16, 46–47
  iniciando, 40–41
  instantâneos de, 418–423
  legendas, 377–378

modelos, 18–19
modos de exibição padrão, 123
novos, 16
planos consolidados e inseridos, 487–490, 494–495
planos de linha de base, 148, 150–152, 296–300
planos participantes, 462–463. *Consulte também* planos participantes
planos provisórios, 300
pools de recurso, 462, 465–467
propriedades de arquivo, configurando, 46–47
proteção com senha, 89
salvando, 42–43
tarefas, vinculando entre, 491–494
planos consolidados, 487
  capacidades dos, 487
  criando, 488
  recursos de estrutura de tópicos, 488
  salvando, 488–489
  tarefa resumo do projeto, vendo, 489
  vínculos entre planos, criando, 495
  vínculos entre tarefas, mostrando, 494–495
planos de linha de base, 148, 152
  atualizando, 296–300
  salvando, 150–152, 298–300
  vários, 150–151, 297
planos inseridos, 487–488
planos participantes, 462–463
  abrindo, 478, 484
  adicionando, 479–482
  atribuições, alterando, 483–487
  atribuições, atualizando, 470–472
  calendário base, 476
  informações, consolidando, 467
  vínculo com o pool de recursos, quebrando, 467, 481–482
planos provisórios, 300, 361–363
*PM Network*, 509
PMBOK, 499, 509, 527
pools de recurso
  abrindo, 479–480, 484
  atualizando, 472–475, 485–487
  atualizando, 486
  capacidades do, 463
  comando Atualizar Pool de Recursos, 483, 485
  compartilhando pela rede, 483
  criando, 462–468
  detalhes da atribuição, visualizando, 468–470
  Formulário de Recursos, 468–470
  informações sobre atribuição, apagando, 480
  leitura/gravação, 483, 485
  local de armazenamento, 464–465
  nomeando, 464–465
  novos planos, vinculando, 479–482
  períodos úteis, atualizando todos, 476–478
  plano dedicado para, 468
  planos participantes, atualizando, 478
  precedência, 466
  salvando, 482
  somente leitura, 483, 486
porcentagem de trabalho concluído, 305–306
porcentagens de conclusão, 154–157, 161
prazos finais, 180, 196–198, 501

prazos finais não cumpridos, 340–346
predecessoras de controle, 166–168
previsões, 318
produtividade, atribuição de recursos e, 112
programas de destino, 435
programas de origem, 437
Project 2007, 7–8
Project 2010, 5–8
Project 2013, 3–4
   abrindo outros formatos de arquivos no, 443–448
   atualização dinâmica, 158
   certificações, 508
   configurações de segurança, 444–445
   copiando dados para outros programas, 438–443
   edição, identificando, 352
   edição Project Professional, 4. *Consulte também* Project Professional
   edição Project Standard, 4
   entrada por toque, 5–6
   formato de arquivo, 453
   gerenciamento de projetos, ensinando com, 527–528
   gerenciamento de projetos com, 506
   iniciando, 12
   interface visual, 5–6, 12–15
   modelo global, 412–413
   novo cálculo dinâmico, 148
   recursos, 4–8
   recursos de personalização, 411–435
   salvando outros formatos de arquivos, 448–453
   suporte para aplicativos, 5–6
   tela inicial, 12
Project Community, 508
Project Management Institute (PMI), 508
*Project Management Journal*, 509
Project Online, 5
Project Pro for Office 365, 5
Project Professional, 4
   caixa de diálogo Nivelamento de recursos, 261
   modo de exibição Planejador de Equipe, 237–242
   recursos de colaboração, 511–522
   serviços online, interação com, 312–313
   tarefas, desativando, 267–268, 353
Project Server, 41, 515, 520–522
   portal do produto, 519
Project Web App (PWA), 515–520
   arquivos de prática e, 11
   atualizações de status, 518–519
   comentários, 519
   guia Projetos, 516–517
   lista de tarefas, 515
   modo de exibição dos membros de equipe, 518
   Project Center, 516
   tela Página Inicial, 516
projetos. *Consulte também* planos
   caminho crítico, 204–206
   datas de término, 5–6
   definição de, 8–9, 499
   duração, 499
   novos, a partir de projetos existentes, 19
   planejamento, 295
   projetos mestre (consolidados), 487
   recursos, 500
   resultados, 53, 500
   vazio, 13
projetos mestres (consolidados), 487
proteção com senha, 89
PWA (Project Web App). *Consulte* Project Web App (PWA)

# R

realçando, 281
   caminho crítico, 206
   realce de alteração, 7–8, 180, 304
   relações entre tarefas, 166–169
realce de alteração, 7–8, 65–66, 180, 304
recurso Colar Especial, 438
recurso Relatórios, 122
recursos, 3
   adicionando, 84
   anotações, 95–98
   atribuições, vendo entre planos, 468–470
   atribuindo, 29–30, 99
   campos personalizados para, 289
   cancelando a atribuição, 103, 110
   capacidade máxima, 84–86
   convenções de nomeação, 467
   custos, 199, 221–222, 350–351
   datas de início e término, vendo, 117–118
   detalhes, importando, 5–6
   disponibilidade, 214–218
   em pools de recurso, atualizando, 472–475
   gerenciando, 5–6
   horas extras, adicionando, 346
   meio período, 90
   nivelando, 183, 255–262
   para tarefas recorrentes, 202–203
   período de início, atrasando, 222–225
   períodos úteis e não úteis, 89–94
   reatribuindo, 241–242
   recursos de custo, 7–8, 80, 94–95
   recursos de trabalho, 80–89
   recursos materiais, 80, 221–223, 232–233
   remunerações, 86–89, 217–222, 230–231
   selecionando, 105
   status da tarefa, relação com, 310–312
   substituindo, 350–351
   superalocação, 84, 86. *Consulte também* superalocação
recursos de colaboração, 511–522
recursos de custo, 7–8, 80, 199
   atribuindo, 112–115
   custos, 113
   definindo, 94–95
recursos de equipamento, 81–82. *Consulte também* recursos de trabalho
recursos de pessoas, 81–83. *Consulte também* recursos de trabalho
recursos de trabalho, 80. *Consulte também* recursos
   alocação de, 246–251
   atribuindo, 99–112
   custos, 112, 504
   disponibilidade, 81–82

nomes, 81–84
remunerações, 86–89
valor de unidades máximas (capacidade), 84–86, 214–218
várias atribuições em vários projetos, 462
recursos materiais, 80
  atribuindo, 232–233
  categorias de, 504
  custos por unidade, 222–223
  definindo, 221–223
  taxas de consumo, 233
  unidade de medida, 222–223
regra 8/80, 58
relações entre tarefas, 64–66, 372
  ajustando, 174–175
  aparência das, 491
  tempos de avanço e latência, 169–171
  tipo, alterando, 345–346
  vendo, 166–169
relações entre tarefas início-a-início (II), 63–64, 169–170
relações entre tarefas início-a-término (IT), 63–64, 169–170
relações entre tarefas término-a-início (TI), 63–64, 168–171
relações entre tarefas término-a-término (TT), 63–64, 169–170
Relatório de Custo de Orçamento, 327
Relatório de Resumo de Custo do Recurso, 330
relatório Tarefas adiadas, 323–324
relatório Visão Geral do Custo, 330
relatório Visão Geral do Custo da Tarefa, 325–326
relatório Visão Geral do Projeto, 323, 385–386
  formatando, 386–393
relatório Visão Geral do Recurso, 31–34, 116–117, 394–395
relatórios, 5, 31–34
  capacidade do recurso, visualizando, 237
  copiando, 136–141
  custos do plano em, 263
  exportando para o Excel ou para o Visio, 454–458
  gráficos em, 384, 402–407
  guia Design de Ferramentas de Relatório, 385
  imprimindo, 141–146
  modelos globais, 409
  nomeando, 401
  personalizados, 133–135, 400–409
  tabelas em, 384–393, 407–409
  *versus* modos de exibição, 383–384
  voltados para o status, 323
relatórios de andamento, 318
relatórios de status, 318
relatórios de sinaleira, 331–334
relatórios Visão Geral do Trabalho, 134–135
  copiando, 139–140
  imprimindo, 144–146
relatórios visuais, 7–8, 454–458
relatórios visuais do Microsoft Visio, 7–8, 372, 454–458
remunerações, 86–89
  aplicando em períodos diferentes, 219–222
  aplicando taxas diferentes, 230–231

aumentos, inserindo, 219–222
várias, 217–219
restrição Deve terminar em, 196
restrição Não iniciar antes de, 180, 201
restrições, 175–181
  custo, 502
  definição de, 501
  equilibrando, 503–506
  escopo, 502–504
  gerenciando, 503–506
restrições de controle, 338
restrições de tarefa, 175–181
  agendamento de tarefas e, 176–178
  categorias de, 175
  datas de término, agendando a partir de, 181
  horas de início e término padrão, 180
  indicadores, 179
  margem de atraso negativa, 180–181
  removendo, 180
  tipos de, 176
restrições de tempo, 501
restrições flexíveis, 175–176, 178
restrições inflexíveis, 175–176, 178
restrições O Mais Breve Possível, 196–197
restrições semi-flexíveis, 175–176
resultados, 53, 500
risco, durações de tarefas e, 59
rótulo Modo de Exibição, 14

## S

salvando
  formato de arquivo, especificando, 453
  salvando automaticamente, 43
seleção
  com a tecla Ctrl, 105
  com a tecla Shift, 440
  comando Selecionar Tudo, 442
  em listas, 105
serviços conectados, 17
SharePoint
  andamento, controlando, 512
  integração com, 7–8
  linha do tempo, 512
  modo de exibição de calendário, 513
  página Resumo do Projeto, 512
  planos, compartilhando com, 511–515
  sincronização com, 17
  tarefas, 512–513
sincronização de lista de tarefas, 511–514
SkyDrive, 5
status do projeto
  comunicando-se com os interessados, 317–318
  controlando, 317. *Consulte também* controlando o andamento
  mostrando, 115–119
  relatando, 323
  variação, 317
subtarefas, 116–117, 248, 438
superalocação, 214, 246
  de vários atribuições, 462
  diariamente *versus* a cada hora, 262

navegando, 250
nivelamento de recursos, 255–262
recursos, substituindo, 350–351
resolvendo, 241–242
solucionando manualmente, 251–255
visualizando, 236, 238, 249–250

## T

tabela Cronograma, 206
tabela Custo, 116–117, 158, 230–231, 263–265
   custos de recursos, 328, 348–349
   modo de exibição de uso, 327
   variação de custo, 323–326
tabela Entrada, 152, 170–171
tabela Resumo, 273
tabela Status do Recurso, 32–33, 117–118
tabela Trabalho, 158–159, 302, 323–324
tabela Variação, 152, 319, 321–324
tabelas. *Consulte também nomes de tabela específicas*
   alternando entre, 152
   ativas, 273
   campo % concluída, 390–391
   campo % trabalho concluído, 390–391
   campo Data limite, 198
   campo Duração Agendada, 210
   campo Início Agendado, 210
   campo Término Agendado, 210
   campos, adicionando, 387–391, 407
   campos, removendo, 407
   campos, reordenando, 408
   campos personalizados, 289, 331–334
   colando no Excel, 441–443
   colando no Word, 440–441
   colando texto em, 438
   colunas, adicionando e removendo, 288
   copiando e colando dados em e de, 438–443
   criando, 286–288
   estilos, aplicando, 389–390, 409
   exibindo, 250
   formatando, 384–393
   gráficos, adicionando a, 396–397
   guia Design, 385
   guia Layout, 385
   indicadores gráficos, 333–334
   modo de exibição, ajustando, 303–304
   organizando, 34
   painel Lista de Campos, 384–385
   redimensionando, 387–389, 392–393
   relatórios, adicionando a, 407–409
   rótulos de campo, 384
   uma coluna, 390–391
   valores de campo, 384
tabelas de controle, 158
tabelas de taxa de custo, 218–220
   alterando, 230–231
   várias remunerações, 219
Tabelas Dinâmicas, 454, 456
tarefas, 3, 50
   adiadas, 318–324
   agendadas e não agendadas, 237

agendando. *Consulte* agendamento
atrasando, 257
atribuições, adicionando e removendo, 108–112
barras de andamento, 313–314
campos personalizados de, 289
códigos Estrutura de Divisão de Trabalho, 369–371
configurações padrão, 110–111
controladas pelo empenho, 108–112
copiando para outros programas, 438
críticas, 204–206, 264–265
custos, 86, 198–200, 325–326
data de término, 73–75. *Consulte também datas de término*
datas de status, 323–324
dependências, 50–56
desativando, 7–8, 267–268, 353
detalhes, 30
divididas, 181–183, 229–230, 257
duração, 50, 54–59, 73–75
estrutura de tópicos, 60
excluindo, 53, 353–354
exibindo como textos explicativos, 132
externas, 492-493, 495
hiperlinks, 75–77
incompletas, 284–285, 352
inserindo, 53
interrompendo, 181–183
juntando novamente, divididas, 183
linha de base, atualizando, 297, 299
localização na hierarquia do plano, 369
marcos, 59–60
modo de exibição Linha do Tempo, adicionando a, 130–132
não atribuídas, 248
nomes, 51–53, 126–127
números de identificação, 51, 272, 275
período útil, ajustando, 183–186
porcentagens de conclusão, 154–157
predecessoras, 63–64, 66, 166–169, 171–174, 492–493
prioridade, 259–260
progredindo conforme agendadas, 153
promovendo e rebaixando, 62
reagendando, 312–314
reatribuindo, 241–242
recorrentes, 200–204
recursos, atribuindo e cancelando a atribuição, 29–30, 99–112
recursos de custo, 7–8, 112–113
recursos materiais, atribuindo, 232–233
resumo, 60–64
resumo do projeto, 61
rolando até, 124–125
selecionando, 178
status de recurso, relação com, 310–312
subtarefas, 60
sucessoras, 166–169
tarefas atrasadas, visualizando, 323–324
valores reais, 157–161, 304–305
valores reais distribuídos no tempo de, 308–311
vinculando, 63–69, 168–175, 491–494

tarefas agendadas manualmente, 6–7, 41, 50, 59, 67–68, 188, 238
    datas de início e término, 56–57
    duração, 53–56
    indicador de, 51
    tarefas resumo, 207–210
tarefas predecessoras
    detalhes, visualizando, 171–174
    externas, 492–493
    predecessoras de controle, 166–168
    visualizando, 166–169
tarefas recorrentes, 200–204
    agendando, 203
    duração, 203
    ocultando, 203
    recursos, atribuindo, 202–204
    vendo, 202
tarefas resumo, 60–64
    adicionando ao modo de exibição Linha do Tempo, 131–132
    agendando manualmente, 207–210
    desativando, 267–268
    duração, 207–210
    formatando, 373–374
    triângulos expandir/recolher, 208
    vinculando a outras tarefas, 68
tarefas resumo do projeto, 61, 115–117
    data de término, 340
    em plano consolidado, visualizando, 490
    exibindo, 75
    nome, 264–265
    valores de custo, 325
taxas com encargos, 89
teclas de atalho, 25
tela Abrir, 16, 479
tela inicial, 12
tempo de avanço, 169–171, 174
texto
    colando no Project, 438–439
    copiando para outros programas, 438
    formatando, 364–367
textos explicativos, mostrando tarefas como, 132
tipo de tarefa duração fixa, 187
tipo de tarefa trabalho fixo, 187
tipo de tarefa unidade fixa, 187
tipo de tarefas, 187–193
    agendamento controlado pelo empenho e, 187, 192–193
    alterando, 188, 191–193
    duração fixa, 187
    trabalho fixo, 187
    unidades fixas, 187
tipos de dados, 6–7
trabalho. *Consulte também* trabalho real
    ajustando, 190–192
    cálculo de, 107–108
    editando manualmente, 228–230
    início do, atrasando, 222–225
    interrompendo, 181–183
    porcentagem de trabalho concluído, 305–306
    reagendando, 312–314
    reduzindo, 254–255
    sequência, 169–171
    tarefas controladas pelo empenho, 108–112
    trabalho incompleto, 312–314
    trabalho restante, 305–307
    visualizando, 114–119
trabalho incompleto, reagendando, 312–314
trabalho real, 295, 304–305, 309–310. *Consulte também* trabalho
treinamento com este livro, 523–526
triângulo do projeto, 318, 337–338, 500–506

## U

unidades de pico, 188–189

## V

valor de unidades máximo, 214, 221–222, 234, 247
    ajustando, 215–216
valores de trabalho restantes, 305–307
valores divididos ao longo do tempo, 150
valores reais, 148, 311–312, 314
    controlando, 295, 301–306
    inserindo, 157–161, 304–305
    registrando, 153–154
valores reais divididos ao longo do tempo
    controlando, 295, 307–312
    dados de horas trabalhadas como, 307–308
variação, 295, 317
    resolvendo, 337
    variação da data de início e de término, 319
variação de cronograma, 318–324
    identificando, 320–322
    prazos finais não cumpridos, solução de problemas, 340–346
    solução de problemas, 338–346
    visualizando, 338–340
variação de custo, 323–327
    indicadores gráficos, 333–334
    modo de exibição Sinal verde/Sinal vermelho, 330–335
    solução de problemas, 346–349
variação de recursos, 349–351
variação do trabalho, 327
VBA (Visual Basic for Applications), 423–424, 427–428
    macros, registrando, 417–421
VBA Editor, 417–418, 423–427
vínculo, 63–69
    a barras de Gantt ou datas, 129–130
    gerenciando, 496
    respeitando, 69
    vínculos entre planos, 491–494
vínculos entre planos, 491–496
visualização de impressão, 142–146, 377–379

## W

Windows Snipping Tool, 136
Word, colando dados do Project no, 440–441